XIANDAI JIAOYU JISHU

JICHU YU YINGYONG

现代教育技术基础与应用

主编◎赖晓云 孔利华 焦中明

江西高校出版社
JIANGXI UNIVERSITIES AND COLLEGES PRESS

图书在版编目(CIP)数据

现代教育技术基础与应用/赖晓云,孔利华,焦中明主编. —南昌:江西高校出版社,2018.2 (2025.1 重印)
ISBN 978-7-5493-6721-4

Ⅰ.①现… Ⅱ.①赖… ②孔… ③焦… Ⅲ.①教育技术学—高等师范院校—教材 Ⅳ.①G40-057

中国版本图书馆 CIP 数据核字(2018)第 013973 号

出版发行	江西高校出版社
社址	江西省南昌市洪都北大道 96 号
总编室电话	(0791)88504319
销售电话	(0791)88592590
网址	www.juacp.com
印刷	固安兰星球彩色印刷有限公司
经销	全国新华书店
开本	787×1092mm 1/16
印张	28.75
字数	740 千字
版次	2018 年 2 月第 1 版 2025 年 1 月第 9 次印刷
书号	ISBN 978-7-5493-6721-4
定价	56.00 元

赣版权登字-07-2018-64

内 容 提 要

本书是在我国颁布的《中小学教师现代教育技术能力标准》《中小学教师信息技术应用能力标准》及《中小学教师信息技术应用能力培训课程标准(试行)》的基础上编写的高校师范类学生教育技术能力课程教材及中小学教师的信息技术应用能力培训教材。本书共分为8章,主要内容包括信息技术引发的教育教学变革,现代教育技术概论,多媒体教学环境与信息化设备应用,信息化教学资源的采集与编辑,教学系统设计,多媒体教学课件概述,远程教育与网络课件的制作,信息技术与课程整合。

本书力求反映信息技术发展对教育的影响及教师在信息技术时代必须掌握的信息技术教育应用能力,强调学生实践能力的训练。

前　言

当前，云计算、大数据、物联网、移动计算等新技术逐步广泛应用，经济社会各行业信息化步伐不断加快，社会整体信息化程度不断加深，信息技术对教育的革命性影响日趋明显。教育部2016年发布《教育信息化“十三五”规划》，提出到2020年基本建成“人人皆学、处处能学、时时可学”、与国家教育现代化发展目标相适应的教育信息化体系；基本实现教育信息化对学生全面发展的促进作用、对深化教育领域综合改革的支撑作用和对教育创新发展、均衡发展、优质发展的提升作用；基本形成具有国际先进水平、信息技术与教育融合创新发展的中国特色教育信息化发展路子。这就要求职前与职后的教师具有较高的现代教育技术能力。

本书从系统的角度出发，对现代教育技术的基本概念、基本理论、多媒体素材的采集和编辑、多媒体课件制作和技术等进行阐述，并结合具体的实例来介绍相应的内容。

本书关注新技术与新媒体的发展。新技术与新媒体的不断涌现，为教育信息化带来了无限的可能。因而本书阐述了新媒体与新技术对教育的影响及在教育中的应用趋势，从而促使学习者了解自己必须掌握的信息技术应用的知识。

本书注重理论与实践相统一。现代教育技术基础与应用是一门实践性很强的课程，所以本教材在内容的选择上努力突出基础性与实用性相结合，强调理论与实践的相统一，为每个知识点都提供了相应的案例，用真实的问题贯穿课程的教学过程。

参与编写和修改本书的教师有赖晓云、刘建华、焦中明、廖卫华、孔利华、戴云武、彭伟成、钟带生、任静丽、杨丹、温小勇、潘立新、李莎等。

在编写本书的过程中，我们参考了大量相关的文献和资料，在此向这些文献和资料的作者表示感谢。

作者

2017年11月1日

前　言

目　录

第1章　信息技术引发的教育教学变革

20世纪90年代以来，随着计算机、网络技术的迅猛发展，信息技术已经深刻地渗入社会的各个领域。信息技术不仅极大地解放了整个社会的生产力，促进了经济的发展，更重要的是深刻地影响和改变了人们的生产方式、生活方式和思维方式。在教育领域，信息技术的发展使得教学突破了时空的局限性，实现了全球资源共享，使得终身学习和发展成为可能。知识的共享性和易获取性无论是为个人还是为团体的发展都带来了无数的机会。利用信息技术，我们能轻松、快捷、低廉地获取各种资源，及时得到同伴或老师的帮助。一方面，这给教学带来了各种机遇，提供了便利；另一方面，也给教学提出了更高的要求。

本章将对信息技术的概念、特点、发展趋势，信息技术对教育的影响，新技术在教育中的应用等方面进行介绍。

★学习目标

1. 陈述信息技术的概念及特点。
2. 陈述信息技术对教育的影响。
3. 列举新技术的类型及特点。
4. 列举信息技术引发的教育变革。

★内容导图

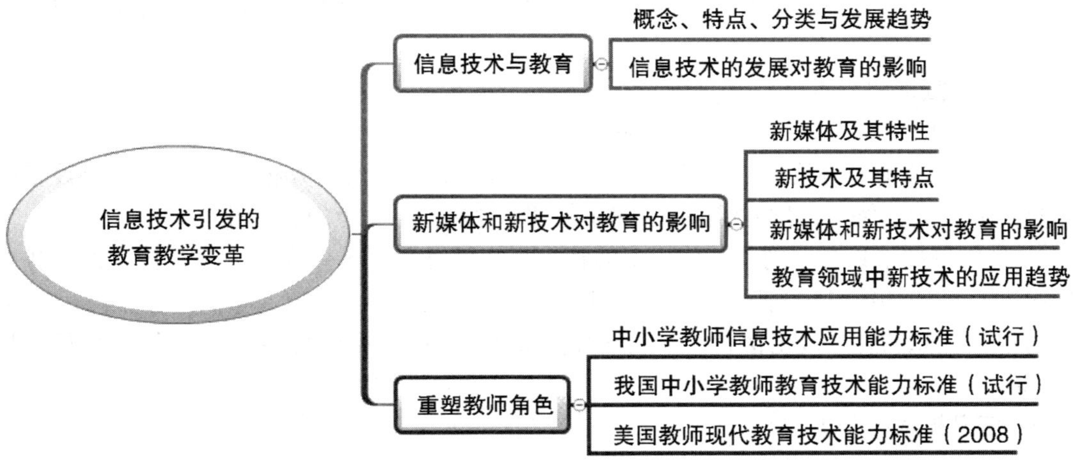

1.1 信息技术与教育

信息技术的发展，对教育产生了深刻及长远的影响，改变了传统的教育观念，尤其是计算机网络的发展要求教师树立现代教育观念，要求教师具有教育应该“面向现代化、面向世界、面向未来”的理想。同时，教师对信息技术的发展引起的教育思想、教学模式、教学方法的重大变革要有一个明确的理论认识。

1.1.1 信息技术的概念、特点、分类与发展趋势

1. 信息技术的概念

对信息技术的概念进行界定的版本有很多。广义而言，信息技术是指能充分利用与扩展人类信息器官功能的各种方法、工具与技能的总和。该定义强调的是从哲学上阐述信息技术与人的本质关系。

广义而言，信息技术是指对信息进行采集、传输、存储、加工、表达的各种技术之和。该定义强调的是人们对信息技术功能与过程的一般理解。

狭义而言，信息技术是指利用计算机、网络、广播电视等各种硬件设备及软件工具与科学方法，对文图声像各种信息进行获取、加工、存储、传输与使用的技术之和。该定义强调的是信息技术的现代化与高科技含量。

根据《新华字典》对信息技术的界定，信息技术是指利用电子计算机和现代通信手段获取、传递、存储、处理、显示信息和分配信息的技术。我国有些专家学者认为，信息技术是指研究信息如何产生、获取、传输、变换、识别和应用的科学技术。

《中小学教师教育技术能力标准》界定的信息技术的概念是研究信息如何产生、获取、表示、传输、变换、识别和应用的科学技术。其中应用在教育领域的信息技术主要包括音像技术、卫星电视广播技术、多媒体计算机技术、人工智能技术、网络技术和虚拟现实仿真技术等。

2. 信息技术的特点

信息技术的特点应从如下两方面来理解：

（1）信息技术具有技术的一般特点——技术性。具体表现为方法的科学性，工具设备的先进性，技能的熟练性，经验的丰富性，作用过程的快捷性，功能的高效性等。

（2）信息技术具有区别于其他技术的特点——信息性。具体表现为信息技术的服务主体是信息，核心功能是提高信息处理与利用的效率、效益。

此外，信息的特性决定信息技术还具有普遍性、客观性、相对性、动态性、共享性、可变换性等特点。

3. 信息技术的分类

信息技术的分类可以从多个方面来进行，以下是常见的信息技术分类。

（1）按专业信息工作的基本环节或流程，信息技术可分为信息获取技术、信息处理技术、信息存储技术、信息检索技术和信息加工技术等。信息获取技术把人们的感觉器官不能准确感知或不能感知的信息转化为人能感知的信息，如气象卫星、行星探测器等；信息处理技术是对信息进行分类、排序、转换、浓缩、扩充的技术，如计算机技术等；信息存储技术如印刷术、照相术、磁盘技术等；信息检索技术是指将信息按一定的方式组织起来，并根据信息用户

的需要找出有关的信息的过程和技术。

(2)按日常所使用的信息设备种类或用途,信息技术可分为电话技术、电报技术、电视技术、广播技术、缩微技术、复制技术、卫星技术和电子计算机技术等。

(3)根据信息器官和信息功能的分类,信息技术可分为信息器官和信息功能。信息器官包括感觉器官、神经器官、思维器官和效应器官,信息功能包括获取信息、传递信息、处理信息和施用信息。

(4)根据技术类型划分,信息技术的核心是计算机技术与通信技术,感测技术与控制技术则是核心同外部世界的信源、信宿相联系的接口。该划分下的信息技术被称为"4C"技术,"4C"即感知(Collection)、通信(Communication)、计算机(Computer)和控制(Control)。也有研究者认为后三者构成"3C"技术。

(5)按技术的功能层次不同,可将信息技术体系分为基础层次的信息技术(如新材料技术、新能源技术)、支撑层次的信息技术(如机械技术、电子技术、激光技术、生物技术、空间技术等)、主体层次的信息技术(如感测技术、通信技术、计算机技术、控制技术)、应用层次的信息技术(如文化教育、商业贸易、工农业生产、社会管理中用以提高效率和效益的各种自动化、智能化、信息化应用软件与设备)。

(6)按照形态分类,即按照是否可以物化为实物形态,信息技术可分为硬信息技术和软信息技术两大类。硬信息技术是指各种已经或即将转化为信息设备的信息技术,这类信息技术有时就是指各种具体的实物形态的信息产品,如复印机、电话机、电子计算机等;软信息技术则是指那些不具明显物质承担者,但又是人类在长期从事信息活动过程中积累而形成的有关信息处理的经验、知识、方法与技能,如舆情调查技术、信息组织技术、信息检索技术、统计技术、决策技术等。

4. 信息技术的发展趋势

信息技术的发展先后经历了5次革命,具体如表1-1所示。

表1-1　信息技术发展历程

发展历程	发明与应用的信息技术	提高的信息能力	发生年代
第1次	语言的产生和使用	较远距离的传递	20万年以前
第2次	文字的创造与使用	信息的存储、传递的能力超越时空	公元前3500年
第3次	造纸术和印刷术的发明和应用	信息量大存储、及时交流、广泛传播	造纸术公元105年;印刷术公元1040年
第4次	电报、电话、广播、电视的发明和普及应用	提高传递的效率,突破时空限制	电话1875年;电报1837年
第5次	计算机和网络的普及应用	处理、传递速度和普及应用程度惊人变化	计算机1946年;正在研究第五代智能化计算机

随着信息技术的不断发展,以及计算机和网络的普及与应用,信息技术具有以下发展趋势。

(1)高速大容量。速度和容量是紧密联系的,随着要传递和处理的信息量越来越大,高速大容量是必然趋势。因此从器件到系统,从处理、存储到传递,从传输到交换无不向高速大容量的要求发展。

(2)综合集成。社会对信息的多方面需求,要求信息业提供更丰富的产品和服务。因此采集、处理、存储与传递的结合,信息生产与信息使用的结合,各种媒体的结合,各种业务的综合都体现了综合集成的要求。

(3)网络化。通信本身就是网络,其广度和深度在不断发展,计算机也越来越网络化。各个使用终端或使用者都被组织到统一的网络中。

(4)数字化。一是便于大规模生产。过去生产一台模拟设备需要花很多时间,模拟电路每一个单独部分都需要进行单独设计、单独调测。而数字设备是单元式的,设计非常简单,便于大规模生产,可大大降低成本。二是有利于综合。每一个模拟电路的电路物理特性与其他模拟电路的电路物理特性区别都非常大,要达到一个复杂的性能用模拟方式往往综合不起来,而数字电路由二进制电路组成,非常便于综合。现在数字化发展非常迅速,各种说法也很多,如数字化世界、数字化地球等。而搞数字化最主要的优点就是便于大规模生产和便于综合。

(5)多媒体化。多媒体技术、计算机技术、网络技术等相结合,使得多媒体信息传播更方便、快捷。

1.1.2 信息技术的发展对教育的影响

信息技术在教学中的应用是由教学和学习发展的内部需求所驱动的,并且其应用方向和应用方式是由不同历史时期的学习理论导引的。而信息技术领域的每一项重大革新又会刺激教育系统产生新的应用需求并反作用于学习理论和教学实践的发展。信息技术在教学中应用的发展历程可以微机在教学中的应用和因特网的应用作为两个转折点,20 世纪 50 年代末至 70 年代末为计算机辅助教学的研究试验阶段,20 世纪 70 年代末至 90 年代初为计算机辅助教学的开发应用期,而 20 世纪 90 年代后期则揭开了网络时代信息技术应用的序幕。

1. 信息技术在教学中应用的发展历程

(1)计算机在教育领域的最早应用

1950 年,美国麻省理工学院利用计算机驱动飞行模拟器(Computer-Driven Flight Simulator)来训练飞行员是计算机在教育领域的最早应用。1959 年,美国纽约城市小学利用 IBM650 计算机帮助小学习者学习二进制算法(Binary Arithmetic)被认为是计算机在中小学教学领域的最早应用。

(2)斯金纳的程序教学

1953 年,斯金纳根据其在动物实验中得到的经验,提出了程序教学法并且总结了一系列的教学原则,形成了程序教学理论。斯金纳的程序教学包括以下原则:第一,积极反应原则;第二,小步子原则;第三,即时反馈原则;第四,自定步调。斯金纳参照以前的教学机器,设计了学习程序并设计制作了程序教学机器。20 世纪 50 年代到 60 年代,斯金纳发起并推动了程序教学运动(Programmed Instruction Movement)。

(3)计算机辅助教学系统的开发和研究

20 世纪 60 年代末期到 70 年代为计算机辅助教学系统的开发和研究时期。1968 年,第一台专门用于教学的计算机系统“IBM 1500 辅助教学系统”在斯坦福大学研制成功,使用

"课程开发器(Course Writer)"编制课程,这些课程被称为"课件"(Courseware)或"教学软件"(Instructional Software),课件和教学软件的概念即起源于此。20 世纪 60 年代后期,美国数字设备公司研制的 PDP-1 系统被应用于教学中,标志着小型机在教学中的首次应用。

(4)"柏拉图系统"(PLATO)——计算机技术与教学方式结合的最初尝试

1960 年,美国伊利诺伊大学的唐·贝泽(Donald L. Bitzer)和查莫斯·谢文(Chalmers Sherwin)合作研制出第一代柏拉图系统(PLATO I),该系统被公认为第一个专门的计算机辅助教学系统,当时只能供一名学习者使用;1961 年的 PLATO Ⅱ是第一个分时(Time-Shared)教育系统,可同时供两个学习者使用;1963 年至 1966 年开发的 PLATO Ⅲ则是第一个基于计算机的在线教育社群,可以同时处理 20 个电脑终端,配有一个被称为"辅导者"(Tutor)的课程编辑系统。

20 世纪 70 年代,在因特网出现之前,柏拉图系统就添加了在线聊天、新闻组合公告板功能;1975 年推出的 PLATO IV 开始使用高分辨率的等离子显示屏和触摸屏。20 世纪 80 年代,开发人员基于这些理念先后为柏拉图系统设计了包括 100 个学科、15000 小时的课程单元。

柏拉图系统具有以下特点。首先,在柏拉图系统中,每个学习者自定步调,学习个别化的课程,拥有其个人的"PLATO 教师",为学习者提供即时的反馈。柏拉图系统被誉为"第一个可提供广泛领域课程的个别化教学系统"。其次,柏拉图系统使用了大量当时最先进的计算机技术,在 20 世纪 70 年代即可支持图像、动画、模拟和文本等多种媒体形式的教学;可以追踪记录学习者与计算机的交互和提交的答案,便于教师追踪和分析学习者的学习过程。最后,在互联网出现之前该系统即允许在学习者和教师之间,甚至在任何柏拉图系统网络的用户之间进行在线交流。为此,柏拉图系统也被公认为创建了第一个基于计算机的大型社区。

20 世纪 70 年代后期,利用大型机和小型机开发的计算机管理教学系统和计算机辅助教学行政管理系统陆续进入中小学。但由于当时大多数教师对辅助教学的计算机系统知之甚少,在课程开发方面也没有发言权,所以教师并不欢迎这些计算机辅助教学系统。而且人们开始认识到计算机不可能像变革商业领域的办公形态那样从根本上变革课堂教学的形态,所以,那一时期人们对计算机辅助教学的态度开始从狂热回归现实,开始追求易学、易用、实用的计算机辅助教学系统。

(5)微机进入中小学教学以及教师对计算机的应用

1977 年,第一台微机进入中小学,教学中应用的计算机开始从大型机转向桌面办公系统。20 世纪 80 年代初,美国的明尼苏达教育计算机科学联盟(Minnesota Educational Computing Consortium,简称 MECC)得到自然科学基金的资助,开始大量生产和提供课件,其他教育软件公司也相继出现,出现了教育软件出版的高潮。由于微型计算机的易用性逐步提高,一线教师开始熟悉计算机和各种应用软件,在计算机应用方面逐步获得了发言权。这一时期,教师参与课件设计的热情很高,美国等发达国家也曾兴起过教师参与课件编制的热潮。但当教师逐渐认识到要想编制出比购买的产品更有用的课件,需要花费更多的时间、精力,而且对专业知识要求甚高时,教师参与课件编制的热潮就逐步降温了。

(6)计算机素养运动

1972 年,阿瑟·列尔曼(Arthur Luehrmann)在波士顿教育大会上第一次面向中小学提出

“计算机素养”的概念。1974 年，美国信息产业协会主席泽考斯基(Paul Zurkowski)提出了“信息素养”(Information Literacy)的概念，他认为“在如何将信息资源应用到工作中这一方面得到良好训练的人被称为具有信息素养的人。有信息素养的人已经习得了使用常见信息工具和主要信息来源的技术和能力，以形成信息解决方案来解决他们面临的问题”。

信息素养的概念扩大了计算机素养的内涵和教育价值，引导人们从单纯重视学习计算机程序编制，到开始认识利用计算机等信息技术获取信息并通过信息加工处理问题(包括教学和学习中遇到的问题)的重要性。同时，到了 20 世纪 80 年代中期，以程序设计为主的计算机素养课遭遇了很多困难，关于 LOGO 语言能否真正促进儿童智力发展的争论也一直存在，教师也没有足够的时间去寻找问题解决软件。为了让计算机在教育中发挥作用，教师开始关注应用软件，引发了前面所讲的教育软件开发的高潮。同时，计算机素养课的内容和教育模式也开始转变，编程和计算机历史等内容纷纷让位于文字处理、数据库和电子表格等应用软件教学，计算机开始慢慢贴近学生和教师的生活与学习。

随着信息技术和信息技术教育的不断发展，信息素养在不同的时代被不同的学者和研究团体从不同视角给予了不同的诠释，真正具备信息素养的公民应在基本信息素养的基础上努力形成“独立学习”能力并养成与信息时代相适合的“社会责任”。

(7)LOGO 及问题解决运动

1968 年西蒙·派珀特(Seymour Papert)发明了 LOGO 编程语言，LOGO 和问题解决运动开始。他陆续提出并发展了自己的建构主义观——“在制作中学习”(Learning by Making)，在他看来，好的教育不是如何让老师教得更好，而是如何提供充分的空间和机会让学习者通过制作做小机器、编程序来构建自己的知识体系，即在制作的过程中学习。他倡导将 LOGO 作为年幼儿童的编程语言，让学习者在计算机上画图、编歌曲、玩游戏等，并提倡儿童利用 LOGO 进行制作和解决问题。他认为儿童在使用 LOGO 解决问题的过程中可以发展自己的智力。

在西蒙·派珀特设计了 LOGO 并在《头脑风暴》中介绍了相关原理后，很多不同版本的 LOGO 和“海龟几何学”方面的书籍相继涌现。20 世纪 70 年代后期，随着个人计算机开始广泛使用，LOGO 语言也开始迅速传播。LOGO 运动在 20 世纪 80 年代前后盛极一时，这种狂热直到 1985 年后才慢慢平静下来。尽管现在人们对 LOGO 已经不再狂热，但 LOGO 及问题解决运动为教育界提供了一种应用信息技术的新视角，即引导学生利用信息技术解决问题。

尽管人们对 LOGO 的狂热早已冷却，但 LOGO 并未完全退出中小学的舞台，而是随着技术环境的变更和教学需求的变化不断发展变化，针对不同软、硬件载体的特性开发出了多样化的变型产品，如 20 世纪 80 年代出现了动态海龟(Dynamic Turtles)，可通过程序实现动画效果；Windows 出现后，又开发出可在 Windows 环境下运行的“PC LOGO for Windows”。

随着互联网的出现，LOGO 又与 Java 语言联姻，2003 年，推出了用 JAVA 语言编写的跨平台软件 NETLOGO；2004 年推出研究分散系统运行机制的建模环境 Star Logo 2. 1，容许并行地控制上千个小海龟，并且为这些小海龟设定不同的行为模式，以便模拟现实世界中的复杂现象；近几年出现的“微世界”(Microworlds)系列软件是加拿大的 LOGO 计算机系统有限公司(Logo Computer Systems Inc. 简称 LCSI)开发的新一代系列 LOGO 语言平台，通过引导和支持开展有关微观世界的研究性学习活动来发展学习者的问题解决能力和批判思维能力。

不管是LOGO的最初版本，还是其后续开发的版本，主要应用目的都是引导学习者利用信息技术解决问题，其基本流程是"思考问题—确定算法—编程实现—通过控制（仿真）机器人的动作外化问题解决结果—根据问题解决结果反思问题解决的思路与过程"。研究者希望通过这一过程来激发学习者的深层次思维和对相关问题的深度研究，而利用信息技术激发和支持学习者的深层次思维恰恰是最具潜力的信息技术应用方式之一。另一方面，由于LOGO语言具有很强的直观性、生动性和生成性，而且便于学习者解决各种实际问题，大多数中小学机器人和机器人教学平台中都是在LOGO的基础上开发的，或者提供兼容LOGO语言的功能。例如，目前在全球影响广泛，在国内也已经开始推广使用的乐高机器人就是在LOGO的基础上开发的。

（8）20世纪80年代至90年代的整合学习系统

20世纪80年代至90年代，在应用计算机开展教学的过程中，学校和教师认识到在提供计算机辅助教学方面，联网系统比单机效益更高。教育技术厂商开始研制联网的辅助学习系统，统称为"整合学习系统"（Integrated Learning System）。这些系统与此前的计算机辅助教学系统有显著的区别，称其为"整合"是因为这些系统均通过一个中央服务器联成网络并通过服务器统一提供课程、资源和进行其他核心控制，有别于此前由单个教师控制的单机；称其为"学习系统"是因为这些系统直接根据学习者的需要直接面向学习者提供内容演示、过程模拟，并支持学习者的实验和探究。在整合学习系统中，数字化学习初具雏形，标志着信息技术在教学中的应用开始了从计算机辅助教学向数字化学习的范式转型。但这些系统当时大多只与提供商的服务器联网，而不是基于互联网的开放式的在线学习，当时互联网也尚未普及，因此整合学习系统整体上仍处于前互联网时代的信息技术应用阶段。

（9）互联网时期的信息技术应用

因特网最早出现于20世纪80年代，当时仅限于军队系统内部极少数大学研究人员使用，而且当时的因特网只能传输文本信息。1993年10月，第一个可以在线浏览文本和图像合成信息的网络浏览器"马赛克"（Mosaic 0.1）程序问世，极大地方便了网络信息的传输和使用。1994年，随着通信技术的发展，网络的传输能力和传输速度迅速提高，成本不断下降，20世纪90年代后期，因特网的应用日益普及。

教育界也很快认识到互联网的教学潜力：支持方便快捷的信息检索；实现用户与计算机之间极强的交互功能；支持教师与学习者之间、异地的学习者之间、学习者与专家之间相对跨越时空限制的交流互通活动；提供日益丰富、真实的在线模拟和在线实验功能；支持对学习内容随时、随地访问；等等。此时，因特网已经逐步进入中小学校园、实验室，甚至教室，并逐步渗透到学习者学习的每个环节。

随着宽带技术（尤其是无线宽带技术）、流媒体等网络多媒体传输技术的迅速发展，因特网将为学习者的学习和发展提供更多的可能性。因特网时期的信息技术应用已经呈现以下明显的发展趋势：

①多媒体技术和数字化的综合运用——借助信息技术强大的集成功能，教师和学习者可以综合运用文本、音频、视频、动画等各种媒体形式的教学资源来开展教学，甚至可以利用虚拟现实技术和人工智能代理来支持教学和学习。由于利用因特网获取资源变得越来越方便，可资利用的学习资源日益丰富，逐渐形成了以学习者为中心，让学习者综合利用因特网

的资源开展自主学习和探究的各种学习方式,如“基于资源的学习”;

②信息技术与教学法的整合——因特网等现代信息技术一方面使业已存在但在传统条件下难以实现的教学理想成为现实,例如,以学习者为主体的自主发现和合作探究等学习方式,在建模工具、(在线)模拟实验室、现代通信技术和数字化资源的支持下都已经成为可能;另一方面,现代信息技术与建构主义等学习理论的结合还产生了很多新的学习方式(如WebQuest、远程合作学习等),信息技术与教学法的整合已经成为信息技术整合的重要特征;

③教学界限被打破,泛在学习成为可能——因特网等现代通信技术、信息技术一方面使教学和学习进一步摆脱书本和教室的局限,借助可以联网(甚至可以连接无线网络)的笔记本、各种便携式掌上(palm-top)电脑,学习者可以随时(例如周末和假期)、随地(在能够连接因特网的世界上任何角落)、随需(on-demand)地访问在线课程和教学资源,可以随时与同学、教师和在线专家交流、讨论和开展合作式的项目研究(Project Work),泛在化(Ubiquitous)的学习已经成为传统课堂教学模式之外的一种非常重要的学习方式,也成为构建终生学习体系不可或缺的学习提供方式。

2. 信息技术的发展对教育的影响

信息技术的应用,使人类知识得以迅速传播、积累、分析、组合、存储和再现,从而给人们以更多的手段来利用、获取并再次开发知识,因而知识的增长速度在信息时代极为迅猛,形成“知识爆炸”。这也使学校教育不可能,也没有必要在学生学习的短短十几年的时间内把人类积累起来的所有知识传授给学生。要使学生跟上信息技术发展的形式,除了要教给学生最基本的知识以外,还要发展学生的能力,使学生学会在已有知识的基础上探索新知识,创造新知识。

随着电子技术、通信技术、信息处理技术的高速发展,大量的电子教育传播媒体被开发和应用于教育教学过程,这为学生能力的提高提供了机遇。特别是以多媒体计算机为代表的新技术在教育上的应用,将存储记忆、高速运算、逻辑判断、自动运行的功能和信号、语言文字、声音、图形、动画和视频图像等多种媒体信息集于一体,利用图形交互界面、窗口交互操作、触摸屏技术,使人机交互能力大大提高。

以Internet为标志的信息高速公路的出现,更充实了教育的内容,使教育信息具有即时性、多样性、视听双重性,使教育打破了时空的限制,促进了教育内容的信息化,实现了教育传播手段的现代化、传播信息的多样化以及传播过程的自动化。因而,信息技术的发展对教育产生了深远的影响,在教育教学领域内引起了从教育观念到教育过程各环节的巨大变革。

(1)教师职能的转变

①教师由教学活动的“主导者”向学习活动的“主持人”“投资人”转变

教师的新角色首先表现为其由教育、教学的主导者转化为教育、教学的主持人和投资人,即教师由一个教的“主导”转达化为一个学习活动的组织者和学习资源的供给者。在信息化时代,教师的角色不再以信息的传播者或组织良好的知识体系的呈现者为主,其主要职能已从“教”转变为“导”。教师职能的转变主要体现在五个方面:引导者、指导者、诱导者、辅导者、教导者。教师要把自己看作促进者、监测者和榜样而不是知识的分配者,即承担教师作为“主持人”的作用;教师要提供各式各样的学习情境让学生有意义地使用广泛的信息资源,即强调教师的作为“投资人”的作用。

②教师由“信息的传播者”向“意义建构的协助者”转变

信息时代，由于信息的开放性和信息处理的民主性，学生不再被当作被动接受的客体，他们必须更多地利用探索法、发现法去建构知识的意义——学生的角色更倾向于意义的主动建构者。教师的角色当然也必须随之由“信息的传播者”向“意义建构的协助者”转变。

建构主义认为教师的作用是帮助学生建构知识，建构主义的教师提供问题解决、探究性学习等工具，帮助学生形成和检验观点，得出结论，在合作的学习环境中汇集和传递知识。何克抗教授在《建构主义——革新传统教学的理论基础》一文中归纳了建构主义的教学观和教师的角色特点：教师要成为学生建构意义的帮助者，要能够起到激发学生的学习兴趣、帮助学生形成学习动机的作用；要通过创设符合教学内容要求的情境和提示新、旧知识之间联系的线索，帮助学生建构当前所学知识的意义；为了使意义建构更有效，教师应在尽可能的条件下组织协作学习，并对协作学习过程进行引导，使之朝有利于意义建构的方向发展。

重视教师的“意义建构的协助者”角色的目的，是要明确教师在学生的学习活动过程中发挥作用的方式。教师不再是教学活动的主导者，教师的活动不再是教学活动的主线，学习活动的主线就是学生的学习活动，教师的作用体现在“协助者”的能动性和主动性上，这使得教师的协助作用区别于人类其他意义建构的协助者和物质性的工具和媒介。

③教师由学习目标和学习程序的“确定者”向学习目标和学习程序的“预定者”转变

以学生为本的教育理念要求一切从学生出发，“以学定教”，而不是“以教定学”，因而，教师的恰当角色就绝对不能是学习目标和学习程序的“确定者”——教师什么都确定了，“以学生为本”就不可能是真实的。

《教育信息化十年发展规划(2011—2020 年)》指出，要培养学生信息化环境下的学习能力，适应信息化和国际化的要求，继续普及和完善信息技术教育，开展多种方式的信息技术应用活动，创设绿色、安全、文明的应用环境。鼓励学生利用信息手段主动学习、自主学习、合作学习；培养学生利用信息技术学习的良好习惯，发展兴趣特长，提高学习质量；增强学生在网络环境下提出问题、分析问题和解决问题的能力。

在学习方式的重大变革中，自主、合作和探究性学习不过是其中的几个起步类型，未来，开放性学习、个性化学习、发展性学习也必将成为学习的主要方式。在这些学习方式中，教师的角色就更加倾向于学习目标的预定者和学习程序的预定者，并且进行宏观的指导。

④教师由传统的知识、技能的培养者向学习技术、思维技术和信息技术的传授者和培养者转变

据英国技术预测专家测算，人类的知识，目前是每 3 年就增长一倍。西方白领阶层目前流行这样一条“知识折旧”律：“一年不学习，你所拥有的全部知识就会折旧 80%。”事实表明，世界不仅进入了学习的时代，而且已经进入了终身学习的时代。培养学生终身学习的能力，是教师的根本任务和教师职业的活力所在，学习方法、思维技术与信息技术的传授与培养成了教育的核心工作。

联合国教科文组织 1972 年发表的著名报告《学会生存》提出要突破学校教育的狭隘眼界，把教育扩展到人的一生，并且在终身教育体系的发展中逐步建立起一个“学习化的社会”。在高速发展的信息社会，每个社会成员不仅在学校中学习，而且在家庭、社会中生活，他们从社会交往和大众传播媒介中获得的信息与日俱增。“学习”的需求在客观上促使了教

师角色和作用的转变。

⑤教师由考试结果的反馈者向促进学生发展的评价者转变

信息时代,教师将由传统的考试结果的反馈者向促进学生发展的评价者转变。评价不同于反馈的根本点是,反馈是检测成绩的提供和分析,而评价则是对人发展需求进行估量和建议。评价者,既不单纯是“考试者”,也不单纯是“试卷讲改人”和“裁判者”,而是建立在“主持人”“投资人”基础之上的“协助者”,他帮助学生总结过去,并进而预定新的发展目标、发展程序和发展策略。

⑥教师由学习纪律、道德规范的维护者向情感的凝聚者和道德素质的提高者转变

传统的教师当然同时也是德育工作者,在信息时代,教师的德育工作任务不仅不会放松,相反还会加强。开放的网络融合了世界上的一切人,但同时也可能隔离了世界上的一切人,而网络角色的隐秘性同时也可能使人会更加放纵自己的欲望,所以,信息时代的德育既要强化,又要在完成基本道德规范和法律规范的基础上更具有针对性。

信息时代的教师要更多地把德育的重心放在学生的心理教育和人格健全方面。信息时代的学习需要更强的协作性,而同时,学生个体的个性发展需求也会更加强烈。协作可以使学习个体和集体双重受益,但协作的基础是健康的心理和健全的人格。

(2)教材概念和教材形式的变化

信息技术这种变化表现在以下三个方面:第一,教材概念不再仅仅体现为文字概念,许多资源的形式已经不是文字教材;第二,从教材的概念扩展为资源的概念;第三,从定量的概念走向超市的概念。

信息技术革命使传统的以纸版等印刷品为主的教材向多样化的信息载体过渡。现代信息化教材以 CD-ROM 教材和 web 教材为主。CD-ROM 教材包括计算机课件、专业数据库和信息检索系统等,可依靠计算机巨大的存储容量,开发功能强大的软件,兼容了音像教材和纸版教材的功能,不仅能实现真实再现,还能模拟真实过程,使静态信息转化为动态信息,使抽象概念形象化;web 教材则可利用 web 传播媒体,以最快速度推出新的教材或对现有的教材不断翻新充实。目前越来越多的教材实现了多媒体化,它们不但包括文字和图形,还能呈现声音、动画、录像以及三维图像,通过超媒体链接,使画面、声音、文字融为一个动态的连续过程,使书本知识鲜活起来。

我国正大力推进“三通两平台”建设,即宽带网络校校通、优质资源班班通、网络学习空间人人通,建设教育资源公共服务平台、教育管理公共服务平台。目前,“校校通”进展迅速;“班班通”成效显著;“资源平台”顺利运行,2014 年访问数近 10 亿次,成为最具规模与影响力的“数字教育资源超市”,教育资源琳琅满目,从“供给制”转向“教育超市”,可供学生自由选择。

(3)教育评价的转变

长期以来,我国的教育评价主要来自教育行政部门系统内部,最鲜明的特点就是单一:评价主体单一,缺乏社会各界的广泛参与,公信度不高;评价标准单一,往往将指标圈定在学校规模、论文发表数量、入学率、升学率等方面,科学性不够;评价结果单一,与学校达标升格、评选表彰、财政投入等直接挂钩,功利性太强。从某种意义上讲,单一意味着垄断。教育行政部门既当“运动员”又当“裁判员”,教育评价的科学性、公正性自然大打折扣。

随着我国以“互联网+”为代表的社会形态的形成，以及教育中“两基攻坚”的完成，我国教育正在经历从“有学上”到“上好学”、从追求规模到追求质量的内涵发展转变，以及从追求学业成绩到追求“核心素养”的科学教育质量观转变；不仅关注学生知识与技能获得的表现和发展，还要关注知识与技能背后的思维品质、思维模式等深层次的表现和发展，更要关注学生情感、态度、心理健康、身心发展、爱好特长等非学业表现和发展。

科学教育质量观追求每个学生的个性发展，是面向全体的质量观，更是“每个人的质量观”，即教育发展要“以学生为本”，注重学生个性的发展，为每个孩子提供合适的教育环境、教育内容、教育方法与教育策略。

(4)教学环境的变革

利用互联网技术构建智能化的教学环境，打破“一所学校、一间教室、一位教师、一群学生”的传统教学常态，是解决“如何教”与“如何学”问题的基础。教育智慧教学环境是一种综合性的教育环境。本质上，它是一种信息化教学系统，包括内容呈现、资源获取、交流互动、情境感知、环境管理5个维度；是一种支持校内的课内课外、校外的课内课外4个象限的教学，以教师、学生与管理人员3种人员为对象，运用探究式、情景式与远程协作式3种场景环境，结合虚拟与现实、在线与录播的混合式教学模式。直观上，它是一种能够识别学习者特征、感知学习情境、提供合适与快捷学习资源的互动工具。它还是一种可以自动记录学习者学习过程和测评其学习效果的学习场所。实际上，智慧教学环境就是支持者、技术、环境和资源等维度之间高互动的学习空间。

从传统课堂到智慧教室，再到智慧教学环境，发展过程不单是教学形态的变化，更是一种技术推动的教学理念的变化。智慧教学环境中师生之间是一种平等的、交互的关系；教学资源由师生共建与使用，是一种动态的组织，可以保存在局域网中、“内网”平台上，甚至在“云”端。智慧教学环境中的一切都是为“学”而设的，如慕课、翻转课堂等都是以学生为中心的教学模式，它们改变了传统的教育观念与教学形态，使教育的平等、自由与开放得到充分体现。这种环境是动态的，将随互联网技术的发展与现代教育技术的成熟而不断完善。

(5)教育方式变革

传统的教育方式以课堂教育为主要形式，以教师为教学主导，以文字化的教案为授课内容，进行面对面的正规教学。现代化的信息技术教学环境，类型多，功能广，特别是在多媒体网络教学环境中，教师可以根据教学内容、教学目标和学生的认知水平等不断采用适宜的教学模式，采用多样化的教学手段。

当前，电子书包、微课，博客、微信圈、QQ群、云个人图书馆等的发展与应用已成为基础教育信息技术的必要载体，其个性化、分散化、网络化的运行方式与课堂教学结合，带来了我国基础教育方式的急剧变化。这种变化不仅是工具性的简单变革，也是教育与学习方式的深层变化。

1.2　新媒体和新技术对教育的影响

新媒体是随着科技的发展以及人们对于信息的需求，以不同的形式出现的，成为人们生活中不可或缺的一部分，并且对社会、政治、经济、文化和人的观念及行为产生了巨大的影响。教育领域新媒体的应用更是催生了一场前所未有的变革。

1.2.1 新媒体及其特性

在新媒体成为时下流行词汇之时,首先需要对新媒体的概念进行辨析,理清新媒体的内涵与外延,认识新媒体的特性。

1. 新媒体的概念

互联网络技术的不断发展是催生21世纪新媒体及新新媒体的主要技术。新媒体的概念一直处在不断变化之中,目前世界上关于新媒体的定义尚没有定论。美国杂志对新媒体的定义为"所有人对所有人进行的传播",这一定义主要体现出新媒体前所未有的互动性。

《中国新媒体发展研究报告》曾经提到,"新媒体是基于计算机技术、通信技术、数字广播等技术,通过互联网、无线通信网、数字广播电视网和卫星等渠道,以电脑、电视、手机、个人数字助理、视频音乐播放器等设备为终端的媒体,能够实现个性化、互动化、细分化的传播方式。部分新媒体在传播属性上能够实现精准投放、点对点传播,如新媒体博客、电子杂志"。

中国社会科学院李慎明指出:从某种意义上,新媒体的性质已发生了根本性的改变,不仅远远超越了传统媒体的属性,而且大大突破了互联网和手机的传媒和通信工具角色,成为与人类社会深度融合,并促使国家社会发生全面变革的社会化媒体。

保罗·莱文森将互联网上的第一代媒介称为"新媒介"(New Media),如电子邮件、亚马逊网上书店、报刊的网络版、留言板、聊天室等;将互联网上的第二代媒介称为"新新媒介",如博客网(Blog)、维基网(Wiki)、"第二人生"(Second Life)、脸谱网(Facebook)、播客网(Podcast)、优视网(YouTube)等。这一阶段的新媒体和新新媒体改变着传统的大众传播和人际传播,它们聚集着海量的信息,并且具有更强的交互性与即时性。

2. 新媒体的特性

从技术和传播角度看,新媒体拥有数字化、大容量、超时空、超媒体、易检索的技术特性,以及即时性、交互性、去中心化、个性化、群族化和碎片化的传播特性。

(1)新媒体的技术特性

①数字化。早在20世纪末,美国学者尼葛洛庞帝就说"计算不再只和计算机有关,它决定我们的生存"。整个社会的结构和管理都在进行着数字化的革新,个人电脑、手机、数字电视等设备终端的全面联网,以往的线性单向传播向网状传播转变,使得现代人的生活方式和现代社会的传播状况产生质的改变。

②大容量。只要满足计算条件,一个新媒体数据库即可满足全世界的信息存储需要,而且成本较低。人们可以通过互联网进行大容量的信息传播。数字图书馆、维基百科等已经成为全球百科全书的新储存地。

③超时空。有了互联网和通信卫星,在地球的任何角落都可以接受到由新媒体传播的信息,完全打破了时间、空间等限制。

④超媒体。新媒体可以为用户提供的不仅仅是文本,图片、声音、影像等多媒体信息都可以通过"点击"获得。

⑤易检索。数字化的技术特性既能让互联网存储海量信息,又能为海量信息的检索提供方便。计算机技术和网络技术能提供检索查询的计算方式,用户只要输入相应的关键词,

就能通过超文本链接的方式快速、便捷地获得查询结果。

(2)新媒体的传播特性

①即时性,将“第一时间”“第一现场”牢牢掌握在手里。新媒体实现了信息的“零时间”即时传播。特别是手机这种新媒体的出现,超越了地域、时间和电脑终端设备等的限制,可以随时随地处在接收信息或发布信息的状态。

②交互性,每一个用户,不仅是发布者、传播者,还是接受者。传统媒体以单向传播为主,而互联网、手机等新媒体的兴起,使信息传播者和受众之间的互动更广泛、更快捷、更深入。信息在传播中不仅仅是单向的发布和传播,同时可以进行反馈和逆向交流。双方都对内容拥有相互的控制。

③个性化,为特定用户的需要提供专业化的信息服务。在强大的技术支持下,新媒体可以通过受众反馈分析系统分析受众的心理,为个人提供其所需要的各种服务。

④碎片化,利用任何零散的时间获取信息。新媒体提供的一个完全没有时空障碍的信息接触模式,使人们不再需要每天特意留出那几个小时去看电视、听广播以获取信息,受众接受信息的时间越来越零散,公交上、地铁中、下课时、午餐后……受众接受信息呈现碎片化特性。

1.2.2　新技术及其特点

随着时代的发展,各类新的技术不断涌现,改变着人们的生活和学习方式。

1. 层出不穷的新技术

新媒体联盟(NMC)是一个全球性的非营利性机构,致力于开发和利用新媒体和新技术,与ELI(美国高校教育信息化协会学习项目的开创者)及其他的组织合作,每年都会出一期《国际教育信息化发展地平线报告》,旨在预测未来五年内全球范围的新兴技术在学校中将会产生的影响。其近几年追踪的新技术如表1-2所示。

表1-2　新媒体联盟追踪的新技术

类型	主要内容
消费者技术	3D视频、无人驾驶飞机、电子出版、移动应用、量化自我、平板电脑、远端临场、可穿戴技术
数字化策略	自带设备、翻转课堂、游戏和游戏化、位置智能、创客空间、保护和复原技术
互联网技术	云计算、物联网、实时翻译、语义应用、单点登入、聚合工具
学习技术	奖章(微学分)、学习分析、大规模开放网络课程、移动学习、在线学习、开放内容、开放许可、个人学习环境、虚拟和远程实验室
社交媒体技术	合作环境、集体智慧、众筹资金、众包、数字身份、社交网络、隐性智能
可视化技术	3D打印(快速成型)、增强现实、信息可视化、立体显示和全息显示
使能技术	情感技术、神经网络、电震动、柔性显示器、地理位置应用程序接口、基于位置的服务、机器学习、多跳网络、移动宽带、自然用户界面、近距离无线通信、下一代电池、开放硬件、语音对语音翻译、统计机器翻译、虚拟助手、无线电源

消费者技术(Consumer Technologies)主要是指那些用于休闲和专业用途的技术工具。

尽管最初设计它们并不是为了在教育中应用,但是作为学习的辅助手段,它们也很适宜在校园采用。此外,这些技术之所以进入校园生活是因为人们在家中或其他场合都在广泛使用。

数字化策略(Digital Strategies)自身并不是一些具体的技术,而是指使用设备和软件来丰富课内外教与学的方法。有效的数字化策略既能用于正式学习,也能用于非正式学习。它们超越了传统的思想和学习活动,创造了一些新的、有意义的、富有21世纪特点的策略,这些让它们极具吸引力。

互联网技术(Internet Technologies)包括互联网使用技术以及关键性的基础设施,让我们同网络的交互更加透明、有序、便捷。

学习技术(Learning Technologies)包括专门为教育而开发的工具与资源,也包括在相关策略指导下,经过修改后用于学习的具有其他用途的工具。这个类别所包含的技术正在改变学习的各个方面,无论是正式学习方面还是非正式学习方面,从而让学习变得更易获得,也更个性化。

社交媒体技术(Social Media Technologies)也可以看作是消费者技术这个类别的子项目,但是它们变得如此普及,广泛应用于社会的各个方面,因此值得组成一个独立的类别。尽管社交媒体已经很发达了,但是在不断出现的新思想、新工具和新业务的冲击下,仍然以很快的节奏发展。

可视化技术(Visualization Technologies)包括从信息图形化到复杂的视觉数据分析等各种技术。

使能技术(Enabling Technologies)是一些能够有希望按照我们对设备与工具的期望而改变的技术。这类技术与学习的联系并没有那么容易建立,但是它能够培育大量的技术创新。使能技术扩展了工具的适用范围,让它们功能更加强大,用途更加宽广,也更加容易使用。

2. 新技术的共同点

新技术的共同特点在于它们都在挖掘人脑内部快速处理视觉信息、进行模式识别以及在复杂情境中认识规则的能力。这种技术通常会让复杂问题变得简单,为挖掘大数据、探索动态过程、将操作化繁为简提供越来越多的工具与流程。

1.2.3 新媒体和新技术对教育的影响

新媒体、新技术将对教育产生深远的影响,促进教育的现代化。

1. 重新设计学习空间

随着传统教学模式的演变和新兴技术在全球课堂教学中不断获得稳固地位,正规的学习环境需要升级,以应对21世纪学习实践的变化。传统教育历来以教师为中心进行教学,主要通过教师讲授来传递知识。现在,以学生为中心的教学法正在被采用,以更好地为学习者未来就业做准备,这就需要对教室进行重新设计以支持这种转变。另外,建筑和空间设计领域的创新思维正在影响学校基础设施的可持续设计和构造,这些也对教室开展的实践活动和学生学习有潜在的重要影响。

现代空间设计的成功典范正在适应21世纪学习者的需求,更加灵活的学习环境包括有助于学习的可移动设备和技术,这些已经被证明能够改变学生和教师的行为,并能改善学生的学习效果。例如“21世纪学习环境评估”,为学习空间的开发提供了多学科评估框架,以便为连接课程、教学法、教学的物理和虚拟空间以及其他影响学生学习经验的变量提供支持。

图1－1 “21世纪学习环境评估”项目
（图片来源：http://e21le.com/project/）

2. 开展协作学习

“协作学习”，通常也被称为“合作学习”（Cooperative Learning）。随着技术成为重要的推动力，协作学习在世界各地的学校和课堂得到越来越普遍的应用。世界经济论坛（The World Economic Forum）最近发布的一份报告表明，现代技术正在提高沟通和合作能力，扩大合作学习策略的范围，从而影响学生解决复杂挑战的方法。技术使教师超越了地理位置的阻隔，将全球性的实践社区关联起来，从而促进了学生的相互协作。虽然协作学习已经获得了发展，但是学生保持勤奋依然重要。协作方法具有社会属性，它有助于激发学习者个体思考，从而提升学习者的参与水平。在体验了一种协作和个体相混合的任务之后，学生的学习便得到优化。成功的协作学习策略，鼓励学生提高成绩、讨论、自信和主动学习。

技术应用于更深层次的协作学习时，就能帮助学生将自己的想法和项目整合起来，同时，也有助于整合来自网络的各类资源，扩大学生的学习空间。数字工具是促进协作学习的基本要素，在同步和异步环境中提供了交流和活动的平台。协作学习策略搭配良好的技术，能够极大地改善学习者的社会性和情感技能的发展。云计算在加强协作方面的作用尤其值得称赞，特别是在教师、学生和家长沟通方面更是显示出无限的潜能。通过在共同虚拟位置中使用基于云的协作工具，人们可以很容易地访问和共享彼此的学习材料，并能实时更新。

图 1－2　日本未来大学 3D 虚拟世界中的协作性学习

（图片来源：http://signofthekite. com/engineering-active-learning-in-3d-virtual-worlds/）

3. 探索深度学习策略

深度学习不是一个新概念，深度学习旨在帮助学生掌握周围世界的新知识和技能。教学策略也从被动接受转向主动获取的学习，让学生从新的信息中形成自己的观点，并能够掌握他们参与的科目。这种策略包括基于问题的学习、基于项目的学习、基于挑战的学习、基于探究的学习，并借此鼓励学习者创造性地解决问题并积极实施解决方案。

技术的应用和支持推进了深度学习的不断发展，提高了学生学习和协作的质量、广度和范围。例如，学生正在使用像推特（Twitter）这样的社交媒介平台发现新知识和发表新观念。教育者发现使用同样的平台也可以使学生与当地及全球的相关问题相连接，使学生在全球范围内探索和交流观点。

图 1－3　新网科技提供的基于问题的学习项目

（图片来源：https://newtechnetwork. org/impact/）

4. 学生成为创客

世界范围内的学校都在发生变化，学习者不仅是课程内容的消费者，更可以以知识创建者的身份探索相关主题。K－12 教育通过一系列数字工具支持这种转变；事实上，移动技术的发展为创造媒介和原型提供了更高水平的便利条件。这可能是由于部分社交媒介的应用，如人们可以通过 Instagram 和 Snapchat 等社交媒介分享照片和短视频等日常故事。许多教育家认为,学习者通过这些创新技能的磨炼,可以形成深度学习的经验,从而使学生通过调查、叙事、生产成为相关主题的权威。这一趋势还表现在其他方面,如游戏开发、创作和编程等可用于培养学习者的发明意识和创业意识。随着学生在教育资源方面成为越来越活跃的生产者和发布者,学校强调合理使用资源的规则很有必要。

数字工具,如内置分析和自适应学习平台的移动应用程序,则可以提供更多检测和跟踪各种步骤的机会,在亲自实践来开展学习活动的背景下,学习环境将变得更加有助于发展创造力。

图1-4　澳大利亚一所图书馆中的创作空间

(图片来源:https://jchild.edublogs.org/2016/04/29/coding-in-our-library-makerspace/)

5. 推动个性化学习

个性化学习涉及一系列用以回应个体学生特定学习需求、兴趣、渴望以及文化背景的教育项目、学习经验、指导方针、教学策略。目前主要的障碍是学校系统缺乏相关技术基础,在线学习环境和自适性学习等技术的发展,则为支持学生个性化学习提供了可能。这些技术提供了更多的学习选择以及差异化学习服务来支持全面实施个性化学习。人工智能的发展使其融入个性化学习软件中,给学生提供了更多的互动性,能够促进深度学习。当然,仅靠科技并不足以解决问题,个性化学习必须将有效的教学法和教师的努力结合起来。

1.2.4　教育领域中新技术的应用趋势

新兴技术的快速发展,为全球教育领域的研究者和实践者提供了前所未有的机遇。最近几十年,计算机、交互式设备、多媒体和互联网在教育中得到了越来越多的应用。越来越多的研究者意识到,在当前的知识化和信息化社会中,技术正在教育、经济和社会变革中扮演着越来越重要的角色,发挥着越来越重大的作用。新兴技术具备提升学习效率和教学效果的潜力,催生了一些新的教学方式和学习模式。

1. 新技术教育应用的趋势

为了帮助中国中小学学校领导及相关决策人员及时了解有利于促进全国基础教育阶段教学、学习以及创造性探究的教育技术领域重大发展态势,美国新媒体联盟(NMC)与北京师范大学智慧学习研究院合作研究,形成了《2016新媒体联盟中国基础教育技术展望:地平线项目区域报告》。报告对新技术的在教育中的应用进行了相应的研究。表1-3为新技术教育应用的重要发展趋势。

表 1－3　新技术教育应用的重要发展趋势

适用时间	名称	描述	教育相关性
一年之内	云技术	云计算技术是通过互联网，从专门的数据中心向用户提供可扩展的定制性服务和工具的技术（无须本地进行数据处理，也不消耗本地存储资源，支持协作、文件存储、虚拟化，并可定制使用时长）。几乎所有教育机构都在或多或少地使用“云”，中国的很多学校也正在部署类似的基于“云”的战略措施，以促进教学与学习方面的协作性、生产力与移动性	1. 使用云计算技术的成本要比建设和运营专用数据中心低廉很多。在学校层面，学校可灵活选择供应商所提供的电脑运算能力、网络带宽及存储功能，而且可以动态地对其进行重新配置。在用户层面，使用安全的云资源要比购置正版产品更具价格优势。 2. 学习者可以更为便捷地获取存储空间、工具、媒体资源和其他教育资源。 3. 支持协作学习
	翻转课堂	翻转课堂是一种对课堂内外时间的运用进行重新安排的学习模式。在这种模式中，教师不再利用课堂时间传播知识，取而代之的是学生在课后借助观看视频讲座、收听播客、阅读增强型电子书或者网络资源、与网络社区同伴协作等形式等学习知识。教师可以投入更多时间与每个学生进行互动交流。课堂时间主要用于开展高认知性、高主动性的项目式学习，学生以共同研究解决当地或全球性挑战，将所学知识应用于现实世界，以便更深刻地理解学科内容	1. 要求为学生提供多样化的学习资源，以支持其自我导向学习。 2. 强调更为主动的学习：在家观看讲座并展开在线讨论，而老师则利用课上时间让学生进行实际操作或带学生去户外体验。 3. 网络在线内容可让学生按照其自身情况重复重要的学习活动，例如，重复观看视频以及无限次地进行虚拟实验，以便于更好地掌握课程内容
	创客空间	21 世纪初，人们对于何种类型的技能才对快速发展的世界具有真正应用价值的看法已发生了转变。随着越来越多的人开始接触和使用 3D 打印机、机器人及 3D 网络建模软件，创造力、设计与工程技术正走向教育关注的最前沿。如何革新教室以满足未来的需要，创客空间为这一问题提供了答案——通过提供所需工具及学习体验，帮助学习者实现自己的想法	1. 配备技术和设备，是一种多用途的工作间，代表了虚拟世界和真实世界的创造力。 2. 可以在课外使用，为教师和学生提供了做自己想做的东西的地方，或者参加课外训练营，运用多种多样的工具提高设计技能。 3. 鼓励规划、构建和传递的教学法，如探究式学习和设计思维均能在创客空间得以贯彻
	移动学习	随着智能手机和平板电脑功能的愈加强大，人们愈发希望无论他们身在何处都能够上网及时获取网络上丰富的知识。全世界的学习机构都为自己的课程开发 App 应用软件，修改网站、教育材料、资源及工具，以便更好地适配于移动设备。移动设备、各类 App 应用发展空前，能够满足几乎所有形式的学习体验，允许学生与全世界的伙伴召开虚拟视频会议、运用专用软件和工具、通过云端来实现分享文献和项目协作等	1. 作为 1∶1 的解决方案，其更低的造价、更大的便携性及更易使用 App 应用的特点，使其成为台式电脑和手提电脑的替代品。 2. 移动应用内置的社交功能可以让学生及时地分享生活中的问题及发现，让学生相互交流想法、笔记、作业和视频。 3. 学生们可以利用相机、麦克风等手机内置工具进行实地工作或者创造富媒体内容，可以更为方便地进行录制访谈、收集实验数据等活动

续表 1-3

适用时间	名称	描述	教育相关性
二至三年	3D打印	工业界普遍将3D打印视作一种快速成型技术。3D打印运用3D建模软件、计算机辅助设计工具、计算机辅助断层摄影技术(CAT)和X射线结晶学,将三维数字内容建构成为实际物品。3D打印机以电子文件为基础创建实体模型或原型,通过挤压法处理塑料和其他柔性材料,或使用喷墨法将黏合剂喷涂在一层很薄的凝固粉末上,一次创建一层,几乎可以构建出任何物体的3D实物雏形。现在,人们越来越多地将3D打印机作为一种鼓励实践学习和设计思维的工具	1. 允许对一些学校不易得到的物品进行真实探究,包括动物解剖模型、古工艺品和有毒材料。 2. 作为快速成型及生产工具具有很好的前景,让学生可以有机会亲手触摸和拿起他们自己创建的模型,甚至还可以把它们带回家去。 3. 对3D打印物的探索,从设计到生产的各个环节,以及展示和参与机会,赋予了学习活动新的可能
	3D视频	这种沉浸式的视频观看技术正在日趋完善。新型相机,更为优质的观看眼镜、投影系统、软件和显示器,正开始将3D视频推至消费层面,进而催生新形式的创意表达与成像技术。许多时下流行的应用程序及软件使得各个年龄段的人群都能制作出3D视频。 3D视频要求同时捕获两个图像,捕捉方式与人眼捕捉图像的方式相同。捕捉完成后,两个图像必须以某种特定的方式显示或投影,从而使我们的眼睛和大脑能够在专用眼镜的帮助下将其充分分解,感受到逼真的效果。新的3D视频基于LED系统,无须佩戴专用眼镜,发展前景十分广阔	1. 3D视频有望为学习者提供情境化、身临其境的学习体验,通过虚拟仿真让学习者获得如同在真实世界中探索般的感受。例如,它可以让复杂抽象的科学概念变得更加直观明晰。 2. 在Eon Reality公司创新技术的支持下,3D学习技术的进步实现了将3D测试、文本及用来进行实时知识检测的插图符号整合嵌入视频中。 3. AutoCAD、SketchUp等工具的出现,使得低龄学生也能够很容易地创作3D视频,并在此过程中学会3D建模和动画制作等21世纪所需的技能
	学习分析	学习分析是网络分析在教育领域的应用。教育领域也在着手进行类似的数据科学方面的分析,其目标是通过收集和分析个体学生在网络学习活动中交互的大量细节数据,掌握他们的学习特征,以建构更好的教学法、让学生主动参与学习、定位困难学生群体、评估影响学生毕业及成功的因素。对中国的学习者、教育者以及研究人员来说,学习分析可以为促进学生进步提供重要且深入的意见,同时还可以用来指导学生与传递教学的在线文本、课件和学习环境之间的交互。学生们在使用移动和在线平台的时候,便开始体验学习分析带来的益处,因为平台能够通过追踪行为数据来为其创设响应式的和个性化的学习体验	1. 倘若能够有效地运用学习分析,就能及早发现学生学习是否存在困难,这样一来,教师和学校也可以迅速解决存在的问题。 网络环境下学习分析技术背后的原理可用于开发符合学生个人实时学习曲线的自适应学习软件。 2. 如若运用得当、解读合理,学习分析将有助于教师更加精准地了解学生的学习需求,进而适当调整教学

续表 1－3

适用时间	名称	描述	教育相关性
二至三年	慕课	“大规模开放在线课程”，人们可以在世界上任何地方参与学习，潜在参与者数以千计。其赖以建立的基石是一套由特定领域的专家、教育者和教师们提供的数量庞大、题材广泛的内容，这些内容将被汇入诸如网站之类的中央资料库。这套内容尤为与众不同之处在于其具有“可重组性”，也就是说材料不一定是为了放在一起而设计的，而是通过慕课才彼此关联的。 目前慕课更多的是针对高等教育领域，在基础教育阶段尚未成为主流，但因其形成的针对在线学习的重要讨论很值得关注	1. 由于新教学法强调个性化学习，因此需要更多以学生为中心的在线学习机会。慕课有望在全国实现规模化。 2. 慕课创造性地运用了几种教育技术和新兴教学方法，包括混合式学习、视频讲座和数字徽章。 3. 多样化的学习资源通过慕课上传至网上，教师可以轻而易举地获取这些学习资源，然后进行自主学习，获得免费的职业发展机会
四至五年	自适应学习技术	自适应学习技术是指适应个体学生学习需要的软件和网络平台。自适应学习是“复杂的、数据驱动的、很多时候非线性方法的教学与辅导。它根据学习者的交互及其表现水平而调整，并随之预测学习者在某个特定时间点需要哪些学习内容和资源方能取得进步”。当代教育工具已能获知人们的学习方式；借助于机器学习技术，这些工具可适应每个学生的学习进展，实时调整学习内容，或在需要时提供量身定制的练习。很多教育者将这些自适应平台视为富有耐心的辅导教师，可以大规模地为学生提供个性化的指导。自适应学习技术有两个层面——第一个层面对个人用户数据做出反应并相应地改编指导材料；第二个层面利用大样本用户聚合数据为课程的设计和改编提供参考	1. 自适应学习系统通常提供非常直观的可视界面，因此，学习者可以更好地了解哪些习惯及活动有助于自己更为高效地学习。 2. 自适应学习技术将某些特定的概念和技巧与学习者学习材料时的交互方式相关联，当学习者需要帮助以更好地理解主题内容时，自适应学习技术能够相应地选择合适的算法，为学习者提供更多的资源。 3. 如运用得当，自适应学习技术可以促进学生更为个性化地学习，同时为教育机构提供关键性见解以促进其教学成效
四至五年	智能评分技术	智能评分技术是一种日益融入虚拟环境中的学习评估工具。随着网上教学视频和教材的逐渐增多，学生可以随时进行学习，因此，自动反馈及评分功能有望增强学习内容，使其更具互动性及有效性。在最基本层面，佳能等公司已开发出智能评分解决方案，其本质上相当于一个考试题库，利用基于云的内容管理软件构建试题，因此教师可随时随地进入系统、组织测验、查看结果。如麦格劳·希尔集团开创的ALEKS，为智能评分技术开启了一扇新大门，教师们可以利用其互动性特点和测验模块持续评估学习效果，同时指出学生有待提高的部分。 由于学校越来越鼓励学生通过自己喜欢的方式展示新学的知识，关于如何最有效地评估学生学习效果的问题也随之显现。对于一方面倡导动手实践活动、一方面又要寻求对全班同学综合评估方法的教师来说，这一任务尤其棘手。虽然尚处于理想化的概念构想阶段，但下一代智能评分技术有望实现对创意性成果的自动评估	1. 智能评分技术使教师们无须亲手为每一份作业打分，使他们有更多的时间专注于推动实践性学习活动以及深入课堂讨论。 2. 智能评分技术使创造性学习实践的评估方式标准化，有助于学校及地区保持一致的评估体系。 3. 将评估植入网络学习环境，有助于学生更好地了解自己在重大考试时段内的学习情况

续表 1－3

适用时间	名称	描述	教育相关性
四至五年	虚拟及远程实验室	虚拟及远程实验室是教育机构一项新的探索，其目的是力图使学习者无论身在何处都能通过网络更加便利地使用实体科学实验室的设备和组件。虚拟实验室是一种网络应用程序，它可以模拟真实实验室的操作，使学生在使用真实的实体组件之前，在一个“安全”的环境中进行练习。通常，无论学生身在何处，都可以全天候访问虚拟实验室，并可反复进行同一实验。一些新兴的虚拟实验平台还包含填写实验结果报告的模板，使学生及教师可以更为便利地检验实验结果。另一方面，远程实验室提供了一个与现实实验室对接的虚拟接口。那些无法接触高精实验设备的机构，可以通过远程访问虚拟实验室的中央处理系统获得实验工具，从而开展在线实验和研究工作。用户可以通过网络摄像头，在计算机、手机等设备上远程操作并观看实验的运行情况。这使得学生可以真实地观察系统行为，并可根据需要随时随地访问专业的实验室器材。此外，远程实验室可以有效减缓教学机构的经济负担，学校无须购买特定设备，就可远程使用一些有使用权的实验设备	1. 由于在虚拟实验室中不会接触到真实的器材或化学药品，这种完全安全的环境可使学生更为轻松地面对实验中可能会出现的错误。 2. 教师可以回放学生在线操作实验的录像，精确找到有待提高或需深入讨论的部分，并表扬表现出色的学生。 3. 虚拟及远程实验室使学生有更多机会通过无线网络或蜂窝网络使用科学工具。在学校环境下，它还有助于解决很多问题，包括避免让孩子接触存在潜在危险的材料和操作
	可穿戴技术	可穿戴技术指的是能够被用户以配饰形式（例如穿戴珠宝首饰、墨镜、背包乃至鞋子或夹克等真实服装）所佩戴的计算机设备。可穿戴技术的优势在于它能够便利地整合睡眠监测、运动记录、地理定位和社交媒体等工具的交互；甚至还能在高清立体虚拟眼镜等装置的帮助下，实现虚拟现实。某些新设备甚至能够无缝融入用户的日常生活和活动。在过去的两年里，谷歌眼镜（Google Glass）一直将可穿戴技术作为研究重点，它使用户可以看到视野内各种事物的相关信息。三星、索尼、Pebble等公司的智能手表已经允许用户通过微型界面收发邮件和执行其他任务。由于“量化自我”运动，如今可穿戴技术不仅能追踪一个人去了哪里、做了什么、耗时多久，甚至还可以捕捉到使用者当下的理想志向以及预期实现时间。 最受欢迎的可穿戴设备Bong X、华为Talk Band和小米手环，可以监测人们的动作、训练及其他与健康相关的各类活动。这对基础教育阶段（K－12）的体育教育、营养及健康等方面问题均有重大影响	1. 高效的可穿戴设备俨然已经成了佩戴者自我的延伸。佩戴者可以轻松地处理日常活动，诸如收发邮件，这可以保证学生和教师即使在活动之中也可以持续工作。 2. 在正式的课堂情境中，学生们将时间花费在收集与自身或者与老师布置的作业相关的数据上。具有量化自我功能的可穿戴设备迎合了这一需求，使数据采集过程更为简单容易。 3. 高清立体虚拟眼镜等可穿戴设备给用户提供了增强版的虚拟现实体验，使模拟活动更加逼真，使用户更加身临其境

（素材来源：L. 约翰逊，刘德建，黄荣怀，S. 亚当斯贝克尔，高媛，M. 康明斯，A. 大卫，V. 埃斯特拉达《新媒联盟中国基础教育技术展望：地平线项目区域报告》，奥斯汀，德克萨斯：新媒体联盟，2016）

2. 中国全球技术应用于教育的重要发展趋势比较

随着信息时代的到来，技术已经融入我们生活的方方面面，数字素养也就成了公民需要具备的基本素养之一。同样，技术的突飞猛进，使得学习者对其的依赖性越来越强，正式学习与非正式学习的界限也因此变得愈发模糊。因此，不管是提升数字素养还是混合采用正式与非正式学习，都是可以应对的挑战。

表 1－4　新技术教育应用发展趋势比较

技术应用的重要发展		
	中国	全球
一年以内	翻转课堂、移动学习、创客空间、大规模开放在线课程	自适应学习技术、移动学习
两到三年	学习分析及适应性学习、增强现实及虚拟现实技术、虚拟和远程实验室、量化自我	物联网、下一代学习管理系统
四到五年	情感计算、立体显示和全息显示、机器人技术、机器学习	人工智能、自然用户界面
推动技术应用的关键趋势		
	中国	全球
短期趋势	更多应用混合式学习设计、开放教育资源快速增加、STEAM 学习的兴起	混合学习设计、协作学习方法
中期趋势	重设学习空间、跨机构协同日益增加、反思高校运作模式	持续关注测量学习、重设学习空间
长期趋势	程序编码素养的兴起、推进变革和创新文化、转向深度学习方法	推进创新文化、深度学习方法
影响技术应用的重大挑战		
	中国	全球
可应对的挑战	将技术融入师资培训、混合采用正式或非正式学习、提升数字素养	提升数字素养、混合正式与非正式学习
有难度的挑战	个性化学习、教育大数据的管理问题、推广教学创新	跨越代沟、增强数字平等
严峻的挑战	培养复合思维能力、平衡互联生活和非互联生活、重塑教师角色	管理知识过时、重塑教师角色

（素材来源：《电化教育研究》2017 年第 4 期）

1.3　重塑教师角色

传统的教师一直扮演着讲授者的角色，通过耳提面命将知识灌输给学生，但技术的发展却打破了这样的传统，使得教师面临着巨大的压力。人们越来越多地期待教师能够善于运用各种基于技术的方法或是其他方法传授内容、帮助学生及进行学习评估；能与校内外专家、老师合作，将数字化策略运用到日常学生工作中去；能充当向导和导师，促进以学生为中心的学习。教师的角色开始转变，技术的介入让教师从课程的主讲者和知识的唯一传授者逐渐转向学生的引导者及课堂的管理者，却始终没有哪一种教师角色得到了广大研究者和一线教育教学实践者的广泛认可。事实上，教师角色可能远没有一个标准化的答案，教师需要根据课程内容、教学方法、知识特点、学习资源、教学工具等因素，不断地调整自己的角色和定位，才能真正提升教育教学的效率和效果。因此，如何重塑教师的角色，将成为中国乃至全球教师教育中的严峻挑战。

数字经济时代人类的社会生存与认知方式都在发生着改变，适应信息社会特征的“数字智慧”成为人们生存的新技能。这种数字智慧凸显出信息社会对人类思维方式转变的要求，直接指向了数字时代人们应用技术的能力，以及借助技术实现超越自身天赋的能力。顺应这种数字智慧的时代变革，教师应学会如何应用信息技术促进教学变革。这种变革促使教师从身份感知、教学理念、教学方式和活动交往上都需做出创造性的改变，即从知识的传授者到知识的引导与组织者，从课程的执行者到课程开发者，从以教材为主的教书匠到教育的研究创新者，从知识固守者到终身学习者。这种教学能力直接指向了如何利用信息技术更加有效地重组与创造资源，为学习者提供更加个性化、更具灵活性的教学。数字时代教师教学能力同传统教师教学能力相比，重要的变革维度就是教师要思考如何应用信息技术使教学更加有效。

1.3.1　中小学教师信息技术应用能力标准(试行)

信息技术应用能力是信息化社会教师必备专业能力。为全面提升中小学教师的信息技术应用能力，促进信息技术与教育教学深度融合，特制定《中小学教师信息技术应用能力标准(试行)》(以下简称《能力标准》)。

一、总则

(一)《能力标准》是规范与引领中小学教师在教育教学和专业发展中有效应用信息技术的准则，是各地开展教师信息技术应用能力培养、培训和测评等工作的基本依据。幼儿园、中等职业学校教师参照执行。

(二)《能力标准》根据我国中小学校信息技术实际条件的不同、师生信息技术应用情境的差异，对教师在教育教学和专业发展中应用信息技术提出了基本要求和发展性要求。其中，Ⅰ.应用信息技术优化课堂教学的能力为基本要求，主要包括教师利用信息技术进行讲解、启发、示范、指导、评价等教学活动应具备的能力；Ⅱ.应用信息技术转变学习方式的能力为发展性要求，主要针对教师在学生具备网络学习环境或相应设备的条件下，利用信息技术支持学生开展自主、合作、探究等学习活动所应具有的能力。本标准根据教师教育教学工作与专业发展主线，将信息技术应用能力区分为技术素养、计划与准备、组织与管理、评估与诊断、学习与发展五个维度。

二、基本内容

维度	Ⅰ.应用信息技术优化课堂教学	Ⅱ.应用信息技术转变学习方式
技术素养	1.理解信息技术对改进课堂教学的作用,具有主动运用信息技术优化课堂教学的意识	1.了解信息时代对人才培养的新要求,具有主动探索和运用信息技术变革学生学习方式的意识
	2.了解多媒体教学环境的类型与功能,熟练操作常用设备	2.掌握互联网、移动设备及其他新技术的常用操作,了解其对教育教学的支持作用
	3.了解与教学相关的通用软件及学科软件的功能及特点,并能熟练应用	3.探索使用支持学生自主、合作、探究学习的网络教学平台等技术资源
	4.通过多种途径获取数字教育资源,掌握加工、制作和管理数字教育资源的工具与方法	4.利用技术手段整合多方资源,实现学校、家庭、社会相连接,拓展学生的学习空间
	5.具备信息道德与信息安全意识,能够以身示范	5.帮助学生树立信息道德与信息安全意识,培养学生良好行为习惯
计划与准备	6.依据课程标准、学习目标、学生特征和技术条件,选择适当的教学方法,找准运用信息技术解决教学问题的契合点	6.依据课程标准、学习目标、学生特征和技术条件,选择适当的教学方法,确定运用信息技术培养学生综合能力的契合点
	7.设计有效实现学习目标的信息化教学过程	7.设计有助于学生进行自主、合作、探究学习的信息化教学过程与学习活动
	8.根据教学需要,合理选择与使用技术资源	8.合理选择与使用技术资源,为学生提供丰富的学习机会和个性化的学习体验
	9.加工制作有效支持课堂教学的数字教育资源	9.设计学习指导策略与方法,促进学生的合作、交流、探索、反思与创造
	10.确保相关设备与技术资源在课堂教学环境中正常使用	10.确保学生便捷、安全地访问网络和利用资源
	11.预见信息技术应用过程中可能出现的问题,制订应对方案	11.预见学生在信息化环境中进行自主、合作、探究学习可能遇到的问题,制订应对方案
组织与管理	12.利用技术支持,改进教学方式,有效实施课堂教学	12.利用技术支持,转变学习方式,有效开展学生自主、合作、探究学习
	13.让每个学生平等地接触技术资源,激发学生学习兴趣,保持学生学习注意力	13.让学生在集体、小组和个别学习中平等获得技术资源和参与学习活动的机会
	14.在信息化教学过程中,观察和收集学生的课堂反馈,对教学行为进行有效调整	14.有效使用技术工具收集学生学习反馈,对学习活动进行及时指导和适当干预
	15.灵活处置课堂教学中因技术故障引发的意外状况	15.灵活处置学生在信息化环境中开展学习活动发生的意外状况
	16.鼓励学生参与教学过程,引导学生提升技术素养并发挥其技术优势	16.支持学生积极探索使用新的技术资源,创造性地开展学习活动

续表

维度	Ⅰ.应用信息技术优化课堂教学	Ⅱ.应用信息技术转变学习方式
评估与诊断	17.根据学习目标科学设计并实施信息化教学评价方案	17.根据学习目标科学设计并实施信息化教学评价方案,并合理选取或加工利用评价工具
	18.尝试利用技术工具收集学生学习过程信息,并能整理与分析,发现教学问题,提出针对性的改进措施	18.综合利用技术手段进行学情分析,为促进学生的个性化学习提供依据
	19.尝试利用技术工具开展测验、练习等工作,提高评价工作效率	19.引导学生利用评价工具开展自评与互评,做好过程性和终结性评价
	20.尝试建立学生学习电子档案,为学生综合素质评价提供支持	20.利用技术手段持续收集学生学习过程及结果的关键信息,建立学生学习电子档案,为学生综合素质评价提供支持
学习与发展	21.理解信息技术对教师专业发展的作用,具备主动运用信息技术促进自我反思与发展的意识	
	22.利用教师网络研修社区,积极参与技术支持的专业发展活动,养成网络学习的习惯,不断提升教育教学能力	
	23.利用信息技术与专家和同行建立并保持业务联系,依托学习共同体,促进自身专业成长	
	24.掌握专业发展所需的技术手段和方法,提升信息技术环境下的自主学习能力	
	25.有效参与信息技术支持下的校本研修,实现学用结合	

三、实施要求

(一)地方各级教育行政部门要将《能力标准》作为加强中小学教师队伍建设的重要依据,充分发挥《能力标准》的引领和导向作用,将信息技术应用能力提升纳入教师全员培训,开展教师信息技术应用能力测评,建立并完善推动教师主动应用信息技术的机制,切实提升广大教师信息技术应用能力,为全面推动教育信息化,深化课程改革,实现教师专业自主发展奠定坚实基础。

(二)有关高等学校和教师培训机构要将《能力标准》作为教师培养培训工作的重要依据,加强相关学科专业建设,完善培养培训方案,科学设置培养培训课程,创新培养培训模式,加强师资队伍和课程资源建设,开展相关研究,促进教师专业发展。

(三)中小学校要将《能力标准》作为推动教师专业发展和教师管理的重要依据。制订教师信息技术应用能力提升规划,整合利用校内外培训资源,做好校本研修,为教师提升信息技术应用能力提供有效支持。要完善教师岗位职责和考核评价制度,推动教师在教育教学和日常工作中主动应用信息技术。

(四)中小学教师要将《能力标准》作为自身专业发展的重要依据。要主动适应信息化社会的挑战,充分利用各种学习机会,更新观念、补充知识、提升技能,不断增强信息技术应用能力。要养成良好的应用习惯,积极反思,勇于探索,将信息技术融于教学和师生交流等各个环节,转变教育教学方式,促进学生有效学习和个性化发展。要善于利用信息技术,拓宽成长路径,实现专业自主发展,做终身学习的典范。

附录

术语表

1.多媒体教学环境:包括简易多媒体教学环境与交互多媒体教学环境。简易多媒体教学环境主要由多媒体计算机、投影机、电视机等构成，以呈现数字教育资源为主。交互多媒体教学环境主要由多媒体计算机、交互式电子白板、触控电视等构成，在支持数字教育资源呈现的同时还能实现人机交互。

2. 通用软件：是指广泛应用于教育教学活动中的通用性软件，例如办公软件、即时交流软件、音视频编辑软件等。

3. 学科软件：是指特别适用于某些学科的软件，如几何画板、在线地图、听力训练软件、虚拟实验室等。

4. 数字教育资源：是对教学素材、多媒体课件、主题学习资源包、电子书、专题网站等各类与教育教学内容相关的数字资源的统称。

5. 信息化教学：与传统教学相对而言，泛指以信息技术支持为显著特征的教学形态。

6. 技术资源：是对通用软件、学科软件、数字教育资源和网络教学平台等资源的统称。

7. 网络教学平台：是对能够为教育教学活动开展提供支持的网络平台的统称，如网络资源平台、网络互动平台、课程管理平台、在线测评系统、在线教学与学习空间等。

8. 移动设备：是对便携式计算通信设备的统称，如笔记本电脑、平板电脑、智能手机等。

9. 评价工具：是指开展评价所使用的各种支持工具，如试卷、调查问卷、测试量表、评价量规、观察记录表、成长记录或电子档案袋等。

10. 教师网络研修社区：是指支持教师进行学习、交流、研讨等活动的网络平台，一般具备个人空间、教师工作坊等功能，能够建立不同类型的学习共同体，汇聚与生成研修资源，支持教师进行常态化研修。

1.3.2 我国中小学教师教育技术能力标准(试行)

为提高中小学教师教育技术能力水平，促进教师专业能力发展，根据《中华人民共和国教师法》和《中小学教师继续教育规定》有关精神，特制定《中小学教师教育技术能力标准(试行)》。本标准适用于中小学教学人员、中小学管理人员、中小学技术支持人员教育技术能力的培训与考核。

第一部分 教学人员教育技术能力标准

一、意识与态度

(一)重要性的认识

1. 能够认识到教育技术的有效应用对于推进教育信息化、促进教育改革和实施国家课程标准的重要作用。

2. 能够认识到教育技术能力是教师专业素质的必要组成部分。

3. 能够认识到教育技术的有效应用对于优化教学过程、培养创新型人才的重要作用。

(二)应用意识

1. 具有在教学中应用教育技术的意识。

2. 具有在教学中开展信息技术与课程整合、进行教学改革研究的意识。

3. 具有运用教育技术不断丰富学习资源的意识。

4. 具有关注新技术发展并尝试将新技术应用于教学的意识。

(三)评价与反思

1. 具有对教学资源的利用进行评价与反思的意识。

2. 具有对教学过程进行评价与反思的意识。
3. 具有对教学效果与效率进行评价与反思的意识。
(四)终身学习
1. 具有不断学习新知识和新技术以完善自身素质结构的意识与态度。
2. 具有利用教育技术进行终身学习以实现专业发展与个人发展的意识与态度。
二、知识与技能
(一)基本知识
1. 了解教育技术基本概念。
2. 理解教育技术的主要理论基础。
3. 掌握教育技术理论的基本内容。
4. 了解基本的教育技术研究方法。
(二)基本技能
1. 掌握信息检索、加工与利用的方法。
2. 掌握常见教学媒体选择与开发的方法。
3. 掌握教学系统设计的一般方法。
4. 掌握教学资源管理、教学过程管理和项目管理的方法。
5. 掌握教学媒体、教学资源、教学过程与教学效果的评价方法。
三、应用与创新
(一)教学设计与实施
1. 能够正确地描述教学目标、分析教学内容,并能根据学生特点和教学条件设计有效的教学活动。
2. 积极开展信息技术与课程的整合,探索信息技术与课程整合的有效途径。
3. 能为学生提供各种运用技术进行实践的机会,并进行有针对性的指导。
4. 能应用技术开展对学生的评价和对教学过程的评价。
(二)教学支持与管理
1. 能够收集、甄别、整合、应用与学科相关的教学资源以优化教学环境。
2. 能在教学中对教学资源进行有效管理。
3. 能在教学中对学习活动进行有效管理。
4. 能在教学中对教学过程进行有效管理。
(三)科研与发展
1. 能结合学科教学进行教育技术应用的研究。
2. 能针对学科教学中教育技术应用的效果进行研究。
3. 能充分利用信息技术学习业务知识,发展自身的业务能力。
(四)合作与交流
1. 能利用技术与学生就学习进行交流。
2. 能利用技术与家长就学生情况进行交流。
3. 能利用技术与同事在教学和科研方面广泛开展合作与交流。
4. 能利用技术与教育管理人员就教育管理工作进行沟通。
5. 能利用技术与技术人员在教学资源的设计、选择与开发等方面进行合作与交流。

6. 能利用技术与学科专家、教育技术专家就教育技术的应用进行交流与合作。

四、社会责任

(一)公平利用

努力使不同性别、不同经济状况的学生在学习资源的利用上享有均等的机会。

(二)有效应用

努力使不同背景、不同性格和能力的学生均能利用学习资源得到良好发展。

(三)健康使用

促进学生正确地使用学习资源,以营造良好的学习环境。

(四)规范行为

能向学生示范并传授与技术利用有关的法律法规知识和伦理道德观念。

第二部分 管理人员教育技术能力标准

一、意识与态度

(一)重要性的认识

1. 能够认识到教育技术的有效应用对于推进教育信息化、促进教育改革和实施国家课程标准的重要作用。

2. 能够认识到教育技术能力是教师专业素质的必要组成部分。

3. 能够认识到教育技术的有效应用对于优化教学过程、培养创新型人才的重要作用。

(二)应用意识

1. 具有推动在管理中应用教育技术的意识。

2. 具有推动在教学中开展信息技术与课程整合、促进教育教学改革研究的意识。

3. 具有支持教师运用教育技术不断丰富学习资源的意识。

4. 具有密切关注新技术的价值并不断挖掘其教育应用潜力的意识。

(三)评价与反思

1. 具有促进对教学资源的利用进行评价与反思的意识。

2. 具有促进对教学过程进行评价与反思的意识。

3. 具有促进对教学效果与效率进行评价与反思的意识。

4. 具有对教学管理的效果进行评价与反思的意识。

(四)终身学习

1. 具有不断学习新知识和新技术以提高自身管理水平的意识与态度。

2. 具有利用教育技术进行终身学习以实现管理能力与个人素质不断提高的意识与态度。

3. 具有利用教育技术为教师创造终身学习环境的意识与态度。

二、知识与技能

(一)基本知识

1. 了解教育思想、观念和教育技术的发展趋势。

2. 了解教育技术的基本概念和应用范畴。

3. 了解教育技术的基本理论。

4. 掌握绩效技术、知识管理和课程开发的基本知识。

(二)基本技能
1. 掌握信息检索、加工与利用的方法。
2. 掌握资源管理、过程管理和项目管理的方法。
3. 掌握教学媒体、教学资源、教学过程与教学效果的评价方法。
4. 掌握课程规划、设计、开发、实施与评价的方法。
三、应用与创新
(一)决策与规划
1. 制定并实施教育技术应用计划以及应用技术来促进教育教学改革的条例与法规。
2. 能够根据地区特点和实际教育状况,宏观调配学习资源,规划和设计教育系统。
3. 能够有效应用信息技术和统计数据辅助决策过程。
(二)组织与运用
1. 能组织与协调各种资源,保证教育技术应用计划的贯彻和执行。
2. 能组织与协调各种资源,促进信息化学习环境的创建。
3. 能组织与协调各种资源,支持信息化的教学活动。
4. 能运用技术辅助教学组织和教学实施。
(三)评估与发展
1. 能使用多种方法对教师和管理人员的教育技术应用效果进行评价。
2. 能运用技术辅助对管理体制和运行机制进行评价。
3. 能采取多种措施推动技术体系的不断改进,支持技术的周期性更新。
4. 能充分利用技术手段为教师、学生和管理者的发展提供更多机会。
5. 能充分运用技术改善教育教学条件,并为教师提供教育技术培训的机会。
(四)合作与交流
1. 能利用技术与教学人员就教学工作进行交流。
2. 能利用技术与技术人员就学习支持与服务进行交流。
3. 能利用技术与家长及学生就学生发展与成长进行交流。
4. 能利用技术与同事就管理工作进行合作与交流。
四、社会责任
(一)公平利用
能够在管理制度上保障所有的教师和学生均能利用学习资源得到良好发展。
(二)有效应用
1. 能够促进学习资源的应用潜能得到最大化的发挥。
2. 能够促进技术应用达到预期效果。
(三)安全使用
1. 能确保技术环境的安全性。
2. 能提高技术应用的安全性。
(四)规范行为
1. 努力加强信息道德的宣传与教育。
2. 努力规范技术应用的行为与言论。
3. 具有技术环境下知识产权保护的意识,并能够以实际行动维护这种知识产权。

第三部分　技术人员教育技术能力标准

一、意识与态度

（一）重要性的认识

1. 能够认识到教育技术的有效应用对于推进教育信息化、促进教育改革和实施国家课程标准的重要作用。

2. 能够认识到教育技术应用能力是教师专业素质的重要组成部分。

3. 能够认识到教育技术的有效应用对于优化教学过程、培养创新型人才的重要作用。

（二）应用意识

1. 具有研究与推进信息技术与课程整合的意识。

2. 具有利用技术不断优化学习资源和学习环境的意识。

3. 具有积极辅助与支持教学人员和管理人员应用教育技术的意识。

4. 具有不断尝试应用新技术并探索其应用潜力的意识。

（三）评价与反思

1. 具有对技术及应用方案进行选择和评价的意识。

2. 具有对技术开发进行评价与反思的意识。

3. 具有对技术支持进行评价与反思的意识。

4. 具有对教学资源管理进行评价与反思的意识。

（四）终身学习

1. 具有积极学习新知识与新技术以提高业务水平的意识。

2. 具有利用教育技术进行终身学习以不断提高个人素质的意识。

二、知识与技能

（一）基本知识

1. 了解教育思想、观念和技术的发展趋势。

2. 了解教育技术的基本概念和应用范畴。

3. 掌握现代教学媒体特别是计算机与网络通信的原理与应用。

（二）基本技能

1. 掌握信息检索、加工与利用的方法。

2. 了解教学系统设计与开发的方法。

3. 掌握教学媒体的设计与开发的技术。

4. 掌握教学媒体的维护与管理的方法。

5. 掌握学习资源维护与管理的方法。

6. 掌握对教学媒体、学习资源的评价方法。

三、应用与创新

（一）设计与开发

1. 参与本单位教育信息化建设方案的整体规划与设计。

2. 能够设计与开发本单位的信息化学习环境。

3. 能够收集、整理已有学习资源并设计与开发符合教学需要的学习资源。

（二）应用与管理

1. 能够为教学人员的教学和科研工作提供技术支持与服务。

2. 能够为管理人员的管理和评估工作提供技术支持与服务。

3. 能够对学习资源与学习环境的使用进行有效的管理与维护。

(三)评估与发展

1. 能够对学习资源和学习环境的开发与应用效果进行评估,并提出发展建议。

2. 能够对自身的技术服务和管理工作进行评估,并反省自身的技术服务和业务水平。

3. 能够参与本校教师教育技术应用效果的评估工作,并提出发展建议。

4. 能够参与制定本校教师教育技术培训方案并实施。

(四)合作与交流

1. 能利用技术与教师就教育技术在教学中的应用效果进行交流。

2. 能利用技术与管理人员进行交流。

3. 能利用技术与学生及家长进行交流。

4. 能利用技术与同行及技术专家进行交流。

四、社会责任

(一)公平利用

能够通过有效的统筹安排保障所有的教师和学生均能利用学习资源得到良好发展。

(二)有效应用

1. 能不断加强信息资源的管理。

2. 能不断提高教育技术应用的有效性。

(三)安全使用

1. 努力提高技术应用环境的信息安全。

2. 能为教师和学生提供安全、可靠的技术服务。

(四)规范行为

1. 努力加强技术环境下信息资源的规范管理。

2. 努力规范技术应用的行为方式。

附录:术语与定义教育技术(Educational Technology)

教育技术是指运用各种理论及技术,通过对教与学过程及相关资源的设计、开发、利用、管理和评价,实现教育教学优化的理论与实践。

教学系统(Instructional System)　教学系统是教育系统的子系统,是指为了实现某种教学目的、由各教学要素有机结合而成的具有一定教学功能的整体。

教学设计(Instructional Design)　教学设计又称为教学系统设计(Instructional System Design),是指主要依据教学理论、学习理论和传播理论,运用系统科学的方法,对教学目标、教学内容、教学媒体、教学策略、教学评价等教学要素和教学环节进行分析、计划并作出具体安排的过程。

信息(Information)　信息是人、生物和自动机等控制系统所接收和加工的事物属性或运动状态。在教育教学领域有表示教学内容的信息、描述师生特征的信息、反映教学动态过程的信息等等。

信息资源(Information Resources)　信息资源是指以文字、图形、图像、声音、动画和视像等形式储存在一定的载体上并可供利用的信息。

信息技术(Information Technology)　信息技术是指能够支持信息的获取、传递、加工、存储和呈现的一类技术。其中,应用在教育领域中的信息技术主要包括电子音像技术、卫星电视广播技术、多媒体计算机技术、人工智能技术、网络通信技术、仿真技术和虚拟现实技术等。

教育信息化(Educational Informationization) 教育信息化是指在教育教学的各个领域中,积极开发并充分应用信息技术和信息资源,促进教育现代化,以培养满足社会需求人才的过程。

信息道德(Information Morality) 信息道德是指在信息领域中用以规范人们相互关系的思想观念与行为准则。

信息安全(Information Security) 信息安全是指个人、组织和国家在信息领域的利益保护状态。它涉及信息的保密性、完整性、可用性和可控性。

信息技术与课程整合(Integrating Information Technology into Curriculum) 信息技术与课程整合是指在学科教学过程中把信息技术、信息资源和课程有机结合,建构有效的教学方式,促进教学的最优化。

学习资源(Learning Resources) 学习资源是指在学习过程中可被学习者利用的一切人力与非人力资源,主要包括信息、资料、设备、人员、场所等。在课堂教学中所利用的学习资源也称教学资源。

教师专业化(Teacher Professionalization) 教师专业化是指教师在整个职业生涯中,通过专门训练和终身学习,逐步习得教育专业的知识与技能并在教育专业实践中不断提高自身的从教素质,从而成为一名合格的专业教育工作者的过程。

终身学习(Lifelong Learning) 终身学习是指社会每个成员为适应社会发展和实现个体发展的需要,贯穿于人的一生的,持续的学习过程。

教学媒体(Instructional Media) 媒体是指承载、加工和传递信息的介质或工具。当某一媒体被用于教学目的时,则被称为教学媒体。

教学资源管理(Instructional Resources Management) 教学资源管理是指通过对教学资源的计划、组织、协调和评价,以实现既定教学目标的活动过程。教学资源管理包括硬件资源的管理和软件资源的管理。

项目管理(Project Management) 项目是指致力于完成具有独特性的产品或服务的一次性工作。学校教育中的项目管理,是指对学校特定教育教学项目的计划、组织、监督与调控。项目管理在学校教育中主要应用于教学系统设计、教学资源开发、教育技术应用和教育改革实验等开发项目与研究课题中。

教学过程管理(Process Management) 教学过程是教学活动展开的过程。教学过程管理就是对这一过程所涉及的各种要素及活动的管理。

学习环境(Learning Environment) 学习环境是指直接或间接影响个体及群体学习的全部外在因素。在学校教育中,学习环境主要包括校园、教室、图书馆、实验室和教学软件平台、学习工具、各种学习资源等硬软件物质条件,以及校风、学风、校园文化等精神因素。此外,家庭和社区通常被认为是学生的校外学习环境。

绩效技术(Performance Technology) 绩效是指人们在工作场所中通过一定的活动完成任务所形成的业绩或成果。绩效技术是指应用系统方法,通过对目标和行为的分析、设计、开发、实施、管理和评价,以达到工作业绩最大化的技术。

知识管理(Knowledge Management)　知识管理是指利用适当的技术、方法和机制来促进知识的有效生成、传播和利用的过程。

课程开发(Curriculum Development)　课程开发是指通过需求分析确定课程目标,再根据这一目标选择某一个学科(或多个学科)的教学内容和相关教学活动进行计划、组织、实施、评价、修订,以最终达到课程目标的整个工作过程。

1.3.3　美国教师现代教育技术能力标准(2008)

由美国国际教育技术协会(ISTE)主办的全美教育信息化年会(NECC)于2007年6月24日至27日在亚特兰大召开,本次年会的主题是培养具有创新能力和变革精神的新型人才。大会第二天,ISTE正式对外发布了《美国国家教育技术标准*学生版》和《美国国家教育技术标准*教师版》。

美国国家教育技术标准(教师版)(2008标准版)

National Educational Technology Standards for Teachers

一、技术操作与概念

教师应对技术上的操作及其概念有充分的理解:

A. 能讲明介绍性的知识,示范操作技能,并对相关的技术(指ISTE中,国家对于学生要求的技术标准)概念作以理解。

B. 不断地对新技术和新知识有所掌握,与时代俱进。

二、规划并设计学习环境与学习经验

教师应依靠技术的支持来规划和设计有效的学习环境与学习经验。

A. 教师应逐步创设出恰当的学习机会,以应用技术来增强教学策略,满足学习者不同的学习需求。

B. 在设计学习环境与学习经验时,要将当前最新的用技术来促进教学与学习的研究项目运用其中。

C. 鉴定并寻找技术资源,并对其正确性和适用性作以评估。

D. 对在学习活动过程中的技术资源的管理要给出规划。

E. 在增强了技术的学习环境中,对学生的学习管理设计出策略。

三、教学、学习、和课程

在教师所要执行的课程计划中,要包括使教学最优化的技术方法和策略。

A. 促进技术在学习经验中的使用,讲清内容要求和学生技术标准。

B. 在以学习者为中心的教学中,用技术来满足学生的不同的学习需求。

C. 运用技术来发展学生更高的技能与创造力。

D. 在加强了技术的学习环境中管理学生的学习活动。

四、评估与评价

教师运用技术对学生实施各种更为轻松有效的评估与评价策略。

A. 在评估学生学科学习时,将技术运用于各种评估方法。

B. 利用技术资源来搜集分析数据,解释结果,并交流成果,来改进教学实践,使学生学习达到最优化。

C. 运用多种评估方法,来确定适合于学生学习、交流和创造的技术资源。

五、生产性和专业性实践

教师要使用技术来增强他们的教学与专业实践。

A. 将技术运用于正在从事的专业发展与终身的学习。

B. 对专业上的实践不断地进行评价和思考,以便对使用技术来支持学生学习有更好的见识。

C. 运用技术来增进学生的创造。

D. 运用技术来和同伴、父母和大的社区进行沟通与合作,以此丰富学生学习。

六、社会问题、民族问题、法律问题以及人类的问题。

在 PK-12 年级的学校中,围绕技术使用的社会问题、种族问题、法律和人类问题,教师要予以理解,并遵照如下原则来进行教学实践:

A. 对相关于技术运用的合法的和种族的使用,要给予实践和讲授。

B. 运用技术资源使有着不同背景、个性与才能的学习者能够或增强学习。

C. 鉴定和使用技术资源来肯定学生的多样性。

D. 运用技术资源来增进学生的安全与健康。

E. 使全体学生能方便、公正地利用技术资源。

思考题

1. 分别陈述信息技术的概念、特点、分类与发展趋势。
2. 信息技术的发展对教育的影响是什么?
3. 新媒体及其特性是什么?
4. 新技术及其特点是什么?
5. 新媒体新技术对教育的影响是什么?
6. 教育领域中新技术的应用趋势是什么?
7. 陈述中小学教师信息技术应用能力标准。

第 2 章　现代教育技术概论

现代教育技术以信息技术为主要依托,即涵盖信息技术的教育技术手段组成的系统就称为现代教育技术。教育、教学过程实质上是信息的产生、选择、存储、传输、转换和分配的过程,而信息技术正是指用于上述一系列过程的各种先进技术的应用,包括微电子技术、多媒体技术、计算机技术、计算机网络技术和远距离通信技术等方面。把这些技术引入到教育、教学过程中,可以大大提高信息处理的能力,大大提高教与学的效率。本章将对教育技术的概念、特点、理论基础及现代教育技术的特点和现代教育技术如何推进教育现代化进行介绍。

★学习目标

1. 掌握教育技术的概念及特点。
2. 掌握教育技术的理论基础。
3. 掌握现代教育技术的特点。
4. 列举现代教育技术推进教育现代化的实例。

★内容导图

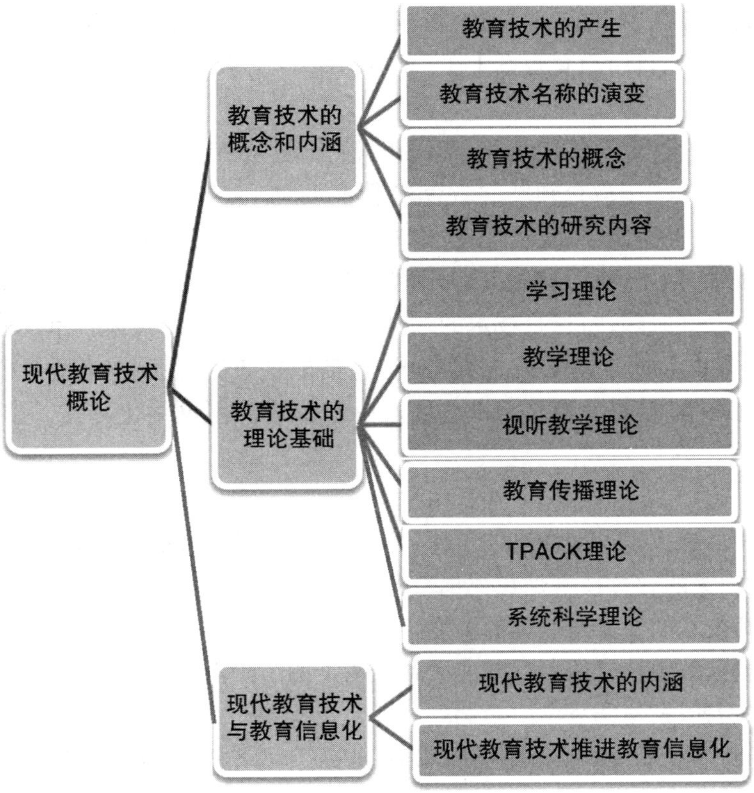

2.1 教育技术的概念和内涵

2.1.1 教育技术的产生

教育技术作为一个专业和领域,最早可以追溯到 20 世纪 20 年代美国的“视听教育运动”。从 1963 年到 1994 年,美国教育技术界对教育技术进行了多次定义。而我国的学者在多年的研究和实践当中,对教育技术也逐渐形成了自己的看法,并针对新兴技术和传统技术的结合,提出了现代教育技术的概念。

教育技术作为一个新兴的实践和研究领域,在美国开始于 19 世纪末期的视听教育和程序教学运动,在中国是以“电化教育”出现,并从“电化教育”综合发展演变而来的。学者普遍认为教育技术的发展分为六个阶段。

第一阶段为 17 世纪中叶至 19 世纪末,被称为“直观教育技术阶段”。这一阶段的特点是强调“感觉是一切知识的源泉”,注重图片、模型、书本、黑板、粉笔等媒体的结合,确立了直观性教学原则。

第二阶段为 19 世纪末至 20 世纪 40 年代,被称为“教育技术初期发展阶段”,也被称为“媒体技术阶段”。在这一阶段,许多工业实用技术成果,如幻灯、照相、电影、电视计算机等被引入教育领域,对教育技术的发展产生了重大影响,由视觉教育和播音教育发展为视听教育。

第三阶段为 20 世纪 50 年代到 60 年代,被称为“教育技术迅速发展阶段”。在这一阶段,任务分析、行为分析、标注参照测验、形成性评价等一系列系统方法被引入教育领域,视听教育的范畴被突破,视听教育也登上了一个新台阶——教育技术,因而具有了更为广泛的内涵。

第四阶段为 20 世纪 70 年代到 90 年代初,被称为“系统发展阶段”。在这一阶段,现代系统科学方法论被应用于教育领域,“教育技术学”诞生,并产生了“教学设计”的思想。

第五阶段为 20 世纪 90 年代至今,被称为“网络发展阶段”。随着现代科学技术的发展,特别是多媒体技术、网络通信技术在教育中的应用,教育技术正步入信息技术发展阶段。在这一阶段,教育技术的显著特点是技术的综合化和多媒体化。多媒体技术的出现,使得电子视音频技术(声像技术)、计算技术、通信技术(包括卫星通信技术、网络通信技术)这三大信息处理技术融为一体,使得教育技术由此进入一个多媒体化、网络化、信息化的时代。

2.1.2 教育技术名称的演变

由于教育和信息技术发展水平的差异,教育技术在不同的国家经历了不同的发展阶段。一般来说,发达国家的教育技术是在视觉教育、视听教育、教育传播的基础上发展起来的。

1. 国外教育技术的发展与名称的演变

西方发达国家教育技术的名称演变大致经历了四个阶段。

(1)视觉教育阶段

17 世纪至 18 世纪,J. A. 夸美纽斯和 J. H. 斐斯泰洛齐等人创导直观教学,主要采用图片、实物和模型等直观教具来辅助教学。19 世纪末,由于科学技术的长足进步,照相、幻灯、无声电影等新媒体出现,这些新媒体被相继运用于教学,可以为学生提供生动的视觉形象,使教学获得了良好的效果,于是产生了所谓经验的视觉教育的概念。1906 年美国宾夕法尼亚州一家公司出版了《视觉教育》一书,最早使用“视觉教育”这个术语。此书介绍了照片拍摄、制作与幻灯片的使用。1923 年,美国教育协会建立了视觉教育分会。1924 年在美国心理学会的会议上,S. L. 普莱西宣布他设计了第一台可以教学、测验和记分的教学机器。这台教学机器与音像媒体的重要区别是,其不仅能呈现视觉材料,还能针对学生的学习情况提出反馈信息。该机器可用于个别化教学活动,因而产生了早期的个别化教学。1937 年,霍邦(G. F. Honan)等人在《课程的视觉化》一书中提出了视觉教材的模式和选用原则。如图 2 - 1 所示。

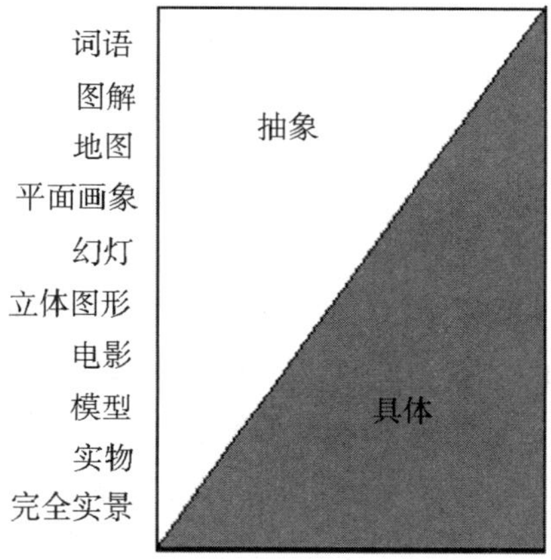

图 2 - 1　视觉教材的分类模式

这个模式主要以教具为基准,按其所提供的教材的“具体—抽象”程度排列成示意图:从实地见习开始,它提供的教材最具体;越向上,具体性逐渐减少而抽象性逐渐增加;相对来说,言语最抽象。

(2)视听教育阶段

20 世纪 30 年代中后期,无线电广播、有声电影、录音机先后在教育中获得运用,人们感到“视觉教育”名称已经概括不了已有的实践,开始在文章中使用“视听教育”这一术语。1931 年 7 月,美国辛克斯公司的教育电影部在华盛顿用电影教学做了一个实验:在儿童看电影的前后,分别用 5 种测验表格考查他们的学习成绩,看电影后比看电影前成绩平均增加 88 分,学生增加知识量 35% 。同时,美国哈佛大学在麻省 3 个城市中学所进行的实验也证明,用电影教学的学生比不用电影教学的学生成绩高 20.5% 。随着二次世界大战的爆发,视听设备在军事机关和工业部门被广泛应用起来。战争期间,美国政府通过其“战争培训视觉教具部”生产工业培训电影 457 部。政府为军队购买了 5.5 万部电影放映机,花费在影片上的投资达 10 亿美元,在短短的 6 个月中,就把 1200 万名缺乏军事知识的老百姓训练成为陆、海、空各兵种作战部队,把 800 万名普通青年训练成为制造军火、船舶的技术工人。1945 年德国投降后,德军总参谋长威廉 · 凯塔谈及战争失败原因时说:“我们精确计算了一切因素,只是没有算到美国训练军队的速度,我们最大的错误就在于低估了他们迅速掌握电影教育的速度。”视听设备在战时人员培训方面取得的显著成效,提高了人们对战后学校教学使用视听媒体的兴趣和热情。同时人们也感到“视觉教育”这一名称已不能准确反映当时的教育实践活动,而提出了“视听教育”的概念。1947年美国教育协会视觉教学部正式改名为“视听教育部”。20世纪20年代电视的出现为视听教育提供了更好的手段,与电影相比,它具有制作周期短,传播、复制容易等优点,被迅速应用到教育领域。从20世纪30年代到50年代,美国掀起了一场视听教育运动。与此同时,关于视听教育的理论研究进一步推动了视听教育的发展。在诸多视听教育的研究中,尤以戴尔(Dale)的“经验之塔”理论最具代表性,成为当时及后来视听教育的主要理论依据。

(3)视听传播阶段

进入20世纪50年代以后,西方学校中视听设备和资料剧增,教育电视由实验阶段迈入实用阶段,程序教学和教学机器风靡一时,计算机辅助教育开始了实验研究。这些新的媒体手段的开发和推广使用给视听教育注入了新的血液。同时,由H. D. 拉斯维尔等人在20世纪40年代创立的传播学开始向相关领域渗透,有人已将教学过程作为信息传播的过程加以研究。

20世纪60年代,苏联卫星成功上天,被用于远距离通讯,而美国的卫星发射屡遭失败,使美国国民对美国的教育大为不满,因此美国国防委员会开展了一次全国性的课程改革运动,从而推动了对教学传播的重视,提出了视听传播的概念,1963年对视听传播进行了定义:视听传播是教育理论和实践的分支,它主要研究控制学习过程的信息的设计和使用,它包括关于直观和抽象的信息的各自独特的和相互联系的优缺点的研究,这些信息可用于任何目的的学习过程;使教学环境中的人和设施产生的教育信息结构化和系统化。

这些方面包括计划、制作、选择、管理、运用各种部分和整个结构系统,它的实践目标是有效地运用每一种传播方法和媒体来帮助发展学习者的全部潜能,并把传播理论和早期的系统观作为理论基础。另外计算机开始用于教学,以实现个别化教学。

1960年,美国的视听教育协会组成特别委员会,研讨什么是视听教育。1963年2月,该委员会提出报告,建议将视听教育的名称改为视听传播,并对此作了详细的说明。另外,许多研讨视听教育的文章和著作,也都趋向于以传播学作为视听教育的理论基础。

传播的概念和原理引入视听教学领域后,广大专业工作者茅塞顿开,把眼光从表态的、单维的物质手段的方面转向了动态的、多维的教学过程的方面。这就从根本上改变了视听领域的实践范畴和理论框架,即由仅仅重视教具教材的使用,转为充分关注教学信息怎样从发送者(教师等),经由各种渠道(媒体等),传递到接受者(学生)的整个传播过程。又由于教学信息的传播是一个复杂的多要素相互作用的过程,传播理论必然会与跟它差不多同时形成的系统观念汇合,共同影响“视听教育”向“视听传播”的过程。

至此,教育界利用视听媒体术语取代原来的视听辅助名称,并有了硬件和软件之分;视听教材被视为传递教学信息的媒体,而不仅是辅助教学的工具。这时,比视听媒体术语更具包容性的名词教学资源崭露头角。学者们将关注的焦点从原先的视听教具逐渐转向整体的教学传播过程以及教学系统这一宏观层面。这种更新了的见解集中体现在伊利(D. P. Ely)在1963年提出的一个模式中。如图2-2所示。

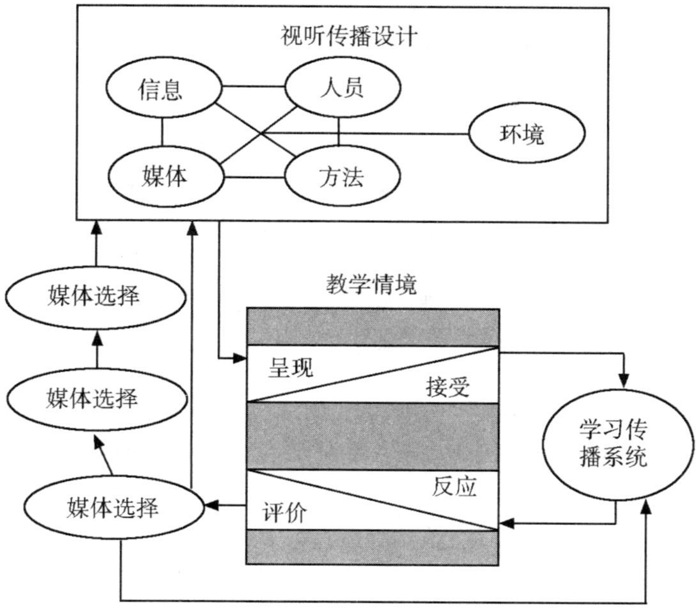

图 2－2　教育传播过程中的视听关系

(4)教育技术形成和计算机辅助教学阶段

20 世纪 60 年代,人们开始使用教育技术这个术语,并围绕它形成了独立的知识体系。现代科学技术和现代教育理论的不断发展,赋予了教育技术概念充实的内涵和无限的生命力。由于媒体技术的发展和理论观念的创新,国际教育界感到原来的视听教育的名称不能代表该领域的实践和研究范畴,1970 年 6 月 25 日,美国视听教育协会改名为教育传播和技术学会(Association for Educational Communication and Technology,简称 AECT),标志着教育技术学科和研究领域的形成。1972 年,该协会将其实践和研究的领域正式定名为教育技术。1972 年和 1977 年 AECT 又两次对定义进行修改,并在原有的传播理论、行为主义学习理论的基础上,把系统理论作为教育技术的理论基础。

随着多媒体计算机、网络技术、远距离通信、激光视盘等媒体技术的发展,教育技术的实践也进一步深入,使教育技术的内涵不断丰富,同时也推动了理论的研究,认知主义学习理论、建构主义学习理论和系统理论成为其理论基础。1994 年 AECT 再次对教育技术进行定义,使教育技术的概念更加完善。

2.1.3　教育技术的概念

1. 教育技术 AECT“’94 定义”

1994 年美国教育传播与技术学会(AECT)对教育技术作了全新定义:“教学技术是关于学习过程与学习资源的设计、开发、利用、管理和评价的理论与实践。”原文是“Instructional technology is the theory and practice of design, development, utilization, management, and evaluation of processes and resources for learning”。我们可用图 2－3 来表示。

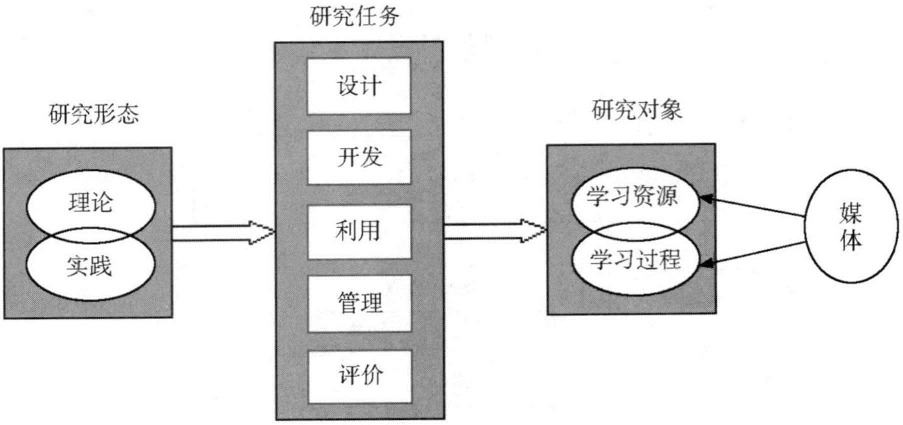

图 2－3　关于教育技术的 AECT“’94 定义”的结构

教育技术的研究对象是学习过程和学习资源。对于定义中的学习过程和学习资源，我们可以这样来理解：学习过程是广义上的学习过程，是“学与教”的过程，既包括有教师参与的学习过程，也包括无教师参与的学习过程，前者就是我们通常所说的“教学过程”；学习资源并非仅指用于教学过程的设备和材料，而是指在学习过程中可被学习者利用的一切要素。学习资源有人力资源和非人力资源，其中人力资源包括教师、同伴、小组、群体等；非人力资源包括各种教学设施、教学材料和教学媒体等。

2. 教育技术 AECT“’05（’04）定义”

2004 年暑假，“长春 2004——教育技术国际论坛”在吉林大学举行。美国 AECT 定义与术语委员会主席巴巴拉·西尔斯教授（Barbara Seels）在长春会议上首次提出了 AECT 2004 年关于教育技术的新定义，即 AECT 于 2005 发布的“’05 定义”：“Educational technology is the study and ethical practice of facilitating learning and improving performance by creating, using, and managing appropriate technological processes and resources.”

焦建利老师对 AECT“’05 定义”的翻译是“教育技术是指通过创建、运用和管理适当的技术过程和资源来促进学习和提升绩效的研究和符合职业道德规范实践”。

北京师范大学刘志波博士翻译的全文是“教育技术是通过创设、使用、管理合适的技术性的过程和资源，以便利学习和提高绩效为目的的合乎职业道德规范的研究和实践”。

“’05 定义”把“’94 定义”提法中的“教学技术”改为“教育技术”，将教育技术的五个领域合并为“创造”“使用”“管理”三个领域。

“创造”，指的是在各种不同的、正式或非正式的环境中，创建学习情境所涉及的研究、理论和实践。创造可以包括一系列活动，具体根据使用的设计方法而定。设计方法可以由不同的习惯衍化而来，包括审美的、科学的、工程的、心理的、程序的、系统的。每一种都可以用来为有效地学习提供必要的材料和条件。

例如，系统方法要求这样一个过程：分析教学问题，设计和开发一个解决方案，在每个步骤过程中进行评价并作相应修改，然后实施解决方案。在过程中的评价和修正活动被称为形成性评价，而在项目的最后对结果的评价被称为总结性评价。在不同的阶段，所提出的评价问题是不同的。在前端分析阶段，问题是：是否存在一个绩效问题，是否需要用教学来解决这个问题？在学习者分析阶段，问题是：学习者的特征是什么？在任务分析阶段，问题是：

学习者需要掌握什么技能？在设计阶段，问题是：学习目标是什么？设计方案是否符合这个目标？教学材料是否体现了信息设计的原则？在开发阶段，问题是：这个设计原型是否能引导学习者通向最终的目标？在实施阶段，问题是：是否使用了新的解决方案？是否使用得恰当？对最初的问题产生了什么影响？

“使用”，这一要素是指将学习者带入学习环境，接触学习资源所涉及的理论和实践。正因为如此，这是一个中心活动。活动从选择合适的过程和资源（或称之为方法和材料）开始，无论这选择来自学习者还是教师。明智的选择必须基于对材料的评价，即判断现有的资源是否适合对象和目的。通常在一个教师的指导下，经过一些步骤，学习者在某个环境中接触学习材料。这样的设计和操作过程可以称之为利用（Utilization）。如果资源中涉及不熟悉的媒体类型或方法，需要事先对其可用性进行测试。

当前，人们努力促使教师考虑教学革新，推广革新。这种传播的过程也视为另一种阶段的使用。当教师将新的资源与课程计划结合起来时，这就被称为整合（Integration）。当这种整合大规模发生，并与革新组织结构相结合时，则被称为制度化（Institutionalization）。

“管理”，教育技术领域工作者最早的职责之一。在早年，管理的形式就是指导视听中心的操作。当媒体的制作和教学开发过程变得日益复杂化和大规模时，工作人员还必须掌握项目管理（Project Management）技能。当开发基于信息和通信技术的远程教育项目时，教育技术人员又参与了传输系统管理（Delivery System Management）。所有的这些管理功能都是人事管理和信息管理的子功能。所谓人事管理和信息管理，指的是组织工作人员，设计和控制管理过程或组织中的信息存储和处理。周到的管理同样要求进行项目评价。在系统方法中，要求采用质量控制措施，以监督结果；采用质量保证措施，使管理过程不断得到优化。

定义特别阐明了为什么不再把“评价”作为一个专门的领域，因为定义提到的教育技术概念中的三个主要功能——创造、使用和管理，可以被视为三种独立的活动，由不同的人士在不同的时间中各自进行。它们也可被视为一个大的教学开发过程中的不同阶段。从系统方法论来看，每个阶段都伴随着评价的过程，实现对每个阶段的过程进行监督，并采取纠正性措施，这正是系统方法的重要特征。

新的定义特别强调了“提高绩效”与“符合伦理道德”，这是对“’94 定义”的进一步完善和发展。

在定义中，“绩效”指的是学习者的学习能力及其在新环境中的迁移能力。从历史上看，教育技术始终特别注重结果，可以程序教学为例，这是第一个冠以教育技术名称的教学过程。程序教学以用户在教学后完成“最终目标”的程度进行评价。最终目标以精确的条件进行陈述，然后训练学习者，并根据学习者在这种条件中的表现情况进行评价。“提高绩效”同样强化了学习的新的含义：不仅是静态的知识，而且是应用的能力。这段定义也反映了美国人对绩效的理解：不仅仅指学习成绩，更重视学习者的能力及其在新环境中的迁移能力。

新定义强调，长久以来，教育技术一直坚持符合伦理道德的立场，并有一系列道德规范实践要求。AECT 道德规范委员会通过提供一些可供讨论和理解的个案实例，积极地建立该领域的道德规范标准。事实上，针对社会上最近对于媒体和知识产权的使用道德规范的强调，该委员会已对教育技术领域的要求做了说明。

教育技术领域对伦理道德的关注正在日益增强。伦理道德并不仅仅只是一些“规定和要求”，它是行为实践的基础。事实上，与其说符合伦理道德的实践是一系列的要求、界定和新的规则,还不如说它是一种工作的方法或构想。我们的定义将符合伦理道德的实践视为本专业成功的核心,如果缺乏伦理道德的考虑,教育技术是不可能成功的。

新的定义对伦理道德的理解不仅仅是知识产权、版权意识等,更重视社会责任感。定义一再强调,从批判性的视角而言,教育技术的专业人士必须质问自己的实践活动,对自身在恰当的、符合伦理道德应用的方面加以关注。从批判性的视角而言,我们无论是对那些最基本的概念,如传统的系统方法的和教学技术的效力,还是对那些强势的理论,如设计和开发技术方案等,都要加以质问。采取一种后现代主义的姿态可以推动教育技术工作者在实践中考虑学习者、学习环境和社会对"好"的需求。考虑的问题应当包括谁、向谁授权以及谁拥有权威,这些是设计和开发学习方案中的新问题,但是一种注重伦理道德的立场认为,教育技术工作者除了考虑那些传统的有效性和效率的概念之外,还必须坚持对自己的实践行为提出质问。

AECT 道德准则包括了"旨在帮助其个体成员和集体都保持一种高水平的专业行为"的原则。AECT 道德准则分为三个部分:对个体的承诺,如对获取研究材料的途径的保护,努力保护专业人员的健康和安全;对社会的承诺,如对于教育问题提出真实的公众声明,从事公正、平等专业实践活动;和对行业的承诺,如提升专业知识和技能,对发表的著作和观点给予准确评价。在三个原则领域中,每个都列出了一系列的承诺,来帮助教育技术专业人士知晓应采取的恰当行为,不管他们的背景和职务如何,都应如此。这为那些研究者、教授、顾问、设计师和学习资源主管提供了需要考虑的事项,这有助于帮助他们形成自己的专业行为和符合伦理道德的操作方式。

3. AECT"'05 定义"和"'94 定义"的比较

AECT 在 2005 年发布关于教育技术的新定义以来,引起了国内教育技术界的高度关注,许多专家、学者积极参与讨论、分析,甚至提出批判或质疑。到底应当如何看待"'05 定义"?"'05 定义"与"'94 定义"之间有什么样的关系?何克抗教授的观点如下。

(1)"教学技术"的名称被"教育技术"名称所取代。

(2)"理论与实践"这两个研究领域被更改为"研究与符合伦理道德的实践"。

(3)"学习过程"与"学习资源"这两个研究对象被变换为"用来促进学习和提高绩效的,并有合适技术(支持)的过程和资源"。

(4)学习过程和学习资源的"设计""开发""利用""管理"和"评价"等五个研究范畴被缩减为相关过程和资源的"创造""使用"和"管理"等三个范畴。

在上述 4 项改变中,第(1)项没有实质性意义(在 AECT 当年发布的有关"'94 定义"的说明文件中就曾经指出:可以把教学技术视同教育技术)。真正有实质意义的修改是后面 3 项,尤其是第(3)项——它直接针对"'94 定义"的主要缺陷与不足。这表现在下面三个方面。

第一,把原来的"for learning"(为了学习)明确地改为"facilitating learning"(促进学习)。"为了学习"强调的只是"学";"促进学习"则既强调"学",也重视"教"(对学习的促进,很大程度上要依赖教,在学校教育中更是如此)。显然,这是受 Blending Learning 思想影响的结果。所以由"为了学习"转向"促进学习"是教育思想、观念的转变与提高,是和"'94 定义"相比最具积极意义的进步表现。

第二,将原来的"学习过程和学习资源"变换为"用来促进学习和提高绩效的,并有合适技术(支持)的过程和资源”。如上所述,由于“促进学习”有赖于教,“绩效的提高”也与教有很大关系,所以这里所说的过程和资源绝非一般的过程和资源,而是指教育过程和教育资源(对于学校来说,就是指教学过程与教学资源);与“’94定义”相比,不仅是“学习过程和学习资源”变换为“教育过程与教育资源”,而且这种过程和资源的前面加了修饰语——并非任意的教育过程与教育资源,而是伴随有合适技术的(即有合适技术支持的)教育过程与教育资源。这样就较好地克服了“’94定义”未能体现教育技术学科特色的不足。必须强调的是,“’05定义”中所规定的、作为教育技术学研究对象的过程和资源,尽管在其前面加了起修饰作用的限定词(有合适技术的),但由以上分析可见,并未能改变其教育过程和教育资源的本质;千万要避免断章取义地把“’05定义”中的过程和资源仅仅理解为“有合适技术的过程和资源”(即变成纯技术性的过程和资源),若是这样,那就大错特错了。

第三,除了强调相关过程和资源要促进学习之外,还强调要提高绩效。对学习者来说,绩效是指有目的、有计划的行为倾向和结果(即学习者的学习能力及其在新环境中的迁移能力);对企业来说,绩效则是指该企业预期的、符合总体目标的业绩。和“’94定义”相比,增加有关“绩效”的考虑,不仅显得“’05定义”既关注学习过程也关注学习结果,而且还表明通过培训来提高企业绩效也是教育技术学重要的研究与应用领域。

可见,以上三个方面都是“’05定义”和“’94定义”相比,有所前进、有所发展的突出优点。

至于上述四项改变中的第(2)和第(4)两项,美国伊利(Donald P. Ely)和我国学者孟红娟等人认为是“’05定义”的败笔,和“’94定义”相比,不仅没有前进反而倒退了。

先看第(2)项修改。它涉及两个方面。第一,以“研究”(Study)取代“理论”(Theory)。伊利认为以“研究”取代“理论”在一定程度上造成了“教育技术内涵的游移不定,对澄清领域内的一些问题并没有任何帮助”;与“’94定义”所使用的“理论”相比,“’05定义”使用“研究”一词“把基于直觉与经验的批判性反思作为一种重要研究方法的同时,也消解了教育技术作为一个专门研究领域致力于理论创建的努力,不利于教育技术的学科建设”。第二,在“实践”之前加上“符合伦理道德的”这一修饰语,强调伦理道德的重要性,无疑是对的,但不应把它直接纳入定义而应通过制定专门的职业道德规范加以限制及约束。

再看第(4)项修改——将“设计”“开发”“利用”“管理”和“评价”等五个研究范畴缩减为“创造”“使用”和“管理”等三个范畴。尽管新定义使用了比“’94定义”更通俗化的术语,以便让更多的非教育技术专业人士能够理解;然而,这样做是以丧失教育技术理论框架的清晰性为代价的。系统方法是教育技术的核心,只有通过系统方法才能把握教育技术的本质。“’94定义”的原有理论框架是历史形成的,“设计”“开发”“利用”“管理”与“评价”已成为教育技术学科领域相对独立而且稳定的研究范畴,其中涉及的概念、术语均已明确界定,且有各自特定的内涵与外延。因此,若继续运用这一理论框架将能有效地促进教育技术学科的发展。反之,若代之以“创造”“使用”之类未经明确界定的非专业术语,将既不利于本领域内专业人员之间的沟通与交流,更不利于教育技术学科理论体系的形成与发展。

2.1.4　教育技术的研究内容

按照教育技术的AECT“’94定义”,教育技术的研究内容是学习过程和学习资源的设计、开发、运用、管理和评价等五个方面,每个方面都有其具体的内容。

教育技术的这五个研究领域之间不是一种线性的逻辑关系，它们之间既相互独立又相互渗透，协同作业，如图 2 - 4 所示。

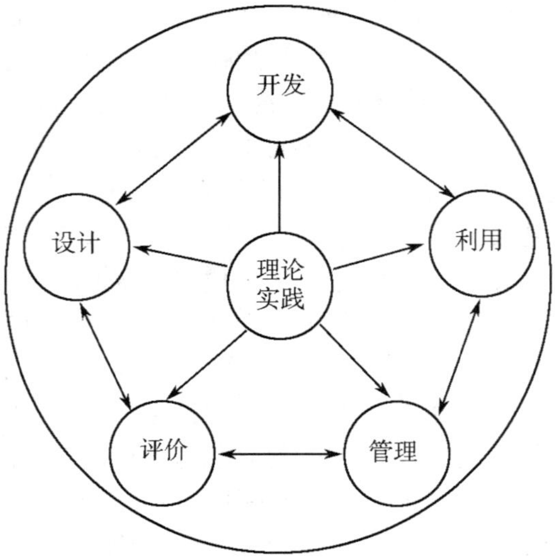

图 2 - 4　教育技术各研究领域之间的关系

设计：主要包括理论和实践的四个主要方面，即教学系统设计、信息设计、教学策略设计、学习者特征分析。

开发：是把设计方案转化为物理形态的过程。需要使用印刷技术、视听技术、计算机辅助技术、整合技术等。

运用：包括媒体的运用、革新与推广、实施和制度化、政策和法规等。

管理：包括项目管理、资源管理、教学系统管理和信息管理等。

评价：包括问题分析、参照标准评价、形成性评价和总结性评价等。

从我国教育技术界的研究与应用实际来看，教育技术的研究内容可以归纳成以下七个方面。

教育技术的学科基础理论：包括教育技术学科的性质、任务、基本概念、研究方法、教育技术与相关学科的关系等。

视听教育的理论与技术：包括常规视听媒体的教育功能，常规媒体教材的设计、制作、使用与评价技术，各种常规媒体的组合应用，利用常规媒体优化教学过程的理论与实践研究。

计算机辅助教育的理论与技术：包括计算机辅助教学、计算机辅助测试、计算机管理教学等。

教学设计与评价的理论与技术：包括学习理论、教学理论、教育传播理论、系统方法论的应用研究，以及信息技术教育、信息技术与学科教学整合、现代科学测量评价技术与方法的应用研究。

远程教育的理论与技术：包括计算机网络建设与教学应用，远程教育的形式、特点、组织、实施与管理等。

教育技术管理的理论与技术：包括教育技术硬件设施和软件资源的管理方法，教育技术的专业设置，组织机构以及相关的方针、政策等的研究。

新技术、新方法和新思想在教育中的应用：包括网络新技术、人工智能技术、虚拟现实技术等现代信息技术在教育的研究、开发与运用中的应用。

综合国内外专家对于教育技术的理解可以看出，教育技术的主要任务是在系统科学的方法论的指导下，运用现代教育科学理论和先进的技术手段与方法，对教育、教学中存在的问题进行分析，提出解决问题的策略和方法，实施并给予评价和修改，以实现教育教学的最优化，促使学习者更良好地发展。

2.2　教育技术的理论基础

教育技术学是一门新兴的综合性学科，它受到很多学科相关理论的影响。这些学科的相关理论对形成教育技术学理论基础的影响和作用不尽相同，并且这些学科相关理论的发展变化所引发的教育技术学理论基础的每一次发展变化，都会推动教育技术的发展演变。

2.2.1　学习理论

学习理论是心理学的一门分支学科，是对学习规律和学习条件的系统阐述，它主要研究人类与动物的行为特征和认知心理过程。由于学习过程的复杂性，人们从不同的角度进行研究，产生了各种学习理论。这些不同的理论各有特点，相互补充，适用于不同的情形。

1. 行为主义学习理论

行为主义学习理论以人类可观察的行为作为主要的观测元素，认为人的行为是对外界刺激的反应，学习的获得就是形成刺激和反应的联结和联想，而强化则是促进这种联结的重要手段。因此，行为主义学习理论注重外部环境的作用，强调“刺激—反应”过程中“强化”的必要性。

(1)桑代克的联结主义学习理论

桑代克(E. L. Thorndike)是美国极有声望的心理学家，他从 1896 年开始从事动物学习的实验研究。他先后对鱼、小鸡、猫、狗和猴子进行研究，其中最著名的是对猫所做的“疑难笼”实验。他设计了一个“问题笼”，里面装有门钮，把一只饿猫放到笼子里，笼外放有鱼、肉等食物，观察猫能否出笼取食物。开始时，猫在笼内盲目地抓、咬、来回跑动，后偶然间碰到门钮，笼门打开，便逃出笼外，取得了食物。然后，再把猫放回笼内，做同样的“开门”的实验。他发现，随着试验次数的增加，猫的无效动作越来越少，打开笼门所需时间越来越短，最后把猫一放进笼内，它就立刻去转动门钮，打开笼门。到这时，猫已经完成了打开笼门取食物的学习。桑代克认为，这种学习的建立，就是笼内门钮这一情境同转动门钮开门这一反应之间建立了巩固的联结。学习的实质在于形成刺激与反应的联结。这种联结形成的过程是渐进的尝试错误直到最后成功的过程，因此，桑代克的联结说又被称为试误说。

桑代克在总结早期实验的基础上还提出了三个学习律：准备律、练习律和效果律。准备律指当学习者有准备而给予活动就满意，有准备而不给予活动就感到烦恼，学习者没准备而强制给予活动也会感到烦恼；练习律指一个联结加以应用会增强这个联结的力量，不应用则会导致这一联结的减弱或遗忘；效果律指凡是导致满意效果的行为会被加强，而带来烦恼的行为则会被削弱或淘汰。

桑代克的联结说是教育心理学史上第一个较为完整的学习理论，它系统地回答了有关学习的一些最基本的问题。他发现的学习律虽然有些简单和粗糙，不能完善地说明学习的根本规律，但也有部分合理性，对我们了解学习，特别是了解动物的学习过程及其外部条件有一定的参考价值,而且他的有关学习理论对后来的一些联结主义者如赫尔、斯金纳等人关于学习的研究影响也很大。但他不重视领会、理解等心理过程在学习中的作用,尤其对人的学习的论述是非常不充分的,因此他没能揭示出人学习的实质。

(2)斯金纳的操作条件作用学习理论

斯金纳(B. F. Skinner)是行为主义学派中最有影响的心理学家之一,他认为,一切行为都是由反射构成的,任何“刺激—反应”单元都应看作是反射。斯金纳将有机体的行为分为两类:应答性行为和操作性行为。应答性行为是由已知的刺激引起的,操作性行为是由人自身发出的。无条件反应是一种应答行为,是由无条件刺激引起的。应答行为包括所有的反射在内,如用针刺激一下手,手马上就会缩回来;当遇到强光时,眼睛马上就会收缩等。而操作性行为不是与已知的刺激相联系的,是自发的行为,如唱歌、开车、打电话及上网等,人类的大多数行为都是操作性行为。这两种行为具有不同的条件作用形成机制,即巴甫洛夫的经典式条件反射和操作性条件反射,操作性条件反射是不同于经典式条件反射的另一种条件反射机制。

斯金纳在操作性条件反射理论中提出了“强化原则”,并认为立即强化优于延缓强化,部分强化优于连续强化。强化原则是斯金纳学习理论中最重要的部分,斯金纳运用操作强化原则设计和制造了一种数学机器,进行程序数学,为后来的计算机辅助教学奠定了理论基础。

斯金纳程序教学的基本方法是向学习者呈现一个小单元的信息(称为框面)作为刺激,学习者通过填空或回答的方式作出反应,然后由反馈系统对反应作出评价。反应错误就告诉学习者错误的原因,反应正确就得到强化,学习者就可以进入第二个框面的学习。“刺激—反应—强化”的过程不断反复,直到学习者完成一个程序的学习。

斯金纳的学习理论推动了程序教学运动的发展,使行为科学和教育技术的结合进入一个更为密切的阶段。在程序教学活动中出现的一些观点,如重视教学机器的作用,重视学习理论的基础与指导作用等,对教育技术的理论发展产生了重要影响。除此之外,程序教学的思想在个别化教学、计算机辅助教学(CAI)等教学形式中也发挥了重要的作用。但斯金纳否定教师的主导作用,忽视了学习过程中人的主观能动性的发挥,因此他的理论尚存在不足之处。

2. 认知主义学习理论

由于行为主义学习理论只强调学习的外部刺激和外显行为而忽视了人的内部因素,即意识的作用,使得理论体系出现不足,从而促使了另一个学派——认知学派的发展。认知学派认为,学习并非一连串的刺激反应过程,而是人根据自身已有经验,对外部信息进行加工处理,形成认知结构的过程。因此,认知理论强调学习的内部因素,探讨人的大脑对信息加工和认知结构建立的机理。

(1)布鲁纳的认知结构学习理论

美国心理学家布鲁纳(J. B. Bruner)在20世纪60年代提出了“认知发现说”,他认为:人的认知活动是按照一定阶段的顺序形成和发展的心理结构来进行的,这种心理结构就是认知结构。学习者通过把新的信息和以前结构的心理框架联系起来,建构自己的知识。同时,他还认为,应该培养学生,使学生具有探索新情境、提出假设、推测关系、应用自己的能力解决新问题、发现新事物的态度。因此,他提倡发现学习,主张教学应创造条件,让学生通过参与探究活动而发现基本原理或规则。除此之外,布鲁纳还提出了“知识结构论”“学科结构论”。他认为要让学习者学习学科知识的基本结构,并按学习者不同发展阶段的特点进行学习。

布鲁纳的这些思想对于指导和改进教学有重要意义,但他的理论也存在着明显的不足。布鲁纳认知结构学习论过于强调学科的基本结构,这种学习对自然科学可能是有效的,但不太适合于人文学科的学习;他所提倡的发现学习的确具有接受学习不可比拟的优点,但发现法的运用也受许多因素,如学生已有的知识经验等的限制,因此过于强调发现是有失偏颇的。

(2)奥苏贝尔的认知同化学习理论

奥苏贝尔(D. P. Ausubel)的认知同化学习理论,又称认知同化论。核心是学生能否获得新信息,主要取决于他们认知结构中已有的观念,也就是新旧知识能否达到意义的同化。有意义学习是其学习理论中一项很重要的研究。所谓有意义学习,是指符号所代表的新知识与学习者认知结构中已有的适当观念建构起非人为的、实质性的联系,有意义学习是通过新信息与学生认知结构中已有的观念相互作用才得以发生的,这种相互作用的结果导致了新旧知识的意义的同化。

奥苏贝尔从课堂教学出发,提出了接受学习的观点。接受学习的观点与布鲁纳发现学习的观点恰好相反。奥苏贝尔认为学习是通过接受而发生的,学习的主要内容基本上以定论的形式传授给学生。对学生来讲,学习不包括任何发现,只要求他们把教学内容整合到自己的认知结构中,以便将来能够提取或运用。这种教学方法被他称作“讲解教学”。

奥苏贝尔的认知同化理论强调学习者的积极主动精神,强调新观念与已有认知结构的相互作用,这些与行为主义仅仅强调外在刺激与反应的观点相比,无疑更能解释人类的观念学习。

(3)加涅的信息加工学习理论

信息加工把人的认知和计算机进行功能模拟,用信息加工的观点看待人的认知过程,认为人的认知过程是一个主动地寻找信息、接受信息,并在一定的信息过程中进行加工的过程。受此观点的影响,有越来越多的人接受了计算机模拟的思想,把学习过程作为一个信息加工的过程,并用计算机模拟来分析人的内部心理状态和过程。

加涅(Gagne R. M)是信息加工学习理论的重要人物,他早年接受了行为主义的学习观,但从20世纪60年代起,他开始转向信息加工认知学习观点,被认为是行为主义与认知派的折中主义者。他吸收了行为主义和认知派学习过程的观点,提出了学习过程的基本模式。如图2-5所示。

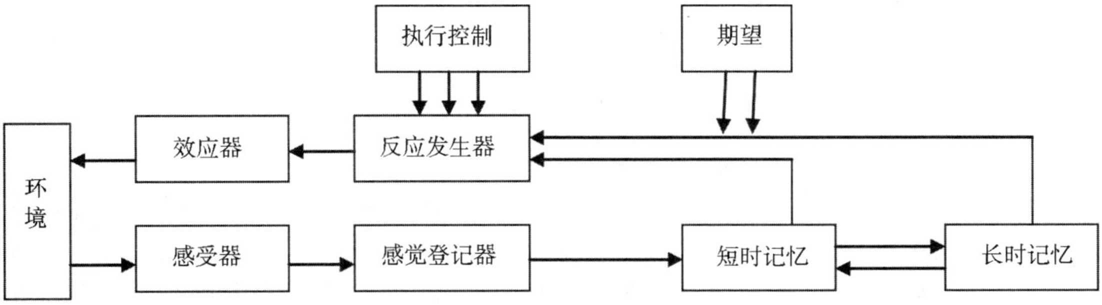

图2-5　加涅的学习与记忆信息加工模式

这一模式表明,来自外界环境的刺激通过学生的感受器,以映象的形式输入感觉登记器,进行瞬时记忆,如果受到注意则进入短时记忆,以语义的形式储存。经过复述、精细加工及组织编码等,则进入长时记忆。长时记忆中的信息也能回到短时记忆中,并到达反应发生器。反应发生器将信息转化成行动,也就是激起效应器的活动,作用于环境。在这个模式中,执行控制和期望是两个重要的结构。执行控制即加涅所讲的认知策略,执行控制过程决定哪些信息从感觉登记器进入短时记忆,如何进行编码,采用何种提取策略等,是已有经验对当前学习过程的影响,起调节作用;期望是指学生期望达到的目标,即学习动机,是动机系统对学习的影响,起定向作用。

加涅博采众家之长提出的信息加工学习理论,最大的优点是注意应用,即把学习理论研究的结果运用于教学实践。加涅将其思想应用于教学设计,推动了教育技术的发展。但加涅的理论作为一种综合的理论,缺乏独创性和严密的逻辑性,也缺乏必要的实践证明,许多概念还处于经验思辨水平。

(4)加涅的"学习行动各加工阶段"理论

加涅认为,参照以上学习与记忆模式可以揭示学习的各个内部过程。有些过程如注意、选择性知觉(简称为选择)、行为表现是人们熟知的,有些过程如编码和检索则是现代认知学习理论中的重要部分。加涅根据对学习过程的"信息加工"分析,提出了学习行动的八个加工阶段(可称为学习过程结构的八级阶梯模式):动机、选择、获得、保持、回忆、概括、作业、反馈。如图 2－6 所示。

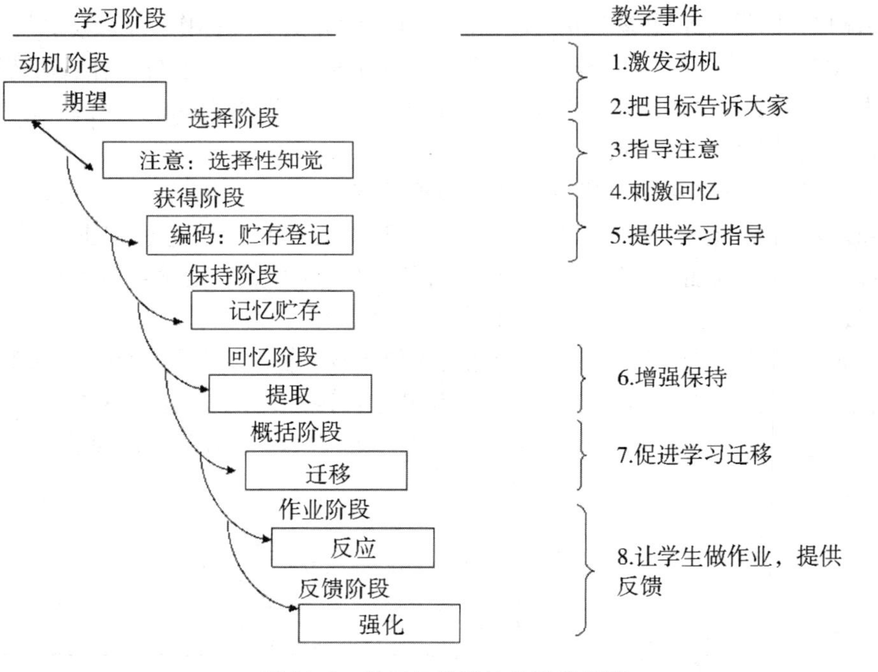

图 2－6　学习与教学的八阶段模型

加涅把学习定义为:"学习是人的倾向或能力的变化,这种变化能够保持且不能单纯归因于生长过程。"他认为人的学习过程类似于计算机的操作,提出了学习的"信息加工"理论。他把学习看成一个不断复杂、不断抽象的模式体系,在这个体系中,基础的、大量的是原有知识经验的联结。在学习新知识时,新的信息输入进来,和原有的经验相联系,并对其进行强有力的条件化(信号化而形成条件的联结),由此就形成一个在意义上、态度上、动机上和技能上相互联系的、新的、高一级的模式体系。这个不断形成高一层次模式体系的过程就是学习的过程。加涅指出，新输入的信息（新知识）和原有认知结构（旧知识）之间要联系得好，两者差距要适当，要从学习者的认知发展水平出发，才能收到良好的学习效果。他还认为，学生的学习，要按照规定的程序来进行，才容易收到效果。

加涅的"信息加工"学习理论启示我们，教师的教应从学习的学生的学出发，且要落实到学生的学上；教学的手段和教学方式要有利于促进学生的学习；教师要依据学习的层次精心组织好教材；要重视教学反馈作用；在学习过程中要注意引导学生直接探索和钻研教材。

3. 建构主义学习理论

进入 20 世纪 90 年代，建构主义的学习理论开始兴起，成为学习理论中的重要流派。建构主义认为，所谓人们认知的"实在"只是知者的心中之物，是知者构造了实在，或者说是按他自己的经验解释了实在。所以学习是学习者在与环境的次交互作用中自行建构的，而不是灌输的。这一建构过程不仅包括结构性的知识，也包括大量的非结构性的经验背景，强调学生在学习过程中主动建构知识的意义，并力图在更接近、更符合实际情况的情境里学习，以个人原有的经验、心理结构和信念为基础来建构新知识，赋予新知识以个人理解的意义。建构主义对学习的解释主要有以下几点。

第一，学习是一种建构的过程。知识来自人们与环境的交互过程中。学习者在学习新的知识单元时，不是通过教师的传授而获得知识，而是通过个体对知识单元的经验解释，将知识变成了自己的内部表述。知识的获得是学习个体与外部环境交互作用的结果，人们对事物的理解与其先前的经验有关，因而对知识正误的判断是相对的，而不是绝对的。学习者在形成自己对知识的内部表述时，不断对其进行修改和完善，以形成新的表述，因而这一内部表述是一个开放的体系。学习者在对知识单元进行学习时，实际上是形成了一个个的知识体，每一个知识体就是一个小的结构，一个新的知识单元的学习是建立在原有的知识结构的基础之上的。

第二，学习是一种活动的过程。学习过程并非一种机械的接受过程，在知识的传递过程中，学习者是一个极活跃的因素。知识的传递者不仅肩负着"传"的使命，还肩负着调动学习者积极性的任务。对于学习者的许多开放着的知识结构链，教师要能让其中最适合追加新的知识单元的链活动起来，这样才能确保新的知识单元被建构到原有的知识链中，形成一个新的开放的结构。

学习的发展是以人的经验为基础的。由于每一个学习者对现实世界都有自己的经验解释，因而不同的学习者对知识的理解会不完全一样，从而导致了有的学习者在学习中所获得的信息与真实世界不相吻合。此时，只有通过社会"协商"，经过一定时间的磨合之后才可能达成共识。

既然学习者对于外部世界的理解可以是各异的，教学评价应该侧重于学生的认知过程，而不是行为的产品（学习结果）。

第三，学习必须处于真实的情境中。学习发生的最佳情境（Context）不应是简单抽象的，相反，只有在真实世界的情境中学习才能变得更为有效。学习的目的不仅仅是让学生懂得某些知识，而且要让学生能真正运用所学知识去解决现实世界中的问题。

在一些真实世界境态中，学习者的知识结构怎样发挥作用，学习者如何运用自身的知识结构进行思维，是衡量学习是否成功的关键。如果学生在学校教学中对知识记得很"熟"，却不能用它来解决现实生活中的某些具体问题，这种学习应该说是不成功的。

因此,建构主义学习理论提倡的学习方法是教师指导下的,以学生为中心的学习。学生是知识意义的主动建构者;教师是教学过程的组织者、帮助者、指导者和促进者;教材所提供的知识不再是教师讲授的内容,而是学生主动建构意义的对象;媒体也不再是帮助教师传授知识的手段和方法,而是用来创设情境、进行协作式学习和会话交流,即作为学生主动学习、协作式探索的认知工具。目前建构主义理论对教育技术,尤其是第二代教学设计的研究影响较大。

2.2.2 教学理论

教学理论是用来解决如何教的问题的,它与学习理论是相互依赖的。学习理论构成了教学理论的基础,它为我们提供了发现一般教学原理的最切实的起点,如何才能有效地控制教学情境中的关键因素,其可靠的答案大多来自学习理论的研究。可以说,虽然一种合适的学习理论并不是改进教学的充分条件,但是一种有效的教学理论必须是建立在有关的学习理论的基础上的。

对教学过程性质和规律的认识以及如何基于教学过程基本性质、规律的认识,基于对人类学习活动内在规律的认识,来优化学习环境和教学过程,开发新的课程,以达到提高学生学习质量与学习效率的目的是教学理论所要研究的内容。

1. 布鲁纳的发现教学法

美国教育心理学家布鲁纳从认知心理学原理出发,提出了以学生主动"发现"为主要形式的教学方法。发现法最重要的特征是在一个由教师有组织、有目的地创设的学习情境中,学生依靠习得经验和主观动机,一步步地去"发现"新的知识内容,并通过这种成就感,不断地深入"发现"行为,最终在这些发现成果的积累、组成和构架中,"顿悟"到知识的内在体系,从而掌握学习内容。这种方法的优点是能够促进学生在学习活动中进行主动思维,发展和提高综合智力水平,锻炼自主解决问题的技能,有利于培养独立学习和研究的能力;缺点是对学生的预备技能和自控能力要求较高,如果指导不当容易出现兴趣迅速降低,导致放弃,耗时长。所以运用发现学习,教师必须事先做好周密的安排,同时对过程予以即时的控制。

2. 奥苏贝尔的有意义学习理论

奥苏贝尔按照其效果将学习划分为"有意义学习"和"机械学习"两种类型。所谓有意义学习,其实质是符号所表示的观念以非任意的方式和在实质上同学习者已经知道的内容联系在一起。所谓非任意的和实质上的联系是指这些观念和学习者原有认知结构中的某一方面(如一个表象、一个已经有意义的符号、一个概念或一个命题)有联系。

奥苏贝尔指出,学生"应该知道的知识"与"需要知道的知识"之间总是存在着一定的间隙,为了使学生能够有意义地学习新内容,要在这两者之间要架设起桥梁。也就是说,为了促进学习和防止干扰,教师在呈现教学内容本身之前,要以适当方式给学生提供一些包摄性较广的、概括水平较高的、最清晰的和最稳定的引导性的学习材料,用学习者能够理解的语言和方式来表述,以便给学习者在学习新知识时提供一个较好的固定点,将它和原有知识结构联系起来,即充当学生"已经知道的"与"需要知道的"知识之间的那座"桥梁"。这种预先提供的具有引导性的起到组织作用的学习材料就叫作"先行组织者"(Advance Organizer)。

"先行组织者"比将要学习的新内容更具有抽象性、概括性和包摄性,以便为学生即将学习的更分化、更详细、更具体的材料提供固定点，还有助于学生觉察出自己已有的认知结构中与新知识有关的其他知识，提醒学生主动将新知识与这些知识建立各方面的意义联系。这一点很重要，因为仅凭认知结构中具有起固定作用的概念，并不能保证学习任务具有潜在意义。若要使学习有意义，除非学生能主动察觉到它们之间的联系。

3. 巴班斯基的教学最优化理论

苏联教育学者巴班斯基指出："教学过程最优化是在全面考虑教学规律、原则，现代教学的形式和方法，该教学系统的特征以及内外部条件的基础上，为了使过程从既定标准看来发挥最有效的（即最优的）作用而组织的控制。"为了澄清在教学过程最优化概念问题上的模糊认识，他还多次从不同的侧面对这一概念进行了论述。

首先，"教学过程最优化不仅要求科学地组织教师的劳动，还要求科学地组织学生的学习活动"。因此，把"最优化"理解为单指教师的工作，是片面的。

其次，"当谈论最优性时，必须强调指出，这里所说的尽可能最大的效果并非泛泛而谈，乃是针对一所学校或一定班级现有的具体条件而说的"。因此，教学过程的最优化不是泛泛地谈理想，而是具体条件下的最优化。

第三，"教学教育过程的最优化并不是一种什么新的教学形式或教学方法，而是教师工作的一项特殊原则"。

第四，用教学过程最优化的原则组织师生的活动时，"不单纯是提高它的效率，而且是要达到最优的，即对该条件来说是最佳的结果"。

巴班斯基认为在师生的教学活动中也存在着社会、心理、控制三方面的因素：社会因素即教育目的和内容，心理因素即师生双方的动机、注意力、意志、情感等，控制因素就是教师对教学的组织、方法的选择和计划的调整以及学生的自我控制。这三个方面的最佳统一，也就是教学过程最优化的境界。换句话说，所谓教学过程的最优化，就是要求将社会的具体要求与师生的具体情况和所处的教学环境、条件以及正确的教学原则几方面结合起来，从而选择和制订最佳工作方案（即教案），并在实际中坚决而灵活地施行之，最终达到最佳的教学效果。

4. 加德纳的多元智能理论

多元智能理论是由美国哈佛大学心理发展学家加德纳（H. Gardner）在1983年提出的。其基本观点如下：

（1）人类思维和认识的方式是多元的，亦即存在多元智能：言语语言智能，数理逻辑智能，视觉空间智能，音乐韵律智能，身体运动智能，人际沟通智能，自我认识能力，自然观察智能。

（2）智力是在某种社会文化的价值标准下个体用以解决自己遇到的真正难题或生产及创造出某种产品所需要的能力。

（3）智力不是一种能力，而是一组能力；不是以整合的方式存在的，而是以相互独立的方式存在的。

（4）每一种智能在人类认识世界和改造世界的过程中，都发挥着巨大的作用，具有同等的重要性。

（5）每个学生都或多或少具有上述8种智能，只是其组合的方式和发挥的程度不同。

（6）每个学生都有一种或数种优势智能，只要教育得法，每个学生都能成为某方面的人才,都可能获得某方面的专长。

20 世纪科学技术得到了空前的发展,人类社会已经由工业社会进入信息社会。科学技术的高速发展不仅促进了社会政治经济以及人们思想观念的变革,同样亦影响到教育观念的转变。教育内容的不断更新,教育手段的日益先进,都在酝酿着教育领域内的全面改革。但目前的教育制度和教学模式仍不能适应科技和社会发展形势的需要。

教育技术学是现代教育科学发展的重要成果,是教育科学群体中的一门新的综合性学科,教育技术在教学中的应用研究,改变了教育过程的模式,优化了教学过程的组织序列。随着现代教育科学和现代技术的发展,人们对教育技术的理解和认识在不断地深入,它的理论、概念和方法还在不断完善。

2.2.3 视听教学理论

视听理论与传播理论是现代教育技术重要的理论基础。视听教学理论指出了各种视听教学媒体在教学中的地位与作用,也是教育技术必须遵循的重要规律与所依据的基础理论。传播理论是全面研究人类进行信息传送、交换、加工的科学。它建立起来的传播过程与模式的理论和传者、受者与传播媒体的理论,对教育过程具有普遍的指导意义,是解释现代教育技术应用过程的主要基础理论。

视听教育研究了录音、广播等视听教育手段怎样在教学中使用,会产生什么样的效果等一系列的问题,总结出了很多视听教学的方法,并提出了相关的教学理论,即视听教育理论。该理论对我们在教学中如何选择教学媒体、如何增强学生的感性认识及如何提高学生的学习兴趣具有重要的指导意义。

1.“经验之塔”理论

视听教育理论学派众多,其中最具代表性的是美国教育学家爱德加·戴尔(Edgar Dale)在 1946 年所著的《教学中的视听方法》一书中提出的“经验之塔”理论。戴尔认为,经验是“我们身体和思想加入活动的结果”,因而极力提倡“从经验中学习”。他把人类学习的经验分为直接(做的)经验、替代(观察)经验和抽象经验三大类,并按抽象程度分为十个层次,如图 2-7 所示。

(1)做的经验

①有目的的直接经验(Direct Purposeful Experience)

此经验位于“经验之塔”的底部,是指从日常生活中所看到、听到、摸到、尝到及闻到的具体事物中获得知识。这些知识是教育的基础,是从生活中总结出来的最丰富、最具体的经验,但获得直接经验并不是目的,获得直接经验是为了帮助学习者更好地形成概念,进行科学抽象。

②设计的经验(Contrived Experience)

此经验是指通过模型、标本等间接学习材料获得的经验。这些模型和标本是通过人工设计仿制出来的,尽管其大小、结构及复杂程度与实物略有差异,但用于教学能使复杂的实际事物更易于理解。

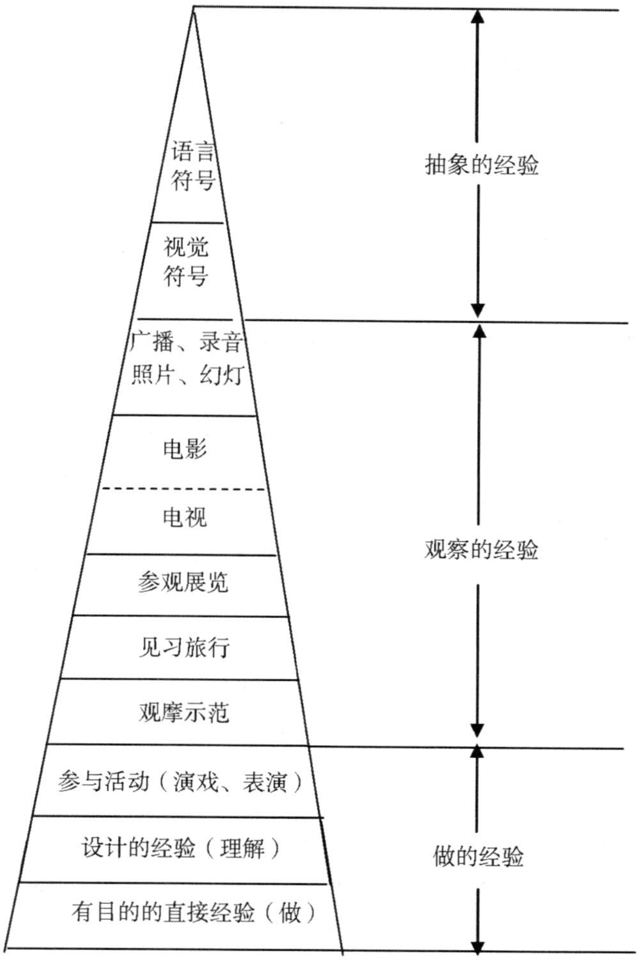

图 2－7　戴尔的“经验之塔”

③参与活动(Dramatic Participation)

此经验是指通过演戏、表演等接近真实和参与重现的经验。学习者对许多事物都是无法通过直接实践去获得经验的,如历史事件、意识形态及社会观念等,这时就可将其编成戏剧让学习者在其中扮演角色,使其获得接近于实际的有关经验。

上述三个层次都含有亲自实践的成分,所以说获得的经验是直接做的经验,是具体的经验。

(2)观察的经验

①观摩示范(Demonstrations)

观摩示范的经验是指学习者先看别人怎么做,然后再去模仿,通过观摩示范获得的经验。若学习者能亲自尝试示范过程,就可以获得更多的直接经验。

②见习旅行(Field Tours)

见习旅行是指到一定的地方,通过观察真实的事物和情境,进行学习、增长知识而获得的经验。旅行不是为了游玩,而是为了观察在课堂上看不到的事物,包括参观访问、考察等活动。

③参观展览(Exhibits)

此经验是指学习者通过看而获取观察的经验。展览的陈列物一般有文物、模型、图表及照片等,它们组成整体,用以说明某一事件的特定意义,具有一定的典型性,因此参观展览看到的事物比真实的事物更突出、更集中,但其真实性差些,而不一定具有普遍性。

④电视(Television)与电影(Motion Pictures)

电视和电影是用图像与声音来代替客观事物提供间接的、替代的经验的工具。学习者在观看时并没有直接体验,因此他们获得的经验是间接经验。电视节目和电影是综合的艺术表现形式,可以通过编辑、特技、动画等多种表现手法来表现教学中的难点,使讲授的内容更形象、生动、直观,更易于理解。这里之所以将电视置于电影的下面,是因为电视具有直接功能,它可以给学习者带来更直接的经验。

⑤广播(Radio)、录音(Recording)、照片(Picture)与幻灯(Still Picture)

它们提供的信息可分别为学习者提供听觉与视觉经验。与电视和电影相比它们的真实性差些,抽象程度较高,但仍具有一定的直接性,也属于观察的经验。上面五层也含有"观察"的成分,故称为"观察的经验",越往上,抽象程度较高。

(3)抽象的经验

①视觉符号(Visual Symbols)

此符号主要指图表、挂图及示意图等抽象的视觉符号,如用箭头代表液体流动的方向,用车子代表载体等。视觉符号比语言文字直观,作为学习者只有先学会识别视觉符号,才能理解符号所代表的事物,才能从中获得知识。

②语言符号(Verbal Symbols)

语言符号包括口头语言、书面语言(文字)和内部语言(无声语言),是一种抽象化了的代表事物和观念的符号。语言符号位于"经验之塔"的最顶端,抽象程度最高。在具体使用时,它总是和"经验之塔"中的其他材料一起发挥作用。也就是说,学生在自己的整个学习过程当中,都在不同程度地进行抽象思维。

鉴于计算机技术和网络技术的发展和普及,在电视、电影和广播、录音、照片及幻灯之间还应增加一个新层,叫"计算机互联网",它可提供观察的经验。

(4)"经验之塔"理论要点

"经验之塔"的理论蕴含了众多重要的教育原理与原则,对教育技术学的理论与实践具有重要的启迪意义。"经验之塔"的理论要点主要包括以下几点。

①塔基的学习经验最具体、最直接,学习起来也最容易,越往上越抽象,塔的顶层经验最抽象,易获得概念,便于应用。

②位于塔中部的视听媒体,易于培养学习者的观察能力,能冲破时空的限制,弥补学生直接经验的不足。

③教育应从具体经验入手,逐步上升到抽象。学习间接经验应尽可能以直接经验作为充实的基础,但也不能过分强调直接经验,要引导学生向抽象思维发展,使其形成概念。

④在学校中,应用各种教学媒体,可以使教育更为具体,从而形成科学抽象。

事实上戴尔的"经验之塔"是一种关于学习经验分类的理论模型,它所阐述的经验与抽象程度的关系,符合人们认识事物由具体到抽象、由感性到理性、由个别到一般的认识规律。因此,它不仅是视听教育理论的基础,也是现代教育技术的重要理论基础之一。

2. 视觉理论

视觉是人获得信息的主要通道，人所感受的外界信息中有80%以上来自视觉。视觉是人的高级感觉，能获得外部事务的精细映像，发挥作用的时间也比其他感觉早。

光作用于视觉器官，使其感受细胞兴奋，其信息经视觉神经系统加工后便产生视觉(Vision)。通过视觉，人和动物感知外界物体的大小、明暗、颜色、动静，获得对机体生存具有重要意义的各种信息，至少有80%以上的外界信息经视觉获得，视觉是人和动物最重要的感觉。

(1)三原色原理(Trichromatic Theory)

所谓三原色，就是指这三种色中的任意一色都不能由另外两种原色混合产生，而其他色可由这三色按照一定的比例混合出来，色彩学上将这三个独立的色称为三原色。任何颜色都可以用红、绿、蓝这3种颜色按不同的比例混合而成，这就是三原色原理。三原色的原理可解释如下。

①自然界的任何颜色都可以由3种颜色按不同的比例混合而成；而每种颜色都可以分解成3种基本颜色。

②三原色之间是相互独立的，任何一种颜色都不能由其余的两种颜色来组成。

③混合色的饱和度由3种颜色的比例来决定。混合色的亮度为3种颜色的亮度之和。

(2)混色理论

色彩的混合分为加法混合和减法混合，色彩还可以在进入视觉之后才发生混合，称为中性混合。

①加法混合

加法混合是指色光的混合，两种以上的光混合在一起，光亮度会提高，混合色的光的总亮度等于相混各色光亮度之和。色光混合中，三原色是朱红、翠绿、蓝紫。这三色光是不能用其他别的色光相混而产生的。而：

朱红光 + 翠绿光 = 黄色光

翠绿光 + 蓝紫光 = 蓝色光

蓝紫光 + 朱红光 = 紫红色光

黄色光、蓝色光、紫色光为间色光。

如果只通过两种色光混合就能产生白色光，那么这两种光就是互为补色，如朱红色光与蓝色光，翠绿色光与紫色光，蓝紫色光与黄色光。

②减法混合

减法混合主要是指的色料的混合。

白色光线透过有色滤光片之后，一部分光线被反射而其余的光线被吸收，减少掉一部分辐射功率，最后透过的光是两次减光的结果，这样的色彩混合称为减法混合。一般说来，透明性强的染料，混合后具有明显的减光作用。

减法混合的三原色是加法混合的三原色的补色，即：翠绿的补色红(品红)、蓝紫的补色黄(淡黄)、朱红的补色蓝(天蓝)。用两种原色相混，产生的颜色为间色：

红色 + 蓝色 = 紫色

黄色 + 红色 = 橙色

黄色 + 蓝色 = 绿色

如果两种颜色能产生灰色或黑色,这两种色就是互补色。三原色按一定的比例相混,所得的色可以是黑色或黑灰色。在减法混合中,混合的色越多,明度越低,纯度也会有所下降。

③中性混合

中性混合是基于人的视觉生理特征所产生的视觉色彩混合,而并不变化色光或发光材料本身,混色效果的亮度既不增加也不减低,所以称为中性混合。

视觉混合方式有下面两种。

A. 颜色旋转混合:把两种或多种色并置于一个圆盘上,通过动力令其快速旋转,而看到的新的色彩。颜色旋转混合效果在色相方面与加法混合的规律相似,但在明度上却是相混各色的平均值。

B. 空间混合:将不同的颜色并置在一起,当它们在视网膜上的投影小到一定程度时,这些不同的颜色刺激就会同时作用到视网膜上非常邻近的部位的感光细胞,以致眼睛很难将它们独立地分辨出来,就会在视觉中产生色彩的混合,这种混合称空间混合。

(3)三原色的应用

用以上的相加混色三基色所表示的颜色模式称为 RGB 模式,而用相减混色三基色原理所表示的颜色模式称为 CMYK 模式,它们广泛运用于绘画和印刷领域。

RGB 模式是绘图软件最常用的一种颜色模式,在这种模式下处理图像比较方便,而且,RGB 存储的图像要比 CMYK 图像小,可以节省内存和空间。

CMYK 模式是一种颜料模式,所以它属于印刷模式,但本质上与 RGB 模式没有区别,只是产生颜色的方式不同。RGB 为相加混色模式,CMYK 为相减混色模式。例如,显示器采用 RGB 模式,就是因为显示器是电子光束轰击荧光屏上的荧光材料发出亮光从而产生颜色,当没有光的时候为黑色,光线加到最大时为白色。而打印机呢?它的油墨不会自己发出光线,因而只有采用吸收特定光波而反射其他光的颜色,所以需要用减色法来解决。

3. 听觉理论

声音的物理基础是振动。在弹性媒质中物体振动所激起的纵波叫声波。听觉(Audition)是声波物理特征的反映。声波的物理特征可用频率、振幅和波形来描述;与此相应,听觉经验有音高、响度和音色的区别。

人们将人耳对不同强度、不同频率声音的听觉范围称为声域。在人耳的声域范围内,声音听觉心理的主观感受主要有响度、音高、音色等特征和掩蔽效应、高频定位等特性。其中响度、音高、音色可以在主观上用来描述具有振幅、频率和相位三个物理量的任何复杂的声音,故又被称为声音“三要素”。

(1)响度

响度,又称声强或音量,它表示的是声音能量的强弱程度,主要取决于声波振幅的大小。声音的响度一般用声压(达因/平方厘米)或声强(瓦特/平方厘米)来计量,声压的单位为帕(Pa),它与基准声压比值的对数值称为声压级,单位是分贝(dB)。对于响度的心理感受,一般用单位宋(Sone)来度量,并定义 1 kHz、40 dB 的纯音的响度为 1 宋。响度的相对量称为响度级,它表示的是某响度与基准响度比值的对数值,单位为方(phon),即当人耳感到某声音与 1 kHz 单一频率的纯音同样响时,该声音声压级的分贝数即为其响度级。可见,无论在客观还是在主观上,这两个单位的概念都是完全不同的,除 1 kHz 纯音外,声压级的值一般不等于响度级的值,使用中要注意。

响度是听觉的基础。正常人听觉的强度范围为 0 dB～140 dB（也有人认为是 -5 dB～130 dB）。固然，超出人耳的可听频率范围（即频域）的声音，即使响度再大，人耳也听不出来（即响度为零）。但在人耳的可听频域内，若声音弱到或强到一定程度，人耳同样是听不到的。当声音减弱到人耳刚刚可以听见时，此时的声音强度称为“听阈”。一般以 1 kHz 纯音为准进行测量，人耳刚能听到的声压为 0 dB（通常大于 0.3 dB 即有感受）、声强为 8～16 W/CM^2 时的响度级定为 0 方。而当声音增强到使人耳感到疼痛时，这个阈值称为“痛阈”。仍以 1 kHz纯音为准来进行测量，使人耳感到疼痛的声压级约为 140 dB。

实验表明，听阈和痛阈是随声压、频率变化而变化的。听阈和痛阈随频率变化的等响度曲线（弗莱彻—芒森曲线）之间的区域就是人耳的听觉范围。通常认为，对于 1 kHz 纯音，0 dB～20 dB 为宁静声，30 dB～40 dB 为微弱声，50 dB～70 dB 为正常声，80 dB～100 dB 为响音声，110 dB～130 dB 为极响声。而对于 1 kHz 以外的可听声，在同一级等响度曲线上有无数个等效的声压—频率值，例如，200 Hz 的 30 dB 的声音和 1 kHz 的 10 dB 的声音在人耳听起来具有相同的响度，这就是所谓的“等响”。小于 0 dB 听阈和大于 140 dB 痛阈时为不可听声，即使是人耳最敏感频率范围的声音，人耳也觉察不到。人耳对不同频率的声音听阈和痛阈不一样，灵敏度也不一样。人耳的痛阈受频率的影响不大，而听阈随频率变化相当剧烈。人耳对 3 kHz～5 kHz 声音最敏感，幅度很小的声音信号都能被人耳听到，而在低频区（如小于 800 Hz）和高频区（如大于 5 kHz）人耳对声音的灵敏度要低得多。响度级较小时，高、低频声音灵敏度降低较明显，而低频段比高频段灵敏度降低更加剧烈，一般应特别重视加强低频音量。通常 200 Hz～3 kHz 语音声压级以 60 dB～70 dB 为宜，频率范围较宽的音乐声压以 80 dB～90 dB 最佳。

（2）音高

音高也称音调，表示人耳对声音调子高低的主观感受。客观上音高大小主要取决于声波基频的高低，频率高则音调高，反之则低，单位用赫兹（Hz）表示。主观感觉的音高单位是“美”，通常定义响度为 40 方的 1 kHz 纯音的音高为 1000 美。赫兹与“美”同样是表示音高的两个概念不同而又有联系的单位。

人耳对响度的感觉有一个从听阈到痛阈的范围。人耳对频率的感觉同有一个从最低可听频率 20 Hz 到最高可听频率别 20 kHz 的范围。响度的测量是以 1 kHz 纯音为基准的，同样，音高的测量是以 40 dB 声强的纯音为基准的。实验证明，音高与频率之间的变化并非线性关系，除了频率之外，音高还与声音的响度及波形有关。音高的变化与两个频率相对变化的对数成正比。不管原来频率多少，只要两个 40 dB 的纯音频率都增加 1 个倍频程（即 1 倍），人耳感受到的音高变化则相同。在音乐声学中，音高的连续变化称为滑音，1 个倍频程相当于乐音提高了一个八度音阶。根据人耳对音高的实际感受，人的语音频率范围可放宽到 80 Hz～12 kHz，乐音较宽，效果音则更宽。

（3）音色

音色又称音品，由声音波形的谐波频谱和包络决定。声音波形的基频所产生的听得最清楚的音称为基音，各次谐波的微小振动所产生的声音称泛音。单一频率的音称为纯音，具有谐波的音称为复音。每个基音都有固有的频率和不同响度的泛音，借此可以区别其他具有相同响度和音调的声音。声音波形各次谐波的比例和随时间的衰减大小决定了各种声源的音色特征，其包络是每个周期波峰间的连线，包络的陡缓影响声音强度的瞬态特性。声音的音色变化万千，高保真（Hi-Fi）音响的目标就是尽可能准确地传输、还原重建原始声场的一切特征，使人们其实地感受到诸如声源定位感、空间包围感、层次厚度感等各种临场听感的立体环绕声效果。

2.2.4 教育传播理论

传播是由传播者运用适当的媒体，采用一定的形式向接受者进行信息传递和交流的一种社会活动。用传播理论的观点和方法解释教育现象，探索媒体在教学过程中的作用机制，是教育技术学的一个传统研究领域，并由此诞生了教育传播学。教育传播是教育者按照一定的目的要求，选择合适的信息内容，通过有效的媒体通道，把知识、技能、思想、观念等传送给特定对象的一种活动，是教育者和受教育者之间的信息交流活动。由于教学过程也就是教学信息的传播过程，所以传播理论是教育技术学的重要理论基础，它在认识教学传播现象和规律的基础上，为改善教学过程各要素的功能条件、追求教学过程的最优化提供了理论支持。

1. 传播的类型

传播的类型有多种分类法。按信息的接受者分，可分为四种基本类型。

（1）人的内向交流

与动物不同，人是能自我认识、有自我意识的实体。人的自我意识活动主要是在大脑中进行的。在个体单独活动以及个体与其他个体的互动中，个体都不断地对自己的身体状况和心理活动进行觉察、认知和调节。如与异性交流时，我们会随时监督自己的谈吐举止，力图对于对方富有吸引力。在因工作失误而懊丧时，我们会自责，或自我发泄一番；反之，我们也会自我陶醉。这时，个体在意识下将自我划分为主体的“我”和客体的“我”，个体既是觉察的主体又是被觉察的客体。这种个体意识活动下主客体“我”之间的信息互动就称为“人的内向交流。”

（2）人际传播

指个人与个人之间的信息交流，如两人面谈，或通过电话、书信往来等交流信息，对人际关系的维系和发展有着重要的作用。人际传播与人的内向交流的最大区别在于信息的传与受双方并不集于一身。

（3）组织传播

指群体组织内成员之间和组织与组织间的信息沟通，是由各种相互依存的关系结成网络，为应付环境的不确定性而创造和交流信息的过程。这种传播不仅要通过担任各种不同职务的成员（如厂长、车间主任；校长、任课教师、班干部等），而且要经过以一定规则组合起来的通道（传播网络）来进行。组织传播是否有效，决定了能否有效显示和发挥组织活力和功能，对组织既定目标的实现会产生直接的影响。

（4）大众传播

“大众传播”是指职业传播者通过大众传播媒介（如书刊、报纸、广播、电影、电视）广泛、迅速和连续地向广大受众传递信息的过程。与人际传播不同，大众传播过程中的传者不知道受方究竟是谁，且不能即时或很快取得他们的反馈信息。大众传播对社会有着潜移默化的作用，改变着人们的工作方式和生活方式，改变着世俗的偏见和传统的观念。随着电子通信技术的更新和普及（如电子报纸、卫星电视直播系统、光纤通信等），人类世界成为“地球村”的预言将成为现实。

2. 传播的模式

传播学者研究传播过程，都不例外地把传播过程分解成若干个要素，然后用一定方式去研究这些要素之间的相互联系与相互作用，这样就构成了多种多样的研究传播过程的模式。这里介绍几种有代表性的模式。

(1)拉斯威尔传播模式

在传播学研究史上，第一次提出传播过程模式的是英国政治家哈罗德·拉斯威尔(Harold Lasswell)。1948 年，他在题为《传播在社会中的结构与功能》的论文中首次提出了构成传播过程的五种基本要素，并将它们按照一定的顺序排列，形成了后来被人们称为传播过程的“5W”模式。如图 2－8 所示。

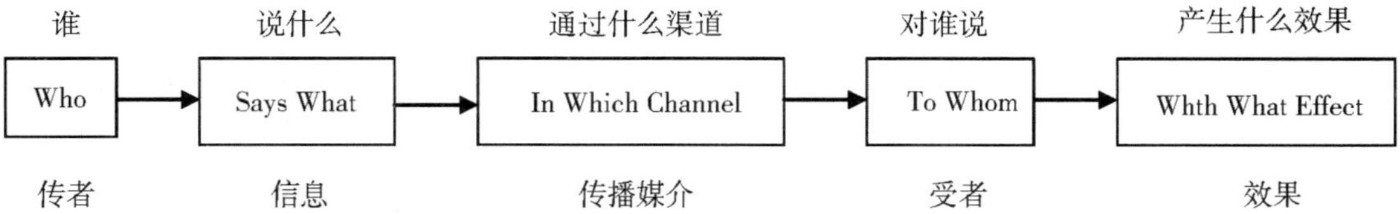

图 2－8　拉斯威尔的“5W”模式

拉斯威尔的“5W”模式对传播过程进行了简明的概括，提出了传播过程的五个要素，即传者(消息的来源)、信息(声音、文字、图片等)、传播媒介(天然媒介或人工媒介)、受者(听众、观众、读者，集体或个人)及效果(效果大或小，明显或不明显)。

这个模式第一次将人们每天从事却又阐释不清的传播活动明确表述为由五个环节和要素构成的过程，为人们理解传播过程的结构和特性提供了具体的出发点，在传播学史上具有重要意义。

当然，作为早期的传播过程模式，拉斯威尔的理论还不完善，这主要表现在它是一个单向直线模式。拉斯威尔虽然考虑到了受者的反应(效果)，却没有提供一条反馈渠道，因而这个模式没有揭示出人类社会传播的双向性和互动性。

(2)香农－韦弗传播模式

1949 年，信息论的创始人香农(Claude Shannon)及同事韦弗(Warren Weaver)在研究电报通信问题时，在所著的《通信的数学理论》一书中提出了一个传播的模式，这一模式原是单向直线式的，但是，他们不久就在这一模式中加入了反馈系统，并引申其含义，用来解释一般的人类传播过程。如图 2－9 所示。

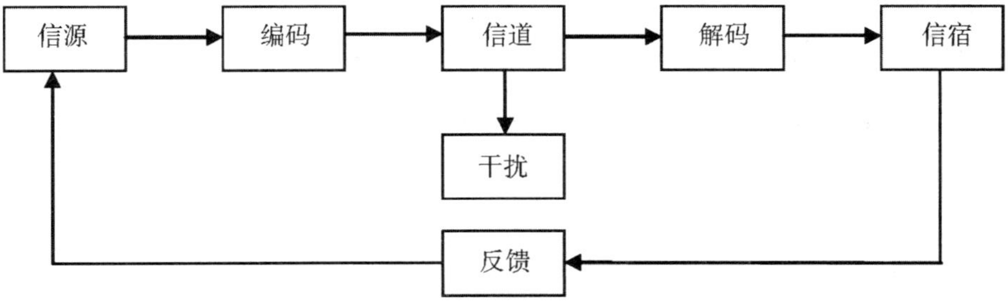

图 2－9　香农－韦弗传播模式

香农认为信息传播要经过编码和解码，信源(传者)经过编码把要传递的信息制成符号

(文字、图片、声音、视频等),然后通过信道(媒体)传递给信宿(受者),受者在接受这些信息时要经过解码,将其还原。为保证信息能正确、有效地传播,要求传者和受者要有共同的“经验”,否则受者就会难以理解或正确认识。在信息传播过程中存在着各种干扰(其他信号、噪声等),对这些干扰应当尽量避免和加以抑制。在信源和信宿之间存在着反馈通道,受者可通过反馈通道将反应反馈给传者,传者根据反馈的情况重新设计或修改传播内容,使之更适合受者的需要,从而提高传播效果。现代教育技术采用香农的传播理论,主要在于选择合适的教学媒体,把握师生共同的“经验”部分,及时分析来自各个渠道的反馈信息,以取得教学效果的最优化。

(3)贝罗传播模式

1960 年,贝罗(David K. Berlo)在香农—韦弗传播模式的基础上提出了 S—M—C—R 模式。如图 2 - 10 所示。

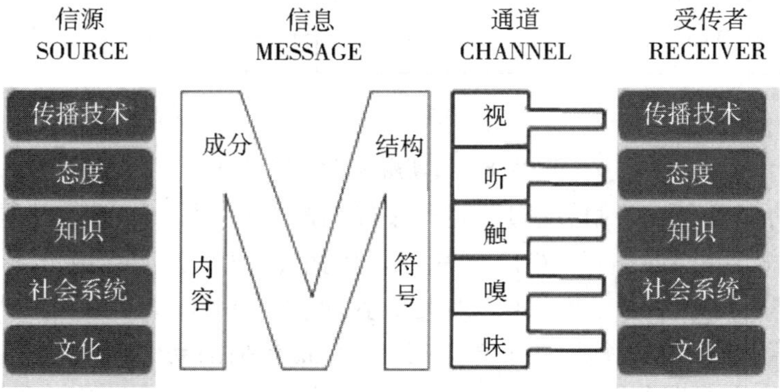

图 2 - 10　贝罗传播模式(S—M—C—R 模式)

贝罗的传播理论把传播过程分为四个基本要素:信源、信息、通道和受传者。贝罗模式明确而形象地说明了影响信源、受传者和信息,实现其传播功能的条件,说明信息传播可以通过不同的方式和渠道,而且最终效果不是由传播过程中某一部分决定的,而是由组成传播过程的信源、信息、通道和受传者四部分以及它们之间的关系共同决定的,传播过程中每一组成部分又受其自身因素的制约。

贝罗模式现在常被用来解释教育传播过程,它说明了在教育传播过程中,影响和决定教学信息传递效率和效果的因素是多方面的、复杂的,各因素之间是既相互联系又相互制约的。为了提高教育传播的效果,必须研究和考察各方面的因素。

3. 教学传播过程的基本阶段

教学传播过程是包括六个阶段的连续的动态过程。如图 2 - 11 所示。

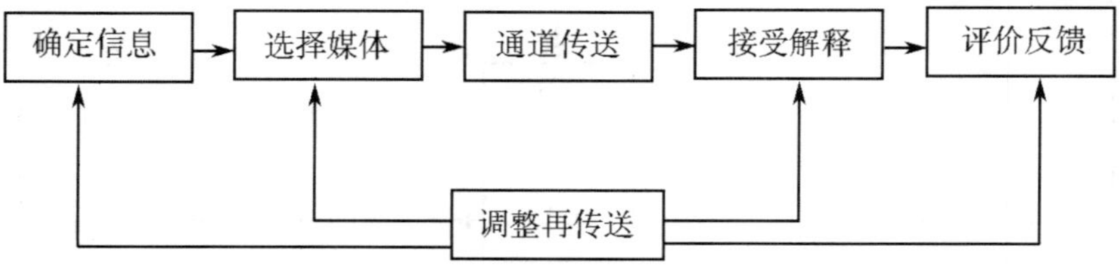

图 2 - 11　教育传播过程的六个阶段

(1)确定教学信息。教学传播过程的第一步是确定所要传递的教学信息。传递什么信息,要依据教学目的和课程的培养目标。一般说来,课程的文字教材是按照教学大纲由专家精心编写的,通常都体现了要传递的教学信息。因此,在这一传播阶段,教师要认真钻研文字教材,对每单元的教学内容进行仔细分析,将内容分解成若干个知识点,并确定每个知识点要求达到的学习水平。

(2)选择传播媒体。选择传递信息的媒体,实际上就是信息编码的活动。某种信息该用何类符号和信号的媒体去呈现和传递,是一个较为复杂的问题,需用一套原理作指导。如选择媒体要能准确地呈现信息内容;要符合学生的经验和知识水平,容易被接受和理解;容易得到,需要付出的代价不大,而又能取得较好的传播效果。

(3)媒体传递信息。这时首先要解决两个问题:一是信号要传至多远,多大范围,要根据信号的传递要求,应用好媒体,保证信号的传递质量;二是信息内容的先后传递顺序问题,在应用媒体之前,必须做好信息传递的结构设计,在媒体运作时,有步骤地按照设计方案传递信息。媒体传递信号时应尽量减少各种干扰,确保传递质量。

(4)接收和解释信息。在这一阶段,学生接收信号并将它解释为信息意义,实际上就是信息译码的活动。学生首先通过各种感官接收经由各种媒体传来的信号,然后依据自身的经验和知识,将符号解释为信息意义,并随之储存在大脑中。

(5)评价和反馈。学生接收信号解释信息之后,增加了知识,发展了智力,但是否达到了预定的教学目的,需要进行评价。评价的方式和方法很多,可以观察学生的行为变化,也可以通过课堂提问、课后书面作业以及阶段性的反馈信息来评价。

(6)调整和再传递。通过将获得的反馈信息与预定的教学目的进行比较,可以发现教学传播过程中的不足,以便调整教学信息、教学媒体和教学顺序,进行再次传递。如在课堂提问时发现问题,可即时进行调整;在课后作业中发现问题,可进行集体补习和个别辅导;在远距离教学中发现问题,可以增发辅导资料,或在一定范围内组织面授辅导。

2.2.5 TPACK(技术—教学法—内容知识)理论

信息技术使人类的生活、工作和学习产生了巨大改变,教育领域在引进技术时也抱着同样的期望即用技术变革教育。在我国,随着教育信息化的发展,信息技术与课程整合不仅已成为基础教育改革的一大热点,而且已成为教师教育和教育技术学者研究的一个重要领域。然而与教育对技术的热情和关注相对应的却是技术对教育变革作用的滞后。

随着教育信息化的发展,技术知识在教师知识体系中越来越重要,成为当前教师知识框架中一个独立的知识成分,受到越来越多研究者的关注。

1. TPACK 的内涵

教师知识研究可分为两个阶段:第一阶段从1986年到2004年,第二阶段从2005年至今。第一个阶段的代表性人物是舒尔曼,他提出了被称为“学科教学知识”(PCK)的教师知识理论框架,在这个框架中舒尔曼认为,教师知识的核心是由学科知识和教学知识相结合而形成的学科教学知识。第二个阶段的代表性人物是科勒和米什拉,他们在理论框架的基础上增加了技术知识这一要素,形成了整合技术的学科教学知识(TPACK)理论框架。

科勒和米什拉指出,TPACK是教师使用技术进行有效教学所必需的知识。所谓有效,即指教师不但要知道在教学中使用什么技术(What),还要知道为什么使用这种技术(Why)和在教学中怎么使用技术(How)。基于这种知识的技术整合是一种有意义的整合。

TPACK 是"整合技术的学科教学法知识"(Technological Pedagogical Content Knowledge)的简称,它"描述了教师对于技术的理解如何与他们的 PCK 互动,以提供技术支持下的有效教学"。它由"学科知识"(Content Knowledge)、"教学法知识"(Pedagogical Knowledge)和"技术知识"(Technological Knowledge)三种核心元素整合而成。其复合元素包括"学科教学法知识"(Pedagogical Content Knowledge)、"整合技术的学科知识"(Technological Content Knowledge)和"整合技术的教学法知识"(Technological Pedagogical Knowledge)。这些元素之间并非孤立的而是相互整合的(见图 2-12),不同水平的教师整合程度不同。教师的 TPACK 具有情境性、整合性、复杂性、动态性、个人性和实践性等特征。

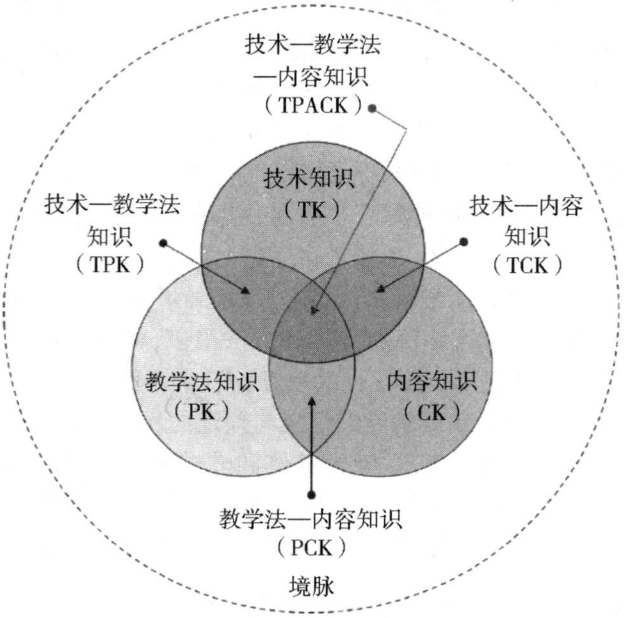

图 2-12 教师的技术—教学法—内容知识

(1)学科知识

学科知识是被学生学习的、被教师教授的学科内容,舒尔曼认为,学科知识包括一个学科基本的概念、理论思想、组织框架、证据、证明以及发展学科知识的实践和方法等。

(2)教学知识

教学知识是指教师拥有的与教与学的过程实践方法相关的深层次知识。教学知识是一种复杂的知识,它涉及教与学的方方面面,如教育目的、教学目标、学生特征、学习过程、教学方法、教学策略、教学技巧、学习评价等。教学知识又是一种深层次的知识,教师不仅需要知道这些知识,最重要的是能够把这些知识运用于实际教学活动之中。

(3)技术知识

教师知识框架中的技术知识是教师展开信息技术与课程整合活动必不可少的知识成分。技术知识是指在教育教学活动过程中运用的与现代信息技术相关的知识。应用在教育领域的现代信息技术主要包括电子音像技术、卫星电视广播技术、计算机技术、人工智能技术、网络通信技术和仿真技术虚拟现实技术等。

(4)整合技术的学科教学知识

整合技术的学科教学知识包括的内容有使用技术表达学科概念的知识、以创造性的方式使用技术来教学的教学技巧、什么使得概念学习难于或易于学、怎样采用技术矫正学生面临的这些问题的知识、怎样利用技术在现有的基础上发展学生新的认识论或强化已有的认识论等方面的知识。

TPACK 是在具体学科内容的教学策略以及具体主题之表征的情境脉络中，技术、教学法、学科内容三者交互的知识，它需要教师知道如何使用新兴技术，将特定学科的活动或者特定主题的活动与特定主题的表征协调起来以促进学生的学习。如图 2 - 13 所示。

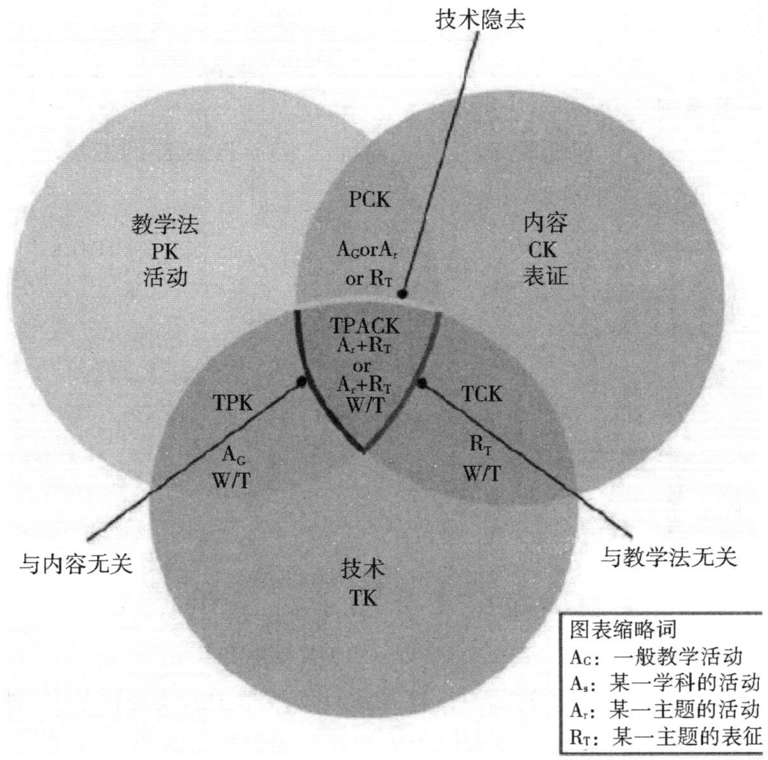

图 2 - 13　TPACK 框架的细化模型

希腊学者季莫亚尼斯(A. Jimoyiannis)在另一项研究中对 TPACK 的内涵进行了进一步分析，他认为可以对其进行进一步分解。如表 2 - 1 所示。

表 2 - 1　对 TPACK 的进一步分解

TPACK 的三种复合元素	知识成分
科学　教学法　知识	科学知识
	科学课程
	科学知识的转换
	学生对于特定科学领域的学习困境
	学习策略
	一般教学法
	教学情境

续表 2-1

TPACK 的三种复合元素	知识成分
整合技术的科学知识	用于科学学科的资源和工具
	与科学知识相关的操作与技术应用技能
	科学知识的转换
	科学过程的转换
整合技术的教学法知识	以 ICT 为基础的学习策略
	应用 ICT 培养科学素养
	支持信息技能
	为学生学习提供支架
	处理学生技术困难

2. TPACK 的发展层次

尼斯(M. L. Niess)等从观念转变的角度将科学教师 TPACK 的发展分为认知、接受、适应、探索、改进五个阶段。如图 2-14 所示。

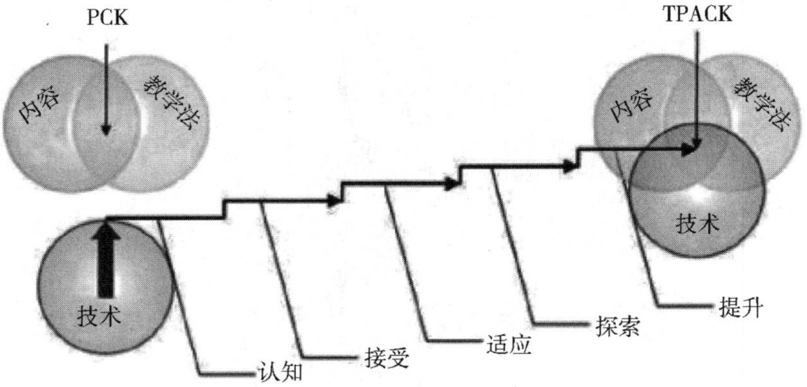

图 2-14　TPACK 的发展层次

(1)认知。在此阶段的科学教师承认技术在科学教学中的重要价值,但他们在教授科学时,很少考虑到技术或者不愿意将技术作为科学教学的促进工具整合进来。

(2)接受。在此阶段,科学教师赞成将技术整合到科学教学中来,并在教学中进行了一定尝试,但由于科学教师本身 TPACK 知识成分残缺或者结构不良导致技术并不能与科学教学协调一致。

(3)适应。教师有一定能力将技术整合到科学教学中来,但处于此阶段的科学教师仅能够通过技术使学生参与到低水平认知活动中来,如应用技术进行操作与练习。他们非常谨慎地指导学生达到课堂教学目标。

(4)探索。教师积极地整合技术到科学教学中来,同时他们能够积极调整教学策略等以和教学内容、技术工具相协调。此阶段的教师尝试应用不同的方式整合技术进行教学,且教师允许学生探索应用技术去解决问题。

(5)改进。教师对技术与科学教学的整合效果进行评估并不断调整教学策略及技术工具等。在此阶段他们愿意通过各种方式应用技术建构科学概念与科学思想,并鼓励学生应用技术进行亲自进行的(hand-on)实验与探索。

当然，这种划分并不是绝对的，科学教师并不必然经历所有阶段，如有些科学教师可能不会经历第一个阶段，而有些教师终其一生只是停留在其中某个阶段，而相当一部分教师可能仅仅经历其中的某几个阶段等。

3. TPACK 的评价

(1) TPACK 的评价维度

在对 TPACK 进行评价或测量时，研究者或从技术、教学法和内容三个维度，或从 TPACK 的七种构成知识，或是根据尼斯提出的四个核心要素，来对 TPACK 进行评价和测量。Angeli 和 Valanides 则主张从以下五个评价维度对教师的 TPACK 进行评价：①能够使用技术教授且能体现工具附加价值的主题的确定；②能将教学内容转化为学习者容易理解的形式或传统方法很难支持的表征形式；③传统手段很难或不可能执行的教学策略的确定；④恰当的 ICT 工具的选择与应用；⑤将技术整合进课堂的教学策略的确定。

(2) TPACK 的评价模型

Angeli 和 Valanides 认为，对 TPACK 的评价不能只是给出一个等级评定，需要采用真实的、基于过程的、持续的评价方式，来评定复杂的学习结果。为此，他们开发了一个评价模型(见图 2－15)，以此来评价教师在设计使用技术的教学方面从新手到专家的学习进程。这个模型的关键就是要评价教师在不同设计任务上的表现。对于每个设计任务，又分别有三种评价形式：专家评价、同伴评价和自我评价。在评价时，首先由专家或者专家和学习者共同提出评价标准，然后由同伴对设计任务进行评价；完成之后，学习者开始结合同伴的评价反思个人表现并实行自我评价。

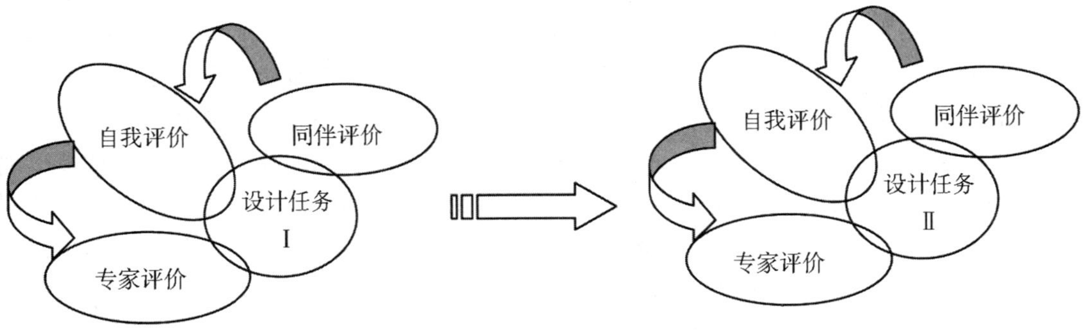

图 2－15　TPACK 的评价模型

4. TPACK 的评价方法

Baxter 和 Lederman 在对评价教师 PCK 的方法进行评述时，按照研究所使用的评价技术的不同，将相关研究方法归为三类：(1)聚合和推论技术；(2)概念图、卡片分类和绘图作品；(3)多方法评价

研究者在对教师的 TPACK 进行研究时，主要采用了第(1)和第(3)类方法。聚合和推论技术包括里克特量表、多选题和简答题等形式。这些形式多用于测量教师的态度和信念，在评价 TPACK 时也是如此。科勒和米什拉调查了小组及个人在设计项目过程中关注的侧重点(内容、教学法或者技术)；Cox 等人则尝试测量职前教师在执行 TPACK 相关任务时的自我效能感；Schmidt 等人的调查则是根据教师对自己知识、思维、行为等方面的判断来测量他们的 TPACK。

2.2.6 系统科学理论

所谓系统是指由相互联系、相互作用的要素(部分)组成的,具有一定结构和功能的有机整体。系统科学就是以系统及其机理为对象,研究其类型、性质和运动规律的科学。系统科学打破了人们过去静止、孤立地研究某一事物或现象的思想,而将其放在一个系统中,通过对整体的研究,来分析系统中各组成部分的作用和关系,寻求互相联系与影响的规律,从而对这一事物或现象的发展变化机理有更准确、更全面的认识,并实现对这一部分乃至整个系统的有效控制。因此,系统科学是一门方法论层面的学科,它为我们认识和研究事物提供了新思路和新方法。系统科学是对教育技术影响最为深刻的理论之一。

1. 系统科学的基本原理

系统作为一个多元素的有机结构体具有一些共同特征,即整体性、相关性、目的性与功能性、自适应性、动态性和有序性。从系统的特征出发,研究系统的规律,便产生了系统科学的基本原理。

(1)整体性原理。整体性是系统的本质特征,系统中各要素的自身状态和互相关联形式决定了整个系统的总的功能和效果。因此,研究系统必须从整体出发,考虑到各要素之间的联系与制约。充分认识到系统的功能总和并不是若干组成要素功能的简单相加,而是各功能之和与关联因素的综合结果,即 1 加 1 未必等于 2。对于一个各要素之间结构合理、能够协调行动的系统来说,结果将是 $1+1>2$,反之亦然。所以对系统结构与协调的研究是整体性原理的主要内容。

(2)反馈原理。任何系统如果没有反馈机能,必将以一种单一状态走向消亡。没有反馈就无法实现有效控制,使系统失去保持动态平衡和自适应的特性。因此,对于一个有明确目的与功能的系统来说,信息反馈是十分必要的。这里的反馈分系统内部信息的反馈和对外部影响的反馈。内部信息反馈是系统要素间互相作用时,受作用要素向施作用要素发回的状态信息,这种反馈有助于我们调整对系统的控制。对外部影响的反馈是系统中的要素对系统外因素变化的反应,它使我们尽快地掌握环境变化对系统的影响,适时地采取相应措施,调整环境或变化系统自身机能。对反馈信息的正确测定与分析也是十分重要的,因此对反馈信息的正确处理是使其真正起作用的关键环节。

(3)有序原理。由于系统的结构、功能和层次的动态演变有某种方向性,所以系统具备了有序特征。系统从初始的简单、无序状态,通过逐步演变,走向高级、复杂、有序的状态,趋于稳定。系统要达到有序,首先必须是一个开放式系统,即与外界有信息的交换,否则,一个封闭的自运行系统,是无法走向有序的;其次,系统必须具有偏离平衡态的能力,这样在外部作用下才能发生能量变化,并逐步趋于稳定状态。

2. 系统科学与教育的关系

系统科学的思想和方法的运用,为我们认识教育系统打开了一个全新的视野,提供了新思路和方法,对教育技术的理论,尤其是教学设计领域的理论发展具有重要的意义。

首先,系统的整体性原理,使我们认识到教育系统中如教师、学生、资源等各要素之间协调运动的重要性。在教学设计中,改变传统的单一"灌输"知识的思路,从整体出发,充分认真地对学生、媒体、内容进行分析,有效地建立各要素之间的关系,使其协调互动,发挥出系统的整体优势,以实现教学效果的优化。

其次,教育系统必须有反馈机制。对系统反馈机制的要求,促使我们对教育的评价予以足够的重视。反馈信息传递通道的顺畅是保证教育系统稳定、正向发展的前提,而对反馈信息的有效分析,即有效评价,是能够正确调控系统运行的关键。因此,对教育系统评价体系的研究是教育技术中重要的内容。

第三,系统的动态与有序原则,揭示了教育系统运动的基本规律,也为正确设计教育系统提供了理论指导。教育系统要实现稳定发展,首先必须是一个开放式的系统,也就是说,教育教学活动必须与外界有充分的联系,进行必要的信息交换,而不能是关上门教师与学生间发生的孤立作用。同时,教育系统又是一个动态的系统,它是在运动过程中不断变化、调整、适应的。因此,对教育系统的设计不能企图寻求一个以不变应万变的理想固定模式,而是要力求建立一个具有健全完善的调整、适应功能的机制,使其在动态发展中能够保持正确的方向,实现动态稳定。

另外,系统科学的分论研究,也促进了教育领域相近学科的产生和发展,如教育系统论、教育控制论、教育信息论等,这些都为教育技术的研究提供了丰富的理论基础。

2.3　现代教育技术与教育信息化

2.3.1　现代教育技术的内涵

现代教育技术与教育技术相比较并没有本质的区别。按照容世彦、和仲池在《现代教育技术基础》中的说法,现代教育技术就是“以现代教育理论和思想为指导,运用现代媒体技术的手段和方法,通过对教学(学习)过程和教学(学习)资源的设计、开发、利用、管理和评价,以实现优化教学、有意义的学习、促进人的全面发展的理论和实践。”此概念可以从出下几个方面来进行理解。

首先,现代教育技术是以现代教育理论和思想为指导的,其最终目的是促进人的全面发展。其中,现代教育技术最基本的理论基础主要包括传播理论、学习理论和教学理论;而现代教育技术最基本的指导思想主要包括大众教育、个性教育、信息化教育、终身教育以及国际化教育等;应用现代教育技术的终极目标是培养具有全面文化基础、高尚道德情操和较强创新能力的一代新人。

其次,坚持以技术为手段,以育人为目的。现代教育技术强调“科技以人为本”。现代教育技术实质上是人类在长期的教育实践活动中运用和创造的各种活动方式、操作能力以及占有的资源等的总和。

第三,现代教育技术是传统教育技术与现代信息技术的优化整合。为了教育教学最优化目标的实现,在现代教育教学中,对现代教育技术的运用既包括最新现代信息技术手段的运用,还应包括传统教育技术手段的运用,应将二者有机地结合,绝不能只强调最新现代信息技术手段的运用而抛弃传统教育技术手段的合理应用。

由此可见,现代教育技术比教育技术更能贴近时代。其突出体现就在于“现代”上:第一,便于开展与现代科学技术相关的教学研究;第二,充分利用现代科技成果,如通信技术、计算机技术、多媒体技术以及网络技术等现代化技术手段,为教育教学提供服务;第三,吸收科学和系统的思维方法,使教育技术更加科学、系统,突出其时代特色。

随着信息技术的不断发展,现代教育技术的作用与内涵也在不断地发生变化。对现代教育技术手段的不断推广、应用，不仅扩展了教育资源，而且也形成了一个新的教育环境，并引起教材与课程模式的变化，由此进一步导致了整个教育目标、教育过程与评价体系的大变革。可见，随着信息技术的不断进步与日益扩展，现代教育技术在信息时代的教育教学中逐步成为教育教学改革与信息化的源头，占据着教育全局的制高点。

2.3.2 现代教育技术推进教育信息化

教育信息化是指在教育领域全面深入地运用现代化信息技术来促进教育改革和教育发展的过程，是指在教育中普遍运用现代信息技术，开发教育资源，优化教育过程，以培养和提高学生的信息素养，促进教育现代化的过程，其结果必然是形成一种全新的教育形态——信息化教育。

教育信息化的指导思想，从教育发展的角度看，是应用现代教育技术，推进教育信息化，带动教育现代化，实现基础教育跨越式发展；从人才培养的角度看，是在信息时代，教育、教学要充分利用信息技术与信息资源，提高师生信息素养，培养信息社会需要的创新人才。由此可见，教育信息化既具有“技术”的属性，同时也具有“教育”的属性。而现代教育技术则是技术与教育的整合。

现代教育技术主要由三类要素构成。

一是经验形态的现代教育技术要素。经验形态的现代教育技术是属于主观性的技术要素，是指人们在现代教育技术的应用与实践过程中不断总结出来的经验与技能。经验是指人们在长期应用实践中得来的知识或技能，是人们对生产方式、方法等的直觉体验与综合积累。具体到运用现代教学媒体进行教学实践中，如果没有系统学习教学设计理论，教师通过不断地探索和总结，同样可以归纳出如何选择教学媒体、如何有机结合多种媒体等教学经验，但是需要经过一个比较漫长的过程，才能逐步由自发转为自觉，最终形成经验形态的现代教育技术。技能则是指技巧、诀窍等，是以知识、工具与经验为基础的，是生产劳动过程中人们所表现出来的主体活动能力。教师在教学过程中同样可以培养其教学技能，包括对教学信息的设计、开发、利用、评价与管理的技能，以及课堂教学的技巧、师生之间的情感交流等。经验形态的现代教育技术需要长期积累，不断培养，不是短时间所能练就的。

二是物化形态的现代教育技术要素。这里主要是指以教学工具与教学机器为主要标志的客观性技术要素。事实上，从教育活动产生的第一天起，就有了教学工具。古代的“口耳术”可以认为是以人为工具，之后的黑板、书本、幻灯机、电视机、投影仪以及计算机等都属于教学工具。从普莱西发明世界上第一台教学机器，到斯金纳的程序教学机的问世，再到计算机在教学实践领域的大规模使用，体现了人类对物化形态的现代教育技术的不断探索。计算机交互性的特点，便于人机对话，尤其是多媒体技术、人工智能、虚拟现实技术、可穿戴设备等的飞速发展，进一步促进了现代教育技术的发展，为现代教育技术注入了新的生命力。

三是知识形态的现代教育技术要素。主要是指以现代教育技术知识为特征的主体化技术要素，其中现代教育技术知识可以分为教育经验技术知识和教育理论技术知识两类。传播教学论、视听教学论、媒体教学论，以及后来的学习论、方法论、系统论与现代教学论均可视为经验类与理论类现代教育技术知识。无论是经验类还是理论类教育技术知识，都源于现代教育技术的长期研究和探讨，是对客观教育教学现象的本质认识。

知识形态的现代教育技术要素是无形的、抽象的，是伴随着新媒体的涌现与教学媒体的革新不断丰富和深化的。知识形态的现代教育技术要素为现代教育技术的具体实践提供理论指导。在教育教学中,必须坚持以学习理论和教育理论为指导,对教学活动的开发、设计以及对各种媒体的使用都必须符合教育教学规律,适应学生学习特点。

因而,现代教育技术绝不单纯是一个"用技术"的问题,更是一个实现教育思想转变的问题,教育信息化需要教师具备现代教育技术能力才能实现。这也就是说,运用好现代教育技术对全面实施教育信息化能起到促进与保障作用。

思考题

1. 陈述教育技术的概念和内涵。
2. 教育技术的研究内容是什么?
3. 各种学习理论的主要观点是什么?
4. 各类教学理论的主要观点是什么?
5. 视听教学理论的理论要义是什么?
6. 陈述各类教育传播理论的主要观点及教育传播的过程。
7. 陈述 TPACK(技术—教学法—内容知识)理论。
8. 陈述系统科学理论的主要观点。
9. 陈述现代教育技术的内涵。
10. 现代教育技术如何推进教育信息化?

第 3 章　多媒体教学环境与信息化设备应用

随着信息技术的发展,应用计算机、多媒体、通信等技术和校园计算机网、广播网、闭路电视网等网络,将学校主要教育资源数字化,建立起网络化、数字化、智能化有机结合的新型教育、学习、交流和研究的学校平台,实现教育资源、信息管理、教学方式、生活方式和沟通传播方式的信息化,形成高度信息化的人才培养环境,促进高水平的师生互动,促进科学、高效的管理,能更好地培养学生的应用和创新能力。本章将对多媒体教学环境相关的各项内容进行阐述。

★学习目标

1. 陈述媒体、教学媒体和多媒体的概念及特点。
2. 陈述教学媒体的分类与特征。
3. 列举教学媒体在教育变革和发展中的作用。
4. 陈述教学环境及多媒体教学环境的特点。
5. 掌握多媒体教学环境的类型及使用方法。

★内容导图

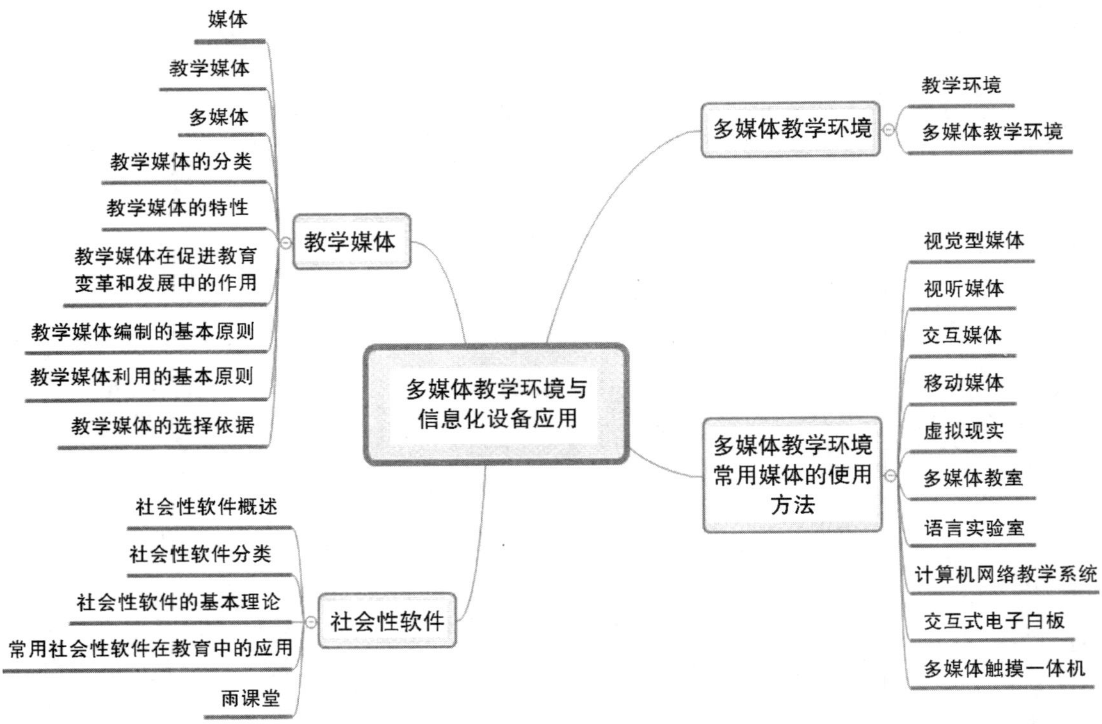

3.1　教学媒体概述

3.1.1　媒体

媒体一词来源于拉丁语“Medium”，音译为媒介，意为两者之间。它是指信息在传递过程中，从信息源到受信者之间承载并传递信息的载体或工具，也可以指实现信息从信息源传递到受信者的一切技术手段。媒体有两层含义，一是承载信息的载体，二是指存储信息和传递信息的实体。

媒体是指载有信息的物体。按《辞海》的注释，媒介是“使双方发生关系的人或事物”。那么，没有承载信息的物体，如没有内容的白纸、空白磁带、胶片等不能介绍或引导双方发生关系，因此都不能说是媒体，而只能说是书写、印刷或录制的材料。白纸上印上新闻成为报纸，磁带录上音乐信息符号成为音乐带，这时，承载了信息的纸张、磁带才能称为媒体。

媒体通常被分为硬件和软件两大类：硬件是指那些储存、传递信息的机器和设备，如照相机、幻灯机、投影机、录音机、录像机、电视机和计算机等；软件是指计算机系统中除硬件以外的所有事物，一般包括计算机程序、程序说明及其他资料等。硬件与软件是不可分的统一体，只有配套使用，才能发挥储存与传递信息的作用。

3.1.2　教学媒体

当某一媒体被用于传递教学信息时，就称该媒体为教学媒体。教学系统包含教师、学生、教学内容（即教学信息）和教学媒体四要素。所以，教学活动可以看作是一个教学信息传递、反馈和控制的过程。它是教师（教学信息的传播者）、学生（教学信息的接受者）、教学媒体（教学信息载体）三者相互作用的结果。教学媒体在教学中的应用情况已成为影响教学效果的一个重要因素。

从本质上看，教与学的活动过程是一种获取、加工、处理和利用信息的过程。因此，能够储存与传递事物信息的任何媒体都能作为教学媒体，但事实上，绝大多数新开发出来的媒体首先都不是用在教学上的，而是在军事、通信、娱乐、工业等部门使用相当长一段时间之后，才逐步被引进教学领域。那么，教学媒体有哪些特殊的组成要素呢？概括来说，一般的媒体发展成为教学媒体应具备两个基本要素：(1)媒体用于存储与传递以教学为目的的信息时，才可被称为教学媒体；(2)媒体能用于教与学活动的过程时，才能发展为教学媒体。

任何媒体都能用来存储与传递教学信息，如电影、电视以及计算机等媒体，但它们诞生的初期，并没有在教学活动中派上用场，只是一般的传播媒体。只有在它们经过改进，符合教学要求，用于教学活动时，才成为真正的教学媒体。

一般的媒体要成为教学媒体，往往要解决两个关键问题。一是硬件的改造，使它能满足教学活动要求，方便教师与学生使用；同时，要使硬件的价格降下来，能为缺乏经费的教育部门所采用。二是软件的编制，使该媒体所存储与传递的信息是教学信息，并且编制的原则与方法要符合教学活动的要求。

3.1.3　多媒体

多媒体有两种含义：一个是指多种媒体简单组合，如在一个教室内既放置录音机、电视机等就多种媒体就可以称之为多媒体教室；另一个含义是指能综合处理多种媒体信息——如文本、图形、图像、声音、动画和视频等。在实际生活中，特别是在计算机领域中，多媒体成了多媒体计算机、多媒体技术的代名词，是指用计算机综合处理多种媒体信息——文本、图形、图像、声音、动画和视频等，且使多种信息建立逻辑连接，集成为一个系统并具有交互性。

3.1.4 教学媒体的分类

教学媒体发展至今，种类很多，为了便于使用和研究，可以将它们进行分类。目前对教学媒体分类的方法有很多，下面介绍几种常用的分类方法。

1. 按媒体发展先后分类

按教学媒体的发展先后，通常把过去传统教学中常用的媒体称为传统教学媒体，而将20世纪以来利用科技成果发展起来的电子传播媒体称为现代教学媒体。

（1）传统教学媒体

传统教学媒体通常指教学中常用的教科书、黑板、粉笔、挂图、标本、模型、实验演示装置等教学媒体。扩大一点范围，教师本人，包括教师的语言、表情、手势、体态、板书、板画等也是传统教学中常用的教学媒体。再扩大一点范围，传统教学中的校园环境、实验室、实验与实践基地，也可包括在传统教学媒体的范畴之内。

（2）现代教学媒体

现代教学媒体在我国也被称为电化教育媒体，主要包括幻灯、投影、广播、录音、电影、电视、录像、电子计算机等教学媒体，还包括由它们组合起来的教学媒体系统，如多媒体综合实验室、多媒体综合教室、计算机网络教室、视听阅览室、微格教学训练系统、闭路电视系统、校园计算机网络系统等。

2. 按媒体作用的感官和信息的流向分类

按这种分类法，可将教学媒体分为视觉媒体、听觉媒体、视听媒体、交互多媒体四类。

（1）视觉媒体：指发出的信息主要作用于人的视觉器官的媒体。如教科书、黑板、挂图、标本、幻灯、投影等。

（2）听觉媒体：指发出的信息主要作用于人的听觉器官的媒体。如广播、录音等。

（3）视听媒体：指发出的信息主要作用于人的视觉器官和听觉器官的媒体。如电影、电视、视盘等。

（4）交互多媒体：指使用多种感官且具有人机交互作用的媒体。如多媒体计算机、教学模拟机、双向有线电视系统等。

3. 按媒体的物理性质分类

根据现代教学媒体的物理性质，可将教学媒介分为四大类。

（1）光学投影教学媒体：包括幻灯机和幻灯片、投影机和投影片、电影机和电影片等。这类媒体主要通过光学投影，把小的透明或不透明的图片、标本、实物投影到银幕上，呈现所需的教学信息，包括静止图像和活动图像。

（2）电声教学媒体：包括电唱机、扩音机、收音机、语言实验室以及唱片、录音带等。它将教学信息以声音的形式进行存储和播放。

（3）电视教学媒体：主要有电视机、录放像机、影碟机、录像带、视盘、学校闭路电视系统和微格教学训练系统等。它的主要特点是存储与传递活动的音像信息。

（4）计算机教学媒体：包括计算机、计算机网络教室、计算机校园网以及计算机辅助教学软件等。它能在各种教学活动中实现文字、图表、图像、音视频等教学信息的传递、存储与加工处理，并能与学习者进行交互，从而有效地开展教学活动。

3.1.5　教学媒体的特性

英国学者贝茨认为各种教学媒体既有共性，也有各自的特性。他指出：每种媒体都有其独特的内在规律，任何媒体都有各自的优势和劣势；不存在适用于任何教学目标且都效果最佳的超级媒体。要在教学中应用好媒体，首先必须了解和掌握各种媒体的基本特性。

我国教育技术专家归纳出电教媒体的一系列特性，有助于我们理解媒体的教学作用。

1. 呈现力

呈现力表明媒体呈现事物信息的能力。我们知道，信息是事物运动状态与规律的表征。信息不是事物本身而是事物的表征，是用不同的符号表现或描述的，从而决定了媒体有不同的呈现能力。呈现力由以下诸要素决定。

（1）空间特性：指事物的形状、大小、距离、方位等。

（2）时间特性：指事物出现的先后顺序、持续时间、出现频率、节奏快慢等。

（3）运动特性：指事物的运动形式、空间位移、形状变换等。

（4）颜色特性：指事物的颜色与色调属性。

（5）声音特性：指事物的声音与音效属性。

各类媒体呈现事物的空间、时间、运动、颜色、声音等特性的能力是不同的，也表明了各类媒体表征事物运动状态与规律的能力是不同的。

电影与电视能够以活动的、彩色的图像和同步的声音去呈现事物的运动状态与规律，能全面呈现事物的空间、时间、运动、颜色与声音特性，因此，具有极强的信息呈现力。但其画面转瞬即逝，不利于学生细心观察与思考。

幻灯、投影类媒体，在呈现事物空间与颜色特性方面有较强的能力，而且能放映出更大和更清晰的彩色图像。但在时间、运动性方面就不如电影与电视了。然而正因为它是静止的图像，因此，能够让学生详细地分析和观察事物的细微部分。

广播与录音是借助语言、音乐与事物实际音响来呈现事物运动状态与规律的，具有声音与时间特性。而用语言描述的空间与颜色特性，则是不具体的、抽象的。

2. 重现力

媒体的另一重要特性是对信息的重现。实时的广播声音与电视画面转瞬即逝，难以重现；录音、录像与电影媒体能将信息记录存储下来，反复重放；幻灯、投影也能按教学需要反复重放；计算机课件存储的信息则能按学习者的需求重现。

3. 传播力

任何媒体都具有扩散的传播性，以各种符号形态把信息传递给受信者（信宿），只是不同媒体在传播的范围上各有差异。广播与电视能将信息传送到十分广阔的范围；计算机网络系统和有线电视播放系统，也能把信息传至所有终端；至于幻灯、投影、电影、录音、录像等，只能在有限的教室与教学场所进行传递。

4. 可控性

可控性是指使用者操纵控制媒体的难易程度。幻灯、投影、录音、计算机都比较容易操纵,并适用于个别化学习。电影放映则需要放映者接受专门训练,才能操作使用。至于无线电和电视广播,只能按电台和电视台播出的时间去收听、收视,使用者难以控制。

5. 参与性

参与性是指利用媒体开展教学活动时学习者参与活动的机会。可将其分为行为参与和感情参与。

交互式计算机媒体,使学习者能根据本人的需要去控制学习的内容,是一种无论是从行为上还是从感情上参与程度都较高的媒体。

电影、电视、广播具有较强的表现力与感染力,容易引起学生情感上的反应,从而激发学生感情上的参与。

小组放映投影片时,师生能以面对面的方式呈现材料和进行学习、讨论,使学生在行为上积极参与。

学生独立选择各类教学媒体进行自学是行为参与程度较高的一种学习活动。

由以上内容可见,各类媒体具有不同的教学特性。因此,在教学活动中应根据教学内容、教学对象选择合适的媒体,充分发挥媒体的长处,才能取得良好的教学效果。

3.1.6 教学媒体在促进教育变革和发展中的作用

教育的目的是去认识、适应和发现世界,促进社会与人类自身的发展。因此,媒体作为人体的延伸,将对教育产生多方面的重大影响。

1. 影响教师的作用

在语言媒体和文字媒体阶段,教师是教学信息的主要来源。教师是极少数拥有"知识"的人,在教学过程中具有绝对的权威,对学生的教育全面负责。印刷媒体出现后,其和教师一样是教学信息的主要来源,学生不仅能向教师学,也可以向书本学。电子媒体阶段到来后,众多现代教学媒体的诞生为学习者提供了丰富的学习资源和众多的信息渠道,教师不必面对学生进行灌输教学,而是有效地组织与指导学生去利用多种媒体资源进行学习,或者编制高质量的课件和网上课程去教更大规模的学生。

2. 影响教学内容

媒体的发展,人体器官的进一步延伸,也影响了教学内容的变化。文字媒体出现,书写成为重要的教学内容;教科书的出现,大大扩充与规范了教学内容。同样,现代教学媒体的出现与应用会在更大范围影响课程的开设与教学内容的更新。例如,我国当前中小学开设了信息技术课程,在高等院校也增设了不少课程与专业,扩充、更新了课程的教学内容。

3. 影响教学方法

一定的教学媒体决定一定的教学方法。在语言媒体阶段,教学媒体是语言、实物和人体器官,那么教学方法就只能通过口耳相传、示范、模仿和联系来实施。随着多种现代教学媒体进入课堂以及计算机网络进入校园,能采用的教学方法越来越多,多种媒体既能辅助以教师为中心的课堂教学,也能为学生自学、小组协作学习、网上远程学习等方法的发展提供物质条件。下面是几种常用的利用教学媒体教与学的策略。

(1)辅助以教师为中心的课堂教学。当前我国的学校教育,大多数仍保留着以教师为中心的课堂教学方式,要彻底地改变这种教学方式,还需相当长的一段时间。但多种教学媒体进入课堂,利用多媒体优化组合、配合教师的讲授,可以创建一种新型的教学模式,对解决教学重点、难点问题，提高教学质量，缩短教学时间，提高教学效率等都将起到重大作用。

(2)创建以学生为中心的课堂学习模式。多种媒体进入课堂，有利于将课堂教学转化为以学生为中心的学习模式。例如，利用多种媒体去设置一定的教学情境，采用发现和探究式的学习方法，在教师指导下，学生通过媒体进行学习，不断发现问题、解决问题，直至掌握教学目标要求的知识与能力。

(3)个别化学习。电化教育媒体的发展，特别是交互式计算机课件的开发与利用，为学生个别化自学提供了有利的条件。在个别化教学中，学生能自主地选择适合的媒体，媒体也能根据学生的知识水平和兴趣提供合适的内容，供学生有效地进行自学。个别化学习的方式在随着教学媒体的发展而迅速发展起来。

(4)协作学习。多媒体计算机技术的发展，尤其是网络的开发与利用，为学习者的协作学习创造了有利的环境与条件。通过计算机与网络，不同地点的学习者可以同时或非同时地协作交流，为个人或小组取得最大化的学习成果提供保障与支持。当前已有实时同地、实时异地、同地异时等多种计算机支持的协作学习类型。

(5)利用媒体进行学生技能的训练与实践教学。一些媒体特别适合于学生技能的训练与实践，例如，在语言实验室中，可以利用录音带训练学生的听、说能力；在微格教学实践中，可以利用录像媒体训练师范生的教学技能。

(6)选用媒体实施远程教学。利用无线电与电视广播、计算机网络可以将教学信息传递到很广、很远的范围。这些媒体为实施远程教学提供了有利的条件，近年远程教学正在蓬勃发展。

多种多样媒体的开发与利用，正在引导教育发生重大变革。我们应该积极开展媒体教学试验，掌握媒体的特性与教学规律，创建多种有效的教学模式，促进教育改革与发展。

3.1.7　教学媒体编制的基本原则

教学媒体开发应包括硬件的建设与软件的编制，关键是软件的编制。在编制教学媒体软件时，应遵循以下几项基本原则。

1. 教育性

编制的教学媒体，对于向学生传播某门学科的基础知识，发展学生的能力，培养学生的思想品德，促进学生的全面发展，应能起到良好的作用。

要实现上述要求，必须注意：(1)要有明确的目标；(2)要根据教学大纲，围绕重点、难点；(3)适合学生接受水平。

2. 科学性

编制的教学媒体要具有高度的科学性，能正确反映科学基础知识和现代科学技术发展水平。

要实现上述要求，必须注意：(1)要以马克思主义为指导思想，坚持正确的思想政治方向；(2)选用的材料、例证和逻辑推理，都必须是科学的、符合客观实际的、经得起考验的；(3)各种实际操作必须准确、规范；(4)所表现的图像、声音、色彩，都要符合科学的要求。

3. 技术性

编制的教学媒体，要图像清晰、声音清楚、色彩逼真、声画同步，要保证良好的技术质量。

要实现上述要求，必须注意：(1)制作教学媒体使用的设备要有良好的状态；(2)制作人员要熟练掌握有关技术,如摄像人员要对用光、取景、景别的转换、镜头的组合等用得恰到好处。

4. 艺术性

编制的教学媒体,要有丰富的表现力和感染力,能激发学生的情感,引起学生的学习动机,提高学习兴趣和审美能力。

要实现上述要求,必须注意:(1)教学媒体的内容要是能够反映大自然和社会生活中的真、善、美的事物;(2)画面构图要清晰匀称,变换连贯、流畅、合理;(3)在光线与色彩上,要明暗适度,调配恰当,使观者感到舒适;(4)在音乐与语言上要避免噪音,音乐要和景物、动作相配合,语言要抑扬有致,使听者愉快,从而收到良好的教育效果。

5. 经济性

编制教学媒体要考虑经济效益,以最小代价得到最大收获。即力争用最少的人力、材料、经费和时间,制成大量优秀的教学媒体。

要实现上述要求,必须注意:(1)编制教学媒体,要有周密的计划,要合理地调配人力、使用材料、核算经费、安排时间;(2)编制哪种教学媒体,要以是否符合教学要求、能否取得所追求的教学效果为前提。

3.1.8 教学媒体利用的基本原则

1. 发展性原则

这一原则就是要求选用教学媒体时应考虑它能在多大程度上发挥教育作用,促进学生各方面的发展。因此,应遵循教学目的要求,从学生身心发展需要的角度出发,科学地选用教学媒体。

2. 综合性原则

这一原则要求在选用教学媒体时,要避免单一,应综合、多样、互相补充使用。教学的追求是多方面的,所有的媒体也都有其长处和短处,综合使用多种教育媒体就可以取长补短,充分发挥教学媒体的整体功能,尽量满足教学的种种需要,避免一些不良后果。

3. 经济性原则

这一原则的要求是选用教学媒体时应考虑教学媒体的投资效益,尽量降低成本,少花钱,多办事,应选用那些能达到所期望的教学目标的最便宜的媒体。

4. 教学最优化原则

可以说这是选用教学媒体的根本原则和根本要求。它是指把选用教学媒体的过程放在整体的教学设计中,充分考虑教学的各种因素,协调教学媒体与教学的其他方面的关系,使教学媒体的功能服从于整体教学设计,以取得最佳教学效果。

3.1.9 教学媒体的选择依据

为达到预期的教学目标,需要在丰富多彩、功能各异的教学媒体中进行选择。虽然至今还没有一个能用来将任何特定媒体和某一具体课程目标相匹配的简单明了的公式或表格,但有些经验还是可以借鉴的。

1. 依据学习者的特征

学习者的特征主要是指学生的年龄、兴趣、动机、认知风格和认知技能等。不同年龄段学生的兴趣爱好和学习动机都不完全一样，认知技能也不相同。比如，小学生的认知特点是以直观形象思维为主，对学习内容主要采用机械记忆方式，注意力不容易持久集中，这个阶段可以较多地使用幻灯、电影和录像，这些媒体表达信息的特点是内容生动形象，符合小学生的认知特点。

2. 依据教学任务

依据教学任务主要是指选择教学媒体时要考虑教学目标、教学内容的性质以及采用的教学方法等。

为达到不同的教学目标，常常需要使用不同的媒体去传递教学信息。以外语教学为例，知道各种语法规则和能就某个题材进行会话是两种不同的教学目标。前者可以通过教师讲解，辅以板书或投影材料，并结合各种语法练习进行学习，而后者往往采用角色扮演并辅以幻灯或录像资料，使学生在情景交融的沟通条件下，掌握正确的言语技能。

不同学科的的教学内容性质不同，对教学媒体会提出不同的要求。如在语文课的散文教学中，可以借助录像等视听媒体向学习者提供一定的情境，使学习者有身临其境的感受，以加深他们对课文的理解和体会。又如数学的运算则可以通过教师的严密推导来进行教学。而化学的物质结构可以借助模型来加以理解。

应该注意的是，在讨论教学媒体选择时，切不可将其与所使用的教学方法相割裂。因为尽管同一种媒体承载的信息相同，但是由于使用媒体的方法不同，得到的效果也可能会大相径庭。

3. 依据客观条件

客观条件主要涉及媒体的易获性、适用性等。教学中能否选用某种媒体，还要看当时当地的具体条件，包括资源状况、经济能力、师生技能、使用环境、管理水平等因素。

4. 依据教学目标

每个知识点都有具体的教学目标，为达到不同的教学目标，常需要使用不同的媒体去传递教学信息。

除了上述四点，选择学习媒体时，还要考虑媒体自身的特点，如信息的表现形式、媒体的交互可控性等。

3.2　多媒体教学环境

3.2.1　教学环境

1. 教学环境的定义

国内外许多学者分别从不同的角度对教学环境进行了研究，并给予其概念和内涵，对其进行分类。目前还没有统一的针对教学环境的精确定义和内涵界定。下面是一些国内外比较有代表性的对教学环境定义的论述。

(1)教学环境是课堂内各种因素的集合。(教学环境问题专家、澳大利亚学者弗雷泽)

(2)教学环境主要指学校教育环境。(美国学者 R. L. 辛克莱)

(3)教学环境主要指由学校和家庭的各种物质因素构成的学习场所。(美国教育技术学家克内克)

(4)教学环境就是学校气氛或班级气氛。(心理学家霍利)

(5)教学环境是由学校环境、家庭环境和社会环境共同构成的学习场所。(国际教育成就评价协会)

(6)学习环境是现实物质场所和技术支持的虚拟场所的总和。(美国科罗拉多大学威尔森)

(7)教学环境是影响教育活动的各种外部条件。(顾明远,《教育大辞典》,1990)

(8)教学环境是学校教学活动所必需的客观条件综合。(李秉德,《教学论》,1991)

(9)教学环境是贯穿于教学过程中的影响教师教和学生学的生理、物理与心理因素的总和。从主体构成看,它包括教师教的环境和学生学的环境两部分。从内容构成看,它包括生理环境、物理环境和心理环境三部分。(邬志辉)

(10)教学环境就是学校教学活动所必需的诸客观条件和力量的综合。按照教学环境诸要素的主要特点可将教学环境分为两大类,即物理环境与心理环境或者称为物质环境与社会心理环境,前者如校舍建筑、教学设备,后者如学校中的社会交往、学习气氛、各种关系、社会信息,乃至生活经验等。(田慧生)

(11)教学环境是指那些与教学有关的,影响教学并通过教学影响人的因素的总和。(张楚廷,《教学论概要》,1999)

(12)教育社会学从学校是一个复杂的社会组织系统考虑,认为教学环境有广义和狭义之分,从广义上说,教学环境包括社会制度、科学技术水平、家庭条件、社会关系等内容,这些因素都在一定程度上制约着教学活动的效果;从狭义上说,即从学校教学工作的角度来看,教学环境又包括学校教学活动场所、各种教学设施、校风班风、师生人际关系等。

以上定义,有的强调了教学环境的物理因素,有的重视教学环境的空间因素,有的强调教学环境的心理因素,有的突出了教学环境的外部因素,有的强调教学环境的客观条件等。由此可知,教学环境是一个内涵动态变化、不断拓展的开放性概念。

因而,概括地说,教学环境可界定为:教学环境是一种特殊环境,是学校教学活动所必需的各种客观条件和力量的综合,是按照发展人的身心这种特殊需要而组织起来的育人环境。

2. 教学环境的分类

教学环境可分为物理环境和社会文化心理环境。

(1)物理环境

①设施环境

设施环境包括教学场所和教学用具,是物理环境最核心的组成部分。教学设施是否完备、良好直接关系到整个学校环境的质量和教学活动的进行。

A. 教学场所

教学场所包括教室及其他活动场所,如校园、运动场、图书馆、会议礼堂、学习园地、教师办公室、宿舍、食堂、校办工厂等。狭义的教学场所一般专指教室,包括各科通用的普通教室,以及为不同学科设置的专用教室,如音乐教室、语音教室、计算机教室及理科实验室等,它们是学校教学场所的重要部分。研究表明,教学场所的质量对教师和学生的身心活动有直接的影响,一方面可以引起教师和学生在生理上的不同感觉,另一方面能使师生在心理上产生共鸣。一个良好的教学场所(教室)应具备以下条件:第一,要有良好的位置方向和足够的空间;第二,教室要有良好的通风、采光、照明条件,要保持适当的温度,无噪音;第三,教室的造型设计和色彩运用要恰当,教室建筑应布局合理、实用,能满足教学需要,外观造型还应有一定的审美效果,色彩运用也应慎重考虑不同颜色给师生情感带来的影响。

B. 教学用具

教学用具主要指教学活动所必需的一些基本用具,如课桌椅、实验仪器、图书资料、运动器材和各种电化媒体手段(录像机、录音机、电视机、计算机多媒体、语音室等)。教学用具是教学活动所必需的,对教学活动起着制约作用。课桌椅的规格要符合教学和卫生要求,造型与摆放形式要适应教学活动的需要。书籍是最重要的教学用品,对其文字、插图及各种符号的设计应考虑到视觉表征对学生学习知识的影响,各种符号要清晰,文字和纸张的色彩搭配要柔和,且对比明显;纸面平坦、光滑但不反光;版面印刷美观,制作经久耐用。随着现代教育技术的发展,教学用具不断更新换代,教学手段也日益丰富多彩,教学设施环境也变得越来越复杂了。

②自然环境

学校自然环境是指学校所处的自然地理位置和气候条件,它们从总体上规定了学校大的环境面貌。依山傍水,风景秀丽,自然会给教师和学生带来愉悦之情。尽管无法靠人力改变这些自然环境因素,但我们可以充分利用它们,不但可使学校的建筑风格与自然环境达到和谐一致,而且这些宝贵的自然资源可以成为学生进行爱国主义、陶冶情操以及进行研究性学习的源泉。

③时空环境

时空环境指的是学校内时间和空间两大因素构成的特定环境。时间与空间不可分割,并互为补充的。教学是一个连续的过程,但为教学提供的时间总是一个常数。空间作为一种教学场所,其容量总是受到一定限制的。不同的时间安排有序地将学校内一切活动在有限的空间内组织起来。在单位时间内合理地组织教学的空间活动以提高教学效率,就等于为学生赢得了更多的学习时间;而在一定空间范围内,若能充分提高对空间的使用率就等于扩充了教学空间。研究表明,人的心理活动能力在一天中的不同时段有着不同的表现。因此,能否科学地安排、分配时间对师生生理及心理都有较大影响,从而对教学成效产生影响。因此,根据青少年学习心理特点及不同学科的性质,合理安排好学习时间,使学生在学习中有张有弛,劳逸结合,是创设良好教学环境的重要内容。

(2)社会文化心理环境

社会文化心理环境是由学校内部许多无形的社会、文化、心理因素构成的一个复杂的环境系统,它与物理环境共同构成了教学环境的整体。与物理环境不同的是,社会文化心理环境是一个看不见、摸不着的无形环境,但它对师生的心理活动、社会行为,乃至整个学校的教育、教学活动都有着重要的影响,有时其影响力会超过物理环境。

①校风和班风

校风是一个学校所形成的风气,它是学校的集体行为风尚,是学校全体教职工和学生经过长期的努力形成的。

班风是指班级所有成员在长期交往中所形成的一种共同心理倾向。班风一经形成,便成为一种约束力，反过来又影响班级团体中的每个成员。它塑造学生的态度和价值，又影响他们在教室里的学习活动。因此，班风对班集体成员的约束最终靠的不是规章制度，而是群体规范、舆论、内聚力等一些无形的力量。

②课堂气氛

课堂气氛是班集体在课堂教学过程中形成的一种情绪、情感姿态，包括师生的心境、态度和情绪波动及课堂秩序等，是学生在课堂上所知觉到的班级团体中影响其学习的心理氛围，包括班级目标导向、学习进度、困难、偏向、内聚力、团结友爱、冲突、民主、满意度、竞争等心理因素。课堂气氛是在师生交往、传递着大量的有关当前的学习活动和在彼此的交流中形成的，它不仅对每个学生的学习行为产生一定的影响，对班级群体的学习行为也会造成一种“社会压力”或“社会助长”。良好的课堂气氛会促使师生之间相互尊重、密切合作，学习活动有明确的目的性，学生对自己的学习充满自信。

③人际关系

人际关系是人们在交往中形成的人与人之间的心理关系，包括校领导与教师之间的关系、教师与教师之间的关系、教师与学生之间的关系、学生与学生之间的关系等。要想形成良好的师生关系，教师必须改善领导方式，与学生建立良好的关系。研究发现，教师给予适当的期望，采用端正的教学态度、恰当的奖惩措施及引入适宜的合作与竞争机制，都会给课堂情感状态带来积极影响，从而最大限度地满足学生的学习需要，使他们产生愉悦的情绪，收到满意的教学效率。而这一切必须建立在师生相互尊重、相互信赖的良好关系基础上。

④教学信息

教学过程是一个各种信息互相传递接受的过程，教学活动所传递的信息构成了学校信息的主要部分，教师和学生都可以成为信息的输出源和接受源。

3.2.2 多媒体教学环境概述

1. 多媒体教学环境的含义

多媒体教学是指在教学过程中，根据教学目标和教学对象的特点，通过教学设计，合理选择和运用现代教学媒体，并与传统教学手段有机组合，共同参与教学全过程，以多种媒体信息作用于学生，形成合理的教学过程结构，达到最优化的教学效果。多媒体教学环境就是运用现代教育理论和现代信息技术所创建的教学环境，是信息化教学活动在展开的过程中赖以持续的情况与条件。多媒体教学环境是教育信息化建设的重要内容。

2. 多媒体教学环境的分类

“多媒体教学环境”系列标准对多媒体教学环境的组成进行了清晰的界定，在第一部分“基础条件”中，标准首先从功能上将多媒体教学环境分为两大类，即多媒体教室环境和非教室类多媒体视听环境，并规定：“多媒体教室环境是指专门用于课堂教学活动的物理空间与多媒体教学设备的集合，可分为五种类型：演示型多媒体教室、交互型多媒体教室、录播型多媒体教室、语言学习型多媒体教室、多媒体教学管理控制中心”；“非教室类多媒体视听环境是指教室之外可用于教学活动的物理空间与多媒体视听设备的集合，可分为五种类型：演示型视听环境、讨论型视听环境、多功能型视听环境、大型综艺类视听环境、音乐厅和体育场(馆)”。

3. 多媒体教学环境的组成

多媒体教学环境的硬件组成包括互联网、计算机、音频设备、视频设备、中央控制器及其他相关的设备。

(1)多媒体智能控制设备

多媒体智能控制设备(Multimedia Intelligent Control Equipment)是运用综合布线技术、网络通信技术、安全防范技术、自动控制技术、音视频技术自动或手动控制教学设施和环境设施,构建良好的教学环境,实现丰富的教学功能、便捷的操作、高效的管理的设备。

①单机型多媒体控制设备

单机型多媒体控制设备控制本地单个多媒体教室的教学设施和环境设施。单机型的多媒体教学控制系统必须具备九种功能:A. 音视频信号矩阵切换功能;B. VGA 电脑信号矩阵切换功能;C. 声音及音量处理管理功能;D. 红外码学习管理功能(可选);E. 红外控制功能;F. 电动屏幕控制管理功能;G. 设备电源控制管理功能;H. 控制接口处理功能;I. 系统通信功能;J. 中控系统启动与关闭功能;K. 高清信号 HDMI 接口(可选);L. 长线驱动功能(可选);M. 灯光控制功能(可选)。

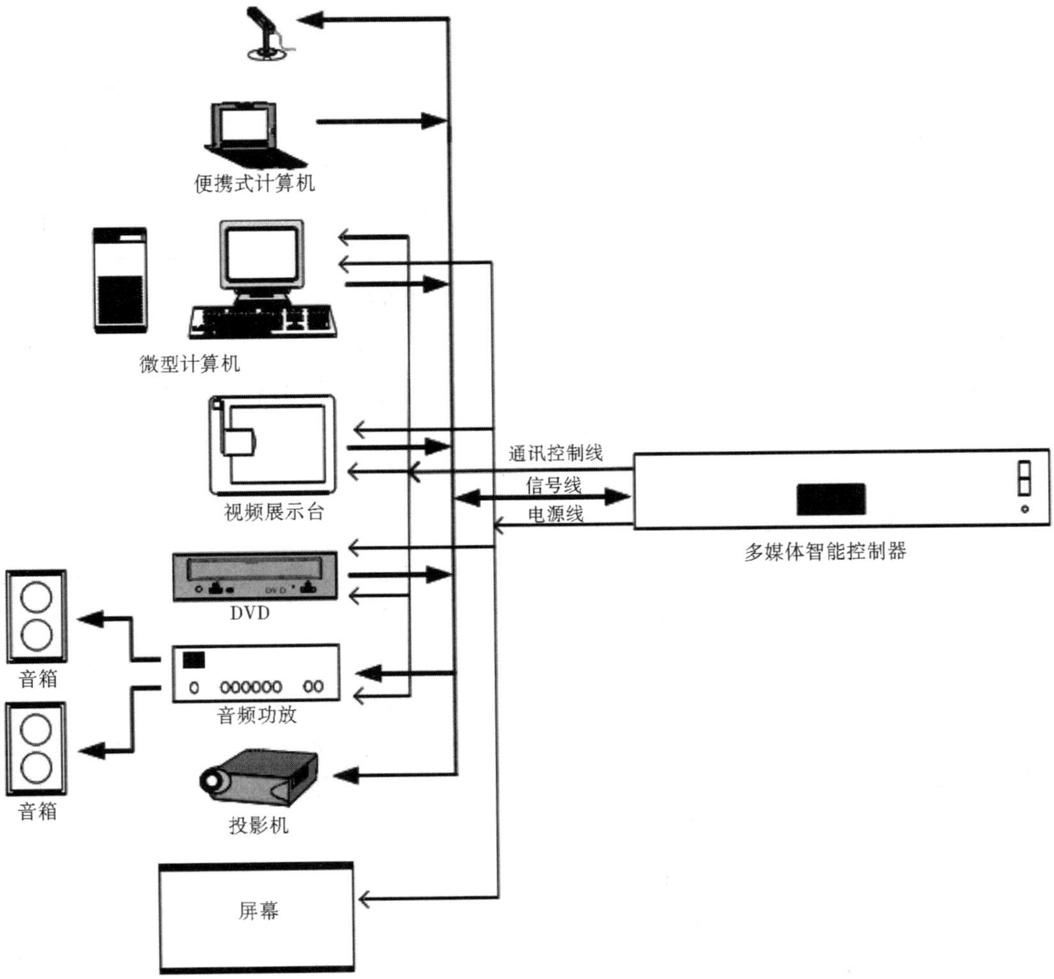

图 3－1　单机型多媒体教室基本配置

②网络型多媒体控制系统

网络型多媒体控制系统通过网络控制多个多媒体教室的教学设施和环境设施，采集、存储、处理实时的教学信息与设备信息，实现多媒体教学系统与校园信息化平台的整合，与教学资源库、教务管理、一卡通、安防等相关系统资源共享，完成教学信息化的相关功能。网络多媒体智能控制系统的组成：A. 中控主机；B. 媒体设备，即计算机、音频功放、视频服务器、展台、拾音器、DVD 等；C. 显示设备，即投影、电子白板、幕布、触摸屏等；D. 电源驱动设备，即电源箱、键盘等；E. 互联网络；F. 对讲系统，即麦克风、功放、拾音器等；G. 系统管理与安防；H. 控制中心。

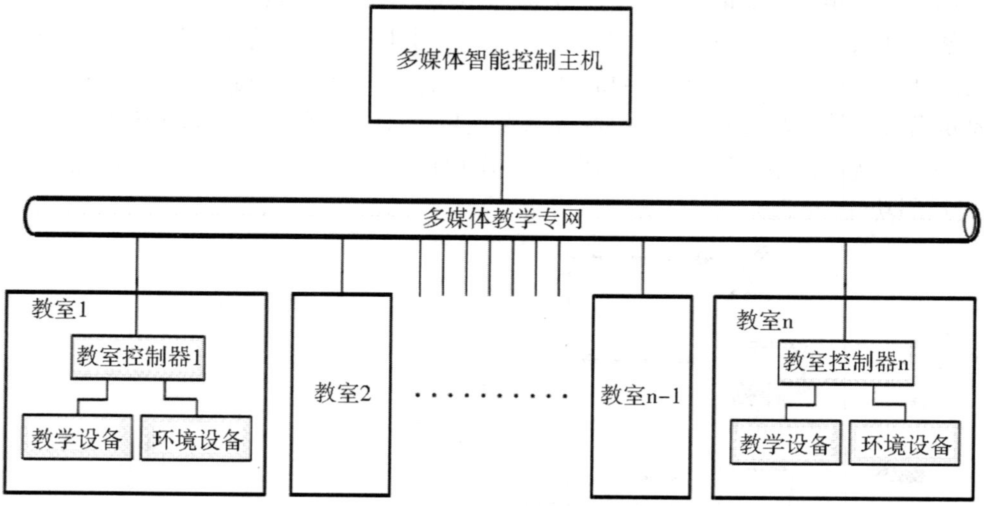

图 3－2　网络型多媒体控制设备

多媒体中控系统作为多媒体视听集中控制中心，能够实现远程控制、资源共享、影音传输监控等功能。应用于大型会议中心、数字社区、智能化家居等领域时，多媒体中控系统在智能化、人性化、网络化等方面可被赋予更多新功能。网络型多媒体教学控制系统必须具备的功能主要有以下十六种。

A. 外围环境控制功能

通过强电继电器或其他手段完成对灯光亮度、窗帘开关、空调（温度、湿度）的调节。支持对环境状态的存储（如灯光的亮度组合、温度湿度组合等）。

B. 设备管理与控制功能

采用触摸屏或主控软件在多画面状态下以图片和视频的方式监控每一台工作电脑的屏幕信息。支持采用批处理等方法，实现对设备的远程管理与维护，支持跨网段的远程服务。通过红外、RS-232、RS-485、Wi-Fi 等完成对外围设备的控制，如摄像机云台、DVD 机的播放、音视频信号的切换、投影机的开关、门禁系统等。

C. 设备工作状态的检测与统计

所有检测必须是硬件检测，以确保检测数据的真实可靠。如通过对投影供电继电器工作电流的检测，来统计灯泡工作时间，以及检测 VGA 线断开报警来完成投影机的防盗监控。支持运行状态日志的统计，包括设备正常信息与警报信息两类。

D. 表决与表决统计功能

可以支持表决及经中央控制设备控制、统计、传输到显示设备的功能。

E. 综合的音频、视频信号中间处理能力

具有综合的音频、视频信号处理能力。

F. 人员的管理

具有通过校园一卡通(IC 卡)的刷卡记录对人员进行管理的功能。

G. IC 卡的管理

IC 卡根据使用者的不同,采用分级管理,可分为:“管理员卡”,即不受时段、特定教室限制的校园卡;“教师卡”,即按授权的时段、在指定教室方可使用的校园卡;“临时卡”,即由教室管理中心临时发出的仅在指定时段、指定教室使用的校园卡。

H. 网络读卡器

总控软件端可以对读卡器的数据经网络下载和存储,自动完成数据和时间的校验。课程表和教师信息数据下发到读卡器后可在脱网状态下实现对设备的开启与关闭管理。

I. 网络视频监控

网络监控管理软件基于 TCP/IP 网络平台,具有对远程视频进行预览、查询、录像、报警回放等功能。支持对课室视频摄像机的控制管理。中控系统总控制软件和视频监控软件合二为一,二者画面可实现简单切换,具有本地硬盘录像和远程监控服务器录像两种模式。

J. 网络通信

IP 电话功能能够实现教室与总控室对讲,方便教师与服务人员沟通。实现方式支持两端通过 IP 电话对讲,也可以通过 IP 电话与电脑对讲(总控软件必须支持对讲功能)。

K. 语音网络广播功能

在总控软件端,通过语音广播功能,实现对指定教室进行语音广播。

L. 信息通知功能

在总控软件端实现对指定教室的文本信息发送,用于提醒、通知类消息的发送。

M. 网络教学应用

结合视频和网络模块,可以支持课堂场景录制、教学直播、广播、课堂转播、插播等的网络教学应用。

N. 自动录制系统

对教学现场教师场景、学生场景、教室黑板、老师学生互动场景进行摄录,可实现多场景切换的摄录,实现 1024×768 分辨率下低码率高清晰度的录制效果,同时可按需实现高码率更高清晰度的录制效果。录制后格式符合教育部关于国家精品课程建设技术标准。

O. 直播系统

直播系统支持任意格式的电子资料,支持 TCP、UDP 或者 Multicast(组播)三种方式直播和支持跨网段跨路由直播。学生可以通过 IE 浏览器直接收看。

P. 视频网络电视系统

采用网络组播协议,接收网络直播的电视节目。通过总控软件还可以实现 DVD、卫星等其他视频节目的组播与单播功能。

(2)互联互通

在开放的行业标准基础上,建立一个具备协同工作能力的平台,从而使各厂商开发出能通过有线或无线的互联方式进行各产品互相兼容的多媒体产品;在不同多媒体网络系统之间建立有效连接,使不同网络、不同厂家及型号的产品之间实现设备自动发现、动态组网、资源共享和协同服务。

3.3 多媒体教学环境常用媒体的使用方法

3.3.1 视觉型媒体

1. 幻灯机

(1)幻灯机基本结构及工作原理

幻灯机的光学系统由光源、反光镜、聚光镜、放映镜头等组成。如图 3-3 所示。灯源发出的光线经聚光镜汇聚照亮幻灯片,再通过放映镜头在屏幕上形成放大的、倒立的图像。灯源通常采用发光效率高、显色好、灯丝排列面积小的低压溴钨灯;反光镜的作用是将灯源向后发射的光线反射回去照射幻灯片,以提高灯源利用率;聚光镜由两片平凸透镜组成,用来汇聚灯源所产生的光,使其集中并均匀地照射幻灯片,提高成像的亮度;放映镜头由几片单透镜复合而成,作用是使幻灯片画面在屏幕上成像,相当于透镜成像中的凸透镜。放映镜头能沿光轴方向前后移动来调节聚焦,使幻灯片成像准确清晰。

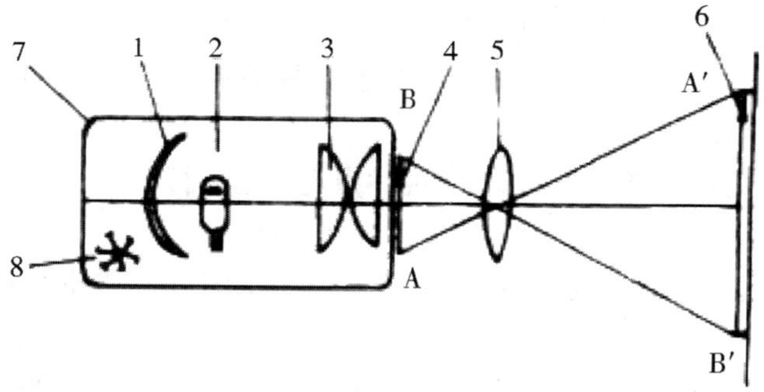

1 反光镜　2 灯源　3 聚光镜　4 幻灯片　5 放映镜头　6 影像　7 灯箱　8 风扇

图 3-3　透射式幻灯机的基本结构

(2)幻灯机的操作使用

①在使用幻灯机前,要熟悉幻灯机的性能和特点,检查零部件是否齐全。

②将幻灯机安放在离银幕距离适当的地方,以适合学生观看。

③接通电源时,要检查风扇是否运转,若风扇、灯源由两个开关控制,则应先开风扇开关,后开灯源开关。关机时操作顺序相反。

④装片要按教学需要的顺序将幻灯片插在片盒中,幻灯片应上下倒立、左右反放。然后将片盒上的齿条与幻灯机的转动机构的齿轮啮合,再打开电源和灯源开关,即可进行放映。

⑤换片:幻灯机的型号、种类不同,换片的方式也不同。主要有手动、键控、遥控、讯控和自动换片等多种方式。

⑥调焦。

(3)教学银幕

①教学银幕的种类和特点

教学银幕有不同的种类和规格,要根据实际情况正确选用。

A. 玻璃微珠幕:以布作为底基,比白布银幕的亮度高4倍左右,不能折叠,不能用硬物碰触银幕,不能用水擦洗,可用皮老虎吹或用鸡毛掸轻轻掸去上面的灰尘;B. 高级塑料透视幕:以尼龙膜作为底基,是高亮度银幕,使用时将银幕固定在木框上;C. 布基白塑幕:以白布作为底基,幕面洁白,光线反射均匀柔和,可折叠,脏了可用湿布擦洗;D. 白塑幕:以白布制成,亮度不及以上银幕;E. 木板幕:用三胶板或五胶板制成。

2)教学银幕的选择与安装

教学银幕可以挂在教室的正前方,也可挂在黑板的一侧,银幕的规格应根据教室的大小、学生的座位多少来决定。银幕的宽度一般以教室纵深长度的1/8～1/6为佳。银幕悬挂的高度以银幕的底边与坐在前排座位上的学生头部平齐为准,银幕至前排学生座位的距离不应小于银幕宽度的1.5倍。为了使学生看到的图形不变形,用透射式幻灯机放映时,银幕上边需要向前倾斜,与光束垂直。

2. 光学投影仪及投影屏幕

(1)基本结构及工作原理

光学投影仪又叫投影器,它的光学部分由反光镜、光源、新月镜、螺纹透镜、放映镜头、反射镜等部件组成。如图3-4、图3-5所示。

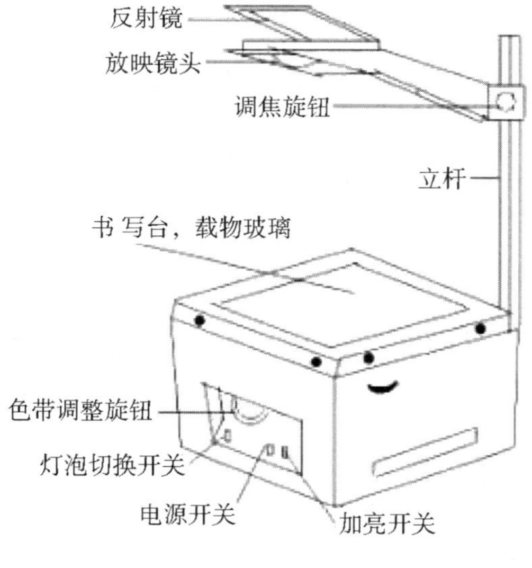

图3-4　投影器的结构

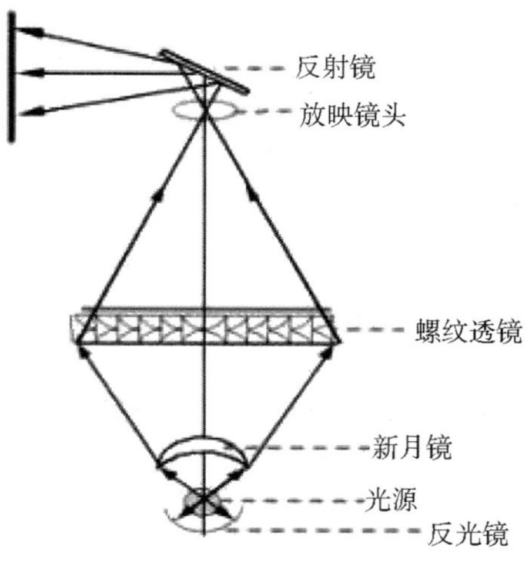

图3-5　投影器的光路图

①光源

投影器中光源的作用是提供足够的光强透射投影片,以使投影影像有足够的亮度。投影器所用光源必须满足发光强、发光效率高、光色好、发光体小、温升低、有效寿命长等要求,多数投影器中所用的光源为溴钨灯,也有部分投影器采用镝灯作为光源。溴钨灯有多种规格,投影器中常用的是24V/250W,30V/400W和36V/400W规格的。

镝灯的发光效率很高,但使用时要触发启动。

②反光镜、新月镜、螺纹透镜、放映镜头

反光镜是处于光源下面的球形凹面镜,由金属正面抛光或由玻璃镀银而成,能将光源向下发射的光线向上反射加以作用。

新月镜在投影器中起着提高光线的利用率、隔热和降低机身高度的多重作用。它是一块圆形凹凸透镜,在投影器中凹面向着光源,凸面朝向放映镜头。

螺纹透镜起相当于平凸透镜汇聚光线的作用,结构上相当于将平凸透镜分割成若干个环带,再将有效折射面进行堆积,与起同样作用的平凸透镜相比,具有孔径大、厚度薄、透光性好等优点。投影器中的螺纹透镜一般由透明塑料制成。

放映镜头的作用是放大成像,绝大多数投影器放映镜头的焦距在 300mm 左右,极少数投影器的放映镜头为变焦镜头。

③反射镜

反射镜的作用是改变投影光路,使放映镜头向上方所成的像反射到侧面的银幕上。反射镜是在玻璃的表面镀高反射膜而成的,反射率特别高,但反光膜容易损坏,使用时务必小心。

(2)光学投影仪的使用

①课前准备

课前准备主要包括挂银幕、架机、调像等操作。

投影器教学通常采用大反射角的涂塑银幕,大小一般是银幕长度不小于教室长度的 1/6。在投影教学中也可用白纸、白布、白板甚至白墙替代银幕。

挂银幕要确定好银幕的位置、朝向及高低。一般要求将银幕挂在教室前方。光线相对投影器投射于银幕上的光斑的大小,通过改变投影器与银幕的距离进行调整,距离近投映光斑小,距离远投映光斑大。对于放映镜头为变焦镜头的投影器,通过变焦也可改变投射光斑的大小。

按下以溴钨灯作为光源的投影器上的加亮开关(极少数投影器上有亮度调节旋钮或亮度分档开关),可使投影器投射于银幕光斑的亮度得到增强。

调整投影器上的色带(色调、色边)调整旋钮,可使反光镜、光源和新月镜作为一个整体上下移动,从而消除投射于银幕光斑四周的色边。

在投影器上放一张投影片,上下调节调焦旋钮聚焦,直至银幕上呈现的投影片影像清晰为止。

完成了以上工作,课前准备即告完成。

②课堂使用

A. 将投影片置于投影器上时要正,尽可能地将投影片上要让学生观看的部分处于投影光斑中部,以求高清晰展示;B. 处于投影器上的投影片要平,以保证整个投影片上的内容清楚投映;C. 尽可能用教鞭指点,避免将手影投到银幕上;D. 应边投映边讲授,当幕面亮度不足时,对以溴钨灯作为光源的投影器可打开加亮开关;E. 荧幕要放在较暗、人流相对较少的地方,面朝教室中央,拉伸后银幕下缘距地面 1.4 米左右,银幕应前倾。

③架投影器

在教室中架投影器，主要是要确定好方位、远近、高低。投影器应处于银幕左右向中心的垂线上，远近以保证投影光斑充满银幕为度，架设高度在保证操作方便的前提下适当高些。

④开机调整影像

投影器开机之前，务必首先摘下放映镜头下方的镜头盖，并将反射镜掀起。

以溴钨灯作为光源的投影器，开机与开灯合用同一开关，开机后机内冷却风扇立即工作，灯同时亮起。以镝灯作为光源的投影器，开机后必须再按触发键 3 ~5 秒（此时应听到触发启动声）后开灯，且触发之初镝灯只发出微弱的光，待约一分钟后才正常发光。

投影器属光学仪器，应确保光学部分洁净，不用时需合上反射镜，盖上镜头盖并罩上塑料罩，严禁手触摸反射镜的反射面。若光学部件有灰尘，只能用吹气球、镜头刷吹、刷，不可用普通纸、布等物擦拭。

（3）光学投影仪的使用注意事项

投影器工作时机内温度很高，一定要保证工作时通风散热良好，不得有物体遮挡通风孔。如果机内冷却风扇坏了，必须待其修复后投影器才能使用，否则会酿成大的不必要的损失。

如果投影器的光轴发生偏移了，投影教学就无法取得好的效果，所以一定要保证投影器的光学部件处于同一光轴。判别投影器光轴是否正的办法是：开启投影器后，如光斑汇于放映镜头中部，且光斑对称，说明光轴正。

以溴钨灯作为光源的投影器中有备用灯泡，当一只灯泡坏了，扳动灯泡切换开关，就可启动备用灯泡工作，切换时务必切换到位。

（4）投影仪的正确操作方法

①打开反射镜；②接通电源开关；③在垂直和水平方向调节反射镜的角度，使光线全部投射到银幕上；④放上投影片，旋转调焦旋钮来升降放映镜头，使图像清晰，如不清晰，即可调整旁边的扳手将灯丝位置调整至反光碗的中心；⑤使用完毕，关闭光源，让风扇继续工作，待机箱冷却后，再拔下电源插头。

3. 视频展示台

视频展示台（Visual Presenter）是国内外通行的一个正式名称，在中国市场，有时也被叫作实物展示台、实物演示仪、实物投影机、实物投影仪等。从功能上可以给视频展示台下这样一个定义：视频展示台是通过 CCD 摄像机以光电转换技术为基础，将实物、文稿、图片、过程等信息转换为图像信号输出在投影机、监视器等显示设备上展示出来的一种演示设备。

（1）视频展台的组成

从外观上看，一台视频展示台基本的构成包括摄像头和演示平台两部分。摄像头通过臂杆与演示平台连接，而为了更好地应用演示平台，还需要一些拓展设备与其共同构成一台完整、完善的产品，如控制面板（遥控器），辅助照明（上部和底部），视音频输入、输出，计算机接口等。

（2）视频展台的分类

以输出信号划分，视频展台通常被分为模拟展示台和数字展示台两种。模拟展示台视频输出信号有复合视频、S-VIDEO 两种，一般清晰度在 400 ~ 470 水平电视线，采用隔行扫描方式。数字展示台视频输出信号除了复合视频，S-VIDEO 外，最主要的是具备 VGA 输出接口。VGA 接口是计算机主机传送给显示器图像的一种标准 RGB 分量视频接口，并且采用的是逐行扫描方式，图像分辨率较高。

从结构上划分，可以将视频展台分为单灯照明视频展台、双侧灯式视频展台、底板分离式视频展台、便携式视频展台等。单灯照明是视频展台常见的一种照明方式，不存在双灯照明的光干涉现象，光线均匀，便于被演示物体的最佳演示，不同展台单灯的位置不同，但不影响效果；双侧灯式是视频展台最为常见的照明方式，设计良好的双侧灯可以灵活转动，覆盖展台上的全部位置，并实现对微小物体的充分照明；便携式视频展台设计紧凑，体积小巧，携带方便，适合移动商务演示。

(3)视频展台与设备的连接

视频展台一般与多媒体投影机、大屏幕背投电视、普通电视机、液晶监视器、录像机、VCD 机、DVD 机、话筒等输出、输入设备配套使用。计算机通过视频捕捉卡连接展台，通过相关程序软件，可将视频展台输出的视频信号输入计算机进行各种处理。部分展台已经支持与计算机连接使用，如果有客户需要这个功能的话，可以定制。视频展台上的小液晶监视器让用户便于检查被投物图像，在展示过程中不用另外准备监视器，也不用看着屏幕放置被投物。视频展台的画面定格也叫帧存储功能，是指视频展台使用过程中，移去被投物，画面仍可保持而不消失，使展示内容从一个画面到另一个画面平稳过渡。有的展台内置存储器，有存储功能，一般可存储 20 幅以内的图片(JEPG 格式)。

(4)视频展示台的使用

视频展示台在教学中的应用方式主要有：用于实物的展示、演示实验等；用于书写和展示印刷资料和图片；展示各种透明胶片(正、负片均可)，如幻灯片、投影片等。展示实物和图片时，需要打开摄像头两侧的光源；展示胶片时，则关闭摄像头两侧光源，打开实物载板下面的光源；如果是负片的话，可通过调控系统直接反转成正片后送到其他输出设备(实物展示台具备调整图片颜色的补色功能)。由于有高精度的自动对焦系统和电动变焦功能，使用时可以利用摄像头的变焦功能将被投影物体的全貌和细部表现得清楚逼真。其操作方法同摄像机类似，线路连接方法同录像机、放像机一致。

3.3.2 视听媒体

视听媒体是指通过光电转换，记录、存储、再现活动视频和音频的媒体。在教学中，最早应用的视听媒体是电影，现在应用得比较广泛的是电视。电视媒体主要包括电视机、摄录编系统、激光视盘机等。

1. 电影

在视听教育范畴中，电影是最早出现的视听媒体。随着科学技术的发展，视听媒体也不断推陈出新，但电影仍然在教学中发挥着一定的作用。电影在认识和鉴别有关活动变化的教学内容模仿运动技能方面，具有特殊的效果，被认为是形成和传播概念及转变态度和感情的最好的一种媒体。

(1)电影的优点

①电影将图像和声音结合在一起，同时作用于视听两种感觉器官，可更有效地促进

学习。

②采用特殊的视觉效果，能克服学习中的局限性，帮助学生加强记忆。

③电影富有感染力，在表达情感的材料中更能增加对学生的感染力，在转变态度方面是相当有效的。

④电影能够提供不易重演的事件，如历史事件、自然灾害等。

⑤电影能够帮助人们观察到宏观世界和微观世界中的事物和现象，如太空星球运行、微生物的繁殖等。

⑥电影技术能够实现空间的控制，使人们坐在教室里就能看到异国风光。

⑦时间压缩和时间扩展技术，使人们能看到改变了的事物运动过程。如加快蝶蛹变为蝴蝶的过程，延缓壁虎捕食小虫的动作。

⑧动画的制作可以使静止的画面活动起来，电影停格则能将运动的物体“凝固”下来，便于观察。

⑨各种规格和型号的电影放映机的使用，能使观众人数不受限制。

(2)电影的局限性

①影片制作费用高，技术复杂，要求有高质量的摄制人员。

②影片制作周期长，拍摄中无法知道影片的质量和效果。

③电影机噪音较大，操作方法也较复杂。

④放映电影要求室内遮光严密，否则图像会模糊不清。

⑤影片对存放环境的温度和湿度要求高。

电影一起被认为在认知、情感和动作技能三个目标领域的教学中都能发挥积极的作用。在认知领域，电影常被用来显示事实、证明过程、说明概念；在文学、艺术的教学方面，电影能起到激起学习动机、产生学习兴趣、影响学生态度的作用；在动作技能目标方面，影片常被用来反复观看体育、舞蹈等中的典型动作，以进行分析、讨论和研讨。

2. 电视

电视是现代科学技术发展的巨大成果，作为一种大众传播媒介已成为人们生活中不可缺少的部分。今天，电视节目不仅可以通过电视台发送，还可以从卫星上发射。卫星电视大大提高了电视传播的功能，改善了传播信息的质量。电视教学在扩大教育规模、提高教学质量方面，具有不容置疑的优势。

(1)电视传播系统

电视传播系统通常可以分为视频音频单向传输，视频单向、音频双向传输，视频音频双向传输三种。另外，图文电视数据广播系统的应用也日渐受到重视。

①视频音频单向传输的电视传播系统

该系统中教学信息由教师单向传递给学生，师生之间无法当场进行交流。视频音频单向传输的电视传播系统有五种不同形式的传播系统：电视开路传播系统、卫星电视系统、微波传递系统、有线电视系统(早期称作天线电视系统，也称为电缆电视系统)和闭路电视系统。

②视频单向、音频双向传输的电视传播系统

这种系统中视频信号还是单向的，音频信号可以是双向的，学习者可以借助电话等设备直接和教师进行双向交流。

③视频音频双向传输的电视传播系统

这种系统中视频、音频信息都可以双向传递。这种双向传递系统可以通过卫星把教师的图像和声音信号传递给学生,学生做出反应,系统能及时地将反应的图像和声音信号传递给教师,学生就可以和教师进行双向交流了。双方都是利用图像机、传声器、监视器和扬声器来完成交流的。

④图文电视数据广播系统

图文电视数据广播是我国广泛使用的一种数据广播方式。它无须占用额外的频道资源,无须复杂的设备配置就可以以附加的形式传递大量信息,费用低,使用方便,目前已被广泛应用于教育领域。

(2)电视的特点

电视媒体表现手法丰富多彩,不受时空限制,是目前社会和学校教育、教学中运用最为广泛的媒体。电视作为一种教学媒体,具有如下特点。

①声画结合呈现知识

电视媒体是通过色彩鲜艳的图像画面与优美动听的音乐、音响效果和语言叙述同时传递视听觉信息的。图像画面擅长于形象直观,语言解说擅长于抽象概括,音乐、音响擅长于渲染情景。声画结合呈现知识,使教学内容得以充分准确地表达。视觉和听觉刺激同时作用于感官,能提高学习的效率,并能有效地影响学生的学习态度和情感变化。

②画面以活动图像为主

电视媒体可以通过活动图像表现动态。电视画面形象、逼真、生动、富有感染力,是实际情形的动态复现,擅长表现事物现象的运动过程,表现其产生、变化和发展的规律。活动图像还能有效地呈现技能动作。

电视又是一种时序性强的媒体,其内容按照已编排好的顺序和节奏出现,其表现方式有瞬时即逝的特点。

③特技手法多种多样

电视媒体运用各种电视摄像与电子特技手法,可以使画面产生特殊效果,可以扩展和压缩时空,按教学的需要组织画面内容。例如,用显微镜摄影手段可以将微小的、肉眼看不到的现象、过程放大并清晰呈现出来,化小为大;而用普通摄影镜头则可将宏观事物缩小呈现在电视屏幕上,化大为小。电视媒体可以将变化极快和极慢的现象过程用合适的速度表现出来,化快为慢,或化慢为快。运用动画技术可以表现看不见的、无形的事物,或幻想的夸张事物,化虚为实,或化实为虚。运用画面景别的变化、镜头的运动和组接技巧,则可以表现事物现象的空间和时间变化,更好地引导观察。

④能记录、贮存音像信息

电视媒体能将发生的事如实地拍摄记录在磁带上,作为音像资料保存;而通过录像设备,又可以随时随地复现历史。录像设备操作简便,功能齐全,易于控制,课堂教学时使用方便。

⑤具有速报性、广泛性

电视媒体可以通过有线和无线广播的形式,将音像信息即时传递到千家万户。利用卫星电视广播,可以把某地发生的事件即时向全球转播。广播电视是信息传输最快、覆盖面最广的媒体之一,有利于扩大教育规模。

(3)电视的局限性

①电视信息是单向传播的,学生不能及时提出问题,教师不能及时了解学生的学习情况,缺少反馈信息。

②学习者不能主动地参与教学活动,学习比较消极被动。

③电视以固定的速度播放,所有的学生都接受相同的信息,难以满足不同学生的不同需要。

④设备出现故障时,信息传播将受影响,甚至中断。

⑤设备价格较为昂贵。

3. 录像机

盒式磁带录像机,简称录像机,是把景物的图像信号和声音同时记录在磁带上,又能从磁带上把景物的信号重放出来的装置。

录像机种类繁多,形式多样,规格也不统一。按用途分,有广播用、教育用和家庭用三种;以磁带宽度分,有1/2英寸(1英寸=2.5400厘米)、3/4英寸、1英寸、2英寸等;按记录方式可分为模拟和数字式录像机等。教育中广泛使用3/4英寸U型(U-matic)的盒式录像机、VHS型1/2英寸录像机及β-max型1/2英寸录像机。20世纪80年代又研制成摄录一体化小型摄录机,磁带宽度只有1/4英寸。目前一体化小型数码摄录机在家庭、学校中的使用也越来越多。U型系列、β型系列、VHS型系列的共同优点是实现了彩色化、小型化、盒式化。

录像机通常具有下列功能:录像,放像,正、反向快速寻像,暂停静像,定时录像等。一些专业用录像机或新型家用录像机除具有上述功能外,还具有多速重放、录像节目搜寻、走带速度选择、电子编辑、多制式放像、“卡拉OK”伴唱等功能。

4. 摄像机

摄像机是一种能将景物的图像光信号变成电信号,通过录像和电视接收装置实现图像信号的记录和重放的电子设备。自从1931年第一支摄像管问世以来,摄像机的技术和应用发展迅速。在今天,随着摄像机设备的日益自动化、小型化和摄录一体化,其应用已不仅仅限于电视台制作广播电视节目,而且被广泛地应用在学校、厂矿,甚至进入千家万户,成为宣传、科研的得力工具。

电视摄像机的核心部分是摄像管(或CCD)。在摄像管的靶面上涂有光敏物质,光照在靶面上产生电信号,用电子扫描拾取,图像或景物的光信号于是转变为电信号。为此,在管子(或CCD)前面需要装置一个像照相机那样的镜头,使图像或景物在靶面上成像,引起光电效应。

电视摄像机的种类繁多,我们大概可以将其分为以下几类。

(1)摄像管式摄像机:有四管、三管、二管和单管四类。

(2)固体摄像机:有CCD和CID两种类型。

(3)按信号记录方式来分,有模拟机和数字机。

(4)摄录一体机。

目前在学校、厂矿以及家庭中应用最广的是以固体器件为光电转换器件的彩色摄录一体机。

5. 激光视盘机

激光视盘系统是由荷兰菲利普公司在20世纪70年代初开发出来的一种新型视听设备。它仿效电唱片的形式，把图像和伴音信号记录在圆盘上，记录时，电视信号被送到激光调制器调制成激光束，通过光学系统聚焦到一张镀有一层极薄金属材料的圆盘上，通过激光束的热效应在薄膜上蚀坑或形成气泡，从而将信息记录下来成为模板，然后再压模成视盘。再现时，则是利用激光器发出的极细的激光束射到盘上，提取电视信号，用视盘放像机重放，即可在标准的监视器上看到电视图像。激光视盘机又称激光影碟机，是继录像机之后又一广受消费者好评的新型电器产品。目前，常见的影碟机有LD、VCD、SVCD、CVD及DVD等。

激光视盘机与录像机同属于视听设备，但由于图像信号、伴音信号记录拾取方式不同，激光视盘系统与录像系统相比，有许多独特的优点。

(1)图像和伴音质量高。一般VHS型录像机的水平清晰度为200线左右，3/4录像机为250线左右，而激光视盘系统水平清晰度可达435线，超过广播级录像机的水平。激光视盘系统的录音频响达20 Hz～20 kHz，动态范围宽达108 db，音质十分优美，其音质与高保真录像机相当。

(2)信号记录密度高。激光视盘的信息记录尺寸极小，一张直径30厘米的光盘两面最多可存108000幅静止图像或两个小时的活动图像；而相同面积的VHS型录像带只能存储8分钟的活动图像。

(3)高速检索方便。在激光视盘上录有帧号、章节号和时间码等地址码，可以在1～2秒钟内随意检索任何一幅图像，可进行快速、慢速、正向、逆向播放，还可以使图像静止或逐帧播放，尤适合教学使用。

(4)使用寿命长。激光视盘是用激光来反射拾取信号的，是以非接触方式使用的，没有机械磨损，能使图像长期保持良好的质量。激光视盘外表有一层保护膜，信号在内部，对激光视盘不需要特别维护，甚至比普通的密纹音频唱片的维护要求还低。

近年来，影碟机不仅走进了千家万户，在教育领域也得到了广泛的应用，特别是VCD机，因其碟片与计算机中的CD-ROM兼容，几乎成了各电教室的必配设备。

6. 视听媒体在教育中的应用

(1)远程系统性教学

利用卫星宽带多媒体输入平台进行远程教学，将精心编制好的电视教材通过电视传播到千家万户，呈现给学习者。

(2)辅助性教学

利用视听媒体配合教师讲授课堂教学的一种常见模式，其大多是采用解析型或资料型的录像带或VCD、DVD，由教师先讲后放，或先放后讲，或边讲边放，适时地发挥电视动态呈现易于控制的优势，以弥补传统课堂上教师无法讲清的现象，取得最优化的教学效果。

(3)示范性教学

示范性教学是指教师利用示范型或表演型电视教材对学生实践技能进行培训的一种教学模式。

(4)微格教学

微格教学是一种利用电视技术手段来培训教师的实践能力的教学方法。通常是让参加培训的学生分成若干小组，在教师的指导下，每个小组的学生轮流扮演教师和学生来进行模拟教学，并当场将实况录下来，然后在教师的引导、组织下，小组成员一起反复观看录制的视听材料，同时进行讨论和评议，最后由指导教师进行总结。这样能够使学生的教学技能、技巧有所提高，从而使学生的整体素质也得到提高。

(5)个别化学习

学生可以根据自己的学习需要，到图书馆、资料室查阅图像资料，并自行放映学习。这种学习模式十分方便灵活，能充分发挥学生学习的主动性和潜力，有利于因材施教。

3.3.3　交互媒体

所谓交互媒体(Interactive Media)是指具备类似于机体的行为特征，能够独自与用户发生互动并相互影响，也就是具备交互性的媒体系统。

对于教学媒体来说，交互性的教育意义在于学生的参与性、主动性学习。用传播学的观点，交互性媒体使传播者与受信者之间构建起一个双向的通道，使学习者处在一个积极的学习状态中。教学上常用的交互媒体主要有多媒体计算机、教学模拟机、双向有线电视系统等。

交互媒体特别适合因材施教的个别化教学。学习者可利用交互媒体按需要、按自己的水平，不受任何时间、地点的限制进行自我学习。这样的交互环境有利于调动学习者的主动性与积极性，使其处于学习的积极状态中。另外，交互媒体还把教师从简单的重复劳动中解放出来，以便其有更多的精力与时间从事教学设计。

1. 多媒体计算机系统

具有多媒体功能的计算机称为多媒体计算机，其中最基本、最广泛的是多媒体个人计算机(Multimedia Personal Computer，简称 MPC)，具备多媒体功能的计算机应用系统是多媒体计算机系统。

(1)多媒体计算机系统的组成

多媒体计算机系统是把视频、音频等媒体与计算机系统融合起来，并由计算机系统对各种媒体进行数字化处理的一个复杂的硬件、软件有机结合的综合系统。如图 3－6 所示。

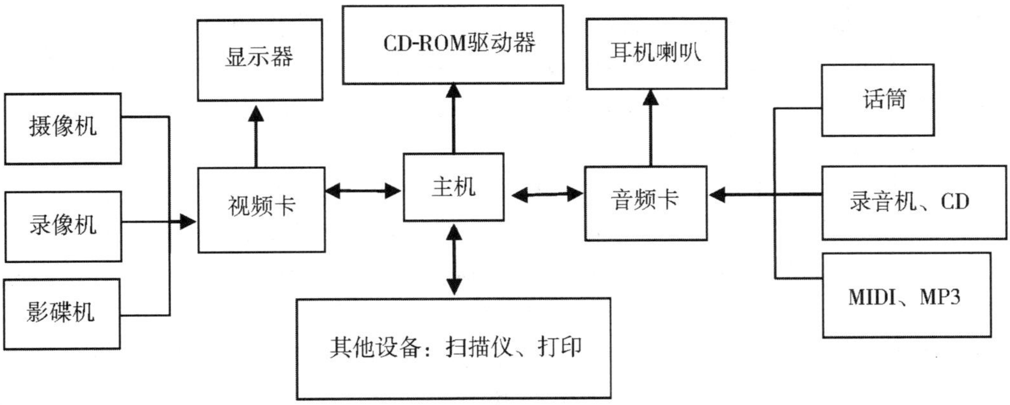

图 3－6　多媒体计算机系统的组成

①计算机平台

计算机平台是基本主机系统，包括 CPU、内存、总线、显示系统、磁盘驱动系统、用户输入与输出系统等。由于多媒体涉及的数据量非常大,而多媒体信息表现的生动性和实时性又要求计算机能迅速、甚至实时地处理这些庞大的多媒体数据,所以,多媒体的应用对计算机平台的要求很高,包括要求高档次的 CPU、足够的内存、快速的大容量存储设备、显示性能好而快的显示设备等。

②多媒体接口卡

多媒体接口卡根据多媒体计算机系统获取、编辑视频或音频的需要插接在计算机上,以解决各种媒体数据的输入与输出问题。多媒体接口卡是多媒体计算机系统制作和播放多媒体应用程序工作环境必不可少的硬件设施。常见的接口卡有视频捕捉卡、视频压缩卡、视频播放卡、VGA/TV 转换卡、声音卡、光盘接口卡等。

③CD-ROM 驱动器

CD-ROM 驱动器是大容量的数据存储设备 CD、VCD、DVD 的播放器,是最基本的多媒体设备。近年来,CD-ROM 驱动器发展非常迅速,主要表现在其数据传输速度成倍提高、占用 CPU 时间大幅度减少、数据存储格式不断革新等方面。早期的 CD-ROM 的速率是 150 kb/s,即 1 倍速(1x)光盘;随后第二代光盘 CD-ROM2X 的速率为 300 kb/s。2000 年已有 CD-ROM48X 面世。

④多媒体外部设备

视频、音频输入设备:摄像机、录像机、影碟机、数字照相机、扫描仪、话筒、录音机、CD 唱机、MIDI、MP3 设备等。

视频、音频输出设备:显示器、电视机、多媒体投影仪、音响、扬声器、立体声耳机等。

人机交互设备:键盘、鼠标、触摸屏、打印机、光笔、数据手套等。

存储设备:硬盘、光盘等。

⑤多媒体系统软件与应用软件

多媒体系统软件是多媒体系统运行的环境基础,它具有综合使用各种媒体,灵活调动多媒体数据的传输和处理功能。多媒体计算机系统的主要系统软件有多媒体驱动软件、驱动器接口程序、多媒体操作系统、媒体素材制作软件与多媒体库函数、多媒体制作工具与开发环境等。

多媒体应用软件是在多媒体创作平台上设计开发的面向应用领域的各种软件程序,如多媒体教学软件、培训软件、电子百科全书、电子词典等。随着现代科技的不断发展和多媒体计算机产品性能的不断提高,MPC 的速度越来越快,性能越来越好。

(2)计算机的教育应用

计算机辅助教学技术是一种新的教育技术,它的出现被认为是人类教育史上继文字出现、学校创立、活字印刷发明之后的第四次革命。它代表着一种新的教学思想与教学方式,反映了一所学校教学手段现代化的程度。计算机技术在教育领域的应用十分广泛。一般说来,我们可以从多个角度对它的应用方式进行分类。

从计算机应用的功能上来看,计算机在教育领域中的应用方式包括以下两个方面。

①计算机辅助教学(Computer Assisted Instruction,简称 CAI)

CAI 指用计算机帮助或代替教师执行部分教学任务,传递教育信息,向学生传授知识和训练技能,直接为学生服务。

②计算机管理教学(Computer Managed Instruction,简称 CMI)

目前人们对 CMI 的理解有两种：从狭义上看，认为 CMI 是利用计算机指导整个教学过程的教学管理系统，它的功能包括管理教学计划和教学资源，以及帮助教师构造测验和评分等；从广义上看，认为 CMI 是计算机在学校管理中的各项应用，包括教学管理、学校行政管理、学校其他资源管理等。

从计算机应用的对象来看，计算机在教育中的应用又可以分为三个方面(3L)。

①学习计算机(Learn about Computer)。即把计算机作为学习对象，其内容包括计算机的基础知识、基本技能及其对社会的影响三部分。

②用计算机学习(Learn with Computer)。即学生可以把计算机作为学习工具，主要包括用计算机来完成信息的获取、保存、处理和交流等任务。

③从计算机学习(Learn from Computer)。即教师把计算机作为一种辅助的教学工具来辅助教学、辅助测试、管理教学与辅助备课等。

计算机辅助教育(Computer Based Education，简称 CBE)是计算机技术在教育领域中应用的统称，涉及教学、科研和管理等教育领域的各个方面。随着现代信息技术的发展，计算机在教育领域的应用引起了人们的充分重视并取得巨大的进展，在国际信息处理协会(IFIP)20 世纪 80 年代中期对 53 项计算机应用课题发展前途的评选中名列第 6 位。

目前，计算机辅助教育的内容和深度还在不断发展。随着以计算机、网络技术为代表的现代信息技术的发展，以及信息技术在教育领域中应用的不断深入，现在人们对于计算机辅助教育和教育信息化、信息技术的教育应用、教育信息技术等术语，在许多场合的使用中往往不作严格区分。

2. 计算机网络

(1)计算机网络的概念

计算机网络就是利用通信设备和线路将分布在地理位置不同的、功能独立的多个计算机系统连接起来，以功能完善的网络软件(网络通信协议及网络操作系统等)实现网络中资源共享和信息传递的系统。

简单地说计算机网络是一个互联的、独立自主的计算机集合体。它是电子技术、通信技术和计算机技术发展与结合的产物。最简单的网络可以小到两台计算机互联，而大的网络则可以使全球范围的计算机互联。在网络中，每台计算机都是平等的、独立的，它们之间没有明显的主次关系。

(2)计算机网络的组成

计算机网络由网络硬件和网络软件组成，其物理结构如图 3－7 所示。

- 计算机网络
  - 网络硬件
    - 计算机
      - 服务器
      - 个人计算机
    - 网络设备(如网卡、集线器、交换机、路由器、防火墙等)
    - 传输介质(如电话线、双绞线、同轴电缆、光纤、微波等)
    - 外围设备(如打印机、磁盘阵列柜、扫描仪等)
  - 网络软件
    - 操作系统
      - Unix
      - Linux
    - 应用软件 (如 IE、JAVA、TELNET 等)

图 3－7　计算机网络的组成

(3)网络协议

在过去的20多年的时间里,网络技术不断发展,从最初的X.25、帧中继、以太网、FDDI,再到流行的ATM、快速以太网,不同的技术提供了多样化的网络选择。为了能够在众多不同类型的局域网和广域网之间实现网络的互操作性,保证数据的正常传递,就需要遵循统一的网络协议。

网络协议,即为了使网络中的不同设备能进行数据通信而预先制定的一整套双方相互了解和共同遵守的格式和约定。在Internet中,所采用的网络协议不仅具有低层次的协议规范,如TCP和IP协议等,而且还对电子邮件、模拟终端和文件传输这样的高层次应用制定了相应的规范。

TCP/IP协议集是Internet上完整的、系统的协议标准。它采用四层协议方式,分别是网内层、网际层、传输层、应用层,即数据需经过四层通信协议软件的处理才能在物理网络中传输。

TCP/IP是一种灵活的网络体系结构,其主要特点包括开放的协议标准、独立于特定的计算机硬件、网络地址统一分配、网络中的节点都有唯一的地址、高层协议的标准化等。

(4)计算机网络的功能

①数据交换

计算机网络中的计算机之间或计算机与终端之间,可以快速可靠地相互传递数据、程序或文件。例如电子数据交换(EDI)可以实现部门之间订单、发票、单据等文件的交换;文件传输服务(FTP)可以实现文件的实时传递,为用户复制或查找文件提供了有力的帮助。

②资源共享

充分利用计算机网络中提供的资源(包括硬件、软件和数据)是计算机网络组网的目标之一。例如,进行运算的巨型机、海量存储器以及十分昂贵的外部设备和大型数据库、大型软件等为网络上的用户所共享。

③电子邮件

计算机网络可为网上不同用户提供信函方式的通信。电子邮件(E-mail)可以使相隔万里的异地用户快速准确地相互通信。

(5)计算机网络的分类

计算机网络的类型繁多,性能各异。根据不同的分类原则,可将计算机网络分成不同的网络类型。例如,按照信息交换方式,可分为电路交换网、分组交换网和综合交换网;按拓扑结构,可分为星形网、树形网、环形网和总线形网等;按传输带宽可分为窄带网和宽带网;按地理分布范围,可分为局域网、城域网和广域网。

①局域网LAN(Local Area Network)

局域网是指连接近距离的计算机组成的网,连接范围一般在几米到几千米之间。例如,一间办公室或实验室内的网,同一建筑物内、建筑群内或校园内的网络。局域网可通过路由器与广域网或城域网相连接,实现信息的远程访问和通信。

②城域网(Metropolitan Area Network)

城域网扩大了局域网的范围,连接范围一般在十几千米至几百千米。例如,连接一个地区、一个城市或一个行业系统的网络。

③广域网 WAN(Wide Area Network)

广域网又称远程网,是指连接远距离的计算机组成的网,连接范围可达几千千米乃至上万千米,横跨各大洲。因特网(Internet)就是一个典型的广域网。

3.3.4　移动媒体

移动媒体,主要指利用数字广播电视地面传输技术播出,以满足流动人群的视听需求为主的新兴媒体。移动媒体以移动数字终端为载体,可以通过无线数字技术与移动数字处理技术运行各种平台软件及相关应用,以文字、图片、视频等方式展示信息和提供信息处理功能。

当前,移动数字媒体的主要载体以智能手机及平板电脑为主,随着信息技术的发展和通信网络的融合,一切能够借助移动通信网络沟通信息的个人信息处理终端都可以作为移动媒体的运用平台。如电子阅读器、移动影院、MP3/4、数码摄录像机、导航仪、记录仪等都可以成为移动数字媒体的运用平台。下面列举常见的移动媒体。

1. 智能手机

智能手机,是指像个人电脑一样,具有独立的操作系统、独立的运行空间,可以由用户自行安装软件、游戏、导航等第三方服务商提供的程序,并可以通过移动通信网络来实现无线网络接入的手机类型的总称。

随着通信产业的不断发展,移动终端已经由原来单一的通话功能向话音、数据、图像、音乐和多媒体方向综合演变。移动终端基本上可以分成两种:一种是传统手机(Feature Phone),另一种是智能手机(Smart Phone)。智能手机具有传统手机的基本功能,并有操作系统开放、硬件和软件可扩充和支持第三方的二次开发的特点。

图3-8　智能手机

(1)智能手机的硬件系统

①CPU。当前智能手机 CPU 全部基于 ARM 架构开发。主流 CPU 多基于 ARM Cortx-A8 单核架构,高端多基于 ARM Cortx-A9 双核架构。常见智能手机单核主频普遍在600 Mhz到1.2 Ghz 范围内,双核在 1 Ghz 左右。主频越高,每秒处理指令条数就越多,速度也越快。但

是高主频同时也带来了高发热量和高能耗。

②GPU。GPU 英文全称为 Graphic Processing Unit,中文翻译为“图形处理器”。GPU 是相对于 CPU 的一个概念,由于在现代的计算机中(特别是对家用系统、游戏发烧友而言)图形的处理变得越来越重要,计算机需要一个专门的图形的核心处理器。

GPU 是显示卡的“大脑”,决定了该显卡的档次和大部分性能,同时也是 2D 显示卡和 3D 显示卡的区别依据。2D 显示芯片在处理3D 图像和特效时主要依赖 CPU 的处理能力,称为“软加速”。3D 显示芯片将三维图像和特效处理功能集中在显示芯片内,这也即所谓的“硬件加速”功能。显示芯片通常是显示卡上最大的芯片。

③RAM 和 ROM。RAM(Random Access Memory)随机存储器,简单地说就是运行内存,相当于电脑中的内存。它本身不保存数据,日常使用中程序会占用它的空间缓存数据。RAM 越大手机运行起来就越不会有卡顿的现象产生。

④触摸屏。触控屏(Touch Panel)又称为触控面板,是个可接收触头等输入讯号的感应式液晶显示装置,当接触了屏幕上的图形按钮时,屏幕上的触觉反馈系统可根据预先编程的程式驱动各种联结装置,可用以取代机械式的按钮面板,并借由液晶显示画面制造出生动的影音效果。

⑤重力感应。手机重力感应技术利用压电效应实现,简单来说就是测量内部一片重物(重物和压电片做成一体)重力正反两个方向的分力大小,来判定水平方向。

⑥蓝牙。蓝牙是一种支持设备短距离通信(一般为 10 米以内)的无线电技术,能在包括移动电话、PDA、无线耳机、笔记本电脑、相关外设等众多设备之间进行无线信息交换。蓝牙技术的运用,能够有效地简化移动通信终端设备之间的通信,也能够成功地简化设备与因特网 Internet 之间的通信,从而使数据传输变得更加迅速高效,为无线通信拓宽道路。

⑦Wi-Fi。Wi-Fi 是一种可以将个人电脑、手持设备(如 PDA、手机)等终端以无线方式互相连接的技术。Wi-Fi 是一个无线网路通信技术的品牌,由 Wi-Fi 联盟(Wi-Fi Alliance)所持有,目的是改善基于 IEEE 802.11 标准的无线网路产品之间的互通性。

(2)智能手机操作系统

①Android。Android 是现在最为普遍的操作系统,是人们用得最多的智能机操作系统。它是一种基于 Linux 开发的操作系统,主要使用于移动设备,如智能手机和平板电脑,由 Google 公司和开放手机联盟领导及开发。尚未有统一的中文名称,中国大陆地区较多人使用“安卓”。Android 操作系统最初由 Andy Rubin 开发,主要支持手机,后来逐渐扩展到平板电脑及其他领域上,如电视、数码相机、游戏机等。

②iOS。iOS 是由苹果公司开发的移动操作系统。苹果公司最早于 2007 年 1 月 9 日的 Macworld 大会上公布这个系统,最初是设计给 iPhone 使用的,后来陆续套用到 iPod touch、iPad 以及 Apple TV 等产品上。iOS 与苹果的 Mac OS X 操作系统一样,也是以 Darwin 为基础的,因此同样属于类 Unix 的商业操作系统。原本这个系统名为 iPhone OS,因为 iPad、iPhone、iPod touch 都使用 iPhone OS,所以苹果公司在 2010WWDC 大会上宣布将其改名为 iOS。

③Bada。Bada 是三星集团研发推出的新型智能手机操作系统,与当前被广泛关注的 Android 和 iOS 形成竞争关系。该智能操作系统结合当前热度较高的体验操作方式,承接三

星 TouchWIZ 的经验，支持 Flash 界面，对互联网应用、重力感应应用、SNS 应用有着很好的支撑，电子商务公司与游戏开发公司也被列入 Bada 系统的主体规划中，Twitter、CAPCOM、EA 和 Gameloft 等公司为 Bada 的紧密合作伙伴。

④Windows Phone。Windows Phone 是微软发布的一款手机操作系统，整合了微软旗下的 Xbox Live 游戏、Zune 音乐与独特的视频体验。Windows Phone 具有桌面定制、图标拖拽、滑动控制等一系列前卫的操作体验。其主屏幕通过提供类似仪表盘的体验来显示新的电子邮件、短信、未接来电、日历约会等，让人们对重要信息保持时刻更新。它还包括一个增强的触摸屏界面，更方便手指操作；以及一个最新版本的 IE Mobile 浏览器——该浏览器在一项由微软赞助的第三方调查研究中，和参与调研的其他浏览器和手机相比，可以执行指定任务的比例超过高达 48%。史蒂夫·鲍尔默表示："全新的 Windows 手机把网络、个人电脑和手机的优势集于一身，让人们可以随时随地享受到想要的体验。"

⑤黑莓 Blackberry。Blackberry 是由 RIM 研发推出的智能操作系统，是 RIM 公司独立开发出的与黑莓手机配套的系统，在全世界都颇受欢迎。在此系统基础上，黑莓的手机更是独树一帜地在智能手机市场拼搏。2012 年 7 月，黑莓占据了全球智能手机操作系统 7% 的市场份额，在美国市场共计占有 11% 的市场份额，为全球第四大智能操作系统，被微软的 Windows Phone 智能操作系统超越。2013 年 1 月 30 日起，RIM 与 Blackberry 合并。

（3）智能手机的特点

①具备无线接入互联网的能力：需要支持 GSM 网络下的 GPRS 或者 CDMA 网络的 CDMA1X 或 3G（WCDMA、CDMA-2000、TD-CDMA）网络，甚至 4G（HSPA +、FDD-LTE、TDD-LTE）网络。

②具有 PDA 的功能：包括 PIM（个人信息管理）、日程记事、任务安排、多媒体应用、浏览网页。

③具有开放性的操作系统：拥有独立的核心处理器（CPU）和内存，可以安装更多的应用程序，使智能手机的功能可以得到无限扩展。

④人性化：可以根据个人需要，实时扩展机器内置功能，以及进行软件升级，智能识别软件兼容性，实现了软件市场同步的人性化功能。

⑤功能强大：扩展性能强，第三方软件支持多。

⑥运行速度快：随着半导体业的发展，核心处理器（CPU）发展迅速，智能手机在运行方面越来越极速。

2. 平板电脑

平板电脑（Pad）是一种小型的、方便携带的个人电脑，以触摸屏作为基本的输入设备。它拥有的触摸屏电容屏（也称为数位板技术）允许用户通过触控笔或数字笔来进行作业而不是通过传统的键盘或鼠标。用户可以通过内建的手写识别、屏幕上的软键盘、语音识别或者一个真正的键盘（如果该机型配备的话）来进行文字输入。平板电脑由比尔·盖茨提出，支持来自 Intel、AMD 和 ARM 的芯片架构，从微软提出的平板电脑概念产品上看，平板电脑就是一款无须翻盖、没有键盘、小到可放入女士手袋而功能完整的个人电脑。

图 3－9　平板电脑

(1)平板电脑的硬件

平板电脑的主要硬件包括芯片、电池、内存、外壳、屏幕、摄像头和存储。如图 3－10 所示。

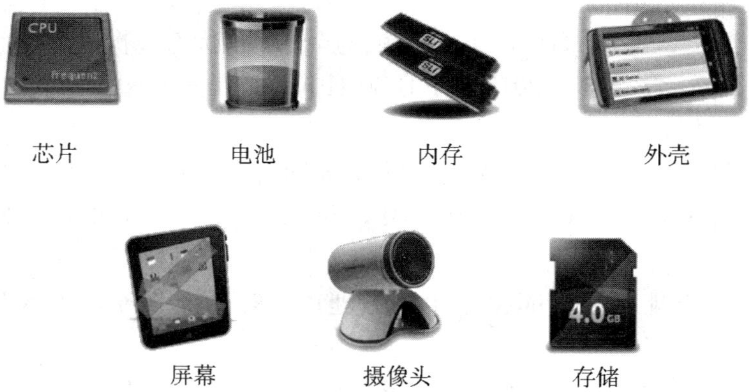

图 3－10　平板电脑硬件

(2)平板电脑的操作系统

就目前的平板电脑来说,最常见的操作系统是 Windows 操作系统、Android 操作系统和 iOS 操作系统,还有 Windows CE 操作系统,另外 Meego 和 Moblin 两个操作系统作为 Intel 针对手机和 MID 市场的主打产品,在未来也很有可能出现在平板电脑平台上,还有被称为云计算必然产物的 WebOS。

①平板电脑 Windows

Windows 7 拥有包括基础版、家庭版、旗舰版等多个版本,全部是基于 X86 架构开发的操作系统,已经从最初简单的图形用户界面发展到现在拥有自己的文件格式以及驱动程序的典型操作系统,实际上成了用户最多,也是最被大家所接受的操作系统。

Windows 8.1 恢复了大家熟悉的“开始”按钮,是一个清晰的 Windows 徽标。点击该按钮可以在 Modern UI 开始界面和传统桌面自由切换。Win 8.1 Update 中还将关机键放回了开始界面右上角。

Windows 10 新增了 Multiple Desktops 功能。该功能可让用户在同个操作系统下使用多个桌面环境,即用户可以根据自己的需要,在不同桌面环境间进行切换。

Windows 10 的开始屏幕界面个性化程度相比 Windows 8 有所提高,提供了更多磁贴尺寸和颜色选项,还有动画背景可供选择。在锁屏上,用户可以用幻灯片形式放映自己喜爱的照片,并可以拍摄照片(在开始界面 charm 栏下可以修改)。不过正因为它的流行,也导致了它并不适合平板电脑,因为 Windows 操作系统是专门为个人电脑设计的,而非平板电脑,再加上用户在使用习惯上的惯性思维,导致它无论从软硬件配合还是使用感受等多个方面,都无法满足用户苛刻的要求。可以说,在平板电脑平台上,Windows 操作系统有一个好的基础,但是无法发挥出相应的潜力,有一些鸡肋的味道。

②平板电脑 Android

Android 是 Google 于 2007 年底发布的基于 Linux 平台的开源手机操作系统,之后又加以改进用在了上网本和 MID 上。该平台由操作系统、用户界面和应用软件组成,号称是首个为移动终端打造的真正开放和完整的移动软件。

Android 系统实际上是一个非常开放的系统,它不但能实现用户最常用的笔记本电脑的功能,又能够实现像手机一样的各种具有特定指向性的操作。而且它是专门针对移动设备而研发的操作系统,在系统资源消耗、人机交互设计上都有优势,是取传统与超前各类优势于一身的操作系统。

③平板电脑 iOS(又称 iPhone OS)

iOS 是由苹果公司为旗下产品开发的操作系统,随着 iPad 上市,它也一举被视为最适合平板电脑的操作系统。

iOS 是将触控操作这一概念真正发扬光大的操作系统,用户在界面上使用多点触控直接操作,而控制方法包括滑动、轻触开关及按键等,与系统互动包括滑动、轻按、挤压及旋转等。虽然它做得很好,但实际上 iOS 最被人称道的并不是多点触控,而是它流畅的人机交互的感觉,以及苹果日渐庞大的资源库。苹果庞大的资源库,实际上就是 APP Store 提供的通过审核的第三方应用程序,以及通过 Safari 浏览器支持的一些第三方应用程序,即 Web 应用程序。而在应用程序之外,像电子书、音乐、电影电视等各类资源,都已经成了苹果的看家产品,并且已经获得了全世界范围内的成功。

虽然 iOS 非常成功,但它的缺点也非常显而易见。首先是苹果特立独行地不支持 Flash,我们暂且不对这个做法进行评判,但这确实会影响到用户的使用。其次,到目前为止,历代 iOS 都没有支持多线程技术,对于传统用户来说这很难接受。而且 iOS 有别于传统操作方式的同步概念,会导致很多传统用户被拒之门外。

④平板电脑 MeeGo

MeeGo 是诺基亚和英特尔推出的一个免费手机操作系统,这种基于 Linux 的平台融合了诺基亚的 Maemo 和英特尔的 Moblin 平台,可在智能手机、笔记本、电脑和电视等多种电子设备上运行,有助于这些设备实现无缝集成。我们可以把它看作未来平板电脑操作系统的一个强有力的新生力量。

⑤平板电脑 Windows CE

微软 Windows CE 被设计成针对小型设备的通用操作系统,简单地说,就是拥有有限内存的无磁盘系统。不像其他的 Windows 操作系统,Windows CE 并不是代表一个标准的对所有平台都适用的软件。

Windows CE 属于嵌入式操作系统,使用标准 Win 32 API 子集,很多 Windows 程序可以方便地移植到 CE 上,所以应用程序的兼容性好,而且开发非常方便。但为了实现简便操作,底层开发做了不少工作,所以 Windows CE 的体积并不小,导致其对系统资源的占用较大,而且 Windows CE 是经过虚拟地址映射的,也导致运行速度和效率低于同类嵌入式操作系统。对于用户来说,这并不是一个适合平板电脑的操作系统,但由于成本较低而且开发方便,相信会有一些小厂采用此方案。

⑥平板电脑 WebOS

WebOS 可以简单地被称为网络操作系统,是一种基于浏览器的虚拟的操作系统,用户通过浏览器可以在这个 WebOS 上运用基于 Web 的在线应用的操作来实现 PC 操作系统上的各种操作,包括文档的存储、编辑,媒体播放等。

WebOS 是一种脱离了本地操作系统、可以随时随地通过网络进行操作的云计算的一种模式,也是未来的发展趋势。WebOS 不用依赖于某种特定的本地操作系统,我们更可以把它看作一种跨平台的形式,也就是跨本地操作系统的平台。简单地说,在本地操作系统支持一个浏览器的情况下,不管你用何种本地操作系统都可以正常运行。根据奥卡姆剃刀原理,实际上一个 WebOS 不需要携带一个本地操作系统,只要用户任意安装一个本地操作系统就可以了,或者说,不需要硬件相关部分,只要它可以运行网络浏览器就可以进行操作,因为浏览器就是它的运行环境。

这类系统的优势显而易见,无须高端的硬件配置即可实现复杂的操作,无须固定的终端即可对同一文件随时随地进行操作,可以说它是真正实现终端设备的个性化的基础,到那时候用户再挑选设备就会变成选择体型大小、选择外观设计、选择品牌,而不用像现在这样有这么多因素制约。当然劣势也是有的,就目前的大环境而言,基于 WebOS 系统的机器完全依赖网络的存在,而目前的网络环境还无法满足需求。

(3)平板电脑教育应用

①电子书库

"你的平板电脑就是你的私人图书馆",学生从此可以摆脱沉重的课本,所有教材及课外读物都可以从平台处下载。电子书库提供的教学内容包括语文、数学、英语、艺术、经济、商业、生命科学和社会科学等类别。

②虚拟教室

利用平台改变以往授课老师在黑板上板书授课的教学模式,直接借助平板电脑的界面进行书写、批注和绘图,而学生的平板电脑可以清晰地看到教师所编辑的内容,并可以随时向老师提问,实现和老师的实时互动。在教学中,老师也可以借助平板电脑看到学生电脑屏幕上显示的内容,并可以随时操控学生的电脑,根据学生的需要及时协助学生完成课程,学生在校园里分组讨论也可及时与教师沟通讨论结果。

③视频教学

利用平台,我们将突破教室的物理界限,随时随地都可以汲取知识的养分,利用上传的教学视频或通过平板电脑的前置摄像头就可实现一对一教学。同时,上传的教学视频还可通过分享功能与有共同兴趣爱好的朋友一同学习一同进步,并通过平台论坛即时分享学习体会及心得。

④课件管理

无论是老师还是学生都可通过平台管理自己的教学课件、教学视频、教学笔记等学习资料。同时,老师还可对课表、教案、办公会议等工作内容进行合理安排及管理。

⑤电子考试

通过平台的考试系统可以实现无纸化考试,学生在平板电脑上做题,老师通过平板电脑改卷。根据系统统计的学生作业和考试情况,点击强化训练,即可给学生布置个性化作业,让学生做各自的错题或错题的同类题,针对性强。每个学生的作业都是针对其学习中出现的问题布置的,能够极大地提高学习效率。

3. 电子书包

(1)电子书包简介

祝智庭教授明确表示:“电子书包目前还没有一个特别明确的概念,比较常见且较为贴切的一种理解是将‘电子书包’作为一种未来形态的教育电子产品。它将学生书包里的教材、作业、课内外读物、字典等学习用品全部数字化后整合在一个轻便的移动终端中(重量约 1 千克)”。同时,他认为:“从硬件设备角度上讲,电子书包就是一种个人便携式学习终端。”从电子书包教育教学的系统功能架构视角看,“电子书包是学生的个人学习环境”,个性化、移动性、按需服务是新一代电子书包的关键特性。从“虚”的教育服务视角看,“电子书包”是一个属于学习者个人的账号和口令,无论学生何时何地用何种终端上网,“教育云服务”将为每一个学生提供适合的个性化学习资源与学习导航。

图 3-11　学生正在利用电子书包学习

(2)电子书包的功能

①多媒体支持功能

适当通过多媒体的形式实现视频、音频、图片和文字等多种信息元素在电子书包平台上的统一展现,引起学生的兴趣,提高他们的注意力,优化教学效果。例如,在语文课上讲一个故事,那么教师就可以利用 PPT,将故事涉及的图片、音乐、视频等多媒体元素集合在一起,以“数字故事”的形式向同学们展示。

②内容管理功能

实现对学生学习资料的分类管理,为教材、学辅资料、作业等文档分配独立的存储空间,并可以实现作业与试卷的无纸化作答与提交。

③教学管理功能

教师终端可以多种方式控制、监控学生终端,适时关闭电子书包的一部分功能,如上网功能,使学生们的注意力集中。

④资源汇聚及搜索功能

采取信息过滤机制开放与本阶段学生学习相关的网站及资源,使学生在学习过程中对于疑难问题可以及时搜索到相应的解答信息。例如,要在历史课中讲一个著名的历史人物,那么老师就可以提前让同学们协作,通过电子书包将这位历史人物的生平信息找出,并且汇总成一篇文章,这样既利用了电子书包的资源汇聚和搜索功能,同时也加强了学生们的协作能力。

⑤交互功能

在电子书包这个平台上教师、家长和学生都会有一个专用的账号。电子书包在学生、老师、家长、学校、社会之间搭建起一个个有效沟通的桥梁。学生们可以通过电子书包以在线或者离线的方式提出自己的问题,同老师和其他同学进行交流,找出解决问题的方法。老师和家长也可以通过电子书包账号直接进行沟通,了解学生近期的表现,提出各自的意见,共同为教学和学生的发展出谋划策。

3.3.5 虚拟现实

1. 虚拟现实的概念

虚拟现实(Virtual Reality,简称 VR)是近年来出现的高新技术,也称灵境技术或人工环境。虚拟现实是利用电脑模拟产生的三维的虚拟世界,提供使用者关于视觉、听觉、触觉等感官的模拟,让使用者身临其境,可以及时、没有限制地观察三度空间内的事物。如图3-12所示。

图 3-12 虚拟体育场

2. 虚拟现实的基本特征

(1)多感知性(Multi-Sensory)。所谓多感知是指除了一般计算机技术所具有的视觉感知之外,还有听觉感知、力觉感知、触觉感知、运动感知,甚至包括味觉感知、嗅觉感知等。理想的虚拟现实技术应该具有一切人所具有的感知功能。由于相关技术,特别是传感技术的限制,目前虚拟现实技术所具有的感知功能仅限于视觉、听觉、力觉、触觉、运动等几种。

(2)浸没感(Immersion)。浸没感又称临场感,指用户感到作为主角存在于模拟环境中的真实程度。理想的模拟环境应该使用户难以分辨真假,使用户全身心地投入计算机创建的三维虚拟环境中,该环境中的一切看上去是真的,听上去是真的,动起来是真的,甚至闻起来、尝起来等都是真的,如同在现实世界中的感觉一样。

(3)交互性(Interactivity)。交互性是指用户对模拟环境内物体的可操作程度和从环境得到反馈的自然程度(包括实时性)。例如,用户可以用手去直接抓取模拟环境中虚拟的物体,这时手有握着东西的感觉,并可以感觉物体的重量,视野中被抓的物体也能立刻随着手的移动而移动。

(4)构想性(Imagination)。构想性强调虚拟现实技术应具有广阔的可想象空间,可拓宽人类认知范围,不仅可再现真实存在的环境,也可以随意构想客观不存在的甚至是不可能发生的环境。

由于浸没感、交互性和构想性三个特性的英文单词的第一个字母均为I,所以这三个特性通常又被统称为3I特性。

一般来说,一个完整的虚拟现实系统由虚拟环境,以高性能计算机为核心的虚拟环境处理器,以头盔显示器为核心的视觉系统,以语音识别、声音合成与声音定位为核心的听觉系统,以方位跟踪器、数据手套和数据衣为主体的身体方位姿态跟踪设备,以及味觉、嗅觉、触觉与力觉反馈系统等功能单元构成。

3. 虚拟现实在教育中的应用

虚拟现实应用于教育是教育技术发展的一个飞跃。它营造了“自主学习”的环境,由传统的“以教促学”的学习方式转向学习者通过自身与信息环境的相互作用来得到知识、技能的新型学习方式。

它主要具体应用在以下三个方面。

(1)科技研究

当前许多高校都在积极研究虚拟现实技术及其应用,并相继建起了虚拟现实与系统仿真的研究室,将科研成果迅速转化实用技术,如北京航空航天大学在分布式飞行模拟方面的应用,浙江大学在建筑方面进行虚拟规划、虚拟设计的应用,哈尔滨工业大学在人机交互方面的应用,清华大学对临场感的研究等都颇具特色。有的研究室甚至已经具备独立承接大型虚拟现实项目的实力。虚拟学习环境、虚拟现实技术能够为学生提供生动、逼真的学习环境,如建造人体模型、电脑太空旅行、化合物分子结构显示等,在广泛的科目领域提供无限的虚拟体验,从而加速和巩固学生学习知识的过程。亲身去经历、亲身去感受比空洞抽象地说教更具说服力,主动交互与被动灌输有本质的差别。虚拟实验利用虚拟现实技术,可以建立各种虚拟实验室,如地理、物理、化学、生物实验室等,拥有传统实验室难以比拟的如下优势。

①节省成本。通常我们由于设备、场地、经费等硬件的限制,许多实验都无法进行。而利用虚拟现实系统,学生足不出户便可以做各种实验,获得与真实实验一样的体会。这样,就在保证教学效果的前提下,极大地节省了成本。

②规避风险。真实实验或操作往往会带来各种危险,利用虚拟现实技术进行虚拟实验,学生在虚拟实验环境中,可以放心地去做各种危险的实验。如虚拟的飞机驾驶教学系统可

避免学员因操作失误而造成飞机坠毁的严重事故。

③打破空间、时间的限制。利用虚拟现实技术,可以彻底打破时间与空间的限制。大到宇宙天体,小至原子粒子,学生都可以进入这些物体的内部进行观察。一些需要几十年甚至上百年才能观察的变化过程,通过虚拟现实技术,可以在很短的时间内呈现给学生观察。例如,生物中的孟德尔遗传定律,用果蝇做实验往往要几个月的时间,而利用虚拟技术在一堂课内就可以实现。

(2)虚拟实训基地

利用虚拟现实技术建立起来的虚拟实训基地,其设备与部件多是虚拟的,可以随时生成新的设备。教学内容可以不断更新,使实践训练及时跟上技术的发展。同时,虚拟现实的沉浸性和交互性,使学生能够在虚拟的学习环境中扮演一个角色,全身心地投入学习环境中去,这非常有利于学生的技能训练。包括军事作战技能、外科手术技能、教学技能、体育技能、汽车驾驶技能、果树栽培技能、电器维修技能等各种职业技能的训练,因为有了虚拟的训练系统而没有任何危险,学生可以反复练习,直至掌握操作技能为止。例如,在虚拟的飞机驾驶训练系统中,学员可以反复操作控制设备,学习在各种天气情况下驾驶飞机起飞、降落,通过反复训练,达到熟练掌握驾驶技术的目的。

(3)虚拟校园

虚拟校园也是虚拟现实技术在教育中较早的具体应用。简单的虚拟校园环境可供游客浏览;比较复杂的虚拟校园是基于教学、教务、校园生活,功能相对完整的三维可视化虚拟校园。国内很多高校已经开始逐步推广使用了虚拟校园系统。早期有浙江大学、上海交通大学、北京大学、西南交通大学等著名高校采用虚拟现实技术建设虚拟校园。值得一提的是中央广播电视大学远程教育学院,他们以学员为中心,构想了一些人性化的功能,以虚拟现实技术作为远程教育基础平台,在国内甚至在国际上也属罕见。他们的大胆应用将开创一个崭新的局面,让人们感受到全方位的教学、校园文化,这正是我们所需要的真正的教育。随着虚拟现实技术的不断发展和完善,以及硬件设备价格的不断降低,虚拟现实技术以其强大的教学优势和潜力,将会逐渐受到教育工作者的重视和青睐。

3.3.6 多媒体教室

多媒体教室,是指将多种媒体汇集在一个教室内,以利于开展教与学的活动的教室。

1. 多媒体教学的类型

上述的多种媒体应包括传统媒体,如黑板(白板)、书本、挂图、模型、标本等,还应包括各种各类电教媒体,如幻灯、投影、扩音、录音、电视、录像、计算机等媒体。根据功能,可将多媒体综合教室分为两大类型,即以教师为中心的和以学生为中心的多媒体综合教室。

(1)以教师为中心的多媒体综合教室

该类型教室的特点:首先,多种媒体主要是供教师使用的,媒体起辅助教师教学的作用;其次,多种媒体集中于讲台或讲台附近的立柜上,以方便教师操作与控制。我国各级学校目前建设的多媒体综合电教室,大多数属于这一类型。这种类型的教室根据媒体数量的多少与质量的高低、教育功能的差异,又可分为以下几个档次。

①简易型

简易型多媒体综合教室通常是在普通课室中装配如下常用的电教媒体建成的:幻灯机、

投影器、录音机、扩音机、电视机、放像机和电子计算机等。这些电教媒体可在讲台附近单独放置或组合在讲台内，利于教师操作与控制。简易型综合教室基本能满足开展多媒体组合教学的要求。但由于采用的是普通电视机，计算机输出的信号需经转换才能在电视屏幕上呈现，这会影响图像清晰度。另外普通电视机屏幕小，就算用上29英寸或33英寸的电视，对于计算机整屏显示的文字与图像，在教学上也难满足要求，因此，往往要采用48英寸至61英寸的背投式电视。

②标准型

标准型多媒体综合教室克服了简易型的缺陷，因为它增加或改用了一批较高档次的设备与技术。它的主要设备由图像与声音两个系统构成。图像系统由信号源（包括多媒体计算机、录像、影碟、实物视频展示的输出）、视频切换器和多媒体投影机构成。多媒体投影机能够直接显示多媒体计算机输入的数字信号，其他视频信号源的视频信号可以通过视频切换器转换后，由投影机显示放大出高清晰度的图像。声音系统一般将所有音频信号通过调音台输入一个共用的功率放大器，再输出保真度高的声音。标准型多媒体综合教室的主要设备如下。

A. 多媒体投影机

投影机按其连接设备的性能不同可分为：视频投影机，只能接录像机、影碟机、摄像机等的视频信号；多媒体投影机，可连接视频和计算机等的信号。综合教室采用多媒体投影机，能直接输入计算机和视频展示台的信号，获得清晰的画面。另外，它通过投影能获得大尺寸的画面（80英寸至200英寸），能满足50～200人的教室与讲学厅开展教学活动。

B. 视频实物展示台

展示台通过摄像机摄取放置于台面上物件的图像信号，送至投影机呈现图像。放置的物体可以是实物、标本，也可以是照片、书本，甚至是直接演示的实验。由于台面有透明灯照射，还可投影幻灯片和透明投影片的图像，因此在某种程度上，它还有幻灯机与光学投影器的某些功能。展示台可连接的设备有多媒体投影机，电视机，个人计算机，视频、音频输入等。

C. 集成控制系统

为了方便对综合教室内多种媒体和设施（如银幕、灯光、窗帘等）的操作与控制，通常利用集成控制系统（中央控制系统），将多媒体教室的各种媒体进行集成控制，并把操作与控制的功能键集中放置于讲台的一块控制面板上，方便教师使用。

常用的集成控制系统有以下几种控制方式：按键开关式，即用线路连接各种电教设备的控制信号，用手动按键操作开关，特点是简单、可靠，价格低等；软件控制式，即通过安装控制软件，通过鼠标进行操作控制；电脑触摸屏式，即通过电脑触摸屏去控制电脑主控机的输出，从而实现对各种设备与设施的操作与控制。电脑触摸屏式技术先进，使用方便，但价格较高。

③多功能型

它在标准型的基础上增加了以下设备。

A. 摄录像装置。在教室装配有2～3台带云台的摄像机，用于摄录师生的教学活动过程。摄像信号传送到中心控制室供记录贮存，或同时传到其他教学场所供观摩或扩大教学规模。

B. 学习信息反馈分析装置。该装置能令全班同学在座位旁的按键上对老师提出的问题进行选择性回答。它通过计算机收集与分析学生的学习信息,使教师能及时全面了解学生的情况,更有针对性地进行教学活动。

④学科专业型

该类型是在简易型或标准型多媒体综合教室配置的基础上,增加一些某种学科教学特殊需要的设备,如生物课教学需用的彩色显微摄像装置,成为某一学科专用的多媒体综合电教室。

2. 以学生为中心的多媒体综合教室

该类教室的特点:多种媒体主要是供学生使用的,媒体成为学生学习的主要工具,教师在教学活动中起指导作用;多种媒体被安排在教室四周的不同区域以方便学生使用。这种类型教室的多种媒体布置,大致可分为下列几个区域。

(1)学生学习活动区。它被安排在教室中央,桌椅摆设要便于个别学习也应便于小组讨论学习。

(2)文字印刷资料区。它摆设学科教学需用的教科书、教学参考资料、图片、挂图等。

(3)模型、标本区。有各类标本和模型等。

(4)现代教育技术媒体区。有幻灯、投影媒体;录音、录像媒体;可联网的多媒体计算机1 至4 台。

(5)学生作业展示区。学生作业可写于黑(白)板上,或用纸书写后,张贴在板报栏上。

(6)教师指导学习区。备有黑板(白板)和各种呈现教学信息的媒体与工具,便于教师进行指导性讲授;另外在教室一角设有教师专用的办公桌和相应的教学资料,便于教师准备教学和接受学生咨询问题,指导学生学习活动正常进行。

3. 多媒体教室的教学功能

(1)以教师为中心的多媒体教室的教学功能

以教师为中心的多媒体教室,更多的关注的是教师"教"的作用,以教师为中心的多媒体教室具有以下几个方面的教学功能。

①便于教师利用多种媒体辅助教学活动。

②能利用多种媒体组合,优化教学过程,突破教学重点、难点,提高教学质量与效率。

③便于观摩示范教学,并能扩大教学规模。

④能用于开展新型教学模式的教学试验与研究,还能用于学术报告活动等。

(2)以学生为中心多媒体教室的教学功能

以学生为中心的多媒体教室,更多的关注的是学生"学"的主动性的发挥,具体表现在以下几个方面。

①为学生营造优良的自主学习环境,为学生进行个别化学习和小组学习提供拥有多种媒体的良好学习条件。

②便于开展学生个别化自主学习的教学试验与研究。

③有利于学生参与和学习积极性、主动性的发挥。

多媒体综合教室是电化教育深入发展的产物,也是今后的发展方向,它的建设将为创建新型教学模式、促进教育改革和教育现代化起到一定作用。

4. 多媒体教室的使用

(1)中控的使用方法

多媒体教室都有一个中控台,中控面板如图 3 – 13 所示。具体的使用有以下几个步骤。

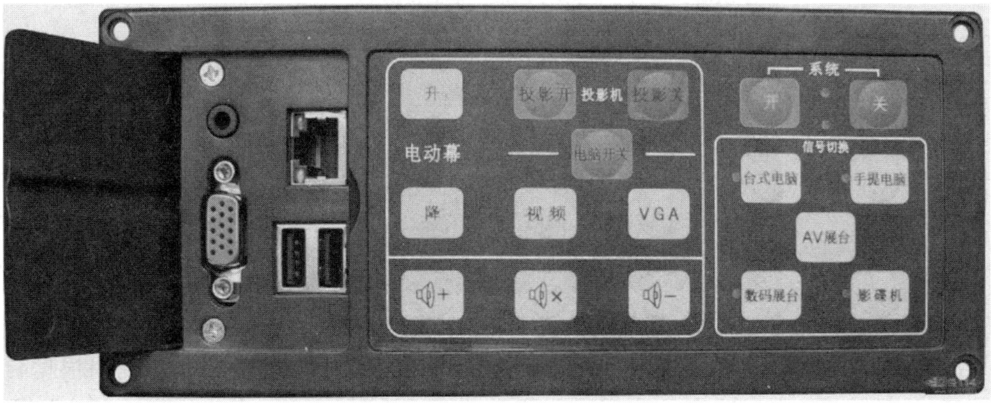

图 3 – 13　多媒体教室中控面板

①开总电源。

②打开系统电源。系统电源在中控台左上角,按一下即可打开。

③打开投影机。本系统用联动方式,按一下“投影开”按钮即可打开投影机,同时放下银幕。

④打开计算机。本系统显示器信号受中控台控制,用控制台上的 VGA 控制按钮选择“电脑”,使显示器连接电脑信号,选择“展台”时,显示器上显示的是展台信号。

⑤开启网络教室的其他各种设备(如监视器、实物投影仪等)。

⑥按“信号”按钮,让投影机搜索信号,如果银幕上显示的不是自己想放映的内容,再按一下“信号”按钮,让投影机再搜索下一个信号。

⑦设备音量的大小可通过“主音量”的“ + ”“ – ”键进行调节。话筒音量大小可通过话筒音量的“ + ”“ – ”键进行调节。

⑧使用完毕后,将计算机、监视器、实物展台各种设备的电源关闭。注意关闭投影机后不能立即切断电源,要等投影机冷却风扇再运转一段时间并停止后再关总电源。

(2)笔记本电脑的接入与使用方法

教师在上课时经常需要把笔记本连接投影机上进行教学,让投影机演示笔记本的内容。两者的连接非常简单,但很多时候会遇到一些大大小小的问题,如经常会出现投影无法投影笔记本桌面的情况,故请教师按照以下的操作步骤进行操作。

①将机箱上的蓝色插头(APG)插入笔记本上对应的 APG 接口,插紧。如需要输出声音,则将机箱上的音频线插入相应的接口:绿色为音频接口,红色为麦克风接口。

②在连接了所有接口后,打开电源。先开投影机,点击控制板上连接笔记本电脑的按钮,再打开电脑,以便投影机接收电脑信号。使用完成后,电脑和投影机可以一起关闭,然后在没有电的情况下将接头拔掉。

③如果在电脑打开后还是没有信号,就要切换信号。不少教师把投影机与笔记本连接好后开启投影机,但投影机不能显示笔记本画面,这可能是笔记本与投影机连接还是需要切换,此时只要按住笔记本电脑的“Fn”键(功能键),然后同时按下标识为 LCD/CRT 或显示器

图标的对应功能键,进行切换即可,如图 3－14 所示。

图 3－14　笔记本电脑视频切换键

由于每个品牌的电脑的功能键所在的位置不同,大家可以对照下面的说明根据自己笔记本电脑的品牌进行切换:东芝为“Fn + F5”、IBM 为“Fn + F7”、惠普为“Fn + F4”、方正为“Fn + F3”、三星为“Fn + F3”、松下为“Fn + F3”、苹果为“Fn + F8”、NEC 为“Fn + F4”、夏普为“Fn + F5”、日立为“Fn + F7”、戴尔为“Fn + F8”、宏碁为“Fn + F5”、联想为“Fn + F3”、明基为“Fn + F7”、华硕为“Fn + F9”。

还有几款笔记本电脑的切换需要用到鼠标来进行。方法:单击鼠标右键,将光标移动至“图形选项”,在出现的对话框中选择“输入至”,再将光标移动到“(Intel)双显示制”,最后点击“显示器 + 笔记本电脑”,也就是最下面一个,即可完成切换。

3.3.7　语言实验室

语言实验室是由多种现代教育技术媒体装备起来,主要用于语言教学的现代教育技术应用系统。

1. 语言实验室的类型

根据媒体设置与教学功能的不同,可将语言实验室分成四种类型。

(1)听音(AP)型语言实验室

听音型语言实验室(Audio Passive Language Laboratory)是最简单的一种语言实验室,主要用于语言听力训练,通常有两种组成方式。

①有线听音式。由教师控制台和学生座位两部分组成,教师控制台上有传声器、扩音机和音源设备(一至多台录音机、激光唱机等),声音信号经过扩音机放大后,传送给各学生座位。学生座位上备有耳机插孔,供学生接插耳机用。

②无线听音式。利用无线电发射与接收系统代替教师控制台与学生座位之间的连线,由教师控制部分、环形天线和学生接收部分组成。

教师控制部分由传声器、收录机、发射主机构成。传声器用来播送教师的讲课内容;收录机可播放录音,也可以播放接收的电台广播内容或无线传声器的讲课内容;经过发射主机处理后的信号,通过环形天线发射出去,环形天线接于它的外接扬声器插孔上。

环形天线固定在听音教室的天花板上或墙壁上。在环形天线所围绕的区域内,都可接收到信号。

学生接收部分可以是一副无线接收耳机,也可以是调频收音机或收录机。最近上市的调频、音频两用接收机,价格和一副无线接收耳机相当,可以适应于不同的无线听音环境,很适合学生使用。

听音型语言实验室只能播放教师事先准备好的教材,师生之间、学生之间都不能对话,学生也无法检验自己的发音是否正确,仅适用于听力和听写训练。但是其设备简单,使用方便,学生使用耳机听音注意力集中、干扰小,学习效果比较好。

(2)听说(AA)型语言实验室

听说型语言实验室(Audio Active Language Laboratory)在听音型基础上,增加了学生传声器、放大器、呼叫装置和相应的控制电路,从而组成了双向对讲系统。在听说型语言实验室中,学生除了可以收听教师的讲解和播放的录音教材外,在需要时可以呼叫教师,和教师对话,进行个别辅导;教师也可以监听学生的发音,及时给予反馈,或选录学生的练习;学生之间也可以进行对话。听说型语言实验室适用于听音、听写,适用于进行语音、语调、句型、会话、口头翻译等多种能力的训练。但由于学生座位没有录音机,学生不能进行自录操作。

(3)听说对比(AAC)型语言实验室

听说对比型语言实验室(Audio Active Comparative Language Laboratory)在学生座位上增设了具有跟读功能的录音机,以及相应的放大电路,为学生提供听音、对讲训练和录音对比功能。学生录音机有两个声道,声道 1 用于记录由控制台传送来的教师讲授或录音教材的声音信号,声道 2 用于记录学生自己跟读的声音。重放时,学生可以将自己的发音与标准音进行比较,进行自我校正。教师可根据教学需要,有目的地组织学生进行分组训练。有的控制台具有学习效果分析功能,可及时对课堂教学进行分析与评价。

(4)视听对比(AVC)型语言实验室

视听对比型语言实验室(Audio Visual Comparative Language Laboratory)在听说对比型的基础上增加了视频功能,做到视听同步教学,加强学习效果。早期的视听对比型语言实验室中设置了幻灯机、投影器等,把静止的或活动的图像投射到银幕上。比较先进的视听型语言实验室除了教师控制台实现了计算机控制以外,还增设了录像机、激光视盘播放机(VCD 机或 DVD 机)及视频展示台等。学生可以通过多媒体投影机或大屏幕电视机看到影视节目。

近几年来,多媒体计算机和网络已被引入语言实验室,构成了学习实验室(Learning Laboratory),可用于各个学科的教学。

2. 语言实验室教学与传统教学方式的区别

由于语言实验室是一种功能较多的现代教学媒体,与传统的教学方式相比较,存在着一些区别,因而要达到理想的教学效果,无论对教师还是学生都有一些新的要求。

(1)对教师的素质要求高

语言实验室为教学提供了较多的现代教学媒体。要想利用语言实验室教学获得好的教学效果,首先要求教师熟悉语言实验室的设备,掌握正确的操作技术,只有这样才能充分发挥语言实验室的教学功能,达到预期的教学目标;其次,教师必须教会学生正确使用隔音座位上的语言学习机,并且在上课时能熟练控制学生的自由活动,以免干扰教学。因此,语言实验室教学要求教师有较强的组织能力和课堂控制能力。

(2)师生之间视觉联系少

语言实验室由于使用隔音座位,师生之间的视觉联系受到妨碍。因此在教学中,教师应重视目光、表情和动作等在信息传输中的作用，尤其是在与学生对话时，教师应注意学生的表情和情绪，及时解决教学中出现的问题。

(3)师生感情交流少

在语言实验室进行教学，师生间的语言联系必须通过机器，师生似有隔墙之感，有的学生甚至会有被遗忘的感觉。教师在教学中应注意巡视，充分利用语言实验室的功能，大面积地组织学生活动，调动学生学习的积极性和主动性。

3. 语言实验室在教学中的作用

目前，语言实验室在教学中主要被用于语言教学，特别是外语教学。它已被认为是外语教学必不可少的手段，在促进外语教学、提高教学质量和效率方面，显示出明显的优势。

(1)创造良好的语言环境

语言环境对于语言学习十分重要，学外语尤其如此。世界上各国的社会制度、生活方式、风俗习惯、文化水平等互不相同，因而有些语言现象就不容易讲清，不容易掌握。如果到实际的语言环境中学习，显然能使学生身临其境，但这在大多数情况下是难以实现的。

语言实验室可以利用各种视听设备，为学生创造出一种近似所学语种的国家的语言环境，通过视听媒介获得图文并茂、声色俱全、形象逼真、情景生动的真实信息，使学习者有如亲耳听到外国人地地道道的语言，亲眼看到他们的实际活动，从而更好地模仿、练习外国人的语音、语调、动作甚至表情，学到地地道道的外语。这种身临其境的感觉，还利于学生听觉能力的培养提高和语言技巧的形成，使学生的学习自主化。

(2)增加学生实践机会，提高课堂教学效率

学习外语的目的在于运用，学生用学到的外语知识来表达自己的思想，开展文化学术交流。

对学习外语过程中的每个单词、每个句型、每种语法，都要通过大量的练习和实践，才能熟练掌握和灵活运用。

语言实验室教学中，全班学生都可以各自集中精力，同时进行语言学习而不至于互相干扰，可以在同一时间内同时对不同问题做出反应，而且可以互不干扰地分成若干小组同时进行不同内容的教学活动。在教师对学生进行个别辅导时，其他同学不会处于消极被动的旁听状态。这种能使学生互不干扰而集中精力的积极状态，可以大大提高学习的效率，加强学习的效果。所以语言实验室既可以增加学生的实践机会，又可以提高课堂教学的效率。

(3)便于实施因材施教，进行个别教学

语言实验室教学可以同时播放几套水平和进度各不相同的教材，这就为在同一班级内不同程度和水平的学生提供了程度不同的教学内容，改变了全班同学学习统一内容和同一进度的单一现象。教师通过平时的了解和课堂上的监听，掌握每个学生的学习情况，向学生提供个别指导或符合其水平的教学内容。学生也可以根据自己需要去选择相应水平的教学内容，自定学习进度，并且可以通过呼叫和教师取得联系，请求教师的个别解答或指导。

(4)提供有利的学习条件，便于学生自学

在语言实验室中学习，学生除接受老师的直接指导，听标准录音外，还可以根据自己的实际情况自定学习计划，选择适合自己水平和需要的内容，还能进行对比练习，对自己的练习做出客观评判。这些有利的学习条件，使学生能够有效地进行自学。而且，通过语言实验室，学生可以从录音教材或视听教材那里获得教师直接或间接的指导，充分发挥自己的主观

能动性，从而更好地加强自学的效果。

（5）便于组织教学，促进教师改进教学方法

语言实验室的先进设备和灵活多样的功能，为教师组织活跃的课堂教学提供了有利的物质条件。同时，课堂教学形式的改变和学生自学能力的提高，也要求教师改进教学方法：①促进教师熟悉和掌握语言实验室的各种媒体的特性和功能，充分发挥媒体的作用；②促进教师准备深度不同、内容不同、难易不同的教材，促进教材建设；③促进教师更新教学思想，在教学中充分发挥学生的主体作用；④促进教师改进教学方法，组织形式多样的情景教学，创造适合语言学习的教学环境，提高语言教学的质量。

3.3.8　计算机网络教学系统

计算机网络教学系统是多媒体技术与网络技术应用于教学的产物。它的出现为建立新型的教育方式提供了契机，为教育功能的全方位扩展创造了条件。因学校的经济实力不同，计算机网络教学系统的建设规模也各不相同。规模小的可以仅是一个教室中的局域网络，规模大的可以建成开放的校园网络。图3－15所示的，即一个小型的开放式计算机网络教学系统。

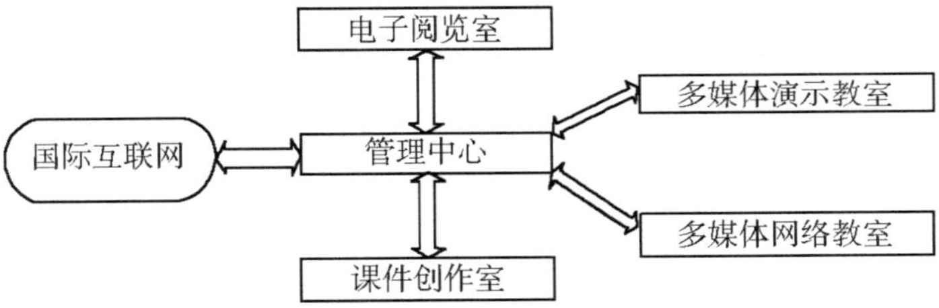

图3－15　计算机网络教学系统基本结构

它是通过管理中心，将服务器连入国际互联网，并和课件制作室、电子阅览室、多媒体演示教室、多媒体网络教室等共同构成的一个小型开放式局域网。

至今，许多已配置有计算机网络教学系统的学校，其校园网大多数采用Windows NT平台。在这样的网络系统环境中，采用服务器－学生机（Service/Client）方式的各工作站可以共享服务器的资源，并由服务器统一管理，工作站之间可以互相通信。在网络教室中，学生机可以是无盘工作站，因此可以节省投资。同时，每个工作站可以共享安装在服务器上的各种软件，而且可以对服务器的硬盘空间进行规划，并限定学生的使用权限，进而防止初学者误删重要软件以及一些保密的重要信息。多媒体网络教室适应了多媒体时代教学的要求，可以提供多种网络化的教学环境，帮助教师有效应用多媒体教材进行多元化教学以及多形式、方便快捷的教学活动。

1.系统环境及构成模式

教师工作站的配置应当是网络化的多媒体计算机，即它必须配备有网卡、光驱、声卡、电影解压卡、视频捕捉卡等器件，以使教师工作站能运行多媒体教学软件、采集视音频信息以及对网络中的学生进行管理和调控等。对学生机没有很高的特殊要求，只要配备有键盘、网卡、VGA彩色显示器就可以了。多媒体网络教室的基本特点是，教室内部的所有学生机依托网络系统连接，通常采用Windows 2000平台；所有的学生机可以共享硬盘、打印机、扫描仪以及各种应用软件等。

2. 系统的辅助设施及注意事项

多媒体网络教室的布局和辅助设备有一定的要求。一般计算机后面有很多连接线，连线要隐藏，使学生不易碰到这些连线，做到既美观又安全。多媒体网络教室的辅助设施还有桌椅、电源、UPS（不间断电源）、教科书、应用软件等。辅助硬件中需要特别注意的是电源，要保证动力电源的容量（一般每台微机的功率按200 W ~300 W计算），同时，还要注意整个教学网络系统的良好接地，以保证网络的正常运行，避免因接地不良或没有接地而导致器件损坏。

3. 多媒体网络教学系统的教学功能

这里主要介绍附加的网络系统。这种用于构成多媒体网络教室的附加网络系统，就目前市场而言，有纯软件式的和纯硬件式的，也有软件和硬件结合方式的，但是从用户的角度来看，它们的功能至少都具有广播、监看、控制、分组四部分的功能。

（1）广播功能：可将教师工作站的画面同步传输到每个学生工作站的屏幕上，从而使每个学生可以同步看到教师的操作过程。此外，教师还可以将某个学生的屏幕画面转播给全体学生，将学生的操作作为示范进行讲解。

（2）监看功能：教师可以不离开自己的座位而从教师机上清楚地掌握系统运行状况，并及时显示实时工作状态；更可以实时监看任何座号学生的学习情况和对系统操作的情况，从而对教学过程进行有效控制和调度。

（3）控制功能：控制功能使教师可以实现对学生机的控制，如锁定、解锁键盘，锁定、解锁鼠标，屏幕提示，开、关计算机，全体黑屏，个别辅导等。控制功能可以通过技术手段有效地帮助教师管理课堂。

（4）分组功能：教师在控制台上可以对学生进行编组，让各小组成员进行讨论与合作。

4. 多媒体网络教室的主要运用

（1）实时的计算机教学：系统在进行计算机教学时极为方便，教师只要在讲台上启动教师机，利用系统的广播功能便可将正在操作的屏幕内容实时传送到全体学生机的屏幕上，实现真正的“所见即所得”。同时，它也可以用于多学科的教学活动，任何一门课程的CAI软件都可以在这样的系统上得到很好的播放和讲授，而不需要让每一个学生机都安装执行程序和应用软件。

（2）语言教学：多媒体网络教学系统不仅可以为语言教学提供优良的视听环境，提高视觉形象和听觉信息的比例，而且为即时有效地因材施教提供了可能。由于计算机技术的有效运用，语言实验室的大部分功能在多媒体教学系统中均被方便地实现：分组学习，接受学生单独请求，并对其进行单独辅导，而不影响其他学生的学习活动。这有利于个别化学习和集中教学相结合的教学方针，也适用于各式各类的复式教学活动。

（3）仿真模拟：此类教学系统在虚拟课堂、虚拟实验室、虚拟实习基地中的广泛应用为仿真技术的模拟提供了机会，许多单调的训练变得趣味盎然，学生在类似玩游戏的过程中可以获得大量的知识，掌握很多的技能；同时，仿真模拟在具有危险，实际操作需要耗费大量材料、资源以及微观世界的教学活动或实验中具有更为突出的作用。

（4）教材及资料的编制：由于系统具有多种输入设备，这就可以为教材和资料的制作提供极为丰富的媒体素材，具有一定专业基础的教学人员可利用多媒体软件，将其通过剪切、拼接等工序编辑制作出丰富多彩、品质优良的教材和资料。

3.3.9　交互式电子白板

交互式电子白板可以与电脑进行信息通信，将电子白板连接到计算机，并利用投影机将计算机上的内容投影到电子白板屏幕上，在专门的应用程序的支持下，可以构造一个大屏幕、交互式的协作会议或教学环境。利用特定的定位笔代替鼠标在白板上进行操作，可以运行任何应用程序，可以对文件进行编辑、注释、保存等在计算机上利用键盘及鼠标可以实现的任何操作。

1. 交互式电子白板的组成

交互式电子白板由硬件电子感应白板和软件白板操作系统集成。它的核心组件由电子感应白板、感应笔、计算机和投影仪组成。其组成结构如图 3－16 所示。电子感应白板是一块具有正常黑板尺寸、在计算机软硬件支持下工作的大感应屏幕，其作用相当于计算机显示器并代替传统的黑板。电子感应笔承担电子白板书写笔和计算机鼠标的双重功用，其作用代替传统的粉笔。教师或学生直接用感应笔在白板上操作（相当于传统教学中师生用粉笔在黑板上操作）：写字或调用各种软件，然后通过电磁感应反馈到计算机中并迅速通过投影仪投射到电子白板上。白板操作系统是存在于计算机中的一个软件平台，它不仅支撑人与白板、计算机、投影仪之间的信息交换，而且还自带一个强大的学科素材库和资源制作工具库，并且是一个兼容操作各种软件的智能操作平台，教师可以在白板上随意调用各种素材或应用软件教学。白板集传统的黑板、计算机、投影仪等多种功能于一身，使教师使用起来非常方便。

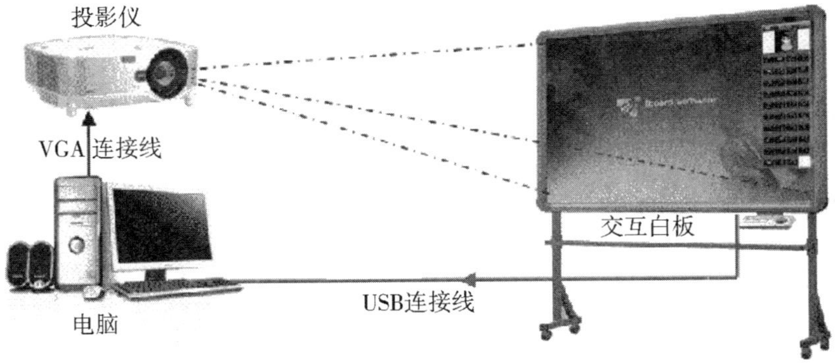

图 3－16　交互式电子白板的组成

2. 交互式电子白板的功能

（1）强大的书画功能

电子白板提供了多种性能的书写笔，用户可用书写笔或手指直接在显示屏幕上进行书写、标注、绘图和任意擦除。电子白板一般提供了普通笔、毛笔、荧光笔、排笔四种笔形供选择，并允许用户随意调整笔的粗细和颜色，以使用不同风格、大小和颜色的线条。利用电子白板的“智能画笔”功能，可以直接在白板上画出各种规范的圆、直线、矩形等图形。图 3－17 就是电子白板的一些书画实例。

图 3－17　交互式电子白板的书画功能

（2）强大的教学功能

电子白板能够兼容多种常见的教学软件，如 PowerPoint、Word、Excel 文档及各种格式的图片、视频，方便用户调用丰富多彩的资源库。其中，通过编辑功能可以对每一个对象进行编辑，包括复制、粘贴、删除、组合、锁定、图层调整、平移、缩放、旋转等。链接功能支持文本的超链接，以便链接到其他页面或应用程序，也可以利用超链接添加声音和视频文件等，极大地丰富了课堂内容，同时保证了教学环节的连贯性。

（3）多种辅助功能

电子白板自带的常用电子教具，如数学教学中的直尺、量角器、三角板工具等，可以方便地用于图、测量、角、扇形等知识的教学。聚光灯、放大镜、遮屏、刮奖刷、计时器等，不仅可以使基于电子白板的教学具有特殊的视觉效果，也可以有效支持课程教学策略的实施。

（4）网络共享、远程交互功能

交互式电子白板一般内置了网络浏览器，师生在进行课堂教学时，不必退出白板工作界面就能随时直接上网。交互白板还可以通过网络进行视频、音频等信息的传送，实现资源共享和远程交流，不仅可以加强班级之间、学生之间的交流与合作，同时在远程教学、在线培训、远程视频会议等方面也大有用武之地。

3. 交互式电子白板的使用

（1）笔的使用

左键为笔尖，右键为漫游键。

（2）连线 USB

（3）安装电子白板软件

（4）使用方法

①电子白板定位

②启动电子白板

③四种模式：窗口模式、边框模式以及全屏模式是白板软件的三种不同操作模式，教师在教学时均可将三种模式切换到桌面模式。在桌面模式下，用户实际上已经从白板软件中切出，此时用户可以操作 Windows 系统下的任何应用程序，也可以实现对 Windows 系统中的应用程序进行批注等操作。

用户可单击切换功能按钮切入桌面模式，此时会在操作系统当前界面下出现如图 3－18所示的桌面模式工具栏。

图3-18 桌面模式工具栏

用户单击桌面模式主按钮可实现桌面模式工具栏的伸缩。

(5)各工具的使用

①“开始”选项卡

“开始”选项卡包括软件中的常用功能按键，如图3-19所示。该选项卡提供文件的新建、保存、关闭、删除，软件模式的切换，以及常用书写工具的编辑等常用功能。

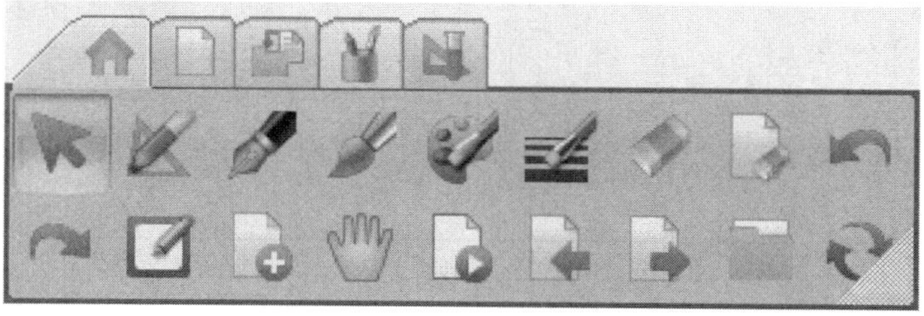

图3-19 “开始”选项卡

具体功能如表3-1所示。

表3-1 “开始”选项卡功能

按钮名称	功能	
 选择	单击此按钮可以切换到选择状态，从而实现对页面中对象的选择	
 智能笔	能够对用户手绘的图形进行智能识别，如线段、角、三角形等，并针对不同的图形提供了不同的控制点，可以对图形形状进行调整，如右图所示	识别前的手绘图形 识别后的图形 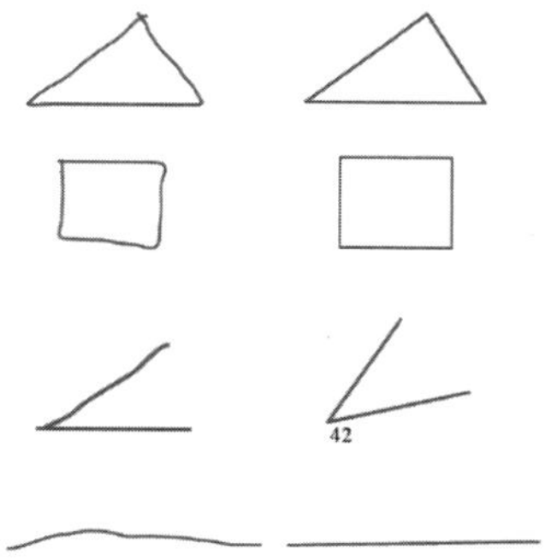
 硬笔	模仿钢笔、圆珠笔、粉笔等硬笔的书写笔迹，如右图所示	

续表 3－1

按钮名称	功能	
 软笔	模仿毛笔的书写笔迹，可以描绘出笔锋以及笔迹的轻重缓急，如右图所示	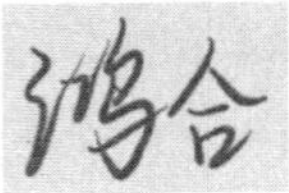
 笔色	单击该按钮生成如右图所示的对话框，在该对话框中可调整笔画对象的颜色透明度等属性	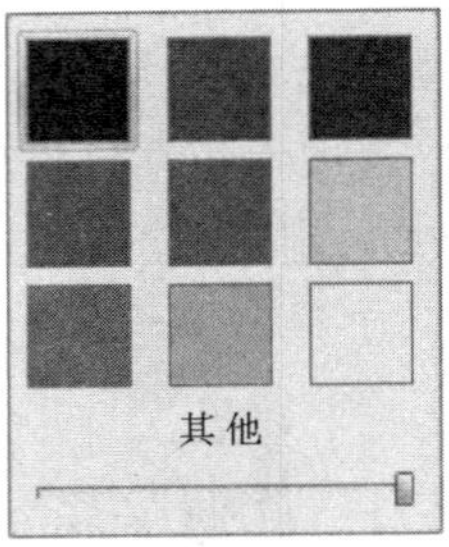
 宽度	单击该按钮生成如右图所示的对话框，在该对话框中可调整笔迹的宽度	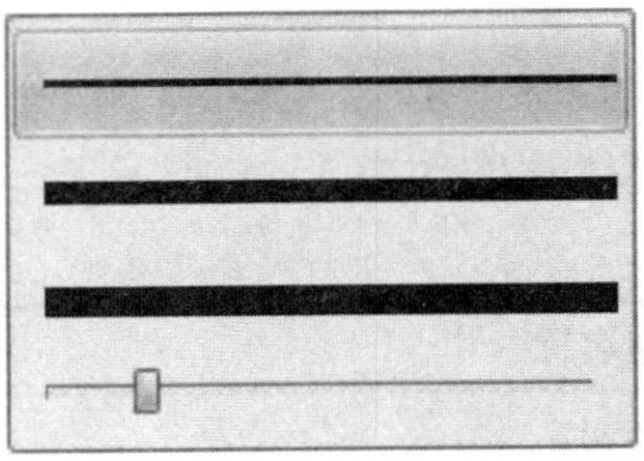
 删除	对笔迹进行擦拭，提供点擦拭区域擦拭	
 清页	为用户提供整页的书写的内容的清除	
 撤销	撤销当前笔迹	
 重做	单击该按钮可恢复“撤销”按钮取消的操作	
 屏幕批注	为用户提供透明页功能，可在 PPT 等软件下进行书写和批注	

续表 3－1

按钮名称	功能
 新建页面	为用户提供新建屏幕页、白板页、蓝板页、黑板页
 漫游	为用户提供无限漫游，实现大屏幕页书写功能
 页面回放	单击此按钮可以实现对页面中操作过程的回放
 前一页	为用户提供页面的向前翻页功能
 后一页	为用户提供页面的向后翻页功能
 文件	文件选项，用来对软件进行操作
 切换	可切换到电脑桌面模式

②“页面”选项卡

“页面”选项卡包括软件中对页面操作的常用功能，如图3－20所示。该选项卡提供文件的新建、删除、清页，页面背景色、背景图的改变，以及页面的翻页、放大、缩小、漫游、回放等常见操作。

图3－20　**“页面”选项卡**

具体功能如表3－2所示。

表 3－2　“页面”选项卡功能

按钮名称	功能
 新建页面	为用户提供新建屏幕页、白板页、蓝板页、黑板页
 删除页面	为用户提供当前页面的删除功能
 清页	为用户提供整页书写内容的清除
 前一页	为用户提供页面的向前翻页功能
 后一页	为用户提供页面的向后翻页功能
 漫游	为用户提供无限漫游，实现大屏幕页书写功能
 页面回放	单击此按钮可以实现对页面中操作过程的回放
 放大	为用户提供页面放大功能
 缩小	为用户提供页面缩小功能

续表 3 – 2

按钮名称	功能	
 背景色	单击此按钮可以打开颜色对话框，如右图所示，设置当前页面的背景色	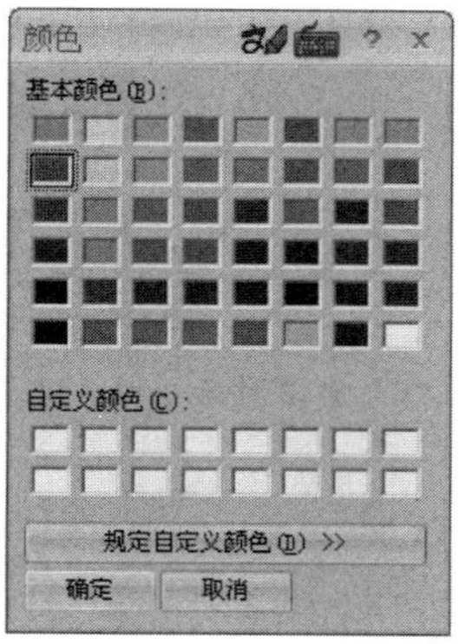
 背景图	单击此按钮可以打开如右图所示的背景图片对话框，方便用户选择页面背景图	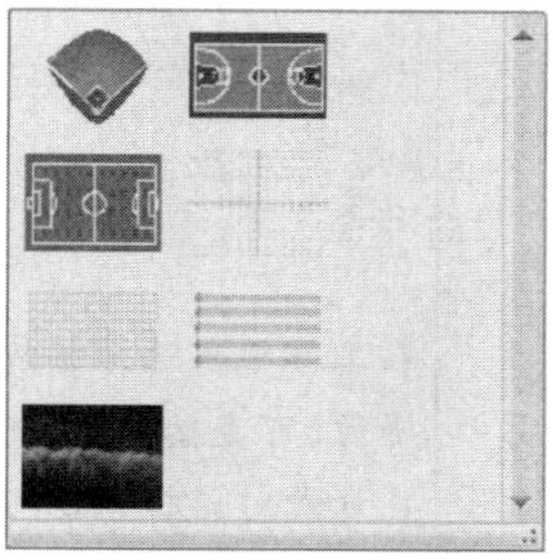

③"插入"选项卡

"插入"选项卡包括软件中插入对象的常用功能，如图 3 – 21 所示。该选项卡提供插入文本、媒体、矢量图形、自选图形、资源等功能。

图 3 – 21　"插入"选项卡

具体功能如表 3 – 3 所示。

表 3-3 “插入”选项卡功能

按钮名称	功能
 资源	单击此按钮会生成“资源”对话框，如下图所示。  单击对话框左上角 资源 按钮，即生成资源工具栏，如下图所示。 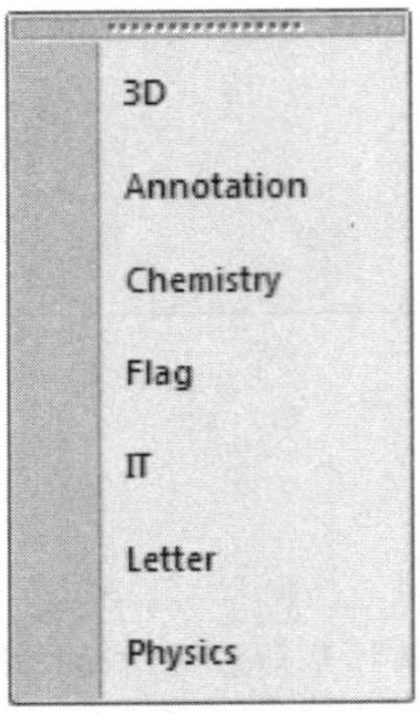 在工具栏里选择相应的资源类型，就会在资源对话框中显示相应的资源信息。选择需要的资源，可直接拖到软件页面中，也可选择完资源后在页面中合适的位置拖拽出合适的大小。在资源对话框中还可通过单击右上角的“原始尺寸”“小尺寸”“中尺寸”“大尺寸”按钮选择添加资源的尺寸大小。单击“浏览器”按钮会生成如下图所示的对话框，在对话框中可选择要添加的新资源。  单击右上角的关闭文件按钮 即可关闭资源对话框

续表 3－3

<table>
<tr><th>按钮名称</th><th>功能</th></tr>
<tr><td>
媒体</td><td>单击该按钮可以在页面上插入各种多媒体文件并播放。单击该按钮，生成如下图所示的“打开”对话框，用户可以在对话框中选择系统中任意的多媒体文件，支持的文件类型包括 Media、Audio、Image 以及 Flash。
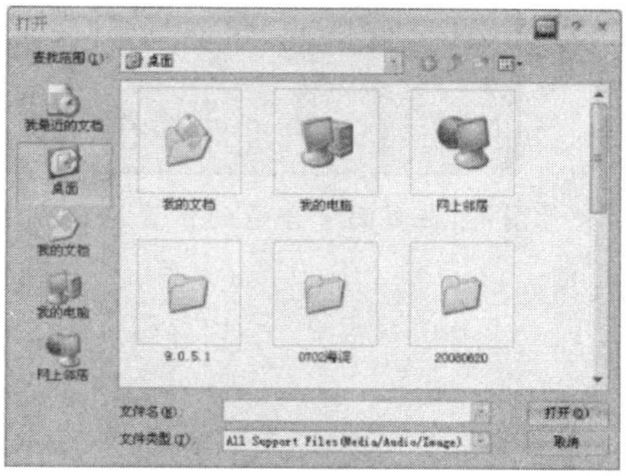

用户找到需要的媒体文件后，选中文件对象，单击对话框上的“打开”按钮，然后在页面上拖拽以确定播放窗口的位置和尺寸，同时生成播放控制工具栏，如下图所示。

播放控制工具栏中的按钮有 11 个，依次为播放按钮、暂停按钮、停止按钮、慢速按钮、快放按钮、声音按钮、声音调节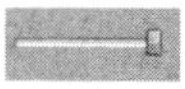、播放进度控制、循环起始位置、循环结束位置、批注。用户可以通过单击循环起始位置按钮和循环结束位置按钮进行选段播放，并可以通过单击批注按钮对视频画面或动画画面等进行捕获和批注</td></tr>
<tr><td>
文本框</td><td>用户可以通过文本框功能在页面上插入文字，并对文字进行修饰。具体功能详见“开始”选项卡中的功能描述</td></tr>
</table>

续表 3－3

<table>
<tr><th>按钮名称</th><th>功能</th></tr>
<tr><td>
矢量图形</td><td>单击此按钮会生成“矢量图形”子工具栏，如下图所示。
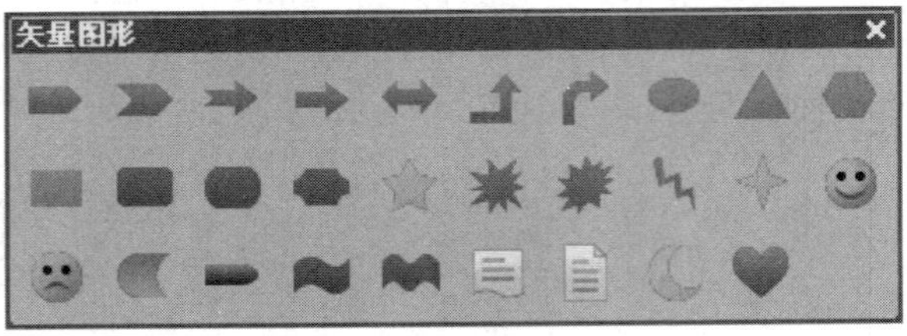

单击需要的矢量图形，在页面中合适的位置拖拽出适合大小即可，绘制出的矢量图形如下图所示。

选择绘制出的矢量图形，打开该对象对应的“属性浏览器”，如下图所示
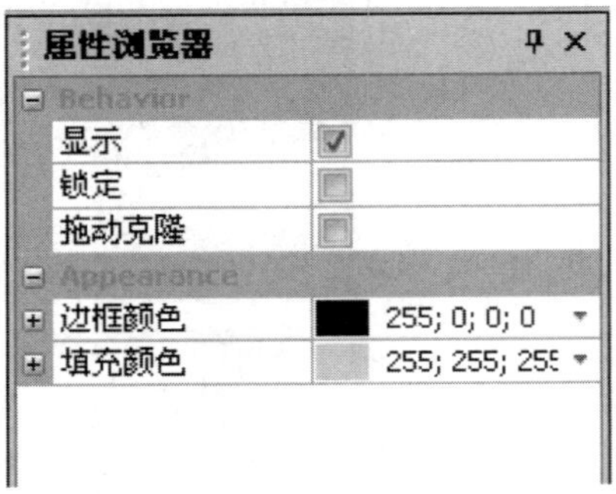
</td></tr>
<tr><td>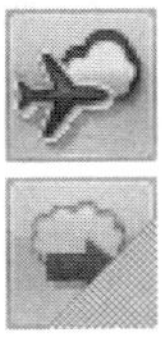
自选图形</td><td>单击此按钮会生成“自选图形”子工具栏，如下图所示。
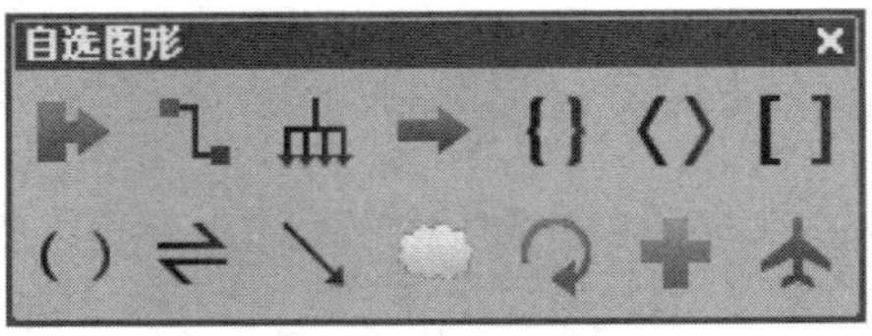

单击需要的自选图形，在页面中合适的位置拖拽出适合大小即可，绘制出的自选图形如下图所示。
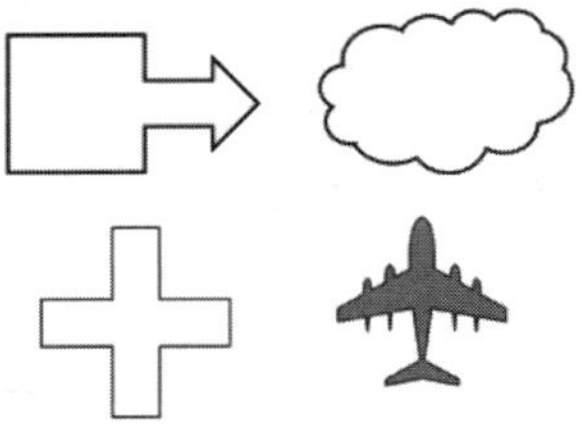</td></tr>
</table>

续表 3－3

按钮名称	功能
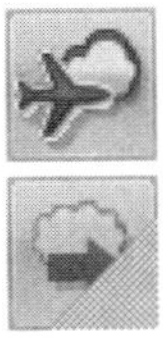 自选图形	选择绘制出的自选图形，打开该对象对应的“属性浏览器”，如下图所示。 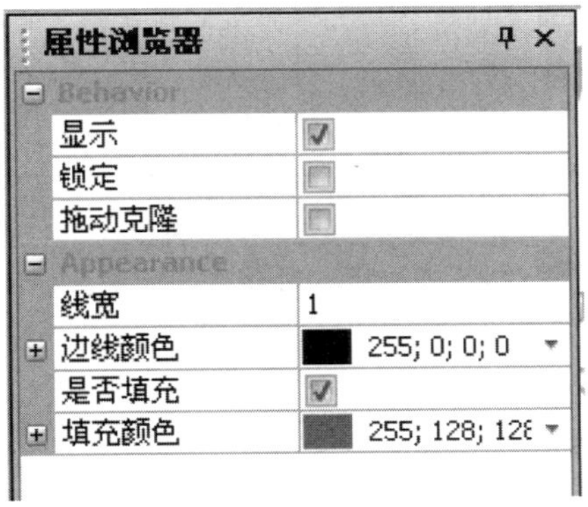 在“属性浏览器”中可以设置自选图形颜色的填充、填充颜色的改变、改变自选图形大小等操作

④“笔盒”选项卡

“笔盒”选项卡包括多种书写工具，如图 3－22 所示。该选项卡提供了硬笔、软笔、排笔、荧光笔、激光笔、纹理笔、智能笔、手势笔功能，可以设置笔的颜色、宽度、纹理，并可以对线头、线体、线尾进行选择。

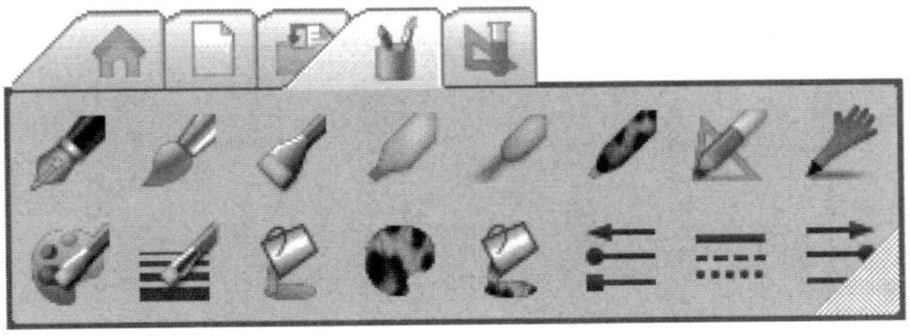

图 3－22　“笔盒”选项卡

具体功能如表 3－4 所示。

表 3－4　“笔盒”选项卡功能

按钮名称	功能	
 硬笔	模仿钢笔、圆珠笔、粉笔等硬笔的书写笔迹，如右图所示	
 软笔	模仿毛笔的书写笔迹，可以描绘出笔锋以及笔迹的轻重缓急，如右图所示	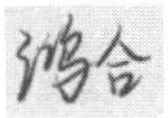

续表 3－4

按钮名称	功能	
 排笔	根据中东国家的阿拉伯文字的书写特点开发的一种书写效果，如右图所示	
 荧光笔	模仿荧光笔效果，可选择不同颜色进行重点标注，如右图所示	
 激光笔	通过颜色深浅变化来吸引观众的注意力，直至用户进行下一个操作，前一笔笔迹才消失，如右图所示	
 纹理笔	可以写出带有各种纹理的笔迹，如右图所示	
 智能笔	能够对用户手绘的图形进行智能识别，如线段、角、三角形等，并针对不同的图形提供不同的控制点，可以对图形形状进行调整，如右图所示	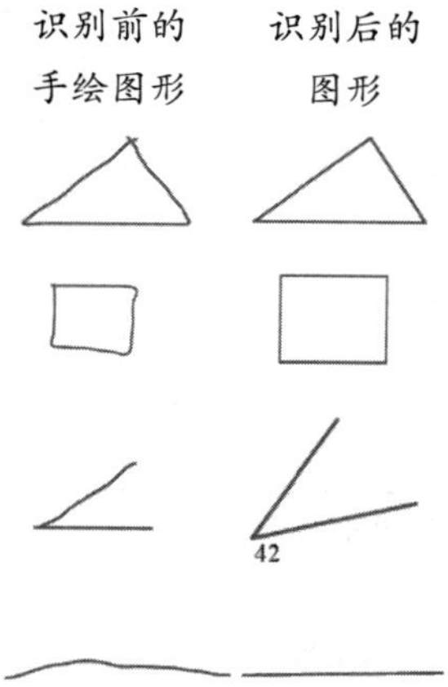
 手势笔	通过手势笔在页面上进行各种手势的操作即可实现页面的翻页、书写内容的擦除、页面中对象的选择等。如在页面中用手势笔画出如下图所示的笔迹即可实现页面的后翻一页 	

续表 3－4

按钮名称	功能	
 笔色	单击该按钮生成如右图所示的对话框，在该对话框中可调整笔画的颜色、透明度等属性	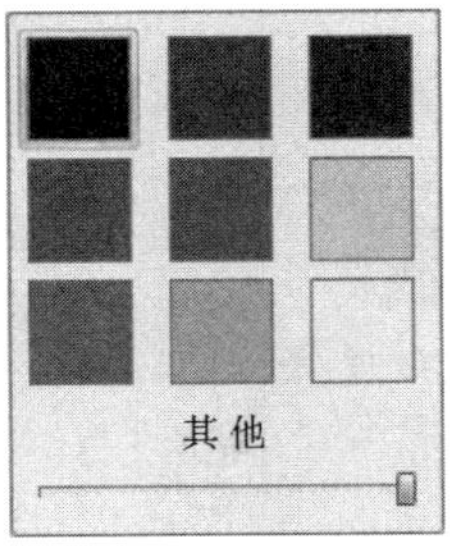
 宽度	单击该按钮生成如右图所示的对话框，在该对话框中可调整笔迹的宽度	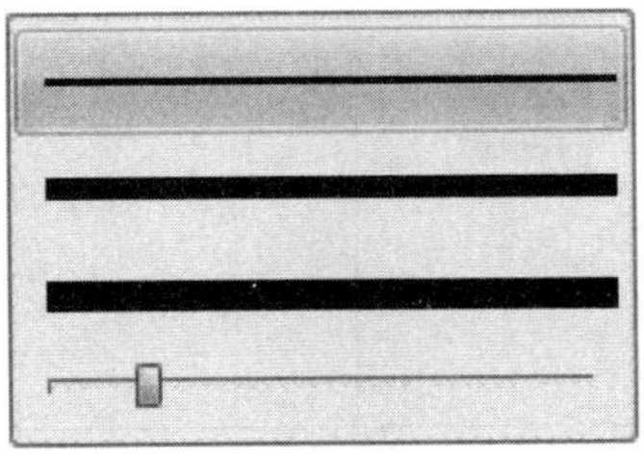
 填充色	单击该按钮生成如右图所示的对话框，在该对话框中可对已选择对象进行颜色的填充及透明度的设置	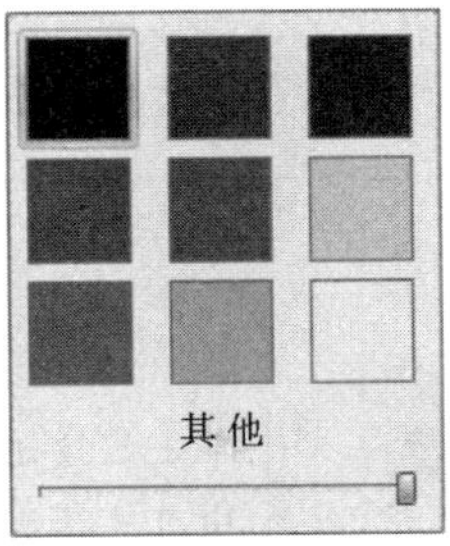
 纹理	单击该按钮生成如右图所示的对话框，在该对话框中可设置纹理	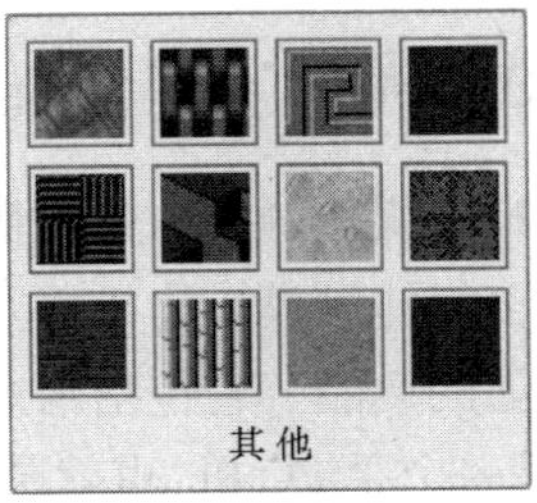

续表 3－4

按钮名称	功能	
 填充纹理	单击该按钮生成如右图所示的对话框，在该对话框中可对设置对象填充纹理	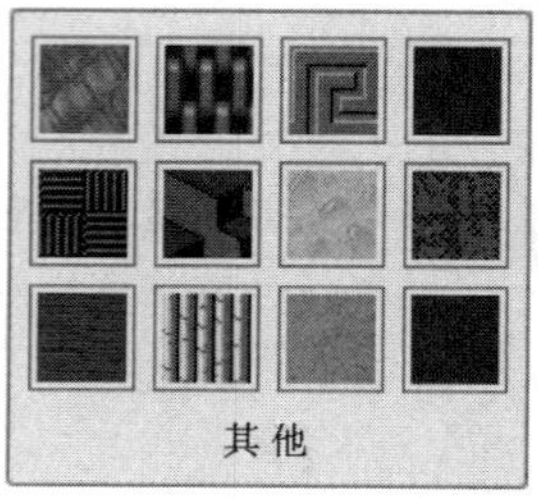
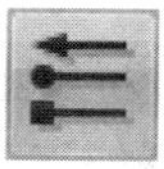 线头	单击该按钮生成如右图所示的对话框，在该对话框中可选择线段的线头类型	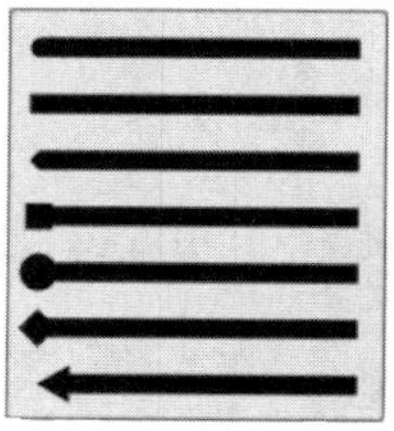
 线体	单击该按钮生成如右图所示的对话框，在该对话框中可选择线段的线体类型	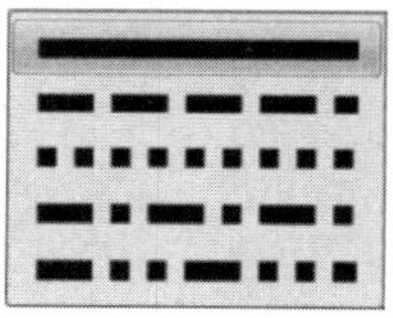
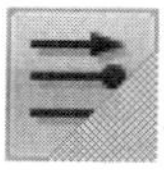 线尾	单击该按钮生成如右图所示的对话框，在该对话框中可选择线段的线尾类型	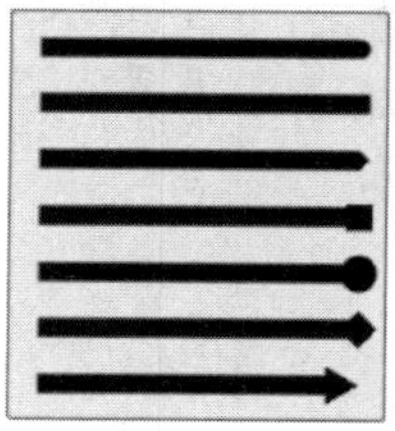

3.3.10　多媒体触摸一体机

1. 多媒体触摸一体机概述

多媒体触摸一体机，是触摸液晶显示器结合现代 PC 机组成的兼具触摸显示和计算机操作功能的产品。它包括两个部分，一个是触摸液晶显示器，具有触控的特性和显示输出的功能；另一个是 PC 机，也就是现在说的计算机。这两个部分整合到一起，就构成了集触摸互动、视频、音频、图像、动画以及计算机网络等功能于一体的多媒体工具。多媒体触摸一体机集成了 LED 电视、平板电脑、音响、投影仪、交互式电子白板等设备的功能，呈现出 LED 背光、超轻超薄、超低功耗、无热干扰、超低辐射等亮点，改善了传统设备接线工程复杂、受环境光影响严重、显示画面不清晰、书写有阴影、易受热干扰和高辐射等弊端和缺陷。这些技术优势对于学生都具有视力方面的保护，另外也可有效提升沟通效率，改善使用环境。同时，随机配备的互动电子白板软件和网络资源平台可实现板书、屏幕录制等交互式应用。

图 3－23　多媒体触摸一体机

2. 多媒体触摸一体机的教学功能

（1）高清显示

采用高清液晶面板，根据外界环境光和场景图像变化调节背光灯并结合芯片补偿使输出的画质防眩光、不闪烁、高清晰。可数字化书写和多媒体编辑、演示环境取代黑板，方便教师使用课件教学，无论任何资料格式（PPT、Word、Excel、视频等）都可清晰显示。

（2）便捷触控

采用无驱红外触控技术，无须专用笔，无须专业接口，无须安装触摸驱动软件，即插即用。高精度的定位分辨率以及快速的定位响应速度，保证了屏幕上流畅的书写效果，屏幕直接书写，无须专用书写笔。可在屏幕上实现鼠标和键盘所有的操作，如 PPT 播放、翻页、标注等。还可根据用户需求提供单点、多点触控。

（3）智能软件

内置互动电子白板，轻松实现书写、编辑、导入，可代替手写白板，利用图文可录、聚光灯、照相机、拉幕、放大等辅助功能，让教学、培训、会议轻松高效。

①笔色可任意选择，粗细可调，有铅笔、毛笔、荧光笔等多种书写效果供选择，板擦支持对象擦除、图形擦除和全部擦除功能。

②内置各类平面、立体图形及各类教学工具，如三角板、直尺、圆规等，另有图片资源库可供调用，绘图方便。配置拉幕、聚光灯等辅助功能，便于教学培训应用。

③提供无限漫游功能，书写不受屏幕限制，书写内容也可任意放大、缩小、拖动和删除。

（4）资源平台建设

作为一套专业课堂教学的解决方案，只有出色的硬件设施是远远不够的，还需要一整套为教师备课和教学服务的资源平台。可以构建和提供资源（如英语单词、图片资源、网络资源）的教材资源（教学资源课件演示）软件提供了从小学到高中的多种学习材料，也可自行下载。

(5)屏幕录制

外设麦克风,可通过屏幕录制功能将现场声音及屏幕书写内容录制下来,教师可以录制教学流程,保存每一堂课的所有板书内容,且可随时回放,回顾课堂讨论的整个过程。

(6)多媒体互动课堂

无盲点完全触摸,全程互动,教学生动有趣,可增强学生的沟通与互动,提高教学效率与质量。

3. 多媒体触摸一体机的使用方法

(1)使用教学一体机的操作流程

第 1 步:按下教学一体机右下方面板上的电源键开机。

第 2 步:开展正常的教学工作。

第 3 步:下课关机,按下教学一体机右下方面板上的电源键,电脑投影同步关机;或通过计算机系统的关机程序关闭计算机。

(2)教学一体机其他功能及使用方法

①直接播放 U 盘中的音乐或视频

操作过程:把 U 盘直接接入一体机右方的 USB 接口中,把信号源选择设置为“多媒体”,使用一体机面板按键,即可播放音频或视频。

②使用笔记本电脑以投影仪为输出设备

操作过程:用一根 VGA 线连接笔记本电脑与投影仪右侧的 VGA 输入接口,再调节相应的输入源即可。

③多媒体教学一体机软件

安装相应的多媒体教学一体机软件,软件有“控制模式”“窗口模式”“全屏模式”“注解模式”“透明注解模式”这五种工作模式。

下面,我们就来详细讲解如何理解和正确操作多媒体教学一体机软件中的五种工作模式。

A. 控制模式

控制模式是多媒体教学一体机软件的默认工作模式,在其他任意模式下用白板笔点击“控制模式”按钮也可以进入控制模式,它是一种把白板笔当成计算机鼠标来使用的模式,我们可以简单地把它理解为计算机模式。在控制模式下,计算机是完全处在对系统的日常应用范围内的,白板笔即鼠标,可以实现鼠标的四种操作:移动、单击、双击、拖动。鼠标右键的操作在白板笔中实现起来略微复杂些:白板笔上有一个比较长的按键,用手正常握笔,离笔头近的为鼠标右键,离虎口近的为后端按键。在白板笔轻触白板的同时按一下离笔头近的按键,即可弹出右键菜单。

教辅软件在教学中的使用对于现在的教师来说是再平常不过的了,无论是自制的演示文稿、Flash 动画、其他工程文件还是自制的图片、声音、视频都可以在控制模式下正常调用,而演示文稿最好的方式就是在这种模式下运行。在控制模式下,还可以直接使用悬浮面板中的除普通笔和荧光笔之外的其他工具,或是用白板笔点击“menu”调出软件菜单,软件菜单里提供的功能全都可以用,不过需要注意的是在这种模式下点击绘图子菜单里的荧光笔或是直线、图形工具就会进入注解模式,点击其他笔则会进入透明注解模式。当软件离开控制模式而进入其他模式后,白板笔即失去以鼠标形式控制系统的功能,真正进入多媒体教学一体机软件的使用范围。

B. 窗口模式

在任意一种模式下点击“窗口模式”按钮即可进入软件的窗口模式。此模式是多媒体教学一体机软件的常规模式。在窗口模式下，可以看到多媒体教学一体机软件的菜单栏、工具栏、标题栏、侧边栏以及操作区，软件的全部功能都可以在这种模式下实现。

在窗口模式下操作的时候需要注意，悬浮面板会自动消失。在悬浮面板消失的状态下，我们只能通过点击“视图”菜单下的“全屏显示”的方法调出全屏模式，其他模式的调用在悬浮面板消失的状态下是无法完成的，但还是可以通过两种方法实现其他模式的切换。

第一种方法：点击窗口模式右上角的最小化按钮，使窗口模式最小化到任务栏，这样做的结果是使软件重新回到控制模式，在控制模式下悬浮面板会自动出现。

第二种方法：如果想在窗口模式下直接切换到控制模式或注解模式，还有一种更快捷的方式，即用白板笔点击一体机屏幕右侧的快捷键（在多媒体教学一体机软件启动的状态下才可以用），快捷键图标与悬浮面板上的图标外观是一样的，功能也是一一对应的。

除演示文稿外，软件可以识别的外部资源也可以预先在这种模式下通过点击“插入”菜单下的“插入资源”，再点击“来自文件”的方法导入。演示文稿原则上也可以通过上面的方法导入，只是导入多媒体教学一体机软件页面后没有了自定义动画效果。

C. 全屏模式

在任意一种模式下用白板笔点击“全屏模式”按钮都会进入全屏模式。全屏模式只是一种使软件达到满屏显示状态的模式，从而方便对更多信息或更大内容的浏览。

全屏模式和窗口操作在功能的使用上是完全一样的，可以实现多媒体教学一体机软件的全部功能，只是在全屏模式下集成功能的菜单栏和工具栏会消失，只能通过点击悬浮面板里的“menu”调出软件菜单，以菜单调用的形式使用全部功能。另外，每种模式切入至全屏模式后的状态是不一样的：直接从控制模式进入全屏模式，此时的软件会调出最后一次从窗口模式退出时的那一页并使之满屏；直接从窗口模式进入全屏模式，就是把当前窗口直接最大化；直接从注解模式进入全屏模式，软件会保存当前屏幕背景及教师在当前页内的所有操作内容于一张新创建的页面内并满屏显示；直接从透明注解模式进入全屏模式，此时的软件会根据需要自行决定是否创建空白页、是否保存操作结果，并使之满屏。

D. 注解模式

在任意模式下用白板笔单击“注解模式”按钮或是在控制模式下点击悬浮面板中的荧光笔工具，即可进入注解模式。这种模式可以实现多媒体教学一体机软件的全部功能，同时也是一种十分适用于课程整合的模式，可以实现教辅软件内容和教师现场书写内容的完美融合。

在这种模式下，教师可以把计算机当前屏幕或是课件运行的当前屏幕当成黑板来使用，可用白板笔随意操作，无论是用笔来圈改、绘画，或是添加平面图形、立体图形，或是插入外部资源、库中资源、摄像头中的影像，或是使用幕布、放大镜、直尺、圆规等工具，都可以实现。在操作结束后，用白板笔点击“控制模式”“窗口模式”或是“全屏模式”，软件均会自动创建一张以当前屏幕为背景并融合了所有已操作结果的页面，页面支持操作过程全程回放。如果教师想要达到只保留操作过程的效果，也可以通过点击白板笔右键调出右键菜单，使用“删除模板”功能，把页面恢复为白色背景，或是通过透明注解模式来实现只保留操作结果的效果。

E. 透明注解模式

透明注解模式是多媒体教学一体机软件中最特殊的工作模式，软件没有为这种模式设计单独的按钮，它的实现只能在控制模式下用白板笔直接点击悬浮面板中的“普通笔”工具或是进入“menu”菜单中点击除荧光笔之外的其他笔。在这种模式下可以使用悬浮面板中的大部分工具，也可以通过单击“menu”调出软件菜单，从而实现软件的大部分功能。

透明注解模式和注解模式的大多数操作方法和结果是相同的，但还是存在以下一些差别。

第一，在透明注解模式下软件的有些功能是限制使用的，如智能画笔、荧光笔、手写文本识别、放大镜等，而注解模式对软件的功能没有任何使用限制。

第二，在进入透明注解模式后，原来正常播放的动态画面还会继续播放，而在进入注解模式后原来播放的动态画面会定格（类似于截屏效果），但声音还会继续播放。

第三，如果在从窗口模式或全屏模式切换到控制模式前，这些模式处在一张空白页里，再从控制模式进入透明注解模式时软件不会再自动创建空白页；而如果在从窗口模式或全屏模式切换到控制模式前，这些模式处在一张非空白页里，再从控制模式进入透明注解模式时软件就会自动创建一张空白页（前提是在透明注解模式下不做任何操作）。注解模式则每次都会创建一张以当前屏幕为背景的新页面。

第四，在透明注解模式下的所有操作都可以通过点击右下角的“控制”按钮来选择是否保存。如果勾选了“总是保存注解”选项，则不管窗口模式或全屏模式是否处在空白页均会自动创建一张白色背景的新页面，并保留操作结果。如果没有勾选“总是保存注解”选项，则会出现两种情况：一是从窗口模式或全屏模式切换到控制模式前，这些模式处在一张空白页里，再从控制模式进入透明注解模式时软件不会再自动创建空白页，所做的操作也不会保留，即不会看到任何效果；二是从窗口模式或全屏模式切换到控制模式前，这些模式处在一张非空白页里，再从控制模式进入透明注解模式时软件就会自动创建一张空白页，但不会保留任何操作过程。

3.4 社会性软件

南京师范大学心理学系丁家永教授提出了学习环境设计的基本原则：要能对现实或信息提供多种表征，避免在教学中过分简化自然界与人类现实的复杂性；要关注知识建构而不是知识再生产；要提供具有上下文情境的任务而不是抽象的指导任务；要创设学习环境而不是事先确定好教学序列；要能有利于反思性思维训练；要能结合知识建构的具体情境和具体内容。基于上述原则，从2004年开始社会性软件被广泛关注并开始与教育研究相结合。社会性软件支持下的学习环境能满足创设好的学习环境的基本要求，是有效的辅助学习工具。在社会性软件平台下，有着共同目标、共同兴趣、共同认知特点的人形成社会关系网络，人人作为主体共同参与，相互交流和共享知识，消除了传统环境下知识共享的瓶颈和障碍，使得知识的运行更加流畅，发展更加平稳和高效，大大促进了知识传播的高效和增值。

3.4.1　社会性软件概述

1. 社会性软件的定义

对于社会性软件,不同的研究者从不同的角度给出了不同的阐释。我国的社会性软件研究学者毛向辉先生在 2003 年指出:社会软件的名称意味着“个人带着软件成为社会网络的一部分”。另外一些研究者则有如下表述:“社会软件是帮助人们建立社会网络和自动组织群体的软件”,“社会软件关注软件使用过程中建立的群体联系超过对软件技术的关注”。实际上,社会软件落脚在“社会”这个定语上面,表明了作为社会的人通过软件工具来构建个人的社会关系的期望。社会软件是个人性和社会性的统一,其内涵应该包括以下三点:首先,社会软件是个人软件,是个人网络化的工具;第二,社会软件构建的是社会网络,这个社会网络包括弱链接和强链接;第三,这种社会网络可以进一步形成相应的社群。

关于社会性软件的相关定义和对其的理解,还有许多版本,但总而言之,每一种不同的描述都包含了这样几个基本认识:第一,它是基于计算机和通信网络技术的;第二,人们能借助它进行社交活动;第三,人们可以通过它建立、维系和拓展社会网络。

2. 社会性软件的特点

从社会性软件所提供的功能和表现形式方面,可将社会性软件的特征归纳为六点:自我(Self-Centered)——以个体为中心;平等(Equality)——自由平等参与;分享(Sharing)——信息的转载、订阅和聚合;连接(Connection)——社交关系挖掘;凝聚(Cohesiveness)——社群纽带;协作(Collaboration)——社会性聚合和社会性搜索。

3.4.2　社会性软件分类

1. 根据不同的应用类型分类

按照不同的应用类型对社会性软件进行分类,如表 3 - 5 所示。

表 3 - 5　根据应用类型对社会性软件进行的分类

类型	应用样本
电子邮件	Outlook、Sendmail、Pine、Hotmail
网络日志(博客)和 Wiki	移动类博客、Wikipedia
即时通信系统	ICQ、MSN、Trillian
文件编辑系统	Croove、Hydrn、Lotus Notes
组群日记	Livejournal
引见系统	Meet UP、Update、Ryze
组群讨论系统	Smart Groups、BBS、Usenet

2. 根据社会性软件的功能分类

北京师范大学庄秀丽教师在 2007 年一次博士论坛上的演讲中提到,社会性软件按功能可分为三种:分享类、共创类、社交类。如表 3 - 6 所示。

表 3-6　根据功能对社会性软件进行的分类

	分享类	共创类	社交类
作用	按用户的不同,以时间倒序方式进行组织排列呈现内容	重点关注来自不同用户的对内容的构建发展与完善,呈现的内容极具鲜明的个性化特征,内容具有比较清晰的层次逻辑结构	主要是依靠用户所标注的成长背景信息,即依靠所谓"档案"的匹配来建立社会联系。这种形式的社会性软件,对于不断扩大用户的社会网络构建有重要的促进作用
实例	各种提供文本、图片、音频、视频的软件(博客、Google Picasa、Youtube、土豆等); 各种提供文件存储与分享的社会性应用(豆丁、Scribd、Slide-Share、社会书签等)	团体创作编辑类工具(Baike、Wiki、Google Docs、Google Earth、Google Maps、Digg 等)	SNS 类网站(校内网、开心网、新浪空间、360 圈、Facebook、中国同学录、财富新天地、百度空间等)

3. 一般性分类

随着互联网技术的飞速发展,社会性软件的功能和类型也有了很大响度的丰富和扩展,学习者社会网络构建是各种社会性软件的核心功能,也是已有的每一款社会性软件功能完善的发展方向。毛向辉认为,一般而言,可将社会性软件分为以下四类。

(1)显式的社会性软件

就是要简单地建立社会关联,尤其是强-弱链接。例如 Friendster。

Friendster 是一家以交朋友为目的的网站。会员之间可通过电子邮件相互查阅照片、资料和兴趣等个人信息,如果进一步交往的话,则可以邀请对方约会。Friendster 的秘诀是"通过朋友来找朋友",换言之,"你可以和朋友的朋友、朋友的朋友的朋友……快速成为朋友"。举例而言,甲和乙是好友,乙和丙也是好友,那么甲与丙之间通过乙的介绍,也有可能成为好友,而且由于乙的存在,甲和丙能够迅速认识并且关系能够快速契合。正是按照这一原理,像滚雪球一样,网站的注册会员越来越多。在 Friendster 所勾画的朋友圈中,每个会员的社交圈都是树状结构的,并且随着朋友级数的增加,其结识的朋友的数目也呈几何级数增长。关键是,每个会员所结识的新朋友都不是毫无关系的陌生人,而是存在某种千丝万缕的关联的人。

(2)协作和通信工具

包括各种支持 COP(Community of Practice)的软件,例如 Groove 和 Instant Message(MSN、QQ、微信之类的即时通信软件)。

(3)个人出版和聚合

例如 Blog 和 Wiki。

(4)智能社会软件

如计算机协同工作软件。

协同的最基本含义是协同工作,就是多人相互配合完成同一目标。"协作软件"的基本要求是支持为群组协作的目的而进行的通信、信息交换、进程安排与项目跟踪以及人员管理等工作。而在竞开协同应用平台上,协同则不仅仅反映人与人间的协作,还包括不同应用系统之间、不同数据资源之间、不同终端设备之间、不同应用情景之间、人与机器之间、科技与传统之间的全方位的协同，其核心是以用户为中心，以业务为目标，有效组织与充分利用各种资源，消除信息孤岛的思想体系。

也有人把网络游戏划分为社会性软件，因为网络游戏是多人互动的，且模拟社会分工。笔者认为，网络游戏虽然带有较多的社会性特点，但网络游戏的最主要特点并不是交友（交往），而是游戏，分工合作也是为了游戏而存在的，而并不是纯粹为了建立社会体制。所以不应把网络游戏看作社会性软件。

3.4.3　社会性软件的基本理论

社会性软件的研究领域，主要包括社会网络分析法、六度分隔理论，邓巴数字等基本理论。

其中，社会网络分析法为社会性软件提供了一个基础的理论分析方法，而六度分隔理论和邓巴数字则来源于实验和观察，分别从社会网络的深度和宽度上为社会性软件展现了一个立体的扩展空间。

1. 社会网络分析法（Social Network Analysis，简称 SNA）

社会网络分析法是社会学家运用数学方法、图论等方法通过对个体单位之间的相互连接和作用关系，以及这些关系对社会结构和互动进行定量分析的研究方法。

社会网络分析法始于 20 世纪 20 年代，那时，德国的库尔特・卢因、弗里茨・海德等人开始将网络的概念应用于对社会互动的研究中。在美国，哈佛大学商学院的一个研究小组从 20 世纪 20 年代开始启动了一项为期 10 年的有关工厂生活的人类学系列研究，研究对象为芝加哥西方电器公司下属的霍桑工厂，这就是著名的“霍桑实验”（Hawthorne Studies）。它首次运用社会网络图（Sociogram）进行研究，描绘了个体自由选择的社会互动结构。

社会网络分析法经历了近百年的发展，目前被广泛应用于社会学、人类学、经济学、管理学等多个学科领域，研究方法也随着计算机及网络通信技术的发展得到了极大提升。

在社会网络分析法中，结构洞理论、弱连接理论、平衡论、异质性理论及结构角色理论等对社会性软件的影响非常深远。社会性软件充分吸取了社会网络分析法的相关理论，为每个用户提供一个维系及拓展人际关系的平台，从而实现其快速扩张的目的。在社会性软件的相关研究中，社会网络分析法及相关理论占据了主要的地位。

2. 六度分隔理论（Six Degrees of Separation）

六度分隔理论来源于 1967 年哈佛大学心理学教授斯坦利・米尔格兰姆（Stanley Milgram）所提出的一个著名的社会学领域的猜想。六度分隔理论指出：在这个社会中，任何两个人之间建立一种联系，最多需要 6 个人（不包括这两个人在内），无论这两个人是否认识，无论他们生活在地球上的什么地方，他们之间只有六度分隔。也就是说，任何两个人平均通过 6 层联系人就可以建立联系。

1967 年，米尔格兰姆设计了一个连锁邮件的实验，他把一套连锁邮件随机发送给居住在堪萨斯州的卫奇塔和内布拉斯加州的奥马哈的 160 个人，信中放了一个波士顿股票经纪人的名字，并要求每个收件人将这套信件寄送给自己认为最可能接近那个股票经纪人的朋友。最终，有 42 封信件到达了那位股票经纪人那里，虽然其中有的信件经过了 12 个中间人才到达，但是平均每封信件却只需要 5.5 个中间人就可以到达目标人物那里。这个实验证明了一个普遍的规律：社会化的现代人类社会成员之间都可能通过“六度空间”（Six Degrees）而联系起来，绝对没有联系的两个人是不存在的。

3. 邓巴数字(Dunbar's Number)

邓巴数字,也被称为150法则(Rule of 150),最早出现在英国牛津大学人类学家罗宾·邓巴(Robin Dunbar)1992年发表的一项研究中结果,他指出,受到人们认知能力的限制,通常人们仅能与平均148个人同时维持稳定的社会关系。按照社会网络分析法的观点,这种稳定的社会关系可以理解为强连接关系。

邓巴数字对社会性软件的启示在于,无论一个人认识多少人,或者通过社会性软件与多少人建立了弱连接,对于那些强连接,仍然符合150法则。邓巴数字从另一个侧面证实了“六度分隔”理论,按照邓巴数字,如果每个人都有150个强连接的联系人,则经过6层的关系人后,总的联系人数量将达到150的6次方,超过11万亿。如果按照相邻联系人之间的强连接有80%重叠度来计算,即便去除掉这些重叠的强连接关系,经过6层关系人之后,每个人仍然拥有超过36亿的连接,这一数字已经非常接近全人类18岁以上人口的总数了。

4. 社会建构主义理论

社会性软件的发展和应用并非生来就是为教育领域服务的,因而为了更好地解释本文的论点,不得不提及另一个重要的、与之相关的教育学理论,即维果茨基的社会建构主义理论(Social Constructivisteor)。社会建构理论是20世纪80年代发源于西方的一个教育心理学理论,对当今教育的理论和实践产生了重大影响,成为20世纪末至今的主导教育理论。社会建构理论是集人本主义心理学、认知主义的信息加工理论和社会学的社会互动理论为一体的教育学说。从语言哲学角度来说,它主张知识和意义不是独立于个体之外的客观存在,而是由个人主动构建的、内化了的、再建构了的客观知识,是客观知识的主观内在表现。语言意义是动态的,是个人对语言在使用中的主动理解和诠释。因此真正有意义的学习,只有在学习者认为具有个人相关性并能主动参与时才能发生。所以,教育要重视个体的学习者,尊重学习者的个人需求和个人情感,鼓励学习者自我选择和承担自我责任,以实现真正个人意义上的终身学习和全面教育。

社会建构主义教育论告诉我们:知识是由个人建构的,而不是从外部注入的。这种建构是发生在与他人交往的环境中的,是社会互动的结果。有效的教育是建立在学习者主动理解的基础上的,教师作为中介应为学习者提供学习经验和学习机会,而由学习者自己从中建构知识,并由此学会学习,学会独立思考和独立解决问题,为终身教育打下基础。

3.4.4 常用社会性软件在教育中的应用

1. 常用社会性软件在教育中的应用现状

比较流行和成功的社会性软件有:QQ、MSN、E-mail(电子邮件)、IM(即时通信)、BBS(电子公告牌)、Wikis(维客)、Personal WeBlogs(个人博客)、Social Networking Systems(社会网络系统)、Social Tags(社会性标签)、Friendster、Personal Journals(个人杂志)等,另外还有各种新兴的社会性软件,如Yahoo! Widget Engine、Moodle、提供在线协作的平台、共享工作计划或项目管理的平台等。

(1)博客

博客,又译为网络日志,是一种通常由个人管理、不定期张贴新的文章的网站。目前,一批教育博客,如苏州教育博客、淄博教研博客、张家港教育博客、海盐教师博客、腾讯教育专家群博客、教师博客中心等成为博客在教育领域应用的典型代表,被广泛地传播开来。

博客在教育中的应用,能够使教师与教师之间、教师与学生之间、学生与学生之间更为有效地进行交流，从而能更好地辅助教育教学，弥补传统教学的不足。博客走进教育，不仅改变着传统的教育教学模式，亦在一定程度上促进了教育信息化的发展。

首先，博客为学习者提供了个人信息空间。青少年渴望能够自由地表达观点、展示成果，而博客则为他们提供了一个自由发言的空间。博客赋予学习者以充分的自主权，他们可以自行决定博客的主题，自行编辑博客的内容，还可以对别人的博客发表评论。在个性化的博客信息空间里，学习者可以自我规划、自主实施、自由调整，充分调动起学习的积极性，激发出创造力。

其次，博客有利于促进师生间的思想交流和问题答疑。师生在博客中开放式的交流，既可以对其他学生有所启发，又可以得到其他教育人士的相关评论和帮助，而且由于交流被及时记录，便于日后反思和评价。特别是通过博客对教育教学中普遍存在的共性问题进行统一解答，有利于节省时间、提高效率，更有利于信息资源的重用。

再者，博客促进了学生间的交往和团结协作精神的发展。由于博客的完全个性化，作者在创建博客时，可以将自己遇到的问题摆出来，让大家一起来提供建议或解决方法。当我们阅读博客时，浮现在文字和图片上的不是一篇篇冷冰冰的说教，而是许多个性鲜明、富于生活情趣的现代人的内心写照。因此，无论是创建还是阅读博客，都是心与心的碰撞、心与心的交流。

（2）Wiki

Wiki 是一种在网络上开放的、可供多人协同创作的超文本系统，由“Wiki 之父”沃德·坎宁安（Ward Cunningham）于 1995 年所创。Wiki 集协同写作系统、讨论媒体、知识库和协作平台于一身，许多学者都对将 Wiki 应用于教育教学中的模式及方法进行了探索。

①利用 Wiki 建设教育教学资源库

利用 Wiki 建设教育教学资源库就是利用 Wiki 建设教学信息源、教学案例库以及学科和课程建设的工具等。首先，Wiki 站点使得资源的积累非常容易，各种教学资源如讲义、论文、电子教材、图片资源等，经过其他人的修改、完善和扩展后积累在 Wiki 站点中，Wiki 站点就成为积累该领域资源的一个教育信息源。第二，Wiki 一个很有价值的教育应用就是作为教学案例库。Wiki 可以作为一个案例收集工具，任何人都可以往 Wiki 站点上添加内容并立即更新，使 Wiki 站点逐步成为一个巨大的案例库，为网络教学设计提供更多更好的资源。第三，通过 Wiki 工具可以实现这些优秀教育成果或教学资源的系统管理，可以将教师的研究成果或优秀教育资源进行分门别类。这样，Wiki 的独特优势加上每个教师的参与，使得整个学科的建设得以实现。

②专业学科的百科全书

利用 Wiki 可编纂某一学科专业领域的百科全书。如在 Wiki 网站中编纂教育技术百科全书，教育技术领域的专家、教师、学生，甚至对教育技术感兴趣的任何人都可以添加教育技术领域的术语词条，日积月累逐渐形成一个该专业完整的、严密的和相对权威的专业知识系统。“教育技术百科全书”就是北京师范大学搭建的一个收集教育技术学学科知识的平台，目的是建立一个完整、准确和内容开放的教育技术百科全书。

③教学管理应用

将 Wiki 应用于教学管理中主要有三种方式。一是学生提交作业的平台。利用 Wiki 学生可以提交作业以达到共享的目的，老师可以通过 Wiki 批改每位学生的作业，学生也可以通过 Wiki 浏览老师的批改内容。二是教育教学改革实验。此方面的案例有东行记百科上的以 Wiki 为论文协作平台的实验。该实验把本科生的毕业论文协作架构在 Wiki 平台上，充分发挥 Wiki 的容易修改和及时存储的优点以及平等、开放、共享的 Wiki 精髓，在一个新型的、开放的环境中与全国各地的同学、老师共同讨论毕业论文，共享灵感和智慧，最后完成论文，开拓了开放性写论文的模式。三是师生网上学习交流、协作共创和问题解决的环境。Wiki 站点给学习者参与进行资源的完善和共建提供了方便，在 Wiki 环境下可以充分发挥学生的能动性和创造性，让每个学生在学习的同时参与到资源的建设中来，而且在教师的指导下建设起来的资源相对于原先由教师单独设计和创建的资源更具时效性和实用性。

④网上协同写作

如果把 Wiki 作为协同写作的平台，那么处在不同地点的人就可以合作写一篇论文或一本书，可以首先由创始者发布文章的框架、提纲或草稿，然后由这个合作写作的群体来共同完成。这篇论文或这本书就是这个群体共同建构的知识，是集体智慧的结晶。东行记百科上进行了以 Wiki 为本科生毕业论文写作平台的实验。类似地，也可以应用 Wiki 来进行合作翻译，“自由文化”中文翻译项目就是通过 Wiki 进行合作翻译的一个尝试。同时，这种多人合作的写作方式也被应用到中学语文的教学当中，在一定程度上弥补了传统写作教学中存在的不足和缺陷，能帮助学生全方位提高写作能力。

(3) RSS 阅读器

RSS(Really Simple Syndication，也叫聚合内容)是在线共享内容的一种简易方式。网站提供 RSS 输出有利于让用户获取网站内容的最新更新。用户可以使用 RSS 阅读软件，在不打开网站内容的情况下阅读输出的网站内容。RSS 的最大作用是，让用户使用最少的时间来获得最需要的信息，而不用陷入信息的海洋里面。

目前，网络上存在着很多在线 RSS 阅读器，所以用户在选择的时候难免会无从下手。这里介绍几个常见的 RSS 阅读器，如果你从来没有使用过 RSS 阅读器来阅读 Blog，相信你在使用在线 RSS 阅读器后，会或多或少改变自己的阅读习惯。

(4) 网络硬盘

现在很多网站都提供网络存储及网络硬盘服务，用户只要把文件上传到上面，可以在任何可上网的地方下载。下面是一些常用的网络硬盘。

①网易邮箱里的网盘

126、163 的邮箱在国内用户众多，目前是 3G 总空间，但缺点就是文件不能很好地共享，你没有办法让人下载你邮箱网盘中的文件。但存储一些个人的文档和个人一些常用的小软件是很好的。

②QQ 网络硬盘

QQ 网络硬盘服务是腾讯公司运用网络硬盘服务系统打造的，用户只需要申请一个 QQ 账号，然后开通网络硬盘服务就可以使用了。

③纳米盘

纳米盘支持 1G 文件上传，而且支持外部链接共享。安装新版米人，并绑定微软 MSN 账号，就可拥有 25GB 的永久存储空间。

④SkyDrive

SkyDrive 是微软的网络硬盘，曾经限制了中国的 IP 用户，目前对中国用户开放，支持 50M 文件上传并升级到 25GB 存储的空间。支持外部链接，但是有时会限制多线程下载。

⑤115 网络 U 盘

115 网络 U 盘(网盘)，简称 115 网盘，是广东雨林木风最新推出具有存储容量大、免费、高速、稳定、易用,安全等特点的免费网络硬盘,提供免费网络存储空间服务。

⑥百度网盘

百度网盘(原百度云)是百度推出的一项云存储服务,用户首次注册即有机会获得 2T 的空间,已覆盖主流 PC 和手机操作系统,包含 Web 版、Windows 版、Mac 版、Android 版、iPhone 版和 Windows Phone 版。用户将可以轻松将自己的文件上传到网盘上,并可跨终端随时随地查看和分享。2016 年 10 月 11 日,百度云改名为百度网盘,此后更加专注发展个人存储、备份功能。

(5)Yahoo! Widget Engine 教育应用

简单地说,Widget 是一种可供用户自己制作和自由下载的工具集合,包罗了娱乐、工作、学习等多种实用功能。目前,在很多地方都已经掀起了制作和搜寻 Widget 的热潮,雅虎美国已有超过 3000 个由网友自制的 Widget,并在持续增加。但从查阅的论文来看,用于教育方面还比较少。

(6)思维导图

思维导图又叫心智图,是表达发散性思维的有效的图形思维工具。它简单却又极其有效,是一种革命性的思维工具。思维导图运用图文并重的技巧,把各级主题的关系用其所隶属的层级图表现出来,把主题关键词与图像、颜色等建立起记忆链接,思维导图充分运用左右脑的机能,利用记忆、阅读、思维的规律,协助人们在科学与艺术、逻辑与想象之间平衡发展,从而开启人类大脑的无限潜能。思维导图因此具有人类思维的强大功能。图 3 – 24 是利用思维导图软件绘制出来的思维导图的用途。

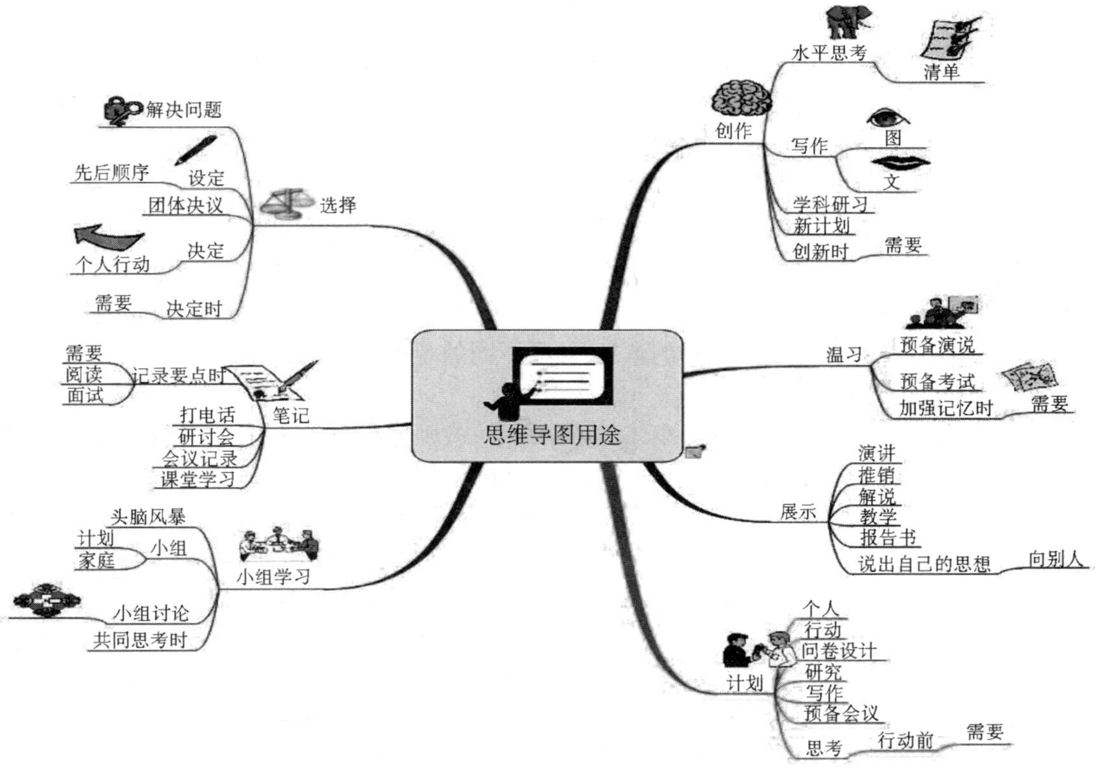

图 3 – 24　思维导图

2. 常用社会性软件对教师的支持

(1)社会性软件可以提高教师的自身素质

①社会性软件为教师的终身学习搭建了一个广阔的平台和通道。

要培养具有终身学习能力的学习者,作为教师,首先要使自己具有终身学习的能力、学会学习的能力。同时教师专业化的发展,对教师自身学习能力提出了越来越高的要求,教师不仅要具有专业学科知识,还要具有教师专业技能和教师专业情意,所有这一切都要求教师要加速自身学习的速度。

②增进了教师之间的经验交流和知识分享,打破了传统的信息难以沟通的状态。

比如通过博客,优秀的、有经验的教师的隐性知识能够被保存和传播,年轻的教师可以站在前人的肩膀上更上一层楼,在这里博客起到了知识的纵向传承的作用。另外,通过 Wiki 还可以形成横向的交流社区或主题社区,教师可在其中分享交流教学中的心得和体会。

(2)社会性软件可以提供一个教学平台

一个有效的教学平台至少可以在教学、交流、辅助学习等的关键环节中发挥作用,这个教学管理平台可以是基于博客技术来构建的,博客的统一风格和整合的功能与目前教学的要求非常接近。博客提供个性化的信息空间,用户可以发表自己的文章,可以针对别人的博客文章发表评论,可以定制自己的个性化版面,可以通过 RSS 来订阅博客更新。博客还提供了即时交流工具,且有强大的后台管理功能。

博客提供了强大的博客分类管理功能,用户可以利用这个功能对整个学校的教学管理领域进行整理和分类,快速地搭建基于博客的教学平台,并面向教师和学生开放博客功能。我们可以建立以下博客分类:课程博客、专业博客、专题博客、班级博客、个人博客。课程博客类主要是把用于教学的课程以课程名称建立博客,如教育技术学、旅游经济学、人力资源管理、多媒体技术……教师在这些课程博客里面把教学内容、教学要求、课程相关的背景资料等发布出来,供教学使用和学生学习。

(3)社会性软件可以改变教学方式

社会性软件的运用,可以帮助实现面授教学与网络教学的整合。比如,博客的随时记录特点基本保留了教师思考的动态特性,学生可以对每个思考片段提出自己的想法,教师再针对学生的问题展开讲授,这样,在学习的过程中就形成了一个教师与学生交互的动态记录。这种形式能够让学生充分接触不同的意见,接受不同的观点,同时教师也可以对自己的教学内容和教学方法有更进一步的提升。

社会性软件还能够促进个别与集体教学的结合,教师进行教学时,往往要面对众多的学生,这时很难实现因材施教和学生的个性化学习与个别辅导。社会性软件的出现为这个问题提供了解决的可能性,学生可以通过博客、Wiki、QQ 等社会性软件与教师进行交流,并在其中了解教师的教育思想,发表自己的理解和意见等;教师也可以将博客、Wiki 等社会性软件作为交往的空间,更多地了解学生的需要,使教学更具有针对性。师生在社会性软件中的交往还是开放的,可以得到更多的帮助信息。而且,这种交往可被及时记录下来,作为知识沉淀其中,供日后进行反思参考使用。这不仅促进了学生的成长,对教师的发展也是有利的。另外还可以推荐专家博客,使学生可以根据自己的爱好和需要进行选择。

(4)社会性软件对学生的支持

①社会性软件可以提供丰富的学习资源并对其进行管理

网络给学习者提供了丰富的学习资源。我们以上海师范大学黎加厚教师的博客和北京师范大学庄秀丽老师的博客为例来分析一下社会性软件如何提供丰富的学习资源。黎老师的博客名为“东行记”，其中撰写和收集了大量的教育技术相关知识，为学习者提供了丰富而又有条理的学习资源。庄秀丽老师的博客除了为学习者提供丰富的专业知识，还链接了很多相关专业的网站和业内人士的博客，学习者通过点击庄老师的链接就可以了解同专业人员关注的问题，从而拓展自己的视野和专业的知识面。而且许多学习者同庄老师相互讨论问题，形成了一个个学习团体。正是这种可参与性调动了学习者的积极性和学习的热情。许多从事教育技术行业的人员都链接了黎教师和庄教师的博客。通过浏览他们的博客，学习者不仅可以获取本专业的大量信息，而且还节省出了很多在网上查找和筛选资料的时间。

对于学习者来说，一些重要的资源需要保存起来，以便日后做进一步的学习研究，因此怎样对这些分散的学习资源进行管理，就变得尤为重要了。而社会性软件的出现很好地解决了这个问题，比如电子邮件、BBS、博客、Wiki 等都可以解决这个问题，特别是博客。学习者申请了自己的博客以后，就可以把自己关注的网站、个人主页等资源通过超链接功能放到自己的博客里，也可以通过复制、粘贴把重要的内容经过整理说明后放入自己的博客中。

②社会性软件有利于学生的交流和知识共享

教育活动是复杂的社会活动，在其协调发展的过程中，必然涉及各成员对象的交流，这不仅包括师生交流，还有教师之间以及学生之间交流等。社会性软件的出现，不仅为这种多方位的交流提供了更顺畅的途径，而且大大拓展了交流的范围。

比如在 Wiki、BBS 中，发表的内容后面跟随着评论区，每一个阅读者可以对这个内容进行评论，发表感想。慢慢地学习者会固定去阅读其他人发表的内容并发表评论，自己发表的内容也会受到别人的评论。在这种过程中，没有教师和学生之分，每个人都在这里进行充分交流。这种交流是即时的、广泛的、全面的、具有针对性的，是思想观点的表达，而不是漫无边际的闲谈。在长期的交流中，人们会因为有共同的兴趣而成为固定的学习伙伴，学习者可以通过跟踪阅读别人的内容而掌握他人的学习思路和解决问题的方法，还可以通过博客点击别人的超链接来开阔视野。

③社会性软件有利于学生创新

创新主要包括创新性思维和创新能力。在创新活动中，要探索未知领域，解决疑难问题，只靠运用习惯的、传统的思维方法，是不可能达到目的的。它要求独特的、新颖的、创造性的思想方法，这就必然要打破现成的框架，冲破传统的约束。就像 Widget 的产生，是 Rose 在玩一个可以变脸的 MP3 时，突发奇想：如果我的桌面上所有的程序都可以变换的话，那将多么神奇！就这样，一个新的社会性软件诞生了。

Widget 具有很强的直观性。它可以通过声音、图像等因素直接对学生进行感观上的刺激。在 Widget 制作中可以结合教学实际，把有关的内容以图文并茂、声色俱全的形式形象地呈现出来，这样不但可以为学生创设生动的学习环境，更好地激发学生的学习兴趣，还能为帮助社会经历尚浅的小学生增加表象积累提供有力的支持。为了更好地培养学生的创新能力，教师要做出更多的具有自己教学风格的 Widget 工具，这也有利于教师的创新。

社会性软件给教育带来了新的活力，为教学改革带来了新的思路，但我们也必须清醒地认识到，在教学中，没有哪一种技术可以解决所有的教学问题，没有哪一种教学模式可以适应所有的教学内容。因此一方面我们既要看到社会性软件对教育产生的重要影响，即很好地支持教师和学生的教与学，是对传统的教与学的一种很好的补充；另一方面我们也应该清楚地看到，社会性软件作为多种网络应用技术的集合体，有其自身的不足，它与教育的结合受制于许多因素,如受硬件技术方面的制约,受师生信息素养和行为习惯的局限等。我们应该发挥它们的优势,摈弃其不足,使其真正做到为教育所用。

3.4.5 雨课堂

在大数据时代背景下,传统课堂教学面临新的挑战和机遇,利用学习数据分析来改进教学行为是变革传统课堂的有效手段。国内外许多教育机构和部门都十分重视教育数据挖掘和学习分析技术的应用,2012 年美国国家教育部发布了《通过教育数据挖掘和学习分析促进教与学》的报告;2016 年 4 月,清华大学与学堂在线共同正式对外发布了一款免费线上教学工具——雨课堂,它通过社会性软件微信服务号连接师生的智能终端,实现对“课前—课上—课后”教学全过程的动态学习数据收集和分析。雨课堂的推出为智慧课堂构建提供了环境和技术支持。

1. 雨课堂的概念

雨课堂是慕课平台“学堂在线”推出的混合式教学工具,旨在连接师生的智能终端。它对“课前—课上—课后”的每一个环节都赋予全新的体验,并且支持多屏互动、答疑弹幕、大数据分析等。而这一切的实现,只基于老师和学生最熟悉的 Power Point 软件和微信软件。

2. 雨课堂的特点

雨课堂软件是应用于 Power Point 的一个插件,使用者可以便捷地制作 PPT 和插入视频。使用雨课堂不需要先制作慕课,只要有意愿做混合式教学就可以使用,即使是传统课堂也可加入这一要素。

雨课堂软件的基本特点包括:(1)定制,即雨课堂是专门为学生定制的,不像慕课一样千人一面;(2)便捷,将智慧教室变得简单,教师可以快速地部署智慧教室;(3)立体,全周期的数据分析,有助于教师全方位地掌握学生的学习情况;(4)易用,只要会使用 Power Point 软件就可以操作,教师和学生都不需额外学习就能直接上手。

3. 雨课堂的功能

雨课堂为学习带来了前所未有的变化,改变了教师的教学方式与学生的学习方式。具体来说,雨课堂的教学功能包括四方面:(1)随时随地为学生创造学习条件;(2)为智慧教室的实现提供有力的工具;(3)有利于教师掌握学生的学习效果;(4)让学生感受到学习的乐趣。

4. 雨课堂的安装

雨课堂的 PC 版安装软件可以在“学堂在线”官方网站(www.xuetangx.com)下载。软件成功安装后,重新打开 Power Point 软件,就会发现在菜单栏的最后增加了一项——雨课堂,这就说明已经安装成功,如图 3-25 所示。这时,就可以开始进行课件的制作和编辑了。

图 3-25　雨课堂在 Power Point 软件中的位置示意图

5. 制作雨课堂 Power Point 课件的步骤

第一步，登录。点击“微信扫一扫”，授权雨课堂使用自己的微信账户登录，如图 3－26 所示。这时，移动终端会收到微信团队的通知。同时，雨课堂状态栏中的“微信扫一扫”变成了用户自己的微信头像和昵称。

图 3－26　用微信扫描二维码登录雨课堂

第二步，新建幻灯片。点击“新建课件”，进入空白文档。可以像普通幻灯片一样插入文本框、艺术字、图片等元素。

第三步，插入幻灯片。与普通幻灯片的制作方法一样，可以使用复制、粘贴等编辑功能，以及插入图片、视频、音频与动画等，以制作出满意的 PPT 课件。

第四步，新建试题与投票。可先后点击“雨课堂”菜单下的“插入试题”“单选题”建立单项选择题，如图 3－27 所示。可点击“设置”对习题进行编辑，包括分值的设定与正确答案的设置，如图 3－28 所示。完成后如图 3－29 所示。也可以添加投票选项，步骤同上。

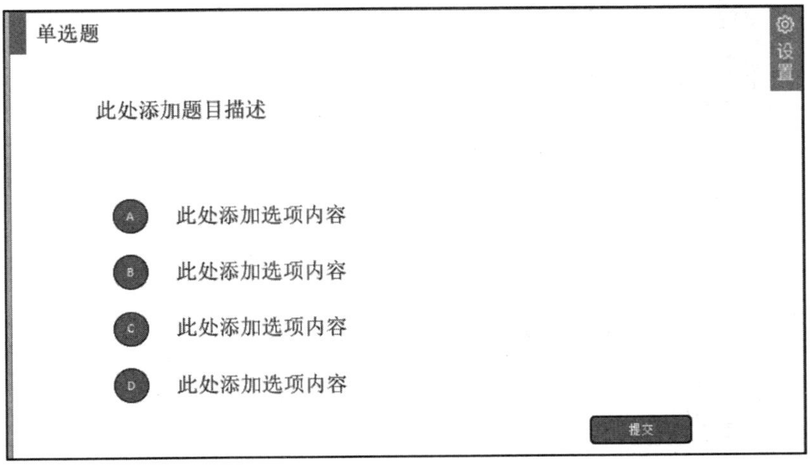

图 3－27　建立选择题

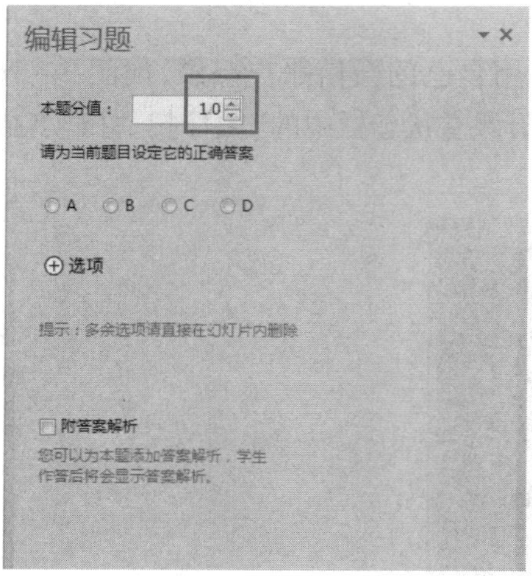

图 3－28　对习题进行编辑

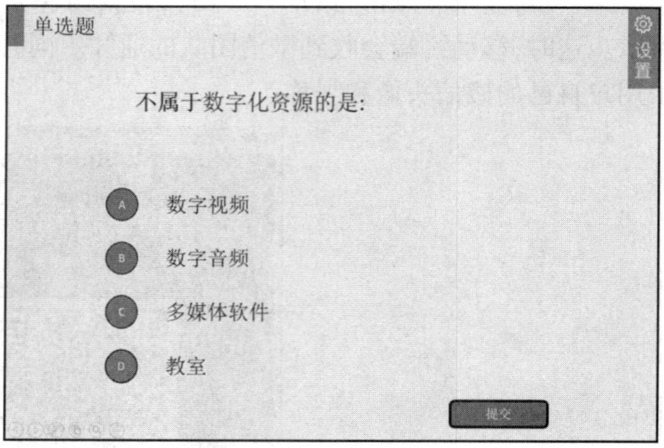

图 3－29　试题最终呈现界面

第五步，添加视频。可以添加慕课视频和网络视频。在资料库中有大量的慕课片段供制作课件使用，如图 3－30 所示。也可以自己选择网络视频，目前支持优酷、土豆和腾讯视频，如图 3－31 所示。这时，只需要将网址粘贴到指定地址栏即可。

图 3－30　供选择的慕课片段

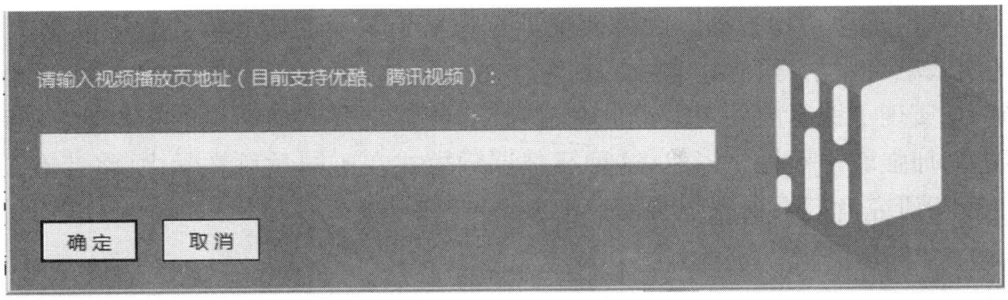

图 3－31　选择网络视频的提示界面

第六步，上传。课件制作完成后，选择“上传试题/手机课件”，完成课程的发布，如图 3－32所示。在手机上进入雨课堂，即可浏览课件。

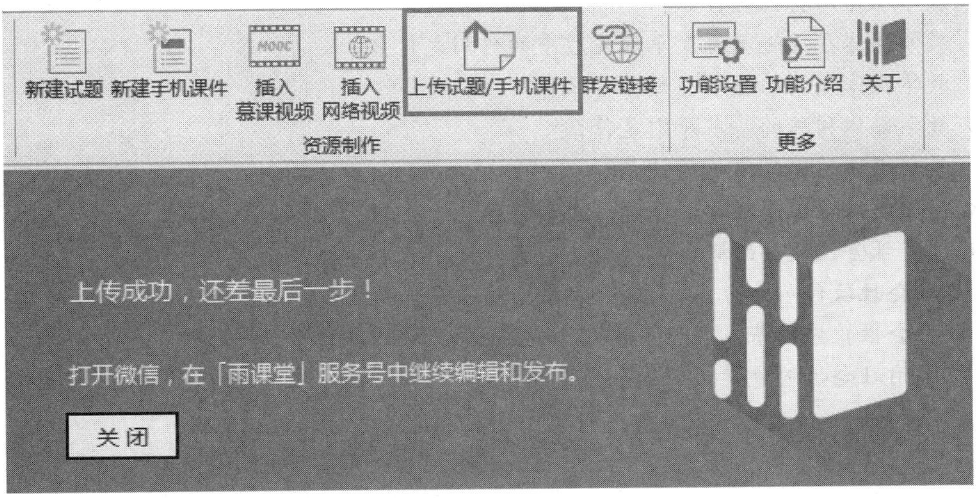

图 3－32　完成课程的发布

6. 基于雨课堂的移动学习平台设计框架

利用雨课堂工具，结合其他互联网技术，可以开发出非常适用于在校生进行移动网络学习的平台和基于雨课堂的移动学习平台设计框架。如图 3－33 所示。

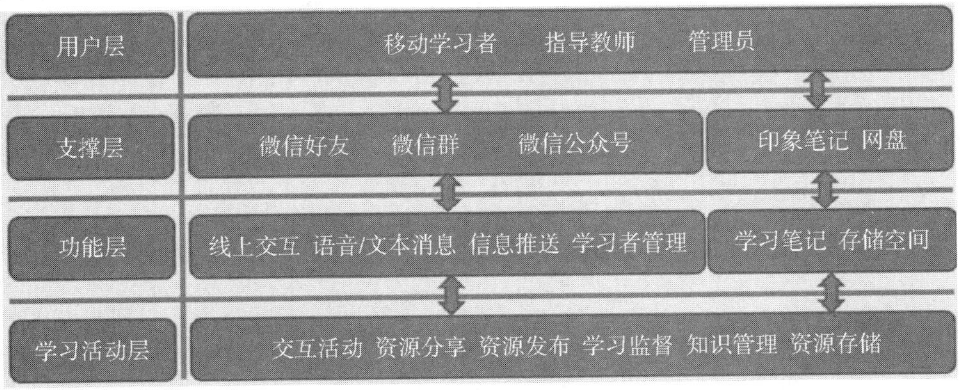

图 3－33　基于雨课堂微信平台的移动学习平台框架图

雨课堂支持下的智慧课堂模式基于混合学习理念，应用“云＋端”设备，将移动技术与教学深度融合，直接、动态、即时的全过程学习数据翔实记录了“课前—课上—课后”教学全过程，以整个教学过程的教学数据转换为改进教学的决策依据，使教师的教学决策从以经验驱动转变为以数据驱动,“用数据说话”,展现了教师基于学习数据分析的教学机制。同时,智慧教学的模式融自主学习、协作学习和探究学习于一体,能培养学生的独立探究、合作沟通和创新能力,实现了课堂内外多渠道的交流互动,能够充分调动学生的积极性,从而提高课堂教学效率,加强教学效果。当然,这种智慧课堂模式在不同学科教学中,将存在不同的情况、问题,有待研究者们根据教学实际去思考、更新和发展。

思考题

1. 陈述媒体、教学媒体、多媒体的概念。
2. 教学媒体分为哪几类?
3. 教学媒体的特性是什么?
4. 教学媒体在促进教育变革和发展中的作用是什么?
5. 教学媒体编制的基本原则是什么?
6. 教学媒体利用的基本原则是什么?
7. 教学媒体的选择依据是什么?
8. 如何使用多媒体教学环境中的常用媒体?
9. 陈述社会性软件的概念。
10. 社会性软件如何分类?
11. 社会性软件的基本理论有哪几个,理论要义分别是什么?
12. 常用社会性软件在教育中如何应用?

第4章　信息化教学资源的采集与编辑

当前，云计算、大数据、物联网、移动计算等新技术逐步得到广泛应用，经济社会各行业信息化步伐不断加快，社会整体信息化程度不断加深，信息技术对教育的革命性影响日趋明显。信息化已成为国家战略，教育信息化正迎来重大历史发展机遇。习近平主席在致国际教育信息化大会的贺信中强调要“积极推动信息技术与教育融合创新发展”，“坚持不懈推进教育信息化，努力以信息化为手段扩大优质教育资源覆盖面”，“通过教育信息化，逐步缩小区域、城乡数字差距，大力促进教育公平，让亿万孩子同在蓝天下共享优质教育、通过知识改变命运”，全面提升教育质量，在更高层次上促进教育公平，加快推进教育现代化进程。因此，教师必须掌握信息化教学资源的采集与编辑的能力，才能通过信息技术把各类优质的教学资源融入教学之中，促进教育质量的提高，从而达到缩小城乡差别、促进教育公平的目标。本章将对信息化教学资源的概念、特点、分类、选择的原则及各类信息化教学资源的采集与编辑方式进行阐述。

★学习目标

1. 陈述信息化教学资源的概念及特点。
2. 陈述信息化教学资源的分类及选择的原则。
3. 能够对文本、图像、动画、视频资源进行采集与编辑。
4. 能够下载及获取各类网络教学资源。

★内容导图

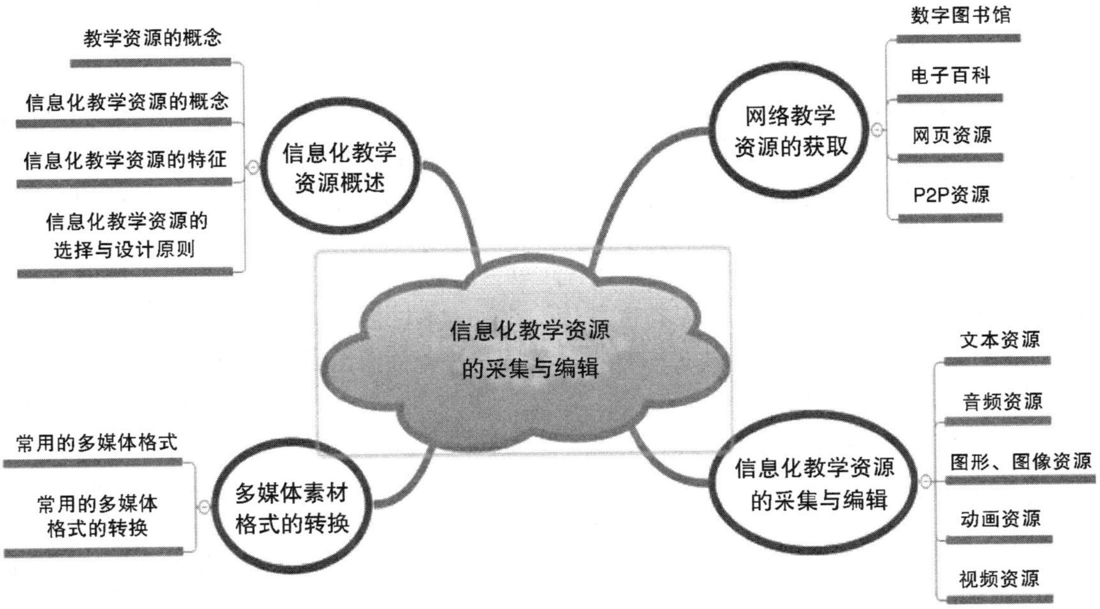

4.1 信息化教学资源概述

4.1.1 教学资源的概念

对于教学资源，有多种不同的界定。在刘佛年主编的《教育大词典》中，教学资源是指可以帮助个人有效学习和操作的任何东西；AECT '94 对教学资源的界定是教学材料、教学环境及教学后援系统；祝智庭教授在《现代教育技术——走向信息化教育》一书中提到的学习资源是指可资学习之源，包括支撑教学过程的各类软件资料和硬件系统，广义上也包括一切可为教学服务的人、财、物。

4.1.2 信息化教学资源的概念

信息化教学资源是指经过数字化处理，可以在计算机上或网络环境下运行的多媒体材料或教学系统。它能够激发学生通过自主、合作、创造的方式来寻找和处理信息，从而使数字化学习成为可能。信息化教学资源包括数字视频、数字音频、多媒体教学软件、CD-ROM、网站、电子邮件、在线学习管理系统、计算机模拟、在线讨论、数据文件、数据库等等。

4.1.3 信息化教学资源的特征

教科书、教学辅导材料以及各种图书报刊是典型的传统教学资源，在这种资源条件下，教师和学生获取信息的方式主要是阅读文字，进行摘要。与之相比，以现代信息技术为支持的信息化教学资源突破了传统教学资源的局限性，体现出以下特征。

1. 教学资源处理数字化

指教学中需要的各种声音、文本、图形、图像、动画、视频等信息都经过一定的技术转化为数字信号，存贮在信息技术设备上，供师生查询。如教师需要一张图片来做作演示，他可以事先到计算机数据库中找到合适的图片，之后使用相关图像处理软件按照自己的意图进行调整，上课时用投影直接展示给学生。整个过程只需在计算机上进行，可以为教师节省大量时间与精力。

2. 教学资源呈现多媒体化

指利用多媒体计算机技术将教学信息以声音、文本、图形、图像、动画等多种形式有机组合，呈现出多媒体特征，这比传统的单纯用文字或图片处理信息资源的方式要丰富得多。这种以多媒体化方式显示的教学资源，能给学生提供多感官的信息刺激，加强学生的学习效果。

3. 教学资源传输网络化

信息化教学资源可以通过网络实现远程传输。这种网络化的传输具有很大的灵活性，教师可以在方便的时候把一些知识和信息传输出去，学生也可以在适当的时候开始学习。这样，只要在一台上网的计算机上就能获取需要的各种各样的信息和资源，从而真正实现跨时空的教学资源共享。

4. 教学资源组织的超文本化

超文本是一种信息管理技术，它以结点为单位来组织信息，在结点与结点之间通过表示它们之间关系的链加以连接，构成表达内容的信息网络。这种组织信息的方式与人类的联想记忆方式有相似之处，克服了传统教学知识线性结构的缺陷，使信息呈现出多形式、非线性网状结构的特点。

5. 教学资源的开放化和可增值化

网络上传输的教学资源具有发布自由、来源广泛、信息量极大、传播范围极广的特点，教学资源借助 WWW 浏览为学习者建构自主、开放、交互的学习环境，教学时空的开放更增强了学生学习的自主性，大大提高了呈现的信息量和学习效率。网络的 WWW 浏览、FTP 传输等功能，为网上信息资源提供了双向传输的便利，使信息资源可根据教学需要随时进行补充、更新和二次开发，使教学资源具有了可增值特征。

4.1.4　信息化教学资源的分类

信息化学习资源的分类方式有多种，可以简单地按照硬件、软件来分，可以按照资料、工具、环境来分，也可以按照教学材料、教学环境和教学后援系统来分，还可以按照认知工具、效能工具和通信工具来分。不过，在支持信息化教学设计方面，我们希望能找到更佳的分类方法，这种分类方法既不是建立在正规的教育模式上的，也不是建立在硬件和软件的特色上的，而是建立在促进学生学习和成长的动力上的。从支持学生学习的角度，上海社会科学院知识与信息课题组在《组织学习与知识创新》一书中将信息化教学资源分为获取类、授导类、交流类、合作类、探究类、表达类六种资源。这样的分类方法虽然仍然无法避免各类别之间界线模糊的弊病，但可以帮助教师和学生根据不同的活动目标选择相应的资源。表 4 – 1 展示的是信息化教学资源分类细目，每个细目后面还有相应的例子。

表 4 – 1　信息化教学资源分类表

分类	资源名称	举例
获取类	搜索工具	Yahoo，Google，搜狐，百度，有道
	下载工具	FlashGet，迅雷，电驴，BT，Maze
	教育网站	中国教育信息网，K12 教育教学网
	数字图书馆	中国数字图书馆，世界数字图书馆
	电子书籍	超星电子图书
	电子期刊	维普资讯，龙源期刊，CNKI
	电子百科	中国大百科全书
	网络视频	土豆，优酷，新浪播客，Youtube
	公开课	网易公开课，新浪公开课，中国大学公开课
	软件库	多特软件站，太平洋下载，天空软件站，华军软件园
	文库	百度文库，新浪文库，豆丁
授导类	课件	Authorware，Flash，PowerPoint
	模拟演示	虚拟现实技术，编程语言
	个别授导	PowerPoint，Authorware，编程语言
	智能导师	人工智能技术
	网络课程	国家精品课程网，国外著名大学网络课堂（中文开放式课程）
	电子测试	题库系统

续表 4-1

分类	资源名称	举例
交流类	电子邮件	Gmail,Hotmail,163 邮箱,qq 邮箱
	聊天室	QQ 聊天室,新浪聊天室,网易聊天室
	论坛	天涯,百度贴吧,水木清华
	博客	网易博客,新浪博客,好看簿,和讯博客
	学友网站	Chinaren 校友录,人人网
	聊天工具	MSN Messenger,ICQ,OICQ,飞信,新浪 UC
合作类	群邮件	Qq 群
	计算机会议	Microsoft NetMeeting
	博客	远程研修网的教育博客,成长博客
	虚拟学社	CollegeTown,Diversity University
	文件共享	PP 点点通,Microsoft NetMeeting,maze,QQ 群空间
探究类	教学游戏	DreamTravel,玩游戏学英语
	情景认知	贾斯珀历险系列
	微世界	化学微世界,数学微世界,几何画板
	虚拟实验室	虚拟青蛙,虚拟果蝇
	问题解决	Pascal,Basic,LOGO,Mathematica
	数据处理	Excel,SPSS
	思维可视化	Mindmanager
表达类	文字处理	记事本、写字板、Word、WPS
	桌面印刷	Publisher,Acrobat
	多媒体演示	PowerPoint,Authorware
	设计绘图	PhotoShop,CorelDraw,Fireworks
	音乐演奏	RealPlayer,MIDIMaster
	音乐创作和改编	Sound Forge,Cool Edit
	视频创作和改编	Adobe Premiere,绘声绘影,After Effects
	动画创作	Flash,3DS MAX,Maya
	博客	远程研修网的教育博客,成长博客
	网页发布	HTML,FrontPage,Dreamweaver,DHTML,JavaScript,ASP,PHP

4.1.5 信息化教学资源的选择与设计原则

在选择和设计信息化教学资源时,若现成的资源中已有合用的,应尽可能地选取和运用,这样可以节省时间、经费和精力;当已有的资源不甚合适时,可先考虑对资源略作修改,以满足教学需要;如果选取、修改都不行,就要设计、编制新的、符合要求的教学资源或学习资源。在选择和设计学习资源或教学资源时,应遵循以下基本原则。

1. 目标控制原则

教学目标是贯穿教学活动全过程的指导思想,不仅规定教师的教学活动内容和方式,指导学生对知识内容的选择和吸收,而且还控制资源类型和资源内容的选择。以外语教学为例,让学生掌握语法规则和要求学生能就某个情景进行会话,是两种不同的教学目标。前者往往通过文字讲解并辅以各种实例来帮助学生形成语法概念,后者则往往通过反映实际情景的动画和声音使学生在具体的语言环境中掌握正确的言语技能。不同的教学目标决定不同的媒体类型和媒体内容的选择。若不遵守这一原则,效果将会适得其反。

2. 内容符合原则

学科内容不同,适用的教学资源也不同;即使同一学科,各章节的内容不一样,对教学资源的要求也不一样。以语文学科为例,散文和小说体裁的文章最好通过能提供活动影像的媒体来讲解,使学生有亲临其境的感觉以加深对人物、情节和主题思想的理解。对于数理学科中的某些定理和法则,由于概念比较抽象,最好通过动画过程把事物的运动变化规律展现出来(或把微观的、不易观察的过程加以放大)以帮助学生对定理和规律加以掌握。同是化学学科,在讲解化学反应时最好用动画一步步模拟反应的过程,而在讲解分子式、分子结构以及元素周期表等内容时则以图形或图表相配合为宜。总之,对教学资源的选用和设计应以符合教学内容为原则。

3. 对象适应原则

不同年龄阶段的学生,其认知结构有很大差别,教学资源的设计必须与教学对象的年龄特征相适应,否则就不会有理想的教学效果。按照皮亚杰的儿童认知发展理论,小学生(6～11、12 岁)正好处于认知发展的第三阶段即“具体运算阶段”,其认知结构属“直觉思维模式”;而初中学生(12～15 岁)则处于认知发展的第四阶段即“形式运算阶段”,其认知结构属“运算思维图式”,处于这一阶段的学生思维能力有了较大发展,且抽象思维占优势地位。但是对初中学生来说,这种抽象思维仍属经验型,还需要感性经验的直接支持;而对高中学生(16～18 岁)来说,其抽象思维能力已得到进一步发展,逐渐由经验型过渡到理论型,即能在有关理论的指导下分析处理某些实际问题,并能通过对外部现象的观察归纳出关于客观世界的某些知识。在进行教学材料的设计时必须充分考虑上述不同年龄段的认知特点,绝不能用某种固定的模式。在小学低年级阶段各学科资源设计的重点应放在如何实施形象化教学以适应学生的直觉思维图式,因而应多采用图形、动画和音乐之类的媒体使图、文、声并茂;在小学高年级阶段则要把重点放在如何帮助学生完成由直觉思维向抽象思维的过渡,因而这一阶段的形象化教学可适当减少;在中学阶段则应着重引导学生学习抽象概念,学会运用语言符号去揭示事物的内在规律,逐步发展学生的逻辑思维能力。在初中阶段尽管形象化教学仍不可缺少,但是只能作为一种帮助理解抽象概念的辅助手段,而不能像小学那样以形象化教学为主,否则将会喧宾夺主,达不到教学目标——从形式上看很生动、美观,而内容却无助于学生认知能力的发展。

4. 最小代价原则

研究表明,人们总是根据最小代价律来选择信息。这就是说,接受者对信息的预期选择率 = 可能得到的好处 ÷ 需要付出的努力。为增加让人接受信息的可能性,要么增大分子值,即接受者可能有的收获;要么减少分母值,即接受者可能有的困难。接受者将得到的好处主要属于教学需求方面,如学生在某一特定情境中,通过教学软件获取的信息能在多大程度上满足学习的需要。接受者将付出的努力主要涉及获得信息的途径是否便利,如学生为了满足学习需要,必须花费多少时间和精力来获取这些信息。这就告诉我们,开发的学习资源不仅应该包含较多的信息量,而且应该深入浅出,通俗易懂,以使学生能够只花较少时间就获得这些信息。

判断一个教学资源是否有效,关键在于看它能否将所要表达的信息有效地呈现给学习者。要做到这一点,除了必须遵循前述基本原则之外,还应运用心理学原理,尤其是视听心理学原理和规律指导教学材料的设计和开发,才有可能设计出符合学习者认知特点和视听心理特点的教学材料。

4.2 网络教学资源的获取

4.2.1 数字图书馆

21 世纪的社会是信息社会,人们需求的信息量越来越大,存储的信息量也越来越大,信息的种类和样式也越来越多,传统图书馆模式已经不能满足这些需要,因此人们提出了建设数字图书馆的设想。

1. 数字图书馆的概念

数字图书馆(Digital Library)是一种馆藏以数字化格式存储,可以利用计算机访问的图书馆;而传统图书馆的馆藏则以印刷、微缩胶片或其他媒体等格式为主。数字化的内容可以被存在本地端或通过计算机网络由远程访问。通俗地说,数字图书馆就是虚拟的、没有围墙的图书馆,是基于网络环境下共建共享的可扩展的知识网络系统,是超大规模的、分布式的、便于使用的、没有时空限制的、可以实现跨库无缝链接与智能检索的知识中心。

2. 数字图书馆的特点以及优点

(1)信息储存空间小、不易损坏

数字图书馆是把信息以数字化形式加以储存的,一般储存在电脑光盘或硬盘里,与过去的纸制资料相比占地很小。而且,以往图书馆管理中的一大难题是,资料多次查阅后就会磨损,一些原始的比较珍贵的资料,一般读者很难看到。数字图书馆避免了这一问题。

(2)信息查阅检索方便

数字图书馆都配备有电脑查阅系统,读者通过检索一些关键词,就可以获取大量的相关信息。而以往图书资料的查阅,都需要经过检索、找书库、按检索号寻找图书等多道工序,烦琐而不便。

(3)突破时空界限,及时传递信息

传统型图书馆位置固定,读者往往要在去书馆的路上花费大量的时间。数字图书馆则可以利用互联网迅速传递信息,读者只要登录网站,轻点鼠标,即使和图书馆所在地相隔千山万水,也可以在几秒钟内看到自己想要查阅的信息,这种便捷是以往的图书馆所不能比拟的。

(4)信息利用共享化

众所周知,一本书一次只可以借给一个人使用。在数字图书馆则可以突破这一限制,一本“书”通过服务器可以同时借给多个人查阅,大大提高了信息的使用效率。

3. 数字图书馆的使用

一类是电子文献数据库。代表性的电子文献数据库有重庆维普资讯有限公司的主导产品——中文科技期刊数据库,收录中文期刊 12000 余种,全文 2300 余万篇,引文 3000 余万条,分三个版本(全文版、文摘版、引文版)和 8 个专辑(社会科学、自然科学、工程技术、农业科学、医药卫生、经济管理、教育科学、图书情报)定期出版,其网址是 http://wt.cqvip.com/;代表性的电子文献数据库还有清华大学主办的中国期刊网 CNKI 数字图书馆,收录的期刊均已有印刷版,全部期刊分为 9 个专辑:理工 A、理工 B、理工 C、农业、医药卫生、文史哲、经济政治与法律、教育与社会科学、电子技术与信息科学。其网址是 http://www.cnki.net/。

另一类是电子图书数据库。代表性的电子图书数据库是超星数字图书馆。超星数字图书馆成立于 1993 年,该图书馆按照"中图法"分为文学、历史、法律、军事、经济、科学、医药、工程、建筑、交通、计算机、环保等 22 大类,目前拥有数字图书 100 万种,是国内数字图书资源最丰富的数字图书馆。超星数字图书馆中的电子图书是 PDG 格式的,需要安装超星图书阅览器才可以打开阅读。

(2)数字图书馆的具体使用方法

①登录数据库

如登录 www.cnki.net,可凭机构用户登录账号、密码或 IP 自动登录。对于学校用户,可以先进入图书馆首页,从电子资源列表中选择"中国知网数字图书馆"或者"中国期刊全文数据库"等 CNKI 数据库,进入检索首页,如图 4－1 所示。

②下载安装全文浏览器

如果您是第一次使用 CNKI 的产品服务,那么您需要下载并安装 CAJViewer,才能看到文献的全文。CNKI 的所有文献都提供 CAJ 文件格式,期刊、报纸、会议论文等文献还同时提供 PDF 文件格式。我们推荐您使用 CAJ 浏览器,速度更快,针对学术文献的各种扩展功能更强。点击首页上方的"下载阅览器",下载后,运行软件包,根据提示进行相应选择和安装浏览器。

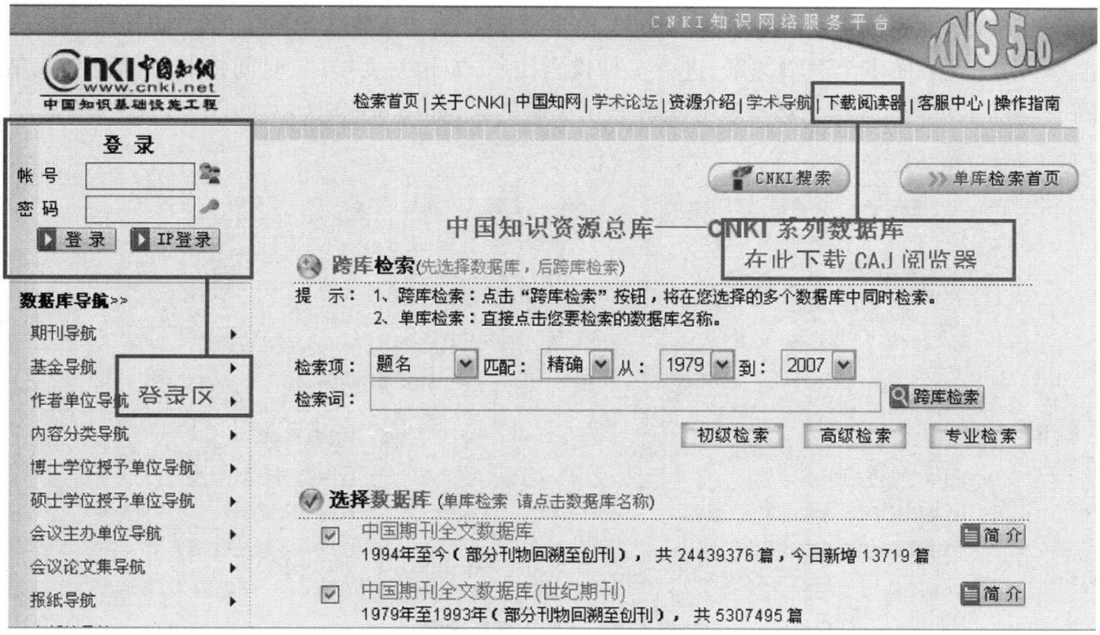

图 4－1　CNKI 检索首页

③具体检索方法

初级检索：读者登陆 CNKI 跨库检索首页后，输入检索词即可进行初级检索；读者也可以点击数据库名称，进入单库检索，如图 4－2 所示。

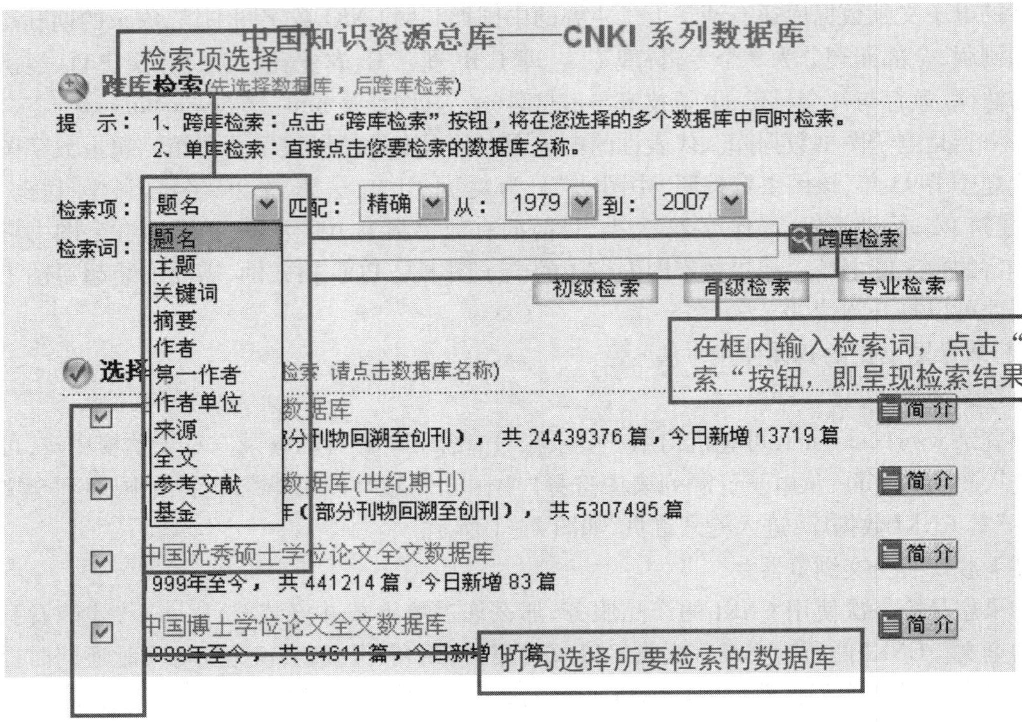

图 4－2　CNKI 单库检索

高级检索：提供检索项之间的逻辑关系控制，如检索“题名＝图书馆学”并且（或者）不包含“作者＝文庭孝”，将检索出关于图书馆学、作者是（非）文庭孝的文章。如果要提高查准率，则可以添加多个逻辑关系，进行多种检索控制，如相关度排序、时间控制、词频控制、精确（模糊）匹配等，适合于对检索方法有一定了解的人，如图 4－3 所示。

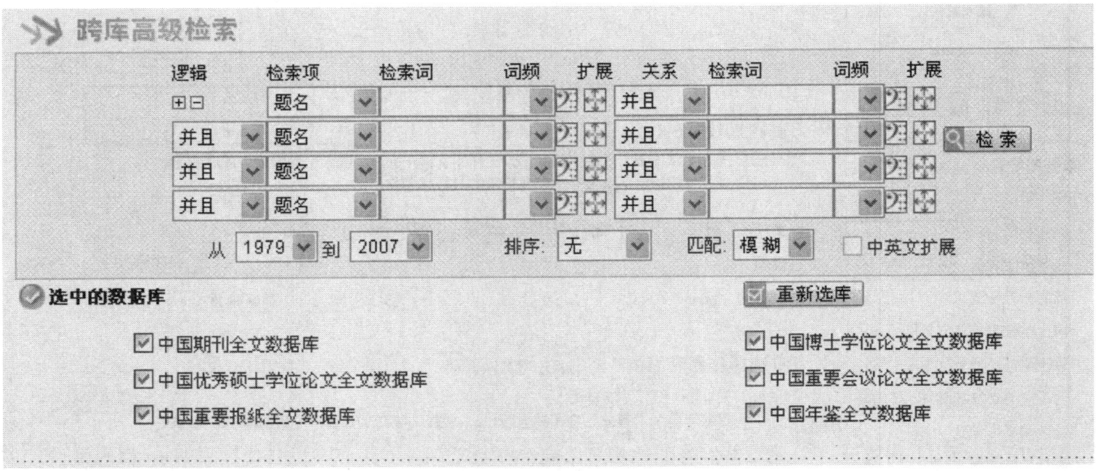

图 4－3　CNKI 高级检索

4.2.2　电子百科

百科全书是对人类过去积累的全部知识或某一类知识的书面摘要,通常是指一大套书。而电子百科是作为一种新型的百科全书随互联网的发展而兴起的。

下面是一些知名的电子百科的网址。

(1)大英百科全书(http://www.britannica.com)

(2)网上百科全书(http://www.encyclopedia.com)

(3)微软电子百科全书(http://encar-ta.msn.com/encnet/refpages/artcenter.aspx)

(4)世界各国百科全书(http://www.countryreports.org/)

(5)百度百科(http://baike.baidu.com/)

(6)维基百科(http://www.wikipedia.org/)

4.2.3　网页资源

网页上的资源有很多,包括文本、图形、图像、声音、动画、视频等。在采集网页资源时,首先应搜索相应的资源。一般情况下,大多数人会采用搜索引擎。

1.资源的搜索——搜索引擎

全球现已有30亿个网页和2000万个网址,要在这样一个信息的海洋中发现并查找出有利用价值的信息,必须使用搜索引擎。第一个搜索引擎"出生"在美国,它的名字叫Archie,是由McGill大学的一个小组开发的。早期的搜索引擎是把互联网中资源服务器的地址收集起来,由其提供资源的类型不同而分成不同的目录,再一层层地进行分类。人们可按它们的分类一层层进入,就能最后到达目的地,找到自己想要的信息。这种方式,只适用于互联网信息并不多的时候。随着互联网的信息呈几何式增长,搜索引擎开始快速发展。1994年春天,世界上出现了真正意义上的搜索引擎——Lycos。随着Yahoo!的出现,搜索引擎的发展也进入了黄金时代。搜索引擎家族不断发展壮大,逐渐分布到信息世界的各个角落,它们的种类、技术也在不断地发生变化。

(1)搜索引擎的分类

尽管目前存在数量众多的搜索引擎,但按照它们信息搜集方法和服务提供方式的不同,可以大致将它们划分为三大类型。

①基于蜘蛛程序的机器人搜索引擎

这种搜索引擎由一个称为蜘蛛(Spider)的机器人程序自动访问Web站点,提取站点上的网页,并根据网页中的链接进一步提取其他网页,或转移到其他站点上。由索引器为搜集到的信息建立索引,由检索器根据用户的查询输入检索索引库,并将查询结果返回给用户。该类搜索引擎的优点是信息量大、更新及时、无须人工干预,缺点是返回信息过多,有很多无关信息,用户必须从结果中进行筛选。这类搜索引擎的国外代表是AltaVista、Excite、Inktomi、FAST、Lycos、Google,国内代表为百度、OpenFind等。

②引擎目录式搜索引擎

它是以人工方式或半自动方式搜集信息,由编辑人员查看信息之后,人工形成信息摘要,并将信息置于事先确定的分类框架中,信息大多面向网站,提供目录浏览服务和直接检索服务。该类搜索引擎因为加入了人的智能,所以信息准确,导航质量高,缺点是需要人工介入,维护量大,信息量少,信息更新不及时。这类搜索引擎的国外代表是 Yahoo、LookSmart、Open Directory 等,国内代表有新浪网、搜狐等的网站目录。

③Meta 元搜索引擎

它的特点是本身并没有存放网页信息的数据库,当用户查询一个关键词时,它把用户的查询请求转换成其他搜索引擎能够接受的命令格式,访问数个搜索引擎来查询这个关键词,并把这些搜索引擎返回的结果经过处理后再返回给用户,而且会对于返回的结果系统进行重复排除、重新排序等处理。服务方式为面向网页的全文检索。这类搜索引擎的优点是返回结果的信息量更大、更全,缺点是用户需要做更多的筛选。这类搜索引擎的国外代表是 WebCrawler、InfoMarket 等,国内的一网打尽、飓风搜索通等能提供类似的功能。

下面是一些常用的中文搜索引擎。

①百度(http://www.baidu.com/)

它是目前世界上最大的中文搜索引擎,且不断保持快速增长。百度搜索引擎具有高准确性、高查全率、更新快以及服务稳定的特点,深受网民的喜爱。

②雅虎搜索(http://www.yahoo.cn/)

Yahoo! 全球性搜索技术(YST,Yahoo! Search Technology)是一个涵盖全球 120 多亿网页(其中雅虎中国为 12 亿)的强大数据库,拥有数十项技术专利、精准运算能力,支持 38 种语言,拥有近 10,000 台服务器,服务全球 50% 以上互联网用户的搜索需求。

③中国搜索(http://www.zhongsou.com/)

2003 年 12 月 23 日,刚刚上市的慧聪国际集团重拳出击,原慧聪搜索正式独立运作,成立了中国搜索,全力打造中文搜索第一品牌。

④搜狗搜索(http://www.sogou.com/)

2004 年 8 月 3 日,搜狐正式推出全新独立域名专业搜索网站“搜狗”,成为全球首家第三代中文互动式搜索引擎服务提供商,提供全球网页、新闻、商品、分类网站等搜索服务。

⑤爱问搜索引擎(http://iask.com/)

爱问搜索引擎产品由全球最大的中文网络门户新浪汇集技术精英、耗时一年多完全自主研发完成,采用了目前最为领先的智慧型互动搜索技术,充分体现了人性化应用理念,将给网络搜索市场带来前所未有的挑战。

⑥网易搜索引擎(http://so.163.com/)

在国内首创“网易开放式目录管理系统(ODP)”。提供网页、分类网站、图片、时尚搜索,其网页搜索结果由 Google 提供。

⑦TOM 搜索引擎(http://i.tom.com/)

提供网页、网站、图片、MP3、新闻搜索,其网页搜索结果由百度提供。

⑧21CN 搜索引擎(http://search.21cn.com/)

提供网页、网站、图片、MP3、FLASH、电影、软件、影集搜索,其网页搜索结果由百度提供。

⑨MSN 中文搜索(测试版)(http://beta.search.msn.com.cn/)

不仅提供网页链接列表,且能将您链接到您要查找的答案和信息。为实现这点,新的

MSN 搜索使用新的搜索引擎、索引和爬网软件,它们都是建立在 Microsoft 技术基础之上的。

⑩中华搜索(http://sou.china.com/)

2006 年 1 月 18 日,中华网推出的新版搜索引擎网站。

⑪SOSO 搜搜(http://www.soso.com/)

QQ 推出的独立搜索网站。

⑫北京大学天网中英文搜索引擎(http://e.pku.edu.cn/)

下面是一些常用的英文搜索引擎。

①http://www.google.com/

②http://www.yahoo.com/

③http://www.alltheweb.com/

总部位于挪威的搜索引擎后起之秀,风头直逼 google。

④http://www.overture.com/

著名搜索引擎广告商,竞价排名的始作俑者。

⑤http://www.about.com/

⑥http://www.msn.com/

由 LookSmart 支持的一个分类目录。

⑦http://www.looksmart.com/

点击付费索引目录,2002 年收购 WiseNut 全文搜索引擎。

⑧http://www.lycos.com/

发源于西班牙的搜索引擎,网络遍布世界各地。

⑨http://www.altavista.com/

⑩http://www.excite.com/

⑪http://www.infoseek.com(http://infoseek.go.com/)

⑫http://search.aol.com/

⑬http://www.ask.com/

⑭http://hotbot.lycos.com/

(2)搜索引擎使用的基本方法

目录式搜索引擎最简单的搜索方法就是掌握它的目录分类原则,确定你要找的网站应该在哪个分类,然后逐级点击寻找。这种方法在你需要寻找某一类网站时效果较好,不过,这里必须提醒同学们的是,各搜索引擎的目录分类原则不尽相同,而且还经常变化,并且随着网站数量呈几何级数增长,你需要点击翻找的页数也会越来越多。如果我们需要根据一些特定的条件来搜索,就最好使用关键词搜索的方法。现在就跟我一起来学习一些基本的搜索的数学规则,以便使搜索结果更迅速、准确。

①查询条件具体化

查询条件越具体,就越容易找到需要的资料。所以别怕在搜索引擎中输入有点复杂的搜索条件。举例来讲,如果你想找一些有关“Excel 的数学函数的使用方法”的资料,你可搜索“Excel 数学函数”(“Excel”和“数学函数”之间用空格隔开),不要仅查询“Excel”。试比较这两种查询所返回的结果。第一种搜索条件返回了 11400 项搜索结果,而第二种搜索条件返回了145,000,000项搜索结果。显然输入较具体的条件可以过滤掉大量的无用信息，从而减少我们的工作量。

②使用加号

有时我们需要搜索结果中包含要查询的两个或是两个以上的内容，这时我们可以把几个条件之间用“+”相连。比如说想查询王菲的歌曲《香奈儿》，你可以输入“王菲+香奈儿”。

③使用减号

有时你可能在查询某个题材时并不希望在这个题材中包含另一个题材，这时你就可以使用减号了。比如你想查找刘德华的歌曲《享用我的姓》，但又不希望得到的结果是RM格式(Realplayer)的，你就可以输入“刘德华　歌曲　享用我的姓　-RM”，记住一定要在减号前留一个空格位。减号的作用就在于可以使搜索结果集中反映你的需求，让你无须为大量无关的搜索结果而头疼。

④使用引号

如果把使用“+”和“-”看作是“加法”和“减法”，那么使用引号就可以看成乘法了。在搜索引擎中，乘法的公式是“短语”。使用这一公式可以保证你的搜索结果非常准确。因为，即使是有分词功能的搜索引擎也不会对引号内的内容进行拆分。在很多搜索引擎中，这种查询方式被称为短语查询，或者专用词语查询。这一方法在查找名言警句或专有名词时显得格外有用。

(3)信息检索的常用技巧

搜索引擎为用户查找信息提供了极大的方便，你只需输入几个关键词，任何你想要的资料都会从世界各个角落汇集到你的电脑里。然而如果操作不当，搜索效率也是会大打折扣的。比方说你本想查询某方面的资料，可搜索引擎返回的却是大量无关的信息。这种情况，责任通常不在搜索引擎，而是因为你没有掌握提高搜索精度的技巧。下面介绍一些信息搜索的常用技巧供大家参考。

①明确信息需求，确定搜索主题

信息需求就是我们想从Internet中获取什么样的信息，是进行网络检索的直接动因。明确了信息需求，也就确定了搜索主题。这样可以减少信息搜索的盲目性，提高搜索结果的命中率。对教师而言，信息需求多半来源于信息化教学设计。

②正确地使用检索词

使用搜索引擎要注意不能写错别字，此外要尽量使用大家比较常用的词语。就目前而言，多数搜索引擎不支持容错查询。所以，一定要注意不写错别字。由于互联网的信息是人来提交的，如果你使用了不常用的词语来搜索，就不大容易找到答案了。比如，你想查有关鼠标的信息，但输入的是“滑鼠”(港台地区用语)，就不容易找到资料了。

③选择合适的检索工具

网络搜索工具数量众多，各有特色，选择合适则事半功倍。因此，需要检索者熟悉各种类网络检索工具的特点、功能。不同的搜索引擎在查询范围、检索功能及检索方法上各有差异，熟悉和掌握一些常用的搜索引擎的性能、特点和一般使用方法是必要的，大多数搜索引擎对自身的操作、检索规则都给予了说明。在使用前，花费一点时间查看说明往往会在检索中有意想不到的收获。搜索目录比较适合一般性的浏览查询和较为综合、准确的信息，检索者可按思维逻辑顺序，通过目录体系的逐步深入查找信息。搜索引擎比较适合查询具体、特定的信息。需要说明的是，没有任何一种搜索引擎能够提供绝对完整、全面的检索，要想获得较全面的搜索结果，需要考虑采用多个搜索引擎搜索同一主题。

④正确使用布尔检索

布尔检索，就是应用布尔表达式的检索方式。几乎所有的搜索引擎都支持布尔运算：逻辑与(and)要求将同时含有词A和词B的信息源查询出来；逻辑或(or)要求将含有A或含有B或A、B都有的信息查询出来；逻辑非(not)要求将含有A而不含有B的信息源查询出来。

其实前面介绍的搜索方法就是这种布尔检索。加号就相当于“与”，减号就相当于“非”。而或关系没有介绍，它并不是很常用的检索规则。在搜索时一方面要注意不同搜索引擎工具的布尔检索的表达方法，另一方面，也要注意自己要搜索的内容逻辑关系是否合理。

⑤点击之前要思考

成功的搜索 = 正确的提问 + 点击有用的结果。就是说要想得到满意的搜索结果除了要注意搜索条件之外，还取决于你最终点击的那个搜索结果。在返回的搜索结果中究竟哪个是真正满意的？在点击之前，你需要通过比较排序位置、网址链接、文字说明等来分析。关于这方面的知识我们在实战演练时再学习。

⑥在实践中取得搜索经验

搜索技巧和其他的技术一样是在不断练习中总结与成熟起来的。因此你必须不断练习、不断总结。通过练习总结，你可以形成自己的一套有效的搜索习惯。这将有助于更快地完成搜索。

2. 资源的下载

网页资源有各种类型，不同类型的资源，下载方式各不一样，下面将介绍各种资源的下载方法。

(1)网页下载

①单击浏览器“文件”菜单中的“另存为”命令，弹出保存网页对话框。

②选择保存的路径，输入文件名，选择文件保存类型。

需要注意的是，保存类型应该选为“网页、全部”，否则，有些信息会保存不下来。

(2)文本下载

①用鼠标选中所需要的文字。

②单击鼠标右键，在弹出的快捷菜单中选择“复制”。

③打开word软件，新建空白文档。

④在空白文档中粘贴。

(3)音频下载

在浏览网页的时候，通常会遇到一些自己喜欢的在线播放音频，一般来讲，这些音频文件不会给出明显的下载地址，那么，我们应该如何下载这些文件呢？

①在播放音频的网页里，点击右键，选择“查看源文件”。

②源文件会以一个文本文档的方式出现，我们可以根据音频文件常有的后缀名去查找链接地址。音频文件的扩展名多是WMA、MP3、RM、MIDI等，逐一搜索。

③将该地址复制，打开迅雷、Flashget 等下载软件，新建下载任务就可以下载。

(4)动画下载

①临时文件搜索法

在网上看过的 Flash 动画，会自动保存在临时文件夹中。首先启动 IE 浏览器，然后打开“工具”中的“Internet 选项”，点击“常规”标签，在“Internet 临时文件”处单击“设置”按钮，在出现的对话框中单击“查看文件”，便会打开 Internet 临时文件夹，然后在此处查找扩展名为 SWF 的文件。

②查看源代码法

当浏览网页时，如若 Flash 没有在页面上给出下载链接，用户可以打开 IE 菜单上的“查看”，点击“源文件”，记事本就带着一大堆密密麻麻的源代码跳出来了。在“编辑”菜单中点击“查找”，在弹出的对话框中输入“. swf”，点击“查找下一个”，即可查找到 Flash 的 SWF 文件，获得 SWF 的地址。

③使用专用工具下载

下载网页 flash 的工具有很多，如网际快车、迅雷、遨游浏览器等都能智能检测 flash 动画。在这里，推荐 Flash Catcher 专用软件。安装 Flash Catcher 后，在页面上看到漂亮的 Flash 动画，只要把鼠标移动到想要保存的 Flash 动画上面，就可以轻松地把 Flash 动画保存下来。

(5)在线视频下载

传统视频网站的视频(WMV、RM 等格式文件)下载方法如下。

①安装迅雷、dudu 或影音传送带等免费下载软件。

②把鼠标放在要下载的视频上，点击“下载”按钮，然后保存。

新浪播客、CCTV、YouTube、优酷、土豆等视频分享网站(FLV 格式)的视频下载方法如下。

①安装维棠、Web Video Downloader 或 VideoGet 等第三方软件，推荐使用维棠。

②打开维棠，新建下载任务，把含有在线视频的网页地址复制到维棠软件中。

③维棠自动解析在线视频网络实际地址，自动下载，如图 4－4 所示。

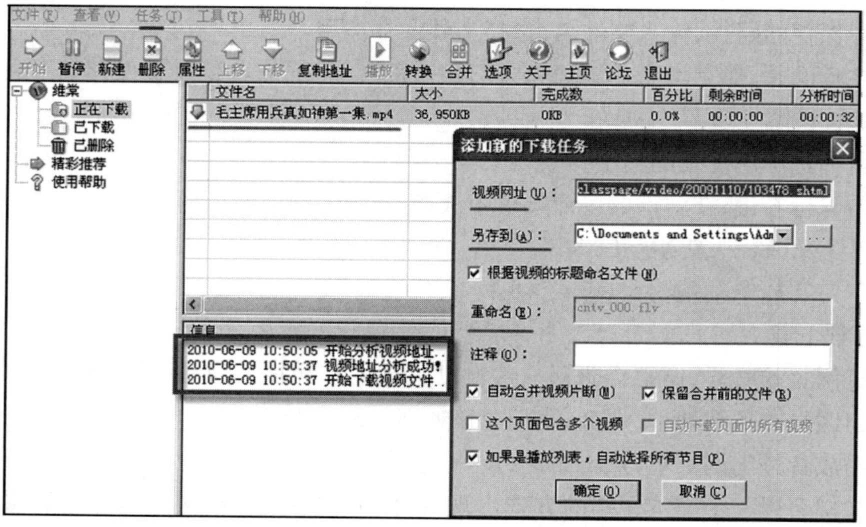

图 4－4　维棠下载在线视频页面

4.2.4　P2P 资源

P2P 是英文 Peer-to-Peer(对等)的简称,又被称为“点对点”。“对等”技术,是一种网络新技术,依赖网络中参与者的计算能力和带宽,而不是把依赖都聚集在较少的几台服务器上。通俗地讲,当你在下载时,自己的电脑还要继续做主机上传,这种下载方式,人越多速度越快,但缺点是对硬盘损伤比较大,对内存占用较多,影响整机速度。

在 P2P 网络环境中,彼此连接的多台计算机之间都处于对等的地位,各台计算机有相同的功能,无主从之分,一台计算机既可作为服务器,设定共享资源供网络中其他计算机所使用,又可以作为工作站,整个网络一般来说不依赖专用的集中服务器,也没有专用的工作站。网络中的每一台计算机既能充当网络服务的请求者,又对其他计算机的请求做出响应,提供资源、服务和内容。这些资源和服务通常包括信息的共享和交换、计算资源共享(如 CPU 计算能力共享)、存储共享(如缓存和磁盘空间的使用)、网络共享、打印机共享等。如图 4－5 所示。

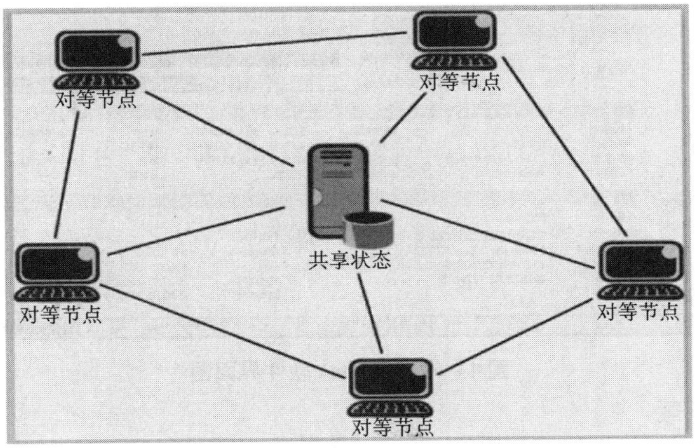

图 4－5　P2P

1. BT 资源下载

(1)安装 BT 客户端软件 BitComet(比特彗星)

BitComet(比特彗星)软件在 http://www.bitcomet.com/index-zh.htm 网站下载到本地,然后安装。需要说明的是,没有安装 BitComet 任何版本的电脑或安装了 BitComet 但卸载且删除残留文件的电脑,会进行全新安装;已经安装了 BitComet 的电脑,进行覆盖安装。这两种安装形式没有分别,都属于正常安装。覆盖安装保留了任务列表和设置文件,免除了重新设置的麻烦。

(2)获取 Torrent 种子文件

一般来说,网络上很多 BT 论坛提供 Torrent 种子下载。如果你实在不知道怎样去找到 Torrent 种子文件,有两种方法可以供你参考。方法一是打开 BitComet 软件,点击“频道”,其中有一个文件夹叫“BT 发布站点”,可以看到很多 BT 网站。可以在这些 BT 站点上下载 Torrent 文件。方法二是打开 BitComet 软件,在工具栏搜索条中直接输入关键字,点击“搜索”,在电影地带页面中会出现搜索结果的 Torrent 文件列表。找到 Torrent 种子文件后把它下载下来即可。

(3)向 BitComet 中加入 BT 任务

方法一是双击下载到本地的 Torrent 文件,跳出 BT 任务下载对话框,再进行 BT 任务下载。方法二是将 Torrent 文件拉到 BitComet 主程序中或悬浮窗口中,跳出 BT 任务下载对话框,再进行 BT 任务下载。

图 4 – 6 是正在下载 BT 资源的 BitComet 软件界面图。

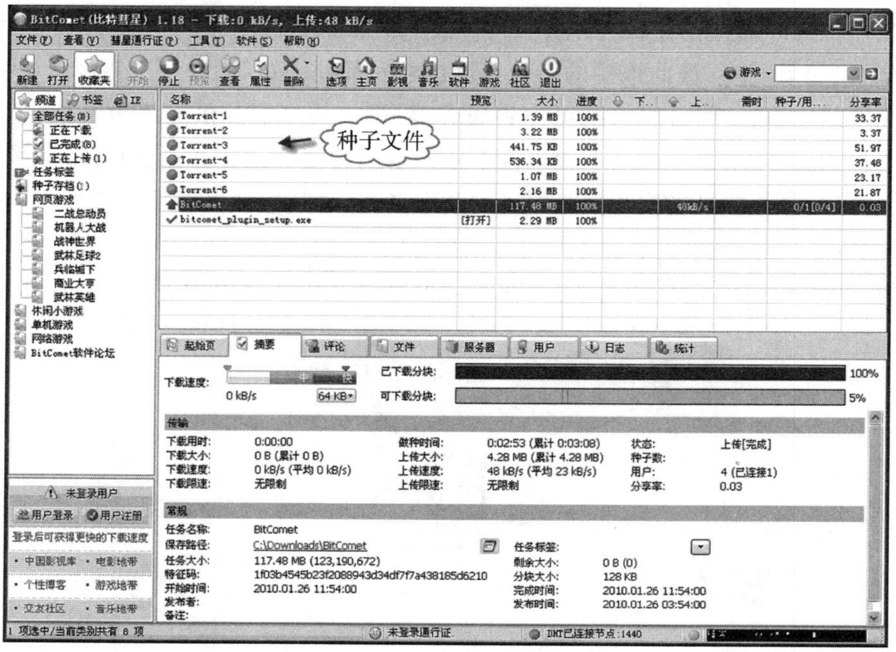

图 4 – 6 BitComet 软件界面图

2. 电驴资源下载

当 Yahoo、百度等建立了搜索引擎后,网友上网冲浪的方式有所改变,可以利用搜索引擎去查找、获取自己需要的所有信息。类似于网站、网页的搜索引擎,电驴是文件的搜索引擎。可以说,电驴的推出开创了文件搜索新时代。电驴,英文名称 eDonkey。用户用电驴软件把各自的电脑连接到电驴服务器上,而服务器的作用仅是收集连接到服务器的各电驴用户的共享文件信息(并不存放任何共享文件),并指导 P2P 下载。

(1)下载并安装 eMule

电驴软件很多,推荐使用 VeryCD 版的 eMule。安装时,就像 99% 的 Windows 软件那样,一直"下一步"即可完成安装。需要注意的是,在选择安装的组件时,可能包含第三方赞助厂商的捆绑软件,你可以根据自己需要选择安装或不安装。

(2)寻找资源并下载

一般来说,有两种方法可供你参考。方法一是访问 http://www. VeryCD. com,浏览网页,或通过页面上方的搜索栏寻找您想要的资源。比如,你想下载"李阳疯狂英语"相关资料,可在 http://www. VeryCD. com 主页的搜索框中输入关键词"李阳疯狂英语",就能找到与之相关的资料,然后选择你所需要的下载。方法二是打开电驴软件,点"搜索"菜单,在"名字"里面输入关键字,"类别"可以选择任意(推荐方式),"方法"最好选择"全局(服务器)",然后点"开始",你就会发现列出了非常多的可下载文件,剩下的就是去找到你自己需要的文件了。操作界面如图 4 -7 所示。

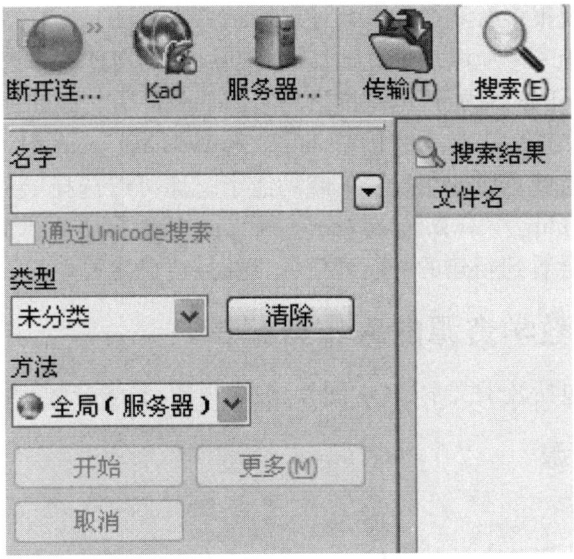

图 4 -7　电驴软件界面图

电驴的资源是非常丰富的,目前电驴搜索到的可下载的文件数目达上亿个。用电驴下载电影,估计你看一辈子电影都看不完。

3. 迅雷资源下载

对于迅雷软件,大家应该比较熟悉。在这里,没有必要去详细讲了,需要讲的是迅雷的使用技巧。

技巧一:更换下载默认目录

迅雷安装后会在 C 盘创建一个 TDDOWNLOAD 目录,并将所下载的文件都保存在这里。一般来讲,如果不断下载资料占用大量空间,很容易造成 C 盘磁盘空间不足和不稳定。另外,如果格式化 C 盘重装系统,会造成下载资料的丢失,因此建议最好改变迅雷默认的下载目录。方法是单击迅雷软件"工具"菜单中的"配置",点击"类别/目录"命令,在打开窗口中设置默认文件夹。

技巧二:保护硬盘

网络下载速度很快,因此如果缓存设置得较小的话,极有可能会对硬盘频繁进行读写操作,时间长了,会对硬盘不利。解决方法是单击迅雷软件"工具"菜单中的"配置",找到"常规"下的磁盘缓冲大小设置,如果网速较快,就设置得大些;反之,则设置得小些。

技巧三:将迅雷作为默认下载工具

如果你觉得迅雷很好,那完全可以将其设置为默认的下载工具,这样在浏览器中单击相应的链接,将会用迅雷下载。方法是单击迅雷软件"工具"菜单中的"配置",然后依次点击"BT 端口设置"和"迅雷作为默认下载工具"命令。

技巧四:资料下载完后自动关机

常常用迅雷下载大量的资料,人不在或晚上睡觉的时候,需要所有内容下载完毕后让电脑自动关机。方法是单击迅雷软件"工具"菜单中的"完成后关机"项。这样你再也不用担心电脑浪费电了。

技巧五:批量下载

有时在网上会发现很多有规律的下载地址,如遇到成批的 mp3、图片、动画等,如果按照常规的方法你需要一个一个地添加下载地址,非常麻烦,其实这时可以利用迅雷的批量下载功能,只添加一次下载任务,就能让迅雷批量将它们下载下来。假如你要下载一个歌手的专辑,一共是 20 首歌,这些歌的下载链接是 http://www.aaaa.com/01.mp3……http://www.aaaa.com/20.mp3,这时就可以使用批量下载功能了。你可以选择“新建批量任务”,在弹出的面板的 URL 栏输入 http://www.aaaa.com/(*).mp3,填写从 1 到 20,通配符选择 2(通配符就是*的长度),就会看到新建的一系列任务,这时点“确定”就可以下载了。

4.3 信息化教学资源的采集与编辑

信息化教学资源包括教学文本、教学图片、教学视频、教学音频、教学动画、教学课件等。

4.3.1 文本资源

1. 文本资源

文本资源是多媒体资源中最基本的资源之一。在制作多媒体教学课件的时候,常常需要大量的文本资源,而这些资源往往是预先通过文字处理软件输入和编辑好的。

(1)文本的格式

Windows 操作系统下,文本文件格式较多,主要有纯文本格式(TXT),写字板文件格式(WRI),Word 文件格式(DOC),RichTextFormat 文件格式(RTF)等。

(2)文本的采集

文本资源的采集通常是通过键盘输入、扫描识别的,另外还可以语音输入、手写输入等。

键盘输入可以直接使用写字板、记事本、Word、WPS 等软件。在输入时,用户可以选择自己喜欢的输入法,如五笔、智能 ABC、微软中文输入法、搜狗拼音输入法。如有需要,还可以去网上下载其他输入法安装。

扫描识别输入需要使用专门的软件扫描仪器,可以把资料、图书、期刊、古籍、档案等成册书籍进行数字化。国内的汉王科技股份有限公司生产了一系列的产品,部分产品配备了全球领先的中、英、日、韩文 OCR 识别软件,确保达到高识别准确率。

语音输入即麦克风输入法。它可以说是目前世界上最简便、最易用的输入法,只要你会说话,它就能打字。但由于中国汉语的同音字太多,我们在使用麦克风进行录入时,语音输入可能会打出我们并不想要的同音汉字,而且对普通话要求非常高,不适合方言。语音输入目前不是很成熟,常用的语音输入软件有 IBM 语音输入法软件、语音输入王等。

手写输入是对笔迹进行智能识别的技术,一般使用专用手写板进行输入,也可利用鼠标、触摸屏输入。手写输入技术已经非常成熟,已从早期要求宋体、楷体独立笔画输入,发展到行书及部分草书的连笔识别。输入速度中等时,识别率可达 95% 甚至更高。目前比较流行的手写输入系统有汉王手写系统、希望之星手写系统等。

(3)文本的编辑

文本资源的编辑在相应的软件中完成,选择什么样的软件取决于你的需求。如果你想把文本编辑成文档或打印文稿,可以使用 Word 软件编辑;如果你想把文本编辑成网页,可以选择 Dreamerver 软件;如果你想把文本添加到多媒体课件中,可以选择 Flash、Authorware 或其他。

4.3.2　音频资源

在多媒体课件中,语言解说和背景音乐是课件的重要组成部分。按照声音内容的不同,可以将多媒体课件中的声音划分为解说、效果声与音乐声等类型。

1. 音频的格式

音频文件格式专指存放音频数据的文件的格式。声音资源的常用文件类型有 MIDI、WAV、MP3、Windows Media Audio(WMA)、PCM、MOV、RM、MP4 等。利用音频处理和编辑软件可以实现音频文件格式的转换。音频的格式不同,其特点也不同,如表4-2所示。

表4-2　音频格式的特点

格式	特点
WAV 格式	Windows 中标准的声音文件。 优点:可以重现各种类型的声音,包括噪声、乐声,以及立体声、单声等。 缺点:文件的容量较大
MP3 格式	经过压缩的声音格式,是目前 Internet 上最流行的音频格式类型。 优点:压缩比高,音质好。 缺点:压缩和播放需要相应的软件
WMA 格式	微软的流媒体声音文件。 优点:可以在同文件、同音质下比 MP3 体积少 1/3 左右,因此非常适合用于网络串流媒体及行动装置。 缺点:与 MP3 相同,WMA 也是有损数据压缩的音频格式
RM 格式	早期的流媒体声音格式。 优点:压缩比高,可直接在网上播放。 缺点:音质欠佳,需相应的软件播放
MIDI 格式	是以数值形式存贮的命令,经过声卡将它们合成输出。 优点:文件容量小,通常是波形文件的 1/1500。 缺陷:表达能力有限,无法重现自然声音

2. 音频资源的采集

音频资源的采集方法有很多,下面介绍一般情况下获取音频资源的几个途径。

(1)从网上下载音频资源

第一种情况:如果知道声音文件名称,可以利用专业的搜索引擎直接查找。例如使用百度搜索引擎(www.baidu.com)进行搜索。

第二种情况:如果不知道声音文件的名称,可以搜索相关网站进行查找。

(2)抓取 CD 里的音频

在 CD、VCD 节目中有大量的优秀音频资源可以引用到教学课件中来,应用一些工具软件可以将这些资源截取下来。下面以常用的 Adobe Audition 为例进行介绍。

安装 Adobe Audition 工具软件后,点击 Windows"开始"菜单,找到"程序"中的"Adobe Audition",点击"文件",点击"从 CD 中提出音频",最后点击"保存"。如图4-8所示。

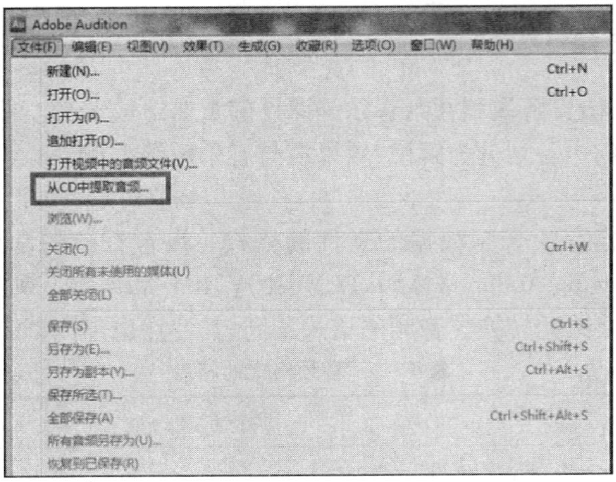

图 4－8　用 Adobe Audition 提取 CD 中的音频

3. 声音的录制

在制作多媒体课件的过程中，可以通过用麦克风录制声音文件、截取正在运行的程序中的声音等方法来录制声音，并保存为 WAV 格式文件。

(1)准备：首先将麦克风插入声卡的麦克风(MIC)插口，检查录音的硬件是否开启。将鼠标移动至右下角的小喇叭图标右键点击，在弹出菜单上选择“录音设备”，如图 4－9 所示。

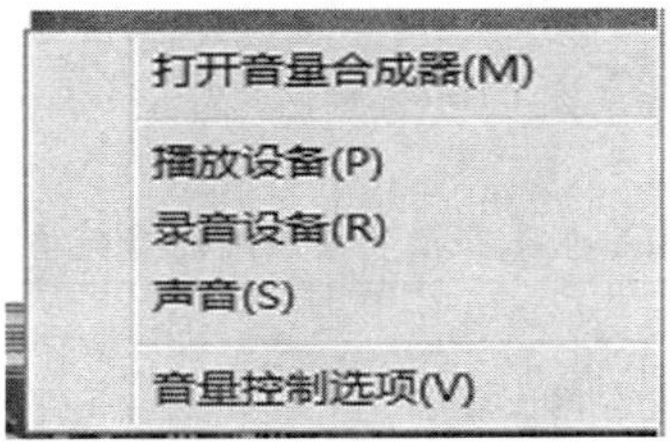

图 4－9　开启“录音设备”

在弹出的“声音”选项框中，点击“麦克风”，选择“使用此设备(启用)”，如图 4－10、图 4－11所示。

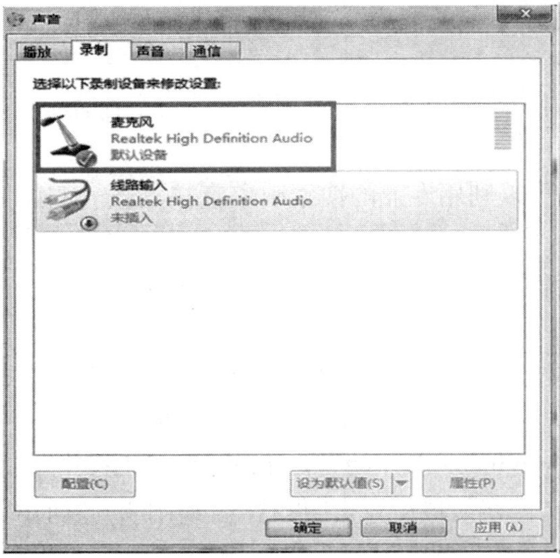

图 4－10　设置麦克风

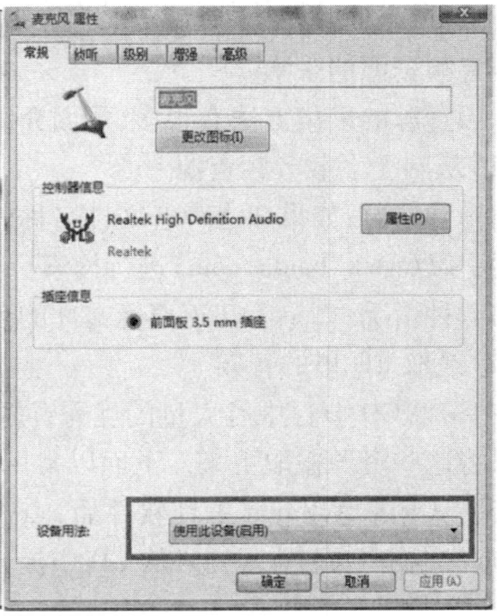

图 4－11　启用麦克风

然后点击“开始”菜单，选择“所有程序”，在“附件”下点击“录音机”，使用系统自带的录音软件就可以进行录音了。如图 4－12 所示。

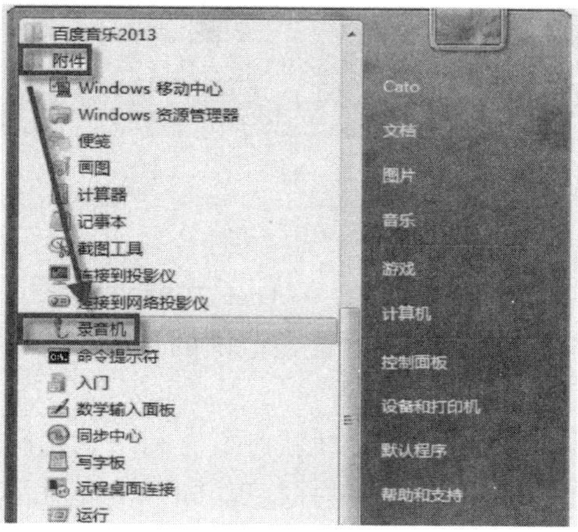

图 4－12　开启录音机

(2)录音：打开 Windows 环境下的“录音机”程序后，单击“录音机”程序上的“开始录音”按钮，此时即可通过麦克风进行录音。录音完毕后，单击“停止录制”按钮即可结束录音，如图 4－13 所示。最后，单击“停止录制”时会自动跳出“保存”命令保存录制好的声音文件。

图 4－13　录音窗口

4. 音频资源的编辑

在资源制作时应该掌握一些简单的声音编辑操作，如声音的剪切、降低音量、给解说增加背景音乐、录音等，Adobe Audition 就能实现这些基本功能。图 4－14 为 Adobe Audition 多轨界面简介。

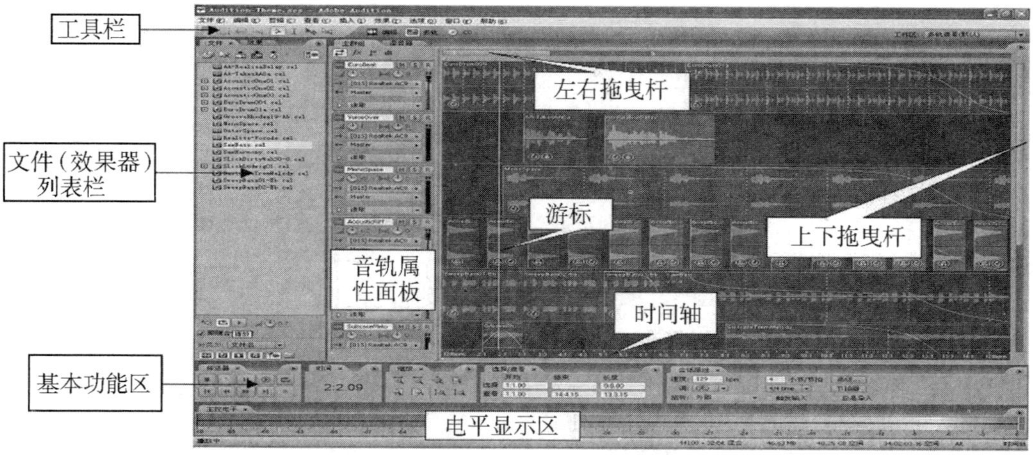

图 4－14　Adobe Audition 界面简介

(1)Adobe Audition 的工具栏

Adobe Audition 工具栏的菜单如图 4-15 所示。

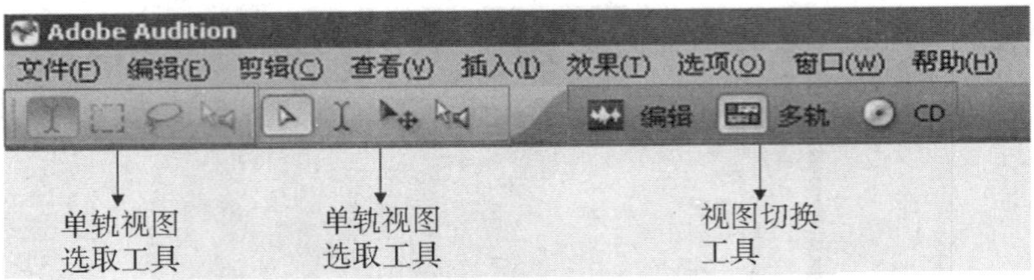

图 4-15 Adobe Audition 工具栏的菜单

时间选择工具——以时间为单位进行音频范围的选择。按住鼠标左键并左右拖曳,即可选中音频中的相应范围。

移动工具——移动工具通常使用于多轨状态下。利用它我们可以对多轨文件中的音频剪辑位置进行移动。使用时,按住鼠标左键并拖曳,即可实现对音频剪辑位置的移动。

混合工具——混合工具通常使用于多轨状态下,兼具时间选择工具、移动工具等的特点。单击鼠标左键可以实现选中剪辑、选择音频范围等功能;单击鼠标右键,可以实现移动音频剪辑等功能。

(2)Adobe Audition 基本功能面板

Adobe Audition 基本功能面板如图 4-16 所示。

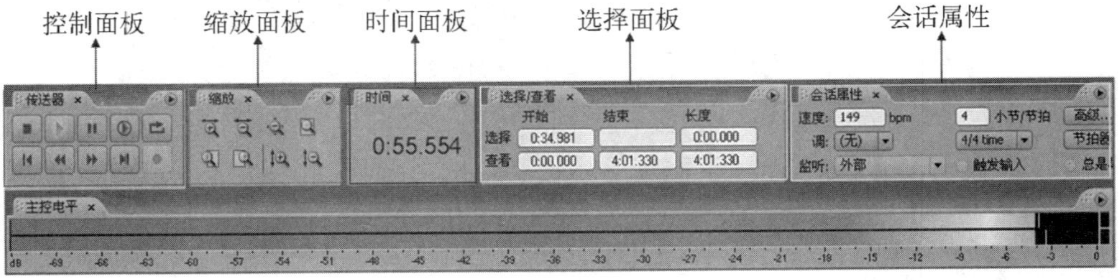

图 4-16 Adobe Audition 基本功能面板

(3)Adobe Audition 多轨编辑界面组成

Adobe Audition 多轨编辑界面组成如图 4-17 所示。

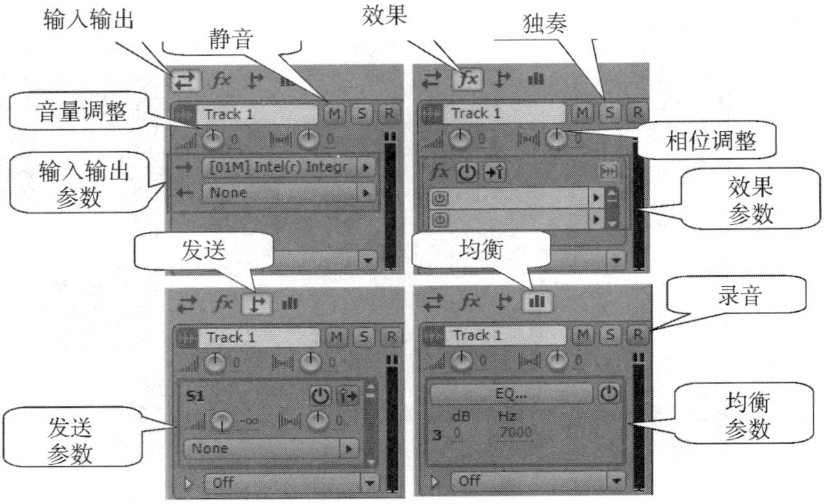

图 4-17 Adobe Audition 多轨编辑界面组成

(4) Adobe Audition 编辑模式界面

在进行音效编辑时,可进入 Adobe Audition 编辑界面,如图 4 – 18 所示。

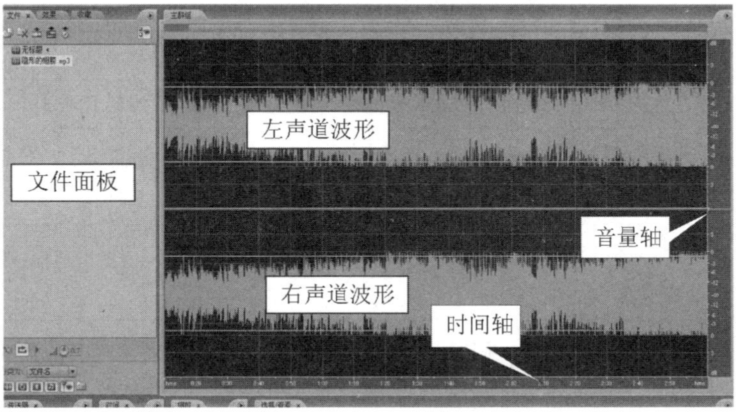

图 4 – 18　Adobe Audition 编辑模式界面

下面介绍 Adobe Audition 音频波形的处理步骤。

①获取音频波形的三种方式

A. 点击“文件”菜单中的“打开”,打开后编辑区直接出现文件波形。

B. 在“文件”面板中点击“导入文件”。导入后,在“文件”面板出现该音频文件。双击文件,在编辑区出现文件波形。

C. 在“文件”面板空白处双击。

②为多媒体课件录制旁白

点击传送器上的“录音”按钮,开始录音;点击“停止”按钮,录音结束。

事实上,用来进行声音资源处理的软件很多,例如 GoldWave、Ulead Audio Editor、Cool Edit Pro、Sound Forge 等。

4.3.3　图形、图像资源

1. 图形、图像的相关概念

(1) 点阵图

点阵图又称位图,是对视觉信号在空间和亮度上进行数字化处理后获得的数字图像。点阵图由若干个像素组成,把描述图像中各个像素点的亮度和颜色的数位值对应一个矩阵进行存储,这些矩阵值就映射成图像。点阵图可以装入内存直接显示。

(2) 矢量图

矢量图不用大量的单个点来建立图像,而是用一个指令集合来描述图形。图形用一组指令集合来描述图形的内容,如描述构成该图的各种图元位置、维数、形状等。由外部轮廓线条构成的矢量图,如计算机绘制的直线、圆、矩形、曲线、图表等,所描述对象可任意缩放而不会失真。一般来讲,图形只保存算法和特征点,所以相对于位图(图像)的大量数据来说,它占用的存储空间较小。但由于每次屏幕显示时都需要重新计算,故显示速度没有位图(图像)快。另外,在打印输出和放大时,矢量图图形的质量较高而位图(图像)却常会失真。

2. 图像文件的格式

常用的图像文件格式有 BMP、JPEG、GIF、TIFF 等;常用的图形文件的格式有 PNG、EPS、WMF、CDR、SVG 等。这些格式的特点如表 4－3 所示。

表 4－3　常用图像文件格式的特点

格式	特点
BMP	绝大多数图形软件都支持 BMP 格式,但是文件的规模大
GIF	是 Internet 上使用的最重要的图像格式之一。文件的压缩比比较高,文件长度较小,支持图像内的小型动画。但是仅能表达 256 色的图像
JPG	文件可以非常小,可通过降低压缩比来获得较高质量的图像,或反而行之。但是有损压缩,不适宜于存储珍贵或原始素材
WMF	是以矢量格式存放的文件,是 Windows 系统下与设备无关的最好格式。文件容量小,可边下载边播放,矢量图,可无级放大等。可由 Flash 软件制作
PSD	Photoshop 的固有格式,可以比其他格式更快速地打开和保存图像,很好的保存层、通道、路径、蒙版以及压缩方案不会导致数据丢失等。但是,很少有应用程序能够支持这种格式
PDF	是由 Adobe Systems 创建的一种文件格式,允许在屏幕上查看电子文档,还可被嵌入 Web 的 HTML 文档中
TIFF	是 Aldus 在 Mac 初期开发的,目的是使扫描图像标准化。它是跨越 Mac 与 PC 平台最广泛的图像打印格式。TIFF 使用 LZW 无损压缩方式,大大缩小了图像尺寸。另外,TIFF 格式最令人激动的功能是可以保存通道,这对于处理图像是非常有好处的
PNG	是一种无损压缩的位图图形格式。其设计目的是替代 GIF 和 TIFF 文件格式,同时增加一些 GIF 文件格式所不具备的特性。压缩比高,生成文件体积小
SVG	可缩放的矢量图形。它是基于 XML(Extensible Markup Language),由 World Wide Web Consortium(W3C)联盟开发的,严格来说应该是一种开放标准的矢量图形语言,可让你设计激动人心的、高分辨率的 Web 图形页面。用户可以直接用代码来描绘图像,可以用任何文字处理工具打开 SVG 图像,通过改变部分代码来使图像具有交互功能,并可以随时插入 HTML 通过浏览器来观看

3. 图形、图像资源的采集

在课件制作过程中,可以自己绘制图像,利用屏幕捕捉软件、扫描仪、数码相机等工具来获取所需的图像资源。

(1)利用专业搜索引擎从网上下载图片。例如通过 http://image. baidu. com、http://cn. picsearch. com 等搜索引擎。

(2)截取电脑屏幕

在 Windows 中,系统为我们提供了两个用来抓取屏幕的快捷键:“Print Screen”和“Alt”+“Print Screen”。“Print Screen”是用来抓取整个屏幕的,在任何时候只要一按这个键,Windows 就会把当前的屏幕复制到剪贴板中。“Alt”+“Print Screen”则是用来抓取当前窗口中的内容的。

如果想保存复制到剪贴板中的图像,我们可以打开一个图形处理软件,用“编辑”菜单下的“粘贴”命令把剪贴板中的图像粘贴下来，然后把它保存成图像文件就可以了。比如，打开“所有程序”，选择“附件”中的“画图”程序，把抓取的屏幕图片粘贴到空白文档中，就可以保存图片了。

(3)利用抓图软件 SnagIt

SnagIt 是一款拥有多年历史的老牌屏幕捕捉软件，功能强大。它支持各种形式的图像捕捉，包括屏幕、屏幕固定区域、滚动页面等，甚至还可以录制屏幕视频。

要抓取图像，首先必须在“捕捉”菜单栏下的模式选项中选择“图像捕捉”。选择的类型不同，抓取时操作方法也略有差别。

①“输入”设置

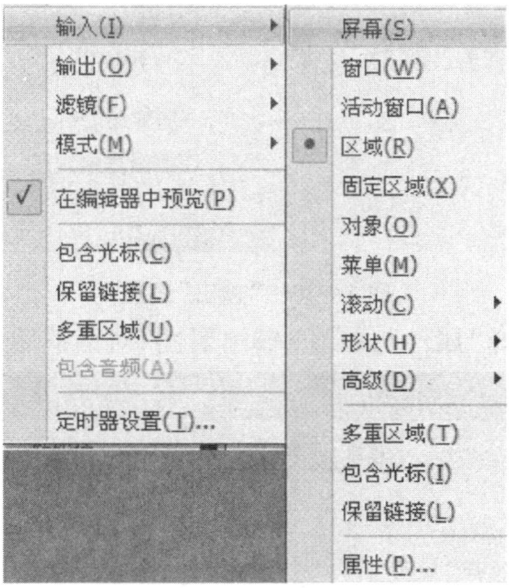

图4-19　“输入”设置

屏幕：选择此项，按下热键时将抓取全屏画面。

窗口：按下热键时，鼠标将变为手形，同时出现一个大小会自动变化的红线方框，移动鼠标位置，方框就会套住不同的区域，再单击鼠标，方框内的区域就会被抓取。用该选项来抓取程序界面中的一部分非常方便。

活动窗口：按下热键时，将抓取活动窗口。

区域：按下热键时，再拖动鼠标指针画框，所画方框内的区域就会被抓取。

固定区域：按下热键时，会出现一个固定大小的方框，移动方框到合适的位置后再单击鼠标，框内的区域就会被抓取。

在抓取图像时，SnagIt 还可以在输入菜单下设定是否包括光标，是否自动滚动(用于抓取一屏显示不下的窗口)，非常方便。

②“输出”设置

SnagIt 支持将抓取的图像输出到一个或多个对象，从而提高工作效率。默认每次抓取的图像都会自动输出到预览窗口。要同时输出到其他多个对象，须先复选输出下的多个输出对象，再复选输出下的其他输出对象即可。例如，选中 Word 后，抓取的图像可以直接输到 Word 文档中；选中打印机后，可以把抓取的图像打印出来。

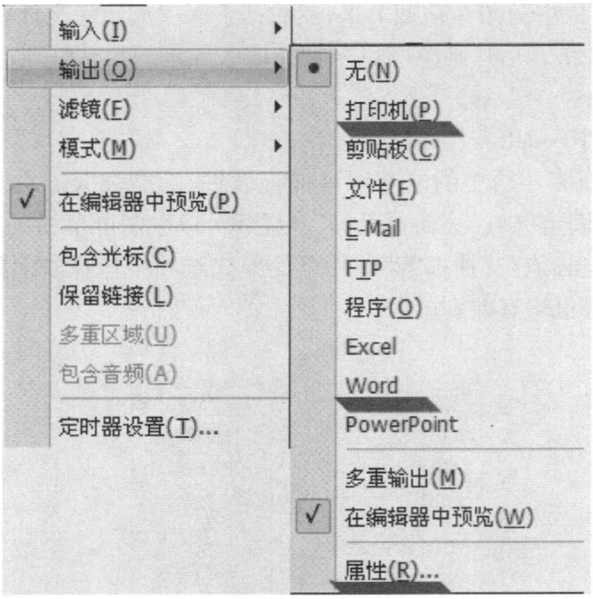

图 4－20　“输出”设置

对于各种输出类型，选择“属性”，打开“输出属性”对话框后可以进行更详细的设置。

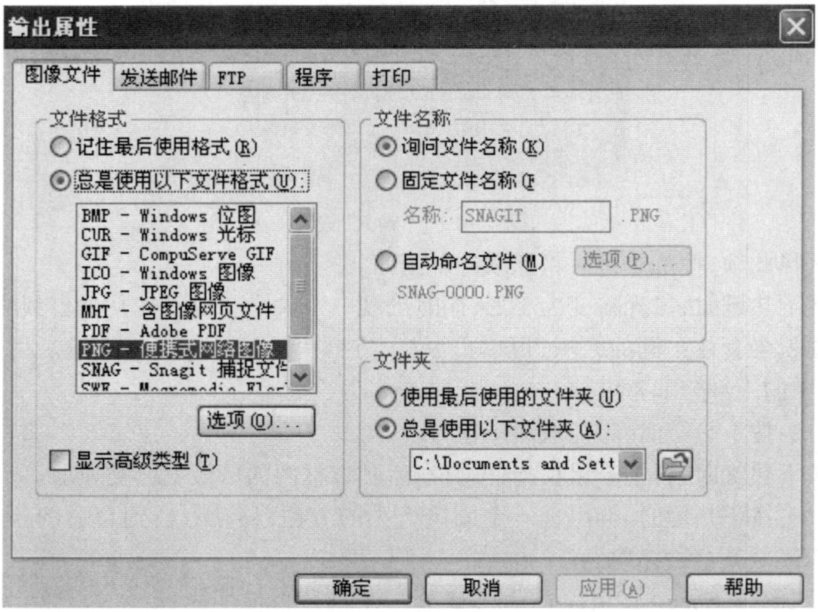

图 4－21　输出属性

（4）在数字视频上截取

如果想把影片中的一个画面作为图片引用到课件中来，则需要在数字视频文件上进行单帧画面截取。例如可利用暴风影音截取电影中一张图片。

首先用暴风影音打开一个视频，点击左下角的工具箱按钮，如图 4－22 所示。

图 4－22　工具箱按钮

点击后弹出“工具”弹窗，点选“截图”，如图 4－23 所示。

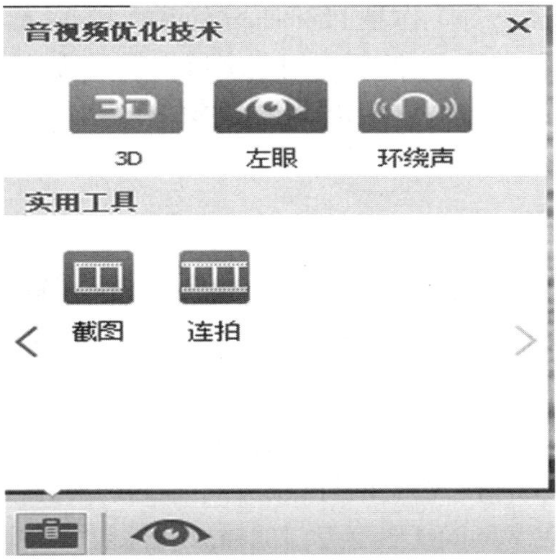

图 4－23　“工具”弹窗

最后，在弹出的对话框中输入图片要保存的名称，然后进行保存。

(5) 通过扫描仪获取图像

要从书本、杂志、图片等非数码资源中获取图像，扫描仪是最常用的一类工具。扫描仪的工作原理和复印机相似，用一列光传感器电子化地捕捉图像，整个过程由软件进行管理，将扫描出来的图像经过转换后保存到硬盘上。扫描图像的步骤是：①预扫描，②设定扫描区域，③扫描，④保存图像。

4. 图形、图像资源的编辑

通过前面所讲的方法获取了数字化图像以后，通常还需要对图像进行编辑或加工。图像编辑工具十分丰富，从工作角度来看，从 Windows 自带的“画笔”软件到功能十分强大的 Photoshop 软件都可选用。它们能完成基本的图像绘制，并具有对从外部文件输入的图像数据进行编辑、修改的功能。

Adobe 公司开发的 Photoshop 集位图和矢量图绘画、图像编辑、网页图像设计、网页动画制作、网页制作等多种功能于一体，是多媒体课件制作中不可缺少的图像资源编辑软件。

Photoshop 的主要功能可分为图像编辑、图像合成、校色调色及特效制作等。

图像编辑是图像处理的基础，我们可以通过图像编辑功能对图像做各种形式上的变换，如放大、缩小、旋转、倾斜、镜像、透视等，也可进行复制、去除斑点、修补、修饰图像的残损等处理。

图像合成则是将几幅图像通过图层操作、工具应用形成完整的、意义明确的图像。Photoshop 提供的绘图工具让图像可以很好地融合起来，使图像合成得天衣无缝。

校色调色是 Photoshop 中深具威力的功能之一，选用它可以方便快捷地对图像的颜色进行明暗、色彩的调整和校正，也可以切换颜色以满足图像在不同多媒体作品中的应用。

特效制作在 Photoshop 中主要由滤镜、通道及工具综合应用完成，包括图像的特效创意和特效字的制作，如油画、浮雕、石膏画、素描等常用的传统美术技巧都可通过 Photoshop 特效完成。

Photoshop 经过多次升级后编辑能力进一步完善，可操作性大大提高。例如，在 Photoshop 的工具箱中，修复笔刷（Healing Brush Tool）能让操作者毫不费力地除去照片上的灰尘、划痕、污点及皱痕。当从图内或从其他图片区域复制时，它能自动保留原图阴影、亮度、纹理等属性。

对图像的选择、粘贴、调整等工作是 Photoshop 的基本操作，但必须通过不断学习、实践才能熟练运用。而层、滤镜、蒙版、通道等运用起来就比较灵活，没有什么固定的套路，需要充分调动自己的想象力和创造力，以制作出绚丽多彩的作品。

4.3.4 动画资源

1. 动画的基本原理及其格式

动画是指由许多帧静止的画面，以一定的速度（如每秒 16 张）连续播放时，肉眼因视觉残像产生错觉，而误以为画面活动的作品。

常用的动画格式有 GIF、FLC、SWF 格式等。GIF 格式自 1987 年由 CompuServe 公司引入后，因其体积小而成像相对清晰，特别适合于初期慢速的互联网，从此大受欢迎。FLC 是由 AutoDesk 公司开发的动画文件格式，它的特点是易于编码和解码，适合用作由计算机所产生的彩色图形的简短动画，在 Windows 中有专门的播放软件来播放 FLC 动画。SWF 格式主要是由 Flash 软件生成的动画格式，普及程度很高，现在超过 99% 的网络使用者都可以读取 SWF 档案。

2. 动画资源的采集

（1）使用专业的动画软件制作

动画制作分为二维动画与三维动画技术，像网页上流行的 Flash 动画就属于二维动画；最有魅力并运用最广的当属三维动画，包括我们见到的动画制作大片、电视广告片头、建筑动画等都要运用三维动画技术。二维动画的制作软件有 SimpleSVG、ANIMO、Comicstudio、TOOZ、USAnimation、Adobe Flash 等，三维动画的制作软件有 3DMAX、Maya、CINEMA 4D 等。

(2)从网络上获取动画

①临时文件搜索法

在网上看过的 Flash 动画,会自动保存在临时文件夹中。首先启动 IE 浏览器,然后打开“工具”选项中的“Internet 选项”,点击“常规”标签,在“Internet 临时文件”处单击“设置”按钮,在出现的对话框中单击“查看文件”,便会打开 Internet 临时文件夹,然后在此处查找扩展名为 swf 的文件。

②查看源代码法

当浏览网页时,如若 Flash 没有在页面上给出下载链接,用户可以打开 IE 菜单上的“查看”,点击“源文件”,记事本就带着一大堆密密麻麻的源代码跳出来了,在“编辑”菜单中点击“查找”,在弹出的对话框中输入“. swf”,按“查找下一个”,即可查找到 Flash 的 swf 文件,获得 swf 的地址。

③使用专用工具下载

下载网页 Flash 的工具有很多。如网际快车、迅雷、遨游浏览器等都能智能检测 Flash 动画。在这里,推荐 Flash Catcher 专用软件。安装 Flash Catcher 后,可在页面上看到漂亮的 Flash 动画,只要把鼠标移动到想要保存的 Flash 动画上面,就可以把 Flash 动画轻松保存下来。

3. 动画资源的编辑

专业的多媒体课件中离不开大量动画的支持。中小学课本中有很多内容适合用动画呈现,例如化学里面原子和分子的运动、实验的模拟,物理中的热学、电学、力学分析,数学里面的立体几何等内容。

(1)二维动画

目前能制作二维动画的软件不少,最流行的就是 Flash 了,它是一种优秀的交互动画制作工具,因为采用流媒体技术,其作品占有的磁盘空间很小,因此在 Internet 上非常流行,以下是 Flash 的主要特点。

第一,支持动画、声音以及交互功能,具有强大的多媒体编辑能力,并可直接生成主页代码。

第二,Flash 通过使用矢量图形和流式播放技术克服了目前网络传输速度慢的缺点。

第三,基于矢量图形的 Flash 动画尺寸可以随意调整缩放,并且文件很小,非常适合在网络上使用。

第四,流式技术允许用户在动画文件全部下载完之前播放已下载的部分。

第五,Flash 提供的透明技术和物体变形技术使创建复杂的动画更加容易,为 Web 动画设计者的丰富想象提供了实现手段。

由于 Flash 是一个非常好的动画制作软件,具有强大的交互功能,目前很多人使用它来制作多媒体课件,它非常适合做以单节课为主要内容的课件,文件很小,适于网上传输,方便资源共享。

(2)三维动画

制作三维动画是一个涉及范围很广的话题,除基本技能外,还需要更多的想象力和创造力。创作专业级的三维动画作品至少要经过三个步骤:造型、动画和绘图。

造型就是利用三维软件在电脑上创造三维形体。一般来说,先要绘出基本的几何形体,再将它们变成需要的形状,然后通过不同的方法将它们组合在一起,从而建立复杂的形体。

另一种常用的造型技术是先创造出二维轮廓,再将其拓展到三维空间。还有一种技术叫作放样技术,就是先创造出一系列二维轮廓,用来定义形体的骨架,再将几何表面附于其上,从而创造出立体图形。通常造型具有一定难度,工作量又大,但是可以在市场或因特网上找到包罗万象的三维造型库,从自然界的小动物到宇宙飞船应有尽有,直接调用不仅可以提高工作效率,也可以为经验不足的新手提供方便。

动画就是使各种造型动起来。电脑有非常强的运算能力,制作人员所要做的是定义关键帧,中间帧交给计算机去完成,可做出与现实世界非常一致的动画。如我们看的好莱坞大片,很多镜头是用电脑合成的,但观众却无法分辨出差别,不像传统的动画片,由于是手工绘制,帧与帧之间没有过渡,我们看到的是画面不断跳跃的卡通片。

绘图包括贴图和光线控制。当完成上述的一切要给动画上色、打光时,需要高性能的电脑。动画一秒钟大约为 30 帧,合成一帧(就是一个画面)可能用几秒,也可能要几十分钟,性能不佳的电脑将无法工作。

Autodesk 公司推出的 3D Studio MAX 是在 Windows 环境下运行的、功能强大的三维动画制作软件,被广泛运用于三维动画设计、影视广告设计、室内外装饰设计等领域。用功能强大的 3DMAX 进行三维创作,最大的局限是制作者本身的能力,要熟练使用它要花费很多精力。

4.3.5 视频资源

1. 视频的基本原理

视频影像是由一系列被称为帧的单个静止画面组成的。一般帧率在 24 ~ 30 帧/秒时,视频运动非常平滑,而低于 15 帧/秒时就会有停顿感。从视频信号的组成和存储的方面来看,视频影像可分为模拟视频和数字视频。模拟视频是指每一帧图像是实时获取的自然景物的真实图像信号。我们在日常生活中看到的电视、电影都属于模拟视频的范畴。数字视频信号是基于数字技术以及其他更为拓展的图像显示标准的视频信息,其与模拟视频相比有以下特点。

(1)数字视频可以不失真地进行无数次复制,而模拟视频信号每转录一次,就会有一次误差积累,产生信号失真。

(2)模拟视频长时间存放后视频质量会降低,而数字视频便于长时间存放。

(3)数字视频可以进行非线性编辑,并可增加特技效果等。

(4)数字视频数据量大,在存储与传输的过程中必须进行压缩编码。

2. 视频格式及特点

视频在计算机中存储的格式有很多,常用的有 AVI、MPEG、MOV、WMV、DAT、ASF、RM-VB 等。各格式特点如表 4-4 所示。

表 4-4 视频格式及特点

格式	特点
AVI	由视频和音频两部分组成,无压缩,高质量,但占用存储空间大
RMVB	这是一种由 RM 视频格式升级延伸出的新视频格式,它的先进之处在于打破了原先 RM 格式那种平均压缩采样的方式,在保证平均压缩比的基础上合理利用比特率资源,大幅地提高了运动图像的画面质量

续表4-4

格式	特点
ASF	微软所开发的串流多媒体文件格式，是微软公司 Windows Media 的核心
WMV	微软推出的一种流媒体格式，它是由“同门”的 ASF 格式升级延伸来的。在同等视频质量下，WMV 格式的体积非常小，因此很适合在网上播放和传输
MOV	是苹果电脑中的视频文件格式，具有较高的压缩比率和较完美的视频清晰度。其默认的播放器是 Quick Time Player
MPEG	MPEG 标准是视频、音频、数据的压缩标准。MPEG 标准的视频压缩编码技术大大增强了压缩性能
DAT	DAT 是数据流格式，我们非常熟悉的 VCD 就是 DAT 格式的

3. 视频资源的采集

多媒体计算机的视频采集（捕捉）系统由计算机、视频采集卡以及外部视频设备如录像机、摄像机等组成，如图4-24所示。视频采集卡的作用是将录像带、光盘等视频源上的模拟视频信息转换成数字视频信息。在视频采集卡中，模数转换器负责把从视频源传来的模拟视频流转换成数字视频流，音频捕捉线路所捕捉的数字音频信息可以和数字视频信息结合在一起，通过硬件压缩芯片执行某种压缩算法，输出的便是经过压缩的视频数据文件。也有的视频采集卡不带硬件压缩芯片，而通过压缩软件对视频数据进行压缩。一般说来，视频采集卡提供了连续采集、单帧采集和视频图像的数字化播放等功能。

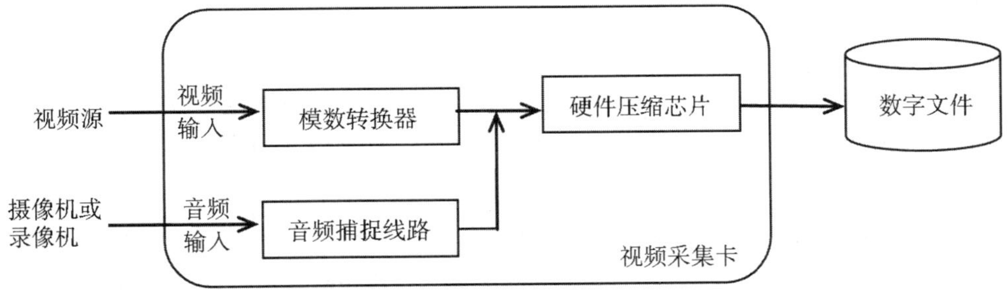

图4-24 多媒体计算机的视频采集系统

4. 视频资源的编辑

为了对数字化视频信息进行编辑加工，可以采用专门的视频编辑软件，如 Adobe 公司的 Premiere 软件、Ulead 公司的 Video Studio 软件。

Premiere 是一个基于非线性编辑的视音频编辑软件，被广泛应用于电视编辑、广告制作、电影剪辑等领域，是 PC 机平台上应用最为广泛的视频编辑软件。非线性编辑系统将传统的电视节目后期制作系统中的切换机、录像机、录音机、编辑机、调音台、字幕机、图形创作系统等设备集于一台计算机内，用计算机来处理、编辑图像和声音等，再将编辑好的视音频资源输出成各种格式的文件或通过录像机录制在磁带上。

（1）资源的采集和导入

在 Premiere 中，通过“File/Capture”命令，借助编辑平台的视音频捕捉卡，可以采集各种介质上的视音频资源；或者通过“File/Import”命令，直接导入计算机硬盘中各种形式的视音频资源，包括 AVI、MOV 格式的视频文件，WAV、MP3 格式的音频数据文件，动画 FLC 格式文件,PTL 格式字幕文件,BMP、JPG、PCX、TIFF 格式的图像文件等。所有采集和导入的资源都将出现在 Project 窗口中。

(2)资源的加载

时间线窗口有多个轨道放置视频和音频资源,是用于把资源汇编成影视作品的。用鼠标选取工程项目库中的相应资源,然后拖到时间线的相应视音频轨上,即可实现资源的加载。

(3)资源的剪辑

利用时间线窗口中的剪辑工具,根据分镜头稿本,剪掉不需要的视音频资源,并进行整理,使资源很好地组接在一起。

(4)特技的叠加

在 Premiere 中,所有过渡特技都在 Transitions 面板中进行,过渡特技的创建方法就是从 Transitions 面板中将所需特技拖拉到时间线上的过渡特技轨上(在 Video A 和 Video B 之间,使 A 轨和 B 轨中的视频很好地组接在一起)。同样,所有视频特技的创建都在 Video 面板中进行,创建视频特技的方法就是从 Video 面板中将所需特技拖拉到时间线上的相应资源上。Premiere 6.0 增加了编辑关键帧的功能,使用户可以轻易地在轨道中添加、移动、删除和编辑关键帧,关键帧的加入使 Premiere 对于控制高级的二维动画游刃有余。

(5)字幕的制作

通过“File”中的“Title”命令,可以制作标题字幕、新闻、唱词、片头字幕、片尾字幕等,生成 PTL 字幕文件,同时会出现在工程项目库中。将字幕文件拖到时间线上,叠加到相应的视频上,需要特技时可叠加合适的特技。

(6)作品的预览

通过“Timeline”中的“Preview”命令,或者直接按 Enter 键,Premiere 会显示“建立预览”对话框,并给出节目的总长度以及生成预览文件所需的时间。生成预览文件之后,将会在监视窗口中显示预览,可按 Enter 键反复预览并进行修改,直到符合要求。

(7)作品的输出

当在时间线窗口中完成了资源的剪辑,并对预览结果感到满意后,便可以输出可单独播放的影视文件。通过“File”中的“Export Timeline”命令,Premiere 可以输出很多类型的文件,包括 Video for Windows 格式的 AVI 文件、Quick Time for Windows 格式的 MOV 文件,也可以是位图序列、动画文件 FLC、Real video 格式的 RM 文件等,还可以通过录像机录制在磁带上,使作品可以在各种平台以及网络中很好地传播。

4.4 多媒体素材格式的转换

多媒体素材是指多媒体课件以及多媒体相关工程设计中所用到的各种听觉和视觉工具材料。多媒体素材是多媒体课件的基本组成元素,是承载教学信息的基本单位。它包括文本、图形、图像、动画、视频、音频等。

4.4.1 常用的多媒体格式

1. 常见图形、图像素材格式概述

(1)BMP

BMP 是一种与硬件设备无关的图像文件格式,使用非常广。它采用位映射存储格式,除了图像深度可选以外，不采用其他任何压缩，因此，BMP 文件所占用的空间很大。BMP 文件的图像深度可选 lbit、4bit、8bit 及 24bit。BMP 文件存储数据时，图像是按从左到右、从下到上的顺序扫描的。

由于 BMP 文件格式是 Windows 环境中交换与图有关的数据的一种标准，因此在 Windows 环境中运行的图形图像软件都支持 BMP 图像格式。

典型的 BMP 图像文件由三部分组成：位图文件头数据结构，包含 BMP 图像文件的类型、显示内容等信息；位图信息数据结构，包含 BMP 图像的宽、高、压缩方法，以及定义颜色等信息。

(2)PCX

PCX 这种图像文件的形成是有一个发展过程的。PCX 雏形出现在 ZSOFT 公司推出的名叫 PC PAINBRUSH 的用于绘画的商业软件包中。以后，微软公司将其移植到 Windows 环境中，成为 Windows 系统中的一个子功能，先在微软的 Windows 3.1 中广泛应用。随着 Windows 的流行、升级，加之其强大的图像处理能力，PCX 同 GIF、TIFF、BMP 图像文件格式一起，被越来越多的图形图像软件工具所支持，也越来越得到人们的重视。

PCX 是最早支持彩色图像的一种文件格式，现在最高可以支持 256 种彩色。PCX 设计者很有眼光地超前引入了彩色图像文件格式，使之成为现在非常流行的图像文件格式。

PCX 图像文件由文件头和实际图像数据构成。文件头由 128 字节组成，描述版本信息和图像显示设备的横向、纵向分辨率以及调色板等信息：在实际图像数据中，表示图像数据类型和彩色类型。PCX 图像文件中的数据都是用 PCXREL 技术压缩后的图像数据。

PCX 是 PC 机画笔的图像文件格式。PCX 的图像深度可选 1bit、4bit、8bit。由于出现较早，这种文件格式不支持真彩色。PCX 文件采用 RLE 行程编码，文件体中存放的是压缩后的图像数据。因此，将采集到的图像数据写成 PCX 文件格式时，要对其进行 RLE 编码；而读取一个 PCX 文件时首先要对其进行 RLE 解码，才能进一步显示和处理。

(3)TIFF

TIFF(Tag Image File Format)图像文件是由 Aldus 和 Microsoft 公司为桌上出版系统研制开发的一种较为通用的图像文件格式。TIFF 格式灵活易变，又定义了四类不同的格式：TIFF-B 适用于二值图像，TIFF-G 适用于黑白灰度图像，TIFF-P 适用于带调色板的彩色图像，TIFF-R 适用于 RGB 真彩图像。

TIFF 支持多种编码方法，其中包括 RGB 无压缩、RLE 压缩及 JPEG 压缩等。

TIFF 是现存图像文件格式中最复杂的一种，它具有扩展性、方便性、可改性，可以提供给在 IBMPC 等环境中运行的图像编辑程序。

TIFF 图像文件由三个数据结构组成，分别为文件头、一个或多个被称为 IFD 的包含标记指针的目录以及数据本身。

TIFF 图像文件中的第一个数据结构被称为图像文件头或 IFH。这个结构是一个 TIFF 文件中唯一的、有固定位置的部分；IFD 图像文件目录是一个字节长度可变的信息块，Tag 标记是 TIFF 文件的核心部分，在图像文件目录中定义了要用的所有图像参数，目录中的每一目录条目就包含图像的一个参数。

(4)GIF

GIF(Graphics Interchange Format)的原意是“图像互换格式”，是 CompuServe 公司在

1987 年开发的图像文件格式。GIF 文件的数据是一种基于 LZW 算法的连续色调的无损压缩格式。其压缩率一般在 50% 左右,不属于任何应用程序。目前几乎所有相关软件都支持它,公共领域有大量的软件在使用 GIF 图像文件。

GIF 图像文件的数据是经过压缩的,而且是采用了可变长度等压缩算法。所以 GIF 的图像深度从 lbit 到 8bit,也即 GIF 最多支持 256 种色彩的图像。GIF 格式的另一个特点是其在一个 GIF 文件中可以存多幅彩色图像,如果把存于一个文件中的多幅图像数据逐幅读出并显示到屏幕上,就可构成一种最简单的动画。

GIF 解码较快,因为采用隔行存放的 GIF 图像,在边解码边显示的时候可分成四遍扫描。第一遍扫描虽然只显示了整个图像的八分之一,第二遍的扫描后也只显示了四分之一,但这已经把整幅图像的概貌显示出来了。在显示 GIF 图像时,隔行存放的图像会给您感觉到它的显示速度似乎要比其他图像快一些,这是隔行存放的优点。

(5)JPEG

JPEG 是 Joint Photographic Experts Group(联合图像专家组)的缩写,文件后缀名为“JPG”或“JPEG”,是最常用的图像文件格式,由一个软件开发联合会组织制定,是一种有损压缩格式,能够将图像压缩在很小的储存空间中,图像中重复或不重要的资料会被丢失,因此容易造成图像数据的损伤。尤其是使用过高的压缩比例,将使最终解压缩后恢复的图像质量明显降低,如果追求高品质图像,不宜采用过高压缩比例。但是 JPEG 压缩技术十分先进,它用有损压缩方式去除冗余的图像数据,在获得极高的压缩率的同时能展现十分丰富生动的图像,换句话说,就是可以用最少的磁盘空间得到较好的图像品质。而且 JPEG 是一种很灵活的格式,具有调节图像质量的功能,允许用不同的压缩比例对文件进行压缩,支持多种压缩级别,压缩比率通常在 10∶1 到 40∶1 之间,压缩比越大,品质就越低;相反地,压缩比越小,品质就越好。比如可以把 1.37 MB 的 BMP 位图文件压缩至 20.3 KB。当然也可以在图像质量和文件尺寸之间找到平衡点。JPEG 格式压缩的主要是高频信息,对色彩的信息保留较好,适合应用于互联网,可减少图像的传输时间,可以支持 24bit 真彩色,也普遍应用于需要连续色调的图像。

JPEG 格式是目前网络上最流行的图像格式,是可以把文件压缩到最小的格式,在 Photoshop 软件中以 JPEG 格式储存时,提供 11 级压缩级别,以 0 ~ 10 表示。其中 0 级压缩比最高,图像品质最差。即使采用细节几乎无损的 10 级质量保存时,压缩比也可达 5∶1。以 BMP 格式保存时得到 4.28MB 图像文件,在采用 JPEG 格式保存时,其文件仅为 178KB,压缩比达到 24∶1。经过多次比较,采用第 8 级压缩为存储空间与图像质量兼得的最佳比例。

JPEG 格式的应用非常广泛,特别是在网络和光盘读物上,都能找到它的身影。目前各类浏览器均支持 JPEG 这种图像格式,因为 JPEG 格式的文件尺寸较小,下载速度快。

JPEG 2000 作为 JPEG 的升级版,其压缩率比 JPEG 高约 30% 左右,同时支持有损和无损压缩。JPEG 2000 格式有一个极其重要的特征,在于它能实现渐进传输,即先传输图像的轮廓,然后逐步传输数据,不断提高图像质量,让图像显示由朦胧到清晰。此外,JPEG 2000 还支持所谓的“感兴趣区域”特性,可以任意指定影像上感兴趣区域的压缩质量,还可以选择指定的部分先解压缩。

JPEG 2000 和 JPEG 相比优势明显,且向下兼容,因此可取代传统的 JPEG 格式。JPEG 2000 既可应用于传统的 JPEG 市场,如扫描仪、数码相机等,又可应用于新兴领域,如网络传输、无线通信等。

(6)TGA格式

TGA格式(Tagged Graphics)是由美国Truevision公司为其显示卡开发的一种图像文件格式,文件后缀为“TGA”,已被国际上的图形、图像工业所接受。TGA结构比较简单,属于一种图形、图像数据的通用格式,在多媒体领域有很大影响,是计算机生成图像向电视转换的一种首选格式。

TGA图像格式最大的特点是可以做出不规则形状的图形、图像文件,一般图形、图像文件都为四方形,若需要有圆形、菱形甚至是镂空的图像文件时,TGA可就派上用场了。TGA格式支持压缩,使用不失真的压缩算法。

(7)EXIF格式

EXIF格式是1994年富士公司提倡的数码相机图像文件格式,其实与JPEG格式基本相同,区别是除保存图像数据外,还能够存储摄影日期、使用光圈、快门、闪光灯数据等曝光资料和附带信息以及小尺寸图像。

(8)FPX图像文件格式

FPX图像文件格式是由柯达、微软、HP及Live Picture Inc联合研制,并于1996年6月正式发表的。FPX是一个拥有多重分辨率的影像格式,即影像被储存成一系列高低不同的分辨率,这种格式的好处是当影像被放大时仍可维持影像的质素,另外,修饰FPX影像时,只会处理被修饰的部分,不会把整幅影像一并处理,从而减小处理器及记忆体的负担,使影像处理时间减少。

(9)SVG格式

SVG是可缩放的矢量图形格式。它是一种开放标准的矢量图形语言,可任意放大图形显示,边缘异常清晰,文字在SVG图像中保留可编辑和可搜寻的状态,没有字体的限制,生成的文件很小,下载很快,十分适用于设计高分辨率的Web图形页面。

(10)PSD文件格式

这是Photoshop图像处理软件的专用文件格式,文件扩展名是“PSD”,可以支持图层、通道、蒙版和不同色彩模式的各种图像特征,是一种非压缩的原始文件保存格式。扫描仪不能直接生成该种格式的文件。PSD文件有时容量会很大,但由于可以保留所有原始信息,在图像处理中对于尚未制作完成的图像,选用PSD格式保存是最佳的选择。

(11)CDR文件格式

CDR格式是著名绘图软件CorelDRAW的专用图形文件格式。由于CorelDRAW是矢量图形绘制软件,所以CDR可以记录文件的属性、位置和分页等。但它在兼容度上比较差,所有CorelDRAW应用程序中均能够使用CDR文件,但其他图像编辑软件打不开此类文件。

(12)PCD文件格式

PCD是Kodak PhotoCD的缩写,文件扩展名是“PCD”,是Kodak开发的一种Photo CD文件格式,其他软件系统只能对其进行读取。该格式使用YCC色彩模式定义图像中的色彩。YCC和CIE色彩空间包含比显示器和打印设备的RGB色和CMYK色多得多的色彩。PhotoCD图像大多具有非常高的质量。

(13)DXF文件格式

DXF是Drawing Exchange Format的缩写,扩展名是“DXF”,是AutoCAD中的图形文件格

式。它以 ASCⅡ方式储存图形,在表现图形的大小方面十分精确,可被 CorelDRAW 和 3DS 等大型软件调用编辑。

(14)UFO 文件格式

它是著名图像编辑软件 Ulead Photolmapct 的专用图像格式,能够完整地记录所有 Photolmapct 处理过的图像属性。值得一提的是,UFO 文件以对象来代替图层记录图像信息。

(15)EPS 文件格式

EPS 是 Encapsulated PostScript 的缩写,是跨平台的标准格式,扩展名在 PC 平台上是“EPS”,在 Macintosh 平台上是“EPSF”,主要用于矢量图像和光栅图像的存储。EPS 格式采用 PostScript 语言进行描述,并且可以保存其他一些类型信息,例如多色调曲线、Alpha 通道、分色、剪辑路径、挂网信息和色调曲线等,因此 EPS 格式常用于印刷或打印输出。Photoshop 中的多个 EPS 格式选项可以实现印刷打印的综合控制,在某些情况下甚至优于 TIFF 格式。

(16)PNG 图像文件格式

PNG(Portable Networf Graphics)的原名称为“可移植性网络图像”,是网络上接受的最新图像文件格式。PNG 能够提供长度比 GIF 小 30% 的无损压缩图像文件。它同时提供 24 位和 48 位真彩色图像支持以及其他诸多技术性支持。由于 PNG 非常新,所以目前并不是所有的程序都可以用它来存储图像文件,但 Photoshop 可以处理 PNG 图像文件,也可以用 PNG 图像文件格式存储。

2. 常见视频素材格式概述

(1)AVI 格式

它的英文全称为 Audio Video Interleaved,即音频视频交错格式。它于 1992 年被 Microsoft 公司推出,随 Windows 3.1 一起被人们所认识和熟知。所谓“音频视频交错”,就是可以将视频和音频交织在一起进行同步播放。这种视频格式的优点是图像质量好,可以跨多个平台使用,缺点是体积过于庞大,而且更加糟糕的是压缩标准不统一,因此经常会遇到高版本 Windows 媒体播放器播放不了采用早期编码编辑的 AVI 格式视频的情况,而低版本 Windows 媒体播放器又播放不了采用最新编码编辑的 AVI 格式视频。其实解决的方法也非常简单,我们将在后面的视频格式的转换部分中给出解决的方案。

(2)DV-AVI 格式

DV 的英文全称是 Digital Video Format,是由索尼、松下、JVC 等多家厂商联合提出的一种家用数字视频格式。目前非常流行的数码摄像机就是使用这种格式记录视频数据的。它可以通过电脑的 IEEE 1394 端口传输视频数据到电脑,也可以将电脑中编辑好的视频数据回录到数码摄像机中。这种视频格式的文件扩展名一般也是“AVI”,所以我们习惯称它为 DV-AVI 格式。

(3)MPEG 格式

它的英文全称为 Moving Picture Expert Group,即运动图像专家组格式,家庭中常看的 VCD、SVCD、DVD 采用的就是这种格式。MPEG 文件格式是运动图像压缩算法的国际标准,采用了有损压缩方法从而减少运动图像中的冗余信息。MPEG 的压缩方法说得更加深入一点就是保留相邻两幅画面绝大多数相同的部分,而把后续图像中和前面图像有冗余的部分去除,从而达到压缩的目的。目前 MPEG 格式有三个压缩标准,分别是 MPEG-1、MPEG-2 和 MPEG-4,另外,MPEG-7 与 MPEG-21 正处在研发阶段。

MPEG-1 制定于1992年,是针对1.5Mbps以下数据传输率的数字存储媒体运动图像及其伴音编码而设计的国际标准,也就是我们通常所见到的VCD的制作格式。这种视频格式的文件扩展名包括“MPG”“MLV”“MPE”“MPEG”及VCD光盘中的“DAT”等。

MPEG-2 制定于1994年,设计目标为高级工业标准的图像质量以及更高的传输率。这种格式主要应用在DVD、SVCD的制作(压缩)方面,同时在一些HDTV(高清晰电视广播)和一些高要求视频编辑、处理上面也有相当的应用。这种视频格式的文件扩展名包括“MPG”“MPE”“MPEG”“M2V”及DVD光盘上的“VOB”等。

MPEG-4 制定于1998年,是为了播放流式媒体的高质量视频而专门设计的,可利用很窄的带度,通过帧重建技术,压缩和传输数据,以求使用最少的数据获得最佳的图像质量。MPEG-4 最有吸引力的地方在于它能够保存接近于DVD画质的小体积视频文件。这种视频格式的文件扩展名包括“ASF”“MOV”“DIVX”“AVI”等。

(4)DIVX 格式

这是由MPEG-4衍生出的一种视频编码(压缩)标准,也即我们通常所说的DVDRip格式。它采用了MPEG-4的压缩算法,同时又综合了MPEG-4与MP3各方面的技术,说白了就是使用DIVX压缩技术对DVD盘片的视频图像进行高质量压缩,同时用MP3或AC3对音频进行压缩,然后再将视频与音频合成并加上相应的外挂字幕文件而形成的视频格式。其画质直逼DVD并且体积只有DVD的数分之一。

(5)MOV 格式

美国Apple公司开发的一种视频格式,默认的播放器是苹果的QuickTime Player。它具有较高的压缩比率和较完美的视频清晰度,而最大的特点还是跨平台性,即不仅能支持MacOS,同时也能支持Windows系列。

(6)ASF 格式

它的英文全称为Advanced Streaming Format,是微软为了和现在的Real Player竞争而推出的一种视频格式,用户可以直接使用Windows自带的Windows Media Player对其进行播放。由于它使用了MPEG-4的压缩算法,所以压缩率和图像的质量都很不错。

(7)WMV 格式

它的英文全称为Windows Media Video,也是微软推出的一种采用独立编码方式并且可以直接在网上实时观看视频节目的文件压缩格式。WMV格式的主要优点包括本地或网络回放、媒体类型可扩充、媒体类型可伸缩、多语言支持、环境独立性、丰富的流间关系以及扩展性等。

(8)RM 格式

它的英文全称为Real Media,是Networks公司所制定的音频视频压缩规范。用户可以使用RealPlayer或RealOne Player对符合Real Media技术规范的网络音频、视频资源进行实况转播,并且Real Media还可以根据不同的网络传输速率制定出不同的压缩比率,从而实现在低速率的网络上进行影像数据实时传送和播放。这种格式的另一个特点是用户使用RealPlayer或RealOne Player播放器时可以在不下载音频、视频内容的条件下实现在线播放。

(9)RMVB 格式

这是一种由RM视频格式升级延伸出的新视频格式,它的先进之处在于打破了原先RM格式那种平均压缩采样的方式,在保证平均压缩比的基础上合理利用比特率资源,就是说静止和动作场面少的画面场景采用较低的编码速率,这样可以留出更多的带宽空间,而这些带宽会在出现快速运动的画面场景时被利用。这样在保证了静止画面质量的前提下,大幅地提高了运动图像的画面质量,从而在图像质量和文件大小之间就达到了微妙的平衡。

3. 常见音频素材格式概述

(1)MIDI

MIDI(Musical Instrument Digital Interface)允许数字合成器和其他设备交换数据。而MID文件格式则由MIDI继承而来。MID文件并不是一段录制好的声音,而是记录声音的信息,然后再告诉声卡如何再现音乐的一组指令。这样一个MIDI文件每存1分钟的音乐只用大约5~10KB。今天,MID文件主要用于原始乐器作品、流行歌曲的业余表演、游戏音轨以及电子贺卡等。MID文件重放的效果完全依赖声卡的档次。MID格式的最大用处是在电脑作曲领域。MID文件可以用作曲软件写出,也可以通过声卡的MIDI口把外接音序器演奏的乐曲输入电脑而制成MID文件。

(2)MP3

MP3的全称是Moving Picture Experts Group Audio Layer Ⅲ。简单地说,MP3就是一种音频压缩技术,由于这种压缩方式的全称叫MPEG Audio Layer3,所以人们把它简称为MP3。MP3利用MPEG Audio Layer 3的技术,将音乐以1∶10甚至1∶12的压缩率压缩成容量较小的文件,换句话说,MP3能够在音质丢失很小的情况下把文件压缩到更小的程度,而且还非常好地保持了原来的音质。正是因为MP3体积小、音质高,使得MP3格式几乎成为网上音乐的代名词。每分钟音乐的MP3格式只有1MB左右大小,这样每首歌的大小只有3-4兆字节。使用MP3播放器对MP3文件进行实时解压缩(解码),这样,高品质的MP3音乐就播放出来了。

(3)WMA

WMA(Windows Media Audio)格式是来自于微软的重量级选手,后台强硬,音质要强于MP3格式,更远胜于RA格式,它和日本雅马哈公司开发的VQF格式一样,是以减少数据流量但保持音质的方法来达到比MP3压缩率更高的目的的,压缩率一般都可以达到1∶18左右。WMA的另一个优点是内容提供商可以通过DRM(Digital Rights Management)方案如Windows Media Right Manager 7加入防拷贝保护。这种内置了版权保护的技术可以限制播放时间和播放次数甚至播放的机器等,另外WMA还支持音频流(Stream)技术,适合在网络上在线播放,作为微软抢占网络音乐的开路先锋可以说是技术领先、风头强劲,更方便的是不用像MP3那样需要安装额外的播放器。Windows操作系统和Windows Media Player的无缝捆绑让你只要安装了Windows操作系统就可以直接播放WMA音乐,新版本的Windows Media Player 7.0更是增加了直接把CD光盘转换为WMA声音格式的功能,而在Windows XP操作系统中,WMA是默认的编码格式,大家知道Netscape的遭遇,现在"狼"又来了。WMA这种格式在录制时可以对音质进行调节。同一格式,音质好的可与CD媲美,压缩率较高的可用于网络广播。

(4)RealAudio

RealAudio主要适用于在网络上的在线音乐欣赏,现在大多数的用户仍然在使用56Kbps或更低速率的调制解调器,所以典型的回放并非最好的音质。有的下载站点会提示你根据你的调制解调器速率选择最佳的Real文件。现在的Real文件格式主要有RA(RealAudio)、

RM(RealMedia,RealAudioG2)、RMX(RealAudio Secured)等。这些格式的特点是可以随网络带宽的不同而改变声音的质量,在保证大多数人听到流畅声音的前提下,令带宽较富裕的听众获得较好的音质。

近年来随着网络带宽的普遍改善,Real 公司正推出用于网络广播的、达到 CD 音质的格式。如果你的 RealPlayer 软件不能处理这种格式,它就会提醒你下载一个免费的升级包。许多音乐网站都提供了歌曲的 Real 格式的试听版本。

(5)VQF

VQF 文件格是由雅马哈公司开发的,它的核心是通过减少数据流量但保持音质的方法来达到更高的压缩比,可以说技术上也是很先进的,但是由于宣传不力,这种格式难有用武之地。VQF 格式的文件可以用雅马哈的播放器播放。同时雅马哈也提供从 WAV 文件转换到 VQF 文件的软件。

(6)cda

cda 格式,就是 CD 音轨。标准 CD 格式也就是 44.1K 的采样频率,速率 88K/秒,16 位量化位数。因为 CD 音轨可以说是近似无损的,因此它的声音基本上是忠于原声的,因此如果你是一个音响发烧友的话,CD 是你的首选。CD 光盘可以在 CD 唱机中播放,也能用电脑里的各种播放软件来重放。一个 CD 音频文件是一个 CDA 文件,这只是一个索引信息,并不是真正的包含声音的信息,所以不论 CD 音乐的时间是长是短,在电脑上看到的 CDA 文件都是 44 字节长。不能直接复制 CD 格式的 CDA 文件到硬盘上播放,需要使用像 EAC 这样的抓音轨软件把 CD 格式的文件转换成 WAV 格式的,在这个转换过程中,如果光盘驱动器质量过关而且 EAC 的参数设置得当的话,可以说基本上是无损抓音频。

(7)OGG

OGG 是一种先进的有损的音频压缩技术,正式名称是 OGG Vorbis,是一种免费的开源音频格式。OGG 编码格式远比 20 世纪 90 年代开发成功的 MP3 先进,它可以在相对较低的数据速率下实现比 MP3 更好的音质。此外,OGG Vorbis 支持 VBR(可变比特率)和 ABR(平均比特率)两种编码方式。OGG 还具有比特率缩放功能,可以不用重新编码便可调节文件的比特率。OGG 格式可以对所有声道进行编码,支持多声道模式,而不像 MP3 只能编码双声道。多声道音乐会带来更多临场感,欣赏电影和交响乐时更有优势,这场革命性的变化是 MP3 无法支持的。未来人们对音质的要求会不断提高,OGG 的优势将更加明显。

(8)AAC

AAC 是高级音频编码(Advanced Audio Coding)的缩写,它是一种高压缩比的音频压缩算法,压缩比远远超过了 MP3 等较老的音频压缩算法(可达 20∶1)。目前,苹果的 iPod 和其他的一些高档 MP3 随身听均已经对 AAC 音频格式提供了支持。AAC 音频采用“AAC”或“MP4”作为文件扩展名。

4. 常见文本素材格式概述

文本指的是字母、数字和符号。与其他媒体相比,文字是最容易处理、占用存储空间最少、最便于利用计算机输入和存储的媒体。文本显示是多媒体教学软件非常重要的一部分。多媒体教学软件中概念、定义、原理的阐述,问题的表述,标题,菜单,按钮,导航等都离不开文本信息。它是准确有效地传播教学信息的重要媒体元素。文字是一种常用的媒体元素。下面介绍一些常见的文本素材格式及其特点。

(1)TXT

TXT 文本是纯文本文件,是无格式的,即文件里没有任何有关字体、大小、颜色、位置等格式化的信息。Windows 系统的“记事本”就是支持 TXT 文本的编辑和存储工具。所有的文字编辑软件和多媒体集成工具软件均可直接调用 TXT 文本格式文件。“记事本”的功能也很强大。

(2)DOC

DOC 是 Word 文字处理软件所使用的文件格式。

(3)WPS

WPS 是中文文字处理软件的格式,其中所包含的特有的换行和排版信息被称为格式化文本,只能在 WPS 编辑软件中使用。

(4)RTF

富文本格式(Rich Text Format),以纯文本描述内容,能够保存各种格式信息,可以用写字板、Word 等创建,是由微软公司开发的跨平台文档格式。大多数的文字处理软件都能读取和保存 RTF 文档。

5. 常见的动画素材格式概述

动画是通过一系列彼此有差别的单个画面来产生运动画面的一种技术,通过一定速度的播放可达到画中形象连续变化的效果。要使画面运动首先需要有一系列前后有微小差别的图形或图像,每一幅图片称为动画的一帧,它可以通过计算机产生和记录。只要将这些帧以一定的速度放映,就可以得到动画,称为逐帧动画。

在教学中,往往需要利用动画来模拟事物的变化过程,说明科学原理,尤其是二维动画,在教学中应用较多。在许多领域中,利用计算机动画来表现事物甚至比电影的效果更好。因此,较完善的多媒体教学软件都应配有动画以加强教学效果。

(1)FLC

Flash 源文件存放格式。在 Flash 中,大量的图形是矢量图形,因此,在放大与缩小的操作中没有失真,而制作的动画文件所占的体积又较小。Flash 5 动画编辑软件功能强大,操作简单,易学易用。

(2)SWF

Flash 动画文件格式。

(3)GIF

常见的二维动画格式。

(4)AVI

严格说来,AVI 格式并不是一种动画格式,而是一种视频格式,它不但包含画面信息,亦包含声音效果。因为涉及声音的同步问题,因此,这种格式多以时间为播放单位,而且在播放时不能控制其播放速度。

(5)FLI、FLC

FLI 是最初的基于 320×200 分辨率的动画文件格式,而 FLC 则是 FLI 的扩展,采用了更高效的数据压缩技术,其分辨率也不再局限于 320×200。FLIC 文件采用行程编码(RLE)算法和 Delta 算法进行无损的数据压缩,首先压缩并保存整个动画系列中的第一幅图像,然后逐帧计算前后两幅图像的差异或改变部分,并对这部分数据进行 RLE 压缩。由于动画序列中前后相邻图像的差别不大,因此可以得到相当高的数据压缩率,支持 256 色,最大的图像像素是 64000 ×64000,支持压缩,广泛用于动画图形中的动画序列,以及计算机辅助设计和计算机游戏应用程序。

(6)3DS

全称为 3D Studio Max,常简称为 3DS Max 或 MAX,是 Discreet 公司(后被 Autodesk 公司合并)开发的基于 PC 系统的三维动画渲染和制作软件。其前身是基于 DOS 操作系统的 3D Studio 系列软件。在 Windows NT 出现以前,工业级的 CG 制作被 SGI 图形工作站所垄断。3D Studio Max + Windows NT 组合的出现一下子降低了 CG 制作的门槛,首先开始运用在电脑游戏中的动画制作,而后进一步开始参与影视片的特效制作。

4.4.2　常用的多媒体格式的转换

1. 视频格式的转换

下面主要介绍的是视频文件格式的各种转换,如将 RMVB、MOV、MKV、WMV、SWF、FLV 等转为常用的移动设备视频格式 MP4、3GP、AVI 等,反向亦可。

(1)下载并安装格式转换工具

格式转换工具有很多种,包括狸窝全能视频转换器、格式工厂、酷狗格式转换器、魔影工厂、暴风转码等。这里以格式工厂为例。

(2)打开最新版格式工厂,选择"视频"栏,在该栏中见到的格式均为目标视频格式,即转换视频输出后的格式,如图 4 - 25 所示。

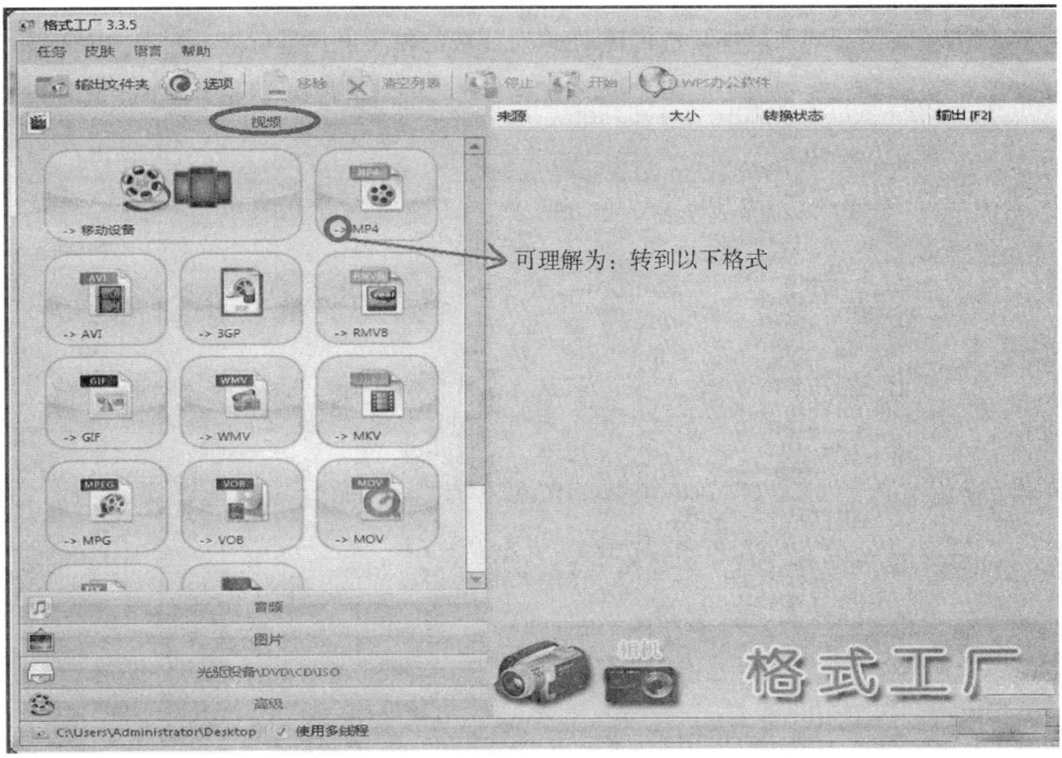

图 4 - 25　格式工厂"视频"栏界面

(3)以将 FLV 格式视频转为 AVI 格式为例进行介绍,选择“→AVI”,然后添加所要转换的视频文件,选择转换好后的视频文件的输出目标,最后点击“确定”,如图 4－26 所示。

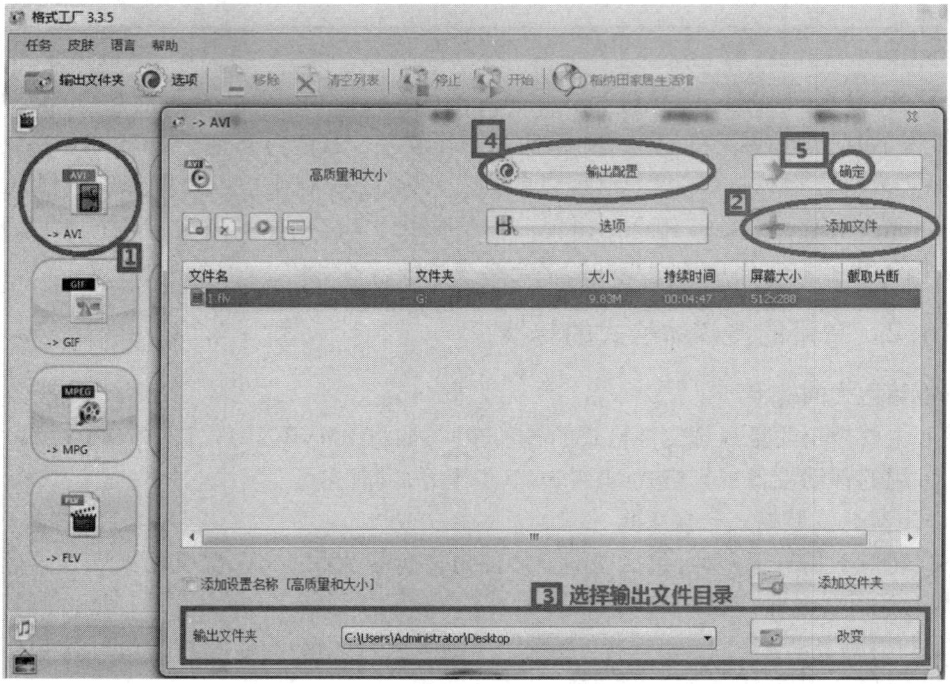

图 4－26　选择所需的视频格式

当选择好了所要转换的视频格式后,可以对所选的视频格式进行视频配置,如图 4－27 所示。

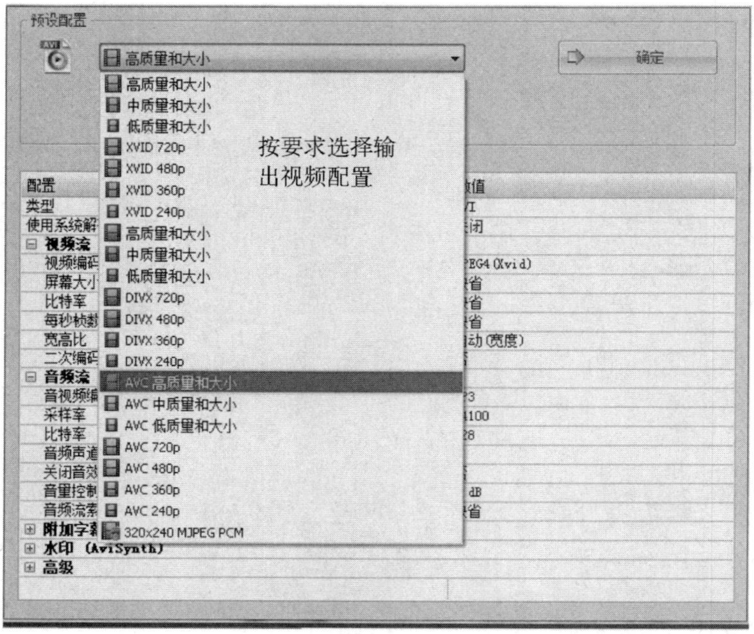

图 4－27　对所选视频格式进行配置

(4)回到主界面,点击“开始”按钮,即开始转换,如图 4－28 所示。

图 4－28　开始视频转换

(5)进行转换,如图 4－29 所示。

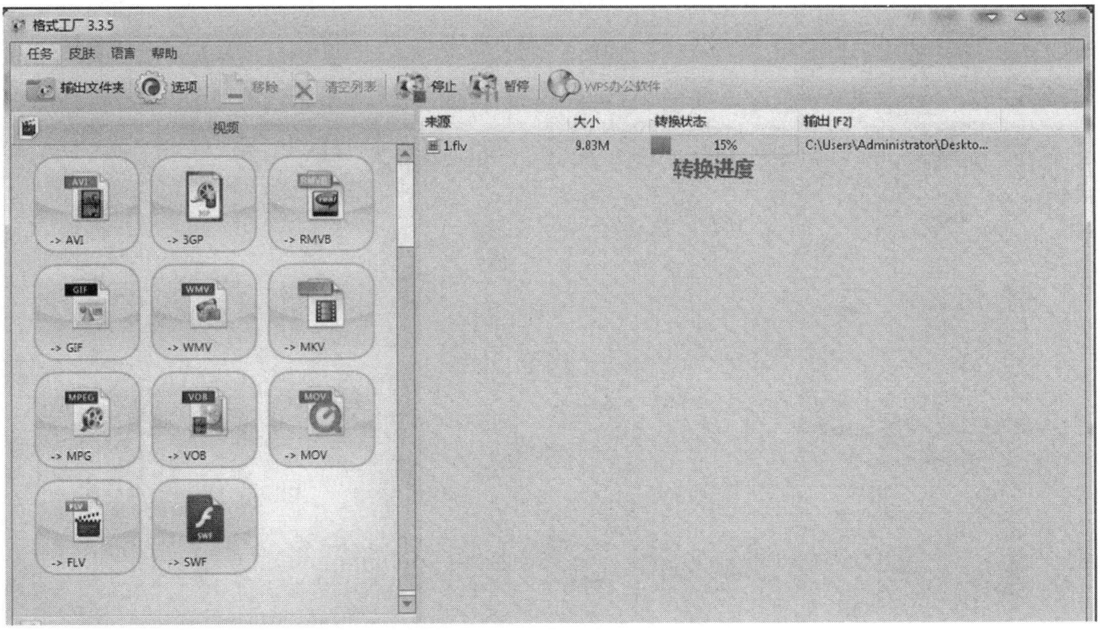

图 4－29　视频转换的进度

(6)转换完成,如图 4－30 所示。

图 4－30　转换完成的界面

2. 音频格式的转换

音频文件格式的转换也可以用格式工厂来进行。

(1)打开格式工厂软件,单击“音频”选项,打开音频工具面板,如图 4－31 所示。

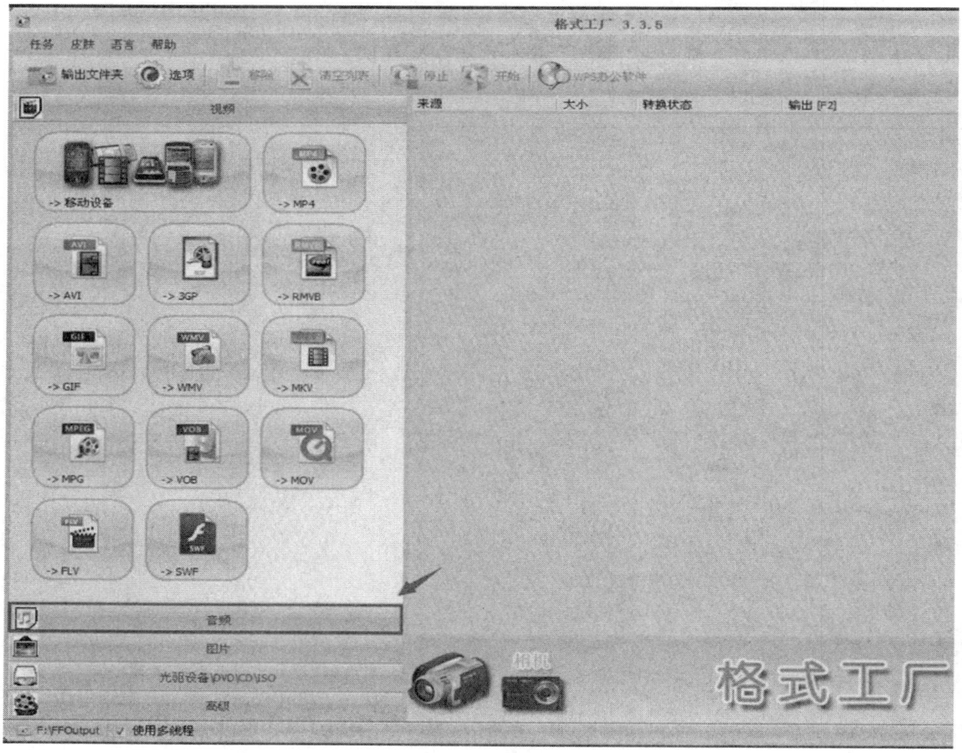

图 4－31　格式工厂中的“音频”选项

(2)单击"→MP3"(即将文件转换成 MP3)按钮,如图 4－32 所示。

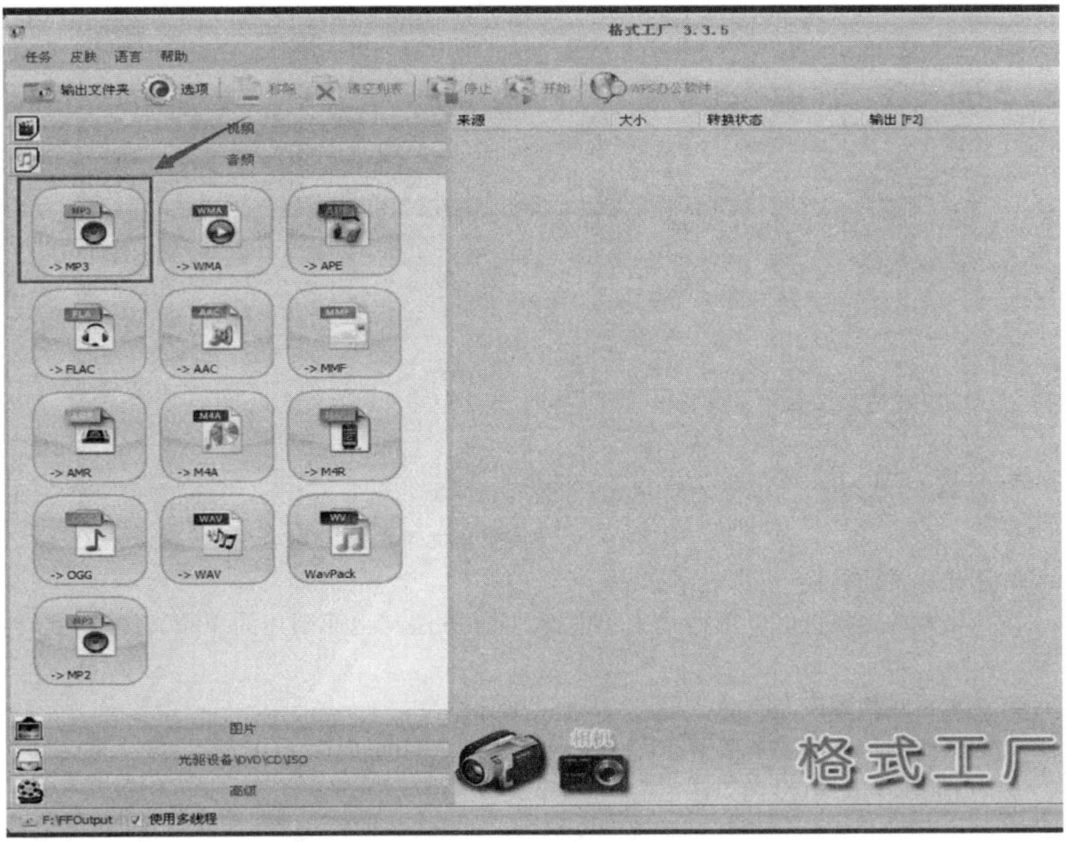

图 4－32　选择相应的音频格式

(3)单击"添加文件"按钮,导入所要转换的文件,如图 4－33 所示。

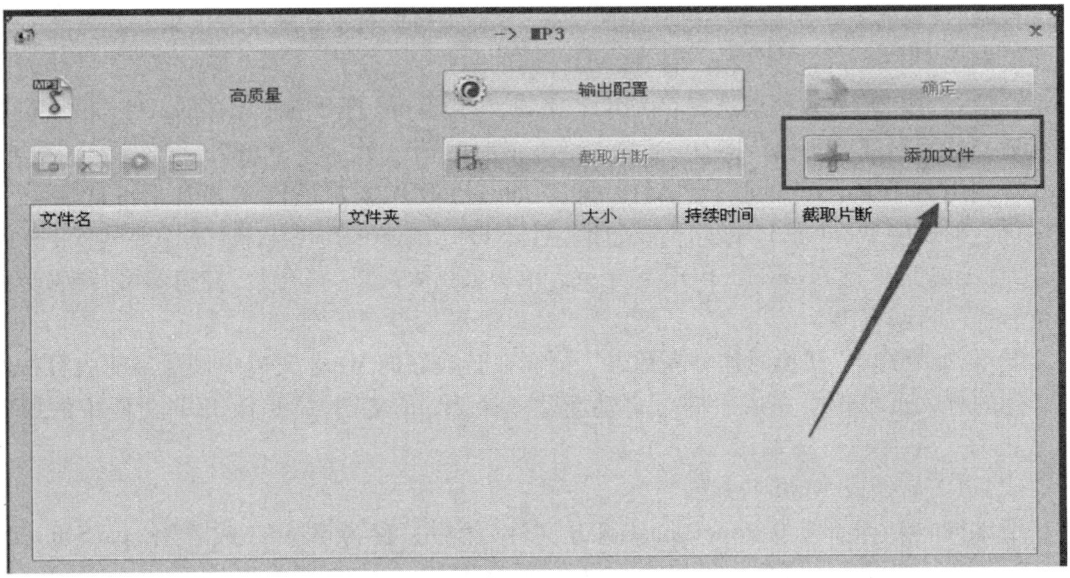

图 4－33　添加要转换的文件

(4)单击“确定”按钮,如图4-34所示。其后操作同视频格式的转换。

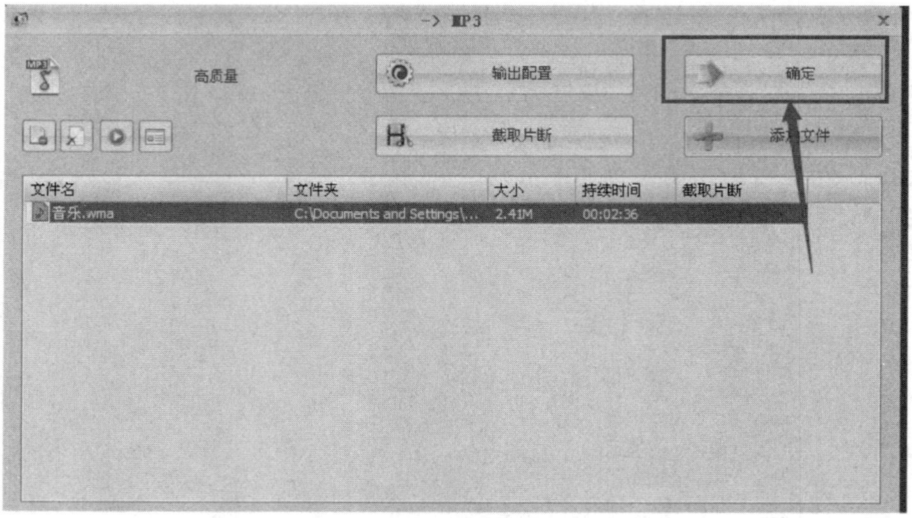

图4-34 确定转换文件

3. 图像格式的转换

图像格式的转换也可以用格式工厂进行,具体方法与上面阐述的视频、音频格式转换一致。

4. 文本格式的转换

文本格式的转换主要是指Word、PDF、PPT、TXT之间的转换。

(1)PPT转换成Word的方法

①利用“大纲”视图。打开PPT演示文稿,在左侧“幻灯片/大纲”任务窗格的“大纲”选项卡里单击一下鼠标,按“Ctrl+A”组合键全选内容,然后使用“Ctrl+C”组合键或右键单击在快捷菜单中选择“复制”命令,然后粘贴到Word里。

提示:这种方法会把原来幻灯片中的行标、各种符号原封不动地复制下来。

②利用“另存为”直接转换。打开需要转换的幻灯片,点击“文件”菜单下的“另存为”,然后在“保存类型”列表框里选择存为RTF格式,再用Word打开刚刚保存的RTF文件,最后进行适当的编辑即可实现转换。

③利用PPTConverttoDOC软件转换。PPTConverttoDOC是绿色软件,解压后可直接运行,在运行之前要将Word和PPT程序都关闭。打开PPTConverttoDOC软件,选中要转换的PPT文件,直接拖曳到PPTConverttoDOC程序里。单击工具软件里的“开始”按钮即可转换,转换结束后程序自动退出。

提示:如果选中“转换时加分隔标志”,则会在转换好的Word文档中显示当前内容在原幻灯片的哪一页。转换完成后即可自动新建一个Word文档,显示该PPT文件中的所有文字。

(2)PDF转换成Word的方法

用Adobe Acrobat 7.0 Professional打开文件,然后另存为Word。或者用ScanSoft PDF Converte,安装完成后不须任何设置,它会自动整合到Word中。当在Word中点击“打开”菜单时,在“打开”对话框的“文件类型”下拉菜单中可以看到“PDF”选项,这就意味着可以用

Word 直接打开 PDF 文档了。

除了能够在 Word 中直接打开 PDF 文档，右击 PDF 文档，在弹出菜单中选择"Open PDF in Word"命令也可打开该文件。另外，它还会在 Outlook 中加入一个工具按钮，如果收到的电子邮件附件中有 PDF 文档，就可以直接点击该按钮将它转换成 Word 文件。

(3) Word 转换成 PPT 的方法

我们通常用 Word 来录入、编辑、打印材料，而有时需要将已经编辑、打印好的材料做成 PowerPoint 演示文稿，以供演示、讲座使用。如果在 PowerPoint 中重新录入，既麻烦又浪费时间。如果在两者之间，通过一块块地复制、粘贴，一张张地制成幻灯片，也比较费事。其实，可以利用 PowerPoint 的大纲视图快速完成转换。

首先，打开 Word 文档，全部选中，执行"复制"命令。然后，启动 PowerPoint。如果是 Word 2002 版，选择"普通"视图，单击"大纲"标签；如果没有"大纲"和"幻灯片"选项卡，显示的方法是在"视图"菜单上单击"普通(恢复窗格)"或在窗口的左下角单击"普通视图(恢复窗格)"按钮。如果是 Word 97 或 Windows 2000，可直接选择"大纲"视图，将光标定位到第一张幻灯片处，执行"粘贴"命令，即将 Word 文档中的全部内容插入第一幻灯片中了。接着，可根据需要进行文本格式的设置，包括字体、字号、字的颜色和对齐方式等。将光标定位到需要划分为下一张幻灯片处，直接按回车键，即可创建出一张新的幻灯片；如果需要插入空行，按"Shift + Enter"。经过调整，很快就可以完成多张幻灯片的制作。

最后，还可以使用"大纲"工具栏，利用"升级""降级""上移""下移"等按钮进一步进行调整。

(4) 将 PDF 转换成 TXT 的方法

①用以上方法将 PDF 转换成 Word，再另存为 TXT。

②应用 PDF2TXT 3.1 汉化版可以快速把 PDF 文件转换为 TXT 或 HTM(HTML) 文件。

③Adobe Acrobat Reader 6.0 以上版本可以直接把 PDF 文件另存为 TXT 文件。

(5) PDF 转换成 BMP 的方法

①用 PDFTOOLS

PDF 是 Adobe 公司开发的作为全世界可移植电子文档的通用格式，它能够正确保存源文件的字体、格式、颜色和图片，使文件的交流可以轻易跨越应用程序和系统平台的限制。但是，一些文档的特殊操作(如提取 PDF 文档中的一段文字或图片)对于一般用户来说不是那么容易上手。不过现在有了 PDFTOOLS 后，可以轻松地把 PDF 文档的内容转换成 HTM、TXT 和 BMP 这三种常用的文件格式。

首先进行设置。在主界面中点击菜单"文件"菜单中的"设置"或直接按"Ctrl + D"组合键调出设置对话框。在"常规设置"标签页中设置页面的转换范围，默认为全部转换，你可以点击下拉按钮，选择"选择指定页"后，输入转换的起始页和停止页。未注册版本只能转换 PDF 文档的前五页内容。"输出设置"框的内容是设置输入图片的像素和 JPEG 图片质量。选中"转换后浏览"的复选框，那么当文档完成转换后，程序就会调出对应程序，打开转换后的文件。

(6) PDF 转换成 HTM 的方法

HTM 是网页的通用格式，用 PDFTOOLS 转换 HTM 文件后，所形成的 HTM 文件并不包含 PDF 文档中的文字，而是将 PDF 文档的内容转换成 JPG 图像文件，然后再用 HTML 语言将图片嵌入网页。生成的HTM文件是一个框架网页,即左边是各页面的链接窗口,右边的内容是JPG图片。

思考题

1. 陈述教学资源、信息化教学资源的概念。
2. 信息化教学资源的特征有哪些?
3. 信息化教学资源的选择与设计原则是什么?
4. 如何对网络教学资源文本、音频、图形、图像、动画视频进行采集与编辑?
5. 常用的多媒体格式有哪些?
6. 如何进行多媒体格式的转换?

第5章　教学系统设计

教学系统设计的发展经历了思想萌芽、理论形成、学科建立等阶段。20世纪50年代到60年代初期的程序教学、行为目标理论在教学实践中的应用孕育了教学系统设计理论体系的思想;20世纪60年代末期,由于教学系统方法的形成及其在各层次教学系统设计中的应用,使教学系统设计的理论与方法体系得以建立;20世纪70年代以来,认知心理学、系统科学等相关理论的研究、技术在教育中的应用研究等成果被吸收到教学系统设计中,使教学设计理论和方法得到进一步发展,进而逐渐发展成为一门独立的学科。本章将对教学系统设计所涉及的各项要素进行阐述。

★学习目标

1. 陈述教学系统设计的概念。
2. 陈述教学系统设计的过程模式。
3. 能够进行教学目标、学习者特征分析。
4. 掌握教学策略选择的方法。
5. 掌握教学媒体选择的策略、方法和程序。
6. 能够进行有效的教学评价。

★内容导图

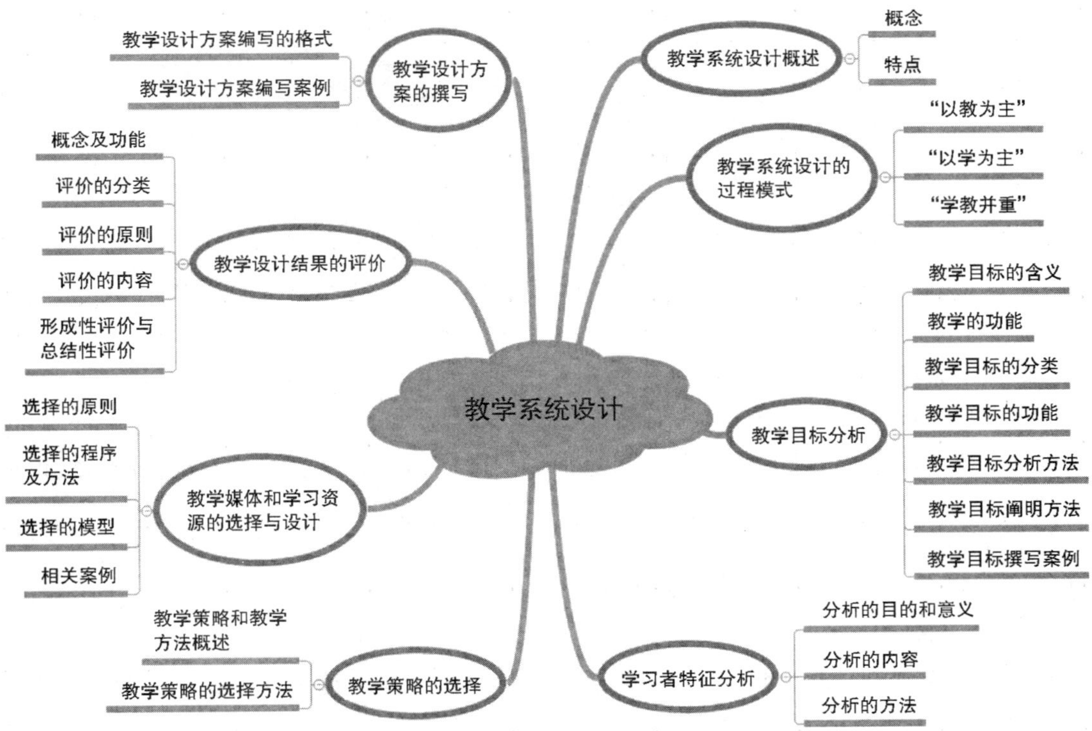

5.1 教学系统设计概述

教学设计,亦称教学系统设计,是面向教学系统,解决教学问题的一种特殊的设计活动。它既具有设计的一般性质,又必须遵循教学的基本规律。教学设计主要是以促进学习者的学习为根本目的,运用系统方法将学习理论与教学理论等的原理转换成对教学目标、教学内容、教学方法、教学策略和教学评价等环节进行具体计划,创设有效的教与学系统的"过程"或"程序"。教学设计是根据教学对象和教学目标,确定合适的教学起点与终点,将教学诸要素有序、优化地安排,形成教学方案的过程。它是一门运用系统方法科学解决教学问题的学问,它以教学效果最优化为目的,以解决教学问题为宗旨。

5.1.1 教学系统设计的概念

1. 教学系统

系统,是由若干组元构成的有机整体。作为一个系统,一是要有稳定的结构,这种结构刻画了系统组元之间的关联;二是要具有确定的功能,这种功能决定了系统的效用;三是要有一套系统规则——对内协调系统组元之间的行为,对外建立系统与它的使用环境(可能包括使用者)之间的协议。

作为一个教学系统,其基本组元是教育者、学习者、媒体和教学信息,图 5－1 已经给出其一般结构模式。从这个一般模式中,我们可以推导出许多代表不同教学系统的具体构型。

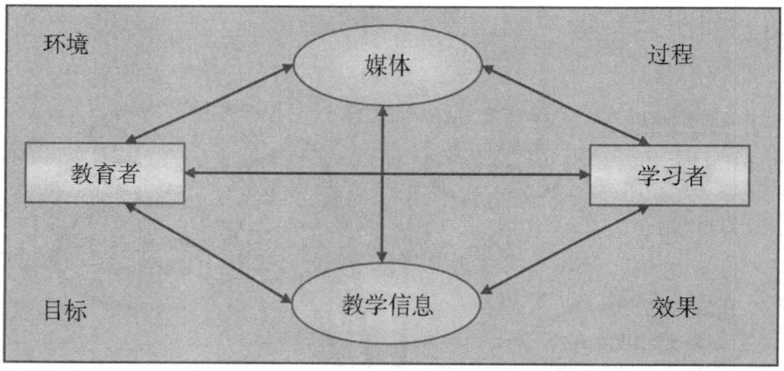

图 5－1　教学系统构成

2. 教学系统设计

加涅(Robert Gagne)曾在《教学设计原理》中说:"教学设计是一个系统化(Systematic)规划教学系统的过程。教学系统本身是对资源和程序做出有利于学习的安排。任何组织机构,如果其目的旨在开发人的才能均可以被包括在教学系统中。"

帕顿(Patten)在《什么是教学设计》一文中指出:"教学设计是设计科学大家庭的一员,设计科学各成员的共同特征是用科学原理及应用来满足人的需要。因此,教学设计是对学业业绩问题(Performance Problems)的解决措施进行策划的过程。"

赖格卢特(Reigeluth)对教学设计的定义基本上同对教学科学的定义是一致的。因为在他看来,教学设计也可以被称为教学科学。他在《教学设计是什么及为什么如是说》一文中指出:"教学设计是一门涉及理解与改进教学过程的学科。任何设计活动的宗旨都是提出达到预期目的最优途径(Means),因此,教学设计主要是关于提出最优教学方法的处方的一门学科,这些最优的教学方法能使学生的知识和技能发生预期的变化。"

美国学者肯普(J. E. Kemp)给教学设计下的定义是:"教学设计是运用系统方法分析研究教学过程中相互联系的各部分的问题和需求,在连续模式中确立解决它们的方法步骤,然后评价教学成果的系统计划过程。"

加涅认为:"教学是以促进学习的方式影响学习者的一系列事件,而教学设计是一个系统化规划教学系统的过程。"

史密斯(P. L. Smith)等的观点:"教学设计是指运用系统方法,将学习理论与教学理论的原理转换成对教学资料、教学活动、信息资源和评价的具体计划的系统化过程。"

梅瑞尔(Merrill)在其发表的《教学设计新宣言》一文将教学设计界定为:"教学是一门科学,而教学设计是建立在教学科学这一坚实基础上的技术,因而教学设计也可以被认为是科学型的技术(Science-based Technology)。教学的目的是使学生获得知识技能,教学设计的目的是创设和开发促进学生掌握这些知识技能的学习经验和学习环境。"

乌美娜等认为:"教学系统设计是运用系统方法分析教学问题和确定教学目标,建立解决教学问题的策略方案、试行解决方案、评价试行结果和对方案进行修改的过程。"

何克抗等认为:"教学设计是运用系统方法,将学习理论与教学理论的原理转换成对教学目标(或教学目的)、教学条件、教学方法、教学评价等教学环节进行具体计划的系统化过程。"

以上这些定义反映了人们从教学系统设计内涵的不同角度及不同侧重点所形成的看法,有的突出教学系统设计的系统特征,有的侧重于学习经验与学习环境的设计与开发,有的则从设计科学的视角,强调了教学系统设计的科学本质。

通过对这些定义的分析和比较,可以认为教学设计(Instructional Design)是一种以学习理论为基础,以教育传播过程为对象,应用系统科学的方法分析研究教学问题和需求,确立解决问题的方法和步骤,并对教学结果做出评价的一种计划过程和操作程序。

教学设计的目的是在分析教学需求的基础上,形成解决教学问题的步骤和方案,因此教学设计在形成解决方案的过程中,必须综合应用现代学习理论、教学理论、教育传播理论、教学媒体理论和系统科学理论等,并遵循一定的操作程序。

教学设计把课程设置计划、课程标准、单元教学计划、课堂教学过程、教学媒体材料等都视为不同层次的教学系统,即将整个教与学的系统作为它的研究对象。

5.1.2　教学系统设计的特点

教学设计是教学中非常重要的一个环节,是根据教学对象和教学目标,确定合适的教学起点与终点,将教学诸要素有序、优化地安排,形成教学方案的过程。良好的教学设计能够促进教与学的优化,提高教与学的效果。教学设计具有如下特点。

1. 教学设计的系统性

教学设计首先是把教育、教学本身作为整体系统来考察,并运用系统方法来设计、开发、运行和管理,即把教学系统作为一个整体来进行设计、实施和评价,使之成为具有最优功能的系统。因此将系统方法作为教学设计的核心方法是教学设计发展过程中研究者与实践者所取得的共识。无论是宏观教学设计，还是微观教学设计，都强调系统方法的运用。教学设计过程的系统性决定了教学设计要从教学系统的整体功能出发，综合考虑教师、学生、教材、媒体等各个要素在教学中的地位和作用以及相互之间的联系，利用系统分析技术（学习需要分析、学习内容分析、学习者分析）形成制定、选择策略的基础；通过解决问题的策略优化技术（教学策略的制定、教学媒体的选择）以及评价调控技术（试验、形成性评价、修改和总结性评价）使解决与人有关的复杂教学问题的最优方案逐步形成，并在实施中取得最好的效果。

2. 教学设计的理论性与创造性

教学设计作为设计科学的子范畴，它既有一般设计活动的基本特征，同时由于教学情境的复杂性和教学对象丰富的个体差异性，教学设计具有自己的独特性。

首先，设计活动是一种理论的应用活动，这就决定了教学设计必须在一定理论的指导下进行，是对学习理论、教学理论等理论的综合运用；其次，高度抽象的理论和具有丰富情境、不断发展变化的实践之间又存在一定的距离，其间的矛盾总是存在的，理论不可能预见所有的问题，现实生活中的问题有时候会需要创新性地运用理论，甚至对理论进行改造、扩充、重构，以适应原有理论未能预见的新情况、新问题。因此，教学设计是理论性和创造性的结合，在实践中我们既要依据教学设计理论来进行教学设计，又不能把理论看作教条，而应该在实践中发展理论，创造性地运用、发展教学设计理论。

3. 教学系统设计过程的计划性和灵活性

教学系统设计过程具有一定的模式，这些模式往往用流程图的线性程序来表现，需要按照既定的环节流程来进行教学设计。然而，按照系统论的观点，这些要素之间的关系是非线性的，是相互影响、相互补充的。例如教师根据教学目标和学习者的特征来选择适当的教学策略和结果评价方法，同样，教学策略的实施效果评价反过来又促使教师调整教学目标和策略。因此，在实践中要综合考虑各个环节，有时甚至要根据需要调整分析与设计的环节，要在参考模式的基础上创造性地运用模式。

4. 教学系统设计的具体性

教学系统设计是针对解决教学中的具体问题而发展起来的理论与方法，即解决实际教学中所存在的现实问题，以形成一个优化学习的教学系统。因此，教学系统设计过程是具体的，每一个环节的工作也是十分具体的。由此可见，教学系统设计项目的成功与否有赖于各方面人员的协同工作，如教学设计人员、学科专家（包括教师）、媒体设计人员等。

5.2 教学系统设计的过程模式

用系统的观点分析教学过程，可以看出教学是由若干要素组成一个有机系统，是由教育者、学习者、教学目标、教学内容、教学媒体、教学策略、教学评价等要素组成的有机整体。在考察教学过程时，不能只是孤立地研究教学中的各要素，应该将各要素放到整个教学系统中去考察，来研究各要素之间的相互作用关系，从而调整系统功能达到最优。教学设计主要包括面向教师教的“以教为主”教学设计、建构主义环境下的“以学为主”教学设计和“学教并重”的教学设计三类。

5.2.1 “以教为主”的教学设计模式

“以教为主”的教学设计模式的形成主要参考的是基于行为主义和认知主义学习理论指导下所构建的相关的教学系统设计模式。

1. 肯普模式、迪克－凯瑞模式——基于行为主义学习理论的教学系统设计过程模式

肯普模式是第一代教学设计(ID1)的代表模式。它由肯普在 1977 年提出,后来又经过多次修改才逐步完善。该模式的特点可用三句话概括:在教学设计过程中应强调四个基本要素,需着重解决三个主要问题,要适当安排十个教学环节。

(1)四个基本要素

教学目标、学习者特征、教学资源和教学评价。肯普认为,任何教学设计过程都离不开这四个基本要素,由它们即可构成整个教学设计模式的总体框架。

(2)三个主要问题

任何教学设计都是为了解决以下三个主要问题。

①学生必须学习到什么(确定教学目标)。

②为达到预期的目标应如何进行教学(即根据教学目标,分析、确定教学内容和教学资源,根据学习者特征,分析、确定教学起点,并在此基础上确定教学策略、教学方法)。

③检查和评定预期的教学效果(进行教学评价)。

(3)十个教学环节

①确定学习需要和学习目的,为此应先了解教学条件(包括优先条件和限制条件)。

②选择课题与任务。

③分析学习者特征。

④分析学科内容。

⑤阐明教学目标。

⑥实施教学活动。

⑦利用教学资源。

⑧提供辅助性服务。

⑨进行教学评价。

⑩预测学生的准备情况。

为了反映各环节之间的相互联系、相互交叉,肯普没有采用直线和箭头这种线性方式来连接各个教学环节,而是采用如图 5－2 所示的环形方式来表示 ID 模型。图中把确定学习需要和教学目的置于中心位置,说明这是整个教学设计的出发点和归宿,各环节均应围绕它来进行设计;各环节之间未用有向弧线连接,表示教学设计是很灵活的过程,可以根据实际情况和教师自己的教学风格从任意一个环节开始,并可按照任意的顺序进行;图中的“形成性评价”“总结性评价”和“修改”在环形圈内标出,这是为了表明评价与修改应该贯串整个教学过程的始终。

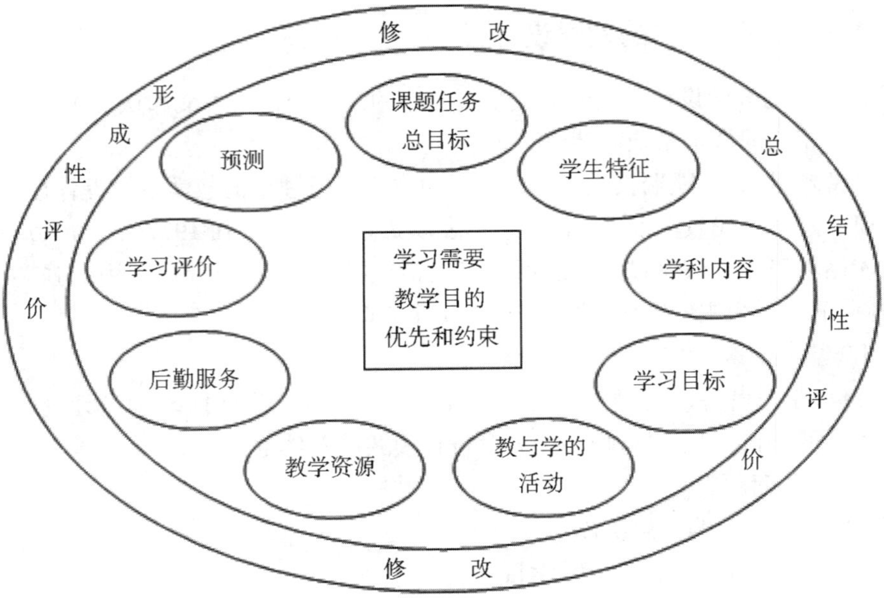

图 5-2　肯普模式

肯普以椭圆形将 10 项因素圈在整个系统中,并以外围的"评价"和"修改"表示这是整个设计过程中持续进行的两项工作,这更显示出系统方法的分析、设计、评价、反馈修正的工作策略实际上是在模式中每一因素(环节)中均执行的基本精神。因此,这个模式在形式上比其他许多流程型的模式更能反映系统论的观念。

肯普模式的另一个特色是将"学习需要""教学目的""优先顺序"和"约束条件"置于中心地位,强调教学设计过程中必须随机以这几个因素作为参考的依据。如前所述,教学系统是由一组有共同目标和相互关联的因素所组成的,其作用范围是人为设定的,因此,肯普将学习需要和教学目的置于中心正是突出了系统方法以系统目标为导向的本质。同时,教学系统的设计过程离不开环境的制约:先考虑什么,后考虑什么,能做什么,不能做什么等等,都必须以环境的需要和可能为前提。

肯普模式不像其他许多模式那样只能按线性结构按部就班地进行设计,而是设计者可以根据自己的习惯和需要,选择某个因素为起始点,并将其余因素按照任意逻辑程序进行排列。这说明因素之间具有相对独立性,如某些情况下不需要那个因素便可不予考虑,避免了形式化;也说明因素之间具有相互联系性,一个因素所采取的决策会影响其他因素,一个因素决策内容变动,其相联系的因素必须做一定的修改。

迪克-凯瑞(Dick & Carey)模式(图 5-3)是典型的基于行为主义的教学系统开发模式。该模式从确定教学目标开始,到终结性评价结束,组成一个完整的教学系统开发过程。在该模式中,教学设计活动主要包括如下几个方面。

(1)确定教学目标

教学目标的确定主要是通过对社会需求、学科特点以及学习者特点三个方面进行分析而得出。教学目标一般以可操作的行为目标形式加以描述。

(2)选用教学方法

在教学目标确定以后,接下来的工作就是如何实现教学目标的问题。教学方法的选用可以通过选用合适的教学策略以及教学材料来实现。

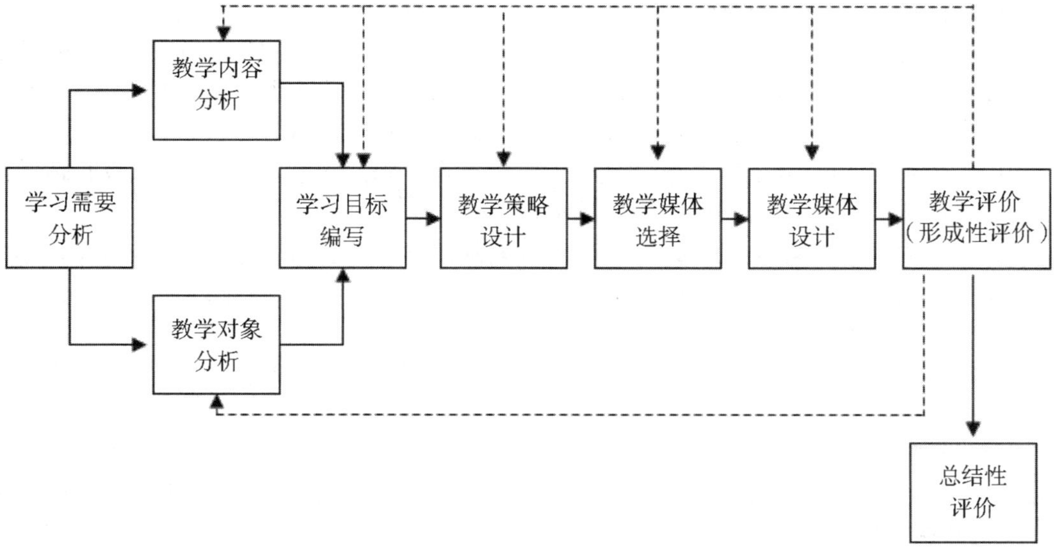

图 5－3　迪克－凯瑞模式

(3)开展教学评价

这里的教学评价也包括形成性评价和终结性评价两个方面。

2. 史密斯－雷根模式——基于认知主义学习理论的教学系统设计过程模式

它由史密斯和雷根于 1993 年提出,并发表在两人合著的《教学设计》一书中。它是在迪克－凯瑞模式的基础上发展而来的,如图 5－4 所示。

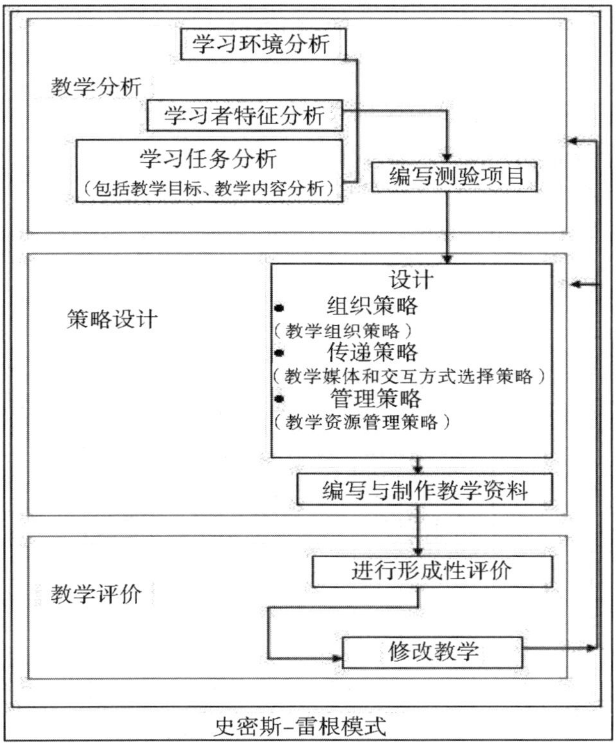

图 5－4　史密斯－雷根模式

史密斯－雷根模式把教学设计模式划分为三个阶段：分析、设计和评价。在第一阶段，分析学习环境、学习者特征、学习任务，制定初步的测验项目；第二阶段，确定组织策略、传递策略、管理策略，设计出教学过程；第三阶段进行形成性评价，对设想的教学过程予以修正。

史密斯－雷根模式的主要特点是明确指出应设计三类教学策略。

（1）教学组织策略：指有关教学内容应按何种方式组织，次序应如何排列以及具体教学活动应如何安排（即如何做出教学处方）的策略。

（2）教学内容传递策略：为实现教学内容由教师向学生的有效传递，应仔细考虑教学媒体的选用和教学的交互方式。传递策略就是有关教学媒体的选择、使用以及学生如何分组（个别化、双人组、小组或是班级授课等不同交互方式）的策略。

（3）教学资源管理策略：在上面两种策略已经确定的前提下，如何对教学资源进行计划与分配的策略。

由于“教学组织策略”涉及认知学习理论的基本内容（为了使学生能最快地理解和接受各种复杂的新知识、新概念，对教学内容的组织和有关策略的制订必须充分考虑学生的原有认知结构和认知特点），所以这一点是使该模式在性质上发生改变，即由纯粹的行为主义联结学习理论发展为“联结—认知”学习理论的关键。

以史密斯－雷根模式为代表的第二代教学设计与第一代相比已有很大改进，其中最突出的是：明确指出应进行三类教学策略的设计，并把重点放在教学组织策略上，而教学内容的组织和有关策略的制订必须充分考虑学生原有的认知结构，这就与认知学习理论密切相关。

3.“以教为主”的教学系统设计过程一般模式

在分析上面阐述的模式的基础上，发现面向教师的教学设计模式，通常包括以下几个环节。

（1）教学目标分析——确定教学内容及知识点顺序。

（2）学习者特征分析——确定教学起点，以便因材施教。

（3）在以上分析的基础上，确定教学方法、策略。

（4）在上述分析的基础上，选择教学媒体。

（5）进行施教，并在教学过程中进行形成性评价。

（6）根据形成性评价得到的反馈对教学内容与教学方法、策略加以调整。

因而“以教为主”的教学系统设计过程模式如图 5－5 所示。

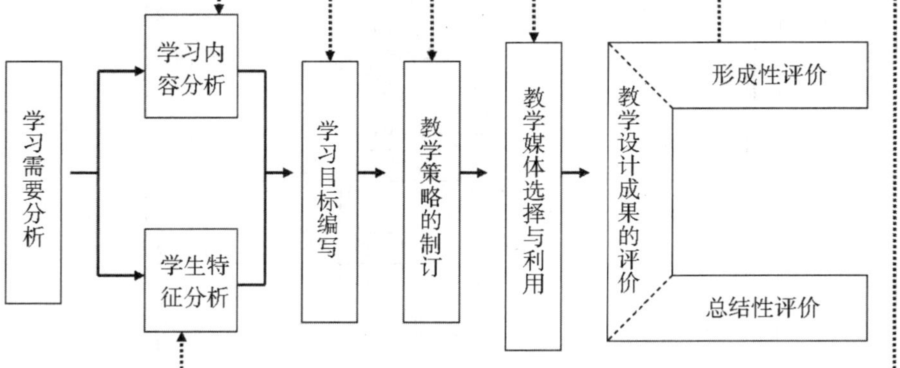

图 5－5　教学设计过程的一般模式

对于从事课堂教学的教师而言，一般应掌握如图 5－5 所示的教学设计模式。掌握了这个模式，也就可以了解教学设计的全过程，能够整体地把握教学设计的各项主要工作及相互之间的关系。

在教学设计过程的模式中，学习目标、学习内容、学生特征、教学策略和教学评价构成教学设计的五大基本要素。

（1）从学习的需求分析开始，了解教学中存在的问题，学生的实际情况与期望水平之间的差距，以确定学习者是否存在学习的需要。

（2）教师需要分析具体的教学内容和学生特征，考虑课程、单元及课时的教学内容的选择和安排，考查学生在进行学习之前所做的学习准备，即对学生初始能力的评定，了解学生的一般特征和对所学内容的兴趣和态度。

（3）明确具体的学习目标，即学生通过学习应该掌握什么知识和技能。

（4）确定教学策略，考虑如何实现学习目标或教学目标的途径，解决“如何学”和“如何教”的问题，其中应考虑教学媒体的选择和应用，根据不同的情况选择不同的教学媒体或教学资源。

（5）对学和教的行为做出评价，在评价时，一方面要以目标为标准，另一方面则要提供关于教学效果的反馈信息，从而对模式中所有步骤重新审查，特别应检验目标和策略方面的决定。

对于教学设计过程模式的理解，应该注意两个问题：一是将整体性的教学设计过程分解为诸多要素，主要是为了便于深入地了解和分析并掌握和发展整个教学设计过程的技术。因此在实际设计工作中，要从教学系统和整体功能出发，保证“目标、学生、策略、评价”四要素的一致性，使各要素相辅相成，产生整体效应。二是应该认识到我们所设计的教学系统是开放的，教学过程是动态的，涉及的如环境、学生、老师、信息、媒体等各个因素也都是处于变化之中，因此教学设计工作具有灵活性的特点。在利用模式设计教学时，应根据不同情况的要求，针对不同的实际问题，决定设计步骤，确定从何入手，重点解决哪些环节，创造性地进行教学设计工作。

4. 教学设计案例

<table>
<tr><td colspan="6">Unit 5　He’s my father</td></tr>
<tr><td>学科</td><td>英语</td><td>年级</td><td>2</td><td>学段</td><td>低</td></tr>
<tr><td>教材</td><td colspan="5">书名：英语　出版社：北京师范大学出版社　出版日期：2005 年 6 月</td></tr>
<tr><td colspan="6">1. 指导思想与理论依据</td></tr>
<tr><td colspan="6">《英语课程标准》提出，“激发和培养学生学习英语的兴趣，使学生树立自信心，养成良好的学习习惯，培养学生的观察、记忆、思维想象力和创新精神”是基础教育阶段英语课程中的任务，并强调课程从学生的生活经验和认知水平出发，倡导通过体验、实践、合作、探究等方式进行学习</td></tr>
</table>

续表

2. 教学背景分析
(1)教学内容分析 本节课是北师大版小学英语教材二年级上册的第五单元《He's my father》第一课时故事教学,重点是让孩子读懂故事,理解故事意思,简单地运用句型介绍家庭成员及物品。教学内容是 Mocky 去 Ken 家做客,Ken 给 Mocky 介绍自己的家人和他们拥有的物品的故事,文中出现了新单词 car、boat、room、bike,和介绍他人及其物品的句子 He's my...、She's my...,That's his/her...。本节课第一次出现了表示男、女的人称代词 he/she,还有与其相对应的形容词性物主代词 his(他的)、her(她的),这对学生理解起来有一定难度。随着年级的升高,会逐步学习更多的形容词性物主代词 our,their,本单元的学习为将来做了准备 (2)学生情况分析 授课对象是二年级的学生,只有一年学习英语的经历,这是本学期的第五单元,在之前的四个单元的学习中,已对故事教学有一定的了解,本班学生活泼好动,对英语有一定的学习兴趣,喜欢唱歌,但有少数学生不能长时间集中精力听课,经常需要老师的提醒,因此我借助多媒体,采取让学生多参与、多体验的方式,吸引他们的注意力,增强他们的自信心,使他们敢开口说英语,乐于说英语;另一方面在前一单元的教学内容中,学生已经学习了家庭成员 father、mother、brother、sister 等词,故事中出现的 This is,也是前一个单元所学过的句型,因此,为阅读故事降低了难度,也为本节课的学习提供了一个保证
3. 教学目标(含重、难点)
(1)知识与技能 ①学生能够正确认读并理解单词 he、she、her、his ②能够结合图片理解并认读单词 car、boat、room、bike ③学生能够借助图片听懂故事 ④学生能够模仿录音正确跟读课文 (2)过程与方法 ①通过多媒体和图片等直观教学,帮助学生保持注意力,操练句型 ②通过小组合作的方式巩固新知,提高学生的合作意识和互帮互助的态度 (3)情感态度价值 ①培养学生倾听和乐于说英语的习惯 ②通过利用多媒体课件,激发学生兴趣,培养孩子观察力 重点: ①能听懂会读 he、she、his、her、car、boat、room、bike 等单词 ②能听懂理解故事的大意 难点: 理解 he、she、his、her,并能初步运用 she/he is... that's her/his... 介绍他人

续表

教学流程示意

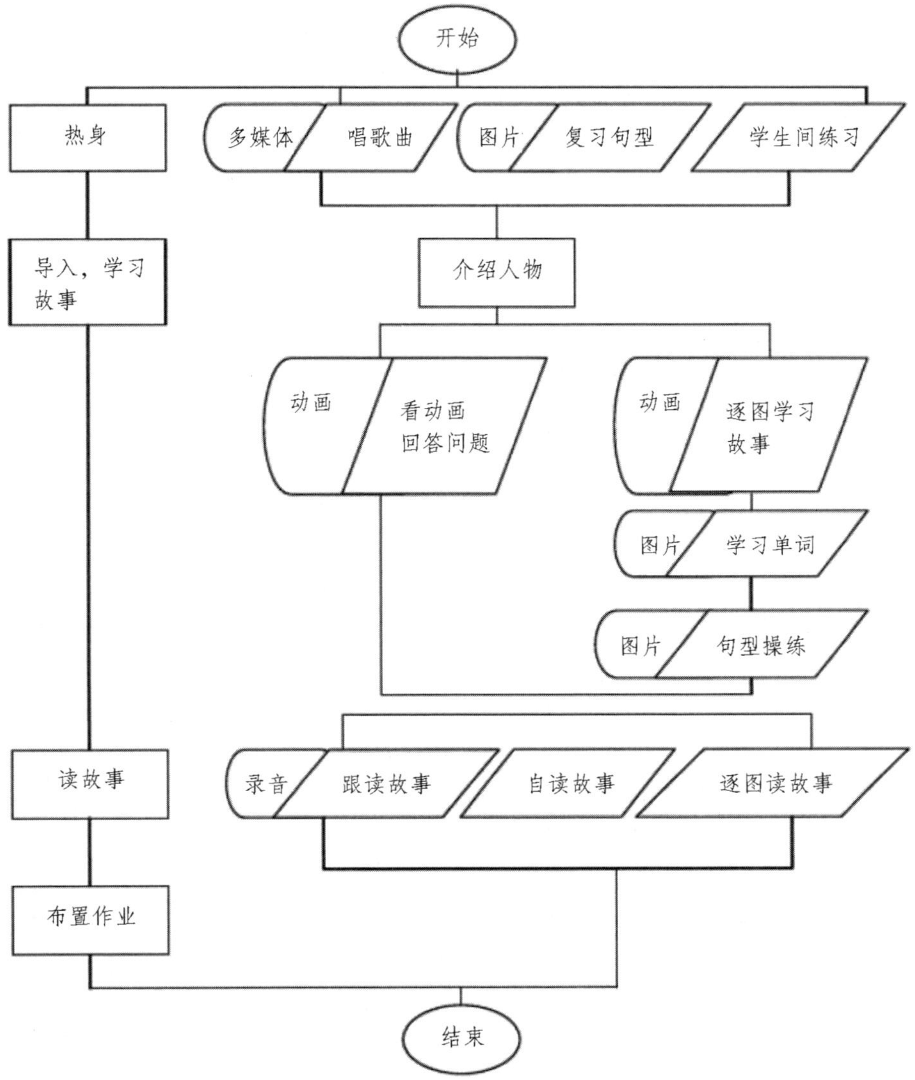

4. 教学过程

教学环节	教师活动	学生活动	教学环节
Step 1　warming up 5 分钟	1. Let's sing a song. 2. review Who's this? This's... Who's that? That's...	1. Sing a song. 2. 回答问题并学生间问答	1. 通过歌曲活跃课堂气氛，让学生集中注意力。 2. 复习前个单元所学的句型，为本课做一个铺垫。 3. 用学生喜欢的动画人物吸引学生的注意力

续表

教学环节	教师活动	学生活动	教学环节
Step 2 Leading in 7 分钟	Show the picture of Ken's family, do you remember them? 教师用 She's my... He's my... 来介绍图中的人物。 Choose some girls and some boys to introduce, She's... He's... Teacher(T): I say the name, you tell me use "she" or "he". Show the photo, answer the question: Who's this...	Yes. Mother, father, brother, sister...(学生可以补充老师的句子) Listen Say "she" "he"... He's... She's...	用家庭成员的照片引入故事,不但复习了其中的单词,而且教师用 he、she 来介绍,让学生初步感知单词 he、she 通过分别介绍班里的男生女生,帮助学生理解 he、she 的意思,通过出示名人的图片来抓住学生的注意力,并操练 he、she
Step 3 Learn the Story 20 分钟	T: watch the flash and answer my questions: 1. Where does Mocky go? 2. Who does Mocky meet? T: watch again, the first picture, do you know the means of "come in"? Choose one student stand out of the door, I open the door and say "come in". T: watch the flash 2-5 pictures, answer the question: What does mother have? What does father have? Show the pictures of car/boat, read the words Write the sentences on the blackboard: She's my mother. That's her car. He's my father. That's his boat. Choose one girl and one boy to introduce, She's... That's her... He's... That's his... Practice in the group T: listen to the 6-9 pictures, find the new words by yourselves. Show the pictures of room and bike, read the words Read the story 6-9 pictures in the group	Watch and answer 1. Mocky goes to Ken's home. 2. He meets Ken's father, mother and sisters. Watch and understand Watch and answer car, boat Follow the teacher read the sentence Listen Practice Choose one student to introduce listen line the new words say the words, follow the teacher read in the group. Group show	1. 通过看光盘、视听动画,对故事进行整体认知,了解故事大意,教师提出问题,让学生带着问题去看,培养学生动脑筋的习惯。 2. 以图讲解故事,通过找学生配合做动作,帮助学生理解 come in 的意思。 3. 以图讲解故事,遇到新词出示图片,给学生直观的认识,教师通过用班里的学生举例子的方式,帮助学生理解 she、her、he、his。 4. 通过用不同颜色的笔区分 she、her、he、his,使学生理解 she、her 用于女的,he、his 用于男的。 5. 让学生听故事,自己找出新词,培养学生的自主学习意识
Step 4 Practice 8 分钟	T: Listen to the tape, follow. T: Read the story in the group.	Read and point to the books. Read in the group, role play. Group show	1 听录音,跟读课文,要求学生用手指着书上的句子,培养学生良好的认读习惯。 2 举手按图读课文,检查学生掌握情况
Step 5 Homework	听录音,读课文三遍,家长签字		

续表

5. 学习效果评价设计		
评价表		
我能听懂,认读单词 his、her、car、boat、room、bike	师评	★ ★ ★ ★
	他评	★ ★ ★ ★
	自评	★ ★ ★ ★
我能听懂故事并能跟录音读故事	师评	★ ★ ★ ★
	他评	★ ★ ★ ★
	自评	★ ★ ★ ★
我能理解和分辨 his、her、she、he	师评	★ ★ ★ ★
	他评	★ ★ ★ ★
	自评	★ ★ ★ ★

5.2.2 "以学为主"的教学系统设计过程模式

"以学为主"的教学系统过程模式是基于建构主义理论的基础上提出来的。建构主义环境下的教学设计,目的是促进学生自主地学。

1."以学为主"的教学设计过程模式

"以学为主"的教学系统设计过程一般包括教学目标分析、学习者特征分析、教学起点确定、学习情境创设、信息资源的设计与提供、自主学习设计、协作学习设计、学习效果评价设计几个方面,如图 5－6 所示。

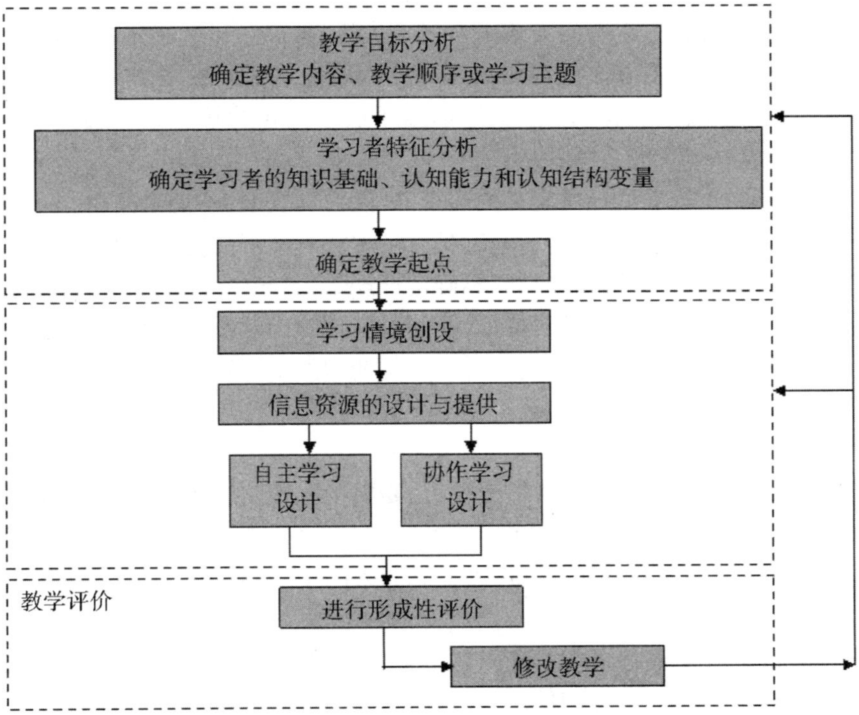

图 5－6　"以学为主"的教学系统设计过程模式

基于建构主义理论,以“学”为中心的教学系统设计以问题或项目、案例、分歧为核心,建立学习“定向点”,然后围绕这个“定向点”,通过设计“学习情境”“学习资源”“学习策略”“认知工具”“管理和帮助”而展开。问题、案例、项目、分歧的提出基于对教学目标、学习者特征和学习内容的分析,教学评价是教学系统设计成果趋向完善的控制环节。步骤如下。

(1)分析教学目标

分析教学目标是为了确定学生通过学习之后能做什么的具体行为描述。分析教学目标时要考虑学习者这一主体,即教学目标不是设计者或教师施加给学习过程的而是从学习者的学习过程中提取出来的;其次,还要尊重学习主题本身的内在逻辑体系。

(2)学习者特征分析

学生是学习的主体,是意义的主动建构者。对学习者特征分析的主要目的是通过设计适合学生能力与知识水平的教学内容和问题,提供丰富的学习资源和恰当的指导来促进学习者的学习。与以“教”为主教学设计中学习者特征分析方法相同。

(3)学习内容分析

建构主义强调学习要解决真实环境下的任务,在解决真实任务过程中达到学习的目的。但真实的任务是否能体现教学目标以及如何体现,就需要对学习内容深入分析,明确学习内容的类型(陈述性、程序性、策略性知识)以及知识内容的结构体系,才能根据不同的知识类型,将学习内容嵌入建构主义学习环境中的不同要素中。

(4)设计学习任务

学习任务的提出是以“学”为中心的教学系统设计中的核心和重点,为学习者提供了明确的目标、任务,使得学习者解决问题成为可能。学习任务可以是一个问题、案例、项目或是观点分歧,它们都代表某种连续性的复杂问题,能够在学习的时间和空间维度上展开,均要求采用真实的情境通过自主建构的方式来学习。构建学习任务时,应充分考虑如下原则:

①在教学目标分析的基础之上提出一系列的问题。这些问题可分为主问题和子问题,子问题的解决是主问题解决的充分条件。同理,下层子问题的解决是上层子问题解决的充分条件,这样就形成一树状谱系图。

②学习任务要涵盖教学目标所定义的知识,只能更加复杂,不能更简单。

③要设计非良构的问题,非良构的问题具有多解或者无解的特征,有多种评判答案的标准,而且与问题相关的概念理论基础具有不确定性。

④设计学习任务要符合学习者的特征,不能过多地超出学习者的知识能力。

⑤要设计开放性的问题,解决问题的目的不是期望学生一定能给出正确的答案,而是鼓励学生积极参与,使他们了解这个领域。

(5)学习情境设计

建构主义主张学生要在真实的情境下学习,要减少知识与解决问题之间的差距,强调知识的迁移能力的培养。因此,以“学”为主的教学设计要强调学习情境设计,强调为学生提供完整、真实的问题背景,还原知识的背景,恢复其原来的生动性、丰富性。

建构性的学习情境有以下三个要素。

①学习情境的上下文或背景。描述问题产生的背景(与问题有关的各种因素如自然及社会文化背景)有利于控制、定义问题。

②学习情境的表述及模拟。具有引力的表征,为学习者提供一个真实的、富有挑战性的

上下文背景，使学习者在学习过程中得到各种锻炼机会。

③学习情境的操作空间。为学习者提供感知真实问题所需要的工具、符号等。

(6)学习资源设计

学习者为了了解问题的背景与含义、建构自己的问题模型和提出解决问题的假设，需要知道有关问题的详细背景，并需要学习必要的预备知识，因此在教学系统设计时，必须详细考虑学生解决这个问题需要查阅哪些信息资料、需要了解哪方面的知识，最好能建立系统的信息资源库(或使用现有的资源管理系统)，并提供正确使用搜索引擎的方法，即进行学习资源设计。

(7)提供认知工具

认知工具是支持和扩充使用者思维过程的心智模式和设备。在现代学习环境中，主要是指与通信网络相结合的广义上的计算机工具，用于帮助和促进认知的过程中，学习者可以利用它来进行信息与资源的获取、分析、处理、编辑、制作等，也可用来表征自己的思想，替代部分思维，并与他人通信和协作。

认知工具在帮助和促进认知的过程中，在培养学生批判性思维、创造性思维的过程中起着重要的作用。它可帮助学习者更好地表述问题(如视频工具)，更好地表述学习者所知道的知识以及正在学习的客体(如图表工具)，或者自动解决一些低层任务或代替做一些任务来减轻某些认知活动(如计算工具)，还可帮助学习者搜集并处理解决问题所必需的各种信息。常用的认知工具有六类:问题(任务)表征工具、静态(动态)知识建模工具、绩效支持工具、信息搜集工具、协同工作工具、管理与评价工具。

(8)自主学习策略设计

自主学习策略指为了激发和促进学生有效学习而安排学习环境中各个元素的模式和方法，其核心是要发挥学生学习的主动性、积极性，充分体现学生的学习主体作用。

从整体上来讲，学习策略分为四类:主动性策略、社会性策略、协作式策略和情景性策略。在设计自主学习策略时，主要考虑主、客观两方面的因素。客观方面是指知识内容的特征，它决定学习策略的选择。主观方面首先是指作为学习主体的学生所具有的认知能力、认知结构和学习风格。除了这些智力因素以外，主观方面还包括非智力因素，其中，智力因素对学习策略的选择至关重要。

(9)管理与帮助设计

建构主义学习中，学习者是学习的主体，但也不能忽视教师的指导作用，任何情况下，教师都有控制、管理、帮助和指导的职责。由于不同的学生所采用的学习路径、所遇到的困难不相同，教师需针对不同情况做出适时反馈，而且在教学实践中要注意对学生学习的引导和启发，使他们朝着有利于意义建构的方向发展。教师是教学过程的组织者、指导者，意义建构的帮助者、促进者。

(10)总结与强化练习

适时地进行教学总结可有效地帮助学生将零散的知识系统化。在总结之后，应为学生设计出一套可供选择、并有一定针对性的补充学习材料和强化练习，以便检测、巩固、拓展所学知识。这类材料和练习应经过精心的挑选，既要反映基本概念、基本原理，又能适应不同学生的要求，以便通过强化练习纠正原有的错误理解或片面认识，最终达到符合要求的意义建构。

(11)教学评价

建构主义主张评价不能仅依据客观的教学目标,还应该包括学习任务的整体性评价、学习参与度的评价等,即通过让学生去实际完成一个真实任务来检验学生学习结果的优劣。建构主义主张学习是自我建构知识意义的过程,因此,源于建构观的评价并不强调使用强化和行为控制工具,而较多使用自我分析和元认知工具。

2. 教学设计案例

一、教案背景 1. 面向学生:小学 2. 学科:数学 3. 课时:第一课时 4. 学生课前准备: 自己试着编写9的乘法口诀,并用自己喜欢的方式验证一下口诀对不对
二、教学课题 9的乘法口诀
三、教材分析 教学内容: 苏科版数学教材二年级上册第八单元中《9的乘法口诀》。 内容分析: 9的乘法口诀是乘法口诀教学的最后一部分内容。教材让学生在看图的基础上,直接利用列表计算的过程和编制乘法口诀的经验,填出9的乘法口诀。这样设计的主要意图是让学生通过独立思考和交流,自主探索并掌握9的乘法口诀,学会用9的乘法口诀求商,从而逐步增强自主学习的意识和能力。 教学目标: 1. 让学生经历编记9的乘法口诀的过程,运用9的乘法口诀计算相应的乘除法算式。 2. 让学生在探究记忆9的乘法口诀的过程中,发现规律,培养观察能力和表达能力,发展数学思维。 3. 培养学生应用知识解决问题的能力,初步养成独立思考和主动探究的能力。 教学重点: 编制9的乘法口诀,理解9的乘法口诀的含义并记忆。 教学难点: 正确运用9的乘法口诀解决一些实际问题。 教学方法: 1. 引导学生课前查阅与9相关的知识并试着编写9的乘法口诀。 2. 引导学生自主探究、合作交流,熟练掌握9的乘法口诀
四、学情分析: 这一年龄段的孩子,对游戏活动、有动感的事物充满兴趣,他们乐于摸一摸、比一比、动手操作,从中获取知识,乐于在具有生活情境的教学实践活动中获取知识。但有的学生知识基础好,有的学生知识基础薄弱,在教学中应注意因材施教,分层教学,关注每一个学生

续表

五、教学过程

（一）情境　导入新课

新一轮狼、羊大战开始了，可恶的灰太狼把懒羊羊抓走了，关在了城堡里，于是喜羊羊他们展开了一场拯救懒羊羊的行动，可狡猾的灰太狼设了重重机关，同学们你们表现的机会来了，想不想帮助他们。

（二）闯关　自主探究

1. 喜羊羊他们来到城堡前面，城堡的大门紧锁着，喜羊羊发现门上有九个方格，只有前4个数字是：9、18、27、36，后面5个都没有。

2. 谈话：你能看出9、18、27、36排列的时候有什么规律吗？从这些数中，你知道1个9是多少吗？2个9呢？27是几个9？……9个9是多少？

3. 揭示课题：9的乘法口诀。

设计意图：这一环节的教学中，让学生亲手算一算，体会每次加9的过程，学生积极参与知识的形成过程，从研究每次加9后的数字特点开始，为后面探索9的乘法口诀做好准备，获得一种数学的力量。

（三）探索编记口诀

踏入城堡，考验才刚刚开始，刚走几步，就看见一扇门，门上画着☆，是干什么的呢？

1. 数☆整体把握口诀，找到规律。

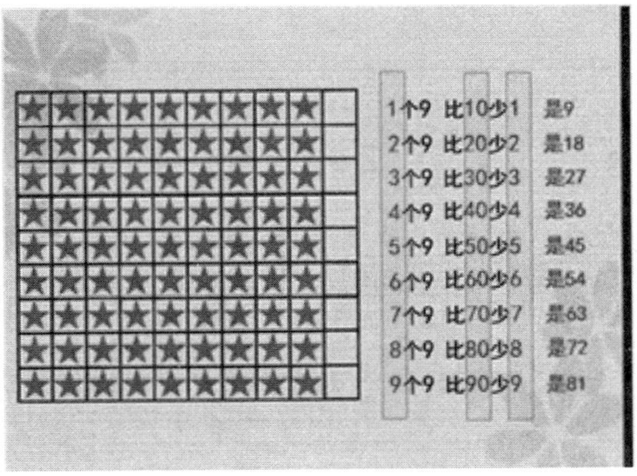

续表

(1)一行10格,多少个☆?(9个)这么快,怎么想的?

师:一行的☆的颗数可以看作1个9,它比10少1,是9。

(2)两行几格?两行☆的个数可以看成几个9?

(3)三行几格?师:几个9?是多少?你怎么算的?引导:比30少3是27。

(4)按照上面的规律完成书72页第一题。

写好的同学观察一下表格,有什么规律?和同桌商量一下,说给大家听听。

(5)体验规律。

师:横着看,你能发现什么规律吗?

生:几个9就比几十少几。

师:这个规律你们发现了吗?我们来验证一下!(选一句进行验证)

小结:这个规律可以帮助我们检查口诀、记口诀。刚才我们运用画图、计算的方法、比几十少几的方法编写了9的乘法口诀。

2. 师:让我们再回忆一下:一九得九什么意思?列个乘法算式。二九十八呢?分别列出其他乘法算式。

3. 师:9的乘法口诀和其他的乘法口诀一样,存在着许多规律,只要你认真观察积极思考,就会成为一个小小的发现者。(先让学生观察,再同桌讨论。)

(1)第一个数依次多1　(2)第二个数都是9　(3)一共有9句

(4)个位上的数字和为9　(5)相邻两句相差9　(6)几个9就比几个十少几

设计意图:帮助学生充分感知得数变化的规律,同时还引导学生用减法的思路得到得数。学生分别感悟了加法和减法两种思路得出9的乘法口诀结果,而且渗透了对应的数学思想。

(四)反馈　精讲巧拨

喜羊羊他们编好了9的乘法口诀,继续往前走,走着走着面前又出现了一扇门,门上写着:背出9的乘法口诀。喜羊羊就开始背口诀,背到七九时,怎么也想不起来了。喜羊羊急了,说:"小朋友们,快帮帮我吧。"

1. 记一记。

(1)找到规律后,请你很快地读一读,记一记这些口诀。(自由记)

(2)你最喜欢哪一句?为什么?带大家读一遍。

你认为哪句口诀最难记?带大家读3遍。有什么好办法来记这句口诀?

2. 记忆方法二——你身上的计算器。儿歌:我有一双巧巧手,共有十个手指头,我用它来记口诀,记住口诀不用愁!

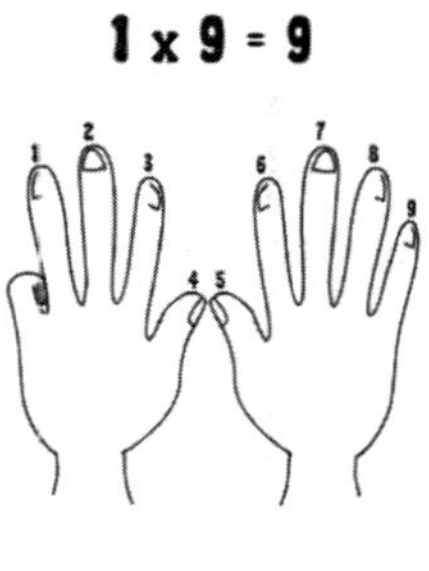

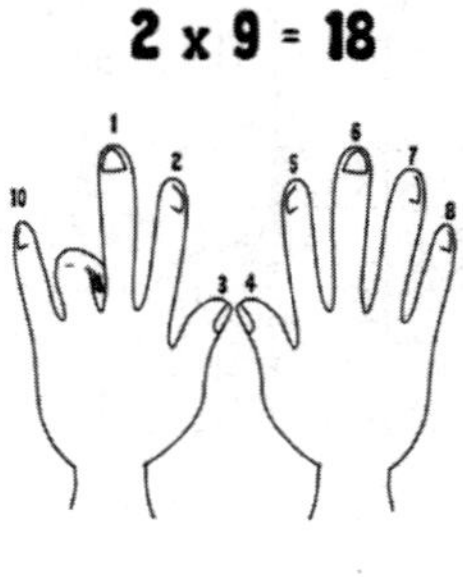

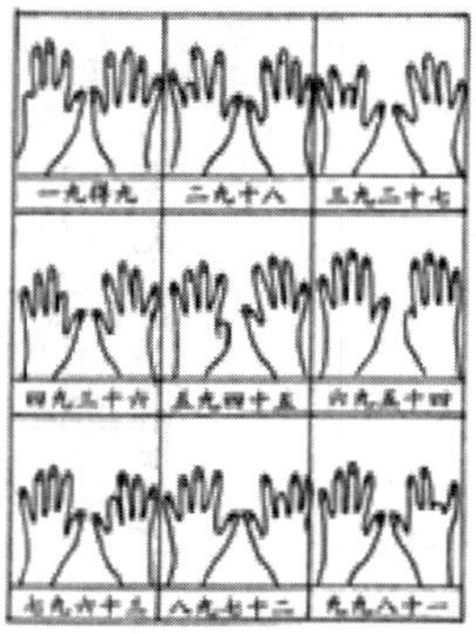

续表

3. 给大家两分钟，用自己喜欢的方法自由记口诀，比比谁的记忆力最好。(给2分钟)集体背一背。

4. 挑战有难度一点的，从中间抽一句你会吗？对口令游戏。(先师生对口令，再同桌对口令，开火车对口令。挑战更有难度一点的，我说得数，你说前半句。根据这句口诀还可以想到哪些算式？这4或2道算式计算时都用到了同一句口诀)

设计意图：在故事情境中记忆口诀，吸引学生的注意力，手指记忆，调动学生的积极性。在同桌和小组的合作中记忆口诀，体会合作学习带来的快乐的同时又能快速记忆。

(五)练习　巩固积累

喜羊羊在同学们的帮助下顺利过关，进了房间，房间里有一个大转盘，只要跟转盘比一比对口令，战胜它，就能打开大门救出懒羊羊。最后一关，看你的了！

1. 快乐大转盘。

师：我数3声，指针一停，就报出对应的乘法口诀，说出得数。

懒羊羊被救出来了，它对今天学习的数字9可感兴趣了。小朋友，你想知道关于9的知识吗？

2. 拓展："9"，是一个受人尊敬的数字。在中国古代，数词"九"有着特殊的文化含义，古人常用"九"表示"多"。例如"九牛一毛"。"九"的口诀也很受欢迎，例如"十八罗汉""十八般武艺""女大十八变""十八层地狱"、孙子兵法有"三十六计"、孙悟空有"七十二变"、唐僧取经历经"九九八十一难"。"九"是最大的个位数。又与"久"谐音，过去皇帝更爱"九"，他们穿九龙袍，造九龙壁，想使其天下永久，连城门上的门钉，也有9。完成一道练习。

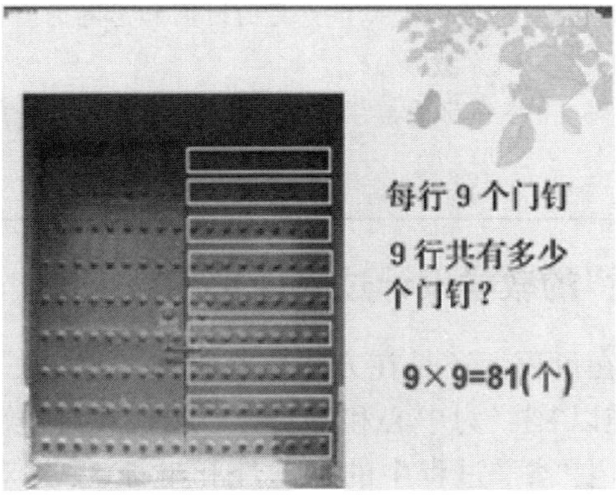

续表

3. 过渡语：不光皇帝喜欢，咱们老百姓也喜欢。天越来越冷了，冬天到了，一年级时学了一首儿歌叫《九九歌》还记得吗？ 出示《九九歌》，学生齐读。 谈话：这里的“一九”就是从冬至开始数9,9天为一九。那么“二九”有多少天？冬天过了36天，几九结束？“九九加一九”是多少天呢？ 设计意图：通过多种形式熟练应用口诀，发展了学生的思维。同时对9的相关知识的介绍，让学生感受到我国数学文化历史的悠久与魅力，增强民族自豪感，激发学生努力学习数学的热情。 （六）拓展　总结反思 今天咱们研究了9的乘法口诀，同学们你们知道吗？早在3000多年前，我国就有了乘法口诀，乘法口诀表又称“九九口诀”“九九歌”，是古代中国对世界文化的一项重要的贡献

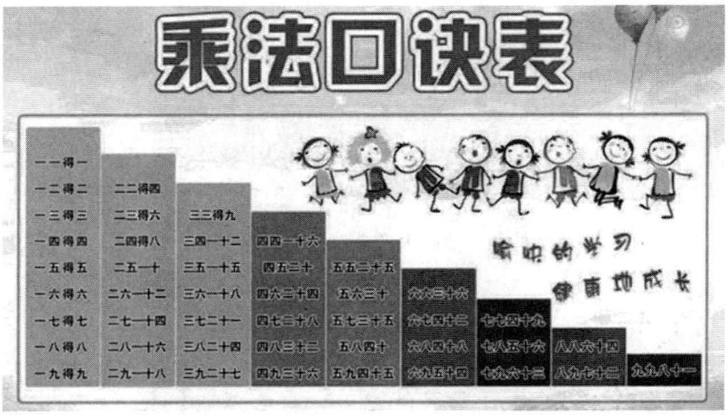

六、教学反思 本节课从故事情境引入新课，利用学生已有编制经验，自主探索9的乘法口诀，大大提高了课堂教学的效率。主要表现在以下三个方面： 1. 根据学生的年龄特点，联系学生的生活实际，利用学生喜欢的动画故事引入新课，既激发他们的兴趣，又很好地培养了学生的合作意识，同时激发学生学习数学的积极性。 2. 大胆放手让学生自己找规律、发现规律并试着自己编记9的乘法口诀，教师只做适当地指导、点拨。教学中，充分尊重学生，相信学生，给学生提供充足的时间和思考的空间，以自主探索、合作交流的方式进行学习，让学生的潜能得到一定的发展。 3. 手指记忆、快乐转盘等环节，将知识的应用生活化，调动学生学习的积极性，让学生感觉数学好玩、有趣、有意义。

5.2.3　“学教并重”的教学设计过程模式

这种教学设计不论是在过程上还是在方法上都吸取了以“教”为主和以“学”为主的两教学设计之长，克服了单纯以“学”为中心和以“教”为中心两种教学设计的片面性和弊端，充分体现了教师“教”与学生“学”过程中的互动性和辩证性，是对原有教学设计理论的拓展。“教学”，乃是教师教、学生学的统一活动。“学教并重”的教学设计过程模式既注重教师的教，又注重学生的学，既发挥教师的主导作用，又要充分体现学生的认知主体地位。具体模式如图5－7所示。

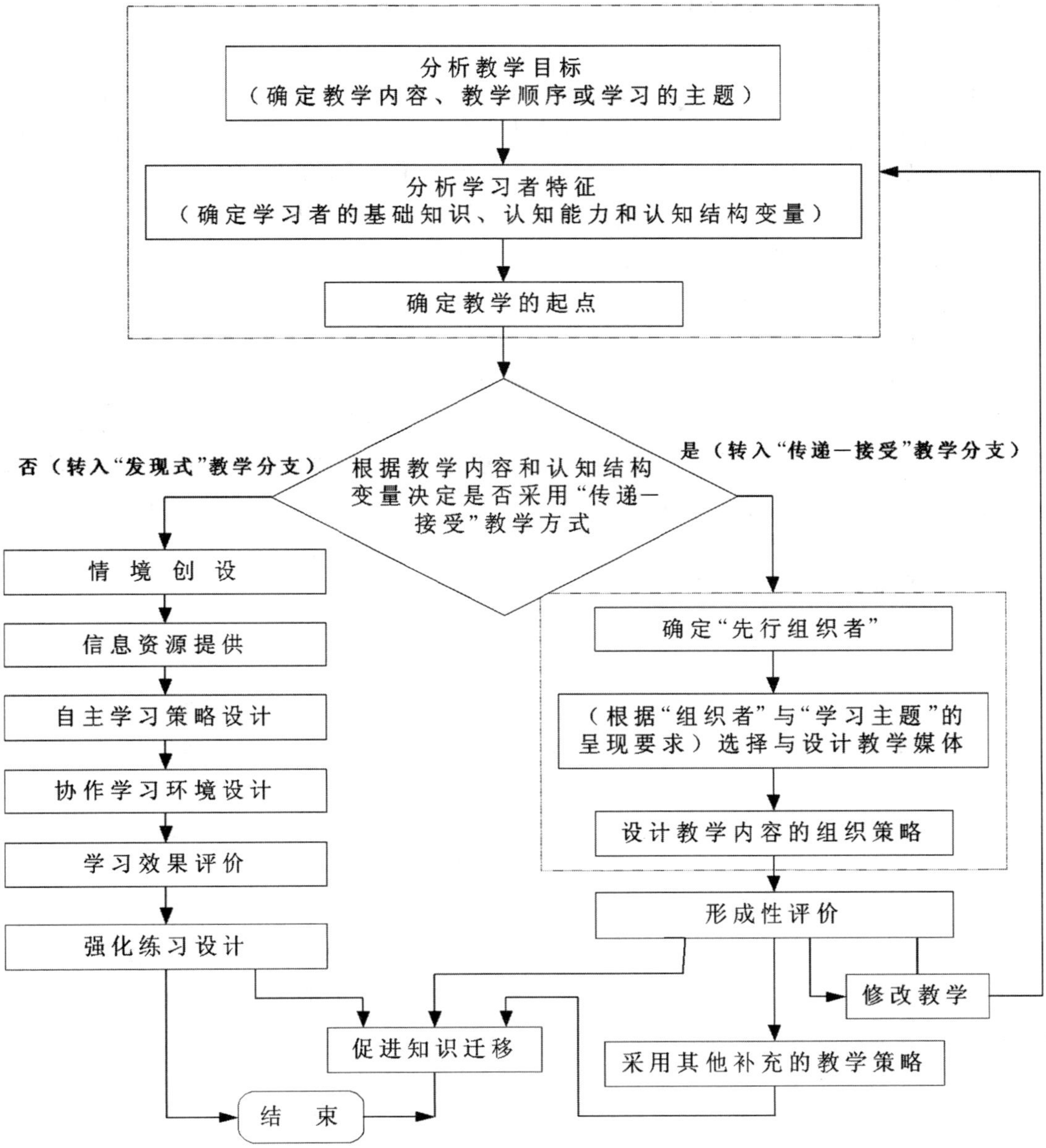

图5－7　主导主体教学设计过程模式

1.“学教并重”的教学特点

“学教并重”的教学特点包括以下几个方面。

(1)学生是主动的学习者。

(2)教师是教学过程的组织者、指导者、意义建构的帮助者、促进者。

(3)教材(教学内容)所提供的知识不再是教师灌输的内容,也不是学生知识的唯一来源,而是学生主动建构意义的对象之一。

(4)媒体不仅是帮助教师传授知识的手段,而是用来创设情境、进行协作学习、讨论交流即作为学生自主学习和协作式探索的认知工具与情感激励工具。

2. 学教并重教学设计的原则

(1)以问题为核心驱动学习,学习问题是在真实的情境中展开,是一项真实的任务。

(2)强调以学生为中心,各种教学因素作为一种广义的学习环境支持学生的自主学习。

(3)强调设计学习任务展开的学习环境,强调学习任务的复杂性。

(4)强调设计多种自主学习策略,使得学习能够以学生为主体展开。

(5)强调协作学习的重要性,要求学习环境能够支持协作学习。

(6)强调面向学习过程的质性评估,反对将简单的技能与知识的测试作为唯一评价依据。

"学教并重"的教学设计在教学过程和教学方法上融合了"以教为主"和"以学为主"之长,倡导教师对学生的形成性评价和终结性评价,要求教师在课堂教学之中适时调整自己的教学内容和教学策略.教师只有通过学习者的需求分析以及教学目标的分析,才能更好地确定教学内容和教学方法,才能更好地"因材施教"。因此,"学教并重"的教学设计对教师的作用不是降低了,而是要求更高了。

3. "学教并重"教学设计案例

《识字 4》

(一)概述

● 课名是《识字 4》,出自小学人教版语文新教材一年级第二册。本篇课文所需课时为 2 课时,80 分钟,本节课是第二课时;《识字 4》是一首韵文,描写夏天的动物特点。主要学习内容是生字的识记、朗读、扩展阅读以及网上作文。

(二)教学目标分析

1. 知识与能力

● 通过复习能够准确地再认出课文的 20 个生字。

● 能够自主地提出课文的疑问或解答同学的问题,能够利用网络资源解决课文的问题。

● 能够借助拼音比较准确地朗读 6 ~ 8 篇拓展阅读材料,并能用自己的话把材料的大意跟小组成员交流或向全班汇报。

● 小组汇报时能够代表本组的意见,声音响亮,表述清楚。

● 能够在教师的引导下发挥丰富的想象力,利用网络留言板描写夏天、描写动物或改编儿歌进行创新写作,提高创造性思维能力。

2. 过程与方法

● 能够说出形声字的构字方法,能掌握根据构字方法拓展生字及正确认读拓展出来的生字的方法。

● 通过正确流利地朗读背诵儿歌,说出韵文的规律。

3. 情感态度与价值观

● 通过学习课文,学生产生观察小动物的兴趣。

● 学生能够通过文章描写,表达自己对大自然的热爱、对小动物的喜爱。

(三)学生特征分析

● 本节课的教学对象是东风东路小学一(5)班的学生。这个班是跨越式试验的实验班,经过半年多的试验教学后，这个班的学生思维活跃，能够非常熟练地使用网络资源进行学习、用网络留言板进行写作，阅读的兴趣和表达的愿望比较强烈。

- 学生对小动物的学习非常感兴趣。
- 学生的观察能力欠佳，需要在教学中加强其观察能力以及表达所观察到事物的能力的培养。
- 学生的逻辑思维能力欠佳，需要及时引导学生进行归纳、总结。

（四）教学策略选择与设计

本课综合运用讲授式、启发式、自主学习、协作学习等各种策略，提供大量的学习资源，指导学生进行自主探索学习。通过质疑、上机自学、小组交流、分组汇报等环节完成课文教学，培养学生语文综合实践能力。本课利用计算机作为认知工具，作为学生解决问题的工具，提高学生阅读能力，并培养学生的观察能力及表达能力；采用抒发感受、编儿歌等方法，发展学生的想象力和发散思维；通过引导学生进行分析综合和指导学生利用网络创新表达，培养学生的逻辑思维。

设计特色：教师不仅充分利用信息技术整合各种学习资源，在进行大量的识字教学的基础上培养学生在网络上大量阅读的能力，鼓励学生上机自学，小组质疑、协作学习、口语交流、分组汇报，完成课文教学，并在此基础上写作表达，使小学生的听、说、读、写技能飞速提高，提高了教学效率。

（五）教学资源和工具

1. 本节课是在学生人手一机的多媒体网络教室实施的。
2. 小学人教版语文新教材一年级第二册。
3. 专门为本课设计、制作的网络资源课件。
4. 网络留言板。

（六）教学过程环节

第一阶段：复习导入，巩固生字，掌握形声字构字规律并利用网络环境进行扩展识字。

第二阶段：学习课文，通过范读、引读、自读、赏读，体会韵文的语言美。

第三阶段：自主探索学习课文。通过质疑、上机自学、小组交流、分组汇报等环节完成课文教学，培养学生语文实践能力，特别是自主学习能力及口语交际能力的提高。

第四阶段：利用计算机作为认知工具，学生进入老师提供的资源网站进行扩展阅读的学习，提高学生阅读能力，培养学生的观察能力、想象能力及表达能力。

第五阶段：启发学生，再创情境，激发孩子们热爱大自然的感情，鼓励学生利用网络模仿和创新写作，抒发自己的感受或编成儿歌。

教学过程流程图：

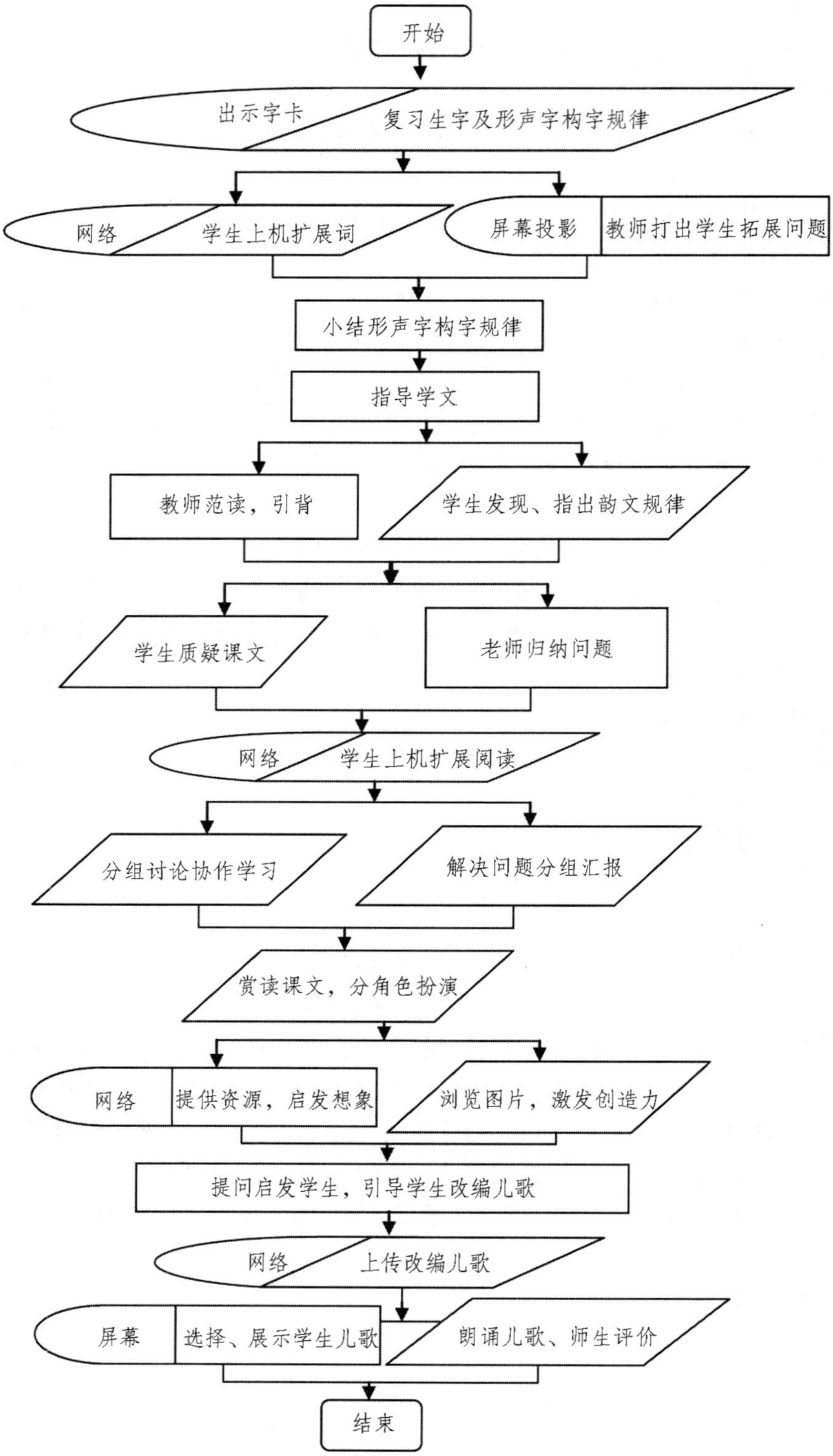
开始
出示字卡
复习生字及形声字构字规律
网络
学生上机扩展词
屏幕投影
教师打出学生拓展问题
小结形声字构字规律
指导学文
教师范读，引背
学生发现、指出韵文规律
学生质疑课文
老师归纳问题
网络
学生上机扩展阅读
分组讨论协作学习
解决问题分组汇报
赏读课文，分角色扮演
网络
提供资源，启发想象
浏览图片，激发创造力
提问启发学生，引导学生改编儿歌
网络
上传改编儿歌
屏幕
选择、展示学生儿歌
朗诵儿歌、师生评价
结束

（七）教学评价

本课从以下几个方面来考查学生的学习情况，并将学生学习的评价融入各个教学活动过程中。

1. 课堂参与情况较好，学生积极举手回答问题，参与面较广。

2. 识字：认读生字，用生字正确组词、造句。

3. 形声字：认识形声字，初步了解形声字构字规律。

4. 课文内容理解：有感情地将课文读给小伙伴听，并且用自己的话流畅地把儿歌读给小伙伴听，说出韵文的规律。

5. 扩展阅读：扩展阅读10首有关夏天动物的小诗及科学常识小短文，用这些知识解决课文疑问。

6. 创造性思维：创作的小短文、小诗、儿歌等语句通顺，没有错别字，具有新颖性。

5.3 教学目标分析

教学是促进学习者朝着目标规定的方向发生变化的过程，因此，在教学系统设计中，教学目标是否明确、具体、规范，直接影响教学是否能沿着既定的、正确的方向实施。在学习需要分析阶段所确定的目标是教学的总体目标，它是统管教学活动全局的一种指导思想，是对教学活动的一种原则性规定。要使总的目标落实到整个教学活动体系的各个环节中去，必须对实际的教学活动水平做出具体的规定，即要分析和编写具体的教学目标。

5.3.1 教学目标的含义

教学目标是指教学活动实施的方向和预期达成的结果，教学目标是一切教学活动的出发点和最终归宿，它既与教育目的、培养目标相联系，又不同于教育目的和培养目标。教学目标表示对学习者通过教学后应该表现出来的可见行为的具体、明确的表述，预先确定的、通过教学可以达到的并用现有技术手段能够测量的教学结果。

教学目标有时也称作学习目标。因为教学目标主要是用来表述学习者的学习结果，而不是对教师应该做什么的描述。

5.3.2 教学目标的功能

教学目标是教学系统活动的出发点和最终归宿，在教学中它具有经下几个功能：

1. 导向功能

教学活动追求什么目的，要达到什么结果，都会受到教学目标的指导和制约。可以说，整个教学过程都受教学目标指导和支配，整个教学过程也是为了教学目标而展开。如果教学目标正确、合理，就能有效地教学；否则就会导致无效的教学。所以，教学目标可以被看作是教学活动的“第一要素”，确定准确、合理的教学目标也被认为是教学设计的首要工作或第一环节。

教学目标一经确定，就对教学活动起着控制作用。它作为一种约束力量，把教学人员、行政人员和学生各个方面的力量凝聚在一起，为实现既定目标而共同奋斗。教学目标的控制作用,还表现在总体目标对于各个子目标的规范和制约上。一般地说,高层次的教学目标必然对低层次的教学目标具有约束力,迫使低层次的教学目标与其一致并为其服务,从而使目标系统内部达到一致。

2. 激励功能

教学目标作为观念形态的价值意识反映了人的需要,当这种需要带有清晰而明确的目标和目的意识,并延伸到人的行为领域同行为相联系的时候,则形成动机。因此,教学目标确定以后,就可以激发出学生的学习积极性和学习动力,使学生产生要达到目标的强烈渴望。激励理论认为,激励作用的大小是遵循“激励力 = 目标效价 × 目标达成度”这一规律的,这里的目标效价是指个人对目标价值大小的评价。教学目标要产生最大的激励效果,就要使制定出来的目标符合学生的需要,使学生认识到通过努力达到目标是有价值的,这样就可以使学生形成学习的动机,激发学生的学习兴趣。目标达成度即目标实现的可能性,也很重要,教学目标太容易或太难达到,都不能使学生产生动力。只有教学目标高低适宜、难易适度,既高于学生的已有水平,又是学生可以承受的,才能有效地激发学生的学习兴趣。

3. 中介功能

教学目标的中介功能,首先表现为它是教学与社会需要发生联系的纽带。社会需要同教学发生联系,主要是通过由学制规定的培养目标(学校教学目标),由教学计划、教学大纲规定的学科教学目标以及这些目标分解而成的各种具体的教学目标而实现的。各级或各个层次的教学目标,反映一定社会的政治、经济、文化、科技发展对学校教学的客观存在要求。因此教学目标具有中介功能,教学目标的实现就是学校工作满足社会对受教育者的需求。

教学目标的中介功能,还表现为教学目标是教学系统内部各个要素的联结点。教学活动是教学目标、教学内容、教学方法、形式、手段及教师和学生等各个因素构成的动态过程。各个因素主要通过教学目标发生关系。这是因为,正是教学目标才使教学活动的各个因素联系起来,构成一个功能系统,并使各个因素为实现教学目标而发挥各自的作用。某种教材之所以可用,某种技术手段之所以可用,是因为它们能够为实现已定的教学目标服务。可以说,正式有了教学目标,才使教学活动的其他因素有机地结合在一起,构成教学系统并使之有效地运行。

4. 控制功能

教学目标一经确定,就对教学活动起着控制作用。它作为一种约束力量,把教学人员、行政人员和学生各个方面的力量凝聚在一起,为实现已定目标而共同奋斗。教学目标的控制作用,还表现在总体目标对于各个子目标的规范和制约上。一般地说,高层次的教学目标必然对低层次的教学目标具有约束力,迫使低层次的教学目标与其一致并为其服务,从而使目标系统内部达到一致。

5. 测度功能

教学目标作为预先规定的教学结果,自然是测量、检查、评价教学活动成功与否,是否有效的尺度或标准。如前所述,教学目标作为教学目的的具体规定或准确规定,肯定要对教学结果予以构想和预定。构想或预定的结果是否达到,还差多远,必然需要用某种尺度进行测量。测量的尺度是什么,自然是教学目标,因此,教学目标也具有测度功能。

教学作为一个系统的、由多因素构成并由各个环节连接而成的序列活动,既包括设计、组织、实施,也包括测量和评价。测量和评价教学活动一个周期的终结,也是下一周期的开始。它既要准确预定的结果——教学目标是否实现或达到,又要确定目标达成度,还要获得调整目标的反馈信息,这些都要以已定的目标为尺度。正是通过以目标为尺度、为标准的测量和评价,教学活动才不断得到改进,步步完善。

5.3.3　教学目标的分类

在分析和确定教学目标的过程中,为了避免目标的模糊性和抽象性,一般强调要用行为术语来表述学习结果或描述学习者的变化。为了使教学目标更为清晰明了,应该了解教学目标的分类。

1. 布卢姆的教学目标分类

布卢姆的教学目标分类理论是 20 世纪 50 年代以布卢姆(Benjamin Bloom)为代表的美国心理学家们提出的。在这个理论体系中,布卢姆等人将教学活动所要实现的整体目标分为认知、动作技能、情感等三大领域,并从实现各个领域的最终目标出发,确定了一系列目标序列。

(1)认知学习领域目标分类

布卢姆将认知领域的目标分为识记、领会、运用、分析、综合和评价六个层次。

①识记。指对先前学习过的只是材料的记忆,包括具体事实、方法、过程、理论等的记忆,如记忆名词、事实、基本观念、原则等。

②领会。指把握知识材料意义的能力。可以通过三种形式来表明对知识材料的领会:一是转化,即用自己的话或用与原先不同的方式来表述所学的内容;二是解释,即对一项信息(如图表、数据等)加以说明或概述;三是推断,即预测发展的趋势。

③运用。指把学到的知识应用于新的情境、解决实际问题的能力。它包括概念、原理、方法和理论的应用。运用的能力以知道和领会为基础,是较高水平的理解。

④分析。指把复杂的知识整体分解为组成部分并理解各部分之间联系的能力。它包括部分的鉴别、部分之间关系的分析和认识其中的组织结构。例如,能区分因果关系,能识别史料中作者的观点或倾向等。分析代表了比运用更高的智力水平,因为它既要理解知识材料的内容,又要理解其结构。

⑤综合。指将所学知识的各部分重新组合,形成一个新的知识整体。它包括发表一篇内容独特的演说或文章,拟定一项操作计划或概括出一套抽象关系。它所强调的是创造能力,即形成新的模式或结构的能力。

⑥评价。指对材料(如论文、观点、研究报告等)做出价值判断的能力。它包括对材料的内在标准(如组织结构)或外在的标准(如某种学术观点)进行价值判断。例如,判断实验结构是否有充分的数据支持,或评价某篇文章的水平与价值。这是最高水平的认知学习结构,因为它要求超越原先的学习内容,综合多方面的知识并要基于明确的标准才能做出评价。

(2)动作技能学习领域目标分类

动作技能涉及骨骼和肌肉的运用、发展和协调。在实验课、体育课、职业培训、军事训练等科目中,这通常是主要的教学目标,1956 年布卢姆等人在创立教学目标分类理论时,仅意识到这一领域的存在,但未能制定出具体的目标体系。后来,辛普森(E. J. Simpson)等人提出了几种不同的分类方法,但尚无公认的最好分类。这里对三种分类法分别进行介绍简介,以便在编写教学目标时加以选择和综合运用。

第一个是辛普森等人于 1972 年提出的分类系统。这是目前应用较广泛的一种分类体系。辛普森等人于 1972 年提出将动作技能目标分成下面所列的七级。

①感知。指运用感官获得信息以指导动作,主要了解某动作技能的有关知识、性质、功用等。

②准备。指对固定动作的准备,包括心理定向、生理定向和情绪准备(愿意活动)。感知是其先决条件,在我国将感知和准备阶段统称为动作技能学习的认知阶段。

③有指导的反应。指复杂动作技能学习的早期阶段,包括模仿和尝试错误。通过教师评价或一套适当的标准可判断操作的适当性。

④机械动作。指学习者的反应已成习惯,能以某种熟练和自信水平完成动作。这一阶段的学习结果涉及各种形式的操作技能,但动作模式并不复杂。

⑤复杂的外显反应。指包含复杂动作模式的熟练操作。操作的熟练性以精确、迅速、连贯协调和轻松稳定为指标。

⑥适应。指技能的高度发展水平,学习者能修正自己的动作模式以适应特殊的设施或满足具体情境的需要。

⑦创新。指创造新的动作模式以适应具体情境。要有高度发展的技能为基础才能进行创新。

此外,哈罗(A. J. Harrow)于 1972 年提出了一个新的分类系统,把动作技能由低级到高级分为反射动作、基础性动作、感知能力、体力、技能动作、有意交流。此后,基布勒(R. J. Kibler)等人于 1981 年又提出一个分类系统,把动作技能分为四类:全身运动、细微协调动作、非言语性表达、言语行为。

(3)情感学习领域目标分类

情感学习与形成或改变态度、提高鉴赏能力、更新价值观念、培养高尚情操等密切相关。然而,由于人的情感反应更多地表现为一种内部心理过程,具有一定的内隐性和抽象性,因而这个领域学习目标相对难以编写。1964 年克拉斯伍(D. R. Krathwohl)等人制定了情感领域的教学目标分类,他们依据价值内化的程度,将情感领域的目标共分为五级。

①接受或注意。指学习者愿意注意某特定的现象或刺激。例如静听讲解、参加班级活动、意识到某问题的重要性等。学习结果包括从意识到某事物存在的简单注意到选择性注意,是低级的价值内化水平。

②反应。学习者主动参与,积极反应,表示出较高的兴趣,例如,完成教师布置的作业,提出意见和建议,参加小组讨论,遵守校纪、校规等。学习的结果包括默认、愿意反应和满意

的反应。这类目标与教师通常所说的“兴趣”类似,强调对特定活动的选择与满足。

③评价。指学习者用一定的价值标准对特定的现象、行为或事物进行评判。它包括接受或偏爱某种价值标准和为某种价值标准做出奉献,例如,欣赏文学作品,在讨论问题中提出自己的观点,刻苦学习外语等。这一阶段的学习结果所涉及的行为表现出一致性和稳定性,与通常所说的“态度”和“欣赏”类似。

④组织。指学习者在遇到多种价值观念呈现的复杂情境时,将价值观组织成一个体系,对各种价值观加以比较,确定它们的相互关系及它们的相对重要性,接受自己认为重要的价值观,形成个人的价值观体系。例如,先处理集体的事,然后考虑个人的事;或是形成一种与自身能力、兴趣、信仰等协调的生活方式等。值得重视的是,个人已建立的价值观体系可以因为新观念的介入而改变。

⑤价值与价值体系的性格化。指学习者通过对价值观体系的组织,逐渐形成个人的品性。各种价值被置于一个内在和谐的构架之中,并形成一定的体系,个人言行受该价值体系的支配;观念、信仰和态度等融为一体,最终的表现是个人世界观的形成。达到这一阶段以后,行为是一致的、可以预测的。例如,保持谦虚的态度和良好的行为习惯,在团体中表现出合作精神等。

2. 数字布卢姆

经典的布卢姆教学目标分类学将学习者的认知水平分为 6 个层次:识记、领会、运用、分析、综合、评价,清晰地界定了教学目标以及相应的评价标准,对教学起到了很大的指导作用。但是在技术手段愈加丰富的今天,对学习者的能力要求发生了变化,各个层次所对应的教学活动已经发生了变化,相对应的技术手段也处于不断更新之中,于是产生了一个新的概念“数字布卢姆”。这是 2009 年安德鲁在布卢姆教学目标分类框架下,对信息技术环境下的各个层次的学习活动进行的细致的分类,以及相对应的一些信息技术学习工具集,如图 5－8 所示。

图 5－8　数字布卢姆 2009 版

我国学者在数字布卢姆的基础上,构建了中国的数字布卢姆,如图5-9所示。

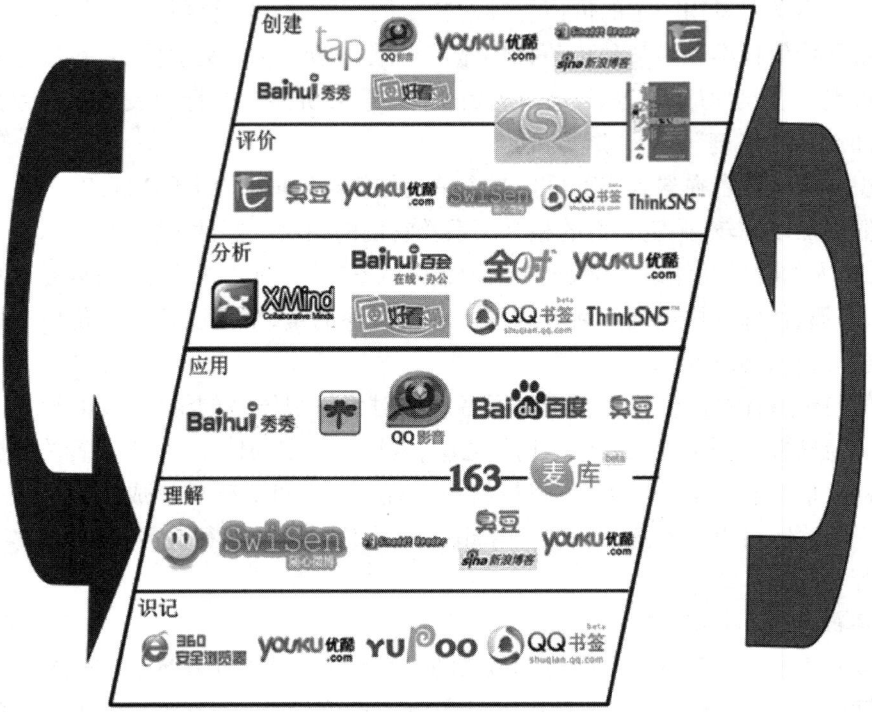

图5-9　中国版数字布卢姆

(1)识记

是指从长期记忆区中提取有关知识与信息,并加以比较和确认。

①数字时代"识记"层次的关键行为

包括认出、列出、描述、确认、想起、起名、找到、指出、列出要点、高亮、添加书签、添加社会网络书签、添加星标、搜索、百度一下。

②可能进行的学习活动以及使用的软件

背诵:文字处理软件、思维导图、教学卡片、演讲工具。

猜谜:在线工具、文字处理软件。

下定义:用文字处理软件罗列要点,画简单的思维导图,制作Wiki,在线测验,多向选择。

找论据:文字处理软件、思维导图、互联网、BBS、电子邮件。

工作单:文字处理、思维导图、网络、选择题。

标记:文字处理、图形工具。

列表:文字处理、思维导图、网络发布——个人页面或博客。

模仿:文字处理——做笔记、网络发布个人页面或博客、图形工具、聊天室、电子邮件、BBS。

标记书签:美味书签(Delicious)、Web 2.0工具。

社会网络:人人网、新浪微博、Digg。

基本搜索:搜索引擎、图书馆。

(2)理解

理解层次的学习指从口头、书面、图形等交流形式的教学信息中建构意义。

①数字时代“理解”的关键行为

包括阐述、总结、推断、释义、分类、对比、解释、举例、高级搜索、布尔搜索、发表博客日志、发微博、分类、加标签、批注、注释、订阅。

②可能进行的学习活动以及使用的软件

总结:文字处理、思维导图、网络发布、简单页面排版——例如博客、Wiki等简单的协作文档。

搜集:文字处理、思维导图、简单页面排版。

阐释:文字处理、思维导图、简单页面排版。

展示和演讲:文字处理、展示工具——在线和桌面版的图形工具、音频工具——例如音频编辑、播客发布、视频工具,还有思维导图。

罗列要点:文字处理、思维导图。

添加标记:文字处理、思维导图、图像处理、在线工具——例如Ajax画图。

总结概要:文字处理、思维导图。

高级搜索和布尔搜索:高级搜索工具。

发布博客:各类博客站点或程序。

发日志:博客、各类微博、SNS网站、QQ空间、人人网等。

分类和添加标签:美味书签(Delicious)等。

添加标签、批注、注释:BBS、Acrobat Reader、博客阅读工具、火狐浏览器、Zotero等工具。

订阅:RSS订阅、博客工具、火狐浏览器的应用扩展。

(3)应用

应用是指在给定的情境中执行或应用一种程序。

①数字时代“应用”的关键行为

包括实施、实行、使用、执行、运行、读取、玩游戏、操作、破解、上传、分享、编辑。

②可以进行的学习活动以及使用的软件

图解:各种在线画图软件——GIMP、Paint、Inkscape等,Comic Life(一个漫画制作软件,很容易为漫画做排版)。

仿真体验:图形工具、仿真实验室、《全球冲突:巴勒斯坦》(一款在线3D仿真游戏,玩家扮演在巴勒斯坦地区的各式人物,完成相应任务)。

演说:简单页面排版工具、PPT、Skype(类似QQ语音)、交互电子白板、在线协作工具、音频视频网络会议系统。

访谈:文字处理、思维导图、播客、录音软件、在线合作工具、Skype。

表演和展示:播客、影片视频编辑、网络电话、录音软件、PPT、在线合作工具。

编辑:视频音频编辑工具、Wiki编辑工具、简单页面排版工具、共享文档。

教育游戏:在线角色扮演游戏《全球冲突:巴勒斯坦》。

(4)分析

把学习材料或者所学概念分割成几个小部分,分析各部分之间的联系,每一部分与所学知识的联系、与整个学习计划的联系。

①数字时代“分析”的关键行为

包括对比、组织、了解结构层次、找出特征、找出要点、发现、建构、整合、使用 API、建立超链接、反编译、破解程序、媒体片段化、绘制思维导图。

②可以进行的学习活动以及使用的软件

调查:网络调查问卷、投票系统、社会网络工具、文字处理软件、电子邮件、讨论板、手机。

数据库:MySQL 和 Access 等数据库软件、Google 表单、Wiki、地理信息系统软件等。

写摘要:文字处理软件、网络发布。

概念图、思维导图:鱼骨图软件、SWOT 分析、维恩图、六顶思考帽、smart 原则、MindMapper、在线概念图软件。

报告:文字处理软件、排版软件、演示文档、互联网发布——网页或者博客。

画图:在线画图工具。

表格:Excel。

核对单:文字处理、调查工具。

统计图:在线思维导图(www. gliffy. com)。

(5)评价

以既定的准则和标准通过检查和批判做出判断。

①数字时代“评价”的关键行为

包括检查、假设、批判、检验、判断、测验、监测、察觉、(博客视频)评论、评述、发表、仲裁、合作、建立网络关系、反馈、测试软件、辨别信息。

②可以进行的学习活动以及使用的信息技术工具

辩论:文字处理、录音、播客、思维导图、聊天室、即时聊天工具、电子邮件、讨论版、视频和电话会议系统(Skype)、合作工具 Ellumiate(一种实时的教学系统)。

报告:文字处理、网页发布(博客发布、Wiki 发布、页面发布等)、排版软件、幻灯片展示软件、照相机。

评价:文字处理或网页发布、排版软件、思维导图、幻灯片展示、照相机。

调查研究:互联网、各式在线工具、照相机、文字处理、地理信息软件。

撰写评估报告:文字处理等。

评估报告展示:文字处理、排版软件、幻灯片展示。

说服性演讲:文字处理、录音软件、思维导图。

各种形式的评论与评述:讨论版、论坛、博客、维基、微博、布告栏、聊天室。

合作:讨论版、论坛、博客、维基、微博、布告栏、聊天室、视频会议系统、即时聊天工具、文本信息发布等。

建立社交网络:社会网络工具、音频视频会议、电子邮件、电话交流、即时聊天工具、实时教学系统(如 Ellumiate)。

(6)创新

将各种元素组合在一起形成一项前后逻辑通畅的或有实际功用的完整内容;通过思考、计划和制作将各部分元素重组,形成新的模式或结构。

①数字时代“创新”的关键行为

包括设计、建构、计划、制作、创造、发明、创作、编程、编电影、编动画、发表博客、发表视频、视频合成、视频编辑、编辑维基、发表作品、发表播客、指导(制作)、创建应用程序接口。

②可以进行的学习活动以及使用的信息技术工具

编辑电影:Movie Maker、Pinnacle Studio、Premiere。在线工具主要有 jumpcut. com、eyespot. com、pinnacleshare. com、animoto. com、dvolver. com。

展示:幻灯片展示工具(PPT、Zoho、Google 幻灯片等),动画创作工具(Comic Life、还有一些在线工具)。

讲故事:文字处理软件或在线文字处理、排版软件、展示工具、播客、图片故事、动画创作工具(Comic Life、historic tale construction kit、dvolver. com)。

编程:Visual Studio. net、乐高头脑风暴、Scratch(Ubuntu 下学习编程的软件)、Alice、Game Maker(游戏编辑工具)。

做项目:文字处理、甘特图软件(如 Office 里面的 Project、Openproj for gantt)、日程管理软件、思维导图、流程图(Inspiration、FreeMind、C-Map、Visio)。

发表博客或视频:博客工具(Blogger、Wordpress、Edublogs、各种博客站点)。

制作视频音频博客:博客工具、录音软件、Skype、合作工具、网络课堂软件 Ellumiate。

做计划:Inspiration、Cmap、FreeMind、文字处理、日程管理。

编新游戏:Game Maker、RPG 工厂。

做模型:玛雅 3D、AutoCAD。

编曲:文字处理、录音软件、博客、音频制作软件。

媒体制作:排版软件、Movie Maker、Corel、Flash、播客、GIMP(GNU 图像处理程序)、Tux Paint(3 ~ 12 岁儿童适合用的画图软件)。

广告设计:排版软件、Corel、Flash、播客、GIMP。

画图:Corel、画板、GIMP、Tux Paint、在线工具有 www. ajaxwrite. com。

3. 加涅的学习结果分类系统

美国当代著名教育心理学家加涅是继布卢姆之后,又一位对目标理论有重大影响的心理学家。西方教育心理学界认为,布卢姆的教学目标分类系统和加涅的学习结果分类系统都是为指导学习目标而设计的很有实用价值的学说。加涅在《学习条件》一书中,对学习结果进行了分类,提出了五种学习结果:言语信息、智力技能、认知策略、动作技能和态度。

(1)言语信息

言语信息作为一种学习结果,是指学习者通过学习以后,能记忆诸如事物的名称、符号、地点、时间、定义、对实物的描述等具体的事实,能够在需要时将这些事实陈述出来。虽然言语信息的学习主要涉及的心理过程是记忆,但并不能就此轻视这类学习结果,它同样是一种重要的能力。判断学生是否获得信息主要看他们是否能把获得的信息表述出来。

(2)智力技能

智力技能作为一类学习结果,是指学习者通过学习获得了使用符号与环境相互作用的能力。智力技能与言语信息不同,言语信息与知道“是什么”有关,而智力技能则与知道“怎样做”有关,例如,通过计算将分数化为小数;在英语的造句中,能够使单数动词与单数主语保持一致等,都是相关智力技能习得的实例。

智力技能可以细分为若干小类,较简单的是辨别技能,进一步是形成概念,在形成概念的基础上学会使用规则。智力技能的最高形式是高级规则的获得,这与解决问题的能力有关。

(3)认知策略

随着学习者不断地学习和发展智力技能及其他技能,他们也发展了用以自我调控其内部学习过程的方式,这便是认知策略的习得。所谓认知策略是学习者借以调节他们自己的注意、感知、记忆和思维等内部心理过程的技能。认知策略的习得使学习者学会了如何展开导致更多学习的反省思维和分析思维,学会了如何学习。

(4)动作技能

虽然在有些课程的学习中,动作技能常常没有被放在中心位置,但学校的学习中总是包含各种各样的动作技能,从入学儿童学习使用铅笔和纸写字到学习绘画、唱歌、舞蹈、打球、竞走、跨栏,从学习实验操作到学习语言的发音等。我们说个体获得某种动作技能时,不仅仅指他完成某种规定的动作,而且指这些动作组织起来,构成连贯的、准确的、合规则的整体行为。动作技能操作的流畅与时间的精确性能够反映行为表现的内部组织程度。

动作技能的学习往往与认知学习交织在一起,因为动作技能通常由一套序列步骤或动作构成,学生在学习某个动作技能时,必须知道或掌握动作技能组成的程序及相应的规则,以便随着练习的继续,使动作的水平有所提高。

(5)态度

除了动作技能之外,学习还会致使影响个体行为选择的内部状态的建立。这便是加涅所谓的学习的第五类结果——态度。态度是习得的、影响个人对特定对象做出行为选择的有组织的内部准备状态。影响个体行为选择的内部状态既有认知成分,又有情感成分。同智力技能、动作技能相比,态度与个人行为的关系不那么直接,态度并不决定特定的行为,它以行为的倾向或准备状态对行为产生间接影响。态度的习得有多种形式,有些可能是源于个别的事件,也可能源于个体对某种事物的成功与欢乐的体验,有些则可能是常常模仿或观察他人的行为而获得对事物的态度。虽然个体的很多态度是在家庭、社会中获得的,但学校在个体的态度培养上仍起到了非常重要的作用。

4. 新课程三维目标

新课程改革最显著的特征就是以学生为本,着眼于学生的整体发展。什么是整体发展?即整体的人的智力与人格的全面和谐、协调统一的发展。为此,《课程标准》中提出了“知识与技能、过程与方法、情感态度与价值观”三个维度的课程目标。

(1)“三维目标”的内涵

三维目标不是三个独立的个体,而是互相融合的一个整体,具有内在的统一性,统一指向人的发展,可以说:知识与技能维度的目标立足于让学生“学会”,过程与方法维度的目标立足于让学生“会学”,情感、态度与价值观维度的目标立足于让学生“乐学”。任何割裂知识与技能,过程与方法,情感、态度价值观的“三维目标”的教学都不能促进学生的全面发展。“三维目标”的含义具体如图 5 - 10 所示。

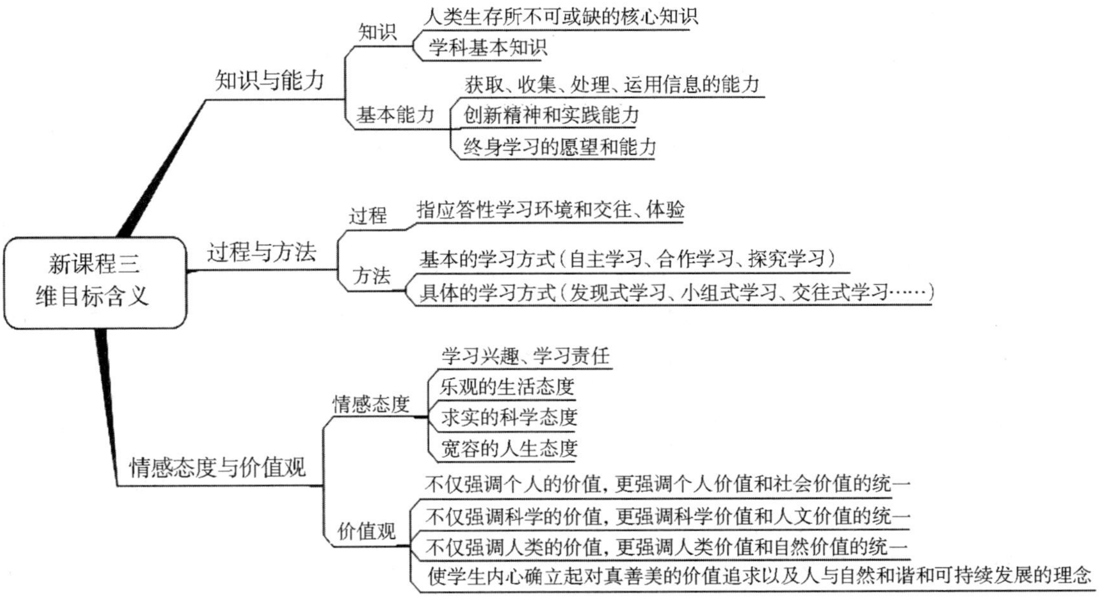

图5-10 新课程"三维目标"含义

(2)知识与技能

知识目标,这里主要指学生要学习的学科知识(教材中的间接知识)、意会知识(生活经验和社会经验等)、信息知识(通过多种信息渠道而获得的知识)。知识目标的表达举例:通过学习,知道动物也是有情感的;通过学习,理解分数的基本性质。

技能(Skill)是个体通过训练或经验而获得的程序和方法。技能目标可为分四种。

①基本技能如读、写、算的技能。目标表达举例:通过学习,能正确地有感情地朗读课文。

②智力技能如感知、记忆、想象和思维、推理等技能。目标表达举例:通过学习,学会用实验与推理的科学方法来研究物体和认识物体。

③动作技能如绘画、做操、打球等。目标表达举例:通过学习,初步掌握前滚翻和后滚翻的基本要领。

④自我认知技能即认知活动的自我调节和监控技能。如自己会做计划,会核对自己的成绩,会检查自己的解题方法是否合理、有效,会评价自己的作业水平等。目标表达举例:通过学习,学会制定自主阅读的计划。

(3)过程与方法目标

过程与方法目标是新一轮基础教育改革中的创新。所谓过程,就是指为达到教学目的而必须经历的活动程序;方法是指师生为实现教学目标和完成教学任务在共同活动中所采用的行为或操作体系,这里主要是学生的学习方法。与过程、方法相对应的就是结论,所谓结论就是指教学所要达到的目的或所需获得的结果,二者相互作用、相互转化、共同结合,体现一门学科的整体内涵和思想。过程与方法目标最重要的特征就是亲历体验。体验是知识的升华,体验的信息可以成为日后解决类似问题的经验。所以学生在过程中可以获得知识与技能并最终内化为个性化特征。传统教学也重视过程与方法,但是传统教学仅仅把过程与方法作为服务于结论的手段,学习的目的还是掌握结论。虽然理解并掌握正确的结论是教学的重要目的,但如果学生没有经过一列的质疑、判断、比较、选择以及相应的分析、综合等思维活动和认识活动,结论很难获得,也难以真正理解和巩固。基于此,新课程改革把过程与方法本身作为目标的重要组成部分,让学生经历过程和探索方法,给学生带来的是探索的体验,创新的尝试,实践的机会和发现的能力,这些都比那些具体的结论更重要。

(4)情感、态度与价值观目标

情感态度与价值观,是人对亲身经历过事实的体验性认识及由此产生的态度行为习惯。其中,情感是人对客观现实的对象和现象的刺激所产生的心理反应,它分为积极情感和消极情感;态度是社会心理学基本概念之一,指在一定情境下,个体对人、物或事件,以特定方式进行反应的一种心理倾向;价值观就是对某一知识、事物的价值判断,就是对某一知识、事物有用无用,有多大用处等认识的价值取向。其中情感决定并形成态度,而态度体现情感,往往积极的情感形成正确的态度,消极的情感形成错误的态度。教师的责任就是要指导学生用积极的情感战胜消极的情感,用科学的态度去克服消极的态度,并逐步形成良好的行为习惯。情感和态度是价值观形成的基础,没有积极的情感和正确的态度就不会有科学的价值观,价值观是情感和态度的升华,并决定了人们的情感态度。价值观一旦形成,就会影响人对事物的态度和情感。情感态度与价值观不仅有着密切的内在联系,而且都有一种共同的功能,就是对师生教学过程与方法的优劣有极其重要的影响制约作用,对知识与技能目标的达成有巨大的调控作用。因此,把三者放在一起,称之为体验性目标。

5.3.4 教学目标的分析方法

教学目标的分析应该重点说明学习者的行为或能力的变化,教学目标的分析方法主要有归类分析法、层级分析法和信息加工分析法。

1. 归类分析法

适用范围:归类分析法主要用于言语信息类学习内容,言语信息本身不存在逻辑层级或程序,所以,只需要直接对达成目标所需的信息进行分析。

分析方法:对言语信息最有效的分析法是确定信息的主要类别。确定分类方法后,把需要学习的知识归纳成若干方面,从而确定教学内容的范围。

表达方式:组合或组成图示(分层或分簇),或者列提纲。

范例:一个国家的省、市名称可以按地理区域的划分来归类;人体外表各部位的名称可以由上向下,按头、颈、躯干、上肢、下肢分类;细胞的化学成分可以按元素组成和化学物组成分类,如图 5-11 所示。

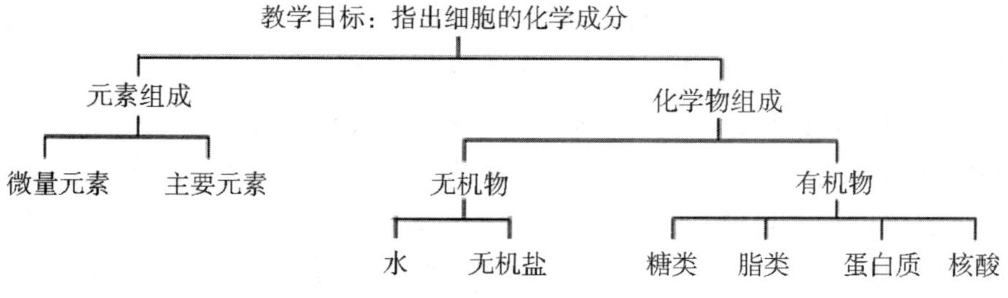

图 5-11　归类分析法示例

说明：从形式上看，该示意图与后面将讨论的层级分析图相似，但在归类分析中，各知识点之间本质上不存在难度的层级关系。

2. 层级分析法

适用范围：层级分析法是用来揭示教学目标所要求掌握的从属技能的一种内容分析方法，是一个逆分析的过程。

分析方法：从已确定的教学目标开始考虑，要求学习者获得教学目标规定的能力，他们必须具备哪些次一级的从属能力，而要培养这些次一级的从属能力，又需要具备哪些再次一级的从属能力，依次类推。各层次的知识点具有不同的难度等级——越是在底层的知识点，难度等级越低（越容易）；越是在上层的，难度越大。层级分析的原则虽较简单，但具体做起来却不容易。它要求参加教学设计的学科专家、学科教师和教学设计者熟悉学科内容，了解教学对象的原有能力基础，并具备较丰富的心理学知识。

表达方式：层级依赖关系图。

范例："整数减法"学习内容的层级分析，如图5－12所示。

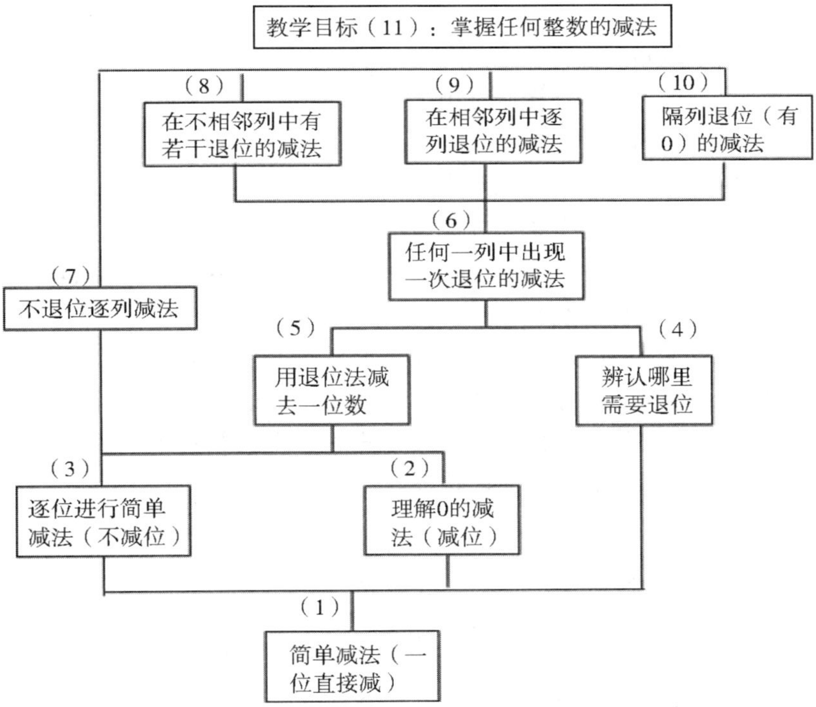

图5－12 层级分析法示例

教学目标规定的能力（11）的学习以（7）（8）（9）和（10）四项从属技能的学习为先决条件，该层级分析一直继续到最后一级的子目标（简单减法）为止。

3. 信息加工分析法

适用范围：信息加工分析法是将教学目标要求的心理过程揭示出来的一种内容分析方法。这种心理操作过程及其所涉及的能力构成了教学内容。

分析方法：按照信息加工的步骤，写出每步要做的事情，包括内隐的心理操作过程和外显的动作技能的操作过程。

表达方式：过程图示或步骤罗列。

范例 1：求算术平均数的解题过程，如图 5－13 所示。

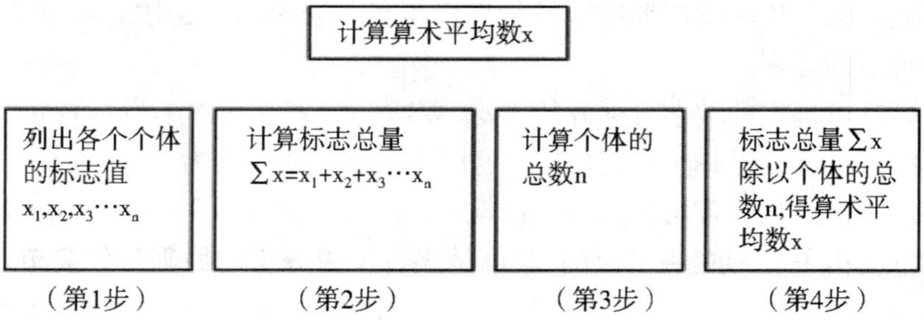

图 5－13　信息加工分析法示例

范例 2：刻纸拓印的教学内容分析。

下面是刻纸拓印的步骤。

（1）画稿——用单线画出稿样轮廓。

（2）复印——将画稿分别印在图画纸上。

（3）剪形——将所印的图样逐个剪下。

（4）刻纹——用刻刀按印稿将结构刻出。

（5）衬贴——将剪下的图样分别贴在底板纸上。

（6）印刷——用滚筒等用具使底板吃足油墨，然后把印纸覆上，压印成画。

4. 解释结构模型法（ISM 分析法）

适用范围：解释结构模型法是用于分析和揭示复杂关系结构的有效方法。它可将系统中各要素之间的复杂、零乱关系分解成清晰的多级递阶的结构形式。当分析的各级教学目标不具有简单的分类学特征，或者其中的概念从属关系不太明确，也不属于某个操作过程或某个问题求解过程时，使用 ISM 分析法比较合适。

分析方法包括以下三个操作步骤。

（1）抽取知识元素，确定教学子目标。

（2）确定各子目标之间的直接关系，做出目标矩阵。

（3）利用目标矩阵求出教学目标形成关系图（这个步骤由于步骤明确、可操作性强，很容易转换成计算机的算法，用某种程序设计语言去实现。换句话说，ISM 分析法的第三个操作步骤可以交给计算机去自动完成，从而使教学目标分析的效率得以提高）。

范例：掌握不同分母分数的加减法。

（1）抽取知识元素，确定教学子目标（如表 5－1 所示）。

表 5-1　不同分母分数加减法的教学子目标

	知识元素(教学子目标)		知识元素(教学子目标)
1	分数的概念(理解分数概念)	9	同分母真分数的加减(掌握同分母真分数的加减)
2	真分数(了解真分数)	10	同分母分数的加减(掌握同分母真分数的加减)
3	分数线(了解分数线)	11	约数(了解什么是约数)
4	带分数(了解带分数)	12	倍数(了解什么是倍数)
5	假分数(了解假分数)	13	最大公约数及最小公约数(了解什么是最大公约数和最小公约数)
6	分母分数大小(能比较同分母分数大小)	14	通分(掌握通分法)
7	大小相等的分数(理解大小相等分数的含义)	15	约分(掌握约分方法)
8	约分和通分的概念(理解约分和通分的概念)	16	不同分母分数的加减(掌握不同分母分数的加减)

(2)确定各子目标之间的直接关系,做出目标矩阵。

如果学生对教学目标 G_i 进行学习之前必须先掌握教学目标 G_j,则称 G_j 与 G_i 之间有"直接关系",并称为 G_j 为 G_i 的直接子目标。如图 5-14 所示。

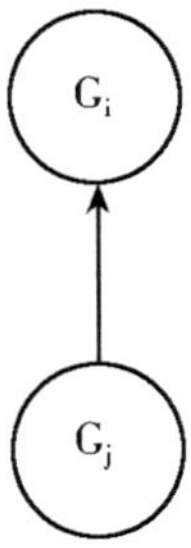

图 5-14　目标 G_j 与目标 G_i 的"直接关系"

各子目标的直接关系如图 5-15 所示。

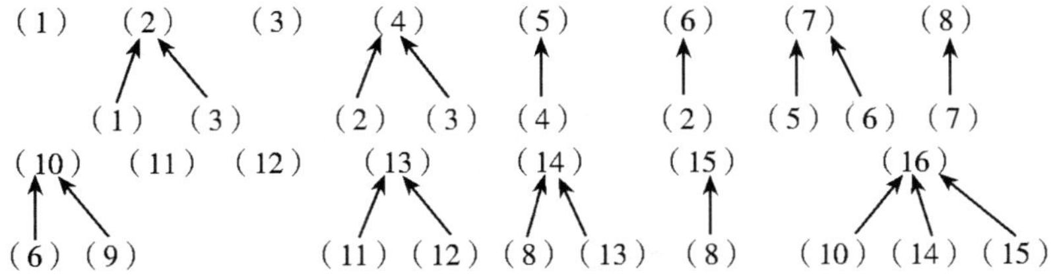

图 5-15　各子目标的直接关系

以横轴表示某级的教学目标,以纵轴表示各级的直接子目标。令某级子目标与其直接子目标对应的位置为"1",其余位置为空白。这样就得到直接关系矩阵,也称为目标矩阵。

5.3.5 教学目标阐明的方法

自教学系统设计这门学科诞生以来，教育心理学家设计了一套描述和阐明教学目标的方法，以发挥目标的导向、控制、激励和中介功能。目前教学目标的编写都是根据ABCD模式，包括对象、行为、条件、标准的表述。但在实际操作中也要兼顾外显行为变化和心理过程变化，弥补行为目标的不足。由于情感领域的教学编写具有可观察性和可测量性特点的学习目标非常困难，因此要通过思想意识的外在表现描述情感目标。

1. 编写教学目标的基本要求

以研究行为目标著名的马杰(Robert Mager)强调应该以具体明确的方式说明学生完成学习任务后能做什么。用马杰自己的话说，“假如你对要去的目的地不清楚的话，那么你很可能会抵达另一个地点，而且不知道自己走错了目的地”。在1962年出版的《程序教学目标的编写》这本经典著作中，马杰提出一个完整的教学目标应包括三个基本要素：

(1)行为：说明学习者通过教学以后将能做什么，以便教师能观察学习者的行为变化，了解目标是否达成。例如，“学生能将文章中陈述事实与发表议论的句子分类”。

(2)条件：说明学习者表现学习行为时所处的环境、条件因素。例如，如果要表述一个“要求学习者能够辨别各种鸟类”的教学目标，那么必须指明的条件是“从黑白图片中，还是从彩色图片中”“允许学生使用工具或不使用工具”。

(3)标准：指出合格行为的最低标准(或行为改变的程序)。例如，“学生能够在十分钟内解出二元一次方程”。

马杰的“行为”“条件”和“标准”的三要素模式至今仍为教育界所接受。用传统的方法表述的教学目标，如“培养学生分析文章的能力”比较笼统含糊，对其中的含义，不同的人可能有不同的理解。这种提法不能为教学及其评价提供具体指导，而使用马杰的三要素模式编写的学习目标就很明确具体，清楚地告诉人们，学生将获得的能力具体是什么，如何观察和测量这种能力。

在教学设计的实践中，有的教育研究者认为有必要在马杰的三要素的基础上，加上对教学对象的描述，这样，一个规范的学习目标就包括四个要素。为了便于记忆，他们把编写学习目标的基本要素简称为ABCD模式：

A——对象(Audience)：阐明教学对象。

B——行为(Behavior)：说明通过学习以后，学习者应能做什么(行为的变化)。

C——条件(Condition)：说明上述行为在什么条件下产生。

D——标准(Degree)：规定达到上述行为的最低标准(即达到所要求行为的程度)。

例如，提供10个图形，二年级学生能够识别哪些是长方形、哪些不是长方形，在10个图形中，至少有8个识别正确。

需要指出，在实际运用中，往往不可能、也没有必要完全机械地按上述要求编写教学目标，这一点将在教学目标的具体编写方法中做进一步探讨。

2. 教学目标的具体编写方法

以下先根据ABCD模式讨论教学目标的具体编写方法，然后介绍一种为弥补行为目标不足而提出的兼顾外显行为变化和心理过程变化的编写方法。

(1)对象的表述

教学目标的表述中应注明教学对象,例如,“小学六年级(1)班学生”“参加在职培训的企业员工”等。有的学者还主张在教学目标中说明对象的基本特点。

(2)行为的表述

教学目标中,行为的表述是最基本的成分,说明学习者在教学结束后,应该获得怎样的能力。用传统的方法表述教学目标时,较多使用“知道”“理解”“掌握”“欣赏”等动词来描述学习者将学会的能力,如果需要,再加上表示程度的状语,以反映教学要求的提高,如“深刻理解”“充分掌握”等,这些词语的含义较广,各人均可从不同角度理解,因而使目标的表述不明确,给后续的教学评价带来困难。这些词语可用来表述总括性的课程目标和单元目标,但在编写具体的教学目标时并不适合。

描述行为的基本方法是使用一个动宾结构的短语,其中行为动词说明学习的类型,宾语则说明学习的内容。例如,“操作”“说出”“列举”“比较”等都是行为动词,在它们后面加上动作的对象,就构成了教学目标中关于行为的表述:(能)操作计算机,(能)说出五大洲、四大洋的名称,(能)列举选择教学策略时应考虑的基本因素,(能)比较单词中同一字母的不同发音。

在这样的动宾结构中,宾语部分与学科内容有关,学科教师都能很好地掌握。困难在于选用恰当的、具有可观察特点的行为动词,所以我们在本节的后半部分提供了在编写认知教学目标、动作技能教学目标和情感教学目标时可供选用的动词表,以供参考。其中有些动词的含义需根据上下文确定。

(3)条件的表述

条件表示学习者完成规定行为时所处的情境,即说明在评价学习者的学习结果时,应在哪种情况下评价。如要求学习者“能写出 800 字左右的文章”,条件则可能指“在哪些提示下? 在哪些资料的帮助下? 利用什么工具(电脑写还是手写)? 多长时间?”等环境因素。条件的表述常与诸如“能不能查阅参考书?”“有没有工具?”“有没有时间限制?”等问题有关。条件包括下列因素:环境因素(空间、光线、气温、室内外噪音等)、人的因素(各人单独完成、小组集体进行、各人在集体的环境中完成、在教师指导下进行等)、设备因素(工具、设备、图纸、说明书、计算器等)、信息因素(资料、教科书、笔记、图表、词典等)、时间因素(速度、时间限制等)、问题明确性的因素(为引起行为的产生,提供什么刺激和刺激的数量)。

(4)标准的表述

标准是行为完成质量可被接受的最低程度的衡量依据。对行为标准做出具体描述,是为了使教学目标具有可测量的特点。标准一般从行为的速度、准确性和质量三方面来确定,例如在 1 分钟以内准备好必需的电脑配件(速度),测量长方形的长和宽,误差在 ±5mm 以内(准确性),加工件质量要达到国家Ⅱ级标准(质量)。

下面的教学目标实例中均包含了上述“对象”“行为”“条件”和“标准”等四个要素:

小学三年级的学生,通过一周的信息技术强化培训,能够独立操作计算机,至少能正确开关机、操作鼠标、登录学习空间、利用课件进行学习,并能用正确的指法,在 10 分钟内输入 8 ~ 10 个汉字。

教学目标中,有些条件和标准较难区别,如上例中“能在 10 分钟以内”即可理解为时间的条件,也可看作是行为速度的标准。马杰认为,对这一问题不必争论。判断教学目标的主要依据是,它的表述是否说明了编写者的意图。如教学目标能用以指导教学及其评价,那么对条件和标准的区别并不重要。

(5)基本部分和选择部分

在一个教学目标中,行为的表述是基本部分,不能省略。相对而言,条件和标准是两个可选择的部分。在编写教学目标时,可以不必将条件、标准一一列出。例如,学完本单元以后,学生应能够给"教学设计"下定义,能够描述教学系统设计发展历史中的三大事件和重要人物,能够就当前关于教学系统设计与教学论之间概念之争的几种观点进行评论,阐述自己的观点。

在运用 ABCD 模式编写具体的教学目标时,应注意以下几个方面:

(1)教学目标的行为主体必须是学习者,而不是教师。在这个意义上,诸如"培养学生的英语听说能力"这样的目标表述是不恰当的。因为,它的行为主体是教师而不是学生。这样表述意味着只要教师组织学习者进行了相关活动,目标就算达成了,至于学习者达到了多少预期的学习结果,则常常被忽略。

(2)教学目标须用教学活动的结果而不能用教学活动的过程或手段来描述。在这个意义上,诸如"学生应受到观察的训练"也是一个不合适的目标表述。虽然,这一目标的行为主体是学生,但它没有表达教学活动最终要达到的结果。我们可以这样表述,"初中二年级学生在观看各种画风的图片时,应能将微风、狂风、台风分别标记出来,准确率达 90%",显然,"将微风、狂风、台风分别标记出来"表达了具体的、可观察的教学结果。

(3)教学目标的行为动词必须是具体的,而不能是抽象的。所谓具体是指这一动词所对应的行为或动作是可观察的,像"知道""理解""掌握""欣赏"等抽象动词,由于含义较广,各人均可从不同角度理解,给以后的教学评价带来困难。这些词语可用来表述总括性的课程目标和单元目标,但在编写教学目标时应避免使用。表 5-2、表 5-3、表 5-4 给出了编写具体教学目标时,可供选用的部分动词。

表 5-2　编写认知学习目标可供选用的动词表

学习目标层次	特征	可参考选用的动词
知道	对信息的回忆	为……下定义、列举、说出(写出)……的名称、复述、排列、背诵、辨认、回忆、选择、描述、标明、指明
领会	用自己的语言解释信息	分类、叙述、解释、鉴别、选择、转换、区别、估计、引申、归纳、举例说明、猜测、摘要、改写、预测
应用	将知识运用到新的情境中	运用、计算、示范、改变、阐述、解释、说明、修改、订出……计划、制定……方案、解答
分析	将知识分解,找出各部分之间的联系	分析、分类、比较、对照、图示、区别、检查、指出、评析
综合	将知识各部分重新组合,形成一个新的整体	编写、写作、创造、设计、提出、组织、计划、综合、归纳、总结
评价	根据一定标准做出价值判断	鉴别、比较、评定、判断、总结、证明、说出……价值

表5-3　编写动作技能学习目标可供选用的动词表

学习目标层次	特征	可参考选用的动词
感知能力	根据环境刺激做出调节	旋转、屈体、保持平衡、接住(某物体)、踢、移动
体力	基本素质的提高	提高耐力、迅速反应、举重
技能动作	进行复杂的动作	演奏、使用、装配、操作、调节
有意交流	传递情感的动作	用动作、手势、眼神或脸色表达……感情,用一段舞蹈表达……思想情感

表5-4　编写情感学习目标可供选用的动词表

学习目标层次	特征	可参考选用的动词
接受或注意	愿意注意某事件或活动	听讲、知道、看出、注意、选择、接受、赞同、容忍
反应	乐意以某种方式加入某事,以示做出反应	陈述、回答、完成、选择、列举、遵守、记录、听从、称赞、欢呼、表现、帮助
评价	对现象或行为做价值判断,从而表示接受、追求某事,并表现出一定的坚定性	接受、承认、参加、完成、决定、影响、支持、辩论、论证、判别、区别、解释、评价
组织	把许多不同的价值标准组成一个体系并确定它们之间的相互关系,建立重要的和一般的价值观念	讨论、组织、判断、使联系、确定、建立、选择、比较、定义、系统阐述、权衡、选择、制定计划、决定
价值与价值体系的性格化	能自觉控制自己的行为并逐渐发展为性格化的价值体系	修正、改变、接受、判断、拒绝、相信、继续、解决、贯彻、要求、抵制、认为……以至、正视

(6)内外结合的表述

行为目标虽然避免了用传统的方法表述目标的含糊性,但它本身也有缺点:只强调了行为结果,而未注意内在的心理过程,因而可能引导人们只注意学习者外在行为变化而忽视其内在的心理变化。此外,在具体的教学实践中,还有许多心理过程无法行为化。因此,为了兼顾学习者内部心理过程的变化和可观察的外在行为变化,有人提出可以采取内外结合的方法来表述具体的学习目标。

1978年格朗伦(N. E. Gronlund)在《课堂教学目标的表述》中,提出先用描述内部心理过程的术语来表述学习目标,以反映理解、运用、分析、创造、欣赏、尊重等内在的心理变化,然后列举反映这些内在变化的例子,从而使这些内在心理变化可以观察和测量。这就是用内部过程与外显行为相结合以描述学习目标的方法。例如领会本单元专门术语的含义:①将专门术语与它们所代表的概念联系起来;②在造句中使用某些专门术语;③指出术语之间的同异。

本例中表述的行为是代表“领会”的种种表现的例子,我们愿意把它们作为教学目标已达到的证据而加以接受。“领会”是一个内部心理过程,无法观察和测量,但有后面这些证明

“领会”能力的行为实例，目标就具体化了。格朗伦的方法强调列举出能力方面的例证，既避免了用内部心理特征表述目标的抽象性，也防止了行为目标的机械性与局限性。

3. 情感领域学习目标的编写

培养学习者的某些态度、树立某种观念、养成某种良好的习惯、形成高尚的道德品质等，都是情感学习的目标，在教育中占有重要地位。上述采用 ABCD 模式的目标编写对于认知领域的教学目标的编写是合适的，但对情感领域的教学编写是非常困难的。那么对于情感领域的教学目标该如何确定呢？

一种方法是把学习者的具体言行看成是思想意识的外在表现，然后通过学习者的言行表现（这是可以观察的）来间接推断学习目标是否达到。例如，当实验室活动结束或终止时，学习者将设备归还原处，则表明学生有爱护设备的责任心。又如，当同伴在吸毒时，自己做出拒绝别人提供的毒品的选择，则表明了学生对吸毒的态度。在上述例子中，学习目标编写者把“学生能否将设备归还原处”和“拒绝别人提供的毒品”的具体行动作为判断学生是否具有某种责任或态度的依据，这就是情感学习目标编写的一个特点。

另一种方法是采用类似内外结合的表述方法。例如，教学目标是“培养学生热爱集体的态度”，由于“热爱集体”的态度难以直接评价、判断，所以，我们必须列举几方面的具体行为，通过对这些行为的观察，来判断学生是否“热爱集体”。例如积极参加集体组织的各项活动，主动打扫教室的卫生，准时参加有关会议，积极承担班委会布置的任务，支持有利于集体利益的建议，帮助学习有困难的同学。

在这些具体的言行上，当学习者有积极持久的表现时，就说明他们树立了集体观念，如表现出消极或反对的情绪，则说明学生可能没有培养起热爱集体的态度。马杰把学习者的肯定、积极的表现称为接近意向，把消极的表现称为回避意向。当然，接近意向也仅说明学习目标可能已达到，并不能直接测量学习目标达到的程度。

一般说来，提出情感学习目标中的主体要求较容易，如“提高学生对国画的鉴赏力”，但从哪些具体方面来判断目标是否达到，则需要学科教师和教学设计者共同研究。有的学者建议，可以从以下几个方面来测量学习者的接近意向。

（1）学习者表示喜欢这类活动。

（2）在各种活动中，学习者选择参加这类活动。

（3）学习者带着热情参加这类活动（愿承担义务，遵守有关规定等）。

（4）学习者很有兴趣与他人讨论这类活动。

（5）学习者鼓励他人参加这类活动。

以“培养学生欣赏国画”的目标为例，有的教师提出下列具体的行为指标，用以测量学生通过教学以后，是否具有接近意向：喜欢借阅或购置国画书刊；到美术馆参观选择国画展厅，或经常参观国画展；了解国画名家及其代表作；向美术教师请教作画技巧；乐意给同学讲解国画特点及作品意境；喜欢创作国画。

情感学习目标有了这些具体的行为指标作为判断依据，其可操作性无疑加强了。在表述具体的行为时，应尽可能采用可观察甚至可测量的行为动词，表 5－4 提供的一些动词可供教师编写情感教学类目标时参考。

有时，许多高级的教学目标必须通过长期的教学才能达到，如认知方面的认知策略和反省认知能力的提高,不是通过一两节课教学就能立竿见影的,而情感教育方面的目标尤其如此。教师很难预期通过一定的教育活动后学生的内部心理过程会产生怎样的变化。为了弥补上述编写方法的不足,艾斯纳(E. W. Eisner)提出了表现性目标。这种目标要求明确规定学习者应参加的活动及情境,但不提出可测量的学习结果。如爱国主义教学方面的一个表现性目标可以这样陈述:“学生能认真观看学校组织的反映爱国主义的影片,并在小组会上谈自己的观后感。”尽管这种目标不精确规定学习者应从教学活动中习得什么,但至少有助于我们认识总的教学目标中的情感教学内容,使我们能着手研究实现目标的方法。因此,表现性目标可以作为学习目标的一种补充。

5.3.6　教学目标编写案例

为了更好地理解和学习教学分析与编写方法,增加对教学目标编写的感性认识,在此给出一些教学目标编写案例,以供参考。

1. 语文(来源:北京市石景山区杨庄中学李彦超《伊索寓言两则》教学设计)

【教材内容概述】

本课是自读课文,包括出自《伊索寓言》的《赫尔墨斯和雕像者》和《蚊子和狮子》两则寓言,注重的是形象的描写,寓意深刻,以学生课自读为主。

【教学目标分析】

(1)知识与能力

①通过有感情地朗读两则寓言,了解其大意并理解寓意。

②能概括两则寓言的大意,并分析归纳出寓意。

(2)过程与方法

初步把握阅读寓言的一般步骤和方法。

(3)情感态度价值观

受到寓言寓意的启发,养成良好的思想品德,避免在自己身上出现爱慕虚荣、骄傲自满等缺点。

2. 英语(来源:北京市石景山区杨庄中学高彦《Trip in Beijing, in China, in the world》教学设计,有修改)

【教材内容概述】

本课时教学的内容是九年义务教育三年制初级中学教科书(人教版)第二册(上)Unit 2,本单元的核心教学内容是“谈论未来活动”(Talking about future activities)。be going to 句型是重点语言点,功能项目围绕“trip”的话题展开,本课相关生词侧重于 trip、discuss、hike、mountain、picnic 的运用。本课的教学重点是侧重于对句型“be going to”的理解和运用,难点是将句型较熟练地运用于实际交际中。

【教学目标分析】

(1)知识与能力

词汇:能运用新词 trip、discuss、hike、mountain、picnic 进行描述。

语法:在实际运用中体会和领悟 be going to 句型的表意功能。将所学的句型较熟练地运用于口语交流,并能较正确地落实在笔头。

听:达到四级要求,学生基本都能听懂有关谈话的话题,大部分学生能从中提取主要信息和观点。

说:达到四级要求,学生都能根据引出话题进行几个回合的交谈;部分学生达到五级要求,就话题提供信息,表达简单的观点和意见,参与讨论,合作完成任务。

读:达到四级要求,能连贯流畅地朗读课文,能利用字典等工具书进行学习,能从简单的文章中找出有关信息,理解大意;部分学生达到五级要求,能根据不同的阅读目的运用简单的阅读策略获取信息。

写:达到四级要求,能在老师的帮助下,以小组讨论的方式起草和修改作文;部分学生达到五级要求,语言流畅,书写正确。

(2)过程与方法

①能合理使用网络上的学习资源,从中汲取信息,扩充知识。

②在交际中遇到困难时,有效地寻求帮助,如查工具书,网络资源,与同学、老师交流等。

(3)情感态度价值观

①能在小组活动中积极与他人合作,相互帮助,共同完成学习任务。

②在交流中既要张扬个性,又要注意并理解他人的情感。

③注意发现身边的美,热爱自然,热爱生活。

3. 数学(来源:北京市昌平区小汤山中学马有林《一元一次不等式》教学设计)

【教材内容概述】

教材内容包括一元一次不等式的概念和解法,以及一些典型例题和练习。

【教学目标分析】

(1)知识与能力

①列一元一次不等式解决具有不等关系的实际问题。

②进一步掌握一元一次不等式的解法。

③通过应用一元一次不等式描述不等关系解决实际问题,发展学生由实际问题转化为数学问题的能力,进一步培养学生分析问题和解决问题的能力,形成应用不等式的意识。

(2)过程与方法

通过列一元一次不等式解决具有不等关系的实际问题,让学生进一步体会不等式是解决实际问题的有效的数学模型。

(3)情感态度价值观

①通过运用一元一次不等式解决实际问题,进一步强化用数学的意识,从而乐于接触社会环境中的数学信息,愿意谈论某些数学话题,能够在数学活动中发挥积极作用。

②通过探索,增进学生之间的配合,并培养克服困难和运用知识解决问题的成功体验,树立学好数学的自信心。

4. 物理(来源:北京市石景山区古城外国语学校王烨《电流的热效应》教学设计)

【教材内容概述】

《电流的热效应》是北京市21世纪新教材中《电功和电功率》这一章的第三节,在国家课程标准中,本节课属于能量部分,应从能量的角度认识电热。《电功和电功率》是初三电学的难点,内容包括电流产生的热量与哪些因素有关(即焦耳定律);了解电热的作用;通过比较、计算电火锅和炭火锅的功率,激发学生的节能意识与环保意识。

【教学目标分析】

(1)知识与能力

①知道电流的热效应。

②理解焦耳定律的内容、公式及其运用。

③知道电热器的原理及其应用。

(2)过程与方法

①通过感知事物→提出问题→设计实验→动手探究实验,体会科学探究的方法,培养探究能力。

②通过比较、计算电火锅和炭火锅的功率,激发学生的节能意识与环保意识。

(3)情感态度价值观

激发和培养探究与创新的思想和精神,培养辩证的思想,培养与他人合作的意识。

5. 化学(来源:北京市石景山区石景山中学毛秀丽《碳的几种单质》教学设计)

【教材内容概述】

本节教学内容是初三化学(人教版)第五章的第一节,课改实验教材中没有,但在教学大纲中属于了解的知识范畴。教学重点是金刚石、石墨、木炭、活性炭等物质的物理特性、用途以及它们之间的联系。但石墨、金刚石的微观结构以及木炭疏松多孔的结构学生用肉眼观察不到,所以金刚石、石墨物理性质不同的原因以及木炭的吸附性原理成为本节课的一个难点。

【教学目标分析】

(1)知识与技能

①所有学生知道石墨、金刚石是碳元素形成的两种不同单质,能叙述出石墨、金刚石、木炭、活性炭的物理特性和主要用途。

②大部分学生能判断出它们性质和用途之间的关系,知道石墨、金刚石的性质不同是由于它们内部的原子排列不同。

③能用正确的方式倾倒液体,初步领悟性质决定用途,用途反映性质的科学原理。

(2)过程与方法

①初步学会从众多的信息中寻找对自己有用的信息,并且初步学会分析信息,找出某些规律。

②初步学会从网络搜索信息的方法。

③初步体验科学探究的基本方法。

(3)情感态度价值观

①学生初步领悟事物的多样性和复杂性。

②学生初步体会到如果正确利用网络,网络是一本最全面的百科全书。

③学生初步意识到学习中要敢于质疑。

6. 生物(来源:北京市石景山区实验中学李梨平《我们身边的生物》教学设计,有修改)

【教材内容概述】

本节教材在本学科中处于起始地位学生从整体初步了解多种多样的生物,从热带鱼的外形特点生活环境为立足点,从此开始接触生物是多种多样的理念。

【教学目标分析】

(1)知识与能力

①通过对热带鱼特征、热带鱼饲养条件等的学习,能举例说明生物各方面是多种多样的,具有多样性。

②通过对热带鱼饲养条件的分析,学生能说出饲养热带鱼的环境条件。

③通过对热带鱼白点病等的分析,学生能说出热带鱼患白点病的发病机理。

(2)过程与方法

①通过各种小组的活动,进一步增强学生与他人协作的意识、培养学生与他人合作能力。

②通过对热带鱼所需环境、条件等的学习,学生能进一步对查找热带鱼的资料的方法有所体会。

(3)情感态度价值观

①通过环境污染对热带鱼生存的危害,初步使学生增强环境保护、建立从我做起的意识。

②通过对热带鱼屏保的欣赏,增强学生美感的意识,能产生向往美好生活的体验。

7. 历史(来源:北京市石景山区杨庄中学王巧兰《走进"纸"世界》教学设计)

【教材内容概述】

本主题源自《中国历史》第1册第12课《领先世界的秦汉科学技术》,把"造纸术"定为主题是基于以下两点原因:一是造纸术不仅是中国古代四大发明之一,而且代表着秦汉科技发展水平,而教材对造纸术的介绍比较简单,学生学了之后,难以对造纸术的发展历程、影响等形成完整、清晰的认识。二是纸在我们今天的生活中非常重要,在人类滥用自然资源、地球面临生态危机的今天,从科学技术和历史文化的角度回顾纸的发展,学生体会到的不仅是造纸术的过去,还可以从中反思现代人对待纸和自然资源的态度等。

本节课重在借助计算机网络创设的丰富历史情境,引导学生超越历史时空,多角度地探究造纸术的发展历程,在探究中认识、体会造纸术对中国和世界文明发展的影响。

【教学目标分析】

(1)知识与能力

①能说出汉代造纸的主要流程。

②能归纳出古人发明纸的原因和蔡伦的贡献及蔡侯纸的优点。

③能分析归纳出造纸术对中国和世界文明发展的作用。

(2)过程与方法

①通过观察汉代造纸图,总结出汉代造纸的主要流程,从而初步掌握识读历史图片的基本技能。

②通过课堂分组探究,使学生初步学会与他人合作交流、共同探索知识的方法。

(3)情感态度价值观

①通过学习造纸术的发展历程,学生能认同中国古代劳动人民非凡的创造力及对世界文明发展的巨大贡献,增强民族自豪感。

②同时清楚古代中国的文明已成为历史,要再创辉煌,就要敢于探索、敢于创新。

8. 思想品德(来源:北京市石景山区五里坨中赵建珍《增强自我保护意识和能力》教学设计)

【教材内容概述】

初二年级思想品德第六课《依法保护青少年健康成长》是专门针对青少年设置的,因而在全书中具有特殊地位。本内容是本书思想教育的落脚点和归宿。本课题设置两个题目。一是"增强自我保护意识和能力十分必要"。之前学习的家庭保护、学校保护、社会保护和司法保护,只是为未成年人的健康成长提供了必要的条件,要使未成年人的身心健康和合法权益得到保护还要未成年人自身的配合,故让学生懂得"增强自我保护意识和能力十分必要"是本课题的难点。第二是"如何增强自我保护意识和能力"。教材是从三个方面进行阐述的:依法自律,正确对待父母和学校的教育,学会运用法律武器保护自己的合法权益。这两大问题是本节课教学的重点。

【教学目标分析】

(1)知识与能力

①懂得增强自我保护意识和能力十分必要。

②明确增强自我保护意识和能力的主要途径:第一,依法自律;第二,正确对待父母和学校的教育;第三,学会运用法律武器保护自己的合法权益。

③能结合所见所闻或相关案例,说出增强自我保护意识和能力的必要性及教材中介绍的增强自我保护意识和能力的途径。

(2)情感、态度与价值观

深刻认识增强自我保护意识和能力的重要性,提高辨别是非的能力,懂得珍惜自己的合法权益,在实际生活中努力做到依法自律,学会运用法律武器保护自己的合法权益。

9. 地理(来源:北京师范大学现代教育技术研究所周凤琴《走进青藏高原》主题探究教学设计,有修改)

【教材内容概述】

本主题为北京市21世纪教材九年义务教育教材地理实验本第2册第八章《中国山区的开发》中关于青藏高原的内容。本主题的内容源自教材又在教材的基础上进行了拓展,围绕着"青藏高原"这个主题,从"青藏高原的农、牧、矿业""青藏高原的交通""青藏高原的旅游业""青藏高原的居民生活"四个方面设计了小组的探究活动。

【教学目标分析】

(1)知识与能力

①了解青藏高原的居民生活方式,藏族的风俗习惯。

②知道青藏高原交通的现状及变化。

③理解交通(特别是青藏线)对青藏高原经济发展的重大意义。

④了解青藏高原主要的风景旅游点，了解旅游业在经济建设中所起的作用。

⑤通过小组协作探究，培养学生解决问题的能力，自主学习能力和协作学习能力。

⑥培养学生的信息素养（主要是熟练使用学科网站群和制作 PPT 或网页的能力以及信息的处理和加工的能力）。

（2）过程与方法

①进一步增加小学写作学习的方法积累。

②制作幻灯片或网站的过程和方法。

（3）情感态度价值观

①通过本单元的学习，真正走进青藏高原，感受青藏高原独特的文化、风俗习惯，生活方式。

②感受人与自然和谐相处的重要性，理解可持续发展的重要意义。

10. 音乐（来源：广州市白云中学张晓莉《春江花月夜》音乐欣赏课教学设计，有修改）

【教材内容概述】

《春江花月夜》的主题曲调富于歌唱性，旋律古朴、典雅，节奏比较平稳、舒展。主题旋律尽管有多种变化，但每一段的结尾都采用同一乐句出现，运用民间音乐中“换头合尾”的变奏法，从各个不同角度揭示乐曲的意境，深化了音乐表现的内容，具有较强的艺术感染力。

【教学目标分析】

（1）知识与能力

①熟悉乐曲及主题思想，加深对乐曲各段的理解。

②初步了解中国传统音乐“换头合尾”变奏法。

③全方位开拓思维空间，在欣赏中训练学生的形象艺术思维能力和综合概括能力，启发学生通过音乐欣赏进行文学艺术创作。

④了解我国优秀音乐文化的悠久传统。

⑤提高对音乐的感受力、鉴赏力、表现力和创造力。

（2）情感态度价值观

①培养热爱祖国优秀音乐文化的感情。

②一定程度上提高学生的文化素质。

③增进民族文化意识和民族自豪感，懂得继承祖国悠久文化、弘扬优秀音乐文化的意义。

11. 美术（来源：上海美术教育网，天津市静海县第二中学刘旭东《中国写意画》教学设计，有修改）

【教材内容概述】

本课是根据天津市九年义务教育美术教科书七年级下册《写意画》的课程内容设计构思的。主要内容包括中国写意画的一些实例，其中蕴含中国写意画的意境和艺术规律，写意画用笔的快慢、轻重、刚柔，用墨的干、湿、浓、淡以及构图的疏密、聚散、多少、形状变化等，紫藤（或葡萄）的画法，体验写意画的笔情墨趣。

【教学目标分析】

（1）知识与能力

①掌握了写意画基本技法。

②通过对写意画和古琴音乐的感受,联想、感悟绘画与音乐共通的美学思想和艺术规律。

③更好地理解中国写意画的笔、墨、构图与审美追求的统一。

④通过体验音乐与绘画的共通艺术规律,培养想象力。

⑤能够把古琴知识溶入写意画练习之中,从而体会一种音与画一体,乐与思相融的艺术境界,提高学生的表现能力,开拓学生的视野和知识范围。

(2)过程与方法

培养综合学习的好习惯。

(3)情感态度价值观

通过感受、体验写意画与古琴音乐的艺术魅力,增强民族自豪感和对祖国博大精深的文化艺术的热爱之情。

12. 体育与健康(来源:悠扬教案网,江西省婺源县梅林中学方进祥《鱼跃前滚翻(男)和后滚翻成单腿跪撑平衡(女)》教学设计,有修改)

【教材内容概述】

鱼跃前滚翻(男)、后滚翻成单腿跪撑平衡(女)是初一必修教材内容,它具有趣味性强、易学的特点。这些体育项目不仅能锻炼身体、愉悦身心,更能培养学生对体操的兴趣,形成较好的体操意识;同时,为提高学生的学习兴趣,安排了情景游戏"送情报"。

【教学目标分析】

(1)知识与能力

①培养学生自觉参与体育锻炼的良好习惯。

②80%学生能在帮助下完成鱼跃前滚翻(男)、后滚翻成单腿跪撑平衡(女)动作,并能说出其动作要领,知道游戏规则,20% ~25%学生能熟练掌握动作。

(2)情感态度价值观

①激发学生能积极思考及探究欲望,克服困难,挑战自我的信念。

②培养学生团结互助、公平竞争和拼搏进取等优良品质。

13. 信息技术(来源:中国教育曙光网,南京市五十中蔡晓红《文件与文件夹》教学设计,有修改)

【教材内容概述】

这节课内容为书本"文件与文件夹"中关于文件夹的建立、文件及文件夹的选定、复制、移动,教材以任务形式详细地介绍了文件夹的新建、文件与文件夹的复制、移动的操作方法,主要旨在让学生通过自主学习,教师指导,学会文件及文件夹的相关操作方法,最终理解外界的各种信息是以什么形式存放在计算机中的,计算机又如何管理文件和文件夹的。

【教学目标分析】

(1)知识与能力

掌握用"我的电脑"建立文件夹,能对文件或文件夹进行选定、复制、移动操作。

(2)过程与方法

通过启发、引导学生自我学习,掌握操作方法的同时,自学、分析、归纳、解决问题的能力有所提高,能利用信息技术的技能去获取知识。

(3)情感态度价值观

通过趣味性的教学内容,使同学们保持高涨的学习兴趣,在操作的同时获得成功的喜悦。

5.4 学习者特征分析

学习者分析是教学设计过程中的一个重要步骤,教学设计的一切活动都是为了促进学习者的学习,教学目标是否实现,要在学习者自己的认识和发展的学习活动中体现出来,而作为学习活动主体的学习者在学习过程中又是以自己的特点来进行学习的。因此,要取得教学设计的成功,必须重视对学习者的分析,尤其是在目前强调主体性教育和主体性教学的大气候下,要想在教学活动中真正体现和发展学生的主体性,在进行教学设计时更应该首先去了解学生,即分析学习者的特征。在主体性课堂教学设计中,对学习者特征的分析应着重从哪些方面入手呢?究竟应该怎样去了解学习者的特征呢?要明白这些问题,有必要搞清楚在一般的课堂教学设计中对学习者特征的分析包括哪几个方面,亦即学习者分析的内容是什么以及如何分析学习者的特征。

5.4.1 学习者特征分析的目的和意义

学习者是学习活动的主体,学习者所具有的认知的、情感的、社会的特征都将对学习的信息加工过程产生影响。教学设计的最终目的是为了有效促进学习者的学习,而要想促进学习者的学习,就必须使教学方法、媒体和技术与学习者的特征相匹配。因此,设计的教学方案是否与学习者的特点相适应,或在多大程度上适应学习者的特征,是衡量一个教学设计是否成功的重要指标。

受生理的、心理的、社会文化等因素的影响,学习者个体之间既表现出一些共性的、稳定性的特征,又表现出多样化的差异。不同年龄学习者的认知发展成熟水平不同,同一年龄段的学习者在认知结构、学习风格、学习动力等方面又会表现出诸多的差异性。分析学习者特征时,既需要考虑学习者之间的稳定的、相似的特征,又要分析学习者之间的变化的、差异性的特征。相似性特征的研究可以为集体化教学提供理论指导,差异性研究能够为个别化教学提供理论指导。

学习者特征分析的目的是了解学习者的学习准备情况及其学习风格,为学习内容的选择和组织、学习目标的阐明、教学活动的设计、教学方法与媒体的选用等教学外因条件提供适合学习者内因条件的依据,从而使教学真正促进学习者智力和能力的发展。

5.4.2 学习者特征分析的内容

学习者特征分析的内容主要在学习准备和学习风格,具体如图 5 - 16 所示:

- 学习者特征
  - 学习准备
    - 一般特征
    - 初始能力
      - 态度
      - 知识(预备知识、目标知识)
      - 技能(预备技能、目标技能)
  - 学习风格

图 5 - 16 学习者特征分析的内容

1. 学习准备

学习准备是指学习者在从事新的学习时，原有的知识水平或原有的心理发展水平对新的学习的适应性。学习者原有的学习准备状态是新的教学的出发点。学习准备包括认知、动作技能和情感三个方面。

对学习者学习准备的分析包括两个方面：一是一般特征，二是初始能力。

（1）一般特征

学习者一般特征指对学习者从事学习产生影响的心理、生理和社会的特点，包括学生的年龄、性别、年级水平、认知成熟度、智能、学习动机、个人对学习的期望、生活经验、经济、文化、社会背景等因素。它们与具体学科内容虽无直接联系，但影响教学设计者对学习内容的选择和组织，影响教学方法、教学媒体和教学组织形式的选择与运用。

（2）初始能力

初始能力是指学生在学习某一特定的学科内容时，已经具备的有关知识与技能的基础，以及他们对这些学习内容的认识和态度。态度是指通过学习形成的影响一个人对特定对象做出行为选择的有组织的内部准备状态。技能是掌握并能运用专门技术的能力。

初始能力分析的内容包括：

①预备技能的分析，即了解学习者是否具备了进行新的学习所必须掌握的知识与技能，这是从事新学习的基础。

②目标技能分析，即在从事新的学习之前，了解学生对目标技能掌握情况的调查工作。

③学习态度分析，即学习者对所学内容的认知水平和态度，对教学传递系统的态度或喜好，这对选择教学内容、确定教学方法等都有重要的影响。

2. 学习风格

学习风格是由美国学者哈伯特·塞伦（Herbert Thelen）于 1954 年首次提出的。学习风格一经提出，便引起教学心理学、学习理论和教学论工作者的广泛关注，并成为一个重要的课题，被誉为"现代教学的真正基础"。学习风格的定义颇多，可谓"仁者见仁，智者见智"，但对学习风格的本质的解释基本上是相同的，即认为学习风格是学习者持续一贯的带有个性特征的学习方式和学习倾向，都强调学生喜欢的或经常使用的学习策略、学习方式或倾向在学习风格中的核心地位；都强调学习风格具有稳定性，很少因学习内容、学习情况等因素的改变而变化；都认为学习风格具有个别差异和独特性。

（1）学习风格的要素

目前关于学习风格的要素，不同学者有不同的观点。

①邓恩的观点

邓恩（Dunn）将学习风格要素分为五大类：一是环境类，包括对学习环境静闹、光线强弱、温度高低、坐姿正规或随便等的偏爱；二是情绪类，包括动机、学习坚持性、学习责任性等；三是社会类，包括独立学习、结伴学习、喜欢与成人或各种不同的人一起学习等；四是生理类，包括对听觉、视觉等刺激的爱好，学习时吃零食，时间节律等；五是心理类，包括分析与综合，对左、右大脑的偏爱，沉思与冲动等。

②凯夫的观点

凯夫（Keefe）把学习风格要素划分为三大类：一是认知风格，包括接受风格、概念化风格与保持风格等；二是情感风格，包括注意风格、期望与动机风格；三是生理风格，包括男性、女性行为，与健康有关的行为、时间节律、活动性、环境因素等。

③谭顶良的观点

我国学者谭顶良从生理、心理和社会三个层面提出了他的分类：一是生理要素，包括个体对外界环境生理刺激（如声、光、温等）、对一天内时间节律以及在接受外界信息时对不同感觉的偏爱。二是心理要素，包括认知的、情感的和意动的三个方面。认知方面又包括辨别、归类、信息加工、分析与综合、记忆过程中的趋同与趋异、沉思与冲动；情感方面包括理性水平、学习兴趣与好奇、成就动机、控制点、抱负水准、焦虑水平等；意动方面包括坚持性、言语表达、冒险与谨慎、动手操作等。三是社会性要素，包括独立学习与结伴学习、竞争与合作。

④胡斌武的观点

胡斌武认为，学习活动的进行，需要学习者根据自身生理、心理状况，根据学习内容、学习情境选择某种学习方式。在这个过程中体现出一定的学习风格，所以，他把学习风格分成两大类，一类为生理性的，包括学习者对学习环境（光、声、温）的选择倾向、对学习时间的偏爱；另一类是心理性的，包括由认知风格、思维风格、信息加工风格等组成的认知要素，由成就动机、抱负水平、焦虑程度等组成的情感要素，由学习信念、意志心理准备、学习积极性等组成的意志品质要素。

比较各家的观点，我们倾向于接受谭顶良先生关于学习风格划分的观点，即把学习风格分为五个部分三个层面。这三个层面是：心理层面、生理层面、社会层面。在心理层面中又包括认知部分、情感部分和意动部分。

（2）学习风格分析的内容

有人提出应从学习的条件、认知方式、人格因素和生理类型等几个方面介绍学习风格的内容。

学习的条件是指影响学生注意力以及接收、记忆信息能力的一组内外因素。学习的条件包括：感知或接受刺激的感觉通道、学生在感情方面的需要、学生的社会性需要、学生对环境的要求以及来自于学生情绪的要求等。

认知方式是指学生在感知、记忆和思维的过程中所偏爱的态度和方式，它表现为学生在组织和加工信息过程中存在的个别差异，反映了学生在知觉、记忆、思维以及解决问题的能力等方面的特征。

人格因素对学生学习产生的影响，在教育心理学研究中，正受到越来越多的重视。目前在教学设计中，对人格因素的分析主要集中在控制点和焦虑水平这两种因素上。

生理类型由于学生的生理类型存在着差异，所以有的学生在心理能力上表现为左脑半球优势，有的是右脑半球优势，还有的是两个半球的脑功能和谐发展。脑科学研究的结果表明，虽然大脑左右半球的结构几乎完全一样，但是在功能上却有所不同。

在分析学习者学习风格时，应从学习风格的组成要素出发，进行分析。可以从五个方面去分析学习者的学习风格，即学习风格的认知部分、学习风格的情感部分、学习风格的意动部分、学习风格的生理性倾向部分和学习风格的社会性倾向部分。

5.4.3　学习者特征分析的方法

1.学习者一般特征的了解

学生的一般特征只是影响他们学习的一些背景因素,与具体的学科内容之间并没有直接的联系。即便如此,这些因素还是对学生学习新知识起着促进或妨碍的作用,影响教学设计者对学习内容的选择和组织,影响教学方法、教学媒体和教学组织形式的选择与运用。美国教育技术界著名学者罗伯特·海涅克(Robert Heinich)等在1989年指出:对学习者的一般特征,即使做一些粗略的分析,对教学方法和媒体的选择也是有益的。

了解学习者一般特征的主要方法有观察、采访(面试)、填写学生情况调查表和开展态度调查、查阅学习者的人事或学习档案等。

学生的一般特征表现为很多方面,在这里只介绍与学习密切相关的中学生智能发展的一般特征。

中学生的基本特点是:在整个中学阶段,他们的思维能力得到迅速发展,抽象逻辑思维占据了优势。这样的思维特点构成了中学生智力与能力发展的一般特征,表现在以下五个方面。

(1)可以通过假设进行思维。这样一来,学生就能够按照提出问题、明确问题、提出假设、检验假设的途径,经过一系列的抽象逻辑思维过程来解决问题。

(2)思维有了预计性。在进行复杂活动之前,学生有能力去制定计划,选择方案和策略。

(3)思维的形式化倾向。思维成分逐步发展到形式运算思维占优势。

(4)思维活动中自我意识或监控能力明显增强。从中学开始,学生反省的监控性的思维特点越来越明显。一般情况下,中学生能够意识到自己智力活动的过程并对它们加以控制,使得思路更加清晰,判断也更为正确。

(5)思维能够跳出旧的模式。从这个阶段起,创造性思维获得迅速发展,并成为中学生思维的一个重要特点:在思维过程中,追求新颖独特的因素,追求个性,具有系统性和结构性。

虽然中学生的抽象逻辑思维已经占据了主导地位,但是具体到初中生和高中生,他们的抽象逻辑思维还是有所区别的。初中生的抽象逻辑思维在很大程度上还属于经验型的,他们的逻辑思维需要在感性经验的直接支持下进行;而高中生的抽象逻辑思维则属于理论型的,他们已经能够在理论指导之下,分析综合各种事实材料,从而不断扩大自己的知识领域。可见,中学生的抽象逻辑思维存在着从经验型向理论型的转化过程,但是这个转化时期并不以初中、高中为界限来划分,而是从初二年级开始到高二年级初步完成并趋向定型的,所以初二年级对于中学生来说是一个关键期,而高二年级则意味着学生的思维已趋向成熟。在初中阶段,学生已开始有可能初步了解矛盾的对立统一的辩证思想,到高中阶段则基本上可以掌握辩证思维的规律了。上面讲的是中学生智能发展的总体趋势,如果具体到不同的学习对象或不同的学科及不同的智能成分时,这种一般趋势又会存在着某些差异。

上面只介绍了小学生和中学生智能、情感发展的一般特征,若想深入了解他们的一般特征,可以通过查阅有关文献,查阅学生的学习情况记录及基本情况登记表等,还可以通过观察或找学生谈话等方式去获得。

2. 初始能力的分析

初始能力是学生在学习某一特定的学科内容之前,已经掌握的与这门学科有关的知识与技能,以及他们对这些学习内容的认识和态度的总和。

了解学生的初始能力的意义在于能够确定正确的教学起点。因为当教学起点高于学生的初始能力时,由于学生已经掌握的知识、技能与新的知识、技能之间存在着差距,学生学起来就会感到有障碍;而当教学起点低于学生的初始能力时,学习内容就会出现重复,这样既浪费了时间与精力,又容易引起学生的厌烦情绪。确定了学生的初始能力以后,就可以对经过学习内容分析以后选择的学习内容进行必要的调整,补充学生尚未掌握的预备技能,删除他们已经掌握的部分目标技能。可见,确定学生的初始能力与学习内容分析是密切相关的。

通过了解学生的初始能力可以准确地确定教学起点,从而提高学习效率,保证收到良好的教学效果。除此之外,了解学生的初始能力还有助于正确地选择教学方法和教学媒体。下面将分别介绍进行初始能力分析的工作内容和工作方法。

(1)初始能力分析的内容

预备技能分析:了解学习者是否具备了进行新的学习所必须掌握的知识与技能。

目标技能分析:在从事新的学习之前,了解学生对目标技能掌握情况的调查工作。

学习态度分析:了解学生对将要学习的内容有无兴趣、对这门学科是否存在着偏见和误解、有没有畏难情绪等。

(2)确定初始能力的方法

预备技能的分析:对学习者预备技能的分析最常采用的方法是预测。为了了解学习者是否具备了从事新的学习所必须具备的预备技能,可先在学习内容分析结果图上设定一个起点,把起点以下的知识与技能作为预备技能,并以此为依据编写测试题,测试学习者对预备技能的掌握情况。

目标技能分析:分析学生的初始能力时,常将这两项分析合在一起进行。可以采用“一般性了解”的方法,也可以将“一般性了解”和“预测”两种方法结合起来使用。

所谓“一般性了解”,其实就是教师在开始上新课之前,通过分析学生以前学习过的内容、查阅考试成绩,或以与学生、班主任及其他任课教师谈话等方式,获得学生掌握预备技能和目标技能情况的一种方法。

“预测”是在一般性了解的基础上,通过编制专门的测试题,测定学生掌握预备技能和目标技能情况的一种方法。与一般性了解相比,这种方法的优点是比较客观、准确。进行预测的过程是:编写测试题→进行学前测试→分析测试结果。

①编写测试题

测试题分为两个部分,编写方法是:假定一个教学起点,将教学起点以下的知识和技能编制成测试题目。

②进行学前测试

如果测试题中包含测试目标技能的题目,学生就可以从考题中了解到将要学习的内容,这就相当于告诉学生这门课程的学习目标,比较容易引发学生的学习兴趣。另一方面,由于很多目标技能学生还没有掌握,测试成绩一般都比较差,因此教师在测试之前,最好能说明一下测验的目的,以减少测试结果给部分学生带来的消极影响。

③分析测试结果

预测之后，一定要对测试结果进行分析。如果学生的成绩普遍很好，就说明教学起点定得偏低了；如果学生的成绩很不理想，就表明教学起点偏高。要根据分析的结果，对教学起点进行调整。对于前一种情况，最好把教学起点适当提高以后，再进行一次预测，以得到准确的教学起点；对于后一种情况，则应针对卷面所反映的问题，降低教学起点，并从试卷中找出需要补充的预备技能，这样才能使教学起点真正建立在学生的初始能力之上。

范例：图 5－17 为“两位数加法”学习内容的分析。如果将进位加法和三个数的连加作为教学起点，那么教学起点线以下的内容就可作为编写预测试题的依据。通过测验可以发现对特定的课题内容，哪些方面学习者已经准备就绪，哪些方面学习者需要学习。

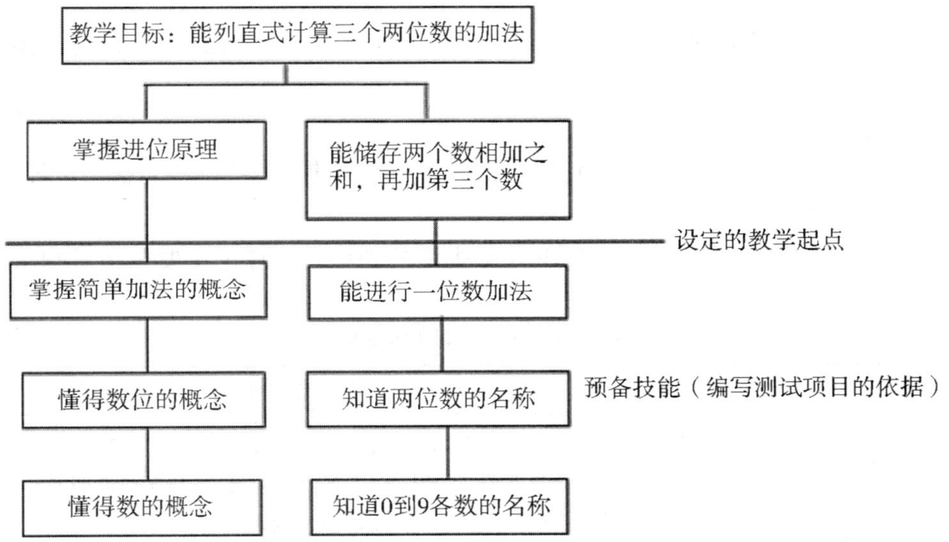

图 5－17　学习者起点能力分析

学习态度分析：对态度的测试有问卷、采访、面试、观察、谈话等多种方法。谈话法就是通过与学生、班主任及其他任课教师谈话，了解学生的学习态度的方法。观察法则是通过观察学生在学习过程中的言谈举止了解学习态度的方法。

范例：下面是用以了解中学生对化学学科态度问卷的部分题目，通过学生对问卷的回答，可以从中了解到学习者对化学学科学习的态度。

(1) 对于成为一名化学家，我觉得(　　)。

①毫无兴趣　　②尚无兴趣

③感兴趣　　④非常感兴趣

(2) 在校外，我使用化学的情况是(　　)。

①从不想用　　②很少用

③有时使用　　④经常使用

(3) 在校外娱乐、阅读、消遣或观看电视时，我使用化学的情况是(　　)

①从未用过　　②很少会用

③有时使用　　④经常使用

此外,对教学传递系统的态度或喜好与学习者曾经的学习经历和学习条件有关,会影响教学策略的选择。

3. 学习者学习风格分析

学习风格的定义有很多种。凯夫从信息加工角度界定的学习风格是其中一种较为广泛地被人们接受的界定,“学习风格由学习者特有的认知、情感和生理行为构成,它是反映学习者如何感知信息、如何与学习环境相互作用,并对之做出反应的相对稳定的学习方式”。

(1)学习者学习风格分析的内容

克里(Curry)的“洋葱模型”几乎囊括了所有相关的学习风格理论,以后的理论几乎可以归到其中的某个层上。该模型由三层组成:最外层——教学偏好;中间层——信息处理方式;里面层——认知个性风格。

在对学习者进行学习风格分析时,可以对照“洋葱模型”里外三层列出的各个因素进行分析。

①最外层——教学偏好

这一层是最容易观察到的,最不稳定也最容易受影响的。这些影响包括学习环境、学习期望、教师期望和其他的外部特征。

处于这一层的代表理论是邓恩在1978年提出的理论。该理论主要关注影响学习的刺激因素,如表5-5所示。

表5-5　学习者刺激因素偏好

维度	具体要素	学习者表现
环境类要素	• 声音 • 光线 • 温度 • 坐姿	• 学习者对背景音乐的要求,是喜欢安静还是有背景声音 • 学习者对照明程度的要求,是喜欢温和的、昏暗的还是明亮的 • 学习者在学习或活动时对温度的要求 • 坐姿与学习者所处环境及陈设有关,是喜欢正式的桌椅还是非正式的,如沙发等
情绪类要素	• 动机 • 坚持性 • 责任 • 学习内容的组织程度	• 学习者学习支出是内部驱动还是对同伴交往感兴趣而学习,还是出于成人的反馈 • 学习者在某项任务上的持续性注意,是喜欢把任务一件件完成,还是同时开始做多项任务 • 开展任务时是否需要成人的少量监督、指导和反馈,还是独立完成任务不需要成人任何监督、指导和反馈,抑或需要成人及时的反馈和指导 • 喜欢组织良好的学习活动,还是喜欢只提供目标的活动
社会类要素	• 自我 • 结伴 • 同伴、团队 • 成人 • 多样性还是程式化	• 喜欢单独行事 • 喜欢有同伴 • 喜欢作为团队里的一员参加活动,喜欢和小组一起 • 喜欢和家长、教师等成人一起开展任务 • 喜欢程式化的任务,还是过程不定的任务

续表5-5

维度	具体要素	学习者表现
生理类要素	• 感知觉 • 摄食 • 时间 • 活动	• 要通过视、听、动觉学习，对呈现的材料也有不同偏好 • 喜欢在学习的时候吃零食、喝饮料、嚼口香糖 • 对一天不同时间段的偏好 • 开展某项任务时，是偏好静坐还是需要不停起身、运动
心理类要素	• 分析与综合 • 大脑左右半球 • 深思与冲动	• 关注任务整体的意义、结果和大图景，还是关注细节，把细节组合起来理解大图景 • 倾向左脑的是分析型的、偏好相继开展任务的学习者，倾向右脑的是统揽型的、偏好同时进行多个任务的学习者 • 对思考速度偏好，是偏好迅速做出决定还是偏好在做出决定前深思熟虑

②中间层——信息处理方式

克里模型的中间层主要关注个体吸收信息的时候所用的智慧方法。该层包括了许多现在广为接受的学习风格理论。下面是使用广泛的库伯(Kolb)和格雷戈克(Gregorc)的学习风格理论。

库伯对学习过程周期(Learning Cycle)进行了独特的分析。他认为学习过程周期由四个相互联系的环节组成，即具体体验(Concrete Experience)、抽象概括(Abstract Conceptualization)、反思观察(Reflective Observation)和主动实践(Active Experimentation)。基于对学习过程周期的研究，库伯将学习者分为不同类型，并对各自的特征进行了分析。他认为学习过程周期的四环节两两对应存在(即具体体验与抽象概括、反思观察与主动实践)。由于个体对这四个环节的偏爱程度不同，从而表现出不同的学习风格，即聚合者(Convergers)、同化者(Assimilators)、调节者(Accomodators)、发散者(Divergers)。

格雷戈克认为人们在组织空间和时间上是有差别的。个体有两种重要的调解能力：感知(信息获取的方式)和排序(信息排列和存储的方式)。知觉有两个性质：抽象和具体。排序有两个性质：序列和随机。与库伯一样，这两个维度形成了四种学习风格：具体序列、具体随机、抽象序列、抽象随机。

③里面层——认知个性风格

克里模型的里面层主要是为吸收新信息而选择个性化的方法。

菲尔德和西瓦尔曼(Felder-Silverman)的学习风格模型交叠于中间层和里面层之间。它把学生分成了五种类型：感觉-直觉，视觉-语觉，归纳-演绎，冲动-反思以及序列-整体。

另外，威特金(H. Witkin)的场依存-场独立理论也属于"洋葱模型"的里面层。威特金把受环境因素影响大者称为场依存性，把不受或很少受环境因素影响者称为场独立性。前者是"外部定向者"，基本上倾向于依赖外在的参照(身外客观事物)；后者是"内部定向者"，基本上倾向于依赖内在的参照(主观感觉)。场依存性和场独立性这两种认知方式与学习有密切关系。一般来说，场依存性者对人文学科和社会学科更感兴趣；而场独立性者在数学与自然科学方面更擅长。

需要说明的是，学习风格本没有好坏之分。对于教学设计者而言，了解学习风格的主要目的在于找出不同的学习风格与教学形式组织、教学方法运用、教学媒体选择之间的关系，以便为学习者提供更适合其学习风格特点的教学。

（2）测定学习风格的方法

一是观察法，即通过教师对学生的日常观察来确定。

二是问卷法，即按照学习风格的具体内容设计一个调查量表，让学生根据自己的情况来填写。

三是征答法，让学生自己来陈述自己的学习风格。

这三种方法各有优缺点，第一种方法适合年龄较小的学生，因为他们对自己的学习风格不太了解，所以在回答问卷或征答表的时候会感到有困难；这种方法的缺点是教师很难逐一观察到每一个学生的学习风格。第二种方法的优点是可以给平时还没有注意到自己某些学习风格的学生提供一些线索，启发他们正确地选择答案；缺点是问卷中的题目不可能涉及全体学生所包括的学习风格。第三种方法的好处是学生可以不受具体问题的限制，从而更能体现出自己的特点；缺点是如果不能把学习风格的概念准确地向学生讲清楚，那么学生的陈述就有可能不在学习风格的范围之内。

（3）学习风格特征与信息技术环境的适应性

关于学习风格特征与网络环境的适应性，目前研究比较多的是学习者的认知偏好对学习活动的影响以及不同的感觉通道偏好（如有的学生对于从视觉输入的信息比从听觉输入的信息要敏感，更易记忆；有的则相反）所表现出的学习活动的差异。

具有不同学习风格的学生对网络学习环境的适应性不同。关于学习者的学习风格与网络环境的适应性，目前研究得比较多的主要是学习者的认知偏好，主要是场定向认知方式对学习活动的影响以及不同的感觉通道偏好所表现出的学习活动的差异。

场定向涉及人对外界环境的一种依赖程度。场独立学习者具有很强的认知灵活性，对于超文本信息有很好的组织和分析能力，表现出对网络学习环境的较强的适应性。对于场独立学习者，适宜开展以学习者控制为主的个别化学习方式和探究、发现学习，并促使他们最大限度地进行探究、发现和讨论等。而场依存学习者则对外界环境有强烈的依赖，喜欢并善于与人合作和交往，他们能够自如地解决熟悉的问题，但他们在新的环境中运用原有的知识结构去解决新的问题的迁移能力比较弱。场依存学习者适宜于基于事实的、教学材料有良好结构的、教学目标明确的、有指导的结构化的学习方式。

感觉通道偏好反映了学习者在接受外界信息时对不同感觉通道的偏好，主要有视觉型、听觉型和动觉型等三种不同的分类。

视觉型的学生习惯从视觉接受学习材料，这样的学生喜欢自己看书、做笔记，或通过电视等视觉媒体提供图像来进行学习，而教师的纯语言讲授不太适合他们，他们对超文本学习环境的表征结构有较好的理解。

听觉型的学生偏重听觉刺激，他们对语言、音响的接受能力和理解能力比较强，但是这种学习者在网络学习环境中对文本和录音形式的信息能够进行良好加工，达到高质量的学习效果。

动觉型的学生喜欢自己动手参与到学习过程中去，对能够动手操作的学习和认知活动感兴趣。针对不同感觉通道偏好的学习者，所使用的学习材料的表征形式应该有所差异，但心理学的研究也表明:视觉型和听觉型材料的结合使用比单独使用某种表征能产生更好的记忆效果。

(4)学习者学习风格分析案例

《走进“纸”世界》(历史)

【来源】

《走进“纸”世界》石景山杨庄中学 王巧兰 基础教育跨越式创新试验(研究成果)

【概述】

《走进“纸”世界》是一堂关于纸的世界的主题课,本主题源自人教版新课标教材《中国历史》七年级上册第三单元《统一国家的建立》下第16课《昌盛的秦汉文化(一)》。把“造纸术”定为主题是基于以下两点原因:一是造纸术不仅是中国古代四大发明之一,而且代表着秦汉科技发展水平。而教材对造纸术的介绍比较简单,学生学了之后,难以对造纸术的发展历程、影响等形成完整、清晰的认识。二是纸在我们今天的生活中非常重要,在人类滥用自然资源、地球面临生态危机的今天,从科学技术和历史文化的角度回顾纸的发展,学生体会到的不仅是造纸术的过去,还可以从中反思现代人对待纸和自然资源的态度等。

本节课重在借助计算机网络创设的丰富历史情境,引导学生超越历史时空,多角度地探究造纸术的发展历程,在探究中认识、体会造纸术对中国和世界文明发展的影响。

【学习者特征分析】

1. 学生是北京石景山区杨庄中学初一的学生。

2. 学生以形象思维为主,认识问题的能力还不高。

3. 学生尚未学习世界史,理解造纸术的影响有一定难度。

4. 学生具有喜欢表现、思维活跃等特点。

5. 学生具有半学期的网络学习环境下学习的经验,计算机操作熟练,具有初步的网上学习的技能。

6. 学生具有自主探究和合作学习的经验和能力。

《使用燃料对环境的影响》(化学)

【来源】

《使用燃料对环境的影响》佛山市第十二中学 化学科 莫志强 基础教育跨越式创新试验(研究成果)

【概述】

《使用燃料对环境的影响》为人教版新课标教材九年级《化学》上册第七单元的课题3。本课题内容主要分两大点,一是燃料燃烧对空气的影响,二是使用和开发新的燃料及能源。本课题的重点是了解燃料对环境的影响,懂得选择对环境污染较小的燃料,认识新能源开发重要性;难点是燃料燃烧对空气污染的原因,选用燃料的依据,新燃料及能源的优点。

【学习者特征分析】

1. 学生是佛山市第十二中学的初三学生。

2. 学生对化学现象,尤其是生活中的化学现象有较浓厚的兴趣。

3. 学生思维较活跃,有过小组合作探究的经验,能积极参与讨论,探究的能力比较强。

4. 学生对实验探究有着浓厚的兴趣。

5. 学生已学习了燃烧和灭火、燃料和热量，对各种气体的性质有了一定的了解。

6. 学生对各种燃料在现实生活中的应用情况了解不多。

5.5 教学策略选择

教学方法与教学策略的选择或设计是教学设计中的核心环节，也是最能体现教育教学观念的一个环节。

5.5.1 教学策略和教学方法概述

1. 教学策略

教学策略是为达到教学目标，完成教学任务，而在对教学活动清晰认识的基础上，采用适当的教学组织形式，安排好学习内容的传递顺序和教学媒体使用方式，对教学活动进行调节和控制，并选择运用恰当的教学方法的总体考虑、策划和谋略。

教学策略包含五个要素：教学活动程序、教学方法、教学组织形式、学习内容的传递顺序和教学媒体。

常用的教学策略有：先行组织者教学策略、掌握学习教学策略、情境—陶冶教学策略、示范—模仿教学策略、五段教学策略、九段教学策略、支架式教学策略、抛锚式教学策略、随机进入教学策略。

2. 教学方法

教学方法是为完成教学任务，教师的教和学生的学的相互作用所采取的方式、手段和途径。

教学策略中运用的教学方法多种多样，与获得认知学习结果有关的教学方法有：讲授法、演示法、谈话法、讨论法、练习法、实验法和实习作业法等；与获得动作技能有关的方法策略有：示范—模仿法、练习—反馈法等；与情感态度有关的方法策略有：直接强化法、间接强化法等。

3. 教学方法和教学策略的选择原则

每一种教学策略都有各自的特点与适用场合，应当根据当前的教学目标、教学内容、教学对象和教学环境进行选择。而且为了实现某种教学目标的要求，往往不是靠单一的教学策略就能完成的，而是要通过多种教学策略的组合运用才能达到预期的目标。教学方法的选择也是如此。

4. 教学方法与教学策略的关系

从教学理论到教学实践的转化，是教学教学方法更为详细、具体的方式、手段和途径，它是教学策略的具体化，介于教学策略与教学实践之间，教学方法要受制于教学策略。教学展开过程中选择和采用什么方法，受教学策略支配。教学策略从层次上高于教学方法。教学方法是具体的可操作的，教学策略则包含有监控、反馈内容，在外延上要大于教学方法。

5.5.2 教学策略的选择

教学方法与教学策略的选择是教师在教学设计中思考得最多，也是最困难、最需要智慧的问题。在教学目标与评价体系确定之后,采用什么方法和策略才能达到教学的目的,是教学设计必须要考虑的关键性问题。

1. 教学方法的类型

常用的教学方法有讲授法、演示法、谈话法、讨论法、练习法、实践法、实习法、演示法、参观法、引导—探究法、提纲—自学法和尝试法等。

新课程还提倡采用调查、收集资料、分析资料、模拟、角色扮演、辩论等多种教学方法。

以语言传递信息为主的方法:讲授、谈话、讨论、读书指导。

以直观感知为主的方法:演示法、参观法。

以实际训练为主的方法:练习法、实验法、实习作业法。

以欣赏活动为主的方法:艺术、自然、道德、理智。

以指导探究为主的方法:发现法。

主要的教学方法的特点如表 5 –6 所示。

表 5 –6　主要教学方法的特点

教学方法	优势
讲解	教学效率高、知识标准化、知识结构化
演示	便于理解知识应用情境和了解技能应用过程
个别指导	能照顾到学习者的个别需要
操练与练习	适合掌握概念与技能
自主学习	灵活
小组讨论	激发思维,培养学习者自主意识
合作学习 问题化学习	学习者自主支配;培养团队精神

2. 教学方法的选择

教学方法的选择与教学目标、学科特点与教学内容相关,要选择恰当的教学方法才能达到好的教学效果。

(1)教学目标与教学方法的关系

了解教学目标与教学方法之间的关系,可以更好地选择恰当的教学策略。表 5 –7 展示了教学目标与教学方法之间的关系,以供教师选择合适的教学方法。

表 5 –7　教学目标与教学方法之间的关系

目标 方法	记忆事实	记忆概念	记忆程序	记忆原理	运用概念	运用程序	运用原理	发现概念	发现程序	发现原理
讲授	△	★	○	★	★	○	□	□	○	□
演示	★	○	○	○	○	★	○	○	★	○
谈话	△	★	□	★	★	○	□	□	○	□

续表 5－7

目标 方法	记忆事实	记忆概念	记忆程序	记忆原理	运用概念	运用程序	运用原理	发现概念	发现程序	发现原理
讨论	□	△	△	□	★	□	★	○	△	□
练习	○	□	★	★	□	★	□	△	○	△
实验	□	△	□	○	△	★	□	□	○	★

（注：★最好，□较好，△一般，○不定）

（2）学科特点与教学方法之间的关系

不同的学科具有其特有的学科特点，不同学科可以选择更为合适的教学方法。表 5－8 表示了学科特点与教学方法之间的关系，以供不同学科的教师做出教学策略的选择。

表 5－8　学科特点与教学方法之间的关系

目标 方法	数学	物理	化学	生物	地理	体育	艺术	政治	历史	语文	外语
讲授	★	△	△	△	★	×	×	★	★	□	□
演示	×	□	□	□	□	★	★	×	×	△	△
谈话	△	△	△	△	△	×	△	□	□	★	★
讨论	□	△	△	△	△	×	□	★	★	□	□
练习	★	□	□	□	□	★	★	△	△	★	★
实验	×	★	★	★	△	×	×	×	×	×	×

（注：★最好，□较好，△一般，×较差）

（3）教学内容与教学方法之间的关系

教学内容可以分为认知类、情感类和动作技能类，不同类型的教学内容要有相应的教学方法才能达到好的效果，表 5－9 阐述了不同类型的教学内容与教学方法之间的关系。教师可以根据不同类型的教学内容选择相应的教学方法。

表 5－9　教学内容与教学方法之间的关系

方法 内容	讲授法	谈话法	讨论法	读书指导法	演示法	参观法	练习法	实验法	实习作业法	欣赏法	发现法	示范模仿法	练习反馈法	直接强化法	间接强化法
认知类	√	√	√	√	√	√	√	√	√	√	√				
动作技能类	√				√		√	√	√			√	√		
情感类	√	√	√	√	√	√		√	√	√				√	√

5.6　教学媒体和学习资源的选择与设计

一般来说，一个教学活动要有教学手段和工具，因而就会有教学媒体。各种不同的教学媒体在教学中所起的作用不同。目前，迅速发展的多媒体技术、虚拟现实技术、人工智能技术等，丰富了教学手段，创设了多种学习环境，因而在现代教学中媒体发挥着越来越重要的作用。

5.6.1　教学媒体选择的原则

1. 最优决策原则

美国传播学家施拉姆（Wilber Schramm）提出的决定媒体选择几率的公式，是选择媒体的最优决策的依据，如下：

$$\text{媒体选择的几率}(P) = \frac{\text{媒体的功效}(V)}{\text{需付出的代价}(C)}$$

媒体的功效是指教学媒体在教学过程中为了达到预期的教学目标，所起作用的大小程度，也就是我们通常所说的媒体在教学中的使用目标。

2. 有效信息原则

从戴尔的“经验之塔”理论中可以看出，各种教学媒体所体现的学习经验层次是不同的：有的属于具体的经验，有的属于替代的经验、间接的经验，有的则属于抽象的经验。因而，不同的教学内容应选择不同的教学媒体来体现。或者说，不同的教学媒体适合表现不同的教学内容。

学生的认知结构是逐步形成的，它不但与年龄有关，更与他们的知识、经验、思维的发展程度有关。因此，只有当所选择的教学媒体所反映的信息与学生的认知结构以及教学内容有一定的重叠时，教学媒体才能有效发挥作用，如图 5－18 所示。

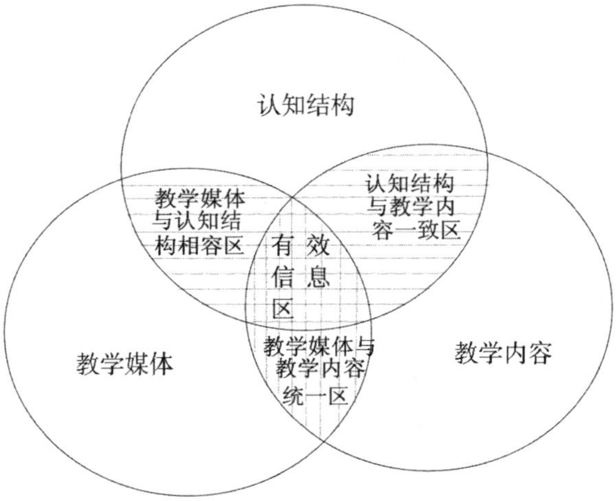

图 5－18　教学媒体选择的有效信息区

3. 优化组合原则

各种教学媒体都有各自的优点，也有各自的局限性，没有可以适合所有教学的“超级媒体”。各种教学媒体的有机组合将会扬长避短、优势互补，取得整体优化的教学效果。但是，媒体的组合要以取得最佳的教学效果为出发点，而不只是形式上的相加。

5.6.2　教学媒体的选择程序及方法

选择教学媒体的程序可以分为三步：先描述对媒体的要求，然后用选择媒体的模型进行初选，最后通过矩阵表找出最佳媒体。

1. 描述对教学媒体的要求

当我们按照教学设计的过程,分析学习内容和学生特征、阐明学习目标、制定教学策略的时候,就已经形成了对适合特定教学情境需要的教学媒体的期望。这里的工作是对媒体的期望具体化,即用具体的语言描述对教学媒体的要求和应该发挥的作用。

2. 媒体选择的流程图

教学媒体选择的模型有很多种,它们都是人们在教学实践中,根据选择媒体的原则总结出的具体方法、程式或模型。利用模型来选择教学媒体,可以使选择的结果更为客观。如图5-19所示的教学媒体选择流程图。

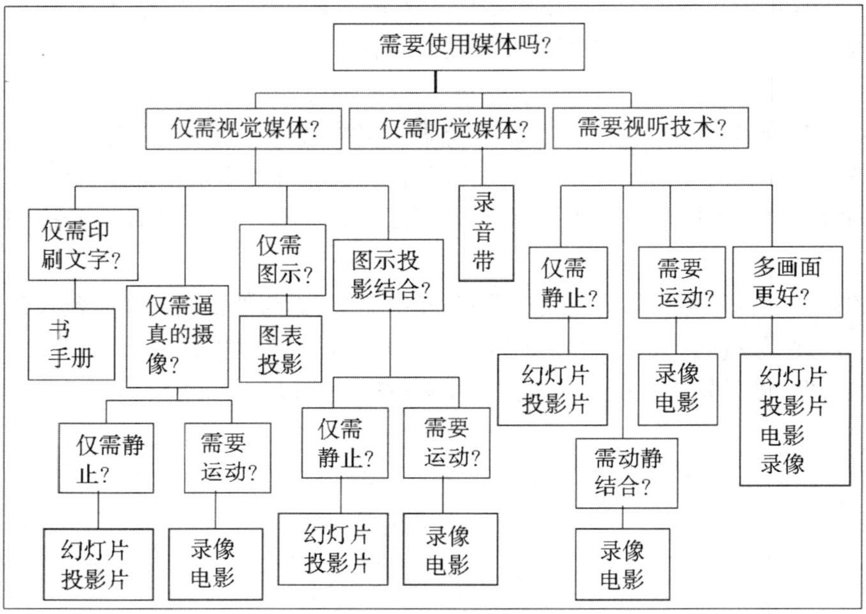

图5-19 教学媒体选择流程图

3. 最佳媒体的确定

(1)考虑实际因素选择最佳媒体

根据流程图,我们的注意力被导向较为恰当的某一个或某几个媒体。从理论上讲,这些媒体都是适用的,但实际上这些媒体中间还存在着最佳选择。因为在教学设计实践中,除按照教学目标、教学内容、教学对象、教学策略等因素的要求来选择媒体外,人们还要考虑一些其他的实际因素,如获得的可能性、成本的值得性、使用的便利性、师生的偏爱性等,如表5-10所示。

表5-10 影响教学媒体选择的因素

备选媒体 实际因素	照片挂图	幻灯投影	电影电视	计算机
能否得到				
制作成本				
复制费用				

续表 5－10

实际因素 \ 备选媒体	照片挂图	幻灯投影	电影电视	计算机
准备时间				
技能要求				
设施要求				
维护要求				
教师心态				
学生心态				

用表中的四类媒体分别与其中实际因素进行衡量，就可以得到某种媒体应“优先选择”或“其次选择”，这样人们就可以进行综合性的评判和选择了。

（2）考虑实际应用选择最佳媒体

在设想如何运用教学媒体的时候，要考虑各种媒体的优化组合。可以用表 5－11 所示的“教学媒体运用说明一览表”来描述关于运用媒体的设想。教师填写完表中的各个项目以后，就把他们在选择媒体过程中考虑到的有关媒体与知识点、目标水平之间的关系以及对媒体运用方式的设想表达出来了。如果能按照表中的内容去使用教学媒体，教师精心选择的媒体就能够最大限度地发挥作用了。

表 5－11　教学媒体运用说明一览表

课程名称	知识点	目标水平	拟选择的媒体	媒体内容要点	使用时间	软件来源	媒体在教学中的作用	媒体使用方式
	1							
	2							

4. 确定媒体使用的目的

在教学实践中无论是使用单一的媒体还是组合的媒体，都是为达到最优化的教学效果服务的。具体地说，媒体的使用目的主要有以下几点。

（1）突出教学重点

正确运用教学媒体，不但能突出教学重点，而且还有利于学生理解和掌握知识。如初中化学《碱金属》一章根据教学目标，这一章有二十多个知识点，其中需要理解、应用的知识点正是本章的重点，我们可以制作一张投影片列举出这些重点内容，着重讲解或小结复习。

（2）解决教学难点

使用教学媒体，可以有效地解决教学中的难点。例如，太阳、地球、月亮三颗星球的运行规律是我们教学中的一个难点,如果利用录像教学或计算机辅助教学就可以轻而易举地展示出三颗星球的相对位置和运行轨迹。

(3)提供教学资料

根据教学需要,可以提供背景资料,如图片、历史镜头等。如在讲授小学语文课《周总理,你在哪里》时,播放《十里长街送总理》的教学录像片,提供历史性事实材料。

(4)创设教学情境

利用现代教学媒体声情并茂的特点,可以给学生创设一个良好的教学情境。比如影视是动态的视觉与听觉的结合,这种耳闻目睹、多种感觉器官的综合作用为学生提供了身临其境的感性的替代经验,有助于在教学中弥补学生直接经验的不足。语言实验室也为学生创设了一个语言交际和学习的环境。

(5)提供教学示范

利用现代教学媒体的再现性,可以给学生提供优秀教师的教学录像、艺术类课中示范性的动作、语言教学中的标准读音以及规范性的实验操作等。

(6)启发学生思考

教学中应用媒体时要与各种启发方式相结合,启发有激疑启发、类比启发、联想启发等。例如,生理卫生循环系统的教学可以先向学生展示心脏的结构及工作原理的投影片,然后提出问题让学生思考:"人体是如何得到氧气供应的?"观察投影片与提问相结合,激发学生认真思考,这种方法称为激疑启发。

又如生物课,每讲完一门动物,可将该门动物与上一门动物对应的器官、系统等制成幻灯片或投影片进行分析比较,引导学生找出它们的异同。通过类比,让学生自己发现生物不断进化的规律,这种启发方式称为类比启发。

再如,学生在观看菜豆种子发芽、成长的录像片的同时,让他们思考有哪些植物的种子与菜豆类似,通过联想,最后归纳出双子叶植物种子发芽、发育的特点,这种启发称为联想启发。

5.6.3 教学媒体选择的模型

人们在大量的媒体应用实践中逐步总结出了一些选择媒体的方法、程式或模型,这里主要介绍问题表、矩阵式、算法式和流程图四种模型。

1. 问题表

问题表实际上是列出一系列要求媒体选择者回答的问题,通过对这些问题的逐一回答,来比较清楚地发现适用于特定教学情境的媒体。下面的一组问题便是例子。

所需媒体是用来提供感性材料还是提供练习条件?该媒体是用于辅助集体讲授还是用于个别化学习?

媒体材料与学生的认知水平一致吗?

教学内容是否要做图解或图示的处理?

视觉内容是用静止图像还是活动图像来呈现?

活动图像要不要配音?是用电影还是录像来表达视听结合的活动图像?

有没有现成的电影或录像以及放映条件?

问题表列出的问题根据实际情况可多可少;可按逻辑排序,也可不按逻辑排序。这种模型出现较早，并为其他一些选择模型提供了基础。

2. 流程图

流程图建立在问题表模型的基础上。它将选择过程分解成一套按序排列的步骤，每一步骤都设有一个问题，由选择者回答“是”或“否”，然后按逻辑被引入不同的分支。回答完最后一个问题，就会有一种或一组媒体被认为是最适合于特定教学情境的媒体。

媒体选择的流程图可以根据不同需要设计成各种形式。下面介绍几组不同的媒体选择流程图。

(1)集体授课的媒体选择流程图

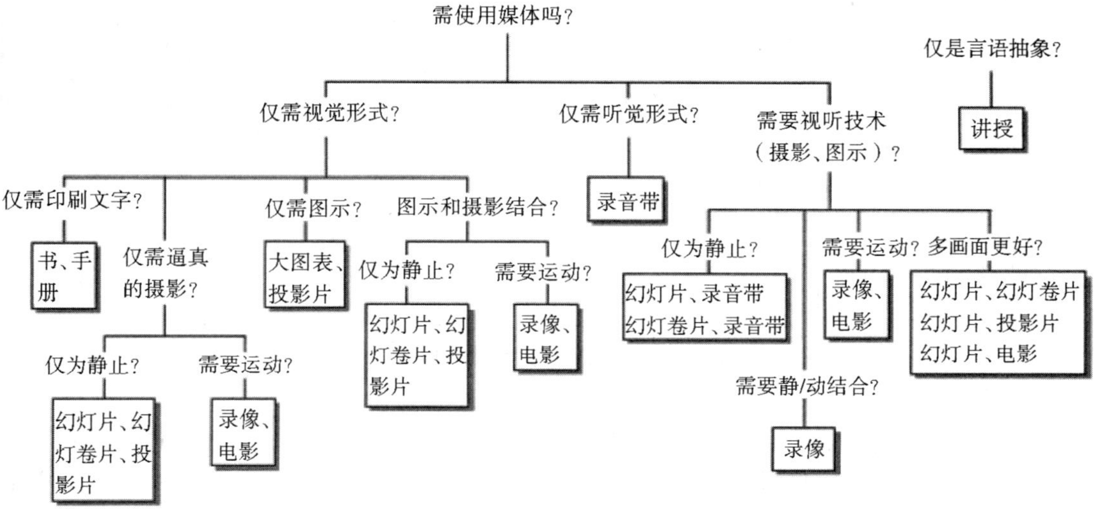

图 5－20　集体授课的媒体选择流程图

(2)个别化学习的媒体选择流程图

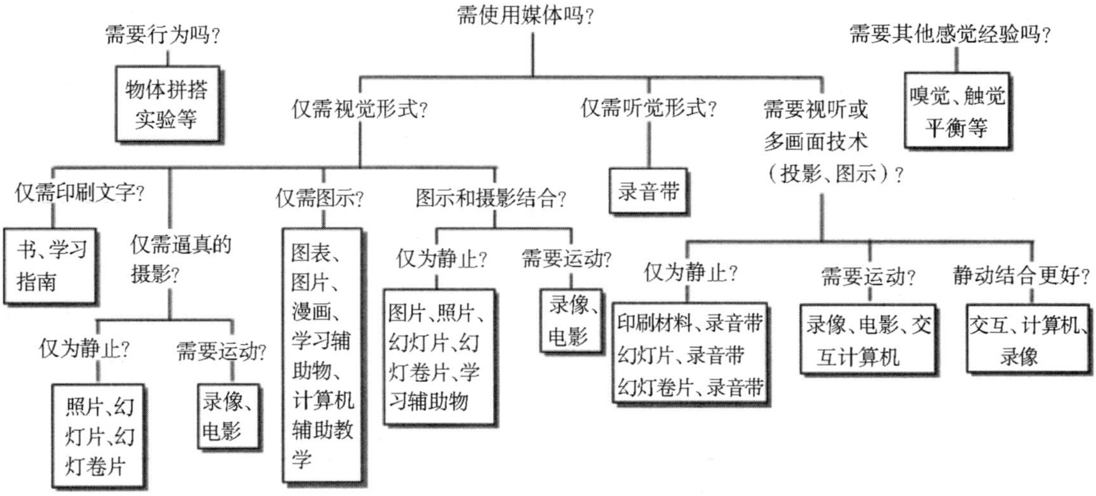

图 5－21　个别化学习的媒体选择流程图

(3)小组协作学习的媒体选择流程图

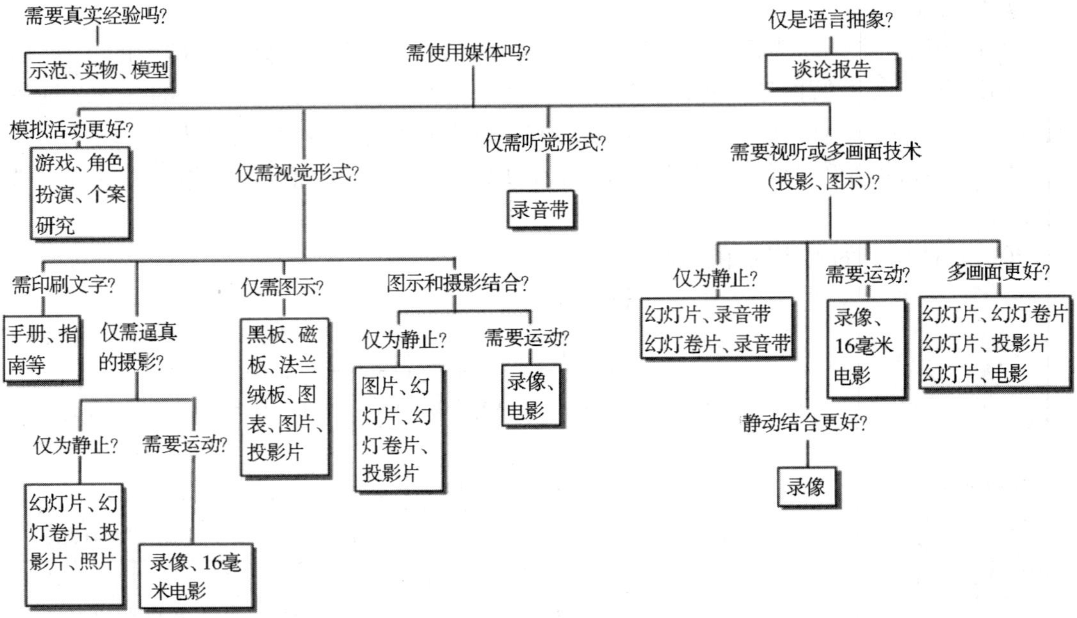

图 5-22 小组协作的媒体选择流程图

3. 矩阵式

矩阵式通常是两维排列,如以媒体的种类为一维、教学功能和其他考虑因素为另一维,然后用某种评判尺度反映两者之间的关系。评判尺度可用"适宜"与否、"高、中、低"等文字表示,也可用数字和字母符号表示。加涅提出的常用媒体教学功能表,如表 5-12 所示。

表 5-12 矩阵式媒体选择表

功能 \ 种类	实物演示	口头传播	印刷媒体	静止图像	活动图像	有声电影	教学机器
呈现刺激	Y	Li	Li	Y	Y	Y	Y
引导注意和其他活动	N	Y	Y	N	N	Y	Y
提供所期望行为的规范	Li	Y	Y	Li	Li	Y	Y
提供外部刺激	Li	Y	Y	Li	Li	Y	Y
指导思维	N	Y	Y	N	N	Y	Y
产生迁移	Li	Y	Li	Li	Li	Li	Li
评定成绩	N	Y	Y	N	N	Y	Y
提供反馈	Li	Y	Y	N	Li	Y	Y

(注:Y 表示有功能,N 表示没有功能,Li 表示功能有限)

4. 表格式程序

表格式媒体选择程序是由加涅和布里格斯提出的一种系统的媒体选择方法。它对教师、特别是经验不丰富的教师分析自己每一节课所需要的教学活动和相应的教学媒体很有帮助。这一方法的具体内容见表 5-13。

(1)分析目标。即把教学目标具体化,最好具体到每一堂课。

(2)目标分类。根据加涅的目标的三种类型,即认知目标、动作技能目标和情感态度目标,对一堂课的主要学习目标进行划分,明确目标类型。

(3)列出教学活动。即列出一节课上师生的全部活动情况。一般学生年龄越小,课堂教学中就越重视对教学活动的计划。

表 5－13　课堂教学目标与媒体选择列表

<table>
<tr><td colspan="2">课目名称</td><td colspan="7"></td></tr>
<tr><td>知识点</td><td>学习水平等级</td><td colspan="2">媒体类型</td><td>媒体在教学中的作用</td><td>媒体内容要点</td><td>资料来源</td><td>媒体使用方式</td><td>使用时间</td></tr>
<tr><td rowspan="3">1</td><td rowspan="3"></td><td>1</td><td></td><td></td><td></td><td></td><td></td><td></td></tr>
<tr><td>2</td><td></td><td></td><td></td><td></td><td></td><td></td></tr>
<tr><td>3</td><td></td><td></td><td></td><td></td><td></td><td></td></tr>
<tr><td rowspan="3">2</td><td rowspan="3"></td><td>1</td><td></td><td></td><td></td><td></td><td></td><td></td></tr>
<tr><td>2</td><td></td><td></td><td></td><td></td><td></td><td></td></tr>
<tr><td>3</td><td></td><td></td><td></td><td></td><td></td><td></td></tr>
<tr><td rowspan="3">3</td><td rowspan="3"></td><td>1</td><td></td><td></td><td></td><td></td><td></td><td></td></tr>
<tr><td>2</td><td></td><td></td><td></td><td></td><td></td><td></td></tr>
<tr><td>3</td><td></td><td></td><td></td><td></td><td></td><td></td></tr>
</table>

(4)选择刺激种类。根据学习目标、教学活动计划、学习者年龄特征和学习能力等决定每个教学活动中使用的刺激的种类。例如,如果教学目标是引导学生思考,那么语言刺激是必要的;如果教学目标是要求学生学习技能,行为示范则比较适合。对应各种教学活动常用的一些刺激种类在选择时可参考表 5－14。

表 5－14　各教学活动使用的刺激种类

序号	教学活动	刺激种类
a	引起注意	异常的声音或惊人的视觉
b	关于目标的信息	口头语言或实物
c	指导学习	口头或书写语言、演示标本或行为示范
d	提供反馈	口头语言或书面语言
e	促进记忆和迁移	各种媒体和实例

(5)列出备选媒体。选定教学活动的刺激类型后,就可列出许多可用来实现要求的媒体给出一个媒体选择范围。

5.6.4　教学媒体选择的案例

为了更好地掌握教学媒体的选择,下面提供几个教学媒体选择的案例,以供学习者参考。

1. 初中生物《家鸽》媒体选择工作表

知识点	教学目标	媒体类型		媒体内容要点	资料来源	媒体在教学中的作用	媒体使用方式
1	分析	1	录像	家鸽适于飞行的一般特点	选编	呈现双重呼吸过程,解释原理	设问—播放—讲解
		2	骨骼标本	家鸽骨骼特点	实验室	解释其飞行骨骼特点	边观察,边讲解
		3	解剖标本	家鸽消化及循环特点	实验室	提供标本说明知于飞行的消化循环特点	边观看,边讲解
2	应用	1	家庭实验	鸡蛋结构	家庭	观察类比感性认识鸟卵的结构	观察—讲述
		2	录像	鸟卵的结构及发育	选编	创设情景	讲解—播放—总结

2. 课堂多媒体组合学习环境的设计实例——《圆的认识》

1. 设计实例概述

《圆的认识》一课讲述“圆”这个数学概念,除应用多媒体计算机软件外,还根据需要选用了一些录像、教具等媒体,采用多媒体组合的教学方式。这种多媒体组合教学的特点是:

(1) 将多媒体计算机软件与常规媒体有机组合,共同参与教学全过程。

(2) 多媒体计算机软件采用集中演示形式。

(3) 通过教学设计,合理选择和应用多种媒体资源,创设最佳学习环境。

2. 学习环境各要素的特点

关于这节课中学习环境各个组成要素的应用特点归纳如下:

(1) 教学媒体学材料的选择

教学用圆规,教学视频,网上下载或自己运用制作两个 Flash 动画,用于演示圆的形成过程及特点。

(2) 认知工具设计

计算机辅助教学软件用于创设教学情境,演示教学内容同时为学生提供练习,以巩固知识并培养学生的发散思维能力。与此同时,圆规这一学具在本案例的探究和建构知识过程中也发挥了重要的作用。

(3) 人际交互设计

教师首先放映一段生活中圆形物体的视频,以形成一种积极、活跃的课堂气氛,并激发学生对圆形物体的兴趣,从而将学生导入新课的学习,整个教学过程,先从具体到抽象,再从抽象到具体,深入浅出,易于学生掌握,而且教师讲解和学生自主探究能够相互结合,使学生的主动性和积极性得到较充分的发挥。本节课的教学过程如下图所示。

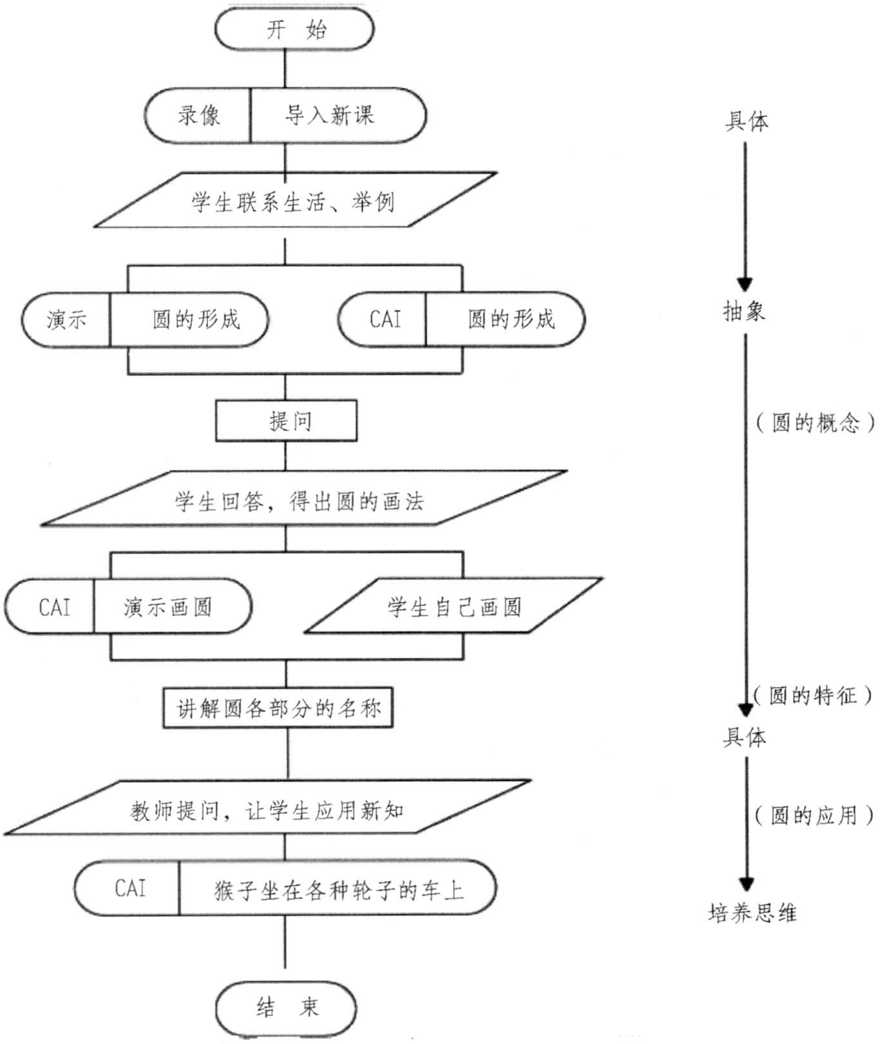

5.7 教学系统设计结果的评价

广义的评价是一种普遍的人类活动。在日常生活中,人们通常根据某一价值体系来评估活动或事件的价值。狭义的评价针对某一具体领域,如课程、产品等,但不管是针对哪种对象的评价,其共同特征都是对事物的价值做出评定。

5.7.1 教学评价的概念及其功能

1. 教学评价的概念

教学评价是以教学目标为依据,按照科学的标准,运用一切有效的技术手段,对教学过程及结果进行测量,并给予价值判断的过程,是对教学工作质量所做的测量、分析和评定。它包括:对学生学业成绩的评价、对教师教学质量的评价和课程评价。

2. 教学评价的功能

教育心理学和教学论专门研究了教学评价对提高教学效果的作用,具体可以概括为教学评价的如下几个功能。

(1)诊断功能

评价是对教学结果及共成因的分析过程,借此可以了解教学各方面的情况,从而判断它的成效和缺陷、矛盾和问题。全面的评价工作不仅能估计学生的成绩在多大程度上实现了教学目标,而且能解释成绩不良的原因,如学校、家庭、社会和个人中哪方面的因素是主要的,就学生个人来说,主要是由于智力因素,还是学习动机等其他非智力因素的影响,抑或是两者兼而有之。教学评价如同体格检查,是对教学现状进行一次严谨的科学诊断,以便为教学的决策或改进指明方向。

(2)激励功能

评价对教学过程有监督和控制作用,对教师和学生则是一种促进和强化。通过评价反映出教师的教学效果和学生的学习成绩。经验和研究都表明,在一定限度内,经常进行记录成绩的测验对学生的学习动机具有很大的激发作用。这是因为,较高的评价能给教师、学生以心理上的满足和精神上的鼓舞,可激发他们向更高目标努力的积极性;即使评价较低,也能催人深思,激起师生奋进的情绪,起到推动和督促作用。

(3)调控功能

评价的结果必然是一种反馈信息,这种信息可以使教师及时知道自己的教学情况,也可以使学生得到学习成功和失败的体验,从而为师生调整教与学的行为提供客观依据。教师据此修订教学计划、改进教学方法、完善教学指导;学生据此变更学习策略、改进学习方法、增强学习的自觉性。教学评价有利于使教学过程成为一个随时得到反馈调节的可控系统,使教学效果越来越接近预期的目标。

(4)教学功能

评价本身也是一种教学活动。在这种活动中,学生的知识、技能将获得长进,甚至产生飞跃。如测验就是一种重要的学习经验,它要求学生事先对教材进行复习,巩固和整合已学到的知识技能,事后对试题进行分析,又可以确认、澄清和纠正一些观念。另外,教师可以在估计学生水平的前提下,将有关学习内容用测试题形式呈现,使题目包含某些有意义的启示,让学生自己探索、领悟,获得额外的学习经验或达到更高的教学目标。

(5)导向功能

评价是根据一定的价值标准进行的价值判断活动。在评价过程中,评价者常以国家和社会的价值和需要为准绳,设计一套评价指标和评价体系。被评价者为追求好的评价结果和达到学习目标,会致力于满足评价标准的要求,评价指标和评价标准就成为被评者的努力方向。

5.7.2 教学评价的分类

教学评价的类型很多,从不同的角度和标准可以划分为不同的评价类型。

1. 按评价的基准分类

(1)相对性评价

相对性评价是从评价对象集合中选取一个或若干个对象作为基准,将余者与基准做比较,排出名次、比较优劣的评价法。相对评价法便于学生在相互比较中判断自己的位置,激发竞争意识。

(2)绝对性评价

绝对性评价是在被评价对象的集合以外确定一个客观标准,将评价对象与这一客观标准相比较,以判断其达到程度的评价方法。

绝对性评价设定评价对象以外的客观标准,考察教学目标是否达成,可以促使学生有的放矢,主动学习,并根据评价结果及时发现差距,调整自我,具有明显的教育意义。

(3)自身评价

这种评价既不是在被评价群体之内确立基准,也不是在群体之外确立基准,而是将被评价的个体的过去和现在相比较,或者是对他的若干侧面进行比较。例如,某学生上学期的数学成绩是70分,这学期是80分,说明他的数学进步了;若该生的语文成绩两个学期都在80分以上,说明他的语文比数学要好些。自身评价的优点是尊重个性特点,照顾个别差异,通过对个体内部的各个方面进行纵横比较,判断其学习的现状和趋势。但由于被评价者没经过与具有相同条件的其他学生作比较,难以判定他的实际水平和差距,激励功能不明显。因此,在实践中常需把自身评价和相对评价结合起来使用。

2. 按评价的功能不同分类

(1)诊断性评价

诊断性评价是指在教学活动开始前,对评价对象的学习准备程度做出鉴定,以便采取相应措施使教学计划顺利、有效实施而进行的测定性评价。诊断性评价的实施时间,一般在课程、学期、学年开始或教学过程中需要的时候,其作用主要有二:一、确定学生的学习准备程度;二、适当安置学生。

(2)形成性评价

形成性评价是在教学过程中,为调节和完善教学活动,保证教学目标得以实现而进行的确定学生学习成果的评价。形成性评价的主要目的是改进、完善教学过程,步骤如下。

①确定形成性学习单元的目标和内容,分析其包含要点和各要点的层次关系。

②实施形成性测试。测试包括所测单元的所有重点,测试进行后教师要及时分析结果,同学生一起改进、巩固教学。

③实施平行性测试。其目的是对学生所学知识加以复习巩固,确保掌握并为后期学习奠定基础。

(3)总结性评价

总结性评价是以预先设定的教学目标为基准,对评价对象达成目标的程度即教学效果做出评价。总结性评价注重考查学生掌握某门学科的整体程度,概括水平较高,测验内容范围较广,常在学期中或学期末进行,次数较少。

3. 按评价分析方法的不同分类

(1)定性评价

定性评价是对评价资料做“质”的分析,是运用分析和综合、比较与分类、归纳和演绎等逻辑分析的方法,对评价所获得的数据、资料进行思维加工。分析的结果有两种:一是描述性材料,数量化水平较低甚至毫无数量概念;另一种是与定量分析相结合而产生的,包含数量化但以描述性为主的材料。一般情况下定性评价不仅用于对成果或产品的检验分析,更重视对过程和要素相互关系的动态分析。

(2)定量评价

定量评价则是从“量”的角度,运用统计分析、多元分析等数学方法,在复杂纷乱的评价数据中总结出规律性的结论。由于教学涉及人的因素,各种变量及其相互作用关系是比较复杂的,因此为了提示数据的特征和规律性,定量评价的方向、范围必须由定性评价来规定。

可以说,定性评价和定量评价是密不可分的,两者互为补充,相得益彰,不可片面强调一方面而忽视了另一方面。

5.7.3 教学评价的原则

为了做好各种教学评价工作,必须根据教学的规律和特点,确立一些基本的要求,作为评价的指导思想和实施准则。具体来说,教学评价应贯彻以下几条原则。

1. 客观性原则

这条原则是指在进行教学评价时,从测量的标准和方法,到评价者所持的态度,特别是最终的评价结果,都应符合客观实际,不能主观臆断或掺入个人情感。因为教学评价的目的,在于给学生的学和教师的教以客观的价值判断,如果缺乏客观性就会完全失去意义,还会提供虚假信息,导致错误的教学决策。贯彻客观性原则,首先应做到评价标准客观,不带随意性;其次应做到评价方法客观,不带偶然性;第三应做到评价态度客观,不带主观性。这就要求以科学可靠的评价技术为工具取得真实可靠的数据资料,以客观存在的事实为基础,实事求是,公正严肃地进行评定。

2. 整体性原则

这条原则是指在进行教学评价时,要对组成教学活动的各个方面做多角度、全方位的评价,而不能以点代面,以偏概全。由于教学系统的复杂性和教学任务的多样化,使得教学质量往往从不同的侧面反映出来,表现为一个由多因素组成的综合体。因此,要真实反映教学效果,必须对教学活动从整体上进行评价。贯彻整体性原则,首先要评价标准全面,尽可能包括教学目标的各项内容,防止突出一点,不及其余;其次要把握主次,区分轻重,抓住主要矛盾,在决定教学质量的主导因素和环节上花大力气;三要把定性评价和定量评价结合起来,使其相互参照,以求全面准确地判断评价客体的实际效果。

3. 指导性原则

这条原则是指在进行教学评价时,不能就事论事,而应把评价和指导结合起来,不仅使被评价者了解自己的优缺点,而且为其以后的发展指明方向。也就是说,要对评价的结果进行认真分析,从不同角度查找因果关系,确认产生的原因,并通过信息反馈,使被评价者明确今后的努力方向。

贯彻指导性原则,首先必须在评价资料的基础上进行指导,不能缺乏根据地随意评论;其次要反馈及时,指导明确,切忌耽误时机和含糊其辞,使人无所适从;第三要具有启发性,留给被评价者思考和发挥的余地,不能搞行政命令。

4. 科学性原则

这条原则是指在进行教学评价时,不能光靠经验和直觉,而要根据科学。只有科学、合理的评价才能对教学发挥指导作用。科学性不仅要求评价目标标准的科学化,而且要求评价程序和方法的科学化。贯彻科学性原则,首先要从教与学统一的角度出发,以教学目标体系为依据,确定合理统一的评价标准;其次要推广使用先进的测量手段和统计方法,对获得的各种数据和资料进行严谨地处理;第三要对评价工具进行认真地编制、预试、修订和筛选,达到一定的指标后再付诸使用。

5.7.4　教学评价的内容

教学主要由以下几方面的要素组成,即教师、学生与教学手段或教学影响。只有当这三个方面能够发挥其整体效用时,教学才可能有效。因此,对教学进行评价也要从以下三个方面着手。

1. 对学生的评价

(1)学习状态

学习状态是指学生在学习过程中情感、态度的投入状态,具体体现为学生在学习过程中的兴趣。任何教学效果都必须通过调控学生的学习状态才能实现。学生在课堂上有好的学习状态就会有好的发展,并会通过成绩等各方面表现出来。学习状态包括参与状态、交往状态、思维状态、情绪状态和生成状态。

参与状态:学生是否全员参与学;学生是否还参与教,把教与学的角色集于一身,从而达到以学促教,以教促学,教学相长的效果。

交往状态:课堂上是否有多边、丰富多样的信息联系与信息反馈;课堂上的人际交往与合作是否处于一种积极、融洽的状态。

思维状态:学生是否敢于提出问题,发表见解;问题与见解是否有挑战性和独创性。在提出问题发表见解的过程中,学生的灵感是否被不断激发,思维能力是否得到不断提升。

情绪状态:学生是否有适度的紧张感和愉悦感;学生能否自我控制与调节学习情绪。

生成状态:学生是否都各尽所能,感到踏实和满足;学生是否对后继的学习更有信心,感到轻松。

(2)学习效益

关注学生的发展,就必须十分重视学生的学习效益。学习效益是指对学生时间与精力的占用和学生的实际收获或教育教学目标的实现之间的关系,也是一种投入产出的关系。教学中,要讲究这种投入产出比较,争取以最小的投入获得最大的产出。我们假设课堂教学效益用 X/Y = ? 的公式计算,“X”就是课堂教学学生的实际收获或教育教学目标的实现,即“效果”;“Y”是课堂教学中学生花的时间和精力。该公式表明,“效果”与“效益”成正比关系。因此,在课堂教学评价中只要关注课堂教学的效果,就能判断课堂教学的效益。

学习效果体现在认知目标、能力目标、情感目标的达成度上。我们一般可以采用问卷法、观察法与谈话法来检测学习效果。问卷法,指评价者编制一张试卷,用于检测学生的课堂收获:知识、技能、思想认识等。不过,学生在学习过程中的有些东西是很难用试题来检测的。这时,可以用观察与谈话的方式:课堂上,观察师生的一言一行;课后,问一问学生的感受,听一听教师的自我评价。

2. 对教师的评价

关注教师的发展,必须关注教师素质。笼统地讲,教师的素质指教师从事教学实践活动所必须具备的知识和技能，在课堂教学中具体表现在以下几个方面。

(1)教学思想

教学思想的考量主要从宏观、微观和动态三个角度来看。从教学的宏观模式看，是素质教育模式，还是应试教育模式；是对社会需求和学生终生发展负责，还是对学生一己一时(升学)负责。从教学的微观过程来看，教授与反馈是否注意到教育对象的全体性；教与学组织是否体现“主导”与“主体”的角色作用；知识传授、能力培养、德育渗透等是否有偏废或顾此失彼的现象。从动态的角度看，教师的教学思想随时间的推移是否在不断更新。

(2)教学态度

教学态度是否严谨认真，主要从以下三方面看：一是教师在教学设计时，对教材、课标及学情是否研究透彻、把握准确；二是课前准备是否充分；三是课堂表现是否能严肃，不夸夸其谈，浪费时间，不目中无人。

(3)教学能力

教学能力的优劣表现在：教学模式的选择和应用是否符合启发性原则，体现目标性原则；教授行为能否引起有效的学习活动，使教学过程有张有弛、活泼生动；对课堂偶发事件，能否因势利导而又使教学活动不逾轨；教师能否运用各种教学工具，做到表达身心一体化，使学生真切地受到教育、影响。

(4)知识素养

知识素养包括三方面：一是理论素养，即课堂教学设计是否科学、实用，课后自己说课的理性分析，能否据理“自圆其说”；二是知识面，即能否根据当时的教学需要，信手拈来相关知识充实教学；三是气质表现，即精神状态是否饱满，仪表体态、举手投足是否得体。

3. 对教学手段的评价

教学手段是教师在教学过程中所采用的方式、方法及策略以及所运用的教学机器。良好的教学手段能够使教师在教学中事半功倍，而对教学手段的不恰当使用可能会使教学事倍功半。因此，对教学效益进行评价尤显必要。教学手段一方面表示教师在教学过程中所采用的方式方法，另一方面则包括师生在其中教与学的环境。因此，对教学手段的评价也就包括以上两个方面。

(1)对教学方法与策略的评价

任何教师在从事教学时都要采用一定的方法与策略，有些方法与策略当被教师运用到教学中时，能使教师的教学如虎添翼，教学效率得以不断提升，而某些方法和策略为某些教师所采用时不仅不能促进教师教学的发展，反而使教师的教学效益日趋减弱。对教师的教学方法与策略进行科学的评价能够促使教师不断采取措施来优化自身的教学方法和策略。

(2)对教学环境的评价

教学环境是教师的教与学生的学相互作用的环境，良好的教学环境能够促使教师的教学效率不断提升，反之，则可能使教师的教学效益不断消减。对教学环境的评价能够促使学校、教师开动脑筋采取措施来促使教学环境的不断优化。

5.7.5 教学系统设计结果的形成性评价和总结性评价

无论是教学系统设计方案还是学习材料，在推广和使用之前都应该先在小范围内试用，以测定它们的可行性、适用性、有效性以及其他情况，从而检验方案，并不断修改、完善，使教学系统设计过程及其成果更趋有效。

1. 教学系统设计结果的形成性评价

形成性评价注重对学生学习过程的关注和评价结果对教学的反馈作用，包括对学生学习和教师教学两方面的反馈作用。评价要能够使学生了解自己的学习状况，反映学生学习的成就和潜能，要有助于学生自主学习，有助于自信心的建立和正确认识自己。同时，评价又可以准确反映教师的教学质量，以方便教师根据反馈信息及时调整教学策略。

(1)教学系统设计形成性评价的方法

形成性评价通常包括六个阶段：自我评价、专家评议、一对一评价、小组评价、实地试验以及进行中的评价。

①自评

自评(Design Review)是设计者、开发者或设计团队中的一些成员在将方案呈现给专家或使用者评价之前对其进行评价。这一过程通常被称作"内部评议"，一般是在外部评价之前进行的。

为使自评更有效，设计开发者应完成以下任务。

A. 制定一套评价标准。这套标准可以同专家、使用者评议的标准一样，也可存在差别，但应尽可能涵盖所有教学过程中教师和学生会关注的所有项目以及设计团队需要解决的所有设计和开发问题。

B. 将所有设计成果搁置几天，以便于使结果与意图形成距离。

C. 成为准执行者并试行这套方案。

D. 记录各种积极和消极的反馈。

②专家评议(Expert Review)

主要指邀请一些内容专家、教学系统设计专家或者相关领域的专家，针对教学设计各要素的选择或设计提供建设性意见，并(或者)在方案实施之前对其中的各个草拟要素进行如下评议。

A. 方案中所涉及的教学内容是否是正确的？是否是反映最新发展动态的？

B. 方案中的所有观点是否是一致的？

C. 提供的案例、实践练习、反馈是否是真实而准确的？

D. 教学方法是否符合并反映现代教育观念和教育理论？

E. 教学的内容、方法以及所用的教学资源和工具是否适用于教学对象？

对于课堂教学这一层次设计成果的专家评议，往往采用说课的方式；对产品或系统这两个层次的专家评议，通常采用专家评议会的方式。教学设计人员要认真记录每位专家的详细意见，并对这些评议结论进行"再检查"，从中找出仍然存在的问题，对方案和学习材料进行修改。

③一对一评价(One-to-One Review)

一对一评价有时也被称为对教学系统设计成果的诊断性评价阶段。在这个阶段中，设计人员往往需要和3名或者3名以上具有代表性的学习者一起工作，从单个的学习者身上采集数据并修正教学材料，其目的是确定并改正教学中存在的明显错误，并从学习者那里获得对教学内容最初的使用数据和反馈。这是设计者首次从学习者的角度出发,对设计和开发过程中所做的决策进行审视,来验证设计师和开发者的预感是否正确,是否存在对目标人群的误解。这个阶段的评价可以从以下几个方面进行。

A. 明晰度:对于学习者个体而言,信息或者呈现给他们的教学内容是否明了、清楚。

B. 影响力:教学对于学习者个体的态度和教学目标的实现有没有影响。在态度方面,需要确定学习者是否意识到学习和自身是密切相关的,自己能够通过适当的努力就可以达到目标,对学习经历感到有趣并满意;在学习成就感方面,可以通过后测了解学习者是否能回忆起学习的信息、是否能完成任务,具体的方法可以是书面练习、口头回答问题或者是完成一件事、一个作品。

C. 可行性:如果得到所需的资源(如时间、教学情境),那么教学的可行性有多大?可行性主要考虑学习者的能力水平、教学媒体和教学环境。例如,学习者的成熟度、独立性和动机水平如何影响完成教学所需的时间,学习者能否或者轻易地学会设备操作方法或技能,学习环境是否令学习者感到舒适,在规定时间内传递教学的成本是否合理,等等。

一对一评价的关键在于它是一个交互的过程。设计人员要参与学习者的学习过程,观察学习者的参与情况,并在预先设定好的时机与学习者讨论材料中呈现的内容。因此,在每次进行一对一试验之前,设计人员都应该制定一个策略,决定交互该如何进行、如何向学习者进行说明、如何让学习者知道什么时候可以和评估人员讨论、如何鼓励学习者放松地谈论设计方案和学习材料等。这就要求设计人员有比较强的交流能力,能够在自己和学习者之间建立友好信任的关系,并进行有效的交流。

在一对一评价中收集数据的途径有观察记录、学习者讨论的记录、教学完成后的问卷和测验。在交流和记录的过程中,设计人员不仅要知道问题所在,而且还要了解问题的具体内容、学习者为什么会出现这种反应以及评估人员对此做出的解释,因为后者往往更能提供改进教学清晰度的有用信息。

很明显,每次一对一试验都只有一个学习者参加。这时无须从大量学习者中随机抽取样本,只要挑选几个能够代表目标人群的学习者即可。在实际评价中,可以从高于平均水平、处于平均水平和低于平均水平的学习者中各选一个,如果有必要,也可以在完成与这三个学习者的初步评价后再多挑选几个学习者进行一对一评价。在选择学习者时,既要考虑其知识和能力的水平,也要关心其他与学习者成绩密切相关的特征,如学习者的态度、先前的经验、学习的风格等。

通过一对一评价,教学中的严重错误都会暴露出来,有些可以马上进行修改。但由于选择的学习者是有差异的,从每个人身上得来的数据可能是不一样的,因此有些问题可能不会立即解决,需要等到其他学习者重新试验后或者小组评价后才会做出改动。

④小组评价(Small-Group Evaluation)

小组评价阶段往往是由 8 ~ 20 个目标人群的典型代表组成学习小组,利用教学材料自行学习,然后通过对他们的测试来采集所需要的数据。小组评价有两个主要目的,一个是确定在一对一评价后所做的改动是否有效;另一个是确定教学中还存在哪些问题,是否能适用真实的目标群。

小组评价往往需要收集教学有效性和教学可行性两方面的数据。

A. 教学有效性:教学有效性主要包括学习者前测和后测的成绩以及对教学的态度。前测一般包括八门技术和教学目标,后测测定学习者在教学目标上的表现,可以通过测试或练习获得;对教学的态度信息则往往通过态度问卷和后续访谈来获取。

B. 教学可行性:一般包括学习者完成教学和所要求的绩效评测所需的时间以及在特定条件下实施教学的成本及可行性,实施或管理教学者的态度。

小组评价的基本过程和一对一评价中所采用的截然不同。在一对一评价中,评价人员始终和学习者处于互动的状态;而在小组评价中,评价人员(或者教师)在向学习者做出必要的说明和解释后(如果有前测就先进行前测),就按照方案中规定的实际教学方法、过程组织教学过程,在各个过程中,评估人员要尽可能少地干预。只有当教学环境出现问题以至于使教学过程无法按照方案继续下去时,评估人员才进行一定的干预,并且将出现的问题和解决方法如实记录。正是因为如此,在教学实施后的态度问卷中要尽可能详尽地包含教学方案的各个部分,包括教学设计的各个要素、教学实施中的问题以及他们对教学的改进建议,如你清楚应该学什么吗? 学习材料直接和教学目标相关吗? 在学习过程中,你感到压力很大吗? 哪些地方令你学习很困难? 教学有趣吗? 你比较喜欢参加哪些活动? 有足够的练习吗? 这些练习和教学目标相关吗? 测验能真正地考察你对教学目标的知识吗? 在学习的过程中,你得到了足够的支持吗? 反馈信息令你满意吗? 当考试时,你感到自信吗? 为什么? 你对教学过程和学习材料还有哪些好的建议?

如果有可能,在学习者完成问卷后,要就学习者的看法进行更深入的讨论,并从中分析教学设计方案和学习材料中的问题,然后再进行修改。

从上述小组评价的过程和方法可以看出,学习者的挑选和信息的分析对小组评价来说至关重要。迪克、凯里等认为,小组评价以 8 ~ 20 个学习者为合适,如果学习者人数少于 8 个,所得到的数据可能不具备代表性;如果从多于 20 个学习者处获得数据,所获得的信息又可能超过了需要,而且增加的学习者并不能带来额外的有价值的信息。小组评价的学习者不能像一对一评价那样有一定的随意性,应该尽可能代表目标人群,在理想的研究环境下应该随机挑选学习者,因为这样才能把经验推广到整个目标人群。但是在典型的学校、企业和成人教育环境下,纯粹的随机挑选经常是不可能的,甚至也可能是不希望的。因此他们建议,在无法随机挑选小组评价的学习者时,仍要尽可能确保从目标人群的每种类型中至少选取一个代表,并提供了几种划分目标人群类别的方法:学业水平分别为高、中、低的学习者;不同母语的学习者;熟悉某种学习方式(如网络教学)的学习者和不熟悉这种学习方式的学习者;年轻、没有什么经验的学习者,相对更成熟的学习者。

除了上述几类之外,选择学习者时还要考虑到他们的动机水平,因为动机水平较高的学习者往往会获得较高的学业成绩。如果无法实现这一点,则需要在结果解释时说明这一点,并提供相应的实施建议。

一对一评价比较强调评估人员的交流能力,而小组评价则比较强调数据信息的分析水平,一方面要判断问卷调查时哪些问题还需要进一步深入访谈,另一方面要将问卷、测试中所得的数据信息和描述性信息加以汇总,并分析这些信息所代表的含义,以便形成更有效的修改报告。小组评价后的修改既包含一对一评价后的进一步完善,也可能包含对教学策略所做的较大调整。

⑤实地试验(Field Trial)

实地试验是教学系统设计结果实施前,形成性评价的最后一个阶段,执行人员(通常是指教师)要在一个与教学材料最终使用环境尽可能相像的学习环境中进行评价。实地试验的目的是确定在小组评价之后所做出的改动是不是有效,并要确认教学方案在预设的环境中是否能够使用。

实地试验的主要目的是要找出并消除教学中尚存的问题。实地试验和小组试验有许多相似之处:两类评价的过程中都要决定学习者的表现是否适当,教学的传递方式是否可行;另一个相似之处是,二者都需采集学习者的成绩和态度信息、教师的教学过程和态度以及诸如时间、费用、空间和设备等资源信息。二者最主要的差别在于教学材料、学习者、过程、教师和环境的真实程度不同。实地试验更强调与实际教学的接近程度,因此在实地试验前,教学方案往往已尽可能得到修改和完成。

实地试验的关键是创设一个与"真实世界"尽可能接近的教学情境,因此,实地试验不仅要求教学环境、条件都要与最终的使用环境、条件尽可能相像,而且执行教学的人员也要尽可能是教师,而不是教学系统设计人员。在教学实施过程中,设计人员可能不在场,即使在场,设计人员往往只需在旁观察并做记录,并不对教学过程进行干预,哪怕是教学过程中出现意外的事件(当然,在一般的课堂教学中,教学设计人员往往就是任课教师)。实地试验对学习者的要求也比较高,因为要确保这些学习者能够代表教学方案的目标人群。而这一点在现实情境中是很难做到的,变通的做法就是选择不同的小组来进行实地试验,而且尽可能收集所有目标环境下的数据,如传统教室、多媒体教室、多媒体网络教室等。

在实地试验阶段,数据收集、分析的过程和方法都和小组评价类似,只是问题会依据小组评价的经验,更加集中于在预期学习环境下教学的可行性,重点了解可能影响教学成功的各种因素。而且在收集数据的时候,除了收集学习者的意见外,还要与教师访谈,了解他们的态度和感受。

⑥进行中的评价(Ongoing Evaluation)

所谓进行中的评价是指在教学实施之后,就教学对学习者的学习、工作和应用知识解决问题的效果所进行的评价。前面的5个阶段主要都是解决教学方案的实施问题,包括如何完成教学目标、更有效地实施教学等,没有涉及知识和技能在其他应用环境甚至生活中应用的问题,而这是教学的根本目的。无论是知识、技能还是方法,教学的最终目的并不只是为了学生能够掌握或者在学习过程中应用,而是在最终需要运用这些知识、技能和方法的环境中进行创造性地运用。因此,教学设计人员不能忽视这一点,应该在合适而可行的时候,对学生的应用情况进行评价,以确定学生的知识、技能和方法是否能够保持,是否能够在其他应用环境中使用。

进行中的评价可以帮助设计人员明确以下几点:学习者是否意识到可以在实际生活或工作中应用所学的新知识和技能,并且是不是已经做了;学生应用的效果如何,会对后续的学习、生活、工作产生哪些影响,如果是系统层次的教学系统设计成果,还要考虑对组织产生了什么影响;学习者对改进教学、教学系统设计成果有什么建议,对于产品层次的教学系统设计成果,要跟踪产品在教学实施后持续使用的情况,以获取修改产品的信息。

要获取这些信息,可以采用现场观察、记录和反思报告、访谈、问卷调查等方法,既可以直接从学习者处获得，还可以通过教师、同学、家长等间接得到，而对于在职人员则可以通过公司记录、同事、客户等间接获得。

这种进行中的评价往往被认为只适用于培训、产品等教学系统设计成果。其实并非如此，在课堂教学中这种评价也越来越受到重视，课堂教学系统设计不仅要对学生的学习过程、学习结果进行评价，在选择教学策略时也注重知识、技能的迁移运用，重视对学生问题解决能力以及学生在生活中的应用能力的培养。实际上，这类评价在课堂教学是很常见的，很多教师都会自觉地运用，只是并不是以一种很明显的评价行为表现出来，如数学学科的计算能力、语文学科的朗读能力与写作能力等，尽管没有进行专门的评价，教师会在其后的相关内容教学中观察学生应用已学知识的情况，如果学生掌握得不够好，教师就会采取一些补救措施，甚至重新实施教学。如果条件许可，可以要求所有的学习者参加进行中的评价，但如果在教学之前有比较充分的小组评价或实地试验，则也可以挑选部分样本学习者进行评价。在选择学习者样本时，可以根据他们的后测成绩和态度问卷，挑选一部分水平高的、一部分水平低的以及一些设计人员比较感兴趣的特殊环境中的学习者。而且，还要用同样的问题征询获得间接的评价信息。

在理想的状况下，为获得丰富的评价信息，设计人员需要深入到实际的应用环境中，但实际上这类评价的最大障碍是时间以及可能无法再对所有学习者一一进行面对面的访谈，电话、网络则为此提供了一定的便利条件。进行中评价的结果往往是由设计人员完成一份评价报告，其中包括教学的优缺点、教学能够更好地支持新技能迁移和运用的地方、有关消除影响新技能迁移运用的教学障碍的改进教学建议。

(2)教学系统设计形成性评价的一般过程

无论上述哪一种形成性评价方法，通常都包括制定评价计划、选择评价方法、试用设计成果和收集资料、归纳和分析资料、报告结果等几项工作。

①制定评价计划

这是教学系统设计结果评价的准备阶段。该阶段主要是要确定评价活动的目的、评价对象、评价的指标体系，在何种情况下从事评价，实施评价后所必须做出的决策程度以及在什么时候、什么地方实施测量、获取信息以及如何组织等工作。一份完整的评价计划主要包括下面几点。

A. 确定评价对象和评价目标。

B. 设计评价指标体系，例如评价的是教学材料，一般可以从教育性、科学性、技术性、艺术性和经济性等角度建立具体的指标体系。

C. 确定收集信息的类型和方法以及处理统计数据的技术手段。形成性评价需要收集的信息主要包括教学目标的达成情况(一般采用学生的学习成绩)、学习者和教师的态度以及教学过程的实施情况，收集这些信息的方法有测验、问卷调查、访谈、观察、师生的反思报告等。

D. 选择被试并阐明成果的背景条件。说明选择被试的条件、人数等，并解释教学系统设计成果的试用是在什么背景下进行的，需要什么条件支持等。

②实施评价计划

教学系统设计结果评价的实施阶段，主要包括以下工作。

A. 收集评价信息

这是一项基础性工作,也是评价中工作量最大的工作。评价者要根据评价指标体系,逐项收集信息,全面、客观、真实地掌握评价对象的情况。在一对一评价、小组评价和实地试验等评价中,还要组织实施教学过程。

B. 整理评价信息

即对收集的信息进行汇总整理。通过观察、测验、访谈和问卷等方法,评价者收集到一系列所需的资料。为了便于分析,可以根据需要,将测量的数据资料进行统计处理,制成图表。制成图表后,评价者应对资料做进一步初步分析,拿各类数据与评价标准进行比较,考察各种现象的相互关系。经过分析,可能会发现一些重要问题,随即应对它们加以解释,并通过恰当的途径证实自己的解释。例如,当几种评价工具提供的数据对设计成果的某些方面显示出共同的趋势,而这种趋势与预期的教学目标相悖时,要予以特别关注。设计者可就这些问题咨询、访问教育学家、心理学家、学科专家和有经验的教师,或与被试(师生)进行个别面谈或集体座谈。这些访谈的目的是让各方人士对初步分析结果和改进意见加以证实。为此,设计者应持有虚心、诚恳、坦率和求实的态度,而当该成果遭到激烈批评时,还应保持冷静,令所有被访者都能毫无保留地谈出意见。最后,可将访谈结果与初步分析结果综合起来,对评价资料做进一步的深入分析,并在此基础上酝酿修改设计成果的方案。

C. 处理评价结果——进行评价成果报告

由于修改设计成果的工作不一定马上就进行,也不一定由原设计者来做,因此需要把设计和评价的有关情况和结论形成书面报告。在这里,评价者需根据评价报告的性质和读者对象来确定报告的内容、形式。报告可以是正式的,也可以是非正式的;可以是描述性的,也可以是数据分析的。在向有关部门通报评价结果时,评价者所要做的不仅仅是提出报告、表明结果,还应该展示他们是如何对资料做出解释、如何从分析中提出结论以及他们解决问题的建议。评价报告的内容一般包括设计成果的名称和宗旨、使用的范围和对象、试用的要求和过程、评价的项目和结果及结果的分析、修改的建议和措施,参评者的名单和职务以及评价的时间等。评价报告以简明扼要为宜,各种数据、访谈记录、分析说明等可以作为附件。上面提出的一些评价要素和步骤,只是对教学过程的一种静态分析,在实际教学活动过程中,各要素之间并不是独立的、互不联系的。以往人们对教学过程的研究,习惯于采取以分析思维为主导的研究方法,只重视对教学的各部分分别进行细致的研究,而忽视对各个部分相互关系的研究。因此,对各部分相互关系的研究,即教学结构的研究和设计可以有助于从整体上去综合的认识和探讨教学系统设计模式中各种因素之间的关系及其多样化的表现形态,有利于从动态的角度去把握教学系统设计过程的本质和规律,无论是在指导实践还是在理论研究上都具有十分重要的意义。

2. 教学系统设计结果的总结性评价

总结性评价是整个评价过程逻辑上的第二步。“当厨师在品尝汤的时候,这就是形成性评价;而由顾客品尝汤,则是总结性评价”。

总结性评价是证明教学系统设计有效性或显示其不足的最客观的方法,包括充分收集信息并利用这些信息做出是否有用的决策。从根本上讲,总结性评价着眼于教学系统设计的结果,并力图回答两个问题:(1)教学设计是否真正解决了教学问题;(2)教学设计是否优化了教学,是否获得了比较理想的教学效果。

在总结性评价阶段中,对数据的收集和分析都比形成性评价更正规。它可能采用一些形成性评价时用过的工具,如访谈、观察、小组过程以及调查。但和形成性评价不同的是,总结性评价在很大程度上依赖测试与测量的策略和统计分析来评价教学系统设计的效果,并为决策提供客观的依据。通常,由外来的专业评价人员来执行总结性评价。

5.8　教学设计方案的撰写

教学设计方案是教师为顺利而有效地开展教学活动,根据课程标准的要求,以课时为单位,对教学内容、教学步骤、教学方法等进行具体的安排和设计的一种实用性教学文书。

5.8.1　教学设计方案编写的格式

教学设计方案主要有两种编写格式,即叙述式与表格式。不管是哪种教学设计方案都包括教学目标、教学内容、教师活动、学生行为、教学媒体和时间分配等方面的描述。

1. 叙述式

(1)课题名称

(2)概述

①说明学科(语文、数学等)和年级(中学、小学等)。

②简要说明教材和所需课时。

③概述学习内容,并指明教学重、难点。

④概述该节课的价值及学习内容的重要性。

(3)教学目标分析

对该教学预计达到的教学目标做出一个整体的描述,可以包括以下几方面。

①知识与技能:写具体,尤其是知识层面的内容。

②过程与方法:体现方法论的思想,可采用“通过……了解(参与、完成、学会)……从而(进而)初步掌握……方法”的句式。

③情感态度与价值观:切忌空话。

(4)学情分析

①分析学生已有的认知水平和能力基础。

②分析学生学习本课时可能遇到的困难和问题。

③分析学生在学习过程中可能采取的各种学习策略。

(5)资源

一方面介绍学习者可用于完成学习任务的资源,如下面的几点。

①学生可能获得的学习环境(多媒体教室、网络教室或实地考察等)。

②学科系列教材。

③文本、图片或音视频资料。

④可用的多媒体课件。

⑤特定的参考资料和参考网址。

另一方面,为学生提供认知工具。

(6)教学活动过程

这一部分是教学设计方案的关键所在。

首先,根据学习内容、教学目标和学习者的具体情况,设计真实的、能充分发挥学生主体性的学习情境。如通过录像带再现历史事件,通过多媒体课件为学生的自主学习提供真实的情境,为学生的学习提供网络环境等。

其次,针对不同的教学内容和教学目标选择适当的教学模式。对于同一个课题不同内容的学习,很可能会应用到多种不同的模式,简要说明这些模式是如何应用的。

然后,设计自主学习策略。

最后,画出教学过程流程图。同时,流程图中需要清楚标注每一个阶段的教学目标、媒体和相应的评价方式。

(7)评价

创建量规,向学生展示他们如何被评价。另外,可以创建一个自我评价表,这样学生可以用它对自己的学习进行评价。

(8)总结

在学习结束后,对学生的学习做出简要总结。可以布置一些思考或练习题以强化学习效果,也可以提出一些问题或补充的链接鼓励学生超越本门课把思路拓展到其他内容领域。

2. 表格式

教学设计方案还可以采用工作表格的形式来编写,表 5-15 是一个格式参考。

表 5-15　表格式教学设计方案

<table>
<tr><td colspan="5">设计者:__________　执教者:__________　课件制作者:________________</td></tr>
<tr><td colspan="5">时间:______年______月______日　所教学校、班级:________________</td></tr>
<tr><td colspan="5">一、教学内容简介</td></tr>
<tr><td colspan="5">二、学习者特征分析
1. 初始技能
2. 一般特征
3. 学习风格</td></tr>
<tr><td colspan="5">三、教学内容与教学目标的分析与确定</td></tr>
<tr><td colspan="5">1. 知识点的划分与教学目标的确定</td></tr>
<tr><td>课题名称</td><td colspan="2">知识点</td><td colspan="2">教学目标</td></tr>
<tr><td rowspan="3"></td><td>1</td><td></td><td></td><td></td></tr>
<tr><td>2</td><td></td><td></td><td></td></tr>
<tr><td>3</td><td></td><td></td><td></td></tr>
</table>

续表 5－15

2. 教学目标的具体描述

知识点	教学目标	描述语句

3. 分析教学的重点和难点

四、多媒体网络资源、工具及课件的运用

知识点	教学目标	资源、工具及课件的内容、形式、来源	使用时间	资源、工具及课件的作用	使用方式或教学策略

注：

五、形成性练习题和开放性思考题的设计

知识点	教学目标	测试题

续表 5 – 15

<table>
<tr><td>六、课堂教学过程结构的设计</td></tr>
<tr><td>流程图</td></tr>
<tr><td>流程图图例
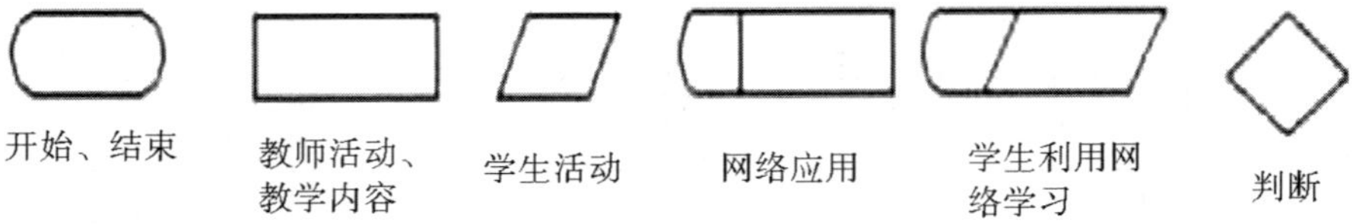
</td></tr>
<tr><td>对流程图简要说明</td></tr>
<tr><td>修改意见</td></tr>
</table>

5.8.2 教学设计方案编写案例

1. 叙述式教学设计方案编写案例

课题名称

以活动为中心的教学设计:《我不胆小》

课例设计

吴建英　诸葛智

教材简介

《我不胆小》选自义务教育课程标准实验教科书《品德与生活》(苏教版)二年级上册,是“成长乐园”单元中的一个主题活动。

教材以儿童喜爱的图片形式,联系学生实际,为学生提供了五个活动板块。

学生分析

(1)低年级学生中独生子女居多,其中有些孩子或娇弱胆小或刁蛮任性,同时,还有许多学生常把“勇敢”“英雄行为”和“冒险”“鲁莽”混同起来,这说明他们对于勇敢的含义并不十分明确。因此,我们要帮助低年级学生正确区分勇敢与冒险、鲁莽,培养学生的勇敢精神,教育学生做一个勇敢而不鲁莽的好孩子。

(2)学生已具备一定的生活经验以及初步的探究能力、搜集信息的能力和口头表达能力。

设计理念

(1)以“活动”为载体,通过表演、游戏、对话等多种形式让学生去认识、思考、辨析、感悟,使他们在获得内心体验的过程中,逐步形成相应的正确的价值观念和良好的心理素质。

(2)在整个活动中,调动和利用学生已有的经验,把他们的个人知识和生活经验作为教育的重要资源,结合学生现实生活中实际存在的各种胆小的问题,共同探究,智慧共享,不断丰富和发展他们的生活经验,使他们初步形成文明健康、积极向上的生活态度。

教学目标

(1)培养勇敢精神,学会在生活中做一个勇敢而理智的孩子。

(2)通过讲述、奖励等活动,培养遇到困难不退缩,遇到危险不惊慌、不鲁莽的行为习惯。

(3)知道日常生活中不胆小的行为表现,能初步区分勇敢与鲁莽,掌握克服胆小的一些方法。

(4)通过童话剧表演、敞开心扉、讨论交流、快速抢答、举牌游戏等活动,加深对不胆小的认识,把明理转化为践行。

教学准备

(1)排练根据《咪咪学本领》的故事改编的童话剧。

(2)若干个"勇敢的孩子"奖章,若干张红牌和黄牌。

(3)录音故事《"大胆"的刺猬》(有条件的可制成动画片)。

(4)举牌游戏中的几个录像镜头,相关图片的幻灯片。

教学流程

活动一:情景剧场导主题

(1)请学生把课前根据《咪咪学本领》改编的童话剧表演给班上的小朋友们看。

(2)提问:小朋友,看完童话剧后你有什么想法?你想说些什么?

(3)小结:咪咪胆小怕事,什么本领都没有学会,我们小朋友不能像咪咪那样怕这怕那。

(4)揭示活动主题:《我不胆小》。

活动二:敞开心扉说胆小

(1)出示幻灯片"说一说"中的四副图:图上分别画的是什么?看看图,请你谈谈对这些小朋友的看法。

(2)小朋友,你有没有胆小的时候?请在小组内说说你胆小的事。

(3)全班交流,教师引导学生说说自己胆小的原因。

活动三:指点迷津变勇敢

(1)选择几种学生普遍胆小的情况,根据学生胆小的原因,师生共同找出解决问题的方法,或请不胆小的学生介绍方法。

(2)让学生上台当众发言或表演节目,尤其是让平时在众人面前不敢说话的学生上台。

(3)快速抢答:说出自己在日常生活中不胆小的表现。说出一种行为,即可获得一个"勇敢的孩子"奖章。

(4)讨论交流:小朋友,做一个不胆小的孩子,应该怎么做呢?

(5)小结:不怕冷、不怕痛、不怕黑、敢当众表演……都是不胆小的表现。

活动四:"故事屋"里明道理

(1)听录音故事《"大胆"的刺猬》(或看由此故事编制的动画片)

(2)听完故事,你们有什么想法?

(3)小结:刺猬虽然敢做,但没有考虑这件事对不对,自己能不能做,结果不能做的事硬去做,只能造成不良后果,这是鲁莽。

活动五:辨别是非导行为

(1)出示"辨一辨"中两副插图的幻灯片。

(2)讨论交流:他们勇敢吗?为什么?你想对他们说什么?

(3)举牌游戏:播放几组勇敢行为和鲁莽行为相混的镜头,让学生辨别,认为是勇敢行为的举黄牌,认为是鲁莽行为的举红牌。

(4)要求学生剖析自我,回忆一下自己在哪些事上很勇敢,哪些事上是鲁莽的,说出来,然后相互提个醒。

(5)小结:做事之前,要想想是不是正确、是不是安全。正确的事,大胆做;错误的事,不能做,这才是真正勇敢的孩子。

活动六:制作卡片来鼓励

(1)学生自己设计"信心卡",害怕时给自己鼓鼓劲、加加油。

(2)"信心卡"制作完毕,小组交流,推荐几张全班交流。

注:课例摘编自《新课程优秀教学设计与案例》(小学综合卷)。

2. 表格式教学设计方案编写案例

小学英语《Four Seasons》

基于网络资源的课例分析

学校:广东省南海市实验小学　　　　姓名:范巧凌　　　　日期:

(一)学习目标与任务		
1. 学习目标描述		
(1)认知目标:掌握五个新单词:season、spring、summer、autumn、winter。 (2)能力目标:培养学生听、说、读和对话交际的能力、交往能力和实践能力以及培养学生通过网络进行自主学习和小组协作学习的能力。 (3)情感目标:培养学生热爱生活、热爱大自然的情感和互相帮助、互相学习的品德		
2. 学习内容与学习任务说明		
Four Seasons 是剑桥少儿英语第一级上册 Unit 25 的课文内容。通过本课的学习,要求学生能够认读单词,理解词义,熟练掌握句型,在生活交际中能学以致用。教师为了让学生能运用已有的英语知识和网络知识去提高听、说、读、对话交际的能力,为学生提供了大量的与课本所学内容相关的童话、寓言和成语故事等网络资源,学生在教师的引导下,通过卡通欣赏、游戏、情景对话、故事编演等活动,进行自主学习和小组协作学习。学生在自主参与体验的学习活动中,单词的识记量明显增加,并能够灵活运用所学单词与他人进行情景对话和交流,既提高了学生的口语交际能力,也提高了学生的语言综合运用能力		
(二)学习者特征分析(说明学生的学习特点、学习习惯、学习交往特点等)		
本节课的教学对象是小学二年级的学生,他们喜新好奇,对于新鲜的事物有着浓厚的兴趣和探究欲望。经过一年多的实验,学生已经掌握了电脑打字操作、简单编辑文字和图片、发送电子邮件以及网上浏览的方法。打字、浏览的速度比较快,听、说、读以及口语表达能力也有一定的提高。学生对英语学习具有很浓厚的兴趣,学习的积极性和主动性也很高,能运用网络进行自主学习和小组协作学习,能踊跃地参与课堂的每个教学活动		
(三)学习环境选择与学习资源设计		
1. 学习环境选择(打√)		
(1)Web 教室　√	(2)局域网	(3)城域网
(4)校园网　√	(5)Internet　√	(6)其他
2. 学习资源类型(打√)		
(1)课件(网络课件)　√	(2)工具　√	(3)专题学习网站

续表

(4)多媒体资源库	(5)案例库	(6)题库
(7)网络课程	(8)其他　√	

3. 学习资源内容简要说明(说明名称、网址、主要内容)

1. 网络课件:提供与四季相关的童话、寓言、成语故事和卡通
2. 新知堂剑桥少儿英语网:http://www.xinzhitang.com.cn/
3. 卡秀网:http://www.kaxiu.com/
4. 画图工具

(四)学习情境创设

1. 学习情境类型(打√)

(1)真实情境	(2)问题性情境
(3)虚拟情境	(4)其他　√

2. 学习情境设计

教师首先利用卡通视频录像创设生动活泼的学习情境,激发学生的学习兴趣和积极性,让学生从整体感知四季

(五)学习活动组织

1. 自主学习设计(打√并填写相关内容)

类型	相应内容	使用资源	学生活动	教师活动
(1)抛锚式				
(2)支架式 √	单词学习	网络课件和 Internet	学生自主利用网络课件和网络资源进行单词的学习	示范指导,答疑解难
(3)随机进入式　√	单词的巩固和故事的学习	网络课件	学生利用网络课件中提供的转盘游戏进行单词的巩固;利用课件中的许多故事进行自主学习	示范指导,答疑解难
(4)其他　√	绘画	绘画工具	学生利用绘画工具画出四季的特点	指导、监控、点评

2. 协作学习设计(打√并填写相关内容)

类型	相应内容	使用资源	分组情况	学生活动	教师活动
(1)竞争					
(2)伙伴　√	谈论四季、自编对话	网络课件、Internet	按照座位进行分组,每组两个学生	同桌交流对话	指导检查
(3)协同					
(4)辩论					
(5)角色扮演 √	改编故事和表演故事	网络课件	每组五个学生	学生以小组为单位自编自演他们所喜爱的季节	指导点评

续表

(6)其他					
3. 教学结构流程的设计					

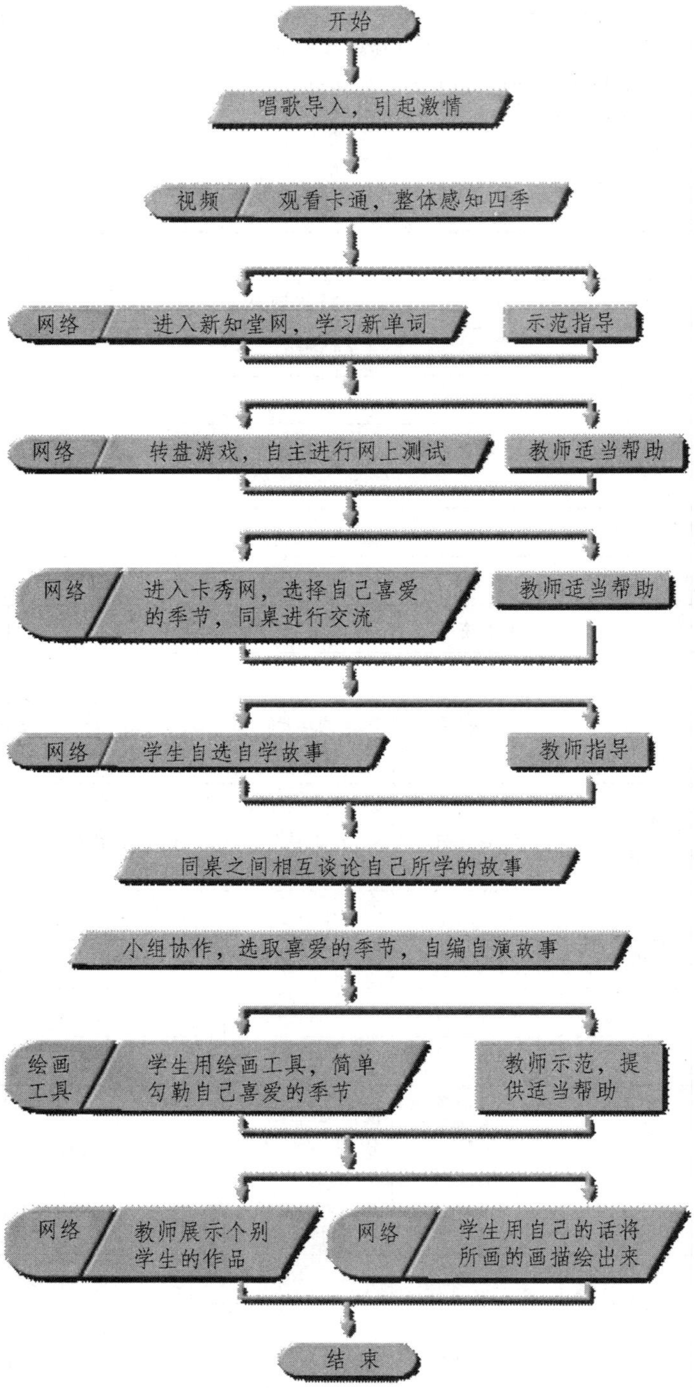

续表

图符说明	 开始、结束；教师活动、教学内容；学生活动；网络应用；学生利用网络学习；判断	
(六)学习评价设计		
1. 测试形式与工具(打√)		
(1)堂上提问 √	(2)书面练习	(3)达标测试
(4)学生自主网上测试 √	(5)合作完成作品	(6)其他 √
2. 测试内容		
(1)通过转盘游戏,让学生自主在网上测试对四季的掌握情况 (2)同桌交流讨论四季的特点,教师堂上提问 (3)运用绘画工具,画出自己所喜爱的季节		

案例分析:在本节课中,教师利用丰富的网络资源和多样的学习活动,如同桌交流会话、角色扮演、自编自演故事等,为学生营造了一个轻松、活泼的语言学习环境。不仅训练了学生听、说、读、写等各方面的能力,而且培养了学生协作交流能力和综合运用知识进行表达的能力。本节课充分发挥信息技术的优势,将它作为情境创设和学生自主学习的工具,很好地体现了信息技术与英语教学的有机整合。

思考题

1. 陈述"以教为主""以学为主""学教并重"的教学设计过程模式。
2. 教学目标的功能是什么?
3. 如何进行教学目标的分析?
4. 如何进行教学目标阐明?
5. 学习者特征分析的内容有哪些?
6. 学习者特征分析的方法有哪些?
7. 教学策略的选择、教学媒体选择的原则是什么?
8. 教学媒体的选择程序及方法有哪些?
9. 教学媒体选择的模型是怎样的?
10. 什么是教学评价,其功能有哪些?
11. 教学评价分为哪几类?
12. 教学评价的内容是什么?
13. 教学系统设计结果的形成性评价和总结性评价的区别有哪些?
14. 如何撰写教学设计方案?

第 6 章　多媒体教学课件的设计与实现

随着多媒体技术的不断发展、计算机辅助教学的普及,多媒体课件也发挥着越来越大的作用,但随之产生的问题也越来越多。怎样才能合理地运用多媒体课件,使它真正地成为有效的教学辅助工具成了教学中的一大难点,这就需要教师正确地认识与多媒体课件之间的关系,合理地运用现代教育媒体与传统教学,使多媒体真正地成为优化课堂教学的辅助工具。本章主要阐述计算机辅助教育的特点及模式、多媒体学习的理论、有效的多媒体课件的制作。

★学习目标

1. 陈述计算机辅助教育的概念及特点。
2. 陈述 CAI 中的教学模式。
3. 列举多媒体教学课件类型及特点。
4. 阐述多媒体学习的认知理论的要义及多媒体教学信息设计的原则。
5. 列举多媒体演示文稿设计的原则及设计艺术。
6. 能制作多媒体演示文稿和动画型多媒体课件。
7. 能设计与制作微课。

★内容导图

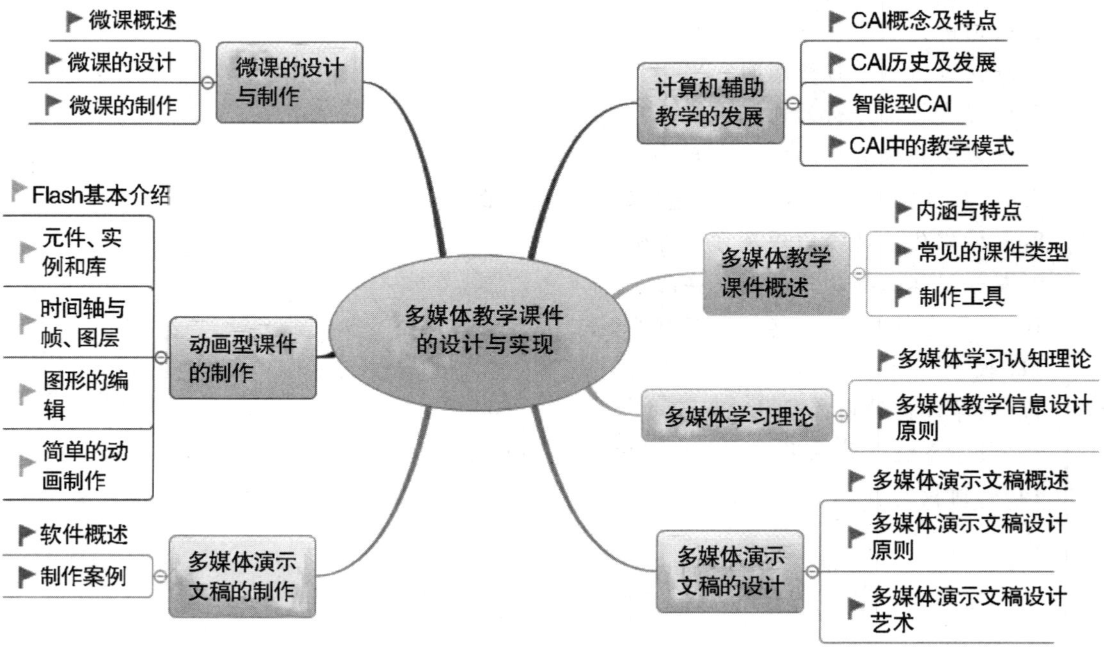

6.1 计算机辅助教学的发展

计算机技术的快速发展及其在教育领域中的广泛应用为教育开辟了一个崭新的时代，导致了传统思想、教学内容、教学方法和教学组织形式的变革，还将引起教学模式和教育体制的根本变革。计算机辅助教学(Computer Assisted Instruction，简称 CAI)是在计算机辅助下进行的各种教学活动，以对话方式与学生讨论教学内容、安排教学进程、进行教学训练的方法与技术。CAI 为学生提供一个良好的个人化学习环境。综合运用多媒体、超文本、人工智能和知识库等计算机技术，克服了传统教学方式中单一、片面的缺点。它的使用能有效地缩短学习时间、提高教学质量和教学效率，实现最优化的教学目标。

6.1.1 计算机辅助教学的概念及特点

计算机辅助教学(CAI)是用计算机做媒体，来执行教育功能的教育技术。由于计算机在程序的控制下可以通过输出设备向人们传递各种信息，通过输入设备接收使用者输入的各种信息，并对输入的信息进行判断，根据判断结果进行转移和提供有针对性的提示信息。因此把具有教学功能的软件配置到计算机中，计算机像教室那样，和学生构成教学系统，完成教学任务。

1. CAI 及相关术语

计算机辅助教学的相关术语：

CBE(Computer-Based Education)——计算机辅助教育，指以计算机为主要媒介所进行的教育活动。也就是使用计算机来帮助教师教学，帮助学生学习，帮助教师管理教学活动和组织教学等。

CBI(computer based instruction)——计算机化的教学，作为 CAI 的同义词或作为较高程度的计算机支持的学习应用。

CBL(computer based learning)——计算机化学习，作为 CAI 的同义词或作为较高程度的计算机支持的学习应用。

CAT(computer assisted training)——计算机辅助训练，主要指计算机在职业技能训练中的应用，如工业训练、军事训练。

CBT(computer based testing)——计算机辅助测验，主要是指计算机在检验教学目标中的应用。如目标测验和常模测验。

2. CAI 的特点

计算机辅助教学可以起到与其他传播媒体一样的呈现知识、给予反馈等作用，同时由于其有存储、处理信息及交互反馈等特殊性能，因此 CAI 具有如下特点。

(1)大容量的非顺序式信息呈现。

(2)学生可以控制学习内容和学习进度。

(3)CAI 系统可通过提问、判断、转移等交互活动，分析学生的能力和学习状况，调节学习过程，实现因材施教和及时反馈。

因为教学进度由学生控制和连续的提问、反馈或是刺激、反应等交互活动构成，学生在 CAI 活动中处于一种积极、主动的精神状态，不像被动受教育时那么容易疲劳和受干扰，从而可以取得较好的教学效果。

(4)计算机可保留各个学生的学习进展记录,并对每个学生进行学习进程分析和群体学习分析,为教师或软件的开发者提供了教学决策支持。

(5)目前的网络技术使 CAI 可获得群体的支持,解决个别化学习与群体学习的矛盾。

(6)CAI 与传统媒体的不同之处是:传统媒体如投影、电视、电声等媒体辅助教学,只能单向传递信息,没有交互作用。而 CAI 具有强大的交互功能,人机交互方式也十分丰富。

6.1.2 计算机辅助教学的历史与发展

纵观计算机辅助教育事业的发展轨迹,不难发现,随着计算机技术的日新月异、计算机理论的日益成熟,计算机辅助教学的理论与实践也在不断发展。

1. CAI 的历史发展

美国是进行计算机辅助教学研究和应用最早的国家,所以 CAI 的历史基本上是以美国 CAI 发展历史为主线。近四十年来,CAI 的发展大体上经历了五个阶段。

第一阶段(1958 年~1965 年),是 CAI 发展的初期阶段。在这个时期,主要是以大学和计算机公司为中心开展软件、硬件开发研究工作,并出现了一些有代表性的系统。如柏拉图系统。

第二阶段(1965 年~1970 年),这一时期的特点是研究规模扩大,并且将以前的研究成果投入应用。斯坦福大学在 1966 年研制出了 IBM1500 教学系统。

第三阶段(1970 年~1975 年),CAI 的应用范围不断扩大,并进一步趋向实用化。开发的科目除了数学、物理之外,在医学、语言学、经济学、音乐等多种学科领域均开展了 CAI 的应用。

第四阶段(1975 年到 20 世纪 80 年代后期),微型计算机进入教育领域,成为多种教育环境中的理想工具。

第五阶段(20 世纪 80 年代末以后),20 世纪 80 年代末,多媒体计算机的出现,被称为计算机的一场革命,它具有能够综合处理文字、图像、声音、图形的能力,显示了计算机在教育方面的非凡才能,很快成为 CAI 发展的重要方向。

心理学家 B. F. 斯金纳的学习机器(learning machine)对计算机辅助教学原理的形成起到重要作用。同时,计算机辅助教学的发展和普及深受计算机科学技术的影响。其中有两个重要的系统:一是柏拉图系统,这个系统是 20 世纪 60 年代由依利诺州立大学(Illinois State University,USA)的计算机工程师及教育学者共同研制的;另一个是 1972 年 Mitre 公司开发的 TICCIT 系统。这两大系统所强调的互动性及学习者控制,充分表现了 CAI 的基本精神,可以说是 CAI 发展史上的重要典范。但当时这些系统都运行在大型计算机上,并不十分普及。直到 1978 年 Apple Ⅱ及 1981 年 IBM 个人电脑的出现和普及以后,CAI 才开始发展和普及。此后开发的大部分 CAI 软件的运行环境均以个人电脑为平台。1984 年,Apple 公司推出 Macintosh 个人电脑,鼠标开始流行,图形化用户界面的运用受到重视。除了个人电脑的日益发展外,文档编辑工具的发展也非常迅速,这些都是促使 CAI 蓬勃发展的有利条件。1991 年,美国麻省理工学院研究开发的 Athena,开启了网络化 CAI 的新纪元。

2. CAI 的未来发展方向

(1)多媒体化

随着技术的不断发展,多媒体计算机的性能更加优异,多媒体技术将广泛应用于教学中。

(2)工具化

一般认为,进行 CAI 课件的开发需要由教学专家、学科专家、计算机专家等各类人员的分工协作完成。而目前“小作坊”式的课件开发模式严重影响课件的质量,因而对各种适合不同教学要求的工具型多媒体编著软件的开发和研究是十分必要的。

(3)理论化

随着教育学、心理学理论研究的更加深入,未来 CAI 从开发、设计到制作都更加有赖于学习理论的指导作用。

(4)网络化

交互形式广泛应用,信息资源的共享,教学形式多样化,每个人都可得到一流的教育。共享教学资源、支持多种远程交互的教学是一种比较理想的 CAI 教学系统。

(5)开放化

网上大学、网络函授、视频会议作为新的教学方式,方兴未艾。

(6)智能化

随着人工智能和生命科学研究的不断深入,未来 CAI 教学将根据学生的学习特点、学习经验、学习风格,采用不同的教学方式和反馈形式。虚拟仿真技术等高新技术也将在教育中普遍得到应用。

(7)个性化、人性化

传统的固化刻板的教学形式和教学环境将被人性化、个性化的教学环境所替代,教学软件也更加生动形象。

6.1.3　智能型计算机辅助教学

智能型计算机辅助教学(Intelligent Computer Assisted Instruction,简称 ICAI)是将人工智能理论和技术应用于 CAI 而形成的一种教学专家系统。ICAI 系统主要是在知识表示、推理方法和自然语言理解诸方面应用人工智能原理。

1. ICAI 的相关概念

ICAI 将教学内容与教学策略分开,根据学生的认知模块提供的信息,通过智能系统的搜索与推理,动态生成适合个别化教学的内容与策略;通过智能诊断机制判断学生的学习水平,分析学生产生错误的原因,同时向学生提出更改建议以及进一步学习内容的建议;通过对全体学生出现的错误分布统计,智能诊断机制将向教师提供教学重点、方式、测试重点、题型的建议;为教师提供友好的教学内容、测试内容、维护界面,无须改变软件的结构即可调整教学策略;通过对学生认知模块、教学内容、测试结果的智能分析,向教学督导人员提供对任课教师教学业绩评价的参考意见。可以说,一个理想、完美的 ICAI 系统就是一个自主、优秀的“教师”。

2. ICAI 的主要特点

一般认为,只要具有下列一个或几个特征的 CAI 系统就可以称之为 ICAI 系统:能自动生成各种问题与练习;根据学生的学习水平与学习情况选择与调整学习的内容和进度;在了解教学内容的基础上自动解决问题、生成解答;具有自然语言生成与理解能力,以便实现比较自由的教学问答系统,提高人机交互的主动性;对教学内容有解释、咨询能力;能诊断学生错误,分析原因并采取纠正措施;能评价学生的学习行为;能评价教师的教学行为。不难看出,ICAI 与传统的 CAI 相比,更加符合教育教学的规律,符合学生的认知习惯,具有明显的优越性。

3. ICAI 系统的基本结构

ICAI 系统的构成一般为三个基本模块。

(1)知识库模块。专家系统是一个智能计算机系统,其内部具有大量达到专家水平的某个领域的知识与经验,能够利用专家的知识和方法来解决该领域的问题。由某领域的专家按选定的知识表示将领域知识、教学规则转换成计算机系统可以理解的表达形式,建立包括领域知识和教学规则在内的知识库。该模块必须要有明确的教学目标和教学范围,要形成比较连贯的关系或基础体系,要形成一个实用的思维或推理模块,要考虑学生的接受能力。

(2)学生模块。这是指生成一种可靠的表达方式来展示学生的实际水平。其过程就是根据学生的表现来判断其学习要求、其对知识与技能的掌握情况以及能力。学生模块实现了学生与系统的对话,可以运用不同的交互方式获取学生的行为信息。

(3)教师模块。该模块亦称辅导模块。就是模拟一个有经验的教师,具备教师的一些教学行为,如授课、解答等。教师模块从推理模块得到的学生信息即学生对知识的掌握程度和错误诊断信息,就可以对学生进行有针对性的指导。如学生对某个知识点掌握得不好,系统会通过教师模块提示学生学习该知识点的学习途径或错误原因等,而且能够视具体情况而定,根据不同的情况给出不同的教学内容和指导方法供学生参考。它还可通过对全体学习者的错误分布统计向教师提供教学重点、教学方式等方面的建议,使 ICAI 能像教师一样,按照自己对教材内容的理解(如概念的难易、教学的顺序、概念间的关系等),根据学生的状况(包括知识水平和学习背景,如爱好、总体水平、性格、智力等),选择对该学生最为有效的教学方法,监督和评价学生的学习行为,选择提出问题并根据学生的要求适时地为其提供帮助和选择补充知识。教师模块必须有完整的关于自然语言对话、教学方法、教学策略和教学题材的知识,能够决定采用什么样的方式顺序及教学模式等。

4. ICAI 系统的实现技术

(1)Client/Server 的实现。将用于教学的内容、刻画学生的认知模块所必需的数据资料保存在 Server 端。教师在教研室通过 Client 实现对 Server 端教学内容的更新与维护。学生在多媒体教室通过 Client 与 Server 相连,实现对教学内容的学习,学习结束后,学生客户端软件将依据学生对知识点的掌握情况,为其自动修改认知模块。督导人员在教务处通过 Client 与 Server 相连,实现对教学过程的监督与引导。

(2)知识库的建立。知识库是领域知识集,包括教学素材库、学生错误库等。知识库应该能够体现知识的体系结构,并满足系统教学过程的需要,要形成前后连贯的关系或基础知识体系,形成一个适用的思维或推理模块。每章、每节、各个知识点之间的联系是复杂的,要学习一个知识点必须先具有一定的知识,并掌握另一些知识点,可见知识点间的这种支持和被支持的联系是一种网络结构,所以知识库的结构可以看成是一个网状结构,各知识点之间的关系有着固定的链路链接,这样才便于推理机制的推理,得出正确的结果。ICAI 系统可采用超媒体的网状结构表示领域知识、超媒体嵌入过程性知识与结构化知识。知识的内容通过声音、图像、文字、动画演示等媒体信息手段来表达,知识点间的联系用超链接表示,教师还可以通过系统提供的接口随时增加或删除知识库中的内容。

（3）学生模块的建立。学生模块可以通过智能化交互接口跟踪学习过程，对每个课程建立独立的单元，建立各单元水平的判定规则。当学生完成一课的学习时，给出水平判定值；进行错误诊断时，能够用不同的方法。ICAI系统通过点鼠标、按界面上的功能按钮或选择菜单等方式来实现。学生可以通过人机交互界面从教师模块和知识库中得到系统对学生行为诊断的信息反馈。学生在学习时，在教师模块的指导下，可以自由地选择学习内容和习题，这样学生的主观能动性可以得到较好的发挥。在跟踪学习时给出错误的原因，如概念性错误用扰动法、方法性错误用过程协议分析法和解题过程网络分类分析法等。查出原因后再给出改正的提示，同时记录下来作为学习辅导的依据；学习跟踪是学习过程的记录，记下学生的学习历史和进步情况；模块更新是随着学生学习的深入而改变的，它可以用覆盖法或差错法来说明学生具有的知识与计算机系统中存储知识的差距，进一步更新学生模块，继续进行教授内容和方法的决策。

（4）教师模块的建立。教师模块是系统的一套推理机制，能够对学生模型记录下来的学生信息进行处理，并运用知识库中的知识进行推理，做出决策和判断，其解决问题的水平应达到专家的水准，可以及时分析学生对某一知识点的掌握程度和诊断学生的解题行为，如实时提示、引导学习等。学生在做完一道习题后，按下“批改”按钮，推理模块依据一定的规则对学生所做习题进行错误诊断，根据不同的情况给出不同的提示信息和辅导，在很大程度上实现了个别化教学。例如，在诊断学生错误的时候，判断出学生是因某一个知识点不懂而导致的错误，系统就会在知识库中先找到该知识点，然后在规则库中找到与该知识点相关的推理规则进行推理，得出与该知识点有联系的知识网络路径，通过教师模块指导学生的学习，或者把相关的错误原因、分析过程提示给学生，使学生对出错的原因和自己哪个知识点没掌握好有所了解。

ICAI强调要按学生不同的认知模块为其准备不同的教学内容，用以实现个别化教学与启发式教学。受认知心理学与教育学发展的制约，目前还无法准确地建立单个人的认知模块。目前，可以粗略地将学生的认知模块按其不同的认知能力分成高、中、低三类。同一内容的教案也按高、中、低三种难度来组织，分别提供给具有相应认知能力的学生学习使用。学生在学习完每节的教学内容后，系统将要求他回答一定数量的相关问题，并根据其回答问题的准确率确定他的新认知模块。

（5）智能化教学过程的实现。我们借鉴专家系统的设计方法，实现ICAI课件系统中的智能功能。在该系统中组织了相应的规则库、事实库（学习历史记录库）和推理实现机制，如图6－1所示。

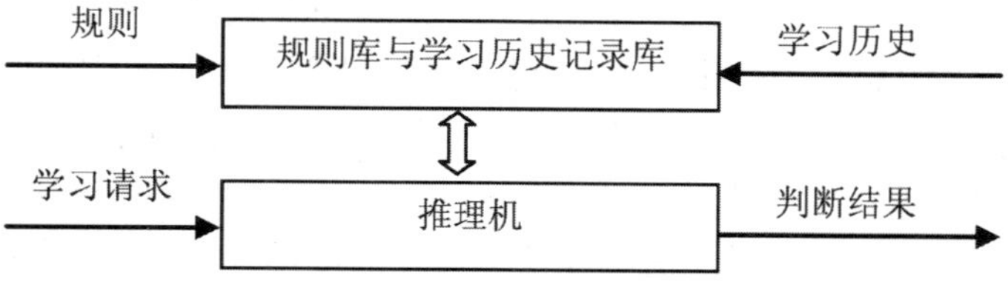

图6－1　ICAI智能实现方法

下面就推理实现机制作简要的介绍。规则库由册、章、节、超文本教案地址、阈值及多个前提组成，反映对该节的学习应满足的前提条件。学习历史库由册、章、节、认知等级、已学次数组成，反映学生对该节的认知能力。规则库的内容由教师负责修改。学生的学习历史记录，在库中按每个人一张表组织，其内容在每次学习之后，由学生客户端软件依据该生对知识点的掌握情况自动修改。推理过程由专用的推理模块按规则库提供的规则与学生学习历史记录库提供的事实做出判断。我们通过学生在每节教学内容学习完成之后对所附习题回答的准确率，将其认知能力划分成高、中、低三个层次，并将这个结果保存在学生学习历史记录库中。学生下一次使用该系统进行学习时，该系统会按其不同的认知能力为其准备相应难度的教学内容。不难看出，这种对认知能力的衡量是动态的。若学生不想按系统默认的进度学，则要求学生自行选择学习内容。若所选内容已经学过，则根据其当时所获得的等级为他准备学习内容，否则将视规则库及学习历史记录中的内容判断其是否可学。例如，规则库中限定在学习第一章第一节之前不能学习第一章第二节，某生试图越过第一章第一节学习第一章第二节时，系统会给出警告。为了使学生能在系统的控制下学习，无论是高、中、低难度的教案均是一节一个超文本文件，其中不含有链接。

①阈值的给定

当学生完成对某一节的内容学习之后，回答系统提问所得的分数小于该节所具有的阈值时，系统并不会将该节标志为已学。所以该生下次登录时，系统将强制他对该节的内容进行重新学习。通常，那些在本学科中具有特殊重要地位的章节具有较高的阈值。下面给出的是评价某一节在本门课中的重要程度的方法：

$$\text{Important}(N)=\text{IN}(N)+\text{OUT}(N)$$

Important(N)－第N节（将全书中的节以流水形式编排号码）知识在本课程中的地位；IN(N)－本课程中，其余节知识中对第N节的知识有影响的个数之和；OUT(N)－本课程中，第N节知识影响其余节知识的个数之和。当对本课程中所有的Important(N)计算完成后，即可据此给出某一节的阈值。阈值Valve(N)以百分数形式表示，小于1且与Important(N)成正比。

设Right(N)表示某生在学习完第N节的知识后，回答系统所提问题的准确率。变Ruler＝1－Valve(N)。给定认知模块的修改规则如下：

If Right(N)

If Valve(N)≤Right(N)

If Valve(N)＋Ruler＊(1/3)≤Right(N)

If Valve(N)＋Ruler＊(2/3)≤Right(N) Then 认知能力定为“高”

②系统的安全技术

由于ICAI会针对用户不同的认知模块（高、中、低）准备不同的教学内容，所以为确保对用户认知模块刻画的准确程度，要求学生在使用学生客户端软件时，需用自己的姓名和口令登录。当验证该生是系统的合法用户后，将到学生资料库中读取相应的资料，送给ICAI的分析模块用以构建该生的认知模块，作为教学的依据。如不是系统的合法用户，将要求学生进行简单的注册，如实填写部分信息后成为系统的合法用户，并在学生资料库中为其分配一个缺省值，作为其第一次使用该系统时构建认知模块的依据。用户初次登录时，口令即为用户名，登录成功后系统立即要求对当前缺省口令进行修改，以后用户能对自己的口令作任意的修改。

③教学评价

可以用下述方法实现对学生个人学习水平的评价。n：该系统用户的总人数；Xi：第i个学生的考试成绩。

定义：

$$\overline{X}=\frac{\sum_{i=1}^{n}X_i}{n}\qquad S=\sqrt{\frac{\sum_{i=1}^{n}(X_i-\overline{X})^2}{n}}\qquad Z_i=\frac{\overline{X}_i-\overline{X}}{S}$$

由定义可知，S是学生整体成绩的标准差。Z_i反映了第i个学生的成绩与平均成绩的差是标准差的几倍。用Z_i来衡量考试成绩不会受考卷难度值的影响，比X_i更有说服力。因为标准分(Z_i)是一种与参考零点(平均分)位置固定、单位长度(标准差)一样的统计量。不同次测验的原始分数换算成标准分后，就可以作互相比较。如某生两次测验的成绩原始分数分别为：80、90，标准分分别为2.5、2。不能由第二次考试的原始分比第一次高而断定该生的学习进步了，正确的断言是：因为第二次考试的标准分比第一次低，所以该生学习成绩退步了。经验表明，标准分的数值一般在$-3\sim+3$之间。当标准分数值为正值时，表示其学习水平在团体水平值之上；反之，则表明学习水平在团体水平值之下。

智能型计算机辅助教学系统是将人工智能技术与超媒体的信息组织、管理方式结合在一起而形成的智能型知识(或信息)处理技术。在智能型教学系统中，可以利用超媒体提供的友好界面来激发学生的学习兴趣和学习动机，同时还可以向学生提供图文声像并茂的解释信息；也可利用知识推理技术实现教学内容和教学策略的适应性控制，对学生进行有针对性的指导。因此，当前智能型计算机教学系统的研制和开发已成为人工智能和多媒体教育应用领域中一个重要的前沿课题。

6.1.4　计算机辅助教学中的教学模式

模式是指处理某类确定事务的标准形式。教学模式是处理教学活动的标准形式，它是教学思想、教学原理、教学方法、教学形式等诸要素的一种融合，是从整体上提高教学效果的可行性方法。简单地说，教学模式是对教学现象及其规律的一种简化。计算机辅助教学中的教学模式是教学模式中的一种现代形式，它不仅要体现现代教学思想，同时要将传统教学模式中的教师和学生二个要素，转变为学生、教师和计算机三个要素。它所提供的应该是包括计算机和网络在内的和教学理论相联系的教学技能，具有典型性、科学性和较强的理论功能及实践功能。

概括起来，计算机辅助教学中的教学模式是学习理论、计算机技术、网络技术和教学实践的有机结合，是为完成现代教学与学习任务而采用的相对稳定的，用以设计、组织、实施、评估、优化教学与学习的策略方法和结构的简化形式。

下面主要介绍部分基于网络的教学模式。这些模式也不是非常成熟，它们将随着网络教学的发展而被不断地加以改进、完善。

1. 探究型教学模式的研究

基于因特网的探究型教学，即WBQ(Web-based Query learning)，是指让学习者根据学习任务和学习需要，自定学习步调，自主选择学习媒体内容和学习方式，独立自主地进行探索性学习的活动。学习者的整个探究学习活动是自我驱动、自我引导的，具有明确的认知需要和学习方向，是一种内在的学习行为。学习者根据自身的水平，寻找适当的学习行为起点；自主选择学习材料、确定学习目标；在学习过程中不断进行自我反思、自我评价；通过自我诊断来优化调节自身的学习行为。探究型学习模式借助计算机多媒体技术,网络技术所创设的集成化、智能化的虚拟学习环境,让学习者在丰富的媒体资源空间内进行自主学习活动,通过独立思考、自主探索、利用资源有效解决问题的学习活动过程,培养学习者解决实际问题的能力以及独立思考的元认知技能。

(1)探究型教学模式的特点

探究型教学模式的总体特点可概括为:学习者的学习过程是自我识别、自我选择、自我培养、自我控制的活动过程。自我识别是自主探究学习的基础,要求学习者在学习中能正确地进行自我定位,了解自己的学习基础,能进行自我诊断、自我鉴别、自我评价,并根据自己的实际情况,及时反思、调整自己的学习策略。自我选择是自主探究学习的核心,要求学习者根据自己的实际情况,自主选择学习目标,确立适合自己特点的学习方式,自主制定学习计划,选择学习内容及各种教学媒体,有效地完成某一课程的学习任务。自我培养是自主探究学习的实现途径,要求学习者能不断研究和建立适合自己的科学的学习方法,并针对自己的情况不断提高学习质量和效率,积极培养自己的学习能力,主动地锻炼自己。自我控制是自主探究学习的关键,学习者能经常对自我识别、自我选择与自我培养这三个方面进行评价与调节,不断修正与完善自己的认识,不断提高自制能力以及战胜困难与挫折的能力。

在自主探究型学习过程中,学习者的自主学习是整个学习活动的核心,通过学习者自我识别、自我选择,获得知识,提高学习技能,通过自我培养、自我控制,不断优化学习行为,最终完成学习活动。教师的主要职责是设计教学过程,组织学习资源,激发学习者探索学习的动机,解答学习者学习中的疑难问题,帮助、指导学习者进行自主学习,促使学习者独立自主地获取新知识,并在学习新知识的过程中及时“内化”知识,形成和发展学习能力,最终达到知识、能力的协调发展。总之,教师既是探究型学习活动的设计者,又是学生学习过程中的帮助者、指导者。

(2)探究型教学模式的一般步骤

基于网络的探究型学习模式以问题情境或课题项目为导向,通过给学习者提出与现实生活情境相联系的任务情境,让学习者经历一个由问题分析、信息搜集、综合加工、提炼抽象、反思深化直到最后提出自己解决问题的最终方案的学习过程。基于网络的探究型教学模式,一般包括下面五个阶段。

①问题分析阶段

利用网络给学习者提供问题情境,让学生对问题进行独立、认真的分析,在已有知识的基础上,提出解决问题的设想,然后围绕要解决的问题与学习任务形成一个解决问题的行动方案或行动计划。

②信息收集阶段

学习者围绕要解决的问题进行独立探索,展开行动,教师可通过网络给学习者提供与问题有关的线索或资源,学习者根据学习任务搜集有关的信息资料,逐步建构起关于该领域知识的认知结构原型。

③综合阶段

经过信息收集的探索学习阶段后,学习者对信息进行鉴别、加工整理,利用获得的信息资料对问题进行综合分析,提出解决问题的实际方案,找出解决问题的确实可行的方法。并将获得的知识进行外化,解决现实中的实际问题,让知识在进一步应用中得到巩固,产生广泛的联结,建构起牢固的知识体系。

④抽象提炼阶段

当问题得到解决后,需要对解决问题的方法进行归纳与总结,通过抽象概括,建立起解决同类问题的一般性原理与方法,以便对知识进行迁移。

⑤反思阶段

学习者在解决了问题后还要进行反思,反思问题的求解过程,思考在解决问题的过程中所运用的方法,对于解决问题过程中遇到的问题和困难,学习者可借助网络通信工具向教师咨询请教,教师可适当进行指导评价,进一步发展学生的元认知技能。

(3)探究型教学模式的原则

基于网络环境下的自主探究型教学应遵循下列原则。

①自主能动性原则

网络探究学习不仅要求学习者知道做什么,还要求学习者具有独立学习的意识和信心,他们能够针对问题,进行深层次的认知加工,在真实的学习环境中,自己独立地提出解决问题的方案,并能灵活地进行知识迁移,利用所获得的方法和技能来解决实际生活中的问题。

②知识建构原则

在网络探究学习过程中,知识不是由外界输入的,而是学习者利用网络通信工具在与外界环境的交互中建构起来的,学习过程是一个发现知识、重新提炼知识或重新建构知识的过程,学习是面向自我、利用已有知识不断建构新知的过程。

③灵活性原则

基于网络的探究型教学模式的重点在于培养学生的思维技巧,而不仅仅局限于得出解决问题的正确答案。学生的学习活动遵循灵活性原则,学生可以独立确定问题范围,自己探索解决问题的方法,形成解决问题的策略。利用网络可给学生提供自主探索研究的空间,促进学生元认知技能的发展,提高学生探索研究的灵活性。

④社会性建构原则

网络探究型教学模式虽然在整个学习活动中以自我探究为中心,但鼓励学习者利用网络通信工具与其他学习者或教师进行交流与协作,通过社会性合作活动促使学习者从不同的角度思考问题,对开阔学习者思路,进行多元认知思考有积极的作用。

基于网络的探究型教学模式既可与课堂教学相结合实施,也可在课外由学习者自主完成学习活动。通过分析国外自主探究型网络教学与传统网络学校提供的知识型自主探究型网络教学,我们可以发现,该教学模式的重要特点是基于真实问题情境的探究,用清晰明确的任务驱动。国外自主探究型网络教学是一个以调查研究为导向的学习活动,它以设置真实性情景活动为主,用任务来驱动,让学生通过自主探究,解决实际问题来学习知识,提高技能,其出发点是让学生学会学习,学会解决问题,这种教学模式一般有任务、过程、资源、反思、分享与交流、总结等模块构成。

基于网络的探究型教学模式是网络教学中常用的一种个别化教学模式,该教学模式的理念是通过创设情境,提出学习任务要求,提供学习资源以及学习建议,让学习者利用网络提供的资源以及问题情境进行自主探索研究学习,学生在利用网络进行学习活动阶段主要以人机自主通信模式为主。学习者运用更多的是在线检索与研究,学习者运用探索研究策略来解决问题,通过反馈策略来促进自己的研究成果,通过自我反思来提高改进自己的研究方法与研究策略。通过提供通信工具与通信模板让学习者分享交流学习成果。教学活动设计是探究学习的关键，而教学活动设计的重点在于任务活动设计与资源提供，要围绕任务目标给学习者创设问题情境，以激发学习者自主探索的欲望，同时给学习者提供与主题任务相关的链接资源，有助于学习者在解决问题的过程中搜集有用的信息资源。以 Web-query 为主题的网站给学习者提供了自主探索学习的项目以及探索学习的资源，在教学实践中可借助该类网站开展网络探究型教学。

2. 问题型教学模式的研究

问题型教学模式是以问题驱动学生学习的一种方式，学生学习知识从问题开始，以问题为导向，整个学习过程是在不断探索、研究中发现问题、解决问题。问题型教学模式旨在使学习者投入于问题中，致力于解决问题，通过解决问题，理解问题背后隐含的关系和机制，使学习者建构起广泛而灵活的基础知识，发展有效的问题解决技能，培养自主学习和终生学习的能力。

(1)问题型教学模式的特点

问题型教学模式有以下的显著特点。

①以问题为中心设计真实性任务

问题型教学模式以问题为导向，通过问题引发学生的学习动机，吸引学习者的注意力，激发学生学习的持久性。恰当地设计问题是问题型教学模式的关键，问题本身是影响教学效果的最重要的因素。

②以多种学习途径相结合鼓励自主探究

在问题型教学中有多种形式的学习，学习的途径也非常多样，学习者在分组合作的基础上以同一问题为目标展开学习活动，可通过事情发生的活动现场、图书馆、计算机、Internet 网络等各种学习途径收集和处理用于解决问题的信息资料，在对收集的信息进行分析评价，寻求解决问题的方法时，应鼓励学生认真钻研和思考，自主探究，自行设计解决问题的方案。

③强调支持与引导，激发学习者高水平的思维

问题应与课程内容目标融为一体，新旧概念相联系，新知识与其他课程的知识相联系。问题应具有挑战性，能引发学生进行深入思考，获得高水平的批判思维技能。布卢姆(Bloom)的学习目标的分类中，把学生的认知水平与学习活动从简单到复杂分为知识、理解、应用、分析、综合、评价。问题型教学模式中的问题应建立在较高的水平与层次上，让学生去分析、综合、概括、反思和自我评价，而不是简单地定义和解释。

④强调社会性交流与合作的作用，鼓励对学习内容和学习过程的反思

在问题型学习活动过程中以及学习结束时，学生需要对自己以及他人的思维过程和结果进行反思。通过反思概括，将相关概念、具体技能策略与当前的问题类别联系起来，使学习者对该问题形成更为协调一致的理解和知识技能的迁移。

(2)问题型教学模式的过程

从学习者个人学习的角度看，问题型教学模式的实质是通过提出和解决问题实现知识的建构。解决问题的过程可分为四个阶段：理解问题、探索研究、解决问题、自主反思。这四个阶段对应于学习过程的四个阶段：理解、分析、应用、整合。

①理解问题，鉴别、确定问题的组成部分

在问题型教学中，首先要深入理解问题，明确要解决的问题的方向，创造性地全面思考

问题之间的关系,列出与问题相关的内容、组成部分。可画概念模式图或其他图形来表示问题之间的关系及组成。在理解问题阶段要针对下列问题展开:要解决的问题是什么?对于要解决的问题我已经了解什么?如何将问题分解模块化?解决该问题应采用什么方法(做初步设想)?判断解决问题的标准是什么?

②探索学习,深入研究

在明确了问题之后,就要根据问题的方向和范围展开积极的探索研究活动,通过自主探索或小组合作等多种方式展开学习活动,探索学习阶段主要是根据问题搜索资料,寻找问题解决策略的过程。在此阶段最好要创设互动氛围,使学习者积极投入到探索研究活动中。学习者在探索如何解决问题的过程中,最好能够记录自己探索活动的要点;记录解决问题所需的事实材料信息;记录自己对要解决的问题的设想和假设;以及初步形成的问题解决要点和活动计划,也可通过自己做实验或其他探究活动来获取更多的事实资料,为下一步解决问题奠定基础。在探索学习阶段主要针对下列问题展开:要解决问题需要搜集哪些信息?到哪里去发现信息?如何评价信息的可靠性?如何向小组成员传递这些信息?他们所学的知识对我有什么帮助?如何交流信息?

③解决问题

问题解决阶段主要是根据前一阶段的探索研究以及信息的查询与收集,围绕问题设计、问题解决方案和策略,形成问题答案,得出结论的过程。解决问题的方案要有创意,思路要清晰。问题解决阶段主要围绕下列问题展开:如何应用获得的资料来解决该问题?还需要什么样的资料?按照这种方法如何解决同类问题?

网络环境下的问题型教学模式以问题为导向,学习者可以不受时空范围的局限,扩大合作学习的群体范围,充分利用网上丰富的媒体资源,利用网络平台提供的多种交流通信工具,可及时交流与反馈。问题解决阶段能够做到以解决问题为核心,师生群体参与学习与问题解决的过程,从而真正提高了学生解决问题的能力。

3. 协作型教学模式的研究

计算机网络环境下的协作学习,即CSCL(Computer-Supported Cooperative Learning)是指在计算机多种通信技术的支持下,由处于不同地理位置的多个学习者,在交互与合作中共同完成某项学习任务与学习活动。学习者根据合作主题,借助网络通信工具结成学习伙伴,协商设计合作方案,讨论探索,展开合作行动,最终完成学习任务。该模式强调学习者之间的沟通与交流,有利于培养学习者之间的人际交往能力、协作能力,增强团体意识。CSCL是计算机支持下的协同工作(CSCW)与协作学习(CL)的结合。CSCW是在计算机网络系统的支持下由处于不同地理位置的多个人协同完成同一任务,计算机提供一定的支持环境来支持小组成员一起工作。CSCL是指利用多媒体、网络等计算机技术来辅助和支持学习。CSCL与CSCW的不同之处在于CSCW关注交流技术自身(即how to communicate),CSCL不仅关注交流技术,更关注交流的内容(即what to communicate)。CSCL不仅涉及技术因素,而且也涉及社会、心理、组织、学习效果等方面的问题。

Oschelle认为,CSCL是一种协作技术,其目的是让学习者建立多维的观察、经历和理解方式。协作技术解决的问题是使用什么方法让协作学习成员产生有意义的认知和技能,使学习团体行为发生改变,进而提高成员个人的行为活动。

(1)计算机网络环境下协作学习的特点

计算机网络环境扩大了协作群体的范围,学习者根据自己的兴趣以及学习需要可以结识处于不同地域具有不同知识背景的协作学习伙伴,借助计算机网络来展开各种各样的学习活动,完成学习任务。计算机网络环境下的协作学习具有以下特点。

①自发性

计算机网络环境下的协作学习活动是学习者根据自己的兴趣、内在需要而自发产生的,是学习者积极主动的行为活动,具有自发性。

②合作性

学习者是在相互合作中完成学习任务的,彼此之间相互依赖、共同合作、相互信任、共同负责,尽管协作学习有不同的协作机制,如竞争、角色扮演等,但所有这些活动是建立在合作基础之上的。

③高效性

根据目标结构理论,团体目标的实现可以促进个人目标的达成,协作目标的实现可以促使学习者提高学习效率、增强学习者的主体意识、提高学习的整体效果。

④交互性

协作学习中的交互既有人机交互,又有人与人之间的交互,交互活动具有间接性,交互通道具有拓展性,交互方式、控制权由学习者决定,交互的过程可以动态记录。

(2)计算机网络环境下协作学习的原则

计算机支持下的协作学习是学生为达到共同的学习目标最大化个人习得成果而一起经历各种变化,共同负责的一切相关行为。整个学习过程是一个复杂的动态过程,在协作学习过程中要遵循以下原则。

①活动原则

学习者的协作学习是一个动态的活动过程,从学习任务主题的确立到学习成果的取得,都要求学习者积极地参与到学习活动中,协作学习是学习者在与学习环境、与他人的互动中进行的。

②交往原则

协作学习活动是由多个学习成员共同参与的。在人与人之间的交往中完成学习任务,学会交往,与他人形成融洽的人际关系,提高与他人合作的能力是协作学习的一条基本原则。

③个性原则

协作学习要求学习者个体能够自己去探究、去辨析、去评判他人的观点,自己去历练,获得正确的知识和熟练的能力。

(3)基于 Internet 网络学习环境下的协作学习过程

在 Internet 网络环境下,具有丰富的可以用来支持协作学习活动的信息资源,通过交流模板(Communication pad)、符号簿(symbols pads)以及其他网络通信手段可在网上呈现与表达思想与观点,实现与他人交流共享信息。图 6-2 是一个基于 Internet 网络环境下的协作学习模型图。从这个图中可以看到,在基于因特网的协作学习中,具有学习资源环境与协作学习小组、协作学习小组与学习者个体、学习者个体与学习者个体以及协作学习小组与协作学习小组之间的多重协同作用,协作型教学模式有组内协作与组间协作,学习者首先根据自己的需要与兴趣结合成不同的协作小组,进而展开下列学习进程。

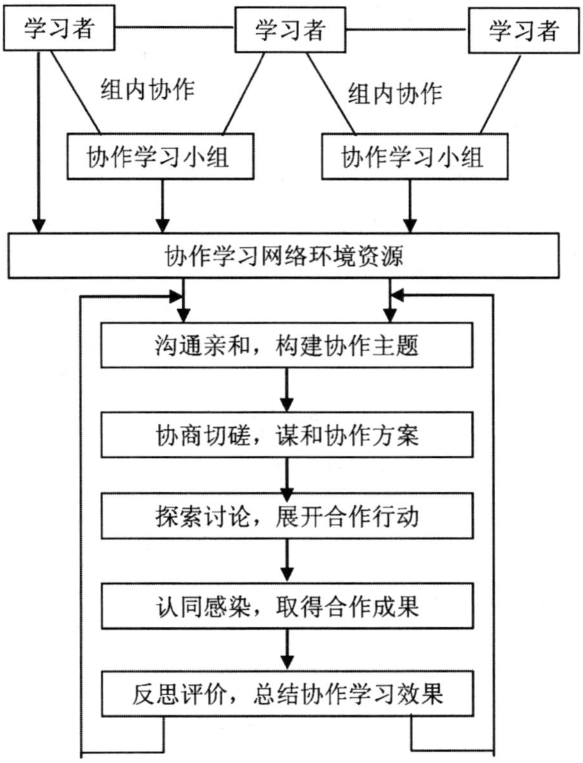

图 6－2　基于 Internet 网络环境下的协作学习模型

①协作学习者利用网上学习资源,积极沟通与合作,结成学习伙伴,形成团体意识,确定合作学习的主题。

②通过进一步协商,制定合作学习方案,包括确定合作的内容、方法与原则,明确职责与任务目标。

③通过积极探索,在互帮互助的氛围中展开合作行动。学习者之间在交流和协作活动中,要提高信息搜索水平,进行分析和综合等高水平思维活动。

④在协作成员的共同参与、积极努力下,完成协作的主题,取得合作成果,实现共同目标,用共同目标的达成促进个人目标。

⑤分析、评价合作成果,反思协作学习过程,总结协作学习的结果,商讨新一轮合作意向。

4. 教授型教学模式的研究

教授型教学模式是指在网络技术的支持下以教师讲授为主的教学方式,按教学的时间特性划分,教授型教学模式主要有实时讲授与非实时讲授两种类型。实时讲授方式的网络教学是借助现代通信手段将教师现场授课内容实时地传送到远端教室或学生的桌面系统上,教师讲授,学生通过网络听课,师生可以同地也可异地,借助语音、图像、文字等进行实时交流,在这种方式的网络教学中,常常通过局域网或音频视频会议系统等来实施教学活动。实时讲授型教学有两种主要方式:单向广播方式与双向交互方式。交互式教学常采用一对一或多对多方式进行师生间的交流与反馈,教学效果较好。单向广播方式主要利用实时、一对多的通信机制,可以扩大教学的覆盖范围,但师生之间缺乏互动与交流,教学效果不如双向系统。双向交互方式是当前远程教学中用得较多的一种教学模式。

非实时讲授型教学是指教师将教学要求、教学内容、课堂录音、教学评测、参考资料、导航链接等材料编制成 HTML 文件,存放在 WEB 服务器上,学生根据自己的需要,通过浏览网页或下载电子教案来学习,在学习过程中遇到困难时,学生可以通过电子邮件或 BBS 讨论的方式询问教师,教师可以用电子邮件或电子白板来布置作业、进行答疑等教学活动,也可在教学内容的 WEB 页面中内嵌表单(Form),设计问题讨论区,供学生提出问题、反馈信息。在这种教学模式中常采用异步、自主、一对一或一对多通讯机制。该教学模式的特点是学生自己确定学习时间、内容、进度与步骤,对学生学习的自觉性、主动性要求很高。由于当前流媒体技术、课件点播系统的使用,通过视频点播可以重复听讲网络课程,还可以在网上检索参考资料、作练习、参加测验。教授型教学模式是一种适用于大面积提高教学质量的教学模式,它是当前我国远程教学中常采用的一种教学模式。

(1)基于视频会议系统的实时教授型教学模式特点

基于视频会议系统的教学常包括多媒体计算机、专用视频会议卡、专用视频会议软件、摄像机、话筒、视频捕捉卡等,通过视频会议系统实现视频共享、白板共享、应用程序共享,真正实现实时教学。基于视频会议系统的教学一般分为两部分:教师教学区和远程学习区,其中远程学习区可以呈不同的拓扑结构进行分布,教师教学区是教学资源服务器所在地,图 6-3 是简易的实时教授型教学系统的组成及结构模型。

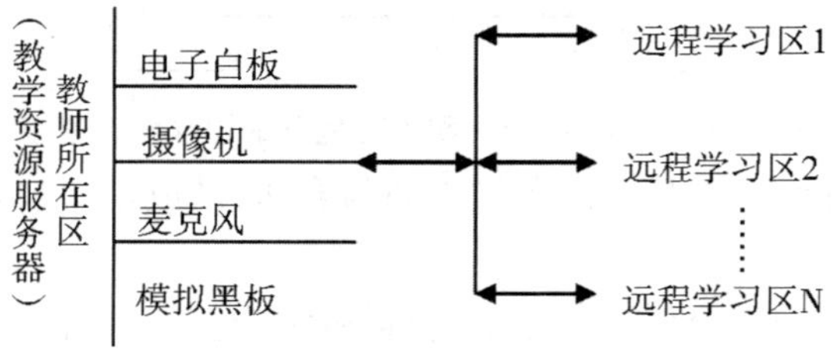

图 6-3 基于视频会议系统的实时教授型教学模型

基于视频会议系统的实时教授型教学模式的特点主要有以下几点。

①实时性

通过网络教学系统,师生之间可实时交流,主讲教师以及讲课内容中的文字、声音、图像、图形、音频、视频等多媒体信息能及时传输到各个远程教学区,为更多的学生提供实时的课堂教学。

②双向交互性

远端主讲教师可了解各教学区中学生的听课情况,远程学习者都能看到教师的影像,教师可对学生提问,也可适当监控、指导学生的学习。学生经教师授权后可回答教师的提问。师生之间可利用电子白板自由讨论,相互传递多媒体信息,实现真正意义上的双向交互式教学。

③多媒体性

基于视频会议的教学系统为学习者提供丰富的媒体信息,使教学内容具有丰富的多媒体性,使学习者多种感官参与教学活动,激发学习者学习的兴趣,收到良好的学习效果。

④大范围实施教学

基于视频会议系统的教学由于远程学习区不受地理位置的限制,可设置多个学习区,突破了传统课堂教学中教学人数的限制,教学对象的范围大大扩大了。

⑤支持协作

视频会议系统通过提供电子白板与应用程序共享功能,能够支持协作学习,电子白板能显示多媒体信息,信息接收方与发送方都能对白板上的内容进行编辑、修改,应用程序共享让每一位系统成员(教师、远端学习者)同时开启同一应用程序,任何程序上的修改或输入信息都会自动通知其他成员。利用视频会议系统的协作功能,对某些学习任务或作业通过协作学习的方式完成,通过穿插协作学习,来活跃课堂气氛,丰富学习活动。

(2)基于视频会议系统的教学过程

教授型教学过程是教师讲授、提问与师生讨论交流的过程,教师在本地端教室讲课,系统将授课内容、声音、图像等信息传输到远程学习区,远程学生如同面对教师一样在听讲,讲授内容可以是自制网络课件,或是通过电子白板当场书写的授课内容,或是通过应用程序共享展示的教学内容,以及实物投影等设备展示的教学内容等。远程学习如同传统的课堂教学一样,学生可以认真听讲、做笔记,若遇到问题可通过电子举手向远端的教师询问,教师也可针对某些问题提问学生以便检查学生的学习情况,在教师提出问题后,可通过转移控制权指定学生回答问题或通过学生争取控制权让学生抢答,师生之间可通过电子白板针对某一问题展开讨论。通过师生异地实时讲授、提问、讨论交流,最后完成整个教学活动过程。

5. 案例型教学模式的研究

基于网络环境下的案例教学是指借助计算机网络向学习者提供案例研究的学习环境,该学习环境中包含从实际案例中选取的资料,让学习者以调查员的角色去调查案情,通过对资料的收集、分析、决策,做出对问题的解决,得出可行的结论。

案例教学是一种具有启发性、实践性,能开发学生智力,提高学生决策能力和综合素质的新型教学方法。基于网络环境下的教学案例围绕教学目标精选而成,通过创设问题情境展现其中的矛盾,启发学生进行分析研究,或从实际出发,将经验条理化、系统化,上升为理论,使学习的知识能灵活地运用与迁移到实际要解决的问题中去。

基于网络的案例教学十分重视学生的主体活动,强调学生理论联系实际,培养学生实际解决问题的能力。案例教学的特殊性在于使学生由被动接受知识,变为主动获取知识;让学生以积极探索与实际应用相结合的态度,根据所学的理论知识和分析方法,对教学案例进行理论联系实际的思考、分析和研究。案例教学真正可以做到增强学生学习的自主性,提高学生分析问题和解决问题的能力。采用案例教学法还可以拓宽学生知识的广度,通过阅读、调查和分析,进行一系列积极的创造性思维活动来完成对实际问题的解决,真正提高学生的思维技能与创新能力。

(1)案例型教学模式的特点

案例型教学模式具有以下的一些特点。

①高度的拟真性

网络环境下的案例教学要求教学案例应在实地调查的基础上编写而来,案例要有典型性、代表性、非偶发性,这是网络教学案例的关键特征。案例教学中,提出的问题要有一定的深度,提供的信息并非一目了然,有关数据需要学习者进行一定的计算、加工、推导,才能用来进行分析、引用。案例模拟了现实社会生活中纷繁复杂的“迷宫”,甚至是“陷阱”,目的是训练学生通过对信息的搜集、加工、整理,最终获得符合实际的决策。

②灵活的启发性

网络环境下的案例教学必须设计一定的问题情境与具有启发性的问题,以驱动引导学生深入地探索研究。要把握好问题的深度与层次,案例中设计的问题并不在于多,关键是能启发学生深入思考。案例提供的信息应有虚有实,诱人深入,给学生留下充分的思维空间,达到最佳学习效果。

③鲜明的针对性

网络教学案例的选取要针对教学目标的需要,能提高学生分析问题和解决问题的能力。通过学生在复杂的案例分析与决策实践中,经过不断地思考、归纳、领悟后,形成一套适用于自己的思维方式和工作体系。基于案例的教学不是单纯去寻找正确答案的教学,而是让学习者有针对性地根据案例提供的事实,鉴别问题、分析问题,提出方案,决策性解决问题的过程。从某种意义上说,通过这种有针对性的案例教学,可以实现学生分析问题、解决问题能力的升华与质变。

(2)案例型网络教学中应遵循的原则

在案例型网络教学中还应该遵循以下的原则。

①能力原则

传统课堂教学的目的是让学习者了解一定的知识,而实践教学的着眼点是让学习者知道如何行动,案例教学正是二者的最佳结合。案例教学更注重学习者能力的培养,把培养学习者的学习能力作为案例教学的出发点和立足点。通过案例研究,培养学习者的思维能力、分析能力、判断能力以及运用所学知识处理复杂问题的能力。案例教学既重视知识的学习与运用,又注重人能力的培养。

②实践原则

案例教学是“从实践中来,在实践中练,到实践中干”。在案例教学中,学习者要面对现实,从实际出发,做出分析和判断,而不是做不切实际的空想。由计算机网络提供的案例,有时间、有地点、有人物、有情节,是一个实实在在的现实问题,让学生完全处于一种真实的模拟实践之中。案例教学的目的并不是给学习者一个标准答案,而是培养学习者在实践中处理问题的能力。

③参与原则

积极参与是案例教学的一个重要原则。只有学习者积极主动地参与,案例教学才可能取得良好效果。学习者的参与程度是案例教学成败的标志。在网络教学中,学习者借助各种网络通信手段积极参与,紧张有序地参与教学实践或积极主动地与他人讨论协商,是案例教学中很重要的环节。

(3)案例型教学模式的步骤

以下是案例型教学模式实施的基本步骤。

①明确问题

在基于网络的案例型教学中,计算机网络给学习者提供案例情境及相关的问题,学习者对问题要进行深入地分析研究,明确要解决的问题或学习任务,鉴别问题的不同角度,思考解决问题的重点与方向,以便在下一步的案例分析中抓住重点,有针对性地进行分析研究。

②案例分析

在基于网络的案例教学中,一般围绕学科或课题配置相应的一系列案例,组成案例库,还可配置多媒体案例分析课件,案例库与讨论室相链接,学习者通过查找案例库,从中找出对分析解决问题有用的案例,然后从不同角度对案例进行鉴别分析,在必要时可学习案例分析课件,通过案例分析课件来学习隐含于其中的分析问题的角度和方法。

③案例研究讨论,确定自己的方案

通过案例分析后,学习者初步形成自己的方案,在网络环境下常常设置与案例库相链接的讨论室、协作室,借助网络通信工具的支持,学习者可就案例分析中的问题与其他学习者在讨论室内进行交流讨论,借鉴吸取他人分析问题的经验。在协作室内,学习者之间可进行协作,共同完成某一协作任务,通过协作与交流,使案例分析更深刻,更全面,更有针对性和实用性。网上讨论室还与文献资料库、学科资源库、音频资料库等链接,使学生在讨论过程中遇到困难时可方便地查询。通过学习者的查询探索、讨论协作、个人反思,确定自己解决问题的方案。

④得出决策,评价方案

与网上讨论室链接的还有教师答疑室和评价室,学习者可向教师提出问题,教师也主动参与讨论,在网上答疑室内进行同步或异步答疑活动。经过学习者自己建构思考、与其他学习者讨论得出自己的方案后,学习者把自己的方案可发布在评价室的公告栏上,除了学习者在学习过程中的自我评价外,教师或其他学习者也可共同参与评价,使学习者可以根据反馈评价对已形成的方案做进一步的改进修正。

总之,网络环境下的案例型教学要经历基本问题引入、鉴别问题的不同角度、查找各种角度的案例、浏览不同观点和方案、总结得出自己的方案、评价完善方案这样一个过程。在基于多种通讯机制的案例型教学中,教学信息的流向是双向的,甚至是多向的,教与学、以及学与学各方均可及时地获得对方的反馈,学生在完成作业或课题的过程中,不仅掌握了有关知识,更重要的是培养了学生用因特网获取信息的能力和自己动手解决实际问题的能力。

6.2 多媒体教学课件概述

多媒体教学课件简称多媒体课件,简单来说,就是老师用来辅助教学的工具,创作人员根据自己的创意,先从总体上对信息进行分类组织,然后把文字、图形、图像、声音、动画、影像等多种媒体素材在时间和空间两方面进行集成,使他们融为一体并赋予它们以交互特性,从而制作出各种精彩纷呈的多媒体应用软件产品。

6.2.1 多媒体课件的内涵与特点

1. 多媒体课件的内涵

多媒体一词源自“Multimedia”,多媒体信息是指集文字、图形与图像、声音、动画、视频为一体的综合媒体信息。

多媒体技术则是指利用计算机综合处理多种媒体信息,使多种信息建立逻辑连接,集成为一个具有交互性的系统。多媒体课件是根据教学大纲的要求和教学的需要,经过严格的教学设计,并以多种媒体的表现方式和超文本结构制作而成的课程软件。

多媒体课件必须根据教学大纲的要求和教学的需要,经过严格的教学设计,并以多种媒体的表现方式和超文本结构制作而成的课程软件。

2. 多媒体课件的特点

与其他教学媒体相比,多媒体课件有以下几方面的特点。

(1)交互性

无论是视觉、听觉还是视听媒体,它们的信息传递方式基本上是单向的,多媒体课件突破了这一限制,实现双向通信、人机交互,为教与学带来了极大的方便。

(2)集成性

多媒体课件的教学内容与表现形式多样,集文字、图形、图像、声音、动画、视频于一体,在承载信息方面真正实现多媒体化,从而提高教学的效率和质量。

(3)智能性

多媒体课件具有超文本的动态结构,把计算机的内在运算机制与智能性的外部工作联系起来,能根据学生的反映做出判断,帮助学生决定相应的学习策略,学生可以按照自己的目的和认知特点重新组织信息,采用不同的学习路径进行学习,智能性的反应更符合人类的认知规律,便于学生进行联想思维。

(4)信息传输网络化

交互类媒体以数字化方式存储、处理信息,经过编码压缩后的信息数据量小,适合网络传播,而且传输及时、可靠,效率高,多数情况下能做到双向实时传输。

6.2.2 常见的课件类型

课件分为若干种类型,不同类型的课件在教学中有不同的特点。充分了解各种类型课件的结构与特点,有助于在实际教学中,根据不同的教学要求、教学内容及教学对象,选取不同类型的课件,以期达到最佳的教学效果。

1. 根据多媒体课件的内容与作用分类

根据多媒体课件的内容与作用的不同,可以将多媒体课件分为助教型,助学型,训练与练习型,实验型,资料、积件型。

(1)助教型

助教型的多媒体课件是为了解决某一课程的教学重点与教学难点而开发的,知识点可以连续,主要用于课堂演示教学,所以,也称课堂演示型多媒体课件。助教型多媒体课件注重对学习者的启发、提示,或帮助学习者理解,或促进学习者记忆,或引发学习者兴趣,有利于学习者变被动学习为主动学习。

(2)助学型

助学型多媒体课件是通过体现在界面上的交互式设计,让学习者进行人机交互操作,可以让学习者自主地进行学习,所以,也称自主学习型多媒体课件。助学型多媒体课件具有完整的知识结构,反映一定的教学过程和教学策略,提供相应的形成性练习供学习者进行学习评价。

(3)训练与练习型

训练与练习型多媒体课件通过试题的形式用于训练强化学习者某方面的知识和能力。课件中显示的教学信息主要由数据库来提供。

(4)实验型

实验型多媒体课件利用计算机仿真技术,提供可更改参数的指示项供学习者进行模拟实验或操作使用。学习者使用实验型多媒体课件,当输入不同的参数时,能随时真实地模拟对象的状态和特征。实验型多媒体课件强调学习所模拟的特定系统,而不是学习普遍的解决问题的技能和策略。

(5)资料、积件型

资料、积件型多媒体课件包括各种电子书、词典和积件式课件,一般仅提供某种教学功能和某类教学资料,并不反映完整的教学过程。

2. 根据使用方式不同分类

根据使用方式的不同,可以将课件分为课堂演示型、学生自主学习型、教学游戏型、模拟实验型、操作演练型、资料工具型、协作交流型课件等。

(1)课堂演示型

运用于课堂教学中,其主要目的是揭示教学内容的内在规律,将抽象的教学内容用形象具体的动画等方式表现出来。此类课件继承了多媒体组合教学的优秀成果,具有直观形象、生动有趣等特点。在新技术条件下又有了新的发展,突出表现在超媒体特性在此类课件中的应用,促使小学数学教学由单线型的教学设计向板块状的设计转化,使教师在教学过程中能根据学生的思路迅速调整教学流程,选择最佳的知识关联,利用知识间的联系加强理解,达到课堂教学的优化,学生在课堂中有了一点选择的权利。

(2)学生自主学习型

在多媒体CAI网络教室环境下,学生利用学生工作站进行个别化自主学习。

(3)教学游戏型

寓教于乐,通过游戏的形式,教会学生掌握学科的知识和能力,并引发学生对学习的兴趣。游戏型课件实际上是学生使用课件玩游戏的过程,任何游戏都有其自身的游戏规则,玩游戏的人在计算机呈现出的场景中,在游戏规则的制约下与竞争对手展开较量。获胜即达到了游戏教学的教学目标。

教学特点:①能极大地激发学生的学习兴趣;②可用于教学过程的多个阶段;③特别适合以学生为主体的发现式学习。

(4)模拟实验型

它利用计算机产生各种与现实世界相类似的现象,学生可以在接近真实的情境中,扮演角色,模拟操作做出决策,观察事物演变的过程与结果,从而认识和理解这些现象的本质。模拟型课件在教学活动中运用的方法多种多样,常见的有4种:演示模拟、操作模拟、实验模拟、管理模拟。

教学特点:①生动、形象、直观;②经济、安全;③缩短实验周期。

(5)操作演练型

教学过程是按照一定的规则向学生提出问题,当学生回答完毕后,计算机判断其答案是否正确,并根据学生回答的情况给予相应反馈,以促进学生掌握某种知识与技能技巧。接着,计算机提出下一个问题。这个过程一直重复下去,起码到达到预期的要求或预先设定的时间或次数用完后结束,可以使学习者形成刺激与反应之间的联系。此类课件中,指引学生学习的不仅有老师、同学,还有计算机。计算机所具有的智能会判断学生的练习成果,统计出学生的知识缺陷,并让学生重新练习。它的可重复性,使得小学数学的某些教学内容可以让学生进行自主学习,一定意义上的个别教学得以实现。在数学教学中,主要运用于一些基础性练习,如画游览线路图、拼摆三角形和多边形、观察物体的角度等。

教学特点:①反馈及时;②能够激发学生的学习动机;③能够提供学生操练与练习的成绩记录;④强化学习内容。

(6)资料工具型

即课外学生检索阅读型,学生在课余时间里,进行资料的检索或浏览,以获取信息,扩大知识面。如各种电子工具书、电子字典及各类图形、动画库等。

(7)协作交流型课件

这是基于网络的CAI课件,它运用网络传递教学和学习信息,学生可以在特定的环境中自由发表自己的观点,也可以和同学、老师就某个问题进行交流讨论,在这里,课件作为一种信息呈现和传递的工具。

此类课件主要运用于要求有较高认知能力的学习场合,师生、生生之间的交流和协作有利于知识的熟练掌握、能力的迅速提高和理解的深化,而且还能培养学生的合作精神,因此,代表了CAI多媒体课件的发展方向。

(8)问题解决型课件

这类课件所包含的知识不是直接的灌输强迫学习者接受,而是通过某一情节间接地潜移默化地影响学习者。学习者在学习过程中,可以不断进行练习,强化知识和技能的学习,使知识更加牢固。

3. 根据课件在教学中的应用范围和属性分类

根据课件在教学中的应用范围和属性等方面的特点,大体上可以将课件分为自学课件、理论课件、实验课件和网络课件四种类型,每种类型的课件都有着各自的属性、用途和特点。了解这些特点将有助于对课件性质的理解,更好地制作具有针对性的课件。

(1)自学课件

也称自主学习型课件,使用的主体为教学对象。这种类型的教学课件一般都具有相对完整的知识结构,提供相应的形成性练习供学生进行学习评价。有的课件甚至就是专门用于训练、强化和测试学习者的水平和能力,故这种类型的课件在设计时要保证具有一定比例的知识点覆盖率,且考核目标要根据难易程度分为不同的等级。

学生可以在个别化的教学环境下进行自主学习。也正因为有这样的特点,这类课件结构通常比较复杂,大多分为几大模块,如具体的专业内容模块、帮助模块、自测模块、作者及版本信息等。课件设计者在内容安排上虽有一个总的学习进程,但具体的进度却可由学习者自己掌握,故适合于自学。

由于这类课件具有界面友好和交互性强的特点,故可随意"前进""后退""重复"和"跳转"。可以有选择地学习自己感兴趣的内容,对学习内容可进行阶段性的自我检测。课件一般都有配音解说和背景音乐,背景音乐可根据学习者的喜好开和关。由于此类课件通常由专业人员设计制作,故画面一般都很精美。用于制作这类课件的软件常选用Authorware、Flash、Derector、方正奥思、课件大师等。

自学课件还有一个特点,就是画面内容充实,可容纳大量的文字和细腻的图表,故字体一般较小,不适于理论课教学,只适于面对电脑屏幕的自学。此外,这类课件往往由于集成了大量的图像、影片、动画和声音文件,故整个课件本身是一个巨大的文件系统,动辄几十兆、上百兆,故通常要用光盘承载。

(2)理论课件

也称为大课课件,用于理论课教学,使用的主体为教师,根据教师的授课安排,可设计必要的链接和跳转,故有一定的交互性。课件流程通常为线性结构,大课教学通常是在教师主导下按时间安排进行的。课件的链接关系一般不太复杂,画面大多简洁明快。课件进程由授课教师支配,适用于学校按计划进行的理论课教学。由于每个教师都有自己的风格特点,因而做的课件也会各有千秋。同时由于要经常更新教学内容、完善课件,这就使得教师通常倾向于选择易学易用的软件制作理论课件。因此,PowerPoint、WPSOffice 等好学易用的课件制作软件便成了理论课件的利器,其中又以 PowerPoint 最为普遍。

(3)实验课件

用于实验课教学,使用的主体为参加实验的学生。由于不同学科的实验教学过程和方式差异很大,故此类课件可表现为多种类型,有的以演示为主,有的以交互性为主,有的则是以虚拟实验为主。

以演示为主的课件可称之为演示性实验课件(简称演示课件),目前大多数实验课件属于这一类,它的使用范围较为广泛,特别是形态学科的实验课尤为普遍。它向学生演示本实验的目的要求、操作的基本过程、观察的内容及注意事项等,在某种程度上与理论课件相似,但又有所不同。首先,其演示的对象为一个具有一定数量的学生群体(通常为一个实验班),但课件的操作者则为教师或实验教辅人员,一个课件的内容一般是本次实验的基本介绍,或与本次实验有关的内容介绍,如某个系统几个器官的形态特征等。因此,演示过程基本上属于线性播放,播放过程中一般不予干预,故一般没有交互性的要求。从播放方式上来说,它类似于教学录像带和 VCD、DVD,但它又可根据情况随时进行加工和重新编排。

演示课件的制作也常选用 PowerPoint,当然,也可用 Authorware 等软件。由于是以播放为主、面向一定数量的对象,且往往是几个实验室同时播放,故课件通常要求有同步配音解说,画面的字体也应够大。

以交互性操作为主的实验课件称交互式实验课件,这种课件面向一个较小的学生群体,如一个实验小组。学生在做具体的实验过程中,可随时选择性地观看课件的特定内容,指导自己的操作。这类课件在性质上类似于自学课件,但其文字内容要求更简洁一些,内容的针对性更强一些。虚拟实验课件较交互式实验课件更复杂,除了具备后者的特点外,还能根据给定的条件做出相应的反应,预测虚拟实验过程和可能的实验结果。虚拟实验课件牵涉到虚拟技术,甚至人工智能技术的应用,制作起来难度相当大,故目前还没有真正成熟的虚拟实验课件可用。上述课件适用于具有一定变数的实验,如机能学方面的实验。

(4)网络课件

网络课件以网络作为载体,使用的主体为教学对象,强调交互性、可随意跳转。网络课件的交互性更加强大。

网络课件一般由专业人员设计,页面的设计和内容安排可表现出不同网站风格。在网页中可安排设计大量的学习内容甚至全套的课程。学习进程与安排在给定的网页内容中由学习者支配,并可在网上做作业、参加考试和在线讨论。

网站还可安排教师网上授课和答疑。因此,网络课件是所有课件中交互性最好的。学习者除了可得到学习的内容本身,还可检索并下载大量的相关资料,极大扩展了学习内容,学习主动性好。网页内容可由网站予以及时更新。但网页内容的制作及维护较为复杂,需要专业人员进行设计和维护,工作量大。网络课件适合于网络课程的教学,也适合于学生课后在网上自学。随着网络教学的进一步普及,网络课件将是大有发展前途的课件类型。

课件制作软件为网页编辑软件,如 FrontPage、Dreamweaver 和 PageMaker 等。其中,FrontPage 是最易上手的网页制作软件,它界面直观,易用性也较好。

4. 根据课件的结构类型分类

根据课件结构类型的不同可以分为以下几类。

(1)框面型课件

这种课件易固定页面形式呈现教学内容,是最早出现的最简单的一种课件类型,如早期电化教学采用的幻灯片和投影仪。它主要采用静态画面或者简单的动态画面。直接从程序教学的思想引申过来,有直线式也有分支式。现在仍在课堂教学过程中广泛使用,但是教学手段和技术已经有了质的飞跃。主要制作软件有 PowerPoint 和方正奥思。这些演示软件可以插入数据、图表、音频、视频、动画,兼容性强、上手容易而且软件自带模板。是教师课堂教学中运用最广泛的一种课件形式。

(2)生成型课件

这类课件由程序自动生成教学信息,随着计算机辅助教学(Computer Assisted Instruction,简称 CAI)的日益普及,课件(Courseware)设计也越来越受到人们的关注。在众多风格各异的课件中,特别是在数学和物理学中的计算题、英语教学中的句型练习题等练习类课件中,生成型课件仍占重要地位。

(3)数据库型课件

数据库型课件使用数据库技术,将教学内容信息、教学方法、教学策略以及学生信息存储在数据库中,并以一定的方式检索、查询、存取和使用这些信息。

(4)智能型课件

智能型课件将人工智能技术引入到课件制作中,使得课件具有一定的智能性,该类课件目前还处于进一步探索和研究阶段。

6.2.3 多媒体课件的制作工具

选择多媒体课件制作软件应选用 Windows 版本,尽可能采用大型多功能软件,因为它们使用方便,较好支持多媒体课件集成创作。目前常用的多媒体课件制作工具软件有 PowerPoint、Authorware 和 Flash 等。这些多媒体课件制作工具各有各的特点,只有将它的特点与学科的特点结合考虑,才能制作出精美的课件,从而大大提高教学效果。

1. PowerPoint

PowerPoint 是微软的 Office 系列组件之一,是幻灯片制作工具。由于它编辑多媒体的功能比较强大、简单易学,所以很多老师都是以 PowerPoint 起步制作课件的。PowerPoint 内置丰富的动画、过渡效果和多种声音效果,并有强大的超级链接功能,可以直接调用外部众多文件,能够满足一般教学要求。PowerPoint 易于上手、支持 IE 浏览器这两大优点是最显而易见的。但 PowerPoint 的动画有些生硬、单调,交互功能实际上是超级链接,对于交互性要求较高的课件显得力不从心。

2. AuthorWare

AuthorWare 是课件制作工具中应用比较广泛的平台，它的最大特点是创造了基于图标的创作方式，用可见的流程贯穿课件制作的整个过程，清晰有序。我们只需对 13 种图标（其实最常用的是 12 种，视频图标不常用）进行拖放及设置，就可以完成普通课件的开发，无须编写过多的程序代码。AuthorWare 内置众多过渡效果（利用插件，可产生更多的效果），5 种基本动画功能，如果能够灵活应用可以满足普通课件对动画的要求。AuthorWare 的灵魂是它强大的交互功能和函数库，11 种交互方式使我们轻松实现各种随心所欲的交互效果，丰富的函数让我们如虎添翼。但 AuthorWare 对于多声道支持不算理想，而且图标方式及众多的函数有时显得很烦琐，真正运用自如地利用 AuthorWare 开发较为优秀的课件也并非易事。

3. 方正奥思

方正奥思多媒体创作工具（FOUNDER AUTHOR TOOL）是北大方正电子有限公司印艺事业部研究开发的一个可视化、交互式多媒体集成创作工具。方正奥思能在中文 Windows 95、Windows 98、Windows me、Windows NT 4.0、Windows 2000 环境下运行，具有直观、简便、友好的用户界面。可以把文本、图形、图像、声音、动画及影像等多媒体素材集成编辑，制作出各种多媒体应用产品。支持丰富的媒体播放方式、过渡效果和动态效果，能实现灵活的交互性；可以制作路径动画；支持变量和系统函数；可以进行简单的脚本程序编写及具有多媒体数据库管理功能。创作出的产品可生成 EXE 文件，直接在操作系统下运行。具有生成网页功能，但生成网页时有些功能将受到限制。普及版以上版本可以免费进行升级。

4. 课件大师

课件大师是武汉凡高软件公司出品的课件制作工具。课件制作大师，即蒙泰瑶光多媒体编著系统。现在比较流行的版本为《课件大师Ⅱ》即瑶光。该软件提供了可视化的全中文界面，通过它能够将声音、动画、图像以及文字等各种媒体集成在一起，并加以控制，最终生成一个可独立运行的放映程序。课件大师支持众多的多媒体格式如 GIF、Flash、MP3 等，并自带旋转及轨迹动画功能。它与奥思一样都是基于页的序列，但它与奥思不同的是创造了子页的设计思想。

5. 广州凯迪

凯迪多媒体创作工具，是广州凯迪软件有限公司开发的一个多媒体开发工具。在众多的多媒体创作系统中是一枝独秀：不仅完全摆脱了编程方式，具有操作简便、动画制作功能强大、自我创作能力强大、直面教育实际有记分牌（自动统计分数）等功能。而且打包后的文件所占存储空间很小，运行速度快。但集成功能较弱，有些多媒体格式如 MP3、Flash，该系统无法支持。

6. Dirctor 与 Flash

Dirctor 与 Flash 和 AuthorWare 都是美国 Macromedia 公司的产品。Flash 与 Dirctor 最大的特点是动画功能及交互功能强大。也是目前制作课件的常用工具，由于是国外软件所以学习起来略有难度。

7. 几何画板与数理平台

《几何画板》与《数理平台》等软件带来了数学实验，它们提供了一个十分理想的让学生积极地探索问题的“做数学”的环境，学生完全可以利用它来做数学实验，这样就能在问题解决过程中理解和掌握抽象的数学概念，使得学生获得真正的数学经验，而不仅仅是一些抽象的数学结论。

《数理平台》是南京金华科软件有限公司推出的一款与《几何画板》功能相似的课件制作工具。它除了具有与《几何画板》相似的作图与度量功能外,还有自己的特色:拥有自己的设计语言(可以利用这些代码创作出更好的、功能更强大的课件)、可以生成可执行文件(打包后的课件可以脱离数理平台系统而独立运行)、专业版的网络课件等。

《几何画板》《数理平台》及《Z+Z 智能教育平台》等软件,直面数学(包括物理)学科实际,不仅是辅助教学的好工具,也是学生进行数学实验的好工具,计算机较强的作图能力为数学的发现学习提供了可能,它的动态情境可以为学生"做"数学提供必要的工具与手段,使学生可以自主地在"问题空间"里进行探索,来做"数学实验"。教师可以将更多的探索、分析、思考的任务交给学生去完成。

6.3 多媒体学习理论

自 20 世纪 70 年代梅耶开启多媒体学习的科学研究以来,历经数十年的努力,其认知理论和教学设计理论已基本成熟,并被有效运用于实践。

6.3.1 多媒体学习认知理论

随着我国教育信息化的日益深入,多媒体教学软件成为教与学的重要的信息载体。然而,现状是大多数教学软件在进行信息加工时缺乏对教学信息进行设计以及符合学习者心理工作机制的考量。多媒体教学软件的目的是促进与提高教与学的效果,精彩的教学软件确实能提高教与学效果,但是设计不合理的教学软件却会影响与抵制教学效果的产生。梅耶认为,多媒体学习研究必须基于有关人类学习的研究。"按照人的心理工作方式设计的多媒体教学信息比没有按照人的心理工作方式设计的多媒体教学信息更有可能产生有意义学习。"

理查德·梅耶是美国知名教育心理学家和实验心理学家,他始终关注如何利用多媒体手段提升教学效果,他和同事设计了 100 多个实验来测试不同的多媒体信息呈现方式对学习效果的影响,将教学和多媒体整合在一起,构建出了多媒体教学设计原理。多媒体学习过程涉及两个重要的认知机制:一是双通道机制,是指人有单独的通道加工视觉信息和言语信息,双通道的学习效果优于单通道,梅耶在此基础上提出了多媒体学习的认知理论模型,关注多媒体信息的双重编码;二是容量有限机制,此机制源于认知负荷理论,梅耶在此基础上构建了认知负荷的三元架构,并提出了如何降低无效的认知负荷,激发主动的、有意义学习的生成性认知负荷的一些原理和原则。梅耶的多媒体学习理论便于操作,对于多媒体教学软件的信息加工具有现实的指导意义。

1. 多媒体学习认知理论模型

梅耶认为,多媒体的本质特征是同时包括文本和画面。"多媒体学习是指学习者从文本和画面中建构心理表征。"他在佩雷奥的"双重编码"理论基础上提出了多媒体学习认知理论模型。佩雷奥的"双重编码"理论认为,人类拥有两套相互独立但又互相关联的信息处理系统:一套是言语系统,用以处理言语信息;另一套是图像系统,用以处理视觉信息。佩雷奥从许多研究实验中发现,当学习者回想时,对文字加图片的回想能力优于只有文字的回想,图像系统一般来说比言语系统更能加深印象、更有优势。梅耶从信息处理方式来分析双重编码,提出了如下多媒体学习模型,如图6-4所示。

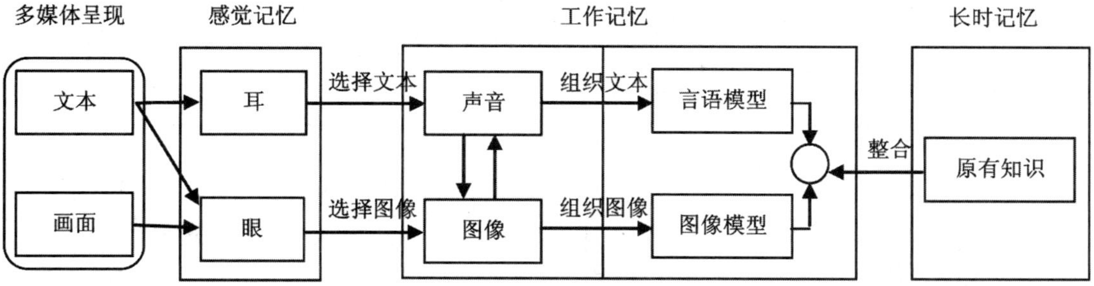

图6-4　多媒体学习认知理论模型

这里的文本不仅仅包含书面文字,还包括口头文字,即老师的语言和多媒体教学软件的配音。画面是指图像,包括静态图像与动态图像,静态图像有插图、图表、地图、简笔画、照片及各类绘图软件制作的图像。动态的图像包括动画、视频剪辑等。当视觉与听觉同时作用于人的感觉器官时,视觉信息由图像系统来编码,而文字信息由语言系统来编码,图像记忆区的信息同时也在言语记忆区中留下相应的印记。由于信息同时存留在两个记忆区中,以两种方式进行编码,于是就提供了回想时的两种线索。因而,"文字+图像"的信息处理既有利于对知识的理解,也有利于对知识的记忆。在对教学软件的信息进行加工与处理时,可以采用画面的可视化方法提高教学信息的直观程度,便于学习者理解和记忆。

教学信息呈现的可视化应分析多媒体教学软件知识的特点来采用不同的可视化方法。一般来说,知识分为陈述性知识、程序性知识和策略性知识,陈述性知识也叫"描述性知识",主要是用来说明事物的性质、特征和状态,用于区别和辨别事物,如符号、事实和概括性命题知识,陈述性知识可以用命题网络或图像、实物等来表征。程序性知识是技能知识,是以行动表征的知识,程序性知识重在模仿与操作,知识掌握的结果为程序化、自动化,可以用流程图、过程动画、视频等来表示。策略性知识是指能将所学知识迁移到实际的发表情境之中,用于解决复杂情境下的问题,并能建构新的知识,可用实物、动画等创设相关的来达创设问题情境。

2. 多媒体学习的认知负荷架构

认知负荷是指人类在信息加工过程中能够加工的信息总量,主要包括工作记忆对信息进行存储和加工的总量。在学习过程中学习者的认知活动均需要消耗认知资源,产生相关的认知负荷,当所呈现的学习材料超过学习者工作记忆的总量时,就会形成认知超载。认知负荷分为内在认知负荷、外在认知负荷和相关认知负荷,其中内在认知负荷是一种必需的认知负荷,其取决于学习材料的复杂程度,外在认知负荷是一种无效的认知负荷,产生于不良的学习材料的呈现方式与结构设计,是应该避免的认知负荷,而相关认知负荷能增强学习,是一种有效的认知负荷,通过良好的信息呈现方式和提供更多与教学内容相关的材料,并与之交互,可以增加相关认知负荷,进而促进有意义学习。如果教学设计能够降低外在认知负荷,并且增强相关认知负荷,那么将会有更好的教学效果。如 Alexander 论证,认知负荷被看作是教学活动设计的一个重要因素,教学活动是否有效取决于(或部分取决于)它能否减少不必要的认知加工。

人类在应用多媒体进行学习时,同样也会产生认知负荷,为了提高多媒体教学的效果,梅耶和莫雷诺(Moreno)在探索多媒体学习认知理论的框架过程中,引入认知负荷理论,经过多次反复的实验验证,形成了与三类认知负荷相映射的三类认知负荷加工架构(有学者认为并不完全相映射,本人认为基本上是相互映射的),即必要认知加工、外来认知加工以及生成性认知加工。具体的映射关系如图 6-5 所示。

图 6-5 媒体学习认知负荷三元架构与人类学习认知负荷类型映射关系

建立在认知负荷理论基础上的梅耶的多学习认知负荷三元架构提出的三类认知负荷加工的理念能有效地降低人类学习中的外在认知负荷,增加相关认知负荷,从而达到多媒体学习效果的优化。三元架构中的必要认知加工与认知负荷中的必要认知负荷是相对应的,都是学习者理解学习材料必需的认知,学习者习得的程度取决于学习材料本身所具有的复杂程度及呈现的数量,必要认知加工提出多媒体学习材料呈现的数量应与大脑中交互元素的数量相当,并且信息材料的呈现应与学习者同步并持续呈现。外来认知加工与外在认知负荷相映射,源于不良的教学设计,若多媒体信息材料的呈现的词语或画面与教学内容没有直接关系,如花哨的装饰,或因学习材料呈现界面的不良布局,或所要传授信息的词语和相关的画面不符合空间接近原则和时间接近原则,就会增加对不必要信息的认知编码,外来认知负荷提出多媒体教学材料的呈现应具有相关性,界面设计应遵循时间接近与空间接近的原则。生成性认知加工与相关认知负荷相映射,是学习者进行的深层次认知加工,在多媒体学习材料中加入相关内容如提示性语言及非语言形式可使学习者习得更多。

6.3.2　多媒体教学信息的设计原则

为了降低外在认知负荷，促进相关认知负荷，梅耶在多媒体学习三元架构上发展了一系列促进必要认识加工，减少外来认知加工和激发生成性认知加工的多媒体教学设计的原则和原理。如促进必要认知加工的片段化呈现原则、标志原则、前训原则；减少外来认知加工的空间接近原则、时间接近原则、相关性原则和冗余原则等；激发生成性加工的有解样例和人性化原则等；这些原则和原理对多媒体教学软件的信息加工同样具有指导意义。

1. 空间临近原则

空间临近原则是指屏幕或书页上对应的文本和画面在空间上临近呈现比隔开呈现时能使学习者学得更好。根据多媒体学习认知理论，当对应的文本和画面在空间上临近呈现时最有利于学习者将两种呈现形式的信息同时纳入到工作记忆中进行加工，进而有利于整合心理模型的建立。如果文本和画面在空间上相离很远时，则很可能会出现学习者的工作记忆中只有一种形式的心理表征而缺少另一种形式的心理表征的情况。此时，学习者就不得不浪费有限的认知资源来保持一种形式的心理表征并去寻找对应的心理表征，这将影响到整合心理模型的建立。

2. 时间临近原则

时间临近原则是指对应的动画和解说在时间上同时呈现要比继时呈现能使学习者学得更好。其原因和空间临近原则类似，当对应的解说和动画在时间上同时呈现时，学习者更有可能在工作记忆中同时保持两种形式的心理表征，从而更有可能在言语表征和图像表征之间建立整合。若对应的解说和动画在时间上继时呈现时，学习者就要浪费有限的认知资源来保持一种形式的心理表征并去寻找另一种形式的心理表征，从而影响学生整合心理模型的建立。

3. 相关性原则

相关性原则是指多媒体教学信息中的无关材料被删除而不是被包含时学习者学得更好。无关材料是指多媒体教学信息中那些与达成教学目标无关的文本和画面，比如有趣的故事或图片。相对的，达成教学目标所需要的那些文本和画面就是必要材料，比如解释闪电形成过程的文本和画面。根据多媒体学习认知理论，学习者的两个信息加工通道的认知容量都是非常有限的。因此，保证学习者有足够的认知容量去对必要材料进行认知加工就显得尤为重要。而多媒体教学信息中的无关材料不但会争夺学习者有限的认知容量，还可能会干扰学习者对必要材料的认知加工。例如，有趣但无关的材料不但会吸引学习者的注意，使学习者忽略那些与学习目标相关的重要内容，而且还可能引发学习者围绕无关材料从长时记忆中回忆原有知识来进行心理模型的组织和整合。

4. 标志原则

标志原则指当多媒体呈现中突出了必要材料的组织特点时学习者学得更好。符号标志技术是文本编写中常用的一项技术，是指突出文本的内容或结构而没有增加文本内容的写作技术。如在文本编写中添加一些表示论述顺序的词语“首先”“其次”，表示总结的词语“总之”，表示因果关系的词语“因此”“所以”以及一些文字样式如下划线、黑体、有色字体、居中等都属于符号标志。

5. 冗余原则

冗余原则是指学习者从由解说和画面组成的多媒体呈现中学习比从由解说、画面和屏幕字幕三者构成的多媒体呈现中学习学得更好。也就是说设计多媒体时，在有解说的情况下我们应当毫不犹豫地删除屏幕字幕。根据多媒体学习的认知理论，冗余的屏幕字幕干扰学习的原因在于当文本以字幕和解说两种方式呈现时，会引起学习者的无关认知加工，造成无关认知负荷。例如，当文本以视觉和听觉两种方式呈现时，学习者在学习过程中需要同时注意到以听觉和视觉两种形式呈现的文本，并在两者之间进行协调，字幕出现在屏幕下方时，也要求学习者在屏幕字幕和它所描述的画面的相关部分之间进行对照。除此之外，屏幕字幕最初也是通过视觉通道进行加工，字幕和画面一起呈现很可能会造成学习者视觉通道的认知负荷超载。

6. 通道原则

通道原则是指当多媒体呈现中的文本以听觉形式而不是视觉形式呈现时，学习者能学得更好。通道原则的主要目的是通过听觉信息加工通道来减轻视觉信息加工通道的负担，从而避免视觉信息加工通道认知超载。例如基于计算机的多媒体呈现中，文本既可以用听觉形式的解说呈现也可以用视觉形式的字幕呈现。当文本以解说方式呈现时，学习者就可以耳听眼看，用不同的信息加工通道来分别加工文本和动画，两个通道的认知负荷都不会过重。而当文本以字幕方式呈现时，信息在最初都要通过视觉信息加工通道加工而听觉通道处于闲置，这种情况下很容易会造成视觉信息加工通道出现认知超载。另外，当文本以字幕方式呈现时，学习者会产生注意分离，指学习者注意字幕的时候就无法看动画，看动画的时候就无法注意字幕，从而可能会漏过了一些重要的言语和图像信息。最终，这都会影响到学习者对学习内容的理解。

7. 片段化呈现原则

片段化呈现原则是指当多媒体呈现按照学习者的学习进度分片段呈现时要比以连续单元的形式呈现能使学习者学得更好。片段化呈现原则针对的是必要学习材料本身的复杂性所造成的认知超载。在多媒体学习过程中，必要认知加工的多少取决于学习内容本身的复杂程度。当学习材料本身很复杂时，即使删除了全部的无关学习材料，学习者理解必要学习材料所需要的认知加工本身就可能会造成学习者的认知负荷超载。

8. 提前训练原则

提前训练原则是指学习者如果提前掌握了多媒体呈现中所涉及的主要概念的名称和属性后能学得更好。提前训练原则是另一种避免在多媒体学习过程中由于必要学习材料本身的复杂性所造成的认知超载的方法。同片段化呈现原则相比，如果说片段化呈现原则是一种在横向上的划分，那么提前训练原则就是一种在纵向上的考虑。当学习者提前掌握了整体的组成部分后，在随后的学习中就可以有较多的认知资源用来完成理解整体所需要的认知加工，从而避免出现认知超载，获得更好的学习效果。

9. 个性化原则

个性化原则是指在设计多媒体呈现时，可以通过使用第一人称和第二人称的表述来编写多媒体呈现的文本部分或者通过在学习材料中插入一些直接评价学习者的句子来达到促进学习的目的。使用第一人称和第二人称的表述来编写文本或者在学习材料中插入一些直接评价学习者的句子都是在增加多媒体学习材料中的社会线索。根据多媒体学习的社会代理理论，这将促进学生将计算机作为社会伙伴，积极参与到理解学习材料所需要的认知加工中，从而提高学习效果。

10. 语音原则

语音原则是另一条基于社会代理理论的多媒体设计原则。语音原则是指多媒体教学信息中的解说部分采用真人标准语音而不是机器合成语音或带有口音的语音发音更能促进学习者学习。因为真人标准语音也是一种社会线索。根据社会代理理论，这也能够起到促进学习的作用。

11. 形象原则

形象原则是指在多媒体学习中，讲解者的形象通常是一个动画人物出现在屏幕上并不一定能起到促进学习的作用。也就是说，除非动画人物还有其他的用途，例如，通过手势、动作等来引导学习者的认知加工过程等，否则屏幕上的动画人物形象并不是多媒体设计中一个必须具备的因素。

6.4　多媒体演示文稿的设计

演示文稿，英文 Power Point，简称 PPT。演示文稿是微软公司出品的 office 软件（Microsoft Office）系列重要组件之一（还有 Excel、Word 等）。把静态文件制作成动态文件浏览，把复杂的问题变得通俗易懂，使之更生动，给人留下更为深刻的印象。

6.4.1　多媒体演示文稿概述

演示文稿是美国微软公司出品的办公软件系列重要组件之一（还有 Excel、Word 等）。用户不仅可以在投影仪或者计算机上进行演示，也可以将演示文稿打印出来，制作成胶片，以便运用到更广泛的领域中。Microsoft Office 演示文稿是一种图形程序，是功能强大的制作软件。可协助用户独自或联机创建永恒的视觉效果。它增强了多媒体支持功能，利用演示文稿制作的文稿，可以通过不同的方式播放，也可将演示文稿打印成一页一页的幻灯片，使用幻灯片机或投影仪播放，可以将演示文稿保存到光盘中以进行分发，并可在幻灯片放映过程中播放音频流或视频流。对用户界面进行了改进并增强了对智能标记的支持，可以更加便捷地查看和创建高品质的演示文稿。

Keynote 是专为移动设备设计的功能极其强大的演示文稿应用程序。完全针对 iPad、iPhone 和 iPod touch 构建，使创建包含动画图表和过渡效果的世界一流水平演示文稿变得如此简单，只需触摸和轻按即可。使用绚丽的三维条形图、折线图、面积图和饼图突出显示您的数据，使用新的三维图表构件（如“升降”“成形”“射线”和“旋转”）让图表产生动画效果。使用全屏幕视图在 iPad、iPhone 或 iPod touch 上演示。或者使用视频镜像在 HDTV 上演示，并使用“演讲者显示”在设备上预览幻灯片和备注。新款 iPad 机型上的 Retina 显示屏能让您在 Keynote 中处理过的演示文稿更加靓丽。Keynote 会配合 iCloud 使用，因此您的演示文稿将在您的所有设备上自动地保持最新。

必须在“图片版式”不使用“适应幻灯片尺寸”选项时才有效，假设我们可以选择“圆角矩形”，这可是需要用专业图像工具才能达到的效果。最后还可以为幻灯片指定一个合适的模板,单击“设计模式”框右侧的“浏览”按钮即可进行相应的设置。

在制作过程中还有一个技巧,如果你的图片文件的文件名能适当地反映图片的内容,可勾选对话框中的“标题在所有图片下面”复选项,相册生成后会看到图片下面会自动加上文字说明(即为该图片的文件名),该功能也只有在“图片版式”不使用“适应幻灯片尺寸”选项时才有效。

6.4.2 多媒体演示文稿设计原则

一份多媒体演示文稿从课题的选择到素材的收集,一直到多媒体的合成,是一个复杂的系统工程,需要我们认真地进行规划设计。

第一个原则:抽象的难以理解的教学内容可应用。

多媒体教学演示文稿通过图形或动画演示能把许多抽象的难以理解的内容变得具体形象,把复杂事物简单化。如《光的传播》,通过课件演示,把光的传播过程、传播类型用动画模拟出来,直观形象,帮助学生理解。再如《内燃机的工作原理》,教师也可借助多媒体演示文稿,把吸气、压缩、做功、排气四个过程用动画模拟出来。

第二个原则:微观的、宏观的、难以表达的教学内容可应用。

6.4.3 多媒体演示文稿设计艺术

1. 色彩

不同的色彩搭配,效果会截然不同。不同的颜色会给浏览者不同的心理感受。在制作多媒体课件时,要注意色彩的搭配。

(1)色彩搭配注意的原则

色彩的搭配有一些基本原则:主要内容文字用非彩色(黑色),边框、背景、图片用彩色。这样页面整体不单调,看主要内容也不会眼花。非彩色的搭配中黑白是最基本和最简单的搭配,白底黑字,黑底白字都非常清晰明了。灰色是万能色,可以和任何彩色搭配,也可以帮助两种对立的色彩和谐过渡。

不同年龄阶层的人对色彩的喜好程度是不一样的,此时就需要根据多媒体程序的应用范围来选择合适的颜色。下面给出一份参考表格,如表 6 - 1 所示,它表明了不同年龄阶层的人对颜色的喜爱顺序。

表 6 - 1　不同年龄阶层对色彩的喜好程度

年龄层	喜爱顺序
成人	蓝、红、绿、白、粉、紫、橘、黄
儿童	黄、白、粉、红、橘、蓝、绿、紫

一种颜色通常不只含有一个象征意义。例如,红色,既象征热情,也象征危险,所以不同的人,对同一种颜色的密码,会做出截然不同的诠释。一般而言,红色是一种激奋的色彩,刺激效果强烈,能使人产生冲动、愤怒、热情、活力的感觉。绿色介于冷暖两种色彩的中间,显得和睦、宁静、健康、安全,它和金黄、淡白搭配,可以产生优雅、舒适的气氛。橙色也是一种激奋的色彩,具有轻快、欢欣、热烈、温馨、时尚的效果。黄色有快乐、希望、智慧和轻快的个

性,它的明度最高。蓝色是最具凉爽、清新、专业的色彩,它和白色混合,能体现柔顺、淡雅、浪漫的气氛(像天空的色彩)。白色具有洁白、明快、纯真、清洁的感受。黑色具有深沉、神秘、寂静、悲哀、压抑的感受。灰色具有中庸、平凡、温和、谦让、中立和高雅的感觉。每种色彩在饱和度、透明度上略微变化就会产生不同的感觉。

和谐是色彩美永恒的主题。色彩美是在色与色组合关系中表现出来的。色彩配合如同音乐谱曲,没有节奏旋律的声音只能是噪音,没有统一调子的色彩是不能刺激视觉感官的。各种色彩相辅相成并形成和谐关系时才能形成美。因此,网络课件色彩的合理搭配十分重要,一个网站的格调往往取决于色彩的选择和搭配是否恰当。确定网络课件的整体色彩,应该综合考虑受众的欣赏习惯、网络课件的内容和主题。具体来说,应该遵循以下几个原则。

①色彩的合理性。网络课件的色彩要漂亮,要能够吸引浏览者的注意,能够给浏览者留下深刻的印象,但也要注意到人眼的生理特点,避免使用大面积的高纯度色相,以免产生过强的刺激,使人容易疲劳。

②色彩的独特性。网络课件的色彩搭配应该能够展现网站的特色,不落俗套,使浏览者"过目不忘"。

③色彩的合适性。网络课件的色彩搭配应该与网站的内容、性质和气氛相适应。例如,摄影教学网站通常选用黑色作为网络课件的背景,以衬托照片的艺术性。

④色彩的联想性。色彩的心理作用使人看到某种色彩时产生联想。例如,蓝色使人想到大海,黑色使人联想到黑夜。在网络课件色彩运用中,充分考虑色彩的联想性,可以使浏览者产生更深层次的心灵感应,印象更加深刻。

⑤注意色彩的和谐配置。所谓色彩的和谐,是指色彩搭配的协调美,亦即合理搭配色彩使之具有赏心悦目的视觉效果。对比与和谐是审美的基本规范,在多媒体课件界面上,对比主要是色彩的冷暖、物体的虚实和明暗的对比,追求的是强烈的视觉效果,目的是吸引学生的注意力;和谐是强调对比物之间的联系,追求的是平稳的学术传播气氛,目的是创造一个有利于学习的环境,防止视觉疲劳。对比与和谐是相对的,又是相互渗透的。为了使图像色彩和谐,应避免对比生硬和过于强烈,这时,要充分利用相关色和调和色。在设计多媒体的页面时,对色彩的处理必须谨慎,不能只凭个人对色彩感觉的好恶来表现,而要根据内容的主次、风格以及学习对象来选择合适的色彩作为主体色调,如内容活泼的常以鲜艳、亮丽的色调来表现;柔和的则以粉色系列来传达;政治、文化类的以绿色来衬托,一些科技类的专业内容则以蓝色、灰色来定调。对于单一色调的图像,由于主要由不同纯度和亮度的单一色彩所构成,图像反差小,显得单调、呆板,此时应注意引进黑白,以增强反差,活跃图像。在处理画面色的和谐时,黑、白、灰、金、银等媒介色具有独特的意义,他们与其他任何色彩配合都能收到和谐的效果。一般说来,明亮的色都可以与白色很好的配合,被白色包围的亮色,好像散发出光辉(黄色除外)。

色彩是人的视觉最敏感的东西。主页的色彩处理得好,可以锦上添花,达到事半功倍的效果。色彩总的应用原则应该是"总体协调,局部对比",也就是主页的整体色彩效果应该是和谐的,只有局部的、小范围的地方可以有一些强烈的色彩对比。在色彩的运用上,可以根据主页内容的需要,分别采用不同的主色调。因为色彩具有象征性,例如,嫩绿色、翠绿色、金黄色、灰褐色就可以分别象征着春、夏、秋、冬。其次还有职业的标志色,例如,军警的橄榄绿、医疗卫生的白色等。色彩还具有明显的心理感觉,例如冷、暖的感觉,进、退的效果等。

另外,色彩还有民族性,各个民族由于环境、文化、传统等因素的影响,对于色彩的喜好也存在着较大的差异。充分运用色彩的这些特性,可以使我们的主页具有深刻的艺术内涵,从而提升主页的文化品位。

(2)常用的配色方案

①暖色调。即红色、橙色、黄色、赭色等色彩的搭配。这种色调的运用,可使主页呈现温馨、和煦、热情的氛围。

②冷色调。即青色、绿色、紫色等色彩的搭配。这种色调的运用,可使主页呈现宁静、清凉、高雅的氛围。

③对比色调。即把色性完全相反的色彩搭配在同一个空间里。例如,红与绿、黄与紫、橙与蓝等。这种色彩的搭配,可以产生强烈的视觉效果,给人亮丽、鲜艳、喜庆的感觉。当然,对比色调如果用得不好,会适得其反,产生俗气、刺眼的不良效果。这就要把握"大调和,小对比"这一个重要原则,即总体的色调应该是统一和谐的,局部的地方可以有一些小的强烈对比。

(3)多媒体课件中颜色搭配的注意事项

①色彩搭配心理与年龄有关。人类随着年龄的变化,生理结构也有相应变化,色彩所产生的心理影响也随之变化。例如,儿童多喜欢明亮而鲜艳的颜色,如红、黄两色就是一般婴儿的偏好。4 岁到 9 岁的儿童最爱红色,9 岁以上的儿童最爱绿色。如果要求 7 岁到 15 岁的小学生把黑、白、红、青、黄、绿 6 种颜色按照嗜好列出次序的话,男生的平均次序为绿、红、青、黄、白、黑;女生的平均次序为绿、红、白、青、黄、黑。绿色与红色为其共同喜爱的颜色,黑色普遍不受欢迎。婴儿时期的颜色偏好可以说完全是由生理作用引起的,随着年龄的增长,联想的作用渗入进来。如女孩比男孩较爱白色,也就是由于白色容易使人联想到纯洁;到了青年和老年时期,由于生活经验的丰富,色彩的偏好来自联想的就更多了。

②色彩搭配与人们的性格、气质有着密切的关系。在日常家庭装饰中,不同性格、气质的人对颜色的偏好各不相同。例如,学者型的人喜欢用紫色、玫瑰色、咖啡色装饰,给人一种幽婉、深沉和华贵的感觉。青年夫妇喜欢以粉色、橙色、淡蓝色为装饰主色调,既柔和又轻松。老人一般以中性为主,色彩不杂乱,主要用一些温柔沉静型的色调,起到舒畅心情的作用。

③色彩搭配的运用技巧。在色彩搭配中要掌握主色、辅助色、点缀色的用法。

④色彩搭配具有影响人们心理,唤起人们感情的作用,会左右人们的感情和行动。色彩有明显的影响情绪的作用。不同的色彩可以表现不同的情感。色彩还有使人增强识别记忆的作用。如富士彩色胶卷的绿色、柯达彩色胶卷的黄色都成为消费者识别、记忆商品的标准色。彩色画面更具有真实感,可以充分地表现对象的色彩、质感、量感。具有良好色彩构成的设计作品,能强烈地吸引消费者的注意力,加强艺术魅力。

⑤色彩搭配需要良好的意念。让我们还原基本步骤,回到创作意念的阶段。设计的三元素:色彩、图像、文字,全部都只不过是一个设计的外表,一个设计的真正灵魂其实来自设计师的创意。没有意念的色彩设计,无异于一具空有漂亮外表的躯壳,在最初目睹的一刻,或许会吸引周围的目光,但观众能否长期记得这个设计,却很成疑问。只有把创作意念融入色彩设计中,整个设计才有灵魂,那些颜色才能向观众传情达意。构思色彩时,最起码要让色彩能够表现出作品的特质,譬如一张宣传某种新食品的海报,便应尽量用鲜明的色彩,去

引起观众的食欲，但如果只为吸引注意，而采用极端大胆、反传统的颜色，这种纯粹为大胆而大胆的做法是不可取的。色彩的感染力是相当大的，世界上无所谓好看的色彩或不好看的色彩，只在乎设计师如何运用。设计师要运用崭新的观念去表现色彩的特色，设计和组合上都要带给其他人清新的感觉，引导观众进一步挖掘色彩背后的意义。大自然无形之手给我们展示了一个色彩缤纷的世界，千变万化的色彩配搭令人着迷。同样，一个成功的色彩设计，就好像拥有生命力，可以感染观众情绪。设计师如果能够对色彩搭配和运用多做深入的了解和研究，一定可设计出更精彩的作品。

(4)色度学原理在多媒体课件色彩搭配中的应用

①三原色原理

1665 年，英国物理学家牛顿用棱镜将太阳光分离成七色光谱。实验表明，几乎任何一种颜色都可以由红、绿、蓝三种颜色按比例混合而成，而这三种颜色却不能由其他颜色混合得到，这就是三原色原理，红、绿、蓝即为三原色。

②色度环

红、橙、黄、绿、蓝、紫为六个基本色相，在各色中间插一个中间色，便构成十二色相环，再进一步找出其中间色，便可得二十四色相环。

③色彩的特性与色彩的心理感受

不同的色彩能引起人们强烈的心理反应，产生不同的感觉和兴趣。无论从色彩的物理性质还是从色彩现象的生理意义上说，色彩本无注定的感情内容，但当人们看到色彩时总是会引起某种心理活动。

色彩的冷暖：红、橙、黄、白等颜色因与阳光、火焰相联系，所以是暖色；而绿、青、蓝、黑等颜色因与树荫、月光、水和黑暗相联系，所以是冷色。色彩因其具有冷暖特性而具有冷暖的心理感受。暖色表达丰富的感情、热烈的场面；而冷色有安静、深远、透明的心理感受，多表达冷静、理智的感情和寂静的场面。

色彩的胀缩：在有多种色彩的画面上，凡属暖色和明度大的颜色，给人以膨胀之感；凡属冷色和明度小的颜色，给人以收缩之感。

色彩的进退：凡是波长较长的可见光，如红、橙色光，因其给人眼刺激较强，有向前冲的感受，这类颜色称为进色；凡是波长短的色光，如蓝、绿色光，给人眼刺激较弱，有向后退的感受，称退色。当前进色和后退色并存时，则会形成平面上的前后空间层次感。另外，利用色彩的明度层次关系也可以表达色彩的空间感。把色彩按从亮到暗、从暗到亮的层次排列，并做适当调配，就会有空间感和起伏感。

(5)配色方案

根据配色原理，多媒体课件在制作时要设计一定的配色方案。配色方案设计时，应注意以下几点。

①要符合课程特点。作为课件的设计者，做到有针对性地用色是非常重要的，因为课件往往是多种多样的：文史类的、理工类的、艺术类的、体育类的、医学类的等，不同内容和类型的课件用色是有区别的，不能单纯以设计者的喜好为转移，而是要考虑如何结合色彩的心理感受，用色彩体现本课程特点，使课件色彩符合并能体现课程所要表达的内容。例如，红色属于暖色，性格刚烈而外向，常被用来传达象征活力、积极、热诚、前进等含义，所以政治、新闻类多媒体课件适合红色。再如，蓝色等冷色调象征着永恒与深邃、高远与博大、壮阔与浩

渺,具有深远、永恒、沉静、无限、理智、诚实、寒冷等意象,一般用于科技类课件,而绿色更符合环保型内容和部队的特点等等。

②要符合学生心理。色彩总是在不知不觉中影响我们的心理,左右我们的情绪。色彩的心理效应发生在不同层次中。有些属直接的刺激,有些要通过间接的联想,更高层次则涉及人的观念、信仰。因此,课件配色时应考虑如何充分利用色彩的心理感受在课件中创设情境,引发学生联想,激发学生学习情感;如何充分发挥色彩的冷暖、动静、胀缩、进退、快慢、明暗等特性,在课件中通过对教学内容用色的差异,做到重点突出,层次分明,使学生印象深刻;如何根据学生的年龄、地域、专业等特点,选用他们中间的流行配色,吸引学生的眼球,激发学生学习兴趣,促进自主学习等。

多媒体课件制作时,配色方案主要有以下几类。

①无色设计:无色设计即不用彩色,只用黑、白、灰色。例如,在 Photoshop 中黑色(000000)的明度(brightness)分别调成21%、63%、84%,适用于艺术、摄影等门类的课件。

②单色设计:把一个颜色和任意一个或几个明、暗色配合起来,,色彩丰富也很协调。

③类比色设计:在色相环上任选三个连续的色彩或任一明色和暗色。

④互补色设计:使用色相环上全然相反的颜色,互补色对比非常强烈,大多时候都可以用灰色过渡。

色彩的运用是多媒体课件设计的重要环节,也是课件能否吸引学生的重要因素。特别是在学科专业知识相当的情况下,色彩的力量尤为强大。看色靠视觉,悟色靠感觉,懂色靠品位。随着多媒体课件制作经验的积累,设计者可以逐渐形成自己的色彩风格,引领色彩的潮流。设计高品质的课件一直是课件开发人员所追求的目标,其关键还在于以下几点。

A. 制作画面要优美。

B. 配音效果要完美。制作多媒体交互式软件时,欢迎画面出现、步骤解说及结束教程均要配音。欢迎画面出现及结束教程时应配有音乐,音乐要轻松,旋律要优美,使最终用户在轻松愉快中使用软件。每一步骤都要有配音,配音应有专人完成,使整个软件的前后配音连贯一致。步骤解说要精练有效,达到切中要害的目的。

C. 交互性要强。对于多媒体交互式软件的开发,一定要确保有极强的交互性,以适应不同用户的需要。对每一操作步骤,既可以让最终用户自行按提示和解说进行操作,也能够在最终用户不能正确操作时给出自动演示过程,这样的软件才是最终用户所欢迎的。

D. 衔接性要好。在开发多媒体软件时,衔接性的好坏往往会直接关系到该软件的成功与否。例如,在开发多媒体交互教程时,课程、主题及步骤间的层次关系一定要清楚,最终用户在使用时既可以随意学习自己感兴趣的内容,也可以重返以前的内容,因此在任何一个步骤中都要设计一种控制,让最终用户可随时重返主题选择画面。多媒体交互式软件要用到大量的图片,事实上,整个程序就是通过控制这些图片显示的先后顺序来提供可视化操作信息的。前后相邻的两幅图片显示时存在一个时间延迟,时间延迟太长,可能使后一幅图片未显示前的屏幕是空白,而时间延迟太短,又可能会造成图片叠加。因此,设计时,必须要控制好这个时间延迟量,使演示过程的屏幕闪烁降到最低限度,以提供较好的衔接性。

E. 制作过程要细致。开发一个多媒体软件是一个细致的制作过程,要确保每一步骤都与介绍某一课程的实际操作一样,“以假乱真”的水平越高,说明这个多媒体软件开发越成功,这才是高品质的多媒体软件。

以上对开发高品质的多媒体课件应该考虑到的问题给予了介绍，供读者在实际开发过程中作为参考。事实上，设计高品质多媒体课件的关键是以最形象、最直接和最准确的方式介绍某一过程。

2. 布局

多媒体课件的布局分为以下几个方面。

(1)构思整体的页面结构

页面布局指的是同一页面中各种元素、各种媒体的相互搭配和各自所处的位置。多媒体课件对页面布局构造的总体原则是：在突出主体的前提下，各媒体之间应相互协调，整体美观。每幅页面都有主体内容，它属于突出表现的部分。因此，在进行页面布局时，它应占据最重要的位置，并通过一些方法使其醒目、突出，常用的办法有：在亮度、色调等方面加大主体与背景的反差，简化背景以及虚化背景等。在位置编排上，要按照人们的视觉习惯进行编排。人们在观看事物时，一般是从左到右、从上到下，而且对页面各部分的观察频度也不同，在进行页面布局时就要考虑到这一习惯，将主体内容摆放在中上方或者左方，将重点内容的关键词、句、概念、原理等，运用闪烁、动画等技术方法使之和其他信息区别开来，或处理为热键、热区，以此来吸引学生的注意焦点。

(2)突出主体内容

突出主体内容的另一个方法是简化页面，做到每幅页面的内容主题单一，清晰明确。因为简洁的画面内容容易被记忆，这是不言而喻的。因此，在同一页面各媒体的组合上宜简不宜繁，能不用的尽量不用，多余的一概不用，不能为了显示多媒体特点，而故意地堆砌多种媒体于同一画面，造成学习者视觉上的不适应，产生心理烦躁，反而影响了教学效果。

同一页面上次要内容的布局应让位于主体内容，如作为文字补充的图片，一般都置于右边或右下部分，除特殊需要外，通常都不宜放得过大，以能看清楚画面内容为原则。

视频、动画媒体一般都单独布局，在演示视频或动画时，其他媒体应退出页面，因为动态画面的信息量远大于静态画面，需要学习者集中精力去观看、理解。

按钮的位置通常都置于页面底部，造型不宜过分花哨，以免对画面形成干扰。按钮的设计风格和颜色要与背景相协调，上面注有功能文字，在整部课件的每幅页面中位置固定不变，便于使用者随时使用而不用四处寻找。

边框和点缀物的占位要适当，要让位于画面内容，边框不能太宽，颜色不能太艳，图纹不能太繁杂。太宽的边框像厚厚的包子皮，不仅不美观，而且挤占了宝贵的空间，有些巧妙的安排是将章节标题或导航信息压贴在作为装饰的边框上，既增加了信息量，又节省了空间，是一种可取的好办法。花里胡哨的边框不仅显得俗气，而且干扰人们学习的注意力。值得借鉴的办法有：或虚化处理，或采用没有明显指向性的材质花纹。

这里提倡的是善于运用线条，因为线条既节省空间，又简洁干练，有很大的视觉表现力和很强的概括力，是构造多媒体课件的重要造型元素。合理创作和使用线条，不仅能做出十分优美简洁的边框，而且能组成多种简明概括的图形，如箭头、结构框图、流程图、直方图、扇面形、圆等，为页面的布局设计提供了丰富的运作空间。

3. 图形图像与文字

多媒体课件设计是一项较复杂的工作，涉及方方面面的问题，仅仅会用一两个开发工具是不够的，还要求设计者从最终用户的角度考虑媒体的表现形式和交互方式，从工程角度考虑如何设计高质量的程序。

早期的软件，信息表现形式较为单调。更多的信息载体是文字，图像则很粗糙；由于没有声卡，只能借助 PC 喇叭发出简单的声音；用户只能在键盘上进行操作。随着计算机的迅猛发展，程序设计者有了更广阔的天地，广大的软件用户也不再满足单调的表现形式。此时，程序设计者就面临着如何选择不同的媒体表现形式以及交互方式，是选择文字、图形、声音还是动画？是选择鼠标操作还是键盘操作？

这些表现形式和交互方式各有其优点和缺陷，如果不能合理地选择表现形式及交互方式，反而会产生某些副作用。

4. 构图艺术

构图艺术的基本的、传统的规则之一，是几个世纪前古希腊哲学家柏拉图写下的，“构图就是发现和体现一个整体中的多样化”。它简练而概括地说明了画家应当怎样去安排一幅画的构图。多样化可能存在于形体、色彩和作品中主要内容的位置安排上。多样化意味着创造形体和色彩的变化，这种变化将引起观众的注意，唤起他们的兴趣，激励他们仔细观赏并得到快感。但这种多样化不能过分，否则会使观众感到不安而失去兴趣。必须在一定的秩序内、一种整体的和谐中呈现多样化。也就是多样之中求统一，统一之中找变化。

(1)构图的基本原则

构图的基本原则包含以下几个方面。

①关于对称

又称对等、均齐，是事物中相同或相似形式因素之间相称的组合关系所构成的均衡。有左右对称和上下对称等表现，基本形式分为完全对称和相似对称两种。它是平衡法则的特殊表现形式，也是形式美的核心。

②关于比例

指事物与局部以及局部与局部之间的关系，同时彼此之间包含着匀称性，一定的对比，是和谐的一种表现。失调的比例会产生不舒适感，甚至是畸形感。

③关于节奏

节奏变化与整齐，是形式美的基本法则，是对形式美中对称、平衡、整齐、对比、比例、虚实、宾主、参差、节奏等规律的概括。“多样”是丰富的事物运动发展产生的结果，是变化律的体现；“统一”则是同化性质运动的结果，是同一律的体现。“多样统一”平衡了事物的对立面，又保持事物的丰富性，在具体运用中，强调的是对各要素“度”的微妙把握，而使事物的关系达到一种理想化的境界。

A. 空白与空间的表现

空白空间要富于表现力，需要不对称的设计方法，把一个要素放在中间，会扼杀空白空间的表现力，因为图形的位置处于中间，就没必要形成形状有趣的虚空间。把图形偏离一边，甚至是一直排到最边缘，可激活空白空间，尤其当空白空间的位置很大时，如果空白空间安排得当，版面上所有要素看上去都会感觉很好，但如果你在版面上安排的都是实体要素，那么空白空间几乎就没有起到任何作用了，这些在设计中具有不可言喻的道理。

B. 整体性与协调性

构图排版设计是传播信息的桥梁，所追求的完美形式必须符合主题的思想内容，这是排版设计的根基。只讲表现形式而忽略照片内容，或只求内容而缺乏艺术表现，那样的版面都是不成功的。只有把形式与照片合理地统一,强化整体布局,才能取得版面构成中独特的社会和艺术价值,才能解决设计中应说什么、对谁说和怎样说的问题。

在构图学中,人们大致总结出了以下一些规律:对称、平衡、黄金分割、对比统一、和谐变化、节奏韵律等。一幅摄影作品可能同时符合几种构图规律,但它一定是在基本构图原则上,以一种构图方式来表现的。摄影构图提倡简洁,简洁到从画面中一眼就能看出作者要表现的视觉重点。构图的形式种类繁多,如框式构图、几何形构图、对角线构图、散点式构图等。但最常用的构图形式大致有三种:横构图、竖构图、方构图。横构图的特点是视野开阔有张力,就相机的操作而言,横构图对画面的控制会感到非常稳健,多数摄影人习惯用横构图的方式拍摄。竖构图要比横构图拍摄难度稍大一些,除了要保持相机的平衡外,还要在较窄的框架中决定人物左右的位置。经验丰富的摄影师会充分利用取景空间,比较精确地一次性完成构图环节。方构图大气平稳,中规中矩的视觉效果也很容易让人接受,有点学院派的味道。依靠后期裁剪进行二次构图,对数码影像来说,可能会损失一些原本不该损失的像素,剪裁过大,影像质量就很难得到保障。构图的表现形式多种多样,没有一个固定的模式,人像摄影的构图是根据创作的表现形式所选择的,这就需要摄影师用个人的审美意识来确定。构图是在条条框框中去精心布置和设计自己最直观的审美感受。

(2)多媒体课件的构图技巧

构图是多媒体课件图像构成的框架,所以构图是一个多媒体课件得以和谐美观的基本保证。只有充分发挥构图和画面的艺术能力,才能为多媒体课件图像的良好艺术效果奠定基础。技巧如下。

①1/3法则的应用

多媒体课件中的教学信息都将显示在屏幕上,对于屏幕上的不同位置,人们观察时注意力的集中情况是不同的,把要让学习者所掌握的内容放在合适的位置上以最大限度地吸引学习者的注意力,是多媒体课件构图中首先要解决的问题。多媒体课件中重要的画面内容应分布在屏幕的左上部分,因为画面的左上方是人眼最容易注意到的部分,而右下是人们观察时容易忽略的。这就是人们常说的“构图的1/3法则”。所以应将课件中画面的主体放置在屏幕左上方三分之一附近。如图6-6所示。

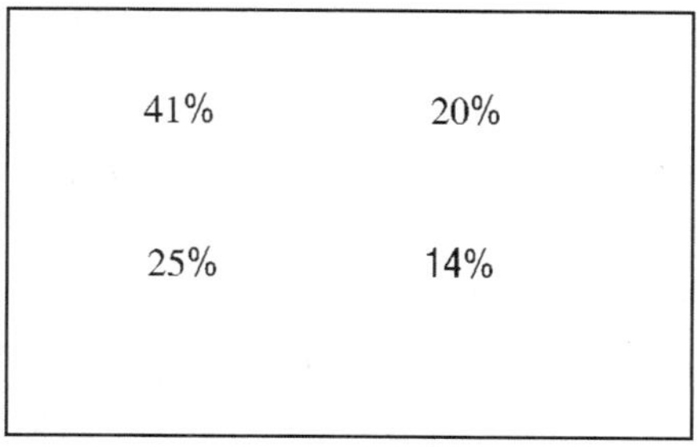

图6-6　构图的1/3法则

在制作多媒体课件时应该把需要让学习者最先看到的内容安排在屏幕的左上方,通过构图上的艺术处理来加强学习内容的表现力,使学习者注意到所要学习的知识。

②画面的平衡

多媒体课件中画面的布局要符合美的规律,力求做到画面的艺术形象协调完整、对称均衡,而画面的平衡状态一般可分为以下三种:正平衡、非平衡和非正平衡。正平衡显得死板、呆滞，画面显得没有活力，非平衡给人以不稳的感觉，而非正平衡既匀称又活泼，因此在多媒体课件中应尽量采用非正平衡的布局。如图 6－7 所示。

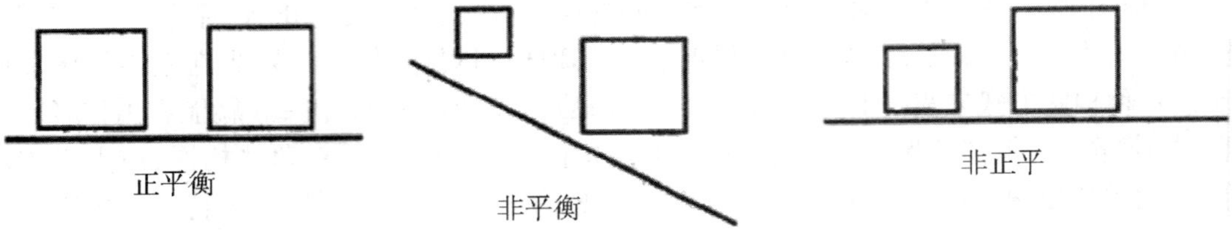

图 6－7　画面平衡类型

③图像的处理

世界上没有哪一种媒体能完全真实地再现客体，即使是彩色的三维动画也不可能在色彩上、形状上、亮度上和质感上做到与真实物体完全一样。那么，是不是画面的真实度越高，学生从中能够获得的信息就越多，或者说通过画面达到的学习效果就越好呢？不是的。实验结果如图 6－8 所示。

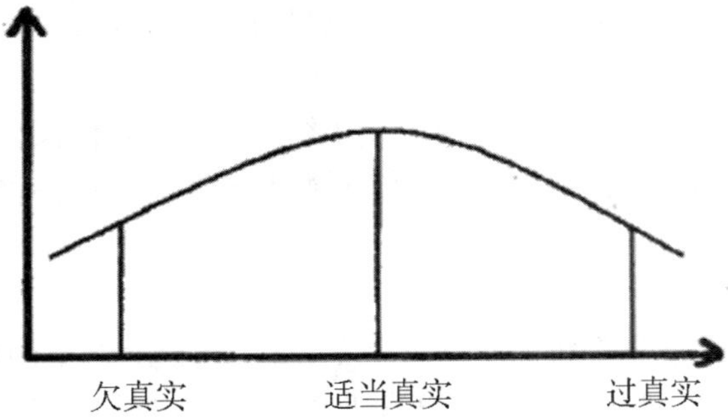

图 6－8　图片的过度

而对于每一个学生，在确定的观察目的和观察条件下，存在一个适当的真实度，与这个适当的真实度对应的是最好的学习效果。

5. 多媒体课件图形设计

在课件中，图形的使用有明确目的：一是使抽象的问题具体化，二是起到智能笔的作用——交互图标。通过对影响图形知觉的客观因素的分析来探讨多媒体课件中图形的合理设计，进而指导教师对课件中的图形进行合理设计，以优化教学效果。

(1)影响多媒体课件图形设计的客观因素

按 Rubin 的定义，所谓图形，是指独立的、具有明确形状的部分；视野中其余的部分称为背景。但 Rubin 的定义还不够具体。从广义上讲，图形包括描述图形（即几何图形、代数方程式等描述图形）和自然图形（即景象、图像、图片、图案及形体实体）。按照图形的主要特征将图形的种类分为自然图形、动物图形、人物图形、几何图形四个部分。笔者较为认同这两种解释。而在本文中提到的图形知觉是指人对多媒体课件中独立的、具有明确形状的部分产生的反应。

在对课件中的图形进行设计时，需考虑如下几方面的客观因素。

①图形与背景

当学习者观看多媒体课件的画面时，清晰感知到的东西就是知觉的对象即图形，而仅被人们模糊感知到的东西就成为图形的背景。丹麦的心理学家 Rubin 认为图形与背景之间的主要差异在于:图形具有“事物”的特性,图形形状的边界形成轮廓;相反,背景具有“物质”的特性,相对来说没有形状;图形看起来离观察者距离较近,并且在背景的前面;而背景没有明确的定位,在图形的后面连续伸展;与背景相比,图形看起来印象更为深刻、更明显和更好记忆,而且图形一般表现出有意义的形状,而背景的形状不一定有任何意义。也就是说,图形与背景之间的差别越大,人们就越容易从背景中把图形区分出来。正如:“要突出画面布局的重点,同一画面的对象不宜多,以避免或减少引起学生注意的无益信息干扰。”所以,当多媒体课件中的主体图形和背景在颜色、形状、强度等方面的差别越大时,被知觉的图形就越清晰地显现出来。为此,提出如下建议。

A. 背景一般用来表现教学环境,衬托与主体图形的相互关系,所以要避免与教学内容无关的图形出现在多媒体课件的界面上。

B. 背景的颜色不宜过分鲜艳,以免喧宾夺主,将学习者的注意力分散。

C. 可用明暗对比来突出主体,例如,通过加强主体部分的亮度和色饱和度来突出主体对象。

②图形知觉对象的组合

图形知觉是对图形整体的反应,但整体不一定只是一个对象。有时,人们会把若干图形作为一个整体来反应。格式塔心理学研究发现,图形知觉对象的组合服从下述原则:相近原则,图形知觉对象在空间上的接近,容易被感知为一个整体;相似原则,图形知觉的对象在形状和性质上相似,容易被感知为一个整体;闭锁原理,几个对象共同包围着一个空间,容易被感知为一个整体;连续原则,几个图形知觉对象在空间和时间上有连续性,容易被感知为一个整体。

这些原则在多媒体课件中的运用主要体现在如下两方面。

A. 整体规律。对学生没有经验的新事物,应在画面上整体呈现;而对学生已经熟悉的事物,在画面上呈现事物的部分主要特征会有更好的图形知觉效果。这是因为人们在接受繁复众多的刺激时,总会按接近、相似、闭合、连续等形式将图形构成整体,或按部分主要特征以旧知识经验将图形组成整体。当图形设计未能遵循这一规律时,学生会将一种事物的整体知觉分为几个不同的部分或将几种事物的不同部分组合成另一种事物整体,从而影响课件的教学效果。

B. 对比规律。教师在进行图形设计时,最好能采用大小对比、新旧对比、明暗对比、色彩对比、虚实对比、主体对象与背景的对比等手法突出学习对象不同部分的特征。这是由于在性质或强度上存在对比性的刺激物同时或相继地作用于视觉器官时,学习者能够更加清晰地感知学习对象间存在的差异,从而强化学习者对该部分内容的学习。例如,要说明一个物体的大小,最好在它旁边放置一件学生非常熟悉其大小的物体作为对比。又如,要介绍新事物时,同时或先后地呈现学生原本熟悉的、相关的事物特征,让学生进行对比,会使学生对该事物产生更为深刻的印象。

③图形知觉的时间因素

知觉是需要时间的,刺激物之间的时间联系将会影响学习者对刺激物的视觉效果。在日常生活中,有两种现象可以说明时间因素是如何影响人们对图形的知觉。一个是视觉掩蔽:当不同的感官刺激在时间上接近时,刺激之间就会互相干扰或掩蔽对方的知觉。在视觉掩蔽中,因受到在时间上接近或同时的掩蔽刺激的影响,观察者对图形的知觉会随之变得模糊。因此,当多媒体课件的画面中连续呈现两个或多个图形时,教师就需要考虑该部分内容是否会在学生的视觉中产生掩蔽,只有及时地采取回避措施才不至于影响到后续的教学内容。另一个是图形后效:是指注视一个图形一定时间之后,对随后感知其他的图形的影响。当一个图形在视网膜上的视像保持一定时间后,视网膜上成像区域以及相邻区域的感受器变得疲劳,对新刺激产生抑制或饱和,使得投射到视网膜上饱和区域附近的新图形发生位移。

④图形知觉的方向因素

就图形知觉的方向因素而言,可以通过两种后效现象加以解释。一种是形状后效,又称弯曲后效,是指由于图形的方向而导致的图形形状的变化。在连续注视倾斜或弯曲线段一段时间后也会产生相同的后效:垂直线段向最初注视的倾斜或弯曲线段相反的方向倾斜或弯曲。形状后效说明视觉系统对事物的形状刺激的感知存在一定的惯性,只有合理安排好不同形状图形的展示时间和次序,才能保证教学内容的正确传递。另一种是关联后效,不同刺激特性之间的相互影响也会产生后效,如颜色和方向或颜色和形状。关联后效说明视觉系统对一定刺激特性组合的敏感性是不同的,所以,编制课件时不能只追求形式上的精美,还要考虑画面中颜色与图形形状、方向的组合是否会误导学习者的感知等因素。

⑤图形的视错觉

很多视觉感知的事物都具有多种知觉可能性,甚至于在某些特定的条件下还会产生对物理环境和事件的歪曲或错觉,这种情况会持续发生在对空间中物体的知觉过程中。与图形有关的错觉种类很多,按照几何特点,可归纳为长度错觉、大小错觉、方向错觉;按照测验成分受背景成分影响的方式,可以概括为同化错觉和对比错觉。根据这一影响因素,我们在课件编制时,要考虑其中的图形呈现是否符合学生的视觉心理。

(2)多媒体课件图形设计的几点建议

从总体来看,图形在多媒体课件中的设计、制作和使用等宏观方面应注意以下四点。

①多媒体课件的内容方面:要准确展示图形,使学生充分感知。图形与背景的设计应当分明,使学生对教学主体一目了然,能迅速激发学生的学习兴趣和动机,并在有效的时间内把握被感知图形的特征,以提高教学效果。

②多媒体课件的编制过程:切记要对不确定的图形作简要说明,保证信息的准确传递。

③图形的选择应用:要辨证认识视错觉等图形知觉现象,并不是所有的视错觉现象都要加以纠正或说明,对于特殊的教学内容也可借视错觉等图形知觉现象创造特殊的视觉效果。

④编制多媒体课件时,要充分考虑被选图形与背景的区分、图形在时间与形状及方向上的展示等因素,尽量排除使学生产生的视错觉或各种视觉后效现象的可能性,具体问题具体分析,及时采取应对措施,进而避免学生在观看课件时由于图形设计得不合理而曲解教学内容。

综上所述,影响图形知觉的客观因素是多方面的,对于一套优秀的多媒体课件,图形设计是否合理至关重要。不仅要充分考虑课件中的被选图形与背景的区分,还要充分考虑图形在时间与形状及方向上的展示等因素。以学生为本,设计出高水平的多媒体课件,使学生在学习过程中保持一个良好的心理和视觉状态,减少学习以外因素的干扰,只有这样,才能真正发挥多媒体教学的长处,最终达到提高教学质量的目的。

6.5　多媒体演示文稿的制作

多媒体演示文稿的制作时间比较短,成本比较低。不论是建筑还是规划设计的制作都能用到多媒体演示文稿。特别是大的规划项目多媒体演示文稿用得比较多,报规划的时间比较紧制作三维动画的时间来不及一般都制作多媒体。不过一般重要的项目,设计院还是会做效果图和三维动画的,然后都在多媒体制作过程中加入进去,这样显得更精致细腻。有时候,多媒体制作往往需要设计院、效果图公司、动画公司和多媒体制作公司一起沟通合作,这样才能做出更好的片子。

6.5.1　PowerPoint 软件概述

Powerpoint 是微软公司设计的演示文稿软件。用户不仅可以在投影仪或者计算机上进行演示,也可以将演示文稿打印出来,制作成胶片,以便应用到更广泛的领域中。利用 Powerpoint 不仅可以创建演示文稿,还可以在互联网上召开面对面会议、远程会议或在网上给观众展示演示文稿。Powerpoint 做出来的东西叫演示文稿,它是一个文件,其格式后缀名为"PPT",或者也可以保存为图片格式等,2010 版本中可保存为视频格式。演示文稿中的每一页叫幻灯片,每张幻灯片都是演示文稿中既相互独立又相互联系的内容。

1. 内容应用

一套完整的 PPT 文件一般包含片头 Flash、动画、PPT 封面、前言、目录、过渡页、图表页、图片页、文字页、封底、片尾动画等;所采用的素材有文字、图片、图表、动画、声音、影片等;国际领先的 PPT 设计公司有 Themegallery、Poweredtemplates、Presentationload 等。近年来,中国的 PPT 应用水平逐步提高,应用领域越来越广,PPT 正成为人们工作生活的重要组成部分,在工作汇报、企业宣传、产品推介、婚礼庆典、项目竞标、管理咨询、教育培训等领域占有举足轻重的地位。

2. 相册制作

(1)启动 PPT,新建一个空白演示文稿。依次单击"插入"菜单中的"图片",选择"新建相册"命令,弹出"相册"对话框。

(2)相册的图片可以选择磁盘中的图片文件(单击"文件/磁盘"按钮),也可以选择来自扫描仪和数码相机等外设中的图片(单击"扫描仪/照相机"按钮)。通常情况下,我们单击"文件/磁盘"按钮选择磁盘中已有的图片文件。

PPT 在弹出的选择插入图片文件的对话框中可按住 shift 键(连续的)或 Ctrl 键(不连续的)选择图片文件,选好后单击"插入"按钮返回相册对话框。如果需要选择其他文件夹中的图片文件可再次单击该按钮加入。

(3)所有被选择插入的图片文件都出现在相册对话框的"相册中的图片"文件列表中,单击图片名称可在预览框中看到相应的效果。单击图片文件列表下方的"↑""↓"按钮可改变图片出现的先后顺序,单击"删除"按钮可删除被加入的图片文件。

通过图片"预览"框下方的六个按钮,我们还可以旋转选中的图片、改变图片的亮度和对比度等。

(4)接下来我们来看看相册的版式设计。单击"图片版式"右侧的下拉列表,我们可以指定每张幻灯片中图片的数量和是否显示图片标题。单击"相框形状"右侧的下拉列表可以为相册中的每一个图片指定相框的形状，但功能必须在“图片版式”不使用“适应幻灯片尺寸”选项时才有效，假设我们可以选择“圆角矩形”，这可是需要用专业图像工具才能达到的效果。最后还可以为幻灯片指定一个合适的模板，单击“设计模式”框右侧的“浏览”按钮即可进行相应的设置。

在制作过程中还有一个技巧，如果你的图片文件的文件名能适当地反映图片的内容，可勾选对话框中的“标题在所有图片下面”复选项，相册生成后会看到图片下面会自动加上文字说明（即为该图片的文件名），该功能也只有在“图片版式”不使用“适应幻灯片尺寸”选项时才有效。

以上操作完成之后，单击对话框中的“创建”按钮，PPT 就自动生成了一个电子相册。

到此，一个简单的电子相册已经生成了。当然了，如果需要进一步对相册效果进行美化，我们还可以对幻灯片辅以一些文字说明，设置背景音乐、过渡效果和切换效果。相信大家看完本文后，能自己亲自动手，制作一个更精美的个性化的电子相册。制作完成后，记得将你的相册打包或刻录成光盘，送你的亲朋好友一起欣赏哦。

3. 设置按钮方法

在 PPT 演示文稿中经常要用到链接功能，我们可以用“动作按钮”功能来实现。下面，我们建立一个“课堂练习”按钮，链接到第十七张幻灯片上。

（1）执行“幻灯片放映动画按钮自定义”命令。

（2）在幻灯片中拖拉出一个按钮来，此时系统自动弹出“动作设置”对话框。

（3）然后选中“超链接到”选项，然后单击其右侧的下拉按钮，在随后弹出的下拉列表中，选择“幻灯片”选项，打开“超链接到幻灯片”对话框，选中第十七张幻灯片，确定返回。

（4）右击按钮，在随后弹出的快捷菜单中，选择“添加文本”选项，再输入文本（如“课堂练习”）。

（5）设置好文本的字号、字体等，调整好按钮大小，并将其定位在合适的位置上即可。

4. 文稿合并

PPT 文档是经常使用的一种演示文稿，公司的很多活动都会使用到，其格式较为特殊，由于其中往往插入很多图形以及添加一些动画效果，因此要比较两篇演示文稿的不同，的确有点麻烦，而利用 PowerPoint 的比较合并演示文稿功能，不仅仅能够比较出两个文稿文字、图形的改动情况，而且能够将动画的改变情况查找出来，从而能够对自己演示文稿的变化情况了如指掌。在操作上，PowerPoint 的比较合并演示文稿功能与 Word 的操作有较大不同。

具体操作方法如下。

（1）用 PowerPoint 打开我们需要保留的某一个 PPT，将光标定位到需要插入其他 PPT 的位置，然后切换到“开始”选项卡，选择“幻灯片”组中“新建幻灯片”组下的“重用幻灯片”命令。

（2）此时会打开“重用幻灯片”窗格，我们单击“浏览”按钮下的“浏览文件”选项。

（3）在弹出的“浏览”窗格中，我们选中需要合并的其他 PPT，然后单击“打开”按钮。

（4）返回文稿，大家可以看到“重用幻灯片”窗格中出现了我们指定的 PPT，并且每张幻灯片都是分开的，如果需要保留 PPT 原有的格式，那么勾选“保留源格式”选项，然后按顺序单击需要插入的幻灯片，将其插入到现在打开的 PPT 文件中。

（5）将所有需要的幻灯片插入进来后，单击“重用幻灯片”窗格右上角的“关闭”按钮。

(6)返回文稿,查看合并之后的效果,如果满意,大家可以将 PPT 另存。

5. 估计时间

(1)排练时自动设置幻灯片放映时间间隔的方法

①打开要设置时间的演示文稿。

②在“幻灯片放映”菜单中点击“放映/排练记时”命令,激活排练方式。此时幻灯片放映开始,同时计时系统启动。

③重新记时可以单击快捷按钮,暂停可以单击快捷按钮,如果要继续那就要再一次单击按钮。

④当 Powerpoint 放完最后一张幻灯片后,系统会自动弹出一个提示框。如果选择“是”,那么上述操作所记录的时间就会保留下来,并在以后播放这一组幻灯片时,以此次记录下来的时间放映;点击“否”,那么你所做的所有时间设置将取消。

(2)已知放映所需时间后的时间间隔设置的方法

如果已经知道幻灯片放映所需要的时间,那可以直接在“排练”对话框内输入该数值。

①在“幻灯片放映”菜单中点击“放映/排练计时”命令,激活排练方式。

②将要设置时间间隔的幻灯片选中。

③用鼠标单击“排练”对话框内的时间框,将光标定位于这里,在这个框里按照小时:分:秒的格式输入时间,完毕后按回车键,则所输入的时间便生效,并自动放映下一张幻灯片并继续计时。

④同理,只要在其他幻灯片上重复上述步骤,便可以将所有需要设置时间间隔的幻灯片处理完毕,只要在最后弹出的对话框里单击按钮“是”表示确认后,所设置的时间间隔便可以生效。

设置完毕后,可以在幻灯片浏览视图下,看到所有设置了时间的幻灯片下方都显示有该幻灯片在屏幕上停留的时间。

6. 运用母版

使用母版可以定义每张幻灯片共同具有的一些特征。这些特征包括文字的位置与格式,背景图案,是否在每张幻灯片上显示页码、页脚及日期等。

母版中最常用到的是幻灯片母版。它控制除标题幻灯片以外的所有幻灯片的格式。母版上的更改反映在每张幻灯片上。如果要使个别的幻灯片外观与母版不同,直接修改该幻灯片即可。幻灯片母版的使用操作如下。

(1)打开“视图”菜单上的“幻灯片母版”。

(2)将对象添加到幻灯片母版中。

(3)单击“母版”工具栏上的“关闭”按钮。

7. 动画控制方式

对于动画方式,PowerPoint 除了提供“单击鼠标”和“之后(从上一项之后开始)”控制功能外,还增加了“之前(从上一项开始)”和“触发器动画”两项控制动画的新功能。利用“之前”动画方式,在一张幻灯片中就可以设置多个对象同时运行动画的效果,并且不同对象动画的开始时间可以自行设定。

“触发器动画”可以将画面中的任一对象设置为触发器。单击它,该触发器下的所有对象就能根据预先设定的动画效果开始运动,并且设定好的触发器可以多次重复使用。利用这种动画方式,可以制作出类似在 Authorware、Flash 等软件中用按钮控制动画的效果(将“动作按钮”作为触发器即可)。

8. 速度控制

在 PowerPoint 97 或 PowerPoint 2000 中,对象动画过程的时间或速度是默认的,无法预先设定,而 2003 版以上版本此项功能却是无可挑剔的,完全可以与 Authorware 的动画时间控制相媲美。它设有“非常慢(5 秒)”“慢速(3 秒)”“中速(2 秒)”“快速(1 秒)”和“非常快(0.5 秒)”等各种选择。如果还觉得不够的话,还可直接在“速度”栏中输入所需的时间,多的可以是几小时,最少为 0.01 秒。

另外,滚动字幕动画可以让你从容地将一大段文字一一读完,动画与音乐(声音)的同步播放也不再是一件难事了。

如果你需要重复播放某一段动画,除了用触发器控制外,还可以在“重复”框中选择重复的次数或停止该动画的条件(“直到下一次单击”或“直到幻灯片末尾”)。

设定动画的起始时间和过程时间还可以通过以下简捷的方法进行:选择“显示高级日程表”项,则动画列表中每个动画的右侧将显示蓝色的动画时间矩形块,通过移动或缩放矩形块,可以方便地改变动画的起始时间和过程时间。

9. 表格插入

用动画的形式介绍插入图表的方法和技巧;利用图表,可以更加直观地演示数据的变化情况。

(1)执行“插入图表”命令,进入图表编辑状态。

(2)在数据表中编辑好相应的数据内容,然后在幻灯片空白处单击一下鼠标,即可退出图表编辑状态。

(3)调整好图表的大小,并将其定位在合适位置上即可。

如果发现数据有误,直接双击图表,即可再次进入图表编辑状态,进行修改处理。

10. 转换文稿

制作的演示文稿有大量的文本,已经在 Word 中输入过了,可以用下面两种方法直接调用进来。

在使用下面两种调用方法之前,都要在 Word 中对文本进行设置一下:将需要转换的文本设置为“标题 1. 标题 2. 标题 3……”等样式,保存返回。

方法一:插入法。在 PowerPoint 中,执行“插入”菜单下的“幻灯片(从大纲)”命令,打开“插入大纲”对话框,选中需要调用的 Word 文档,按下“插入”按钮即可。

仿照此法操作,可以将文本文件、金山文字等格式的文档插入到幻灯片中。

方法二:发送法。在 Word 中,打开相应的文档,点击“文件”菜单下的“发送”,执行“Microsoft Office PowerPoint”命令,系统自动启动 PowerPoint,并将 Word 中设置好格式的文档转换到演示文稿中。

11. 演示文稿模板

当单击“常用”工具栏上的“新建”按钮时,PowerPoint 将会显示一个使用默认的设计幻灯片。其实,完全可以更改这个设计以使它总是包括一些常用元素,这样就不需要每次创建演示文稿都去更改这些内容了:单击“常用”工具栏上的“新建”按钮,然后选择“视图”中的“幻灯片母版”。接着,就能在幻灯片母版上进行更改了。做完更改后,在“幻灯片母版视图”工具栏上，单击“关闭母版视图”。最后，选择“文件”中的“另存为”。在“保存类型”框中，选择“演示文稿设计模板”；在“文件名”框中，键入“blank”，再单击“保存”，关闭模板。

12. 应用多个版式

PowerPoint 完全支持在一个演示文稿中使用多个模板。这样，就不用为版面单调而发愁了：先打开想要更改模板的幻灯片，选择“格式”中的“幻灯片设计”，要插入图片作为背景母版，选择菜单栏“插入”然后“图片”选择之前我们准备好的图片以上是添加一个母版过程，要实现同一个 PPT 设置多个母版还需要其他母版，点击幻灯片母版左面的“插入幻灯片母版”会出现标号为 2 的母版，之后同样选择“插入”中的“图片”，把之前准备的图片插入进去，点击右面“关闭母版视图”将母版关闭，看到界面只有第一个图片，接下来把我们要改为其他母版的 PPT 页面选中，然后右键选择“版式”。

6.5.2　多媒体演示文稿制作案例

1. PowerPoint 的特点

（1）简单易学

许多多媒体制作工具软件，虽然开发出来的课件质量较高，但学习难度大。然而 PowerPoint 一般教师稍加学习，就能掌握，对熟悉 Word 的教师更是易如反掌。这为一般教师充分利用自身教学经验和丰富的教学素材资源来开发教学课件提供了广阔的空间。

（2）支持的媒体类型多

利用 PowerPoint 能开发出兼具文字、图像、声音、动画等特点的多媒体演示型课件。

（3）能满足一般的课堂教学需求

PowerPoint 制作的课件页面切换和内容的过渡相对较生硬，不是很流畅，但用 PowerPoint 的多媒体功能，制作演示型课件，能满足一般的教学需要。

2. 用 PowerPoint 制作课件的方法

（1）构思，根据 PowerPoint 的特点，设计课件方案时，把方案写成分页式，即按照幻灯片一张一张的样式，按屏幕页面的方式写出，同时要考虑模板的选取、板式的选择、效果的设置、动画出现的时间以及放映时的链接等。然后精心构思场景，写出课件制作的方案。

（2）新建 PowerPoint 文档

①新建空白文档

②根据模板新建，为制作统一风格的幻灯片模式课件，先是根据教案的设计，精心选择设计模板，PowerPoint 提供了几十种经过专家精心制作、构思精巧、设计合理的模板。利用模板，可以在最短的时间内创建出较为理想的幻灯片，大大节省时间和精力。当然模板在制作课件的过程中可随时更换并且可以修改。

③根据向导新建文档

（3）插入幻灯片

你可以选择空白版式自由发挥你的想象力创建有个性的页面，或选择合适的版式加快制作进程。

插入了幻灯片，接下来就是向其中添加各种内容——媒体。

（4）添加文本

文本可在普通视图中输入，亦可在幻灯片视图中输入。通过横排或者竖排方框实现，文字输入后就可编辑和格式化文本,如设置字体、字型、字号、颜色等。可以改变文本框的位置和大小。

(5)添加图形

将图形和文字配合在一起,不但可以正确表示课件的内容,而且可以大大增强课件的表现能力,增强演示效果。

①插入图片

可以从剪辑库中为幻灯片添加图片,更多的是插入文件中的图片。可对插入的图片进行移动、裁剪和修饰等加工。

②绘制图形

可以使用 PowerPoint 提供的绘图工具轻松绘制诸如直线、圆、椭圆、正多边形等简单的图形,还可修改图形的线宽、填充颜色等。

③插入艺术字

PowerPoint 中艺术字是以图形的形式出现的。对编辑好的多个图形可以进行组合。

(6)插入图表和结构图

插入新幻灯片时,选择带有图表版式的幻灯片,按屏幕提示操作即可插入图表。为了形象地表达结构、层次关系,可以在幻灯片中制作组织结构图,在新幻灯片版式图中选择组织结构图的版式,双击组织结构图的占位符,就可启动组织结构图处理窗口。这时可方便地进行增加、删除等组织结构图的编辑。

(7)插入声音和视频

①插入声音

PowerPoint 可以插入剪辑库中的声音,也可以插入文件中的声音。插入声音之后,会显示一个图标,可以改变图标的大小,可以设置幻灯片放映按钮,鼠标点击可以播放声音,可以通过"动作设置"命令选项来设置声音的自动播放。

②插入视频

可以插入剪辑库中的影片,更多地把 avi 类型的影视文件插入到当前课件幻灯片中。PowerPoint 播放影片时,可随时单击鼠标暂停和重放,这对于上课来说非常方便。可以调整视频播放窗口的大小。

(8)插入 Flash 动画

Flash 动画的魅力是众所周知的。在 PowerPoint 中插入 Flash 的步骤如下。

从"开发工具"中打开"控件工具箱"→点击"其他控件"→找到"Shockwave Flash Object"项点击→在页面上画一个框→右击此框→选"属性"→点击"自定义"后的"..."→在出现的对话框中填入"影片 URL"→确定→调整 Flash 的大小和位置→OK

(9)设置动画

动画在课件设计中有极其重要的地位,好的动画效果可以明确主题、渲染气氛,产生特殊的视觉效果。PowerPoint 中有如下几种动画。

①幻灯片切换:定义幻灯片切换时整体过渡的动画。

②幻灯片动画方案:定义幻灯片中各个元素——文本、图形、声音、图像和其他对象的动画。

③自定义动画：分别定义幻灯片中各个元素——文本、图形、声音、图像和其他对象的动画。

④动画类型：进入、强调、退出、路径。动作条件：单击、按键、定时、之前、之后、触发。附加特性：速度、声音。

（10）幻灯片的链接

在默认情况下 PowerPoint 幻灯片是"顺序型"的，但我们可以加入超链接来实现幻灯片之间的任意跳转，使课件具有"树型"或"超媒体型"结构。幻灯片的链接就是根据教学的需要，确定好幻灯片的放映次序、动作的跳转等。可以建立一些动作按钮，如"上一步""下一步""帮助""播放声音"和"播放影片"文字按钮或图形按钮等。放映时单击这些按钮，就能跳转到其他幻灯片或激活另一个程序、播放声音、播放影片、实现选择题的反馈、打开网络资源等，实现交互功能。

6.6　动画型课件的制作

6.6.1　制作工具 Flash 基本介绍

Flash 是一种动画创作与应用程序开发于一身的创作软件，到 2013 年 9 月 2 日为止，最新的零售版本为 Adobe Flash Professional CC（2013 年发布）。Adobe Flash Professional CC 为创建数字动画、交互式 Web 站点、桌面应用程序以及手机应用程序开发提供了功能全面的创作和编辑环境。Flash 广泛用于创建吸引人的应用程序，它们包含丰富的视频、声音、图形和动画。可以在 Flash 中创建原始内容或者从其他 Adobe 应用程序（如 Photoshop 或 illustrator）导入它们，快速设计简单的动画，以及使用 Adobe ActionScript 3.0 开发高级的交互式项目。设计人员和开发人员可使用它来创建演示文稿、应用程序和其他允许用户交互的内容。Flash 可以包含简单的动画、视频内容、复杂演示文稿和应用。

Flash 的"工作区"主界面包括菜单栏、选项卡式的"文档"窗格、"时间轴""动画编辑器"面板组、"属性""库"面板组、"工具"面板等组成部分。Flash 的界面与传统的 Flash 软件有很大区别，在 Flash 新的"工作区"界面中，将传统的"时间轴"面板移到了主界面的下方，与新增的"动画编辑器"面板组合在一起；同时将"属性"面板和"库"面板组成面板组，与"工具"面板一起移到了主界面的右侧。这样调整的目的是尽量增大"舞台"的面积，使用户可以方便地设计动画。

1. 菜单栏

Flash 与同为 Adobe 创意套件的其他软件相比最典型的特征就是没有标题栏。Adobe 公司将 Flash 的标题栏和菜单栏集成到了一起，以求在有限的屏幕中尽可能地将空间留给"文档"窗格。

2. "文档"窗格

"文档"窗格是 Flash 工作区中最重要的组成部分之一，其作用是显示绘制的图形、图像以及辅助绘制的各种参考线。

在默认状态下，"文档"窗格以选项卡的形式显示当前所有打开的 Flash 影片文件、动画脚本文件等。用户可以用鼠标按住"选项卡名称"，然后将其拖拽出选项卡栏，使其切换为窗口形式。

“文档”窗格主要包括标题栏(选项卡名称栏)和舞台两个组成部分。在舞台中,又包括“场景”工具栏和场景两个部分。

图 6-9 “文档”窗格

提示:“场景”工具栏的作用是显示当前场景的名称,并提供一系列的显示切换功能,包括元件间的切换和场景间的切换等。“场景”工具栏中自左至右分别为“后退”按钮、“场景名称”文本字段、“编辑场景”按钮、“编辑元件”按钮等内容。

3.“时间轴”“动画编辑器”面板组

时间轴是指动画播放所依据的一条抽象的轴线。在 Flash 中,将这套抽象的轴线具象化到了一个面板中,即“时间轴”面板。

与“时间轴”面板共存于一个面板组的还有 Flash CS4 以上版本新增的“动画编辑器”面板。分别选择面板组中的选项卡,可在这两个面板间进行切换。单击选项卡的空位,可以将这个面板组设置为显示或隐藏。

4.“属性”“库”面板组

“属性”面板又被称作“属性”检查器,是 Flash 中最常用的面板之一。用户在选择 Flash 影片中的各种元素后,即可在“属性”面板中修改这些元素的属性。

“库”面板的作用类似一个仓库,其中存放着当前打开的影片中的所有元件。用户可直接将“库”面板中的元件拖拽到舞台场景中,或对“库”面板中的元件进行复制、编辑和删除等操作。

提示:如果“库”面板中的元件已被 Flash 影片引用,则删除该元件后,舞台场景中已被引用的元件也会消失。

5.“工具”面板

“工具”面板也是 Flash 中最常用的面板之一。在“工具”面板中,列出了 Flash 中常用的工具,用户可以单击相应的工具按钮,或按这些工具所对应的快捷键,来调用这些工具。

提示:在默认情况下,“工具”面板是单列的。用户可以将鼠标悬停在“工具”面板的左侧边界上,当鼠标光标转换为“双向箭头”时,将其向左拖拽。此时,“工具”面板将逐渐变宽,相应地,其中的工具也会重新排列。

一些工具是以工具组的方式存在的(工具组的右下角通常有一个小三角标志),此时,用户可以右击工具组,或者按住工具组的按钮 3 秒钟时间,即可打开该工具组的列表,在列表中选择相应的工具。

提示:在“工具”面板的下方,还包括“笔触颜色”“填充颜色”两个颜色拾色器按钮以及“黑白”按钮和“交换颜色”按钮等工具。

6.6.2　元件、实例和库的基本概念

1. 元件

元件:是 Flash 中一种比较独特的、可重复使用的对象。它有 3 种形态:图形、按钮和影片剪辑。

图形元件:它是由在影片中多次使用的静态图形组成,一般是矢量图形、位图图像、声音等,不具有交互性,声音元件则是图形元件中一种特殊的元件。

按钮元件:它可以在影片中创建具有交互作用的按钮和相应的鼠标事件,如鼠标单击。在 Flash 中首先要为按钮设计不同的状态外观,然后再为按钮的实例分配动作。

影片剪辑元件:它是 Flash 中使用最广、功能最强的部分,是一个个独立的小影片,在影片剪辑元件中可以包括主影片中所有组成部分,如声音、按钮、图像等。

在 Flash 中只创建一次,但在整个动画中可以重复使用。元件可以是图形,也可以是动画。在动画制作中所创建的元件都自动地保存在库中。且只在动画中存储一次,不管引用多少次,只在动画中占有很少的空间。

2. 实例

就是元件在场景中的应用,它是位于舞台上,或嵌套在另一个元件内的元件副本。

3. 认识库

库是元件和实例的载体,它最基本的用处是对动画中的元件和实例进行管理。

6.6.3　时间轴与帧、图层

在 Flash 中制作动画前,要认清两个基本概念:一个是时间轴,另一个是帧。

1. 时间轴

时间轴是实现 Flash 动画的关键部分,是进行动画编辑的主要工具之一。Flash 动画是将画面按一定的空间顺序和时间顺序放在时间轴面板中,在放映时按照时间轴排列顺序连续快速地显示这些画面。

从外观看,时间轴由两部分组成,即图层控制区和帧控制区。如图 6－10 所示。

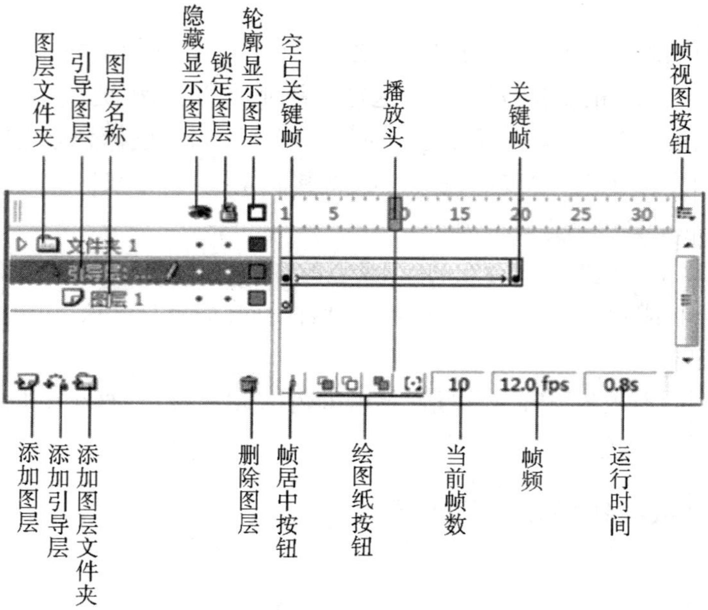

图 6－10　图层控制区和帧控制区

2. 帧

Flash 动画是通过更改连续帧中的内容创建的。将帧所包含的内容进行移动、旋转、缩放、更改颜色和形状操作，即可制作出丰富多彩的动画效果。

（1）认识帧

帧是制作动画的核心，它显示在时间轴中，控制着动画的时间及各种动作的发生。动画中帧的数量和播放速度决定了动画的长度。

（2）帧的类型

①关键帧：是用来定义动画对象变化的帧。

关键帧是特殊的帧，是动画变化的关键点。如补间动画的起点（第一帧）和终点（最后一帧）以及逐帧动画的每一帧都是关键帧。

关键帧有实关键帧（即关键帧）和空白关键帧两种。

在时间轴上，实心圆点表示有内容的关键帧，即实关键帧；空心圆点表示无内容的关键帧，即空白关键帧。

②普通帧：普通帧也称为静态帧，在时间轴中显示为一个矩形单元格。无内容的普通帧，显示为空白单元格，有内容的普通帧，则会显示出一定的颜色。在实关键帧后面，插入普通帧，则此实关键帧后面所有普通帧的内容与实关键帧中的内容相同。

③过渡帧：过渡帧实际上也是普通帧，它包括了许多帧。但其中至少要有两个帧：起始关键帧和结束关键帧。

④起始关键帧：用于决定对象在起始点的外观；结束关键帧：用于决定对象在结束点的外观。

3. 图层

在 Flash 中，图层是作为时间轴窗口的一个组成部分，出现在时间轴的左侧。图层像一叠透明的纸,每一张都保持独立,其上的内容互不影响. 可以单独操作,同时又可以合成不同的连续可见的视图文件。

图层有普通层、引导层和遮罩层三种类型。

(1)普通层

普通层:用于放置基本的动画制作元素,如矢量图形、位图、元件和实例等。普通层的创建方法有如下三种。

①单击时间轴左侧“图层”面板左下角的“新建图层”按钮。

②在菜单中依次选择“插入”“时间轴”“图层”命令。

③在“时间轴”面板左侧“图层”面板中某一图层上单击鼠标右键,在弹出的快捷键菜单中选择“插入图层”命令。

(2)引导层

引导层:用于辅助图形的绘制和为对象的运动路径设置起到导向作用。引导层在舞台中可以显示,但在输出电影的时候则不会显示。

引导层有普通引导层和运动引导层两种类型。

①普通引导层:只起到辅助图形绘制的作用。其创建方法如下:在“时间轴”面板左侧的“图层”面板中选择需要将其转换为普通引导层的图层,在该图层上单击鼠标右键,在弹出的快捷菜单中选择“引导层”命令即可,在得到的普通引导层名称前有一个图标。

②运动引导层:起到指示对象运动的作用。其创建方法如下:在“时间轴”面板左侧的“图层”面板中选择需要将其转换为普通引导层的图层,在该图层上单击鼠标右键,在弹出的快捷菜单中选择“添加运动引导层”命令即可,在得到的运动引导层名称前有一个图标。

(3)遮罩层

遮罩层可使用户透过该层中对象的形状看到与其链接的层中的内容,遮罩层中的对象以外的区域则被遮盖起来,不能被显示,其效果就像在链接图层中创建一个遮罩层中对象形状的区域。

遮罩层的创建方法如下:在“时间轴”面板中选择需要转换为遮罩层的图层,在该图层上单击鼠标右键,在弹出的快捷菜单中选择“遮罩层”命令即可,在得到的遮罩层名称前有一个图标,与其链接的图层名称前也会有一个图标。

6.6.4　图形的编辑

Flash 工具箱中常用工具的使用方法如下。

1. 图形工具

(1)直线工具 

直线工具可以用来绘制直线,选择了“直线工具”之后,属性面板中为直线工具属性。在直线工具属性面板中可以设置笔触的颜色、粗细、直线类型等,如图6-11所示。

图6-11　线条工具

(2)椭圆工具

椭圆工具用于绘制椭圆和圆形图形，选中“椭圆工具”后，可以在颜色面板或属性面板中设置笔触和填充颜色，笔触和填充颜色都可以是透明色、纯色或渐变色，笔触属性的设置与线条工具相同。使用椭圆工具绘制圆形需要按住 Shift 键，同时拖动鼠标。

如果绘制的图形中笔触和填充都不是透明色，一次绘制将得到两个对象，即椭圆边线路径对象和椭圆填充对象。

(3)矩形工具

矩形工具用于绘制矩形图形，绘制正方形要按住 Shift 键，其他与椭圆工具相同。

绘制圆角矩形通过工具箱“选项”中的“圆角矩形半径”完成，单击“边角半径设置”图标打开“矩形设置”文本框，如图 6－12 所示。

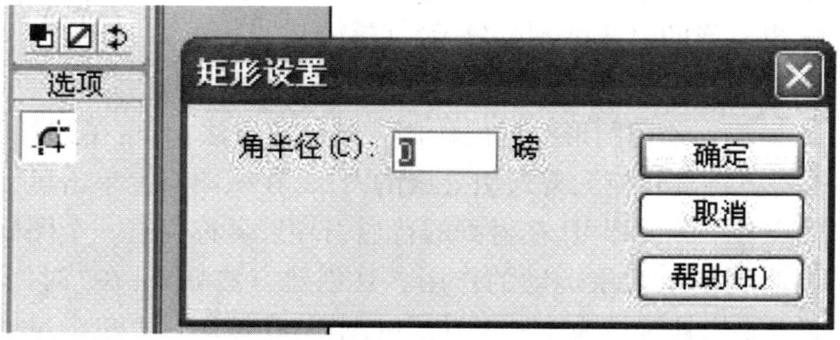

图 6－12　矩形工具

同样，矩形颜色笔触等的一系列设置可以在属性面板中完成。

2. 选取工具

(1)箭头工具

箭头工具是实心的箭头样子，箭头工具可以通过单击对象的方式选择某个对象。当箭头工具鼠标旁边为矩形框时(如图 6－13)，可以进行区域对象选择，即可以拉出一个矩形区域，该矩形区域的对象都被选中。当“箭头工具”鼠标旁边为“十”字箭头时(如图 6－14)，可以移动选中的对象。当“箭头工具”鼠标旁边为弧形曲线时(如图 6－15)，使用鼠标可以移动对象的外缘，改变对象的形状。当“箭头工具”鼠标旁边为直角形状时(如图 6－16)，使用鼠标可以移动对象的拐角点，改变对象的形状。

图 6－13

图 6－14

图 6－15

图 6－16

(2)部分选取工具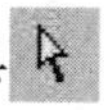

部分选取工具是空心箭头工具，使用部分选取工具可以单击对象的边缘选中对象，或拉出一个矩形选中区域内的所有对象。部分选取工具只能选取对象的边缘，选中一个对象后，对象边缘上出现控制点，可以拖动对象边缘控制点改变对象形状，也可以拖动控制点的手柄调整对象边缘曲率，如图 6－17 所示。

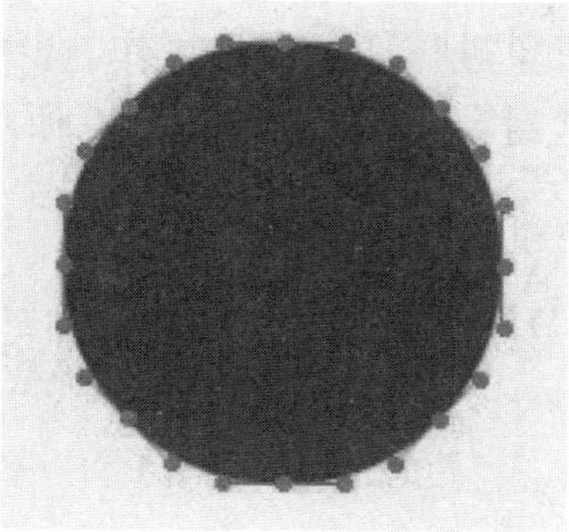

图 6－17

(3)套索工具

套索工具用于在图像内部选取部分区域，使用套索工具在对象内部绘制一个闭合的区域后，可以对该区域进行填充、移动、复制(附加 Ctrl 键)、删除(Delete 键)等操作。选中“套索工具”后，工具箱“选项”中有三个套索工具选项，如图 6－18 所示。“魔术棒设置”对话框如图 6－19 所示。

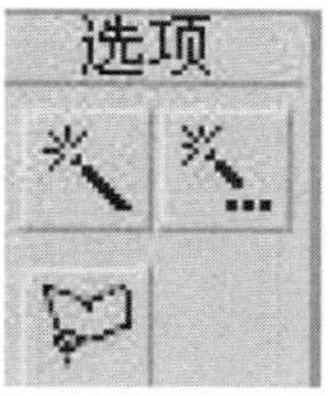

图 6－18

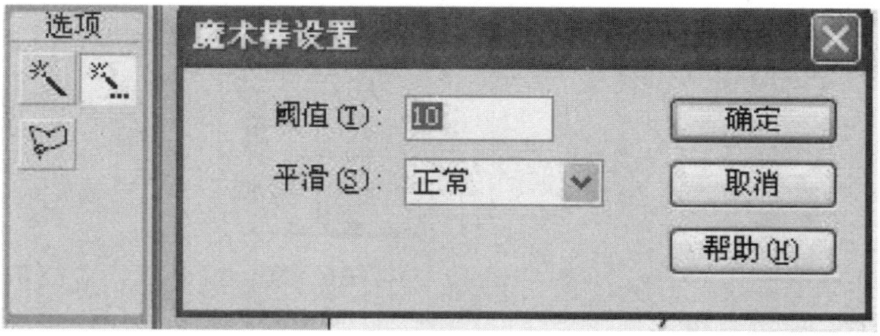

图 6－19

3. 颜色填充工具

(1)颜料桶工具

颜料桶工具可以使用选择的填充颜色对选中区域进行颜色填充，使用颜料桶工具要注意设置工具箱中的“选项”。一般填充是对封闭区域的填充，当区域中有缝隙时，填充则不能完成。选择填充选项中的适当空隙，可以对不完全封闭的图形进行填充。

(2)墨水瓶工具

墨水瓶工具是对笔触进行颜色填充的工具，使用墨水瓶工具可以改变对象的笔触颜色。如果一个对象的笔触是透明色，可以使用墨水瓶工具为其添加你想要的笔触颜色。

(3)吸管工具

吸管工具用于选取笔触或填充色，使用吸管工具可以从颜色样板或图像中获取纯色、渐变色以及填充位图。

4. 变形工具

(1)任意变形工具

任意变形工具可以对图形对象进行任意变形操作,选中“任意变形工具”后,选项中有“缩放”“旋转与倾斜”“扭曲”和“封套”选项,如图6-20所示。

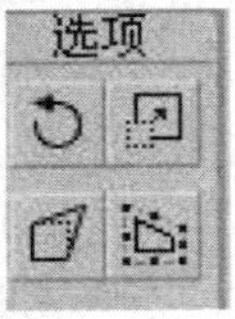

图6-20

(2)填充变形工具

填充变形工具用于调整线性填充和放射状填充以及位图填充的填充效果,选取“填充变形工具”后,选中对象上出现填充变形调整手柄。

5. 笔形工具

(1)铅笔工具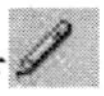

铅笔工具和线条工具的属性是相同的,铅笔工具的选项区域中有“伸直”“平滑”和“墨水”三个选项,使用相应的选项可以绘制直线、平滑的曲线和任意曲线,如图6-21所示。

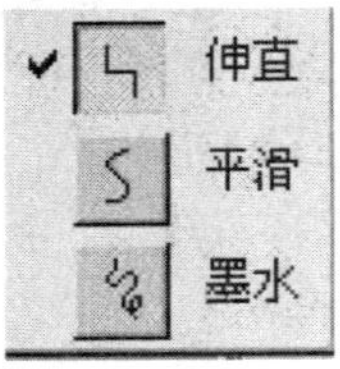

图6-21

(2)钢笔工具

钢笔工具是用于绘制贝塞尔曲线的工具。

(3)画笔工具

画笔工具只能绘制填充色块,在画笔工具的选项区域中有“画笔大小”“画笔形状”的选择以及“画笔模式”选项,如图6-22所示。使用画笔在图像上绘画时,选择不同的画笔模式可以实现不同的功能。

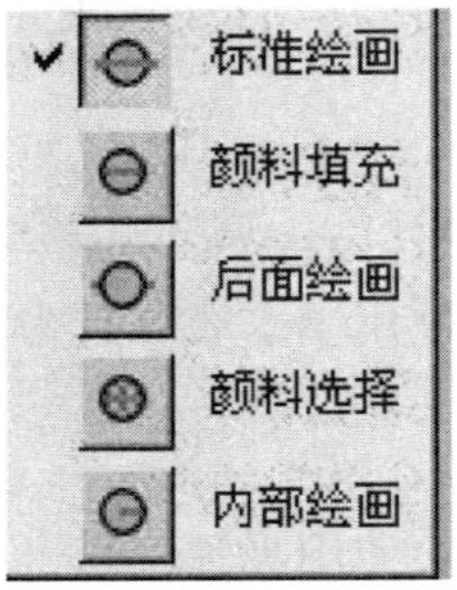

图6-22

6. 文本工具

使用 Flash 文本工具可以在 Flash 文档中输入文字。Flash 文档中的文字可以使用任意变形工具进行缩放和旋转操作，但不能扭曲、倾斜，也不能填充渐变颜色，因为文本不是矢量图形。但是文本可以转变为矢量图形：选中文本，使用“修改”菜单下的“分离”命令，可以将文字转换为矢量图形，或者用快捷键 Ctrl + B 来分离。

7. 橡皮擦工具

标准擦除：可以擦除所有对象。

擦除填色：只能擦除填充色，不能擦除边线。

擦除线条：只能擦除边线，不能擦除填充色。

擦除所选填充：只能擦除选择区域的填充颜色。

内部擦除：只能擦除起始接触的颜色。如图 6 – 23。

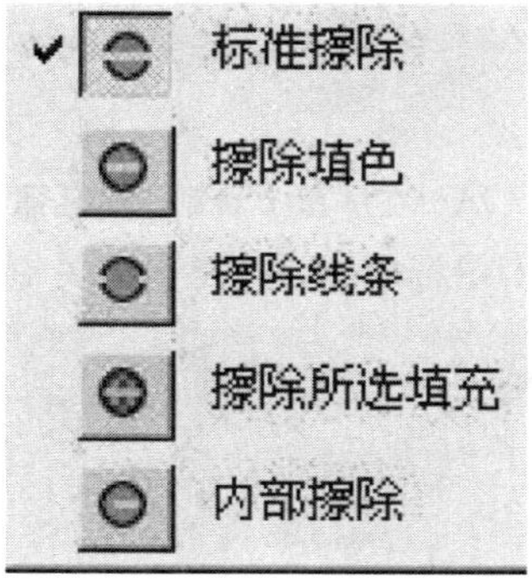

图 6 – 23

6.6.5　简单的动画制作

1. 变形动画制作

相关知识：帧、关键帧、空白关键帧。

(1)绘图工具的认识(画笔、椭圆、矩形)

(2)旋转工具的使用(面板、转换)

(3)一般变形动画制作步骤

步骤 1：新建一个文件。

步骤 2：在屏幕上绘制一个任意图形，如图 6 – 24 所示。

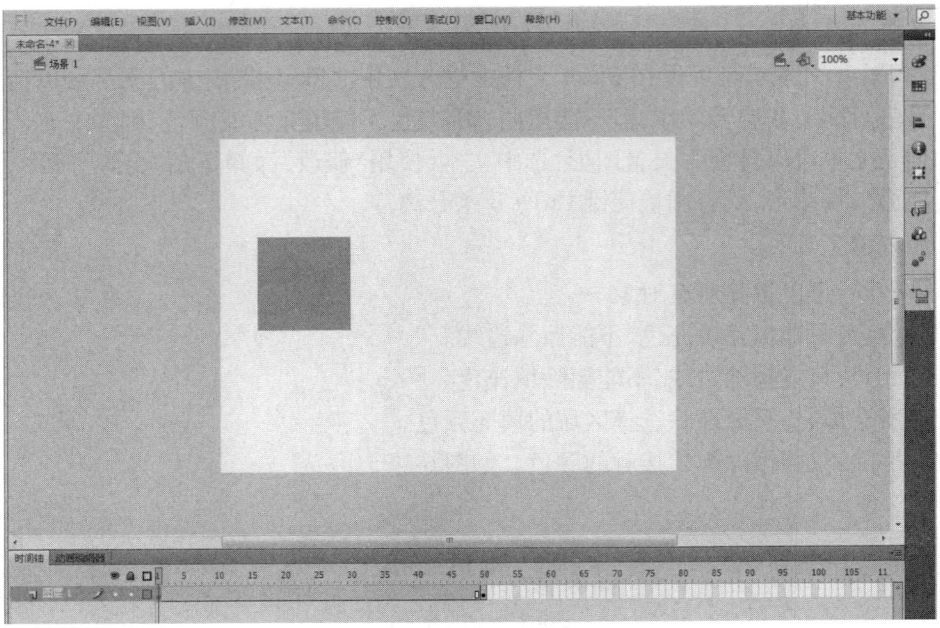

图 6－24　在屏幕上绘制一个任意图形

步骤 3：在时间轴 50 帧处单击鼠标右键，插入空白关键帧，如图 6－25 所示。

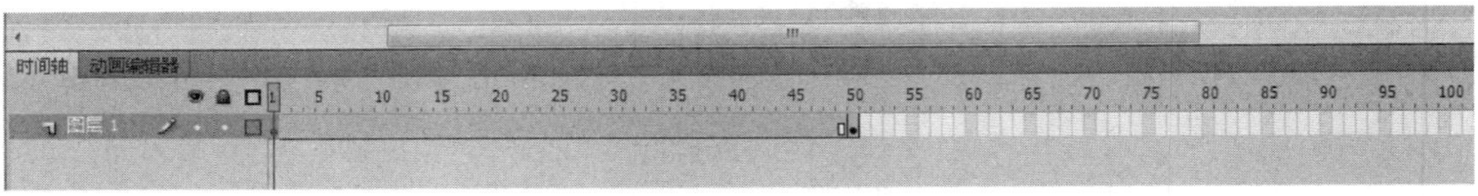

图 6－25　插入空白关键帧

步骤 4：在该空白关键帧中，绘制另一个任意图形，如图 6－26 所示。

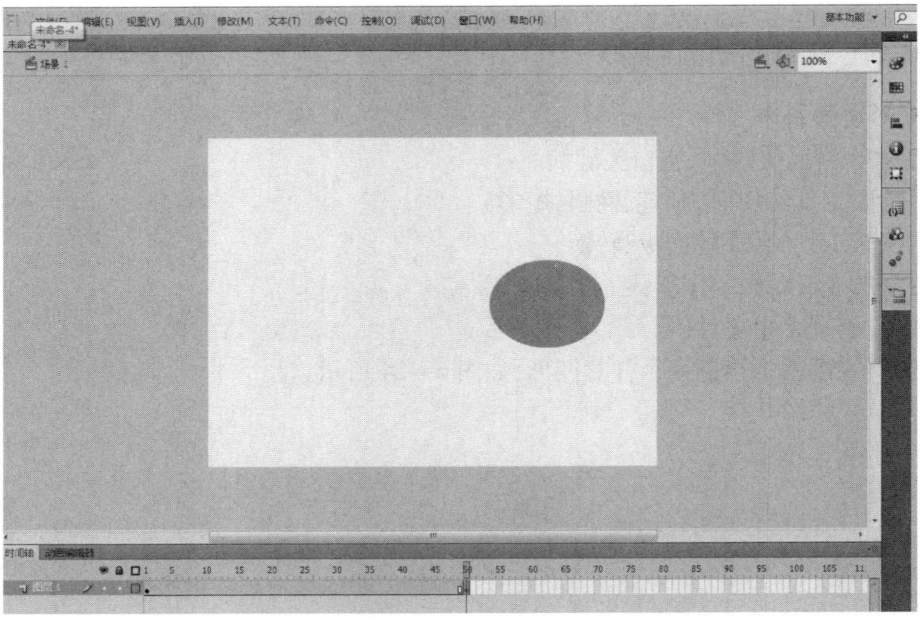

图 6－26　在空白关键帧中绘制另一个任意图形

步骤 5：在时间轴 1 帧处单击鼠标右键，进入属性面板，选择“创建补间形状”，如图 6-27 所示。

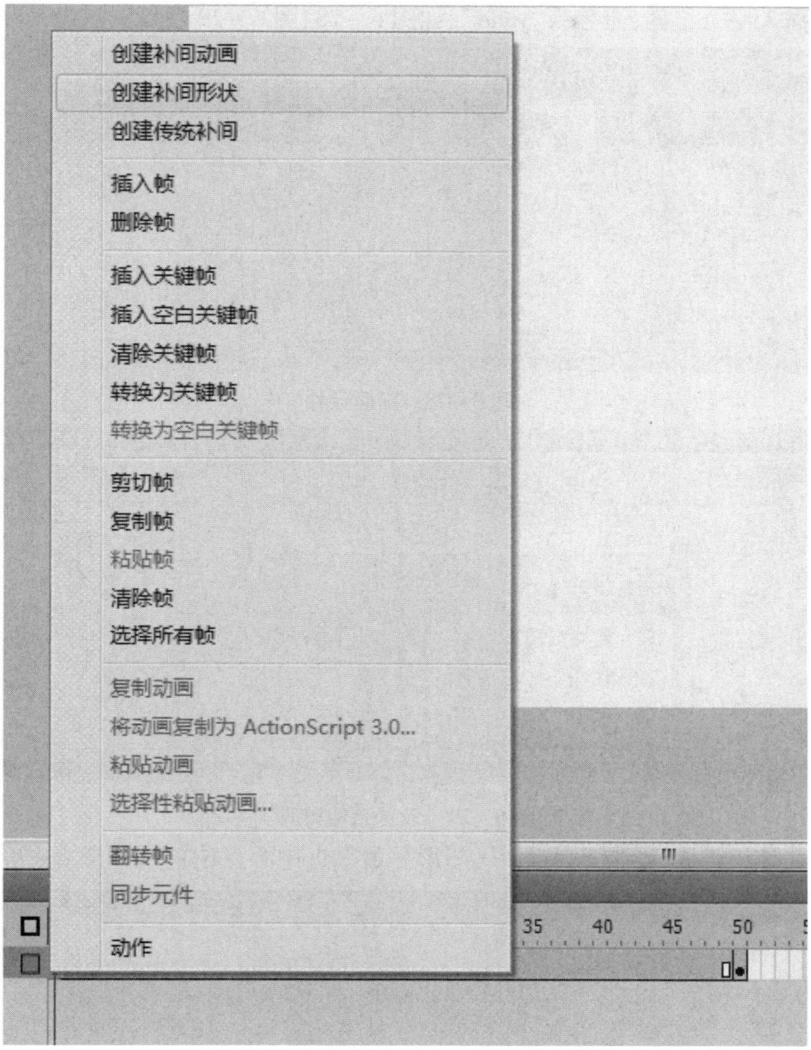

图 6-27　创建补间形状

步骤 6：按键盘 Ctrl + Enter，运行动画。

2. 移动动画制作

相关知识：移动动画与变形动画有所不同，不能直接在舞台上绘制图形，且要移动的物品必须是一个组件。

新建组建的方法为点击菜单中的“插入新建元件”。组件（元件）相当于一个零件。在制作动画过程中，可以把整个画面上的物品分别做成一个个小的组件。往往动画的画面是通过调用不同的组件拼装而成的。其优点是当动画制作完成后，可以对这些零件进行加工（如颜色、线条等），而不需要作其他修改。同时，利用组件可以使一张图形重复被使用。

组件有三种类型：图形、影片剪辑、按钮。

(1)单层动画制作步骤

步骤1:新建一个文件。

步骤2:插入一个组件,命名为“yuan”,如图6-28、图6-29所示。

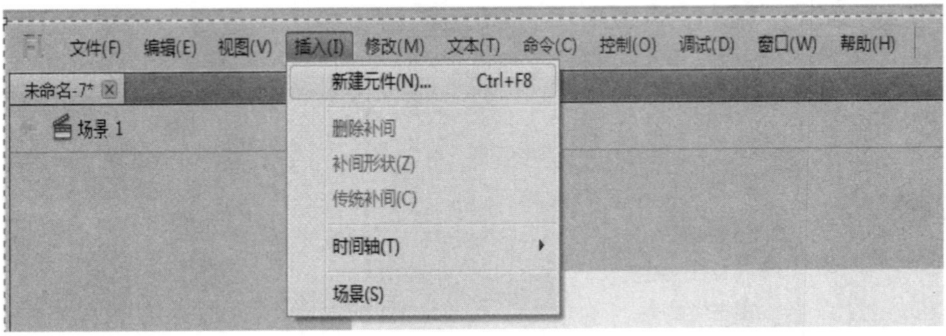

图6-28　新建元件

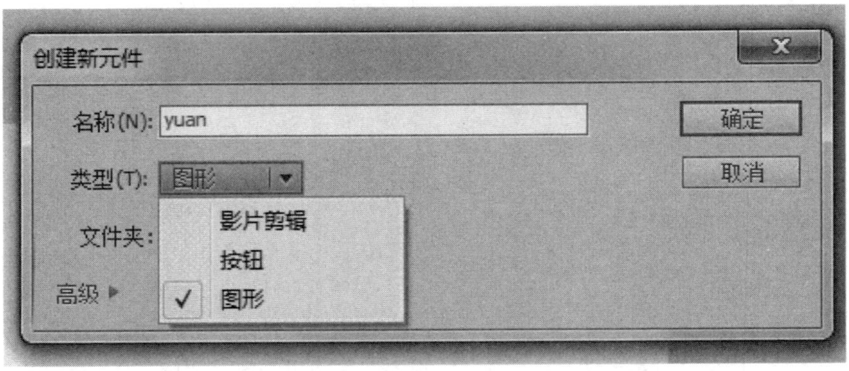

图6-29　设置元件类型

步骤3:在该组件中,绘制一个图形(图形尽量靠近中心点位置),如图6-30所示。

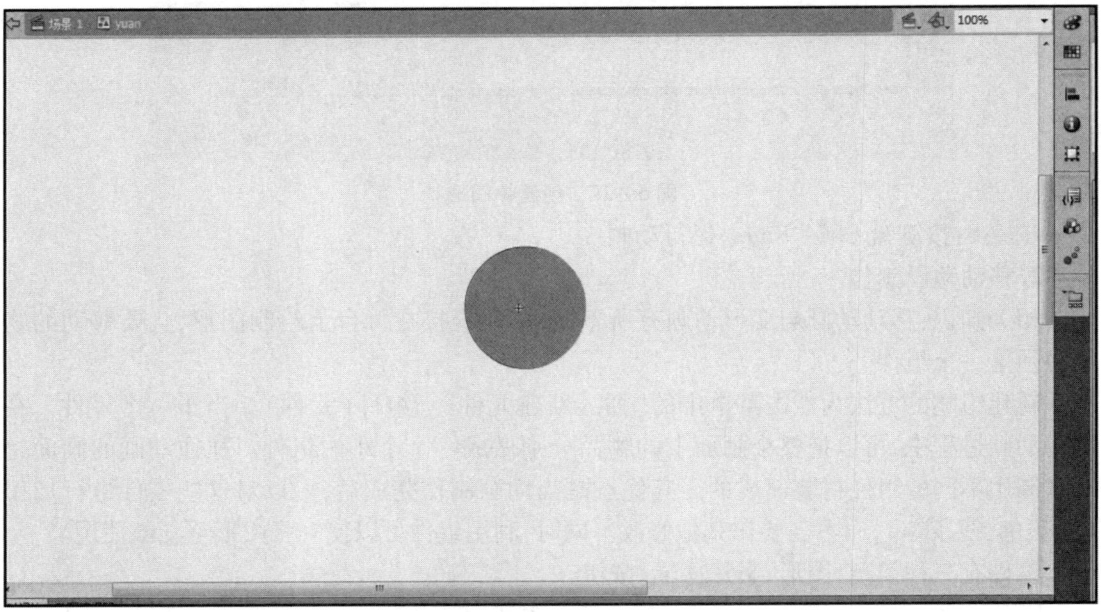

图6-30　在元件面板画圆

步骤 4：单击“场景 1”，回到场景。

步骤 5：单击“窗口”菜单中的“库”，如图 6－31 所示。

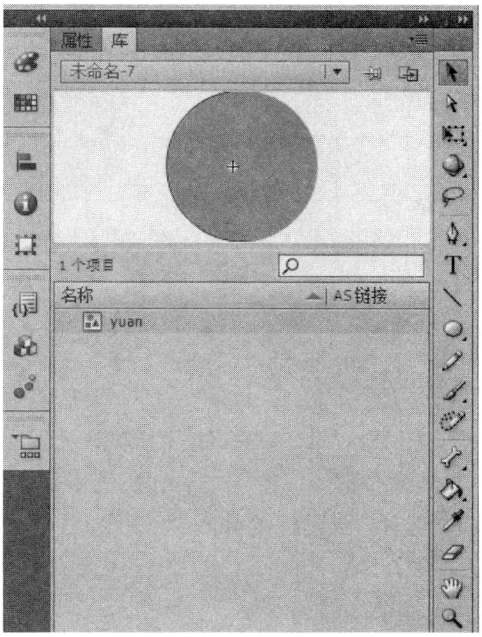

图 6－31　库

步骤 6：选择图库中的“yuan”，将其拖曳到舞台左边，如图 6－32 所示。

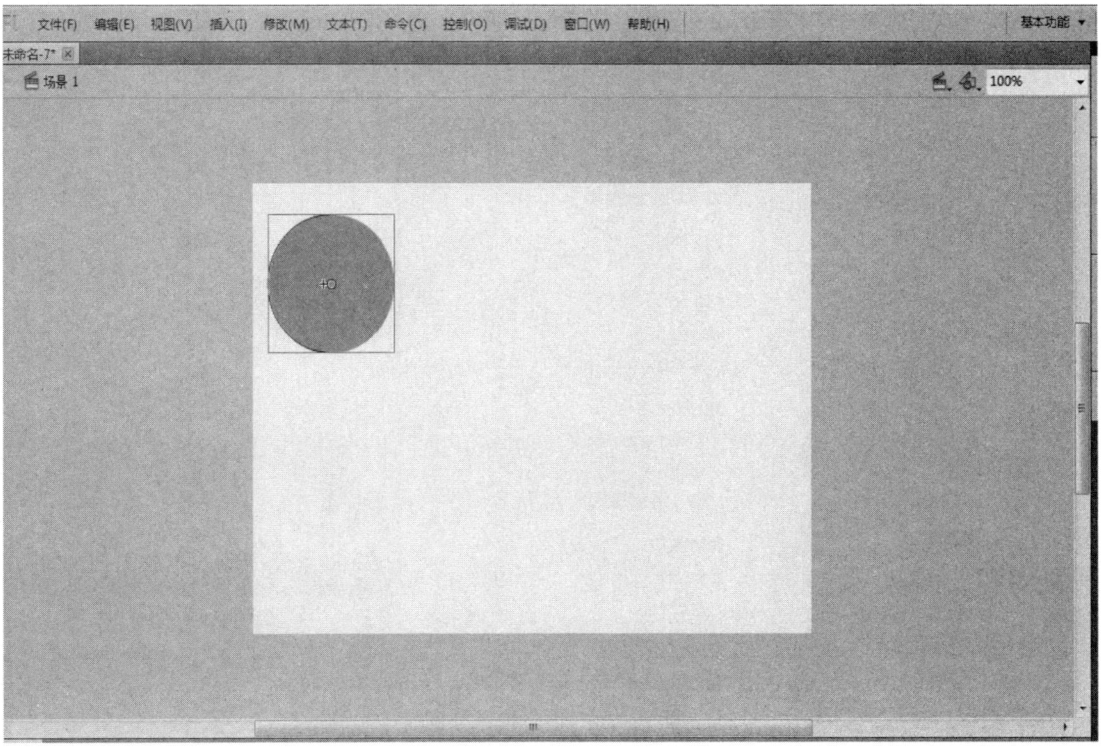

图 6－32　把库中的圆拖至场景

步骤 7:在时间轴 50 帧处单击鼠标右键,选择“插入关键帧”。

步骤 8:把屏幕上的图形移动位置,至舞台的右下角,如图 6 - 33 所示。

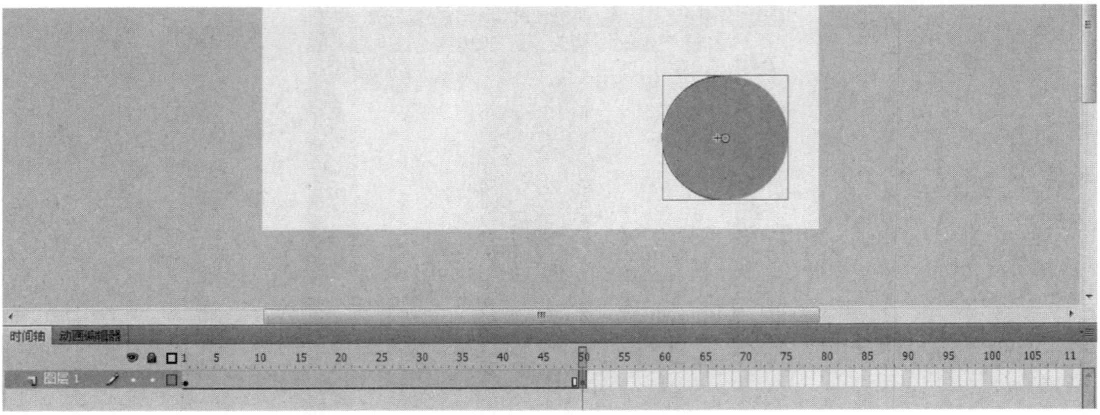

图 6 - 33　在关键帧上拖动圆

步骤 9:在时间轴上单击鼠标右键。

步骤 10:在下拉的窗口中选择“创建传统补间”,如图 6 - 34 所示。

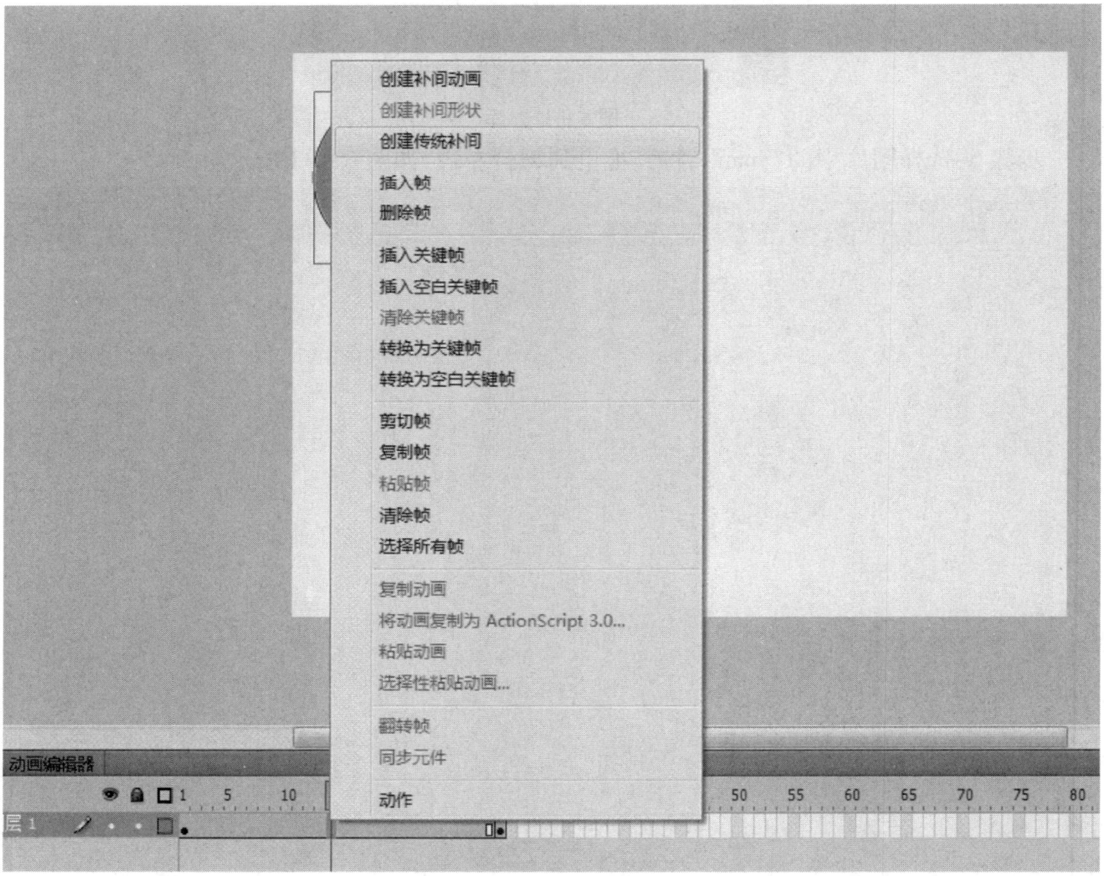

图 6 - 34　创建传统补间

步骤 11:按键盘 Ctrl + Enter,运行动画。

3. 引导层动画

相关知识:帧、关键帧、引导层。

(1)绘图工具的认识(画笔、椭圆)

(2)图片导入

(3)一般变形动画制作步骤

步骤 1:把 Flash 软件打开,然后建立两个图层,如图 6－35 所示。

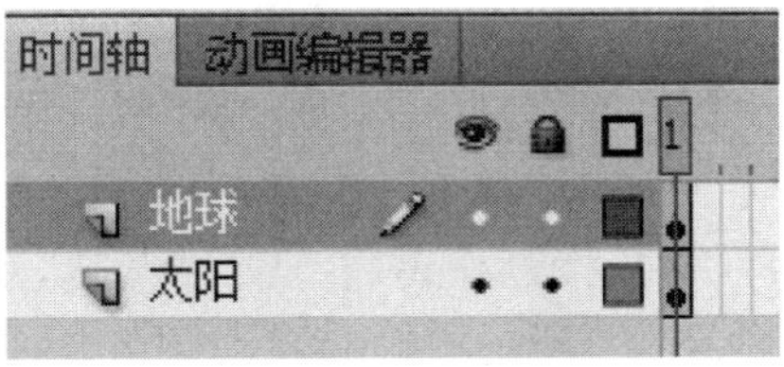

图 6－35　建立图层

从下至上,两个图层的名称分别命名为“太阳”“地球”。

步骤 2:选择太阳层的第一个帧,画出一个红色的太阳,如图 6－36 所示。

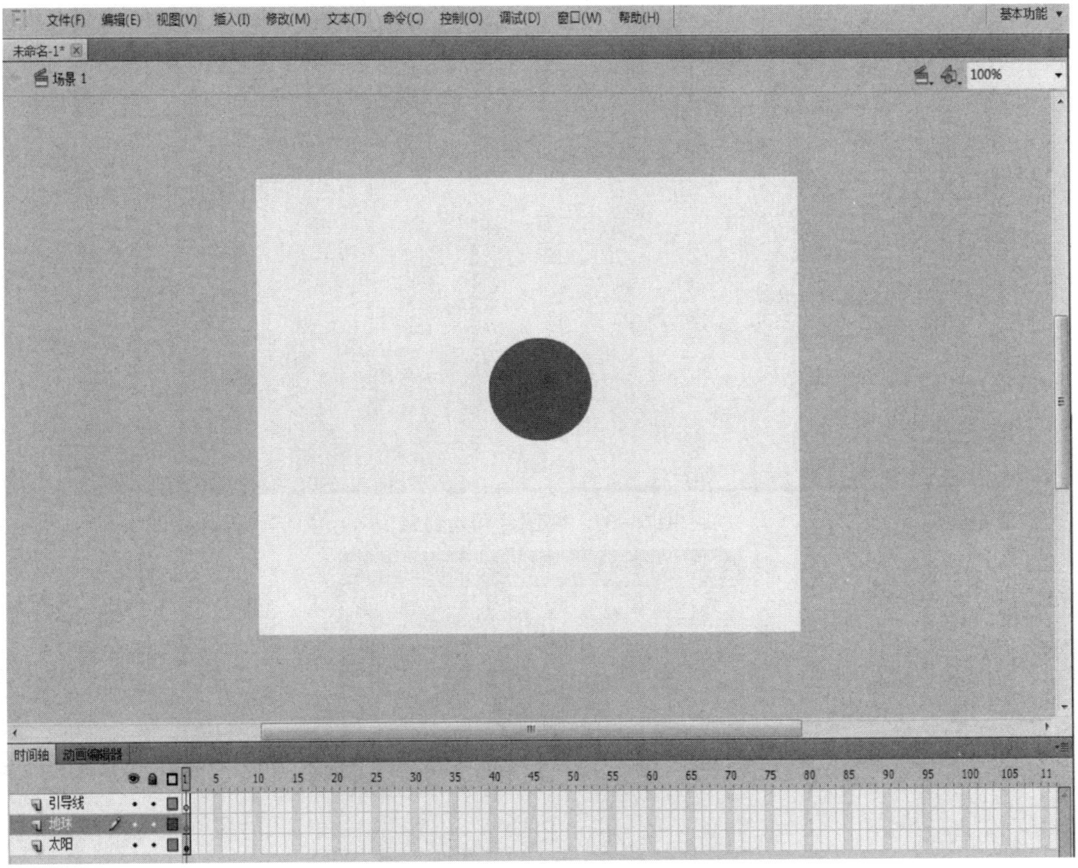

图 6－36　画出太阳

步骤2:在“地球层”的第一帧,导入一个地球的图片,然后从库中把图形拖入“地球层”的第一帧,如图6-37、图6-38所示。

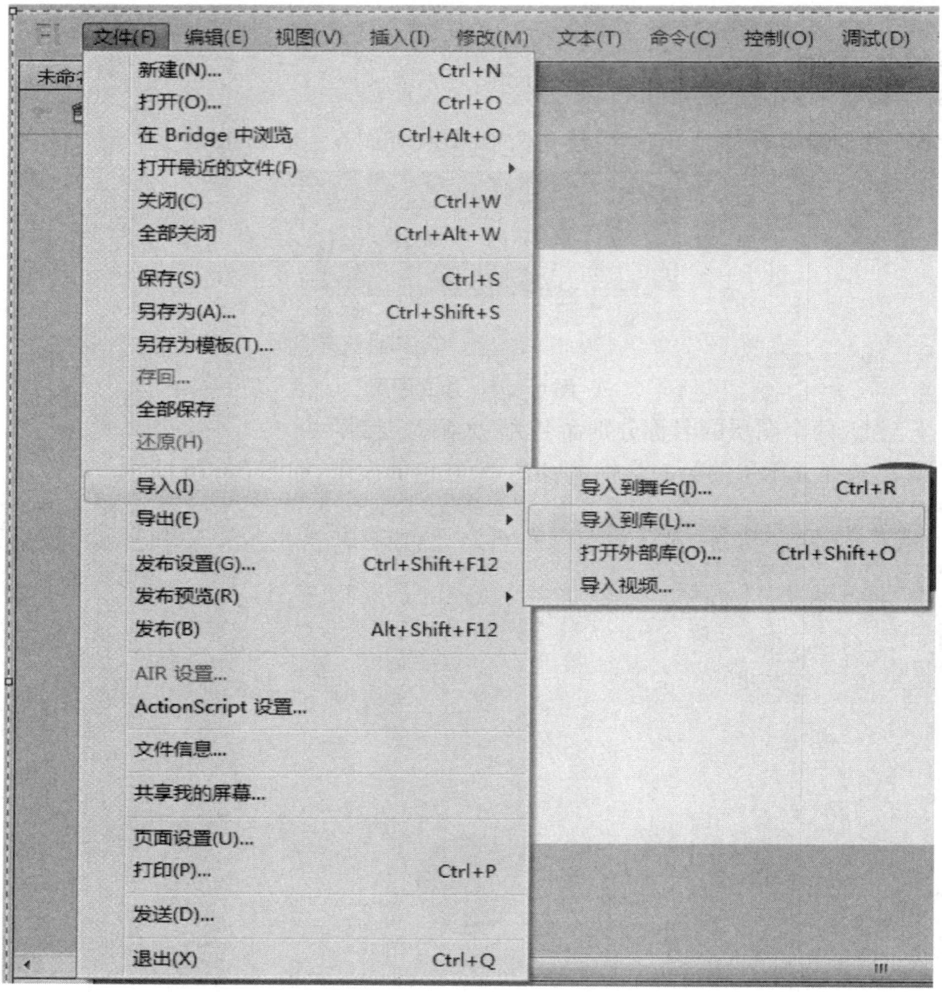

图6-37 将图片导入到库

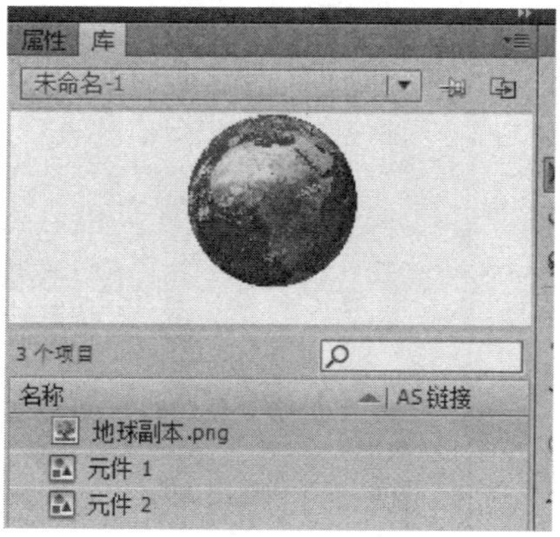

图6-38 把库中的图形拖入场景

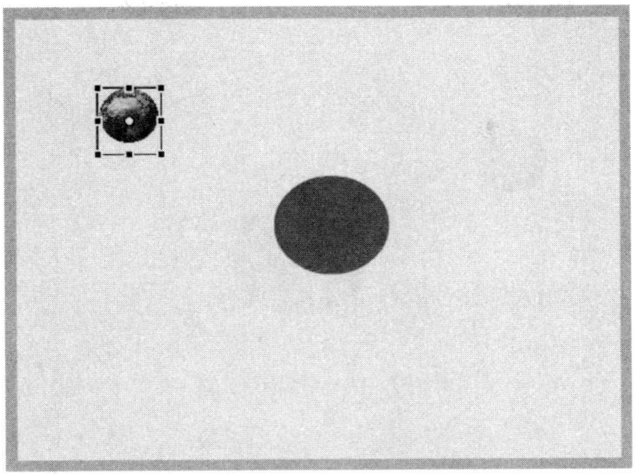

图 6－39　场景效果图

步骤 3：选择“地球”图层，点右键，选择“添加传统运动引导层”，如图 6－40 所示。

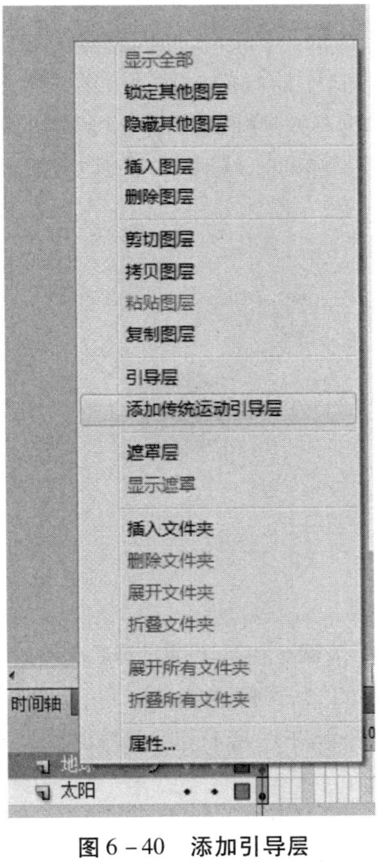

图 6－40　添加引导层

步骤 4：选择“引导线”图层的第一帧，首先画出一个白色的椭圆，然后将椭圆内部的填充颜色删除，留下边框线，选中椭圆边框线的一小部分，删除，这样，就得到一个有缺口的引导线了，如图 6－41 所示。

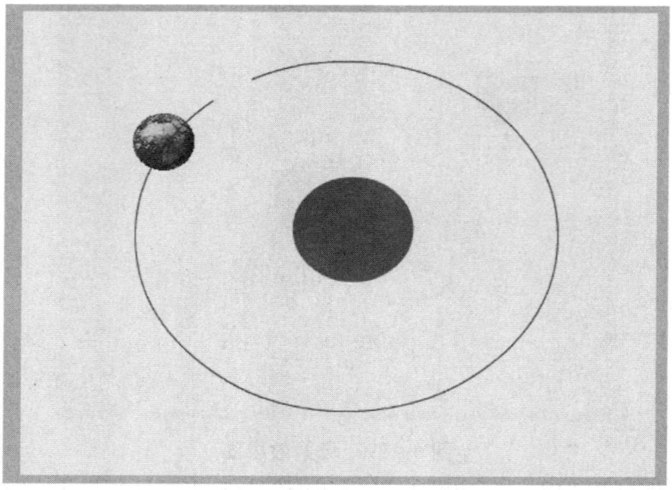

图 6 - 41　绘出引导线

步骤5:之所以要让引导线留下一个缺口,原因就是为制作沿路径动画做铺垫。现在,所有的对象都准备好了,该是开始制作动画的时候了。在"太阳"层的第50帧按下插入普通帧;在"地球"层的第50帧按下插入关键帧;在"引导线"层的第50帧按下F5,插入普通帧。

步骤6:选择"地球"层的第一帧的地球对象,将其拖到引导线对象的下端口。如图6-42所示。

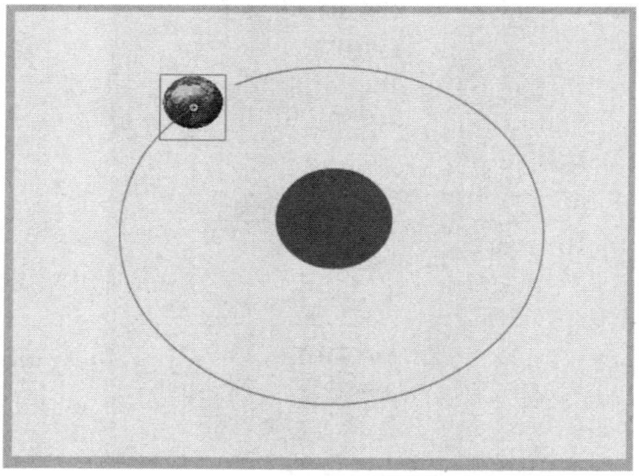

图 6 - 42　设置地球起点

使用相同方法,将"地球"层的第35帧的地球对象,拖到引导线对象的上端口。

步骤7:选择"地球"层的第一帧并点击右键,在弹出的菜单中选择"创建传统补间",如此,整个动画的制作过程就结束了。

步骤8:按键盘 Ctrl + Enter,运行动画。

4. 遮照动画

"遮罩"其实就是遮盖、罩住。就是说我们要用一个东西去把另外一个东西遮盖住。很明显这里就有顺序的问题。放在上面的这个叫"遮盖",而放在下面的叫"被遮盖"。在Flash中是用两个图层来表示的,即上面的"遮盖层"和下面的"被遮层"。制作步骤如下。

步骤1:新建电影文件,将舞台背景改成黑色。如图6-43所示。

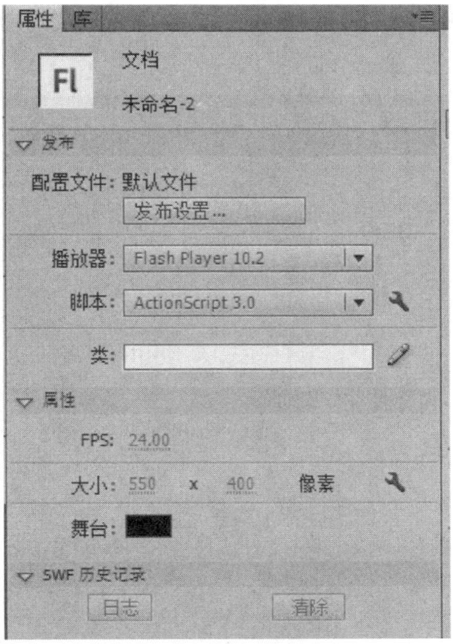

图 6－43　改变舞台颜色

步骤 2：新建图形类型元件，按键盘 Ctrl + F8 进入元件编辑区后，以原点为起始点，从左向右画一条 4px 的黄色直线。如图 6－44 所示。

图 6－44　画直线

步骤 3：选中这条直线，选择“修改”菜单下的“形状”，选择“将线条转换为填充”。如图 6－45 所示。

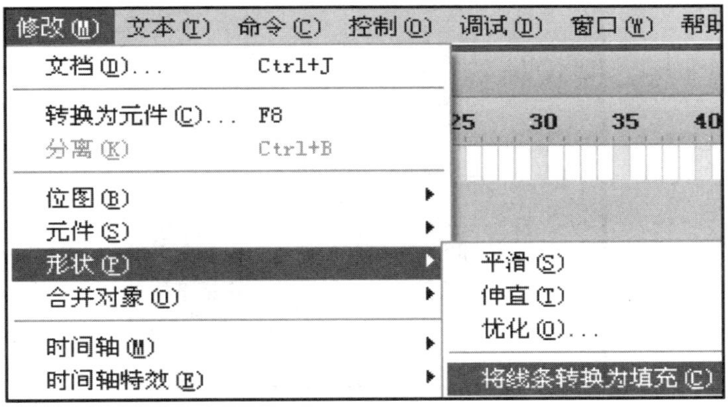

图 6－45　修改直线

步骤 4：接下来选择“任意变形工具”选中这条线，把旋转的中心点移动到这个位置。如图 6－46 所示。

图 6－46　设置旋转中心

步骤 5:保持线条被选中的状态,选择“窗口”菜单中的“变形(Ctrl + T)”面板,在旋转下的窗口输入 20。如图 6 - 47 所示。

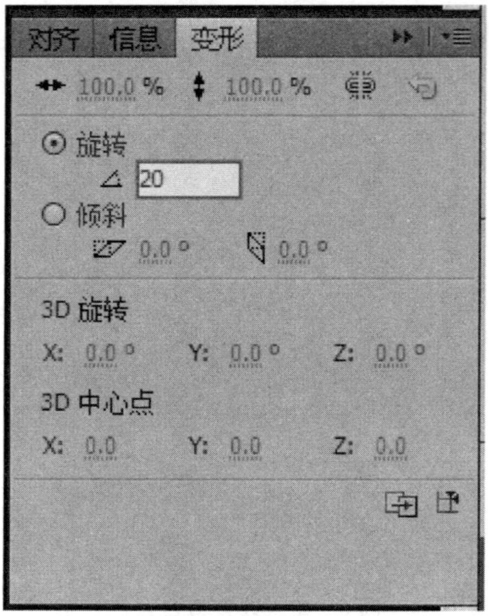

图 6 - 47　设置旋转角度

然后,点击红圈框中的那个按钮,如图 6 - 48 所示。

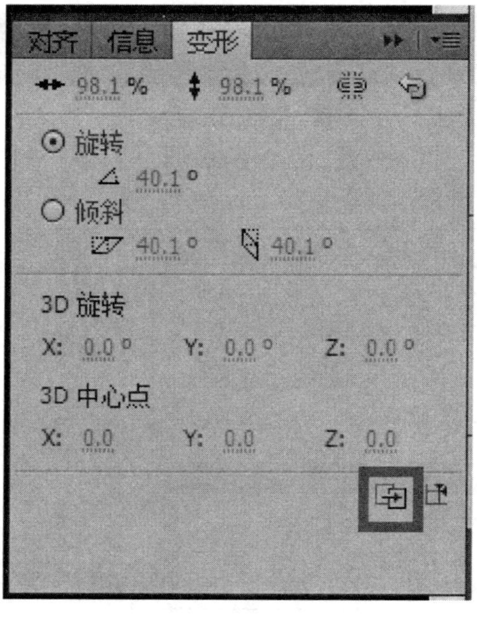

图 6 - 48

不断地点击,直到点到绕成一圈为止。全选(Ctrl + A)所有线条,选择“窗口”菜单下的“对齐”面板(Ctrl + K),单击相对于舞台按钮,再单击水平中齐和垂直中齐。元件制作完毕,返回舞台。如图 6 - 49 所示。

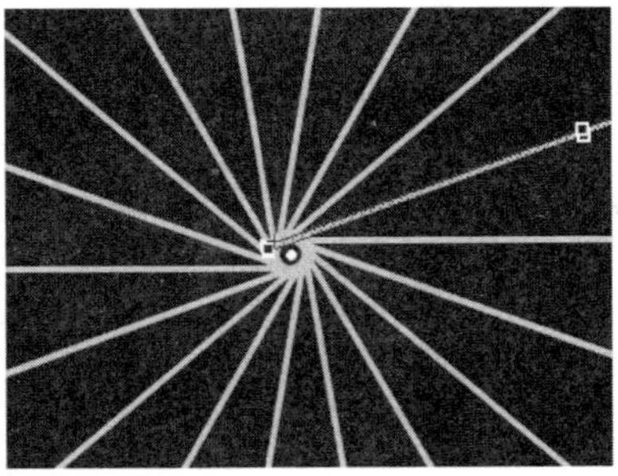

图 6－49　元件效果

步骤 6:到场景上,把刚做好的元件拖一个出来。选中这个实例,再打开对齐面板,单击相对于舞台按钮,再单击水平中齐和垂直中齐,把实例放在舞台正中。右击该实例,复制。在本图层上创建一个新图层命名为 2,选中 2 层的第一帧,选择“编辑”粘贴到当前位置(Ctrl＋Shift＋V)。再选中图层 2 上的实例,选择“修改”菜单下的“变形”,再选择“水平翻转”。形成如图 6－50 的效果。

图 6－50　舞台效果图

步骤 7:在图层 2 的 90 帧处创建一个关键帧,图层 1 的 90 帧处创建一个普通帧。右击图层 2 的第一帧,选择“创建补间动画”,在属性面板的“旋转”选择“顺时针”。如图 6－51 所示。

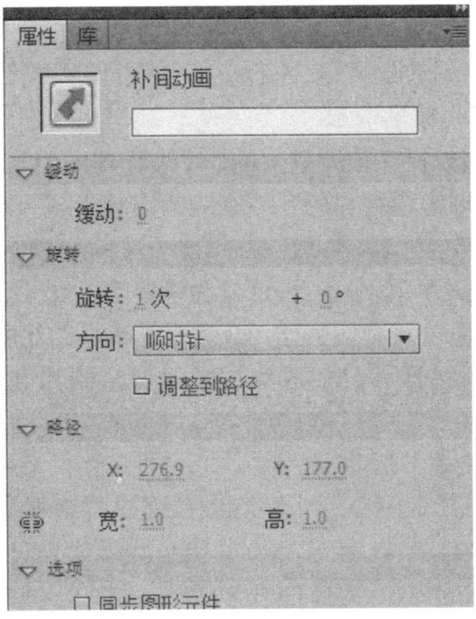

图 6－51　设置补间动画属性

步骤8:右击图层2,选择“遮罩层”,测试动画。

如果需要加入音乐,则先把音乐导入到库中,然后新建一个图层,把音乐从库中拖到舞台上就行了。

6.7 微课的设计与制作

随着移动通信技术、社交媒体,以及以开放、共享为理念的开放教育资源运动的蓬勃发展,“微”教学模式逐渐在全球范围内兴起。从2012年下半年以来,随着“翻转课堂”和可汗学院的传播,这种录制教师上课的“微视频”和“学生课前自主预习、课中教师辅导疑难”教学组织流程相结合的“微课程”开始在国内流行。因此,如何制作精美的微课也成为许多教师的需求。

6.7.1 微课概述

“微课”或者“微课程”,是近年来随着“翻转课堂”和可汗学院在全球迅速走红而成为教育界关注的热点话题。“微课”是指按照新课程标准及教学实践要求,以教学视频为主要载体,反映教师在课堂教学过程中针对某个知识点或教学环节而开展教与学活动的各种教学资源的有机组合。

1. 微课的内涵

(1)微课是一种时间短但主题明确的“微课程”

广东省佛山市教育局电教站的胡铁生先生是国内关注微课的第一人,他在2011年从区域教育信息资源发展的角度提出了微课的定义,并在此后持续关注着微课。他对微课的定义是:微课又名微课程,是微型视频网络课程的简称,它是以微型教学视频为主要载体,针对某个学科知识点(如重点、难点、疑点、考点等)或教学环节(如学习活动、主题、实验、任务等)设计开发的一种情景化的、支持多种学习方式的新型网络课程资源。

上海师范大学教育技术系的黎加厚教授在他所发表的《微课的含义与发展》一文中,以及在他所主持的培训团队就教师培训“翻转课堂”项目中对微课是这样定义的:微课程是指时间在10分钟以内,有明确的教学目标,内容短小,集中说明一个问题的小课程。

(2)微课是一类网络视频教学资源

华南师范大学的焦建利教授在他所撰写的《微课及其应用与影响》一文中提出:微课是以阐释某一知识点为目标,以短小精悍的在线视频为表现形式,以学习或教学应用为目的的在线教学视频。

吴秉健老师则对微课持有以下观点:微课是为满足个性化学习差异的需要,以分享知识和技能为目的,师生都可以通过录制增强学习实境、实现语义互联的简短视频或动画(可附相关的学习任务清单和小测验等),且能成为被学习者定制和嵌入的维基(Wiki)资源分享内容。

(3)微课是简短、完整的教学活动

南京师范大学现代教育技术中心的张一春教授是这样对微课做出界定的:微课是指为使学习者的自主学习获得最佳效果,经过精心的信息化教学设计,以流媒体形式展示,围绕某个知识点或教学环节开展的简短、完整的教学活动。它的形式是自主学习,目的是最佳效果,设计是精心的信息化教学设计,形式是流媒体,内容是某个知识点或教学环节,时间是简短的,本质是完整的教学活动。因此,对于教师而言,最关键的是要从学生的角度去制作微课,而不是从教师的角度去制作,要体现以学生为本的教学思想。

综合以上诸位专家学者对微课的解释和阐述,可将微课的概念总结为:以视频为主要载体,通过精心的教学设计,围绕某个知识点或教学环节而开展的精彩教与学活动的全过程。它不仅包含课堂教学活动的视频,还包含与该教学主题相关的教学设计、素材课件、教学反思、练习测试、学生反馈及教师点评等辅助性教学资源,并以一定的组织关系和呈现方式共同“营造”了一个半结构化、主题式的资源应用“小环境”。

2. 微课的特点

(1)教学时间较短

教学视频是微课的核心组成内容。根据中小学生的认知特点和学习规律,微课的时长一般为5~8分钟左右,最长不宜超过20分钟。因此,相对于传统的40或45分钟一节课的教学课例来说,微课可以称之为“课例片段”或“微课例”。

(2)教学内容较少

为了突出课堂教学中重点、难点内容,或是反映课堂中某个教学环节、教学主题,把传统一节课要完成的众多教学内容,分成多段,从中选取一个进行微课教学。这种教学形式具有内容精简,目的性强,因此微课又称为“微课堂”。

(3)资源容量较小

从大小上来说,微课视频及配套辅助资源的总容量一般在几十兆左右,视频格式须是支持网络在线播放的流媒体格式(如RM、WMV、FLV等),师生可流畅地在线观摩课例,查看教案、课件等辅助资源;也可灵活方便地将其下载保存到终端设备(如笔记本电脑、手机、MP4等)上实现移动学习、“泛在学习”,非常适合于教师的观摩、评课、反思和研究。

(4)资源组成、结构“情景化”

微课选取的教学内容一般要求主题突出、指向明确、相对完整。它以教学视频片段为主线“统整”教学设计(包括教案或学案)、课堂教学时使用到的多媒体素材和课件、教师课后的教学反思、学生的反馈意见及学科专家的文字点评等相关。

教学资源构成了一个主题鲜明、类型多样、结构紧凑的“主题单元资源包”,营造了一个真实的“微教学资源环境”,这使得微课资源具有视频教学案例的特征。广大教师和学生在这种真实的、具体的、典型案例化的教与学情景中可易于实现“隐性知识”“默会知识”等高阶段思维能力的学习,并实现教学观念、教学技能、教学风格的模仿、迁移和提升,从而迅速提升教师的课堂教学水平,促进教师的专业成长,提高学生学业水平。

3. 微课的分类

(1)按照课堂教学方法来分类

根据李秉德教授对我国中小学教学活动中常用的教学方法的分类总结,同时也为便于一线教师对微课分类的理解和实践开发的可操作性,微课划分为11类,分别为讲授类、问答类、启发类、讨论类、演示类、练习类、实验类、表演类、自主学习类、合作学习类、探究学习类。

值得注意的是,一节微课作品一般只对应于某一种微课类型,但也可以同时属于两种或两种以上的微课类型的组合(如提问讲授类、合作探究类等),其分类不是唯一的,应该保留一定的开放性。同时,由于现代教育教学理论的不断发展,教学方法和手段的不断创新,微课类型也不是一成不变的,需要教师在教学实践中不断发展和完善。

(2)按课堂教学主要环节(进程)来分类

微课类型可分为课前复习类、新课导入类、知识理解类、练习巩固类、小结拓展类。其他与教育教学相关的微课类型有:说课类、班会课类、实践课类、活动类等。

6.7.2 微课的设计

要取得优化的教学效果,微课程还需要进行相应的教学设计,包括进行需求分析,考虑设计并开发与之适合微课程的微视频,而之后的课程评价还需要一系列的辅助教学资源。这些教学设计、微视频、辅助学习资源、社会性交往平台组成一个完整的微课程体系。

1. 微课的设计模式

梁乐明等综合可汗学院、TEDEd 和佛山微课的长处,在已有的微课程理念的基础上,提出了微课过程设计模式。如图 6－52 所示。

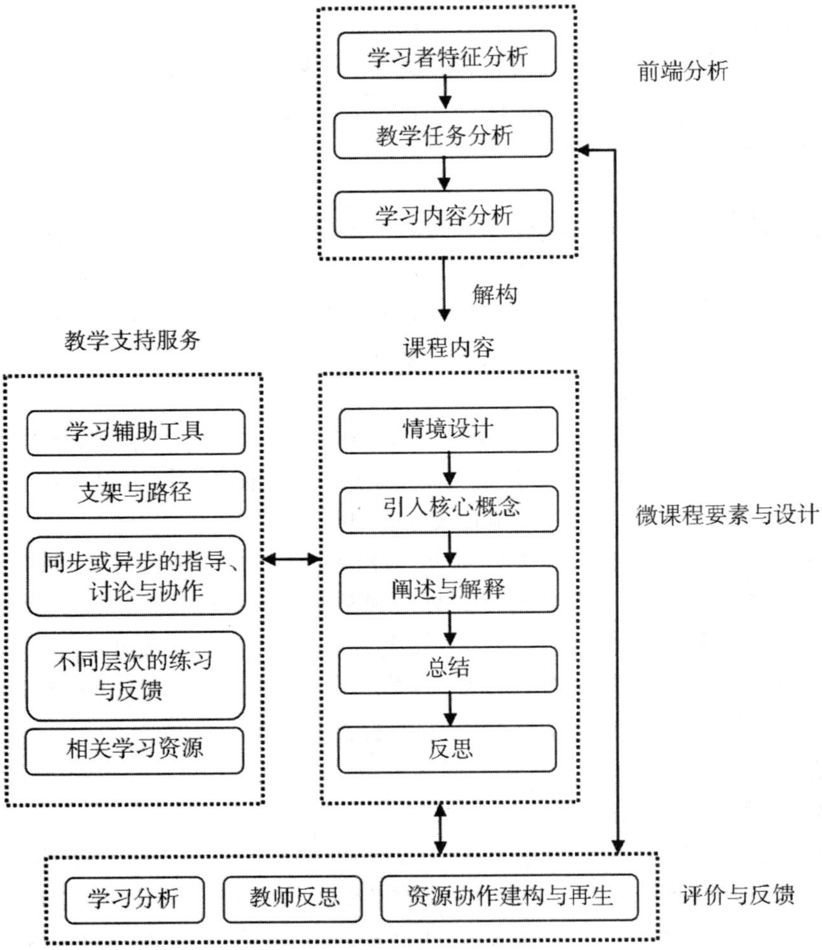

图 6－52　微课程设计模式

首先,应注重与现实课堂的整合。微课程应当扎根于现实课堂。作为核心教学资源的微视频在课堂中可以承担不同的角色:课程引入、核心概念解释、探究过程的演示、课后的练习等;在与课堂整合层面,需要注重教学设计,即对学生进行需求分析,结合教学任务需求,确定学习内容,并且构成微课程资源。

其次,微课程不仅仅是微视频的呈现,而是一门完整的课程,有一套完整的教学设计,因此教学支持服务应是其中不可或缺的部分。教学支持服务包括学习辅助工具、支架与路径、同步与异步讨论与协作、不同层次的练习与反馈及相关的学习资源。教学支持服务承担着线上辅导的职能,提供足够的学习支架与学习路径,可避免学习内容过于零散造成学生迷失。同时,教学支持服务要增强师生之间的在线同步、异步交流工具的使用,让学生的学习可以无处不在,使得课内的正式学习与课外的非正式学习统一、连续。

最后,学习资源动态生成,师生相互建构学习内容。片段化的微课程需要系统性,需要多种类型的资源以一定的结构进行组合并形成有意义的关联:这种关联不是线性的,而是发散性的网状结构;不是静止不变,而是在动态前进的。一门微课程的设计雏形出来之后,需要经过教师同行、学生进行评判、实践,并在交流中不断对微课程这个"产品"进行完善,并且与其他点状的微课程资源建立网络,并随着教学需求与环境发展不断发展与充实这个网络结构,这样的学习资源以及课堂教学才会充满生机。而学习资源动态生成的实现需要通过师生教学的评价与反馈体现。教学反馈包括学生的学习分析与教师的教学反思。微课程学习平台能够记录学生的学习足迹,供学生了解自身学习情况,制定个性化的学习计划;也可以供教师进行学习分析,以便在正式课堂上能够针对性地查漏补缺。因此,评价与反馈也可以对微课程的前端分析与设计提供改进意见。

2. 微课设计与制作流程

微课的实质是微型化的网络课程,而一门完整的网络课程(如 MOOCs)也可以由众多的与知识相关的教学环节紧密联系的系列微课构成。因此,微课的设计与制作可以在掌握学习理论指导下,像网络课程开发那样进行系统的设计、制作,孟祥增等设计了其流程,如图6-53所示。

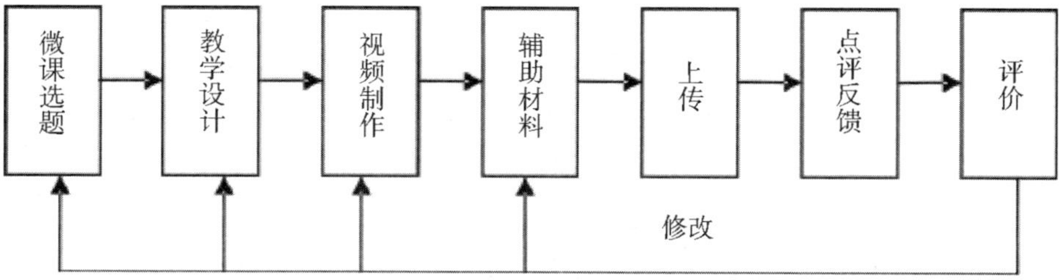

图6-53　微课的设计与制作流程

(1)选题

微课针对特定的主题,如核心概念、单个知识点、某教学环节、教学活动等,教学目标明确,教学内容清晰,能够在很短的时间内讲解清楚,而且学习者很感兴趣,容易在短时间内掌握。

因此,微课的选题要在众多的知识点或教学环节中提炼出重点、难点或兴趣点予以重点解答。微课内容可以是知识讲解、题型精讲、技能演示、总结归纳、知识拓展、教材解读、方法传授、教学经验交流等。学习一般不像玩游戏那样有趣,在生活碎片时间里利用微课进行移动学习、泛在学习,就要求微课选题实用准确,内容生动有趣,形式短小精炼。就像在微博中不能长篇大论一样,微课不适合对过于复杂而又不能分割论述的学习内容进行讲解。

因此，对于无关紧要、主题不明显、没有特色或对学习者没有吸引力的教学内容或活动，没有必要作为微课进行开发，那样起不到微课引导自主学习的效果，还增加微课管理系统的负担，造成教学内容的冗余。

(2)教学设计

梁乐明在对国内外36门微课进行对比分析的基础上，提出了微课的设计模式，在该模式中，首先做前端分析，对微课的学习者特征、教学任务和学习内容进行分析，然后根据布卢姆的学习目标分类理论确定合适的学习目标，根据教学内容、教学环节、教学活动和方法确定合适的微课类型和组成要素，制定符合学习者特征、学习内容和教学形式的教学策略，设计教学视频的情景、案例、教学过程，以及相关的网络教学支持材料和评价、反馈机制等。在进行微课视频或多媒体课件设计与制作时，要尽量减少学习者的认知负荷。

认知负荷理论认为，影响认知负荷的基本因素是学习材料的组织与呈现方式、学习材料的复杂性和学习者的先验知识。微课主题明确，内容短小，要求在尽可能短的时间内将教学内容组织好、讲清楚，而且要生动、有趣。尽量将复杂问题简单化，避免给学习者有限的工作记忆空间带来太大的压力，要适度安排原生性认知负荷，降低无关性认知负荷，优化相关性认知负荷。根据掌握学习操作程序中的形成性评价原则，在微课视频学习完成后对学习者的学习效果进行形成性评价，有利于巩固、强化所学知识。

所以，在微课视频的支持材料中提供适量的练习题，以巩固学习内容。微课的练习题可以是确定性的选择题，也可以是开放性的思考题，对素质教育类学习内容来说，后者更合适。练习题不宜太多，不要增加学习负担，让学习者有兴趣、有能力主动完成练习。

(3)视频制作

视频是微课的核心内容，大多采用流媒体形式呈现教学过程。微课程的教学过程要简短完整，包括教学问题的提出、教学案例或情景导入、教学内容讲解、教学活动安排、引导和启发学生开展协作学习、探究学习等。

根据记忆的信息加工理论，只有受到注意的信息才能得到人脑的进一步加工，只有注意到的感觉记忆(瞬时记忆)才能进一步加工成为工作记忆(短时记忆)。因此，在微课中吸引并保持学生的注意是成功的关键。根据微课的不同类型，可能有不同的教学主题导入方式，但都要快速、准确，力求新颖、有趣，能够很好地吸引学习者。

微课开头应开门见山地进入主题，或采用承上启下的语言引出主题，或设置疑问、悬念等引出主题；也可以从学习者熟悉的与生活相关的现象或很感兴趣的案例引入主题。但从吸引学生注意力和引起学生学习兴趣的角度，后者效果更好。比如，采用与教学主题密切相关而又有趣的案例、事件等，很容易引起学习者的学习兴趣和注意，就像好的电影片头那样一开始就抓住观众的心，吸引观众继续看下去。

微课在讲解教学内容时要清晰、明确，沿着教学主题逐步展开，突出重点，去除繁冗。教师在整个教学过程中，应有意识地采取恰当的措施保持学生对学习内容的注意力，而不为外界噪音等与学习无关的刺激所分心。因此，在微课中呈现的学习内容需要突出显示，引导学习者顺利地将选择性注意转换为工作记忆，不要太多无意义的装饰，避免对主要学习内容产生干扰。

微课的收尾、总结要简洁明了，留出给学生思考、回味的空间。

由于微课时间很短,学习内容少,往往都在学习者的短时记忆中,适当而简短的总结可以使学习者对学习内容加深印象,减轻学生的记忆负担,但也不是每个微课教学都需要对学习内容进行小结,留出给学生思考、回味的空间更重要,教学视频外的支持材料更适合学习总结和拓展。

(4)辅助材料

微课除教学视频外还有相关的支持材料,辅助微课的视频教学,通常包括微课教学内容简介、教学设计的教案或学案、多媒体教学素材和课件、教师课后的教学反思、练习测试、学生的反馈及学科专家的点评等。但不是样样都要有,应根据教学目标、教学内容和教学活动等选择必要而又简明的支持材料,避免冗余、过多过乱、不是很紧密的辅助或拓展材料。值得注意的是,在各类微课比赛的微课评价指标中有不同的要求。比如,文字材料中要求有教师简介、教学内容说明等,在视频片头要求有标题、作者、单位,在教学过程中要求有教师与学生镜头,体现教师风采、师生交互等。这些微课的内容在实际教学应用中不是必需的。因此,制作微课不应受微课比赛评价指标影响。

(5)上传与反馈

微课视频和相关材料制作完成后,要上传到相应的网络环境中。如果是参加微课比赛,应传到指定的网络平台,并且按规定的技术要求和规范调整视频分辨率和速率参数以及填报要求的参赛信息等。如果是为某课程或相关主题、领域的网络教学而制作的微课,应传到相应的网络平台,并按平台要求对用户点评、疑问等进行答疑、反思、更新等做出反馈。

(6)评价与修改

微课的评价应从教育性、技术性和应用效果三方面通盘考虑。微课的教育性包括教学目标、教学内容组织、教学策略和教学评价等。教学目标应明确,教学主题突出,针对的学习对象明确。教学内容组织有序,教学环节承接自然,安排合理恰当,知识单元相对完整,课程说明清晰。

教学内容表现方式恰当,形式新颖。视频讲解深入浅出,生动有趣,画面美观,语言亲和,节奏恰当。

配套的学习资源适量,不宜太多,与教学主题紧密结合,练习和思考题富有趣味性和启发性,能吸引学习者主动完成。

微课的技术性包括微课本身的技术性与艺术性和平台环境的技术性与共享性。视频制作应符合技术规范,如分辨率、码流速度等。视频、课件画面布局美观协调,文字、色彩搭配合理,符合学习者认知风格。

微课的支持材料也要符合相应的技术规范,相对完整,形式尽量多样化。微课平台的技术性包括系列微课的有效组织、检索、访问、浏览、上传、评论等,并能提供学习指导、信息提示、学习者之间和师生之间的在线或离线交互以及学习者与媒体之间的交互,能够追踪记录学习者个人学习过程,提供相关主题资源的推荐和推送等。

微课的应用效果受微课的教育性和技术性影响很大。微课的教育性好、技术性强,微课的应用效果一般会比较好。表现在微课的点击率、点赞率、用户评价、作者与用户互动情况、收藏次数、分享次数、讨论热度等综合评价。

3. 微课的稿本设计模板

在设计与制作微课时，要规范化，微课制作之前，要进行稿本的设计，这样才能制作出高质量的微课。表 6－2 为微课稿本的设计模板。

表 6－2　微课的稿本设计模板

<table>
<tr><td>系列名称</td><td colspan="6"></td></tr>
<tr><td>本微课名称</td><td colspan="6"></td></tr>
<tr><td>课程简介</td><td colspan="6"></td></tr>
<tr><td>知识点描述</td><td colspan="6"></td></tr>
<tr><td>知识点来源</td><td colspan="6">□学科：　年级：　教材：　章节：　页码：
□不是教学教材知识，自定义：</td></tr>
<tr><td>教学目标</td><td colspan="6"></td></tr>
<tr><td>基础知识</td><td colspan="6">听本微课之前需了解的知识：</td></tr>
<tr><td>教学类型</td><td colspan="6">□讲授型　□问答型　□启发型　□讨论型　□演示型　□练习型　□实验型　□表演型　□自主学习型　□合作学习型　□探究学习型　□其他</td></tr>
<tr><td>适用对象</td><td colspan="6">学生：本微课是针对本学科平时成绩多少分的学生？
□40 分以下　□40－60 分　□60－80 分
□80－100 分　□100－120 分　□120－150 分
教师：□班主任　□幼儿教师　□普通任课教师　□其他
其他：□软件技术　□生活经验　□家教　□其他</td></tr>
<tr><td>制作方法</td><td colspan="6"></td></tr>
<tr><td>制作人员</td><td colspan="6">稿本：　制作：　解说：　绘画：</td></tr>
<tr><td colspan="7">教学视频制作稿本</td></tr>
<tr><td rowspan="7">教学过程</td><td>序号</td><td>知识点</td><td>解说词</td><td>字幕</td><td>画面要求</td><td>时长</td></tr>
<tr><td>1</td><td>情景案例</td><td></td><td></td><td></td><td></td></tr>
<tr><td>2</td><td>提出问题</td><td></td><td></td><td></td><td></td></tr>
<tr><td>3</td><td>概念讲解</td><td></td><td></td><td></td><td></td></tr>
<tr><td>4</td><td>案例分析</td><td></td><td></td><td></td><td></td></tr>
<tr><td>5</td><td>拓展应用</td><td></td><td></td><td></td><td></td></tr>
<tr><td>6</td><td>思考启示</td><td></td><td></td><td></td><td></td></tr>
<tr><td>问题</td><td colspan="6">判断题：
选择题（单选题、多选题）：
思考题：</td></tr>
</table>

6.7.3　微课的制作

微课作为一种媒体,内容的设计要适合使用多媒体特性,对于不适合使用多媒体表达的内容,制作的结果也许是徒劳的,因为也许使用黑板教学或进行活动实践的教学效果更佳。同时也会使教学过程平庸无奇,令观看者失去学习欲望。因而微课选题要适合使用多媒体表达,适合加入丰富的图形图像、多姿的动画、声色兼有的视频。

1. 微课的制作类型

微课的制作一般可分为以下几种类型。

(1)使用DV录制教学视频

工具与软件:DV、黑板、粉笔、其他教学演示软件。

方法:对教学过程摄像。

过程:首先,针对微课主题,进行详细的教学设计,形成教案;其次,利用黑板展开教学过程,利用摄像机拍摄下整个过程;最后,对视频进行后期制作,进行必要的编辑与美化。

(2)使用手机+白纸的方式

工具与软件:可进行视频摄像的手机、白纸、不同颜色的笔、相关主题的教案。

方法:使用便携式摄像工具对纸笔结合演算、书写的教学过程进行录制。

过程:首先,针对微课主题,进行详细的教学设计,形成教案;其次,用笔在白纸上展现教学过程,可以进行画图、书写、标记等行为,在他人的帮助下,利用手机拍摄下整个过程。尽量保证语言清晰、画面稳定、演算过程逻辑性强。最后,对视频进行后期制作,进行必要的编辑与美化。

(3)使用录屏软件

工具与软件:电脑、带话筒的耳麦、视频录像软件,如超级捕快、MiniVCap摄像头录像、snatig、Cyberlink YouCam和CamStudio屏幕录像等。

方法:对屏幕进行录制,辅以录音和字幕。

过程:首先,针对微课主题,进行详细的教学设计,形成教案;其次,在电脑屏幕上现时打开视频录像软件和教学软件,带好耳麦,调整好话筒的位置和音量,点击"录制"按钮,开始录制,教师一边演示一边讲解,可以配合标记工具。最后,对视频进行后期制作,进行必要的编辑与美化。

提示:此种方法最适合于一些教学软件的讲解,如Flash、Photoshop、几何画板的使用等课程的教学。

(4)可汗学院模式

工具与软件:视频录像软件,如超级捕快、MiniVCap摄像头录像、Snatig、Cyberlink YouCam和CamStudio屏幕录像等,手写板、麦克风、画图工具。

方法:通过手写板和画图工具对教学过程进行讲解演示,并使用屏幕录像软件录制。

过程:首先,针对微课主题,进行详细的教学设计,形成教案;其次安装手写板、麦克风等工具,手写板和绘图工具对教学过程进行演示;然后,通过屏幕录像软件录制教学过程并配音;最后对视频进行后期制作,进行必要的编辑与美化。

(5)PPT 转换成视频

PPT 转换成视频有几种方式,如果是 2007 版以下的,可以用把 PPT 转换成视频的软件,如 iSping Free,如图 6－54 所示,安装后在菜单栏中会出现一个相应的图标。

图 6－54　PPT 转换为视频

如果是 2010 版以上的版本,自带了 PPT 存储为视频的功能。在这以 2010 版为例。

PPT 2003 版本中,声音文件和 PPT 的关系是链接关系,因而我们使用的方法是把声音文件和 PPT 放一个文件夹,PPT 需要转移时是把整个文件夹复制。2010 版本增加了一个功能,声音文件可以合成到 PPT 中,这样在拷贝 PPT 时,就不用再考虑是否拷贝声音文件了。

如果要把 PPT 直接存储为 WMV 的视频格式,可以先把声音文件和 PPT 合成,然后再存储为 WMV 格式,这样视频也会有声音。具体步骤如下。

步骤 1:声音文件插入到 PPT 中,设置为自动播放,播放测试没问题后,点击“文件”菜单,选择“信息”,蓝色方框“优化兼容性”,可以看到,黑色方框中文字为:可以优化 1 个媒体文件,表明这个 PPT 中有一个声音文件,点击“优化兼容性”,文件会优化一小会儿时间,把声音文件和 PPT 合成。如图 6－55 所示。

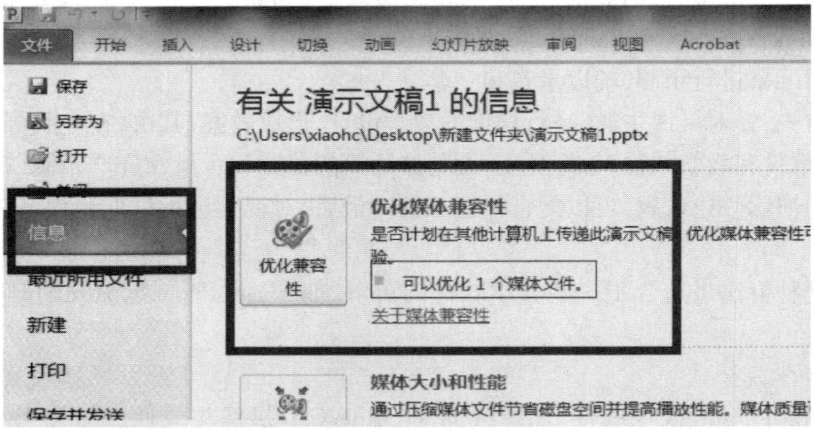

图 6－55　声音优化兼容

步骤 2:优化完毕,点“存储”,选择 WMV 格式即可,如图 6－56 所示。

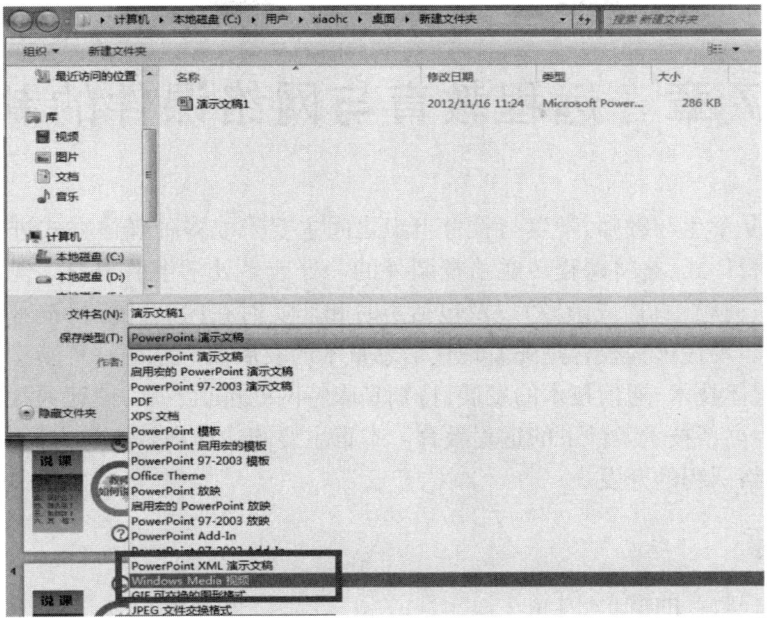

图 6－56　保存为视频格式

（6）其他录制方法

智能笔、平板电脑＋APP（Showme、Educreations、Ask3 等）、在线录制微课，当前有一些教学一体机也自带了微课录制软件。

思考题

1. 计算机辅助教育的概念及特点是什么？
2. CAI 中的教学模式有哪几种？
3. 多媒体教学课件类型及特点有哪些？
4. 多媒体学习认知理论的要义及多媒体教学信息设计的原则有哪些？
5. 多媒体演示文稿设计的原则是什么？
6. 如何设计具有艺术性的多媒体课件？
7. 微课的设计与制作方式是什么？

第 7 章　远程教育与网络课件的制作

远程教育是学生与教师、学生与教育组织之间主要采取多种媒体方式进行系统教学和通信联系的教育形式，是将课程传送给校园外的一处或多处学生的教育。现代远程教育则是指通过音频、视频（直播或录像）以及包括实时和非实时在内的计算机技术把课程传送到校园外的教育。现代远程教育是随着现代信息技术的发展而产生的一种新型教育方式。计算机技术、多媒体技术、通信技术的发展，特别是因特网的迅猛发展，使远程教育的手段有了质的飞跃，成为高新技术条件下的远程教育。本章主要阐述远程教育的内涵及特点，与远程教育相关的网络课程的开发。

★学习目标

1. 了解远程教育的概念、内涵。
2. 了解网络课程的开发流程。
3. 了解网页的基本概念与工作原理。
4. 学会制作简单的网页。

★内容导图

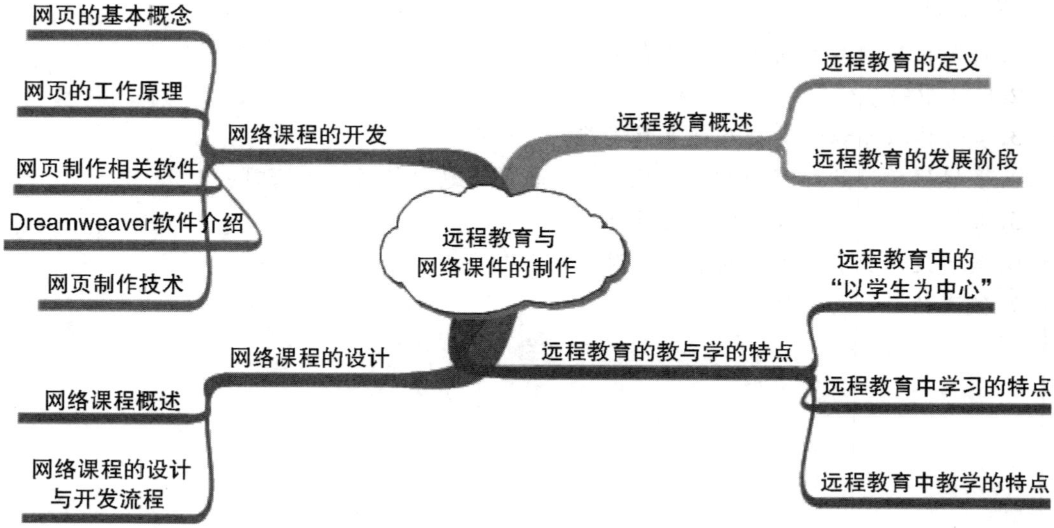

7.1　远程教育概述

当今世界,科学技术突飞猛进,知识经济初见端倪,国力竞争日趋激烈。进入数字化、信息化时代的 21 世纪,人们对教育的需求日益增加。现代远程教育作为一种新的教育模式,是提高全民族科学文化素质,促进教育思想、内容和方法改革,推动教育现代化,满足社会日益增长的终身学习需求的重要手段。在我国教育资源短缺的条件下,实施现代远程教育工程也是加快教育发展、提高全民族科学文化水平的有效途径。

7.1.1　远程教育的定义

远程教育是一种新型的教育形态,是相对于传统教育而言的,是一种非连续面授教育。在出现远程教育概念的同时,常常伴随着远程教学和远程学习的概念,它们是既有区别又有联系的。

学校远程教育是对教师和学生在时空上相对分离,以学生自学为主,以教师助学为辅,教与学的行为通过各种教育技术和媒体资源实现联系、交互和整合的各类学校或社会机构组织的教育的总称。

学校远程教育是具有以下属性和特征的教育形态:

1. 教师和学生在时空上相对分离(这是远程教育,也是远程教学和远程学习的首要本质属性,并以此与以最高程度的连续面授教学为本质属性的传统教育相区别);

2. 建立在对各种教育技术和媒体资源的开发和应用的基础上(重要本质属性,是远程教育,也是远程教学和远程学习赖以发生的必要条件);

3. 由各类学校或其他社会机构组织实施(学校远程教育,也即机构远程教育或狭义远程教育的限定条件,并以此与社会生活情境中的广义远程教育相区别);

4. 学生自学为主,教师助学为辅,教师和学生通过双向通信实现教与学的行为的联系、交互和整合(学校远程教育,也即机构远程教育首要本质属性,与个人独立自主学习相区别)。

7.1.2　远程教育的发展阶段

远程教育在中国的发展经历了三代:第一代是函授教育,这一方式为我国培养了许多人才,但是函授教育具有较大的局限性;第二代是 20 世纪 80 年代兴起的广播电视教育,我国的这一远程教育方式和中央电视大学在世界上享有盛名;20 世纪 90 年代,随着信息和网络技术的发展,产生了以信息和网络技术为基础的第三代现代远程教育。

1994 年底,在当时国家教委的主持下,“中国教育和科研计算机网(CERNET)示范工程”由清华大学等 10 所高校共同承建。这是国内第一个采用 TCP/IP 协议的公共计算机网。

1996 年,清华大学王大中校长率先提出发展现代远程教育;1997 年,湖南大学首先与湖南电信合作,建成网上大学。清华大学则在 1998 年推出了网上研究生进修课程。

1998 年 9 月,教育部正式批准清华大学、北京邮电大学、浙江大学和湖南大学为国家现代远程教育第一批试点院校。

1999 年,教育部制定了《关于发展现代远程教育的意见》;9 月,“CERNET 高速主干网建设项目"立项,目标是在2000年12月前完成CERNET高速主干网的建设,满足我国现代远程教育需求。

2000年7月,教育部颁布了《教育网站和网校暂行管理办法》;同时将现代远程教育试点院校范围扩大到31所,并颁布了《关于支持若干所高等学校建设网络教育学院开展现代远程教育试点工作的几点意见》,根据这个文件,31所试点院校具有很大的自主权:如可以自己制定招生标准并决定招多少学生;可以开设专业目录之外的专业;有权发放国家承认的学历文凭等。

2000年7月31日,31所试点高校在北京成立了"高等学校现代远程教育协作组",以加强试点高校间的交流与合作,促进教育资源的建设与共享。

2001年7月,教育部继续扩大现代远程教育学院的试点范围,从38所院校扩至45所。

2012年,现代远程教育学院已有68所。

教育部副部长杜占元强调,教育信息化是国家信息化建设的重要组成部分和战略重点,是教育改革发展不可或缺的支撑和推动力。各地和有关单位要明确责任、分工协作、扎实工作、共同努力,按时、按要求完成各项建设任务,务必在2013年春季开学前,把2012年实施建设的所有教学点设备配置安装到位,并在春季开学后逐步在课堂教学中使用,让教学点有资源、开齐课、开好课。同时,要统筹安排、精心部署、全面推进教育信息化今明两年各项重点工作,确保按时取得明显进展,使广大基层学校与师生实实在在感受到教育信息化的成效。

7.2 远程教育的教与学的特点

远程教育有别于传统的教育,因在远程教育的过程中,远程教育有其特有的教与学的特点。

7.2.1 远程教育中的"以学生为中心"

"以学生为中心"是现代教育的基本理念,是主体教育思想的延伸,其理论基础是人本主义和建构主义。其中,人本主义的核心出发点是强调个体起点的差异,即起点的多样性,而建构主义区别于认知主义与行为主义的核心内容是目标的不确定性,即结果的多样性。

"以学生为中心"的内涵即以学生为本,尊重学生、方便学生、发展学生。尊重学生要求考虑到学生的年龄与工作性质,尊重学生的学习需要与学习特点;方便学生强调课程与学习支持服务应充分考虑学习者的学习环境、学习方式、学习风格等特点,为学生学习提供便利;发展学生是发展学生的主体性,以促进学生发展为根本宗旨。总之,"以学生为中心"就是一切为了学生,为了学生的一切。

"以学生为中心"的对立面便是"以教师为中心"。"以教师为中心"的教学最明显的特征就是忽视了学生作为学习主体的作用,通常采用集体的、满堂灌的讲授式教学。"以学生为中心"认为教师是为了学生的学,即教师教的行为目标只有通过学生学的行为活动才能实现。因此,其教学的特征是重视和体现学生的主体作用,通常采用协作式、个别化、小组讨论等教学形式,或者将多种教学形式组合起来进行教学。需要注意的是,虽然以学生为中心的思想认为教师应该从知识的传授者、主动的施教者转变为学习的指导者、帮助者和促进者,但是这并不意味着教师的作用被忽视了，相反，教师在引导、促进和督促学生学习方面仍然起着重要的作用。“以学生为中心”就是教育教学活动的设计与组织以最大限度地促进和帮助学生的自学为主，要把学习者分析、学习者的特点当作一切教育教学活动的起点。

在实践中落实“以学生为中心”的理念：鼓励学生参与学习，充分调动学习者的积极性；提倡学生自主规划学习，增强其为学习负责的意识；采用尽可能方便学生的方式支持其解决学习中的各种困难和问题；考虑各种条件限制以增强课程与服务的可获得性；根据课程特征、学生需求及其使用习惯，选择并恰当应用媒体；以学生满意度和最大限度地促进学生发展为办学的首要原则；在尊重学生起点多样性的基础上，鼓励学生多元化发展；将促进学生发展作为制定远程教育政策的目标。

7.2.2　远程教育中学习的特点

1. 学习的“独立性”

大多数远程教育课程的学习方式以学生的自学为主，教师的各种辅导为辅。一方面，这种学习方式允许学生在实施学习活动方面拥有相当的灵活性和自主性，这个特点符合成人在职进修的需要，因此，远程教育始终是成人继续教育的首选模式；另一方面，学生在学习过程中不能得到教师直接持续的指导和缺少与同伴的交流，学生会感到盲目、孤单和焦虑，因而影响学生的自信心和学习积极性，容易造成中途退学。

2. 学生的“自主学习观”

为了顺利完成远程学习，学生必须树立“自主学习观”。“自主学习观”指学生应该具有对远程学习过程和结果自我负责的意识和责任感，并愿意采取主动的学习策略。在我国远程教育中，许多学生尚未树立“自主学习观”，仍期待远程教育机构安排尽可能多的面授讲解。远程教育机构应帮助学生形成“自主学习观”，让他们对自己的学习结果负责，意识到学习是自己主动选择的结果，并将学习看作是自己生活中很重要的一部分。

3. 学生的“独立与自制能力”

在“自主学习观”思想的支配下，为保证顺利完成远程学习任务，学生需要主动培养独立与自制能力。独立与自制能力即自主学习能力，是指学生能适应远程学习独立性的特点，能够根据课程要求，自己制定适合个人特点的学习计划，能够主动运用自学的有关策略，并能够合理安排个人学习时间，努力克服各种心理障碍，保持学习的积极性，确保自己能够顺利完成远程学习任务的综合能力。

独立与自制能力是远程学习成功的重要保障。在西方，许多学者认为独立与自制的能力是学生学习远程教育课程的先期条件。在东方，学生独立与自制的能力通常作为远程教育培养学生的重要目标之一。

自主学习能力的构成要素包括：计算机和网络基本技能；激发学习动机的能力；制定学习计划的能力；选择认知策略的能力；利用网络进行协作的能力；自我监控和自我评价的能力；时间管理的能力。在远程教育中，要主动地培养学生自主学习能力并为他们提供学习支持。特别是自主学习能力较差的学生，更需要获得额外的支持，并且在为他们提供帮助的过程中发展他们的自主学习能力。

4. 学习的“以媒体为中介”

尽管远程教育中并不排斥短期的面授,但远程教育中多数的学习行为和教学行为是通过媒体来实现的,面对面的人际交互不再是远程教育的主要教学形式(陈丽,2004)。远程学习的结果一定程度上依赖媒体的功能和学生使用媒体的水平。

特别是在现代远程教育中,大量的学习资源是通过计算机或者网络提供给学生的,学生与教师以及其他同学的交流经常通过论坛、博客、QQ、MSN、会议电视系统或者电子邮件等交流工具进行。学会使用各种媒体,并习惯利用各种媒体环境中的学习资源是远程学生最基本的素质要求。如果学生不能熟练利用媒体进行自学和交流,很可能导致学生学习的失败。

另外,除了考虑学生使用媒体的能力外,还应考虑媒体对于学生的可获得性。我们应根据课程和学习者的特点为学生提供多种媒体的解决方案。在对媒体的选择和组合方面,应让课程组中的媒体专家来选择为学生提供什么样的媒体组合,因为对教学有一定理解的媒体专家对媒体有更多的把握。

5. 信息技术支持的“学习小组”

在函授教育和多种媒体教学的远程教育阶段,学生与学生之间的交流主要在面授课上进行,学生间缺乏交流,不仅影响学生对课程的学习,而且影响远程教育培养出的人才的社会性。这一薄弱环节曾是远程教育质量经常被质疑的主要原因。

在现代远程教育中,网络等信息技术不仅支持分离状态下学生与教师的交流,而且为学生与学生的交流提供了桥梁和虚拟教育社区。学生与学生的交互是现代远程教育的新维度。正是学生与学生交互机会的增多,使越来越多的人坚信信息技术具有提高远程教育质量的潜力。

事实上,学生间的合作学习对远程教育同样非常重要。现代远程教育中最常见的合作学习形式是学习小组。学习小组有两种形式:一种是学生自发、自愿组合的,以互帮互助为目的的学习小组;另一种是由教师帮助组织的,以合作完成某项具体任务为目的的学习小组。学习小组对远程学习的功能主要包括互助功能、激励功能和教育功能三个方面。教育功能指学习小组作为一个小社会,对学生在思想品德、社交知识、人文素质方面的教育作用。

7.2.3 远程教育中教学的特点

1. 教学的“两阶段过程”

远程教育的教学过程包括两个阶段:课程设计与开发阶段、学习支持阶段。与传统的课程设计与开发不同,远程教育的课程设计与开发包括学习目标、学习内容、学习活动、教学系统、学习资源、评价方案和学习支持服务方案等的设计与开发。学习支持服务是在学生学习过程中,根据学生的学习情况,为学生提供的学习帮助服务。它不但帮助学生解决问题,还要发展学生的能力,促进学生的学习。特别值得注意的是,在课程设计与开发阶段,就要进行学习支持服务的设计。这样,两个阶段才能通过一体化的设计,做到相互配合。

2. 教学的“教师团队合作方式”

由于远程教学过程中的职能分解和教学手段的技术化,远程教育中的教学不可能像传统课程教学那样,一个教室、一名教师、一支粉笔、一本教科书、一班学生就可以上课了,远程教育中的教学是由一个课程开发团队来实现的，这个团队中包含各类人员。通常情况下，团队中有两类教师，即主讲教师和辅导教师。辅导教师与学生直接接触，他们更了解学生实际，对于一些学习活动设计的可行性更有发言权。由于教学手段的技术化，负责媒体设计与开发的技术人员也是非常重要的，他们要参与教学设计与开发的全过程，他们要了解课程目标，知道每个学习活动服务于什么样的学习目标，这样才有利于他们更好的利用技术来为学生的学习服务。除此以外，团队中还有负责资源的出版与发型的出版人员，专门从事教学设计的设计人员，负责课程的策划、立项、开发与运行的课程组长。

3. 以学生为中心的“支持服务观”

学生作为远程教育中的学习主体，其主要的学习形式是利用资源自学，为了保证学生在以自学为主的学习过程中，能够顺利达到学习目标，远程教学中的学习资源设计与开发必须充分考虑学生的需要，必须根据课程和学生的特点，确定课程内容、设计学习活动；学习支持服务应该尽量向学生提供个性化的学习支持帮助。上述的思想就是“以学生为中心”的“支持服务观”。远程教育机构中的所有成员都必须树立“以学生为中心”的“支持服务观”。

4. 教学过程的“无实时反馈”

远程教学与传统课堂教学最大的区别是：远程教师在教学过程中不能获得来自学生的实时反馈，教师只能根据经验或者利用其他方法了解学生的特点。这一特点是对远程教师最大的挑战。对于没有远程教学经验的教师，在不能获得学生实时反馈的情况下，最有可能遇到以下两种困难：第一，在录制音像材料的过程中，没有学生，教师不能连续讲解；第二，教师难以确定符合学生特点的策略和活动。教学设计应在充分了解学生的特点和需求的基础上进行，并且尽可能提供学生可选择的机会。如果条件允许，可以在课程开发过程中邀请学生参与，请学生参与课程建设或者试用课程以获得反馈信息。

5. 教学“以媒体为中介”

尽管远程教育并不排斥短期面授，但远程教育中多数的学习行为和教学行为是通过媒体来实现的，面对面的人际交互不再是远程教育的主要教学形式。远程教学的结果一定程度上依赖媒体的功能以及师生使用媒体的水平。远程教师不仅要知道各种媒体的教学功能和局限，还需要掌握各种媒体的有效教学策略，并且要习惯通过媒体与学生进行交流。在进行课程设计与开发时，应充分做好媒体的选择和设计，选择媒体的时候不但要考虑不同媒体的教学功能，还要充分考虑媒体对于学生的可获得性。此外，由于学生的信息技术水平参差不齐，媒体方面的技术支持也至关重要。

6. 面授的“重点辅导”

尽管多数远程教育课程中都安排一定时间的面授辅导，但是，远程教育中面授辅导的任务和传统课堂教学的任务不同。远程教育中面授辅导的任务不再是系统讲解，而是通过概括总结、辅导答疑、实验练习、方法指导等活动，在学生利用资源自学的基础上，进行重点辅导。通过教师概括总结内容，学生可以建立起自己的知识框架。教师利用辅导答疑帮助学生解决难点问题。在面授中安排的实验练习环节，可以发展学生的专业技能。教师对学生面对面的方法指导有利于发展学生的学习能力。面授现场组织的小组合作学习，可以帮助学生建立起学习伙伴关系。

7. 作业的"反馈作用"

远程教育区别于非正式个人自学的特点之一就是通过考试和作业的方式对学生进行评价。考试和作业的作用不同,通常远程教育课程都有一次严格的考试,考试的主要作用是评定学生的学习等级。相比考试,作业在学生学习过程中更有意义,作业有三个主要作用:第一,帮助辅导教师了解学生的学习情况;第二,帮助学生调整学习进度;第三,定期向学生反馈他们的学习情况。远程教育中的学习以自学为主,学生不能经常得到教师面对面的帮助,也不能经常了解其他同学的学习情况。远程教育机构通过设计作业和反馈作业情况的方法帮助学生克服上述原因造成的孤立和盲目。

7.3 网络课程的设计

网络技术对远程教育产生的深刻影响,直接表现为提供给学习者大量便捷的机会,学习者可以根据自己的实际情况,灵活调整自己的学习进度、学习计划及学习内容,从而真正体现"以学生为中心"的现代教育思想。网络课程可以按学习者的思维方式组织教学内容,教学效果则由教师和学习者共同评价。使传统的教学由单向转为双向,实现了远程教学中师生之间、学生与学生之间的双向交流,由大众化教育趋向个性化教育。远程教育教学环境的完善,以及高质、高效、满足个人需要的网络课程设计与开发,无疑对现代远程教育体系的发展起着至关重要的作用。

7.3.1 网络课程概述

1. 网络课程的定义

网络课程影响比较广的定义主要有以下三种。

(1)教育部现代远程教育资源建设委员会制定的《现代远程教育资源建设技术规范》指出:"网络课程就是通过网络表现的某门学科的教学内容及实施的教学活动的总和。它包括两个组成部分:按一定的教学目标、教学策略组织起来的教学内容和网络教学支撑环境,其中网络教学支撑环境特指支持网络教学的软件工具、教学资源以及在网络教学支撑平台上实施的教学活动。"

(2)林君芬、余胜泉在《关于我国网络课程现状与问题的思考》中提出:"网络课程,顾名思义就是用于网络教育的课程。首先,它是课程;其次,我们强调它必须具有网络的特点。按照美国新教育百科辞典'课程'条目:'所谓课程是指在学校的教师指导下出现的学习者学习活动的总体,其中包含了教育目标、教学内容、教学活动乃至评价方法在内的广泛的概念'。网络课程还要考虑到教育信息的传播方式发生了改变,并由此而产生的教育理念、教育模式、教学方法等的极大改变。"

(3)何克抗在《现代教育技术和优质网络课程的设计与开发》中提出:"网络课程是在先进的教育思想、教学理论与学习理论指导下的基于 Web 的课程,其学习过程具有交互性、共享性、开放性、协作性和自主性等基本特征。"

这三种定义分别从学习的工具、手段、指导思想、理论基础、学习环境、学习过程的特征来定义。综合起来,网络课程不只是静态的教学内容的组织,而是在平面二维空间的教学内容组织中展现的一个三维、立体、动态的教学过程。

2. 网络课程的特点

网络课程是通过网络表现的某门学科的教学内容及实施的教学活动的总和。网络课程包括三个组成部分。

(1)按一定的教学目标、教学策略、组织起来的教学内容。

(2)网络教学支撑环境,其中,网络教学支撑环境主要是指支持网络教学的软件工具、教学资源。

(3)在网络教学支撑环境下实施的教学活动。

网络课程除了应具备课程的一般特点和要求以外,它作为一种网络教学资源,还应具有开放性、交互性、共享性、协作性、自主性等方面的特点。

(1)交互性:网络课程具有良好的交互功能,能让学生在网络环境下进行人机交互学习。

(2)共享性:网络课程具有信息资源共享的特点,通过 Internet 实现全球性的资源共享,为学习者提供方便、快捷、经济的资源共享方式。

(3)开放性:网络课程具有结构开放的特点,它不仅可以为学习者展示自身所蕴含的固定的教学内容和教学资源,还可以将链接扩展到整个 Internet 上与课程相关的资源,使学习者能够最大限度地全方位地获取所需的信息资源。网络课程的开放性使教师可以随时更新教学内容和教学信息,也使学习者可以对课程的教学内容和教学资源进行重组和改造。

(4)自主性:网络课程具有自主学习的功能,使学习者按照一定的教学目标和要求,采取适当的学习策略,进行网上学习活动,并在网上进行自主学习评价,获得反馈信息。

(5)协作性:网络课程具有协作学习的功能,学习者可以不受时空的限制,不仅能够进行交流研讨,还可以利用适当的软件工具支持协同创作,使分布在不同地区的学习者与教师之间实现一对一、一对多、多对多的信息交流。

7.3.2　网络课程的设计与开发流程

网络课程设计是教师在网上教学前所做的准备工作,教师需要把课程编写成网页的形式并进行一系列的备课。在网络教学中,所有教学活动都是以学生为中心,特别强调在学习过程中发挥学生的主动性、积极性,相应的课程与教学设计主要围绕“教学内容”、“自主学习策略”和“学习环境”三个方面进行:一是教学的前提与条件,二是整个教学设计的核心需通过各种学习策略激发学生去主动建构知识的意义(诱发学习的内因),三则是为学生主动建构创造必要的环境和条件(提供学习的外因)。由于网上教学与传统教学有很大区别,教师的地位发生了明显的改变,教师由原来的知识的传授者、灌输者转变成学生主动建构意义的帮助者、促进者,因此教师的课程设计也发生了很大变化。

网络课程开发的基本过程如图 7－1 所示。

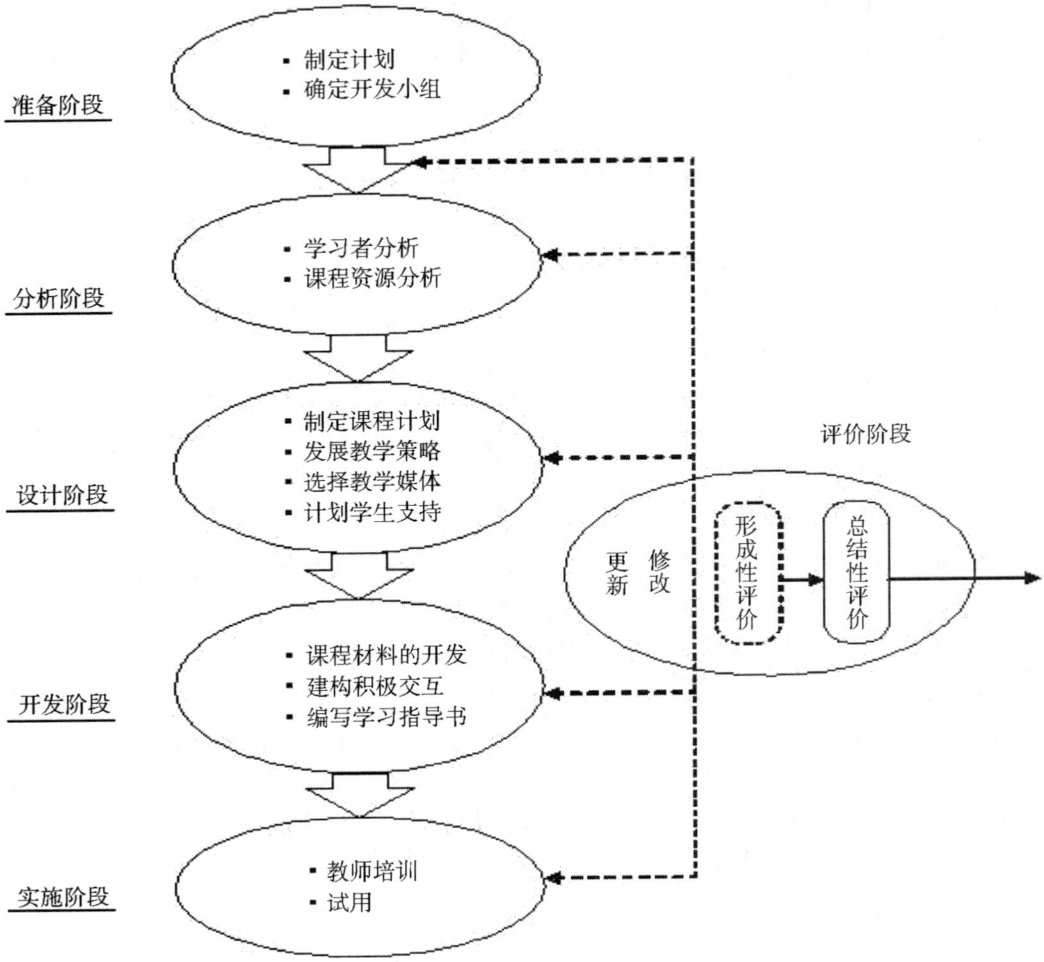

图 7－1　网络课程开发的基本过程

1.“准备阶段”的主要工作

主要包括两项工作:制定计划、确定开发小组。

(1)制订计划

在制定计划过程中需要考虑以下基本问题:

你的目标是什么?

你需要哪些资源? 能够得到哪些资源?

如何安排你的时间?

①开发目标

目标涉及以下问题:

开发这门课程的出发点是什么? 是上级的任务,受公司的委托,还是自己的愿望?

你服务的目的是教学还是培训?

你在开发这门课程中有多大的权利范围?

你在开发这门课程中的角色是什么? 你的责任是什么?

你的期望是什么样的? 你如何解决不同愿望之间的矛盾?

②资源

资源涉及以下问题:

你需要的资源包括哪些? 落实的有哪些?

除了你的时间和精力,你还需要有别人的帮助,以及需要使用的设备、设施和资金。这些都构成了你的资源。

你的资金从哪里来? 有多少? 要用在什么地方?

③时间(如表 7-1 所示)

表 7-1　任务计划时间表

阶段	活动与任务	计划时间(单位:天)	
		任务时间	阶段时间
准备	·制定计划		
	·确定开发小组		
分析	·学习者分析		
	·课程资源分析		
设计	·阐述教学目标 ·生成教学策略 ·选择教学媒体(及组成) ·计划学习支持		
开发	·课程材料的开发		
	·设计建构交互关系的学习活动		
	·编写学习指导书		
实施	·教师培训与试用		
评价	·评价		
	·修改		
总时间			

(2)确定开发小组

如果由你来确定开发小组的成员,你会怎么做?

在这里,有两种典型的小组模式供你参考——“编者-编辑”模式和“课程组”模式。

● 编者-编辑

这种模式常用于远程教育课程设计与开发的项目中,而且小组只有两类人:编者和编辑。

在这些项目中,由编者(如某个学科的专家)写出学习指导书的初稿,然后由一个编辑对初稿进行整理后定稿。一个课程的开发过程可能包括其他的专家或使用这个课件的学生对其初稿的评论、版权的申明、设计页面安排、校对和更正,以及最后进行印刷并复制等等。

● 课程组

“课程组”模式中,每一门课程都是由包含着多名专家的小组设计与开发出来的。

2. 分析阶段的主要工作

从前面的任务计划时间表可以看到,分析阶段的工作主要包括:学习者分析,包括学习需要分析和学生特征分析;课程资源分析,包括学习内容分析、学习支持分开和课程材料分析。

(1)学习者分析

学习需要分析:期望达到的学习状况 - 目前学习状况 = 差距(学习需要)

学习者特征分析:

①基本状态

②你可能要教多少学习者?

③他们的年龄?

④性别与种族?

⑤是否有残疾?

⑥职业(如果有的话)?

⑦动机

⑧他们为什么学习?

⑨你的课程与他们的生活和学习有什么联系?

⑩他们希望从你这里得到什么?

⑪他们为什么选择远程学习?

⑫他们的希望和忧虑?

⑬学习因素

⑭他们对学习有什么看法?

⑮他们喜欢什么学习方式?

⑯他们有什么样的学习技能?

⑰他们的学习习惯是什么?

⑱他们对远程学习有哪些经验?

⑲他们有什么学习方面的困难?

⑳学科背景

㉑他们怎样看待这门课程?

㉒他们已经具备了该课程的哪些知识和技能?

㉓对该课程,他们有哪些错误的观念或不相适应的学习习惯?

㉔他们有什么与课程有关的个人兴趣和经验(德里克·隆特利,1998)?

㉕选用什么样的媒体?

㉖怎样利用学习者自身的条件方便他们的学习?

㉗如何根据学习者的知识基础安排教学内容?

㉘怎样设计内容的形式以符合学习者的习惯和爱好?

㉙怎么可以及时了解和满足学习者的需求?

(2)课程资源分析

课程资源分析包括学习内容分析、学习支持分析和课程材料分析三部分工作。

①学习内容分析

学习者分析能够告诉你“需要什么”，而学习内容分析是帮助你明确将要“提供什么”。

A. 由整体到部分，由一般到个别。

B. 从已知到未知。

C. 符合事物的发展规律。

D. 注意学习内容之间的横向联系。

②学习支持分析

A. 他们将在何时何地学习？怎样学习？

B. 谁承担他们的学费或开支？

C. 他们可以利用的学习时间有多少？

D. 他们有什么样的媒体或设备条件？

E. 他们有什么样的人员支持——是辅导教师、咨询人员，还是同事、同学？

F. 他们能够获得什么样的指导？从哪里？通过什么方式？需要多长时间？

G. ……

③课程材料分析

你有现成的课程材料吗？如果有，你会怎样使用这些材料？

3. 设计阶段的主要工作

设计阶段的主要工作有四个方面：制订课程计划、确定教学策略、选择教学媒体、计划学习支持。

(1)制定课程计划

①确定课程的教学要求和教学目的。

②组织编排课程的教学内容。

③制定课程的进度，安排课程的具体课时。

(2)确定教学策略

①策略要指向具体的教学目标，不同的教学目标需要使用不同的教学策略。

②不存在能够适用于所有情况的策略。

③利用一定的技术，结合精心的设计，激发学习者的学习动机和学习兴趣。

④提供相应的学习资源，帮助学习者进行发现学习。

⑤提供交互功能，促进学习者与教学内容之间、学习者与指导者以及学习者之间的交互。

⑥提供模拟的问题情境和角色扮演，使学习者能够参与到学习中，并应用他们所学的知识。

(3)选择教学媒体

①是否有学习者需要采用特定的媒体？

②哪些媒体对学习者来说更容易获得？

③哪种媒体最便于学习者使用？

④是否有媒体特别有助于促进学习者的学习？

⑤在采用或避免采用某些媒体上，你所处的情况是不是对你有压力？

⑥你使用哪种媒体最得心应手？

⑦你可能依靠哪种媒体来支持主要媒体并保证教学媒体的多样性？

(4)设计学习支持

①提供最新最权威的信息。

②灵活的学习课程和不同的学习形式。

③及时的学习指导。

④及时和有效的反馈。

⑤对学习者的作业和进步的评价。

⑥……

4. 开发阶段的主要工作

开发阶段的主要工作主要有三个方面:课程材料的开发、设计建构交互关系的学习活动、编写学习指导书。

(1)课程材料的开发

①利用现有的课程材料。

②以现有的课程材料为基础,编制自己的新材料。

③放弃手中的材料,从头开始规划和编制课程材料。

④加工转化。

(2)设计建构交互关系的学习活动

①在学习材料中嵌入思考题和练习题,可以每学习几分钟,就让学习者看到一个思考题和练习题,解答之后才能继续下面的学习。

②在章节结束时有整套的题目(自测题),以测试学习者对整个章节内容的掌握情况。

③在学了一个阶段之后安排作业或练习(通常由辅导教师批改),有时需要进行大量的应用或实践性工作。

④设立主题讨论。

(3)编写学习指导书

学习指导书提供课程内容的主要脉络和知识框架,提供教师与学生见面时才发生的内容分析、解释和讨论以及学习方法和策略的指导。

学习指导书的内容结构如下。

①说明课程在整个课程体系中的作用以及课程的预备知识要求。

②课程的内容介绍和学习目标说明。

③针对每一个目标,提供学习信息,包括教师的评论和看法、相关的阅读材料、其他媒体材料和作业要求等。

④关于如何有效利用各种学习材料的方法和时间,以及应该对哪些部分给予重视的建议。

⑤对准备和完成各种作业和任务的指导和建议。

⑥对课程外实践性工作(作业)的建议和推荐相关的参考书。

⑦关于学生如何应用正确学习策略和技巧的建议。

⑧学习者自我评价的自测题和讨论问题。

⑨学习活动的时间表以及如何利用好预先分配的学习时间的建议。

⑩如何联系、何时联系指导老师的信息。

⑪其他……

5. 实施阶段的主要工作

(1)教师培训

①培训教师学会使用课程中的媒体。

②培训教师适应课程的远程教学模式。

(2)试用

试用的两种形式——“面对面的试用”和“实地试用”。

①面对面试用

A. 找几个有代表性而且将要学习课程的学生。

B. 请他们帮你找出教材中的不足或难点。

C. 在他们学习时和他们坐在一起,每次一个学生。

D. 将他们遇到的所有问题记录下来。

E. 随后与他们讨论,并听取他们的建议。

F. 如果你觉得他们遇到的困难也会使其他学生感到困难,那么对这些地方进行修改。

②实地试用

A. 找到一些同意试用课程的学生(最好有 20 ~ 30 人,成为一个班级),尽可能接近“正常条件”试用。

B. 这可能意味着你要向他们提供一个指导教师、一条求助热线、安排同学的聚会、争取学生单位领导的支持和课程所需的其他支持。

C. 准备好你想要学生在学习过程中填写的各种记录表,或你想要学生试用过后回答的各种问卷。

D. 让学生试用教材、学习指导书等。

E. 收集记录表、问卷、测验结果等,有选择地采纳学生在使用你的课程中提出的建议。

F. 如果可能的话,与你的试用学生(连同教师)一起讨论试用的结果。

G. 在正式推广之前,改进你的课程教学包。

7.4　网络课程的开发

7.4.1　网页的基本概念

1. URL

URL(Uniform/Universal Resource Location 统一资源定位器),也被称为网页地址,是因特网上标准的资源的地址。URL 由三部分组成:协议名、Web 服务器名、路径及文件名。如 http://www.gnnu.cn/upload/20051217235015.jpg,它指示了文件在 Internet 上的位置。其中,http 是协议,叫超文本传输协议;www.gnnu.cn 是服务器;upload/20051217235015.jpg 是路径及文件名。

2. Web

Web,全称为 World Wide Web,缩写为 WWW,中文叫万维网,亦称环球网。它是基于超文本,方便用户访问其他 Internet 主机上资源的信息服务系统。Web 表现为三种形式,即超文本(Hypertext)、超媒体(Hypermedia)、超文本传输协议(HTTP)等。超文本是一种全局性的信息结构,它将文档中的不同部分通过关键字建立连接,使信息得以用交互方式搜索。超媒体是超文本和多媒体在信息浏览的环境下的结合。超文本传输协议是以 Internet 来传递信息的一种协议,利用该协议,可以使用户通过键入 URL 地址来从服务器检索文本、图片、声音、视频等其他文件。

3. 服务器端与客户端

一般来说,提供网络服务的一方称为服务器端,而接受服务的一方称为客户端。当你在浏览网易站点的主页时,网易主页所在的计算机称为服务器端,而你的计算机就称为客户端。其实,服务器就是计算机的一种,它是网络上一种为客户端计算机提供各种服务的高性能的计算机,它在网络操作系统的控制下,将与其相连的硬盘、磁带、打印机、Modem 及昂贵的专用通信设备提供给网络上的客户站点共享,也能为网络用户提供集中计算、信息发表及数据管理等服务。

4. 主页

主页是站点的一组网页或其他文件的起始页,主页一般是默认文档。主页,可以用来说明站点内容,如所在企业、公司或部门的新闻、通过链接指向其他相关页面或文档。如网易的主页是 http://www.163.com/index.html,中央电视台的主页是 http://www.cctv.com/default.shtml。

7.4.2 网页的工作原理

相信大家已经会浏览网页了,你是否对网页的工作原理感到好奇?当你浏览网页时,通常首先要在你电脑的浏览器中键入网页的 URL 地址,屏幕后究竟执行了什么样的过程?

首先浏览器将 URL 分解为三个部分,分别是协议、服务器名和文件名。浏览器根据服务器名查找到服务器计算机,然后和服务器建立连接。之后,浏览器根据协议向服务器发送请求,请求服务器向客户端传送文件,服务器会将该网页的 HTML 文本发送到客户端浏览器。最后,客户端浏览器读取 HTML 标记并设置网页的格式,显示在屏幕上。其工作的原理如图 7-2 所示。

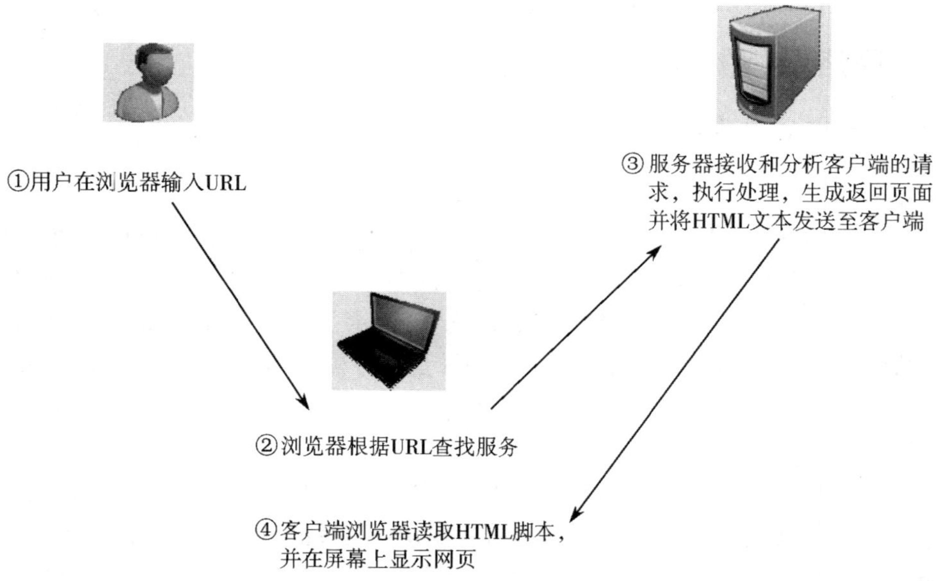

图 7-2　网页的工作原理

7.4.3 网页制作相关软件

网页制作是一门综合性的技术,因此涉及的制作软件也很多。在网页制作过程中,主要会用到以下三类软件,包括网页的编辑类软件、图形图像处理类软件、平面动画制作类软件。

网页的编辑软件有很多,分别是针对不同层次的用户。如入门级别的软件主要有 Microsoft FrontPage、Netscape 编辑器、Adobe Pagemill 和 Claris Home Page,中级制作软件主要有 Dreamweaver、Fireworks、HotDog Professional 和 HomeSite、HotMetal Pro,高级制作软件主要有 Microsoft Visual Studio、JBuilder 和 Zend Development Environment。特别值得一提的是,Adobe 公司开发的 Dreamweaver 软件是比较好用的网页编辑软件,接下来将会对 Dreamweaver 软件做一些具体的介绍。

图形图像处理软件主要有 Photoshop、光影魔术手、Ulead GIF Animator、Fireworks、Illustrator 和 CorelDRAW 等。

平面动画制作软件主要有 Adobe Flash、Swish、Adobe Imageready 等。

Adobe 公司开发的 Dreamweaver(网页编辑)、Fireworks(图形图像处理)和 Flash(动画制作)软件,被称为“网页制作三剑客”,非常受用户喜欢。

1. 网络脚本语言

常用来制作网页的脚本语言有 HTML、JavaScript、VBScript、Asp、Asp. net、JSP 和 PHP 等。

2. HTML

HTML(超文本标记语言)是一种描述文档结构的标注语言,它使用一些约定的标记对 WWW 上的各种信息进行标注。当用户浏览 WWW 上的信息时,浏览器会自动解释这些标记的含义,并按照一定的格式在屏幕上显示这些被标记的文件。HTML 的优点是其跨平台性,即任何可以运行浏览器的计算机都能阅读并显示 HTML 文件,不管其操作系统是什么,显示结果都相同。HTML 文件是标准的 ASC Ⅱ 文件,且其后缀名为“HTM”或“HTML”的文件。HTML文件看起来像是加入了许多被称为链接签(Tag)的特殊字符串的普通文本文件。从结构上讲,HTML 文件由元素(Element)组成,组成 HTML 文件的元素有许多种,用于组织文件的内容和指导文件的输出格式。绝大多数元素是“容器”,即它有起始标记和结尾标记。元素的起始标记叫作起始链接签(Start Tag),元素结束标记叫作结尾链接签(End Tag),在起始链接签和结尾链接签中间的部分是元素体。每一个元素都有名称和可选择的属性,元素的名称和属性都在起始链接签内标明。

3. JavaScript

JavaScript 是一种基于对象(Object)和事件驱动(Event-Driven)并具有安全性能的脚本语言。它与 Java 不同:JavaScript 主要用于 HTML 的页面,脚本嵌入在 HTML 的源码中;而 Java 是一个独立的、完整的编程语言,既可以在 Web 中应用,也可以用于与 Web 网无关的情况。另外,JavaScript 编写的程序不必在运行前编译,它们可以直接写入 Web 页面中并由调用它们的浏览器来解释执行。这样,一些基本交互作用就不用在服务器端完成,减少了客户端的响应时间。

4. VBScript

为了适应 Internet 上的应用,Microsoft 公司把用于应用程序描述的 Visual Basic 语言压缩成一个更合理的子集,称为 Visual Basic Scripting Edition,简称 VBScript。它也是一种 HTML 嵌入脚本语言,具有易学易用等特点。如果你已了解 Visual Basic 或 Visual Basic for Applications,就会很快熟悉 VBScript。Microsoft 公司将 VBScript 语言作为实施其 ActiveX 脚本化的最佳选择，用户可以采用小的相互操作的部件一起来完成工作，使得应用程序的功能更加强大。

5. ASP 及 ASP. NET

ASP 是微软公司推出的意图取代 CGI 的新技术。通过它，用户可以使用几乎所有的开发工具来创建和运行交互式的动态网页，如反馈表单的信息收集处理、文件上传与下载、聊天室、论坛等，实现了 CGI 程序的功能又比 CGI 简单，而且容易学习。由于 ASP 使用基于开放设计环境的 ActiveX 技术，用户可以自己定义和制作组件加入其中，使自己的动态网页具有几乎无限的扩充能力。它还可利用 ADO（Active Data Object，微软的一种新的数据访问模型）方便地访问数据库，能很好地对数据进行处理。借 Windows 东风，ASP 得到了长足的发展。

6. JSP

JSP（Java Server Pages），中文名叫 Java 服务器页面，是在 Sun Microsystems 公司的倡导下，由许多公司共同参与建立的一种新的动态网页技术标准。它在动态网页的建设方面具有强大而特殊的功能。Sun 公司应用组建“Java 社团”的思想开发 JSP 技术。在开发 JSP 规范的过程中，Sun 公司与许多主要的 Web 服务器、Web 应用服务器和开发工具供应商，以及各种各样富有经验的开发团体进行合作，找到了一种适合于应用和页面开发人员的开发方法，它具有极佳的可移植性和易用性。针对 JSP 的产品，Sun 公司授权予工具提供商（如 Macromedia）、结盟公司（如 Apache，Netscape）、最终用户、协作商及其他人。最近，Sun 公司将最新版本的 JSP（JSP 1. 1）和 Java Servlet（Java Servlet 2. 2）的源代码发放给 Apache，以求 JSP 和 Apache 紧密结合、共同发展。Apache、Sun 公司和许多其他的公司及个人公开成立的咨询机构能方便任何公司和个人免费取得信息。

7. PHP

PHP，一个嵌套的缩写名称，是英文“超级文本预处理语言”（PHP：Hypertext Preprocessor）的缩写。PHP 是一种 HTML 内嵌式的语言，PHP 与微软的 ASP 颇有几分相似，都是一种在服务器端执行的“嵌入 HTML 文档的脚本语言”，语言的风格类似于 C 语言，现在被很多的网站编程人员广泛的运用。PHP 独特的语法混合了 C、Java、Perl 以及 PHP 自创新的语法。它可以比 CGI 或者 Perl 更快速地执行动态网页。用 PHP 做出的动态页面与其他的编程语言相比，PHP 是将程序嵌入到 HTML 文档中去执行，执行效率比完全生成 HTML 标记的 CGI 要高许多；与同样是嵌入 HTML 文档的脚本语言 JavaScript 相比，PHP 在服务器端执行，充分利用了服务器的性能；PHP 执行引擎还会将用户经常访问的 PHP 程序贮存在内存中，其他用户在访问这个程序时就不需要诚信编译程序了，只要直接执行内存中的代码就可以了，这也是 PHP 高效率的体现之一。PHP 具有非常强大的功能，所有的 CGI 或者 JavaScript 的功能 PHP 都能实现，而且支持几乎所有流行的数据库以及操作系统。

8. XML

XML 开发者源于 SGML 的设计和应用者。他们已经在 SGML 上投入了大量精力，但他们却发现 SGML 并没有完全发挥它的作用。他们当然有其充分的理由，我们可以列举以下几个重要方面给大家。在这些方面 SGML 带来的影响可以说是一场革命。SGML（通用标记语言标准 ISO 8879：1986）是 HTML 的前身技术。它是文件和文件中信息的构成主体。SGML 与 HTML 不同，它允许用户扩展 Tag 集合，允许用户建立一定的规则。SGML 所产生的 Tag 集合是用来描述信息段特征的，而 HTML 仅仅只是一个 Tag 集合，所以我们可以说 HTML 是一个 SGML 的子集。早在 Seattle 会议之前，Bosak 和一些精心挑选的 SGML 结构信息专家就已向 W3C 提出了“网络上的 SGML”计划。W3C 支持并赞助了他们的努力。工作于 1996 年 7 月正式开始起动。早期的工作有较大的阻力，因为也存在反对 SGML 的人，一些制定 XML 标准的 W3C 代表甚至声称“网络上的 SGML”是不可能实现的，工作组（原称“SGML 编辑审议委员会”）并未退缩，他们打算让 SGML 以全新的面貌出现在网上，故给它命名为“可扩展标记语言”，即 XML。

7.4.4　Dreamweaver 软件介绍

1. Dreamweaver 概述

Dreamweaver 是由美国 Adobe 公司推出的，用于网页开发和网站管理的专业化设计工具。它是可视化的网页编辑软件，它能快速地创建极具动感的网页，还具有强大的网站管理功能。许多专业的网站设计人员都将 Dreamweaver 作为创建网站的首选工具。

Adobe 公司每隔一段时间都会推出 Dreamweaver 的新版本。本书以 Dreamweaver CS3 版本为例。Dreamweaver 功能强大，下面进行具体介绍。

（1）多种视窗模式。提供了代码视图、设计视图、代码与设计视图 3 种视窗模式。设计视窗可以满足初级用户的需求，即使你不懂 HTML 或其他脚本语言，不会书写网页源代码，也可以创建出比较漂亮的网页。代码视窗可使擅长编程的网页编辑高手直接用 HTML 语言进行编写，且能够对源代码进行精确控制。而组合视窗可以在同一个窗口实现可视化的设计与代码设计的完美结合。

（2）简便易行的对象插入功能。常用字符、框架、当前日期、导航条、站点菜单、电子信箱、文字、按钮、图片、动画、声音和视频等都可以通过对象面板非常方便地插入到网页中。选中这些插入对象，可以在属性面板中修改它的参数，从而摆脱了直接编写代码的烦恼。

（3）方便地创建框架，自由编排网页。利用框架加强网页的导航功能，从而减少网页重复下载，加快用户的浏览速度。

（4）使用 CSS 和 HTML 样式减少重复劳动，特别是用 CSS 样式还能创造一些特殊的效果（如立体、黑白、波纹等）、重新定义 HTML 标记、动态的链接等。

（5）Dreamweaver 内置了大量的行为，我们不用书写 JavaScript 代码，就可以制作出极具动感的网页。除 Adobe 公司之外，还可以到网上下载第三方厂商提供的行为库。另外，Dreamweaver 提供了丰富的应用程序接口（API），一些高级用户还可以自己动手构建行为库。

（6）使用模板与库创建具有统一风格的网站。利用模板能够使站点中的文档风格具有一致性，以增强一个站点的整体效果。而将多次使用的网页元素保存为库元素，既能减少网页的存储空间，也能非常方便地进行网页的更新。

（7）Dreamweaver 的排版功能。可以像在页面上画画一样，拖动单元格，或者组合单元格来建立嵌套的表格，就像使用排版软件一样制作和设计网页。

（8）强大的网站管理功能。它不仅能够编辑网页，还可以快速实现本地站点与服务器站点之间文件的同步。利用库、模板和标签等功能还可以组织大型网站的开发，对于须多人维护的大型网站，它能提供文件操作权限方面的控制。

2. Dreamweaver 界面详解

如果你的计算机上没有安装 Dreamweaver 软件，请到 http://www.adobe.com/cn/网站下载安装。

（1）工作区设置

第一次启动 Dreamweaver CS3 时，会出现一个工作区设置对话框，如图 7－3 所示。

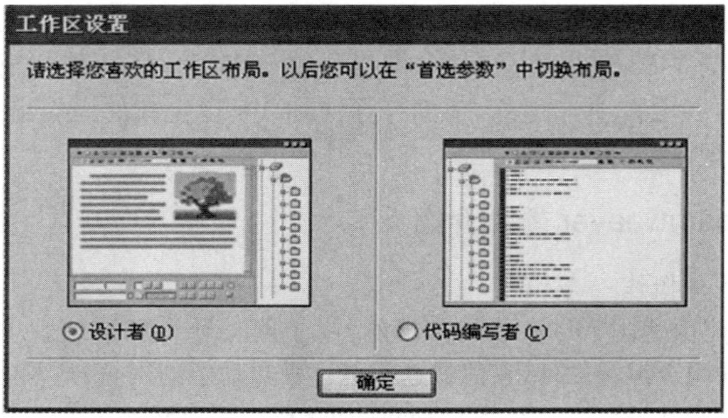

图 7-3　工作区设置

我们可以从中选择一种适合我们的工作区布局。如果不熟悉编写代码，请你选择“设计者”。

如果以后想更改工作区，可以选择“窗口”菜单中的“工作区布局”，再选择“编码器”来实现切换。

(2)工作区概述

启动 Dreamweaver CS3 后，新建一个 HTML 文档，即可进入工作区。在该工作区中，集成了全部窗口和面板。如图 7-4 所示，分别有插入栏、文档工具栏、“文档”窗口、面板组、标签选择器、属性检查器和文件面板。

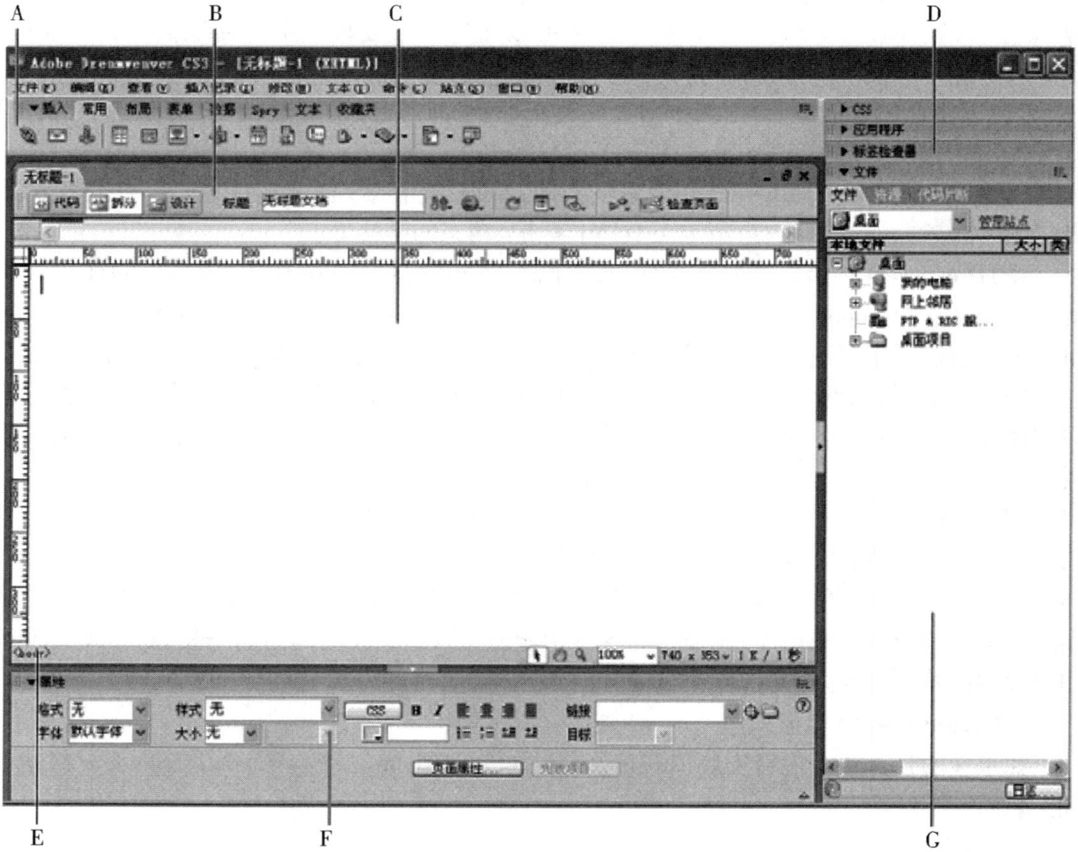

图 7-4　工作区

其中,A 代表插入栏,B 代表文档工具栏,C 代表“文档”窗口,D 代表面板组,E 代表标签选择器,F 代表属性检查器,G 代表文件面板。

①插入栏包含用于将图像、表格和 AP 元素等各种类型的对象插入到文档中的按钮。每个对象都是一段 HTML 代码,允许您在插入它时设置不同的属性。例如,您可以在“插入”栏中单击“表格”按钮,插入一个表格。如果您愿意,可以不使用“插入”栏而使用“插入”菜单插入对象。

②文档工具栏包含一些按钮,它们提供各种“文档”窗口视图(如“设计”视图和“代码”视图)的选项、各种查看选项和一些常用操作(如在浏览器中预览)。

③文档窗口显示您当前创建和编辑的文档。

④面板组是组合在一个标题下面的相关面板的集合。若要展开一个面板组,请单击组名称左侧的展开箭头;若要将面板组从当前停靠位置移开,请拖动该面板组的标题条左边缘的手柄。

⑤标签选择器位于“文档”窗口底部的状态栏中。显示环绕当前选定内容的标签的层次结构。单击该层次结构中的任何标签可以选择该标签及其全部内容。

⑥属性检查器用于查看和更改所选对象或文本的各种属性。每种对象都具有不同的属性。在“编码器”工作区布局中,“属性”检查器默认是不展开的。

⑦文件面板用于管理文件和文件夹,无论它们是 Dreamweaver 站点的一部分还是位于远程服务器上。“文件”面板还使您可以访问本地磁盘上的全部文件,类似于 Windows 的资源管理器。

(3)插入栏概述

常用类别用于创建和插入最常用的对象,例如图像和表格。具体的插入对象如图 7-5 所示。其中,A 代表链接,B 代表电子邮件,C 代表命名锚点,D 代表表格,E 代表 Div 标签,F 代表图像,G 代表媒体,H 代表日期,I 代表服务器端,J 代表注释,K 代表文件头,L 代表脚本,M 代表模板,N 代表标签选择器。

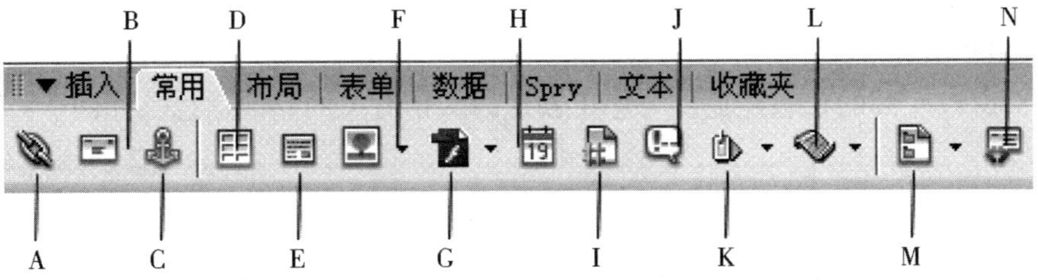

图 7-5　常用插入对象

布局类别用于插入表格、div 标签、框架和 Spry 构件。您还可以选择表格的两种视图:标准(默认)表格和扩展表格。

表单类别包含一些按钮,用于创建表单和插入表单元素(包括 Spry 验证构件)。

数据类别使您可以插入 Spry 数据对象和其他动态元素,例如记录集、重复区域以及插入记录表单和更新记录表单。

Spry 类别包含一些用于构建 Spry 页面的按钮,包括 Spry 数据对象和构件。

文本类别用于插入各种文本格式和列表格式的标签,如 b、em、p、h1 和 ul。

收藏夹类别用于将“插入”栏中最常用的按钮分组和组织到某一公共位置。

(4)文档工具栏概述

“文档”工具栏中包含一些按钮,使用这些按钮可以在文档的不同视图间快速切换:“代码”视图、“设计”视图以及同时显示“代码”和“设计”视图的拆分视图。工具栏中还包含一些与查看文档、在本地和远程站点间传输文档有关的常用命令和选项。如图 7－6 所示。

图 7－6　文档工具栏

其中,A 代表显示代码视图,B 代表显示代码视图和设计视图,C 代表显示设计视图,D 代表文档标题,E 代表文件管理,F 代表在浏览器中预览(调试),G 代表刷新设计视图,H 代表视图选项,I 代表可视化助理,J 代表验证标记,K 代表检查浏览器兼容性。

(5)文档窗口概述

“文档”窗口显示当前文档。可以分别选择下列任一视图。

设计视图是一个用于可视化页面布局、可视化编辑和快速应用程序开发的设计环境。在该视图中,Dreamweaver 显示文档的完全可编辑的可视化表示形式,类似于在浏览器中查看页面时看到的内容。您可以配置“设计”视图以在处理文档时显示动态内容。

代码视图是一个用于编写和编辑 HTML、JavaScript、服务器语言代码[如 PHP 或 ColdFusion 标记语言(CFML)]以及任何其他类型代码的手工编码环境。

代码和设计视图使您可以在一个窗口中同时看到同一文档的“代码”视图和“设计”视图。当“文档”窗口有标题栏时,标题栏显示页面标题,并在括号中显示文件的路径和文件名。如果您对文档做了更改但尚未保存,则 Dreamweaver 会在文件名后显示一个星号。

当“文档”窗口在集成工作区布局(仅适用于 Windows)中处于最大化状态时,它没有标题栏;在这种情况下,页面标题以及文件的路径和文件名显示在主工作区窗口的标题栏中。

当“文档”窗口处于最大化状态时,“文档”窗口顶部会显示选项卡,上面显示了所有打开的文档的文件名。若要切换到某个文档,请单击它的选项卡。

(6)状态栏概述

“文档”窗口底部的状态栏提供与您正创建的文档有关的其他信息。如图 7－7 所示。

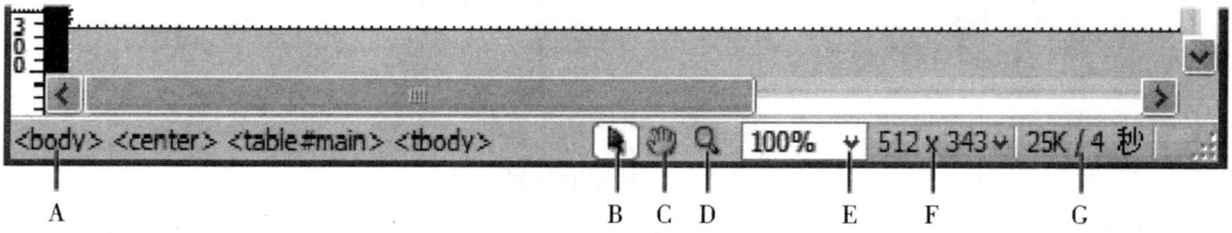

图 7－7　状态栏

其中,A 代表标签选择器,B 代表选取工具,C 代表手形工具,D 代表缩放工具,E 代表设置缩放比率,F 代表窗口大小弹出菜单,G 代表文档大小和估计的下载时间。

(7)属性检查器概述

“属性”检查器使您可以检查和编辑当前选定页面元素(如文本和插入的对象)的最常用属性。“属性”检查器中的内容根据选定的元素会有所不同。例如,如果您选择页面上的一个图像,则“属性”检查器将改为显示该图像的属性(如图像的文件路径、图像的宽度和高度、图像周围的边框等)，如图 7 – 8 所示。

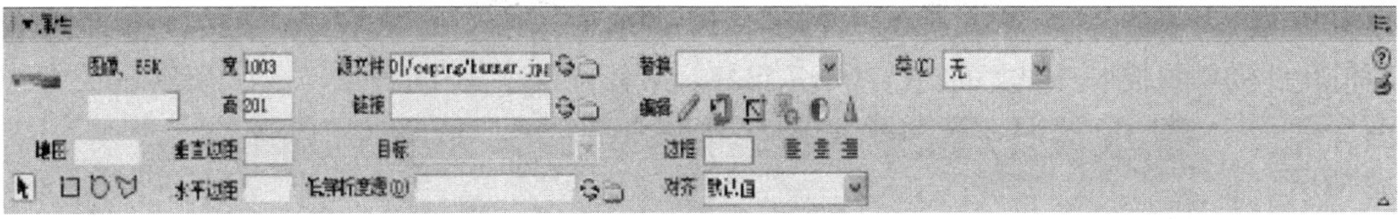

图 7 – 8　“属性”检查器

(8)面板组概述

“面板组”是分组在某个标题下面的相关面板的集合。若要展开一个面板组，请单击组名称左侧的展开箭头；若要取消停靠一个面板组，请拖动该组标题条左边缘的手柄。面板组中选定的面板显示为一个选项卡。每个面板组都可以展开或折叠，并且可以和其他面板组停靠在一起(或取消停靠)。面板组还可以停靠到集成的应用程序窗口中，这使我们能很容易地访问所需的面板，而不会使工作区变得混乱。Dreamweaver CS3 中提供了多种此处未说明的其他面板、检查器和窗口。若要打开其他面板，请使用“窗口”菜单，选中相应的面板。

7.4.5　网页制作技术

1. 站点设置

在 Dreamweaver 中，站点一词既表示 Web 站点，又表示属于 Web 站点的文档的本地存储位置。在开始构建 Web 站点之前，您需要建立站点文档的本地存储位置。在电脑的 D 盘或 E 盘建立一个文件夹，比如叫 MyWebSite。然后，我们可以把制作网页相关的素材全部放在该文件夹下面，如图片、动画、音乐、视频等。如果素材很多，可以在 MyWebSite 中再建立文件夹，分门别类放置这些素材。很多初学者往往忽视这一步，结果后续出现很多意想不到的问题。接下来，就可以建立站点了，步骤如下。

(1)启动 Dreamweaver CS3，选择“站点”中的“管理站点”(即从“站点”菜单选择“管理站点”)，出现“管理站点”对话框，如图 7 – 9 所示。在“管理站点”对话框中，单击“新建”，然后从弹出式菜单中选择“站点”，如图 7 – 10 所示。

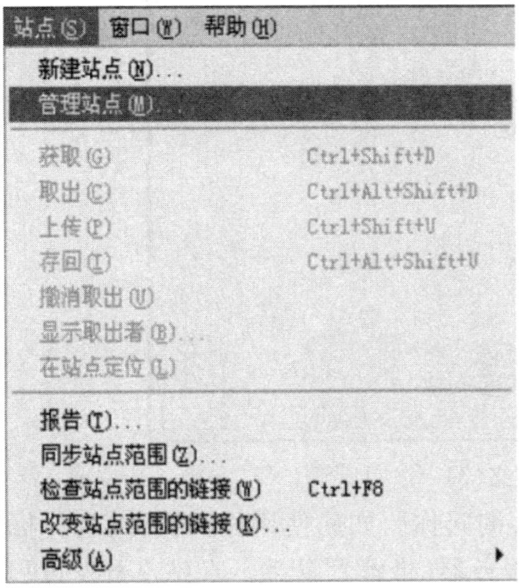

图 7 – 9　管理站点对话框

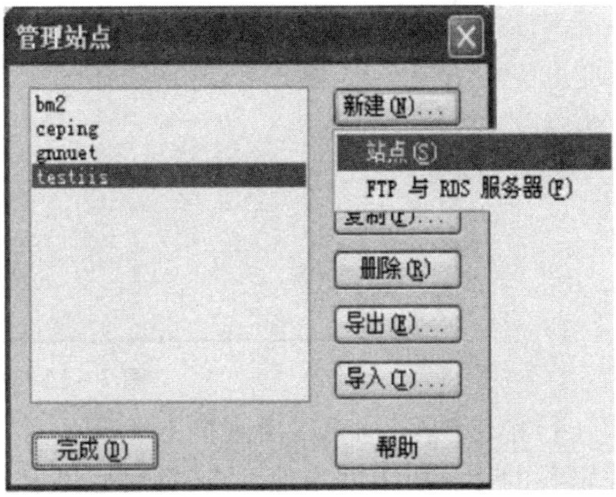

图 7 – 10　新建站点

(2)弹出对话框显示的是“高级”选项卡,单击“基本”。出现“站点定义向导”的界面,要求你为站点输入一个名称。该名称可以是任何所需的名称,但最好是用英文名字,因为很多网页编辑软件较早的版本对中文的支持都不是很好。命名为 MyWebSite,如图 7 - 11 所示。

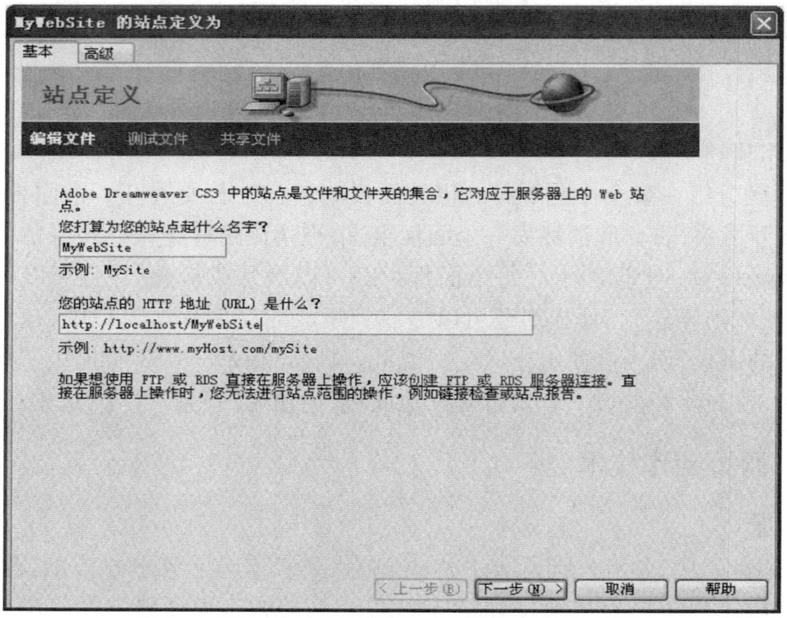

图 7 - 11　站点定义(1)

(3)单击“下一步”。出现向导的下一个界面,询问你是否要使用服务器技术,选择“否”选项,指示目前该站点是一个静态站点,没有动态页,如图 7 - 12 所示。

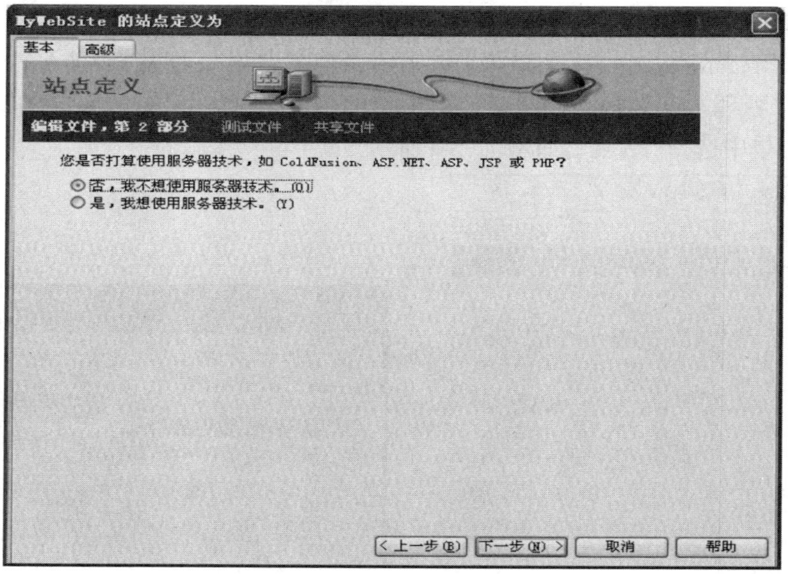

图 7 - 12　站点定义(2)

(4)单击“下一步”。出现向导的下一个界面,询问你要如何使用你的文件,选择标有“编辑我的计算机上的本地副本,完成后再上传到服务器(推荐)”选项。在站点开发过程中有多种处理文件的方式,初学网页制作者请选择此选项。

单击该文本框旁边的文件夹图标。随即会出现“选择站点的本地根文件夹”对话框，选择你在建站点前在电脑硬盘上所建立的文件夹，作为本地文件夹。比如，作者在建站点前在 D 盘建立了一个 MyWebSite 的文件夹，里面放置了网站的相关素材，如图 7－13 所示。

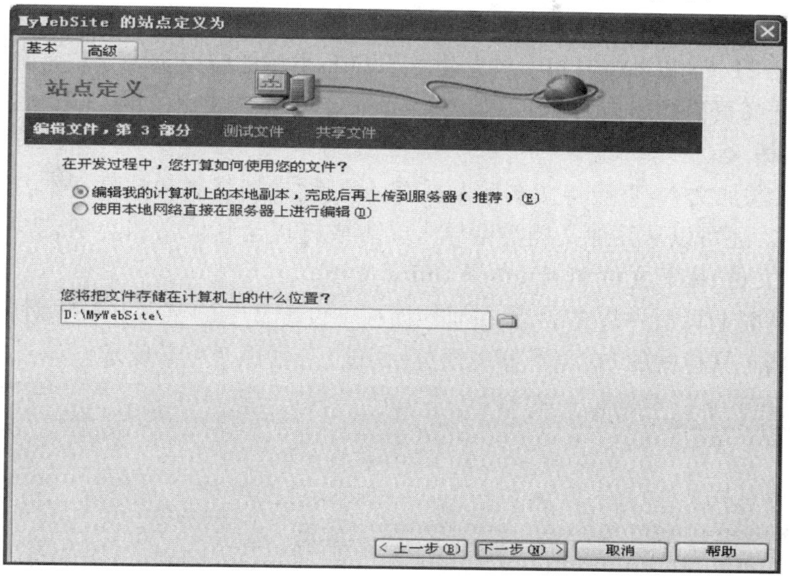

图 7－13　站点定义(3)

(5)单击“下一步”，出现向导的下一个界面，询问你如何连接到远程服务器，从弹出式菜单中选择“无”。目前，本地站点信息对于开始创建网页已经足够了。

(6)单击“下一步”，出现向导的下一个界面，其中显示站点的设置概要。单击“完成”完成设置。随即出现“管理站点”对话框，显示你的新站点。单击“完成”，关闭“管理站点”对话框。现在，已经为你的站点定义了一个本地根文件夹。接下来就可以编辑自己的网页了。

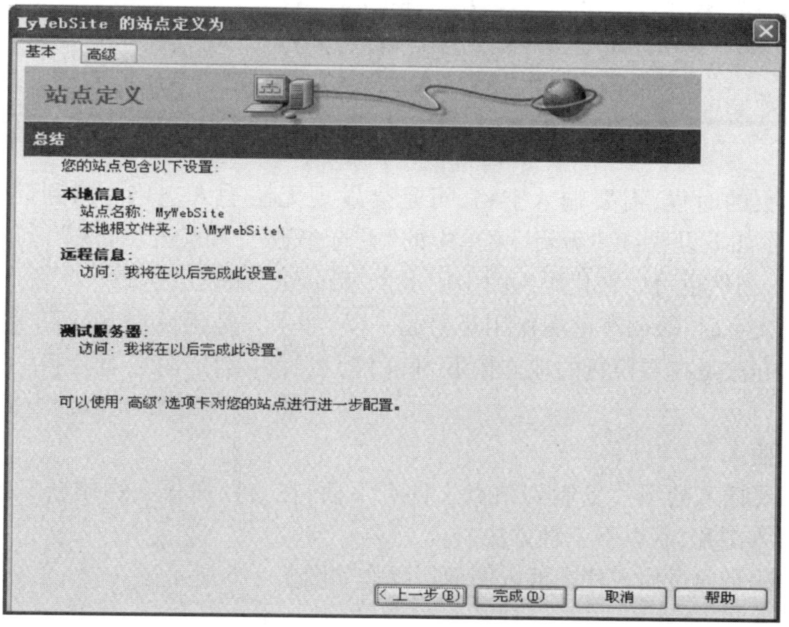

图 7－14　站点定义(4)

2. 创建 Dreamweaver 文档

建好站点之后，就可以创建各种 Dreamweaver 文档了。Dreamweaver 为处理各种 Web 文档提供了灵活的环境。除了 HTML 文档以外，您还可以创建和打开各种基于文本的文档，如 ColdFusion 标记语言（CFML）、ASP、JavaScript 和层叠样式表（CSS）。还支持源代码文件，如 Visual Basic、.NET、C#和 Java。初学者先建立 HTML 类型的空白页。方法是在文件菜单中，新建空白页，选择页面类型为 HTML。保存该页面，名称自定义，比如 Index. html。

3. 文本的插入

向 Web 页添加文本：直接将文本键入页面，从其他文档复制和粘贴文本，或从其他应用程序拖放文本。还可以从其他文档类型导入文本或链接至其他文档类型，这些文档类型包括 ASC Ⅱ 文本文件、RTF 文件和 Microsoft Office 文档。

例如，在页面上写上一些文字，并在属性面板中设置文字的字体、颜色、对齐。页面编辑好后，选择文档工具栏中的“在浏览器中预览（调试）”，如图 7－15 所示。

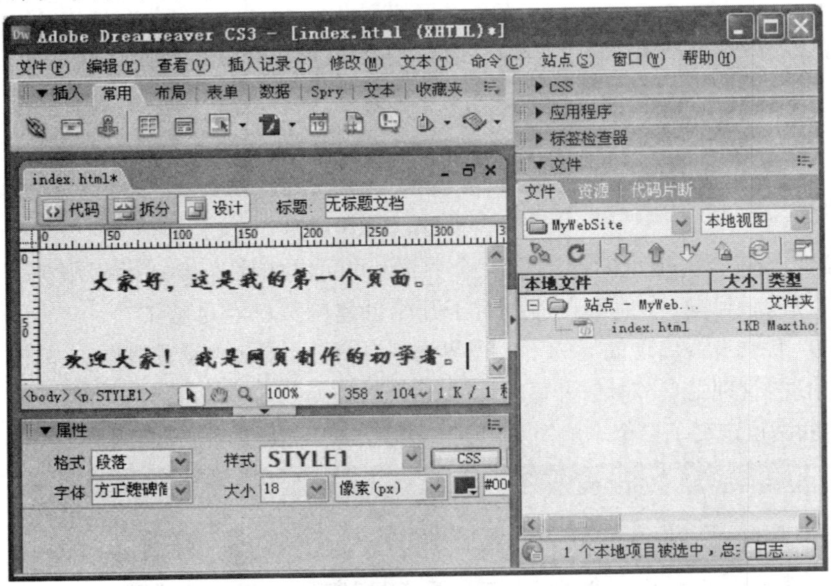

图 7－15　插入文本

在编辑网页的时候，需要输入空格，可是会发现无法输入空格。遇到此情况，Dreamweaver Cs3 中作如下设置：点“编辑”菜单中的“首选参数”，再点击“常规”，勾选“允许多个连续的空格”。当然也可以在代码视图中用多个“ ”来表示空格。

输入大块文字时，敲回车键的作用是另起一段，如果只是想换行，用回车行间距显得过大。最简单的办法是在要换行的地方按下 Shift 键，然后再敲回车键，就会换一行，使段落排列整齐有序。

4. 图片的插入

首先把需要插入的图片复制到站点文件夹下面，在文件面板右键刷新本地文件。Dreamweaver 中插入图片，有以下三种方法。

第一种方法是通过插入栏来插入图像。操作如图 7－16 所示。

图 7－16　插入图片(1)

第二种方法是在文件面板中，选中需要插入的图片，往页面拖拽。操作如图 7－17 所示。

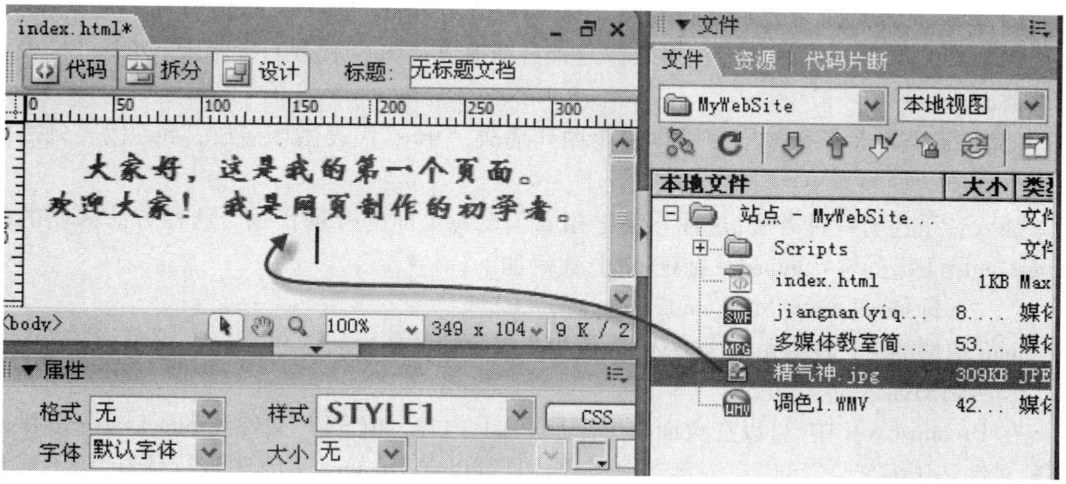

图 7－17　插入图片(2)

第三种方法是使用 HTML 脚本语言。在代码视图添加背景色为灰色的代码，代码如下：

<body>

<p align ="center" >大家好，这是我的第一个页面。

欢迎大家！我是网页制作的初学者。
 </p>

说明：HTML 语言中使用<img>标记来插入图片。该标记的常用属性的属性如下。

(1) src 属性用于指出图片的 URL 地址，该地址可以是绝对地址或相对地址。

(2) width、height 属性用于设定图片的宽度和高度，采用的是像素单位。

(3) border 属性是设定图片边框的大小。

(4) align 属性是设置图片与文字的位置，其值分别为 top、middle、bottom、left 和 right。

网页中可以插入的图片有多种格式，如 JPG、PNG、BMP、GIF、TIFF、PIC 等。常用的是 JPG 和 GIF 格式的图片。

5. 声音的插入

网页中添加声音，可以有多种不同类型的声音文件和格式，例如 WAV、MIDI 和 MP3。许多浏览器都支持 MIDI 文件，并且不需要插件，它的最大特点是文件小，但它只能表现音符与和弦，无法表现歌词。WAV 文件具有良好的声音品质，许多浏览器都支持此类格式文件并且不需要插件，但文件较大。MP3 是一种压缩格式，它可使声音文件明显缩小，其声音品质非常好，若要播放 MP3 文件，客户端必须下载并安装辅助应用程序或插件，例如 QuickTime、Windows Media Player 或 RealPlayer，否则听不到声音。

插入声音的方法是在代码视图中输入代码，代码如下：

< embed src = “123. wav” width = “300” height = “200” hidden = “no” autostart = “true” loop = “true” > < /embed >

说明：在 HTML 文件中，使用 < embed > 标记可以直接嵌入多媒体文件，如音乐、视频、动画等。< embed > 标记的属性如下。

（1）src 属性用于指出多媒体文件的 URL 地址，该地址可以是绝对地址或相对地址。

（2）width、height 属性用于设定播放多媒体文件区域的宽度和高度。

（3）hidden 属性用来显示或隐藏播放面板，取值为“true”是隐藏，取值为“no”是显示。

（4）autostart 属性是用来控制多媒体是否自动播放，“true”代表自动播放，“false”代表不自动播放。

（5）loop 属性是用来控制多媒体是否循环播放，“true”代表循环播放，“no”代表只播放一次。

插入音乐还有一种方法，这种方法是相当于设置页面的背景音乐。这种方法采用的是 < bgsound > 标记，与 < embed > 标记不同，代码如下：

< bgsound src = “456. mid” loop = “ – 1”/ >

loop 取值为 – 1 表示无限次循环，取值为 3 表示播放 3 次。

6. 动画的插入

在 Dreamweaver 中，可以在页面上中添加 Flash 内容，如（SWF 文件和 Shockwave 影片）。SWF 文件是压缩文件，可以在浏览器中播放并且可以在 Dreamweaver 中进行预览，但不能在 Flash 中编辑此文件。

插入 Flash 动画的方法是在“文档”窗口中，将插入点放置在要插入 Flash 元素的地方，然后在“插入”栏的“常用”类别中，单击“媒体”按钮，然后选择要插入的 Flash 元素。

插入后，选中该 Flash，可以在属性对其做相关的设置，如宽、高、是否自动播放、是否循环播放以及播放品质高低。操作如图 7 – 18 所示。

图 7 – 18　Flash 属性设置

7. Flash 视频的插入

Flash 视频，相信大家已经不陌生。在土豆、优酷、新浪播客等视频网站中，到处是 Flash 视频。在插入 Flash 视频之前，必须有一个经过编码的 Flash 视频文件。如果你不会制作 FLV 文件，可以在视频网站上下载，下载的方法在本书的“信息化教学资源的获取与利用”一节中介绍过。

插入 Flash 视频的方法是选择“插入”菜单下的“媒体”，再点击“Flash 视频”。在“插入 Flash 视频”对话框中，从“视频类型”弹出菜单中选择“累进式下载视频”或“流视频”。完成对话框选项的其余部分，如设置宽度、高度、自动播放、重复播放等，然后单击“确定”。

在这里,需要说明的是累进式下载视频与流视频的区别。累进式下载视频将 Flash 视频文件下载到客户端的硬盘上,然后播放。但是,与传统的“下载并播放”视频传送方法不同,累进式下载允许在下载完成之前就开始播放视频文件。流视频是对 Flash 视频内容进行流式处理,并在一段可确保流畅播放的很短的缓冲时间后在 Web 页面上播放该内容。

8. 其他视频媒体的插入

在网页中,可以插入 MPEG、AVI、WMV 等格式的视频媒体。这些视频媒体都要求客户端下载辅助应用程序(如插件)如 Real Media、QuickTime 和 Windows Media,否则无法查看这些视频。插入的代码如下:

< embed src = “789. wmv” width = “400” height = “300” hidden = “no” autostart = “true” > < /embed >

9. 设置超链接

作为网站肯定有很多的页面,如果页面之间彼此是独立的,那么网页就好比是孤岛,这样的网站是无法运行的。为了建立起网页之间的联系我们必须使用超级链接。称“超级链接”,是因为它什么都能链接,如网页、下载文件、网站地址、邮件地址……下边我们就来讨论怎样在网页中创建超级链接。

(1)页面之间的超级链接

在网页中,单击了某些图片、有下划线或有明示链接的文字就会跳转到相应的网页。

①在网页中选中要做超级链接的文字或者图片。

②在属性面板中单击黄色文件夹图标,在弹出的对话框里选中相应的需要链接的网页文件。做好超级链接后属性面板,如图 7 – 19 所示。

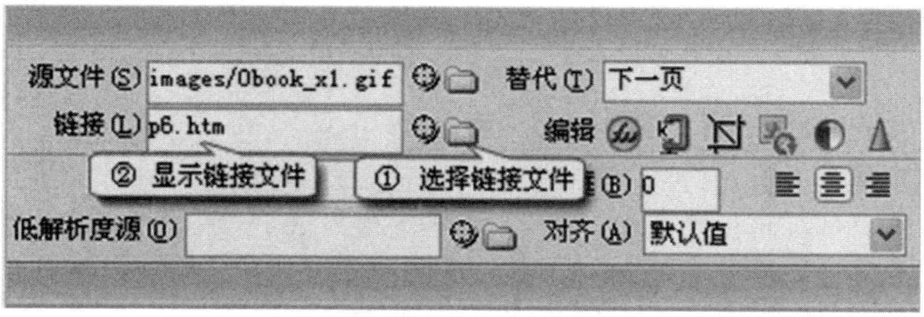

图 7 – 19　超级链接属性设置面板

如果超级链接指向的不是一个网页文件。而是其他文件,例如 RAR、EXE、DOC 等文件时,单击链接的时候就会下载文件。

如果超级链接指向的不是内部网页,如 http://www. 163. com,那么单击链接直接跳转到网易的首页。

(2)电子邮件链接

在网页制作中,还经常看到这样的一些超级链接。单击了以后,会弹出邮件发送程序,联系人的地址也已经填写好了。这是电子邮件超级链接。制作方法是:在编辑状态下,先选中要链接的图片或文字(比如“如有问题,请和站长联系”),在“插入栏”单击“电子邮件链接”,弹出如图 7 – 20 对话框,填入 E-Mail 地址即可。

图 7－20　电子邮件链接对话框(1)

还可以选中图片或者文字，直接在属性面板链接框中填写“mailto：邮件地址”，如图7－21 所示。

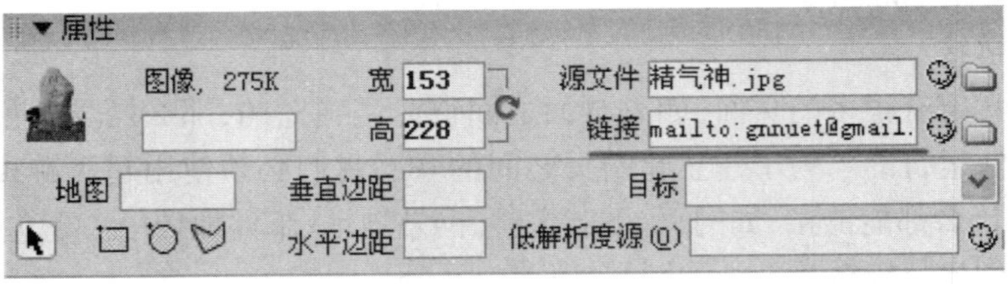

图 7－21　电子邮件链接对话框(2)

(3)图片上的超链接

这里所说的图片上的超级链接是指在一张图片上实现多个局部区域指向不同的网页链接。比如一张某市地图的图片，如图 7－22 所示，单击不同的地区可以跳转到不同的网页，可点的区域就是热区。下面的某市地图加了一些链接，可以用鼠标测试。鼠标移动到的热区，会显示文字提示，点击热区会进入该地区的政府网站。

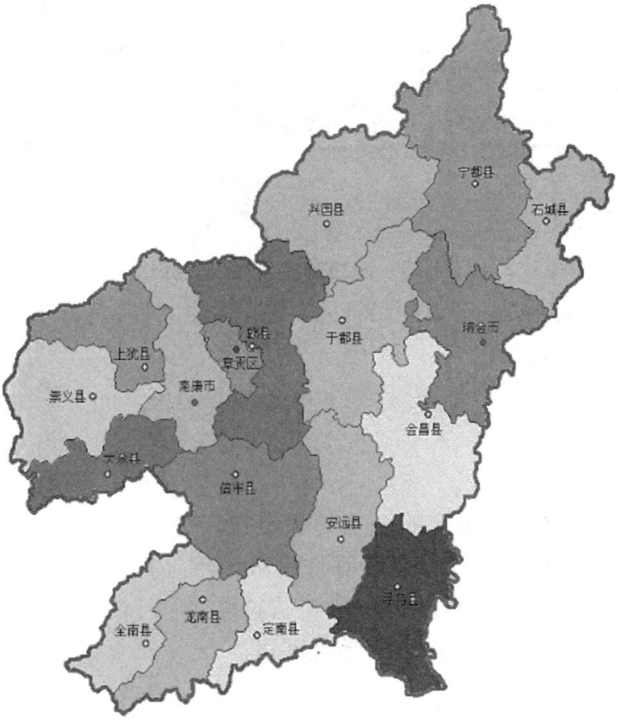

图 7－22　图片超链接

①首先插入图片。单击图片,用展开的属性面板上的绘图工具在画面上绘制热区。由于这些热区都是不规则的,所以选择多边形热点工具描绘热区,如图 7－23 所示。

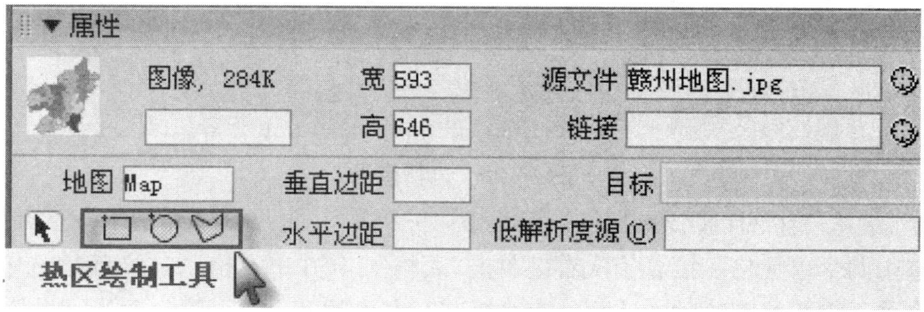

图 7－23　图片属性面板

②在地图上绘制好热区后,选中该热区,图片属性面板即切换到热点面板,在该面板做相关链接设置,如图 7－24 所示。

图 7－24　热点面板

对于复杂的热区图形可以直接选择多边形工具来进行描画。目标_blank 表示在新的窗口打开网页,替代框填写了说明文字以后,光标移上热区就会显示出相应的说明文字。

10. 表格定位网页

表格是网页常用的页面元素,是网页排版的最佳手段。在页面中使用表格来控制文本、图片等其他元素的显示位置,使用灵活,非常直观。

(1)创建表格

第一步:在 Dreamweaver CS3 中运行"插入记录"中的"表格"命令,弹出属性设置窗口,分别设置表格的行数和列数、表格的宽度、边框的宽度,同时还可以设定表格的样式,根据自己的需要来设置表格的相应属性即可。

表格的宽度和高度可以通过浏览器窗口百分比或者使用绝对像素值来定义,比如,设置宽度为窗口宽度的 60%,那么当浏览器窗口大小变化的时候表格的宽度也随之变化;而如果设置宽度为 400 像素,那么无论浏览器窗口大小为多少,表格的宽度都不会变化。

第二步:点击窗口中的"OK"按钮之后新建一个表格,而且通过窗口下部的属性面板还可以对诸如表格线条的颜色、表格的背景色、单元格的对齐方式等参数进行调整。

(2)基本使用

学会了创建表格之后,就可以制作出如图 7－25 所示的表格。

学校概况		办学概况	
历史沿革		本科教学	
学校领导		研究生教学	
校园风光		继续教育	

图 7－25　表格使用

第一步:插入一个四行四列的表格,在表格第一列的上面两个单元格中按下并拖动鼠标,此时可以选中两个单元格。接着依次右键单击“表格”“合并单元格”,这样就把选中的两格合并成为一个单元格。按照这种方法再将表格第一行右侧的两个单元格合并为一个单元格。

第二步:在表格中输入相应的文本,为了美观可以在属性面板中进行居中设置。

第三步:为了使表格产生立体效果,可以将整个表格选中,然后在属性面板中设定表格边框的宽度(Border)为 7,并且将边框颜色(Border color)设置为蓝色。也可以在属性面板中给表格设定背景图片。

通常选取整个表格比较困难,在此提供四种常用的方法:①把鼠标移动到表格右边界外侧,按下鼠标之后往左拖拽,这样可以快速选取整个表格;②选择“修改”菜单下的“表格”,再运行“插入表格”命令选择整个表格;③在单元格中右击鼠标,并且从弹出菜单中选择“表格”中的“插入表格”命令选取整个表格;④用鼠标点击任一个单元格,接着按两下 Ctrl + A 组合按钮选取整个表格。

11. 层的使用

层(Layer)是一种 HTML 页面元素,你可以将它定位在页面上的任意位置。层可以包含文本、图像或其他 HTML 文档。层的出现使网页从二维平面拓展到三维。可以使页面上的元素进行重叠和复杂的布局,如图 7－26 所示。

图 7－26　层(1)

层的制作过程为:①在“插入记录”菜单中选择“布局对象”中的“AP Div”,或在“插入栏”中选择“布局”中的“绘制 AP Div”;②在页面中显示一个层;③通过周围的黑色调整柄拖动控制层的大小;④拖动层左上角的选择柄可以移动层的位置;⑤单击层标记可以选中一个层;⑥在层中可以插入其他任何元素包括图片文字链接表格等。

一个页面中可以画出很多的层,这些层都会列在层面板中。层之间也可以相互重叠。层面板可以通过"窗口",选"AP 元素"打开,如图 7-27 所示。

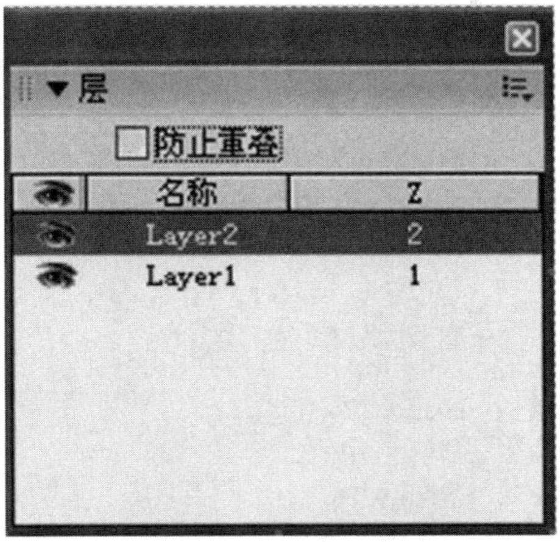

图 7-27　层(2)

这里需要对几个概念进行解释。层有隐藏和显示的属性。这是层的一个重要属性和以后说到的行为相结合就变成了重要的参数。单击层面板列表的左边,可以打开,关闭眼睛。眼睛挣开和关闭表示层的显示和隐藏。

层还有一个概念就是层数,层数决定了重叠时哪个层在上面哪个层在下面。比如层数为 2 的层在层数为 1 的层的上面。改变层数就可以改变层的重叠顺序。

层面板上面还有一个参数就是防止层重叠。一旦选中,页面中的层就无法重叠了。

层还有一种父子关系也就是隶属关系。在层面板中是这样表示的。图 7-28 中 Layer 2 挂在 Layer 1 的下面,Layer 1 为父层,Layer 2 为子层。在页面中拖动 Layer 1,Layer 2 也跟着动起来,因为他们已经连在一起了,并且 Layer 2 隶属于 Layer 1,父层移动会影响到子层。移动 Layer 2 层,Layer 1 层不动,也就是子层不会影响到父层。

要建立这样一种隶属关系,方法很简单。在层面板中按 Ctrl 键将子层拖拽到父层即可。

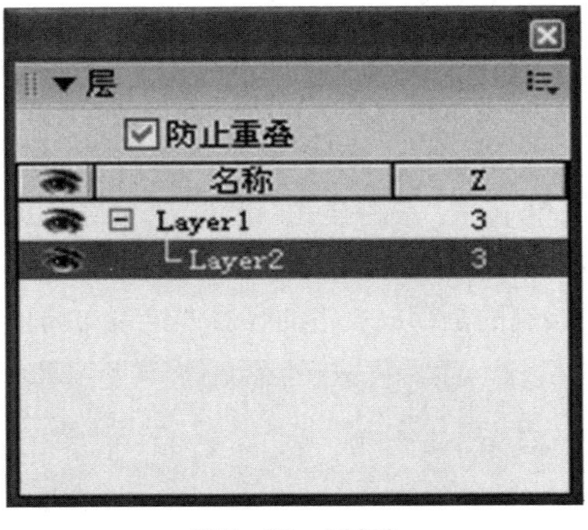

图 7-28　层(3)

由于层在网页布局中使用方便，所以，一些人可能不喜欢使用表格或“布局”模式来创建自己的页面，而是喜欢通过层来进行设计。Dreamweaver 中可以使用层来创建布局，然后将它们转换为表格。

在转换为表格之前，请确保层没有重叠。选择“修改”菜单点击“转换”，再点击“层到表格”，即可显示“转换层为表格”对话框，如图 7－29 所示。

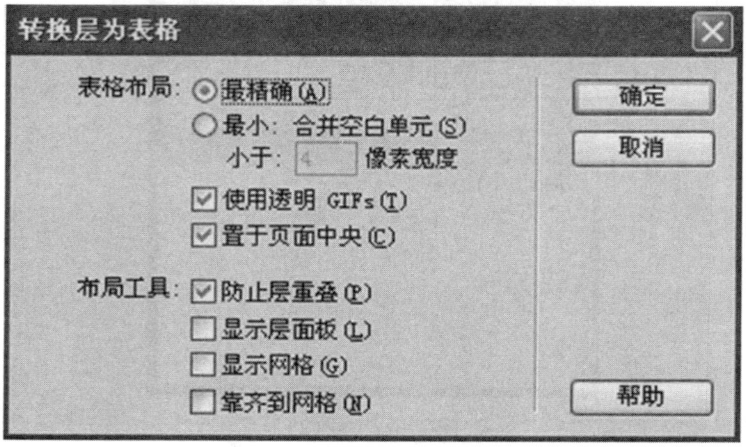

图 7－29　转换层为表格

若要将表格转换为层，请选择“修改”菜单下的“转换”，再点击“表格到层”，即可显示“转换表格为层”的对话框，如图 7－30 所示。

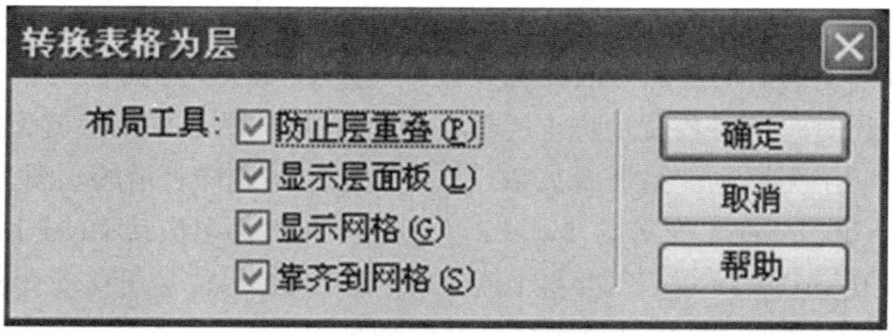

图 7－30　表格转换为层

12. 布局模式下页面布局

网页的布局虽然可以通过表格、层来实现，但在实际的应用中，表格是用来显示数据，而不是为了网页的布局。为了简化布局过程，在 Dreamweaver 中可以在布局模式下进行页面布局。

布局之前，在“查看”菜单中，把“表格模式”设置成“布局模式”。然后在“插入栏”切换成“布局”，如图 7－31 所示，通过“绘制布局表格”和“绘制布局单元格”来实现在页面上布局。“绘制布局表格”工具绘制的是存放表格的容器，“绘制布局单元格”绘制的是单元格。

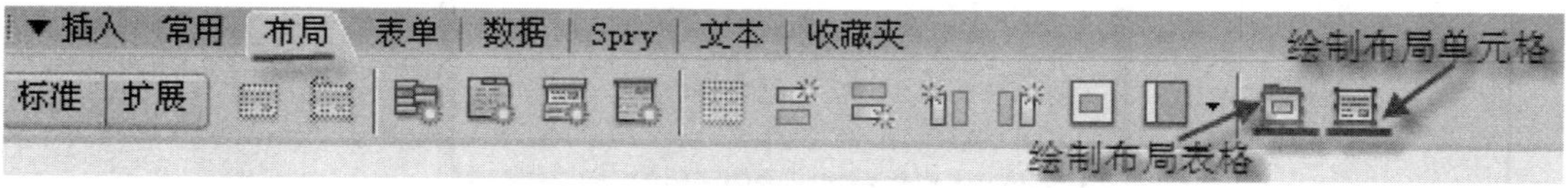

图 7－31　页面布局工具

图 7－32 是在布局模式绘制的页面布局。布好局后，接下来要做的就是往表格里填充东西了，如文本、图片等网页素材。

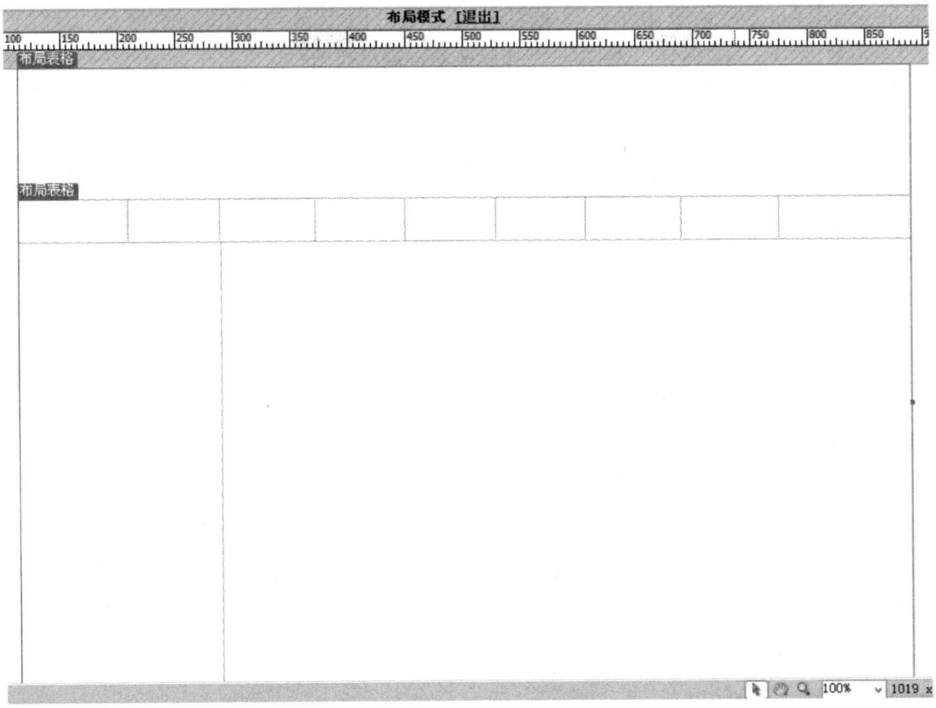

图 7－32　页面布局

13. 网站发布

在网站发布之前先使用 Dreamweaver 站点管理器对网站文件进行检查和整理，这一步很重要。可以找出断掉的链接、错误的代码和未使用的孤立文件等，以便进行纠正和处理。

步骤如下："站点"菜单中选"检查站点范围的链接"，弹出"结果"面板，如图 7－33 所示。

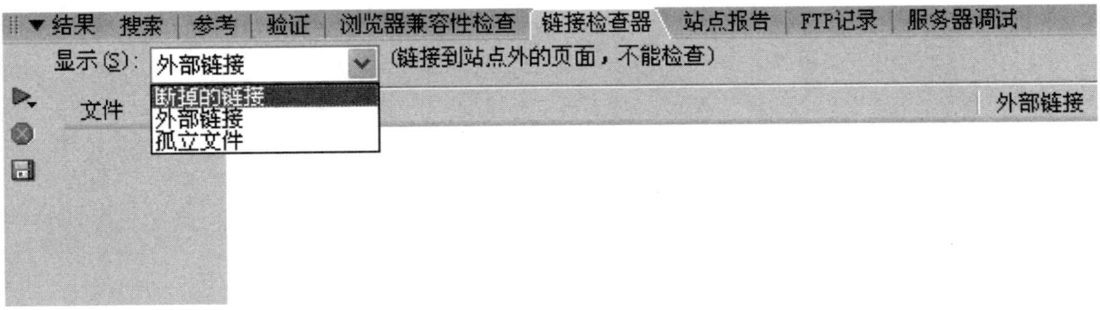

图 7－33　"结果"面板

在"结果"面板中，检查出本网站与外部网站的链接的全部信息，对于外部链接，检查器不能判断正确与否，请自行核对。检查器找出的孤立文件，这些文件你的网页没有使用，但是仍在你的网站文件夹里存放，上传后它会占据有效空间，应该把它清除。纠正和整理之后，网站就可以发布了。

在站点发布时，需要向 ISP 或网络管理员申请建立一个站点，申请批准后，ISP 或网络管理员将给你提供网站的地址。当然,也可以通过出租 Web 存放空间来发布自己的网站,需要交纳一定的费用。当前,网络上提供免费存储空间的站点有很多,表 7-2 列举了一些免费空间地址,大家可以去注册申请。注册确认后,就可以上传自己的网页了。

表 7-2 建站免费空间提供者

站点名称	网址	说明
我就试试	http://www.5944.net/	1000M 免费空间
中国免费空间网	http://www.06la.com/	1000M 免费空间
Z2000	http://www.z2000.net/	空间无限,永久免费

思考题

1. 远程教育的定义和特点是什么?
2. 网络课程的定义、特点是什么?
3. 网络课程的设计开发的一般流程是什么?
4. 陈述网页工作时的原理。
5. 网页中插入 MPEG、AVI、WMV 等格式的视频时,客户端能观看的前提条件是什么?
6. 在网页应用中,与 MPEG、AVI、WMV 等格式的视频相比,FLV 格式有什么优势?
7. 超级链接有哪几种?
8. 如何进行网页的布局?

第 8 章　信息技术与课程整合

信息化是当今世界经济和社会发展的一大趋势，以多媒体和网络技术为核心的信息技术已成为拓展人类能力的创造性工具。为了适应这个发展趋势，我国已经确定在中小学普及信息技术教育，并特别强调要加强信息技术与其他课程的整合。信息技术与课程整合是我国面向 21 世纪基础教育教学改革的新视点，是与传统的学科教学有着密切的联系和继承性，又具有一定相对独立特点的教学类型。对它的研究与实施将对发展学生主体性、创造性，培养学生创新精神和实践能力具有重要意义。本章主要阐述信息技术与课程整合的含义、目标、层次及信息技术与课程整合的模式和案例。

★学习目标

1. 能陈述信息技术与课程整合的含义和目标。
2. 能列举出信息技术与课程整合两种层次理论中至少 2 个层次。
3. 能用自己的话归纳讲授型模式、基于网络的协作模式、“资源利用—主题探究—合作学习”模式的特征和基本步骤。
4. 能初步点评一个信息技术与课程整合案例的优劣。
5. 能把自己的专业知识与信息技术结合起来，设计一堂信息技术与课程整合课的方案。

★内容导图

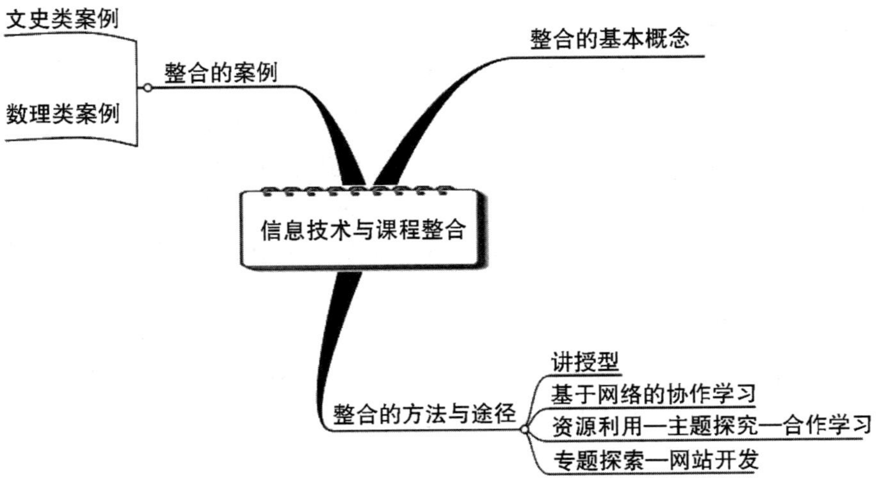

8.1 信息技术与课程整合基本概念

信息技术与学科课程的整合是当前实施信息化教育的一个热点问题。2001 年教育部在《基础教育课程改革纲要(试行)》中指出:“大力推进信息技术在教学过程中的普遍应用,促进信息技术与学科课程的整合,逐步实现教学内容的呈现方式、学生的学习方式、教师的教学方式和师生互动方式的变革,充分发挥信息技术的优势,为学生的学习和发展提供丰富多彩的教育环境和有力的学习工具。”此《纲要》的出台为信息技术与学科课程的真正融合指明了方向。随着教育信息研究的不断深入,信息技术与学科课程整合的理论与方法的不断丰富,教师进行课程整合的能力成为衡量一名教师综合素质的重要指标。本章将首先介绍信息技术与课程整合的基本概念,然后针对不同学科的特点提供相应的信息技术与课程整合案例分析,最后阐述信息技术与课程整合的教学评价方法。

8.1.1 信息技术与课程整合的内涵

1. 对整合的理解

“整合”这个词,来源于英文“Integration”,可解释为“一体化、成为一个整体”。从哲学的角度来讲,整合通常是指若干相关事物或因素之间相互作用而合成为一个新的统一整体的建构和细化过程。在这一过程中,既是此事物“整合于”彼事物的过程,又是彼事物“融合于”此事物的过程,其结果是引起这些相关事物的共同发展变化。整合不等于混合。混合只意味着将两种或多种事物简单地相加在一起,混合的各个事物本身并没有发生质的变化。而整合则强调事物之间彼此融合,各构成部分发生质的变化并最终形成新的统一体。因而,整合是全面而深入的,需要一个相对较长的发展变化过程。最新的研究认为,整合是内化和外化的统一,即外界影响转化为内在活动,内部结构经由外部刺激经过内部组合转化为外在活动。

2. 对信息技术与课程整合的理解

首先要注意的是信息技术不能等同于计算机技术,课程整合中的信息技术包含了所有获取、选择、加工、处理、评价信息的技术,包括计算机、互联网、投影设备、有线电视、智能手机、MP4 或 MP5、平板电脑、DVD 等技术设备,也包括虚拟学习社区、专家系统、网络课堂、Web2.0 技术(包含 QQ、博客、微博、Wiki 等)以及各种信息加工的软件和方法。

信息技术与课程整合是一个内涵非常丰富的概念,不同的研究者曾从不同的角度对这个概念进行了不同的诠释。

(1)教育技术学界的泰斗南国农先生认为,所谓信息技术与课程整合是指将信息技术以工具的形式与课程融为一体,将信息技术融入课程教学体系各要素中,使之成为教师的教学工具、学生的认知工具、重要的教材形态、主要的教学媒体。

(2)北京师范大学何克抗教授认为,所谓信息技术与学科课程整合,就是通过将信息技术有效地融合于各学科的教学过程来营造一种新型的教学环境,实现一种既能发挥教师主导作用又能充分体现学生主体地位的以“自主、探究、合作”为特征的教与学的方式,从而把学生的主动性、积极性、创造性充分地发挥出来,使传统的以教师为中心的课堂教学结构发生根本性的变革,从而使学生的创新精神与实践能力的培育真正落到实处。

(3)华南师范大学李克东教授则认为,信息技术与课程整合是指在课程教学过程中把信息技术、信息资源、信息方法、人力资源和课程内容有机结合，共同完成深思教学任务的一种新型教学方式。

(4)大整合、小整合说。“大整合论”认为信息技术与课程整合实质上是一种基于信息技术的课程研制理论和实践，即课程信息化，实际上它包括两个方面：信息技术课程化和学科课程信息化。信息技术课程化的研究把信息技术作为一门独立的课程，研究信息技术作为独立课程的目标、内容与评价。学科课程信息化是要把信息技术融入学科课程的各个方面去，让学科课程内容信息化、课程实施过程信息化、课程评价信息化。“大整合论”的观点有助于我们从课程整体的角度去思考信息技术的地位和作用。

“小整合论”则将课程等同于教学。这种观点将信息技术与课程整合等同于信息技术与学科教学整合，信息技术主要作为一种工具、媒介和方法融入教学的各个层面中，运用教学设计的方法将教师、学生、内容、媒体系统地加以考虑，使学习内容的组合更加合理、清晰，课堂教学结构的设计更加优化。信息技术既是教师的教学工具，也是学生学习的认知工具，在学科教学中教师使用信息技术工具自然快捷，信息技术就同学科教学融合为一体。

无论哪种信息技术与课程整合的定义都是从不同的侧面来反映其本质的，即在先进的教育思想、理论指导下，把计算机、网络为核心的信息技术作为促进学生自主学习的认识工具与情感激励工具、丰富的教学环境的创设工具，并将这些工具全面运用到各学科教学过程中，使各种教学资源、各个教学要素和教学环节，经过组合、重构，相互融合，在整个优化的基础上产生聚集效应，从而促进传统教学方式的根本变革，以达到培养学生创新精神与实践能力的目标。

随着信息技术与学科课程整合在教学实践中的应用被引向深入，研究者们发现原先对信息技术与课程整合的理解在实践中存在不少问题，例如信息技术与课程之间的角色关系问题、信息技术与课程整合的目标与课程教学目标之间的关系问题、教师与学生在信息技术与课程整合当中的地位问题、教学资源的选择与深度挖掘问题、信息化学习方式的实现途径问题等等。针对出现的这些问题，学界目前比较一致的看法是，要解决这些问题，应该将信息技术与学科课程整合引向深入，即进行深度整合。深度整合的要点在于以学习者的学习和学习能力为基本出发点，通过信息技术的运用，使得学习者在思维方式方面得到全方位的长效的训练，而这种训练的具体方法应在信息技术构建的环境中使学习者在信息的内化和外化，内部活动与外部活动过程中获得多种训练机会和相应帮助。说到底，就是培养信息化环境下的思维方式和解决问题的能力。

8.1.2　信息技术与课程整合的目标

内蒙古师范大学的李龙教授认为，信息技术与课程整合就是要把信息技术与原有教学结构中的各个要素——教师、学生、教学内容、教学媒体有机结合，形成新的教学结构——具有信息素养的教师、具有信息素养的学生、信息化的教学内容、数字化教学媒体资源，而且把新的教学结构置于同时构建的新的信息化教学环境之中。可以看出，李龙教授特别强调“信息素养”，把信息素养作为信息技术与学科课程整合的根本目标。他提出信息技术与课程整合最关键的要素在于教学设计。在教学实践中存在的许许多多信息技术与课程整合的问题，其根源实际上就在于教学设计环节出了问题。在这方面，李龙教授的观点可谓一针见血。然而，好的教学设计对于培养学生的信息素养来说也许有一定的作用，但学生信息素养的培养是全方位的，不是一门课的一位教师就能做到的，也不是课堂上就能做到的，因此信息技术与课程整合的目标应该具有更加开放的视野和更强的指引性。

北京师范大学何克抗教授则认为信息技术与课程整合，不是把信息技术仅仅作为辅助教或辅助学的工具，而是强调要利用信息技术来营造一种信息化的教学环境，该环境应能支持情境创设、启发思考、信息获取、资源共享、多重交互、自主探究、协作学习等多方面要求的教学方式与学习方式——也就是实现一种既能发挥教师主导作用又能充分体现学生主体地位的以“自主、探究、合作”为特征的教与学方式（这正是我国基础教育新课程改革所要求的教与学方式），这样就可以把学生的主动性、积极性乃至创造性较充分地发挥出来，使传统的以教师为中心的课堂教学结构发生根本性变革。何克抗教授的观点在他的“跨越式教学”实验中得到了充分验证，其核心就是利用信息技术来改变“课堂教学结构”。笔者认为这是非常有见地的观点，但是这一观点可以作为信息技术与课程整合的方法来提出，而不是作为信息技术与课程整合的目标。

华南师范大学李克东教授则从终身学习、信息素养、信息时代的学习方式等三个方面归纳了信息技术与课程整合的目标。笔者认为，这种界定既考虑了信息时代人的发展的新需要，视野更宽泛，又从目标层面对目前教学实践中信息技术与课程整合存在的问题提出解决方案。以下简要介绍李克东教授的观点。

1. 培养学生具有终身学习的态度和能力

随着学习资源的全球共享，虚拟课堂、虚拟学校相继出现，现代远程教育兴起，人们可以随时随地通过互联网进行学习，学习空间变得无围墙界限了。教育信息化还为人们从接受一次性教育向终身学习转变提供了机遇和条件，终身学习就是要求学习者能根据社会和工作的需求，确定继续学习的目标，并有意识地进行自我计划、自我管理、自主努力，通过多种途径实现学习目标的过程。要实现终身教育和终身学习，教育必须进行深刻的变革：要使教学个性化、学习自主化、作业协同化，要把培养学生学会学习，培养学生具有终身学习的态度和能力作为学习的培养目标。

2. 培养学生具有良好的信息素养

教育信息化为终身学习带来了机遇，但只有学生具备良好的信息素养，才能把终身学习看成是自己的责任，才能够理解信息所带来的知识并形成自己的知识结构。信息技术与课程整合正是培养学生形成所有这些必备技能和素养的有效途径。

有学者认为信息素养是指“能清楚地意识到何时需要信息，并能确定、评价、有效利用信息以及利用各种形式交流信息的能力”。我们认为，信息素养应包含着三个最基本的要点。

（1）信息技术的应用技能

这是指利用信息技术进行信息获取、加工处理、呈现交流的技能。这项技能通过对学习者进行信息技术操作技能与应用实践训练来培养。

（2）对信息内容的批判与理解能力

在信息收集、处理和利用的所有阶段，批判性地处理信息是信息素养的重要特征，对信息的检索策略、对所要利用的信息源、对所获得的信息内容都能进行逐一评估，在接受信息之前，会认真思考信息的有效性、信息陈述的准确性，识别信息推理中的逻辑矛盾或谬误，识别信息中有根据或无根据的论断，确定论点的充分性。这些素养不仅仅是通过计算机技术技能训练形成的，而且要通过加强科学分析思维能力的训练来培养。

(3)运用信息,具有融入信息社会的态度和能力

这是指信息使用者要具有强烈的社会责任心、具有与他人良好合作共事的精神,使信息技术的应用能推动社会进步,并为社会做出贡献。这些素养也不是通过计算机技术技能训练就能形成的,而是要通过加强思想情操教育训练来培养。

3. 培养学生掌握信息时代的学习方式

在信息化学习环境中,人们的学习方式发生了重要的变化。学习者的学习主要不是依赖于教师的讲授与课本的学习,而是利用信息化平台和数字化资源,教师、学生之间开展协商讨论、合作学习,并通过对资源的收集利用,以探究知识、发现知识、创造知识、展示知识的方式进行学习。因此,通过信息技术与课程的整合,要使学生掌握信息时代的学习方式:(1)学会利用资源进行学习;(2)学会在数字化情境中进行自主发现的学习;(3)学会利用网络通信工具,进行协商交流、合作讨论式的学习;(4)学会利用信息加工工具和创作平台,进行实践创造的学习。

8.1.3　指导思想与理论

1. 指导思想

2002 年的《基础教育课程改革纲要(试行)》吸收了世界各国的先进思想理念。这一次新课程改革是在教育信息化的背景下展开的,有着跟以往根本不同的性质,其总目标就是要使教育"面向现代化、面向世界、面向未来",全面推进素质教育。2011 年年底出版的中小学各学科的《课程标准》,面对教育信息化的深刻变革,对各学科课程的目标做出了重大调整,明确提出在教学中充分运用信息技术的优势培养学生解决问题的能力。这是在对信息技术与课程深度整合的深刻认识基础上提出的,因此信息技术与课程整合应遵循以新的教育教学理论为指导,建立新的学生观,重视学生个性的发展;建立新的人才观,重视多层次人才的培养;积极实现学生学习方式的转变。

信息技术整合之于课堂教学,存在着如何进行整合的策略性问题,但是最本质、最关键的问题是教育观念的问题。信息技术与课程整合必须以现代的教育、教学理论作为指导,它是将信息技术运用于课堂教学的基础,对于我们长期习惯于传统学校教育的人来说是一种新的挑战和机遇。这种挑战不仅是对学校教学模式、课程、教材等的挑战,更重要的是对于我们长期以来已经非常习惯的,而且在一定程度上已经根深蒂固的教育思想和教育观念的挑战。信息进入教学过程,带来新的教学观念,这种挑战迫使教师不得不重新思考,重新对自己进行定位,调整自己的教育思想和教学观念,使之与信息化教学环境相适应。

现代教育观念强调在教育中应用现代信息技术和最新的教育理论,优化教学效果,强调对学习者的学习需求和学习特点的研究,重视学习者个性需求的满足,强调素质教育和创造性人才的培养,以培养学习者四大支柱(学会认知、学会做事、学会合作、学会做人)为教育的最终目的。

现代教育观念不再只是强调研究教师的教,更关注学习者如何学;现代教育观念要求教师不再只是知识的传递者和教学过程的讲授者,而是教学活动的设计者,学习开明的开发者,学习者学习过程的帮助者、调控者和评价者;现代教育观念追求学习者能力的全面发展,不只是认知能力的提高,而是四大支柱支持的个性和社会性人格和能力的全面培养。现代教育观念与传统的教育观念完全不同,它是现代社会对教育的要求,是教育面对急剧发展的社

会做出的必然反应，是我们研究和实践的基本依据，也应是教师教育、教学活动的指导思想。

基于信息化教育环境中的课程教学改革，我们在更新教育、教学观念的同时，应该了解：信息技术为教学带来了什么变化？与传统的教学相比，信息技术赋予信息化教学哪些特征？1993年，美国教育部组织了十多位资深专家（B. Means等）完成了一份题为《用教育技术支持教育改革》的报告，为如何运用现代化信息技术进行基础教育改革提供了指导性的框架。报告提出了革新教学的若干特征，从下表中可以看出革新的教学与传统的教学之间的明显差别。

表8－1　信息技术整合之于教学的新特征

传统的教学	革新的教学
教师导向（教师中心）	学生自主探索（学生中心）
说教性教学	互动式教学
单学科的固定教学模块	带真实任务的多学科延伸模块
个体作业	协同作业
教师作为知识施予者	教师作为帮促者
同质分组（按能力）	异质分组
基于事实、知识的学习	批判性思维和基于信息的决策
被动学习	积极主导的、有计划的行动
注重学习结果评价	注重过程评价

利用信息技术革新教学，形成了对传统教学全方位的冲击，其变化核心是考虑教学的思维惯性要彻底进行转变。老师通常习惯于考虑如何将知识更多、更有效地传递给学生，他们精心地组织教学内容，合理地组织教学过程结构，因此"如何教"是教师在传统教学要重点考虑的问题。而在应用信息技术革新的教学中，老师要考虑的是如何关注学生的学习、设计学生"如何学"，重心发生了转移，师生都要进行角色转变。学生要从被动、低投入的学习变为积极主动的自主探究性学习，学会学习、学会生存、学会与人相处显得尤为重要。学习不再是停留在对知识简单回忆的阶段，教师要为学生设计与现实生活相联系的、真实的富有挑战性的主题或问题，引导学生解决问题，进行意义建构，促进学生高级思维发展。

2. 指导理论

信息技术与课程整合的指导理论包括各种学习理论如行为主义学习理论、认知主义学习理论、建构主义学习理论、教学理论、传播学理论以及系统理论，这些理论在前面章节都介绍了这里不再赘述。

8.1.4　信息技术与课程整合的层次

根据教学条件、教学资源、教学内容等方面的因素，为有效地达到课程教学目标，信息技术与课程整合的具体方式可以有所不同。以下介绍两种信息技术与课程整合的层次理论。

1. 马宁、余胜泉的信息技术与课程整合层次理论

2002年，北京师范大学余胜泉博士根据信息技术与课程整合的不同程度和深度，将整合的进程大致分为三个阶段十个层次，每个层次大概代表一类具体的整合方式。以下笔者对该理论进行简要分析。

信息技术与课程整合的三个阶段分别为封闭式的、以知识为中心的课程整合阶段，开放式的、以资源为中心的课程整合阶段，全方位的课程整合阶段。

这三个阶段又可以划分为十个层次。

封闭式的、以知识为中心的课程整合阶段包括信息技术作为演示工具、信息技术作为交流工具、信息技术作为个别辅导工具三个层次。

开放式的、以资源为中心的课程整合阶段包括信息技术作为资源环境、信息技术作为信息加工工具、信息技术作为协作工具、信息技术作为研发工具。

全方位的课程整合阶段包括课程内容改革、教学目标改革。

与这十个层次相对应的教学策略、学习方式、教师角色、学生角色、教学评价、信息技术的作用、硬件要求等如下表所示。

表8-2　信息技术与课程整合层次划分表

阶段	层次	教学策略	学习方式	教师角色	学生角色	教学评价	信息技术的作用	硬件要求
封闭式的、以知识为中心的课程整合	信息技术作为演示工具	说教式讲授	集体听讲	知识施予者	知识被灌输者	纸笔测试、口头问答	演示工具	一个教师、一台投影仪
	信息技术作为交流工具	说教式讲授、个别辅导	个体作业为主	知识施予者、活动组织者	被灌输为主、呈现出主动参与学习的兴趣	纸笔测试	简单的人人交互工具，培养学习兴趣、促进情感交流	局域网或互联网
	信息技术作为个别辅导工具	个别辅导式教学、个别化学习	个体作业	计算机软件的开发者或选择者、辅导者	主动学习、接受软件讲授	纸笔测试或计算机测试	简单的人机交互工具，实现教师职能的部分代替	人手一台PC机
开放式的、以资源为中心的课程整合	信息技术作为资源环境	探索式学习等策略	个体作业+协作学习	教学的引导者、帮助者	学习主动参与者	测试、学生的作品	资源收集、查询工具	局域网或互联网
	信息技术作为信息加工工具	个别化学习、协作式学习	个体作业为主、少量协作作业	知识施予者、学习的指导者、活动组织者	学习主动参与者	测试、学生的作品	学生表达思想、观点、交互的工具	网络教室或局域网
	信息技术作为协作工具	多种学习策略，以问题解决式、任务驱动式为主	协作作业为主	教学的指导者、帮助者、教学活动的组织者	学习主动参与者	按照学生的作品进行评价	生活、学习的协作工具	互联网
	信息技术作为研发工具	多种学习策略，以发现式、任务驱动式为主	协作作业或个体作业或二者均有	教学的指导者、帮助者、促进者	主动探索、主动发现、主动建构	有一定价值的作品	智能工具	宽带互联网

续表 8－2

阶段	层次	教学策略	学习方式	教师角色	学生角色	教学评价	信息技术的作用	硬件要求
全方位的课程整合	教学内容改革				—			
	教学目标改革				—			
	教学组织架构改革				—			

（1）信息技术作为演示工具

这是信息技术用于学科教学的最初表现形式，是信息技术和课程整合的最低层次，也是目前大多数基础教育和高等教育都处于的层次。

教师可以使用现成的计算机辅助教学软件或多媒体素材库，选择其中合适的部分用在自己的讲解中；也可以利用 PowerPoint 或者一些多媒体制作工具，综合利用各种教学素材，编写自己的演示文稿或多媒体课件，清楚地说明讲解的结构，形象地演示其中某些难以理解的内容；或用图表、动画等展示动态的变化过程和理论模型等。另外，教师也可以利用模拟软件或者计算机外接传感器来演示某些实验现象，帮助学生理解所学的知识。这样，通过合理地设计与选择，计算机代替了粉笔、黑板、投影仪等传统媒体，实现了它们无法实现的教育功能。

（2）信息技术作为交流工具

信息技术作为交流工具是指将信息技术以辅助教学交流的方式引入教学，主要完成师生之间情感与信息交流的作用。要实现上述目的，并不需要复杂的信息技术，只需在有互联网或局域网的硬件环境下，采用简单的 BBS、QQ 等工具即可。目前绝大多数学生拥有一个或多个 QQ 号码，而深圳腾讯公司又为会员提供了开设群的服务。教师可根据教学的需要或学生的兴趣，申请一个 QQ 群并给群取一个让学生有认同感的群名，如赣南师院 06 教育技术 1 班、我们的 06 美术 3 班等，并赋予学生管理群以及群空间的权利，使他们在课后有机会对课程的形式、教师的优缺点、无法解决的问题等进行充分地交流，另外教师和学生还可以通过这些通信工具与外界交流，获取知识。

讲授式教学仍然是此层次的主要教学策略，学生仍以个体作业的形式完成学习任务，评价方式也与前一层次相同，教师的角色和学生的角色也基本没有发生变化，但是，教师多了一项工作：对交流的组织和管理。由于学生感情和学习兴趣的激起，使其对学习产生了优于前一层的积极性。此外，此层次对信息技术提出了新的要求：互联网和局域网的使用。

（3）信息技术作为个别辅导工具

随着计算机软件技术的飞速发展，出现了大量的操练练习型软件和计算机辅助测验软件，让学生在练习和测验中巩固、熟练所学的知识，决定下一步学习的方向，实现了个别辅导式教学。在此层次，计算机软件实现了教师职能的部分代替，如：出题、评定等，因此，教学的发生对技术有较强的依赖性。此外，教学还能在一定程度上注意学生的个别差异，提高学生学习的投入性。此层次的主要应用技术有个别辅导软件以及教师与学生之间的交流工具。

根据不同的学习内容和学习目标，个别辅导软件提供的交互方式也有所不同，体现了不同的教学(或学习)方法，从而形成了不同子模式的个别辅导软件，反映了利用计算机进行学习时的交互方式，包括：操练和练习、对话、游戏、模拟、测试、问题解答等。

在此层次，主要采取的教学策略有个别辅导式教学和个别化学习等，虽然教学仍是封闭的、以“知识”为中心，但是，学生有丰富的和优秀软件相接触的机会，对学习有较高的积极性，当学习遇到问题时可以向教师或其他学生请教。教师要时刻关注学生的学习进展，在其遇到障碍或问题时，及时地给予辅导和帮助。此层次最后的评价方式仍以测验为主。

(4)信息技术作为资源环境

信息社会需要有信息能力的新型人才，而信息能力就是指获取、分析和加工信息的能力，随着网络技术的飞速发展，网络资源可以说是浩如烟海，如何在广袤的信息海洋中快速、准确地找到自己所需的资源，如何迅速地判断资源的价值并对其进行取舍，如何合理地将资源重新组合为己所用，这些都关系到个人和团队的成败。信息技术作为资源环境就是要突破书本是知识主要来源的限制，用各种相关资源来丰富封闭的、孤立的课堂教学，极大地扩充教学知识量，使学生不再只是学习课本上的内容，而是能开阔思路，看到百家思想。

此层次主要培养学生获取信息、分析信息的能力，让学生在对大量信息进行筛选的过程中，实现对事物的多层面了解。教师可以在课前将所需的资源整理好，保存在某一特定文件夹下或做成内部网站，让学生访问该文件夹来选择有用的信息；也可以为学生提供适当的参考信息，如网址、搜索引擎、相关人物等，由学生自己去 Internet 或资源库中去搜集素材。相比较来说，后者比前者更能培养学生获取信息、分析信息的能力。但是，由于现实环境的限制，如：上网速度慢、学生信息处理能力低、无法上 Internet 等原因，也可以采用第一种方式，不过要求教师提供尽可能多的资源，让学生有对信息进行“筛选”的可能。

该层次是所有后续层次教学的基础，在信息社会里，学生只有找到资源才有创作、发明可言。

(5)信息技术作为信息加工工具

上一层主要培养学生信息能力中获取信息和分析信息的能力，强调学生在对大量信息进行筛选的过程中对事物综合地了解和学习。该层次主要培养学生信息能力中分析信息、加工信息的能力，强调学生在对大量信息进行快速提取的过程中，对信息进行重整、加工和再应用。该层次不能单独成立，必须依赖于“信息技术作为资源环境”——如果没有可供探索的资源，无法实现对信息的获取，就根本无法进行信息的分析和加工，这也正说明该层次比第四层先进。

在该层次的教学中，重点培养学生的信息加工能力和思维的流畅表达能力，达到对大量知识的内化。该层次可采用任务式教学策略，而且适合于小学高年级以上的所有年级，如：让小学六年级的学生写一篇题为《你最向往的地方》的作文，学生可以在网上自由遨游，选择祖国山河的壮丽一景，然后将文本、图形等进行重新加工，用 Word 写出一篇精美、感人的作文等。

在教学过程中，教师要密切注意学生信息加工处理的整个过程，在其遇到困难的时候及时地给予辅导和帮助。

(6)信息技术作为协作工具

和个别化学习相比，协作学习有利于促进学生高级认知能力的发展，有助于学生协作意识、技巧、能力、责任心等素质的培养，因而受到广大教育工作者的普遍关注。但是，在传统的课堂教学中，由于人数、教学内容等种种因素的限制，常常使得教师有心无力。计算机网络技术为信息技术和课程整合实现协作式学习提供了良好的技术基础和支持环境。计算机网络环境大大扩充了协作的范围，减少了协作的非必要性精力的支出。在基于 Internet 网络的协作学习过程中，基本的协作模式有四种：竞争、协同、伙伴和角色扮演。组织不同类型的协作学习对技术的要求程度也不同。

竞争是指两个或多个学习者针对同一学习内容或学习情境，通过互联网进行竞争性学习，看谁能够首先达到教学目标的要求，在培养学生技巧和能力的同时，培养学生的竞争意识和能力。基于竞争模式的网络协作学习，一般是由学习系统先提出一个问题或目标，并提供学生解决问题或达到目标的相关信息。学习者在开始学习时，先从网上在线学习者名单中选择一位竞争对手（也可选择计算机作为竞争对手），并协商好竞争协议，然后开始各自独立地解决学习问题。在学习过程中，学习者可看到竞争对手所处的状态以及自己所处的状态，学习者可根据自己和对方的状态调整自己的学习策略。竞争一般在智能性较强的网络教学软件支持下进行。

协同是指多个学习者共同完成某个学习任务，在共同完成任务的过程中，学习者发挥各自的认知特点，相互争论、相互帮助、相互提示或者是进行分工合作。学习者对学习内容的深刻理解和领悟就在这种和同伴紧密沟通与协调合作的过程中逐渐形成。协同需要多种网络技术的支持，如：视频会议系统、聊天室、留言板等。

伙伴就是在网络环境下找到与现实环境中的伙伴相类似的学生，然后共同协作、共同进步的过程。另一种伙伴形式是由智能计算机扮演伙伴角色，和学生共同学习、共同玩耍，在必要时给予忠告等。

角色扮演指在用网络技术创设的与现实或历史相类似的情境中，学生扮演其中的某一角色，在角色中互相学习的过程。要实现角色扮演一般采用实时交互的网络工具，如：NetMeeting、视频会议、多功能聊天室等。

可以发现，以上四种学习模式中，学习和教学基本是在网络技术的支持下发生，而且，学生绝大部分时间处于一种投入状态。

（7）信息技术作为研发工具

虽然我们强调对信息的加工、处理以及协作能力的培养，但最重要的还是要培养学生的探索能力、自己发现问题和解决问题的能力以及创造性思维能力，这才是教育的最终目标。在实现这种目标的教学中，信息技术扮演着“研发工具”的角色。

很多工具型教学软件都可以为该层次的教学和学习提供很好的支持。如在中学数学教学中，几何画板可为学生提供自我动手、探索问题的机会：当面对问题时，学生可以通过思考和协作，提出自己的假设和推理，然后用几何画板进行验证。此外，学生还可以使用几何画板自己做实验来发现、总结一些数学规律和数学现象，如三角形的内角和为 180 度、圆周率的存在及计算等。随着信息技术的飞速发展，新技术在教学中的应用更为学生的探索和学习提供了强有力的支持，如在经济学课程中，虚拟现实技术可以模拟真实的商业情境，让学生在各种真实、复杂的条件下做出决策和选择，提高学生对真实问题的解决能力。

探索式教学和问题解决式教学等都是将信息技术作为研发工具的教学模式，而且也取得了一定的成果。但是，如何更好地发挥信息技术的作用，设计能更好地培养学生创造性思维能力的模式仍是国内外所有教育人员奋斗的方向之一。

(8)教学内容改革

信息技术在教学中的应用,给传统教学内容结构带来了强大的冲击。那些强调知识内在联系、基本理论,与真实世界相关的教学内容变得越来越重要,而那些大量脱离实际、简单的知识传授和技术培训的教学内容则成为一种冗余和障碍。其次,教学内容的表现形式也会发生很大变化,将由原来的文本性、线性结构形式变为多媒化、超链接结构形式。目前,一些省、市教育部门针对本地区的教育情况和课程改革的进展情况已经开始进行教学内容改革的探索,如:广东省教科所为了提高小学低年级学生的识字、阅读教学,出版了《创新式教育实验》教材。

总的来说,教育内容的发展趋势如下:教材的难度增加,重视基本理论,强调知识内在的联系。要依据高难度、高速度和理论化原则重新编写教材,在课程设计上重在学科结构合理,教学内容少而精,着重使学生掌握一般的基本原理以发展学生的认识能力。制定教学大纲要着眼于能力,特别是思维能力、创造力的培养,而不是现成知识的传授和一般技术的培训,基础要宽。教育内容还要与生产实践相结合,着力培养学生解决真实性问题的能力。教材的多媒化则是利用多媒体,尤其是超媒体技术,实现教学内容的结构化、动态化、形象化表示,使学生在学习某一内容时,可跳转到和该内容相关的任何知识点和资源。已经有越来越多的教材和工具书变成多媒体化,它们不但包含文字和图形,还能呈现声音、动画、录像以及模拟的三维景象教材的信息化表述。

(9)教学目标改革

教育内容的一系列改革会对现有的以知识为中心的教学目标产生强烈冲击,以能力为核心的教学目标将成为主体。这些能力包括信息处理(获取、组织、操作和评价)的能力、解决问题的能力、批判性思维能力、学习能力、与他人合作和协作的能力。这些目标已经在一定程度上受到一些人的重视,一些开拓者已经在实际教学中尝试上述目标的教学,如前两个阶段七个层次中提到的一些教学策略和模式。但是,这些尝试毕竟是小范围的,短时间的,在自发的形式下组织的。随着信息技术和课程改革的不断深入,必将产生新的、强调帮助学生参与真实性(authentic)任务和产生真实性项目的教学目标。

(10)教学组织架构改革

随着教育内容和教学目标的改革,教学组织架构和形式也会发生相应的变革。教学目标强调以真实性问题为学习的核心,这样,就要求教学必须打破传统的 45 分钟或 50 分钟一堂课,学生都坐在教室中听课的时间和空间限制,必须以项目和问题为单位,对学习的时间和空间进行重新设计和规划。在教学的组织形式上、活动安排的分组上,也要打破传统的按能力同质分组的方式,实行异质分组。

国外很多研究机构和学校都已经开始了改革教学组织结构的过程,如美国密歇根州立大学为一学校设计的 6 ~ 8 年级的数学、经济课是这样的:为了让学生在日常生活中学习数学,同时了解社会,了解父母做出一些选择的依据,进行了为期 13 天的教学。让学生分成多个小组,每个小组都要选择一种职业,按照你的收入情况、纳税情况来建设一个家庭,包括选择贷款方式来买房、买家具、买车,选择家庭日常消费等,计算每个月的收支情况,最后进行小组汇报。学生在真实性问题情境中,以协作的方式,愉快地完成了作业。

2. 李龙教授的信息技术与课程整合层次理论

2007 年,李龙教授根据信息技术所发挥的不同作用,将信息技术与课程整合分为三个层次:关注技术应用的层次,把技术作为学生学习工具的层次以及关注学生素养形成的层次。

表 8－3　信息技术与课程整合层次划分表

整合的层	整合的类型	整合的特点	信息技术的作用	要求的信息化环境	
关注技术的应用	简单应用	教师在学科教学中注意到信息技术的应用	教学内容的演示	单机、多媒体教室	教学过程层面的整合
	计算机辅助教学(CAI)	教师按照设计好的程序进行教学	信息呈现、简单的人机交互	多媒体网络教室	
把技术作为学生学习的工具	计算机辅助学习(CAL)	学生应用计算机和网络进行学习	学生的认知工具、信息加工工具	校园网、互联网	
	探究型学习、研究型学习	学生利用网络资源进行学习	学生进行信息交流的工具	校园网、互联网	
	合作型学习、协作型学习	学生在网络环境下进行学习	学生进行合作学习、协作学习的工具	网络学习平台	
	基于网络的研究	学生在网络环境下进行远程学习	学生进行科学研究的工具	网络协同工作平台	
关注学生素养的形成	网络教学	课程教学目标、教学内容的改革	学生的学伴	虚拟学习社区	课程整合层面
	现代远程教学	教学组织形式的改革	构建学习社区	虚拟学习社区	

(1)关注技术应用的层次

这是信息技术与课程整合的初级阶段,是整合过程中必经的一步。在这一层次中,教师更多的是关注信息技术本身的应用,一般用来作为教学内容的演示(如 PPT 演示、动画和音、视频播放),或是教学信息的呈现加上简单的人机交互(如判断对错、客观选择等),但不具备智能判断和多路径程序设计。

(2)把技术作为学生学习工具的层次

这是信息技术与课程整合的中级阶段。在这一层次中,信息技术是作为学生的认知工具,信息加工的工具,信息交流的工具,进行合作学习、协作学习的工具和进行科学研究的工具。总之,这一阶段的主要特征是由学生自己应用信息技术主动进行学习,教师是学生学习的组织者、指导者、帮助者。教学活动既可以在课堂环境下进行,也可以设计成专题活动由学生进行自主学习。

(3)关注学生素养形成的层次

这是信息技术与课程整合的高级阶段。在这一层次中,关注的重点已不仅仅是学生信息能力的形成和对信息技术应用过程中的社会责任的重视,而是要进一步关注学生整体素质的养成。此时,教学和学习的方式发生了根本的变化,除了必要的课堂教学外,学生主要依托网络进行自主学习和协作学习;教师主要任务是对课程进行设计和开发,为学生的学习提供个性化的支持、服务和评价。

这两种信息技术与课程整合的层次理论都将信息技术与课程整合划分为三层，都是从低层次过渡到高层次。马宁、余胜泉的层次理论以信息技术与课程整合的开放性为依据来划分整合层次，而李龙则以技术发挥作用的不同来作为划分依据。第二种理论实际上是站在教学设计者的角度来看信息技术与课程整合的层次问题，第一种理论的三个阶段中的第一阶段是站在教学的角度，第二阶段是从教学者的角度过渡到学习者的角度，第三个阶段实际上是一个全开放的阶段，也是一个未加讨论的阶段，是对未来走向的预测。只站在教学者的角度来看信息技术与课程整合，未免有失偏颇，但是就目前的教学实践中的信息技术与课程整合来说，整合的设计者和实施者就是教师，整合的实际操作也多是站在教学者的角度。在实际操作意义上，李龙教授的理论在教学者角度方面的整合层次分析比马宁、余胜泉的整合层次理论更具操作性。但是如上文所述，随着教育信息化的不断推进，信息技术与学科课程整合必将走向深度整合，即以学习者的高级思维训练为主要目标的整合，真正实现以学习者为中心。

8.2　信息技术与课程整合的方法与途径

何克抗教授认为，由于"教无定法"，谁也不可能提出一套适合所有学科的"包医百病"的整合方法。但是不同学科要实现与信息技术的整合都需要信息技术环境的支持，因而需要遵循共同的指导思想与实施原则。只要掌握了这种指导思想与实施原则，各学科的老师完全可以在教学实践中结合相应学科的特点，创造出多种多样、实用有效的整合模式与整合方法来。若从这个意义上说，各学科的整合都应遵循的共同指导思想与实施原则，也未尝不可以看作是一种宏观的实施途径与方法。在对整合内涵形成上述科学认识的基础上，中国学者为广大教师开出的实施深层次整合的"处方"，即实现信息技术与课程深层次整合的途径与方法是：要运用先进的教育理论（特别是建构主义理论）来指导"整合"；要紧紧围绕"主导－主体型"教学结构的创建来进行整合；要运用"学教并重"的教学设计理论、方法进行"整合"课的教学设计；要重视各学科的教学资源建设和信息化学习工具的搜集与开发，这是实现课程整合的必要前提；要结合不同学科的特点，探索能支持新型教学结构的教学模式。

在何克抗教授看来，对信息技术与课程整合的方法的探索，就是不断探索信息技术与学科课程整合的教学模式。就目前来讲，这确实是一个行之有效的方法。信息技术与课程整合的模式，实际上就是指信息技术与课程整合的教学模式。信息技术与课程整合的教学模式因教育理念、教学目标、实现条件和操作程序等方面因素的不同而千差万别。限于篇幅，本节主要介绍一些常见的信息技术与课程整合的模式。

8.2.1　关于教学模式

1. 涵义

教学模式的概念最早是由美国学者乔伊斯和韦尔提出的。他们在《教学模式》一书中指出："教学模式是构成课程和作业、选择教材、提示教师活动的一种范式或计划。"经过后来学者的不断丰富和总结，现在可以认为，教学模式是在一定教学思想或教学理论指导下建立起来的较为稳定的教学活动结构框架和活动程序。教学模式规定了教学系统各个要素之间的关系，同时又指出了操作的程序，可以说是教学理论与教学实践之间的桥梁。

2. 教学模式的要素

随着研究的不断发展,教学模式的种类越来越丰富,但是所有的教学模式都有其基本构成要素,即教学思想、教学目标、教学程序、教学条件和教学评价等。教学思想是教学模式的理论基础,不同的教学思想对应不同的教学模式。教学目标是教学模式的核心要素,制约着其他的要素。教学程序是教学模式的逻辑步骤和操作程序,规定了教学活动的先后顺序。教学条件是教学模式得以实现的因素,如师生组合、教学内容、教学环境、教学工具等。教学评价是对教学目标达成的评判标准和方法。

8.2.2 信息技术与课程整合的模式

目前国内外在信息技术与课程整合的模式方面的研究已取得不少进展,信息技术与课程整合的模式多种多样,如讲授型模式、个别辅导型模式、讨论学习型模式、协作学习模式、头脑风暴模式、"资源利用—主题探索—协作学习"模式、网络探究(WebQuest)模式、随机进入教学、抛锚式教学、游戏化教学等等。这些教学模式或是基于多媒体课件,或是基于网站,或是两者兼而用之,例如2006年12月28日由赣南师范学院(现赣南师范大学)承办的江西省高校第三届优秀多媒体教学课件展示评比中所有参赛的单机版或是网络版课件都是开发该课件的教师根据自己所教授的课程内容选择适当的教学模式开发出来的。

限于篇幅,本节将主要介绍讲授型模式、基于网络的协作学习模式、"资源利用—主题探索—协作学习"模式和"专题探索—网站开发"模式。

1. 讲授型模式

传统的讲授型教学模式是以教师教授、学生听课为主。当计算机技术融入课堂讲授教学中以后,特别是随着多媒体计算机在课堂教学中得到多种应用,例如电子讲稿制作与演示,用网络化多媒体教室支持课堂演示、示范性练习、师生对话、小组讨论等,讲授型教学模式重新焕发了生机。互联网技术引入课堂后,在网上实施讲授型教学模式,为讲授型教学模式注入了新的内涵。

(1)课堂讲授型模式

教师把信息技术作为教学辅助工具,在课堂讲授型教学中,利用信息技术,创设社会、文化、自然情境,问题情境,虚拟实验情境,指导学习者对情境进行观察、思考、操作、意义建构。

这一模式分为如下步骤。

①利用数字化的共享资源,创设探究学习情境。

②指导初步观察情境,提出思考问题,借助信息表达工具(如Word等)形成意见并发表。

③对数字化资源所展示的学习情境,指导学生进行深入观察,和进行探索性的操作实践,从中发现事物的特征、关系和规律。

④借助信息加工工具(如PowerPoint、Internet等)进行意义建构。

⑤借助测评工具进行自我学习评价,及时发现问题,获取反馈信息。

(2)网络讲授型模式

①同步讲授学习模式

同步讲授型模式的特点是教师与学生同一时间在不同的地点共同完成教学活动,教师讲的同时学生就在听,师生之间可以有一些简单的交流。教师课前把要讲授的内容、学习材料以超文本的形式组织并存放在 Web 服务器上,教师讲解时学生同步浏览。这种教学模式可以通过视频会议系统或网络实时多媒体交互系统来实现。通过 Internet 同步传送视音频或音频信号,教师在一端讲课可以被远端的学生看到和听到,并且学生可以跟教师做简单的交流,如基于 H. 323 协议的视频会议系统可以通过配置摄像机、话筒、电子白板、投影仪等设备,网梯多媒体交互系统通过网络、话筒等设备来实现此教学模式。

同步讲授型的优点是网络实时多媒体交互系统技术简单易行,容易实现,信息传输方式与网络带宽相关,适合习惯于传统教学的学习者,对教师的要求也不高。其缺点在于师生交互性差,缺乏情感交流。

②异步讲授学习模式

异步讲授学习模式的特点是学生的学习活动可以在任何时间进行,学生可以根据自己的实际情况确定学习的时间、内容和进度。教师课前把要讲授的内容、学习材料、教学要求、课后作业等以超文本的形式组织并存放在 Web 服务器上,也可以事先录制好教师上课的声像材料一并放在网络上,如网梯多媒体交互系统就可以将在线讲课的录音存储下来,师生可以通过聊天室、E-mail 进行交流、讨论。

异步讲授学习模式的优点在于技术简单易行,容易实现,信息传输方式与网络带宽相关;缺点是师生交互性差,缺乏情感交流。

两种网络讲授型教学模式不同之处主要是学习者时间上的自由度,异步讲授学习模式要求学习者有更强的自觉性,但两种模式都没有改变传统的教学模式中以教师为主的讲授模式。因此应该积极组织网上沙龙,让网上的学习者通过"沙龙"互相交流学习体会,进行网上讨论或网上协作攻关,为他们提供集体活动的机会,促进学生之间、师生之间的情感交流,保证学生完整人格的形成。

网络讲授型模式的优点是突破了课堂教学中学生人数和时空的限制。它对于平衡教育资源具有重要的作用,特别是对解决贫困地区的教育落后状况、发挥发达地区名师的作用,具有非常重要的意义。其缺点是与传统讲授型教学模式有共同的不足,而且缺乏在课堂教学中教师与学生的面对面交流,学习情境的真实性不强。

2. 基于网络的协作学习模式

基于网络的协作学习是指利用计算机网络及多媒体技术,由多个学习者针对同一学习内容彼此交互和合作,结成若干个协作学习小组,以达到对教学内容更深的理解与掌握的过程。

为了达到某一教学目标,在不同国家、地区或城市,分别选择几所学校作为实验学校。在不同的实验学校内,分别组成若干个协作学习小组,小组同学内部分工、协同,分别进行问题探索。围绕同一主题,不同学习小组的学生通过 Internet,寻找与主题相关的信息与资源。各个小组分别制作自己的学习成果,学习成果可以是竞争型的,从而在各小组中进行比较、评比;学习成果也可以是互补型的,如都是某一大课题下的子课题,从而各小组共同完成一个大的课题。一般来说,学习成果以能用网页表现为宜,这样使各个实验学校的学生都能方便地看到所有小组的学习成果。最后,所有的学生对所有的成果进行一定的讨论和分析,发表意见,互相交流。如图 8 - 1 所示。

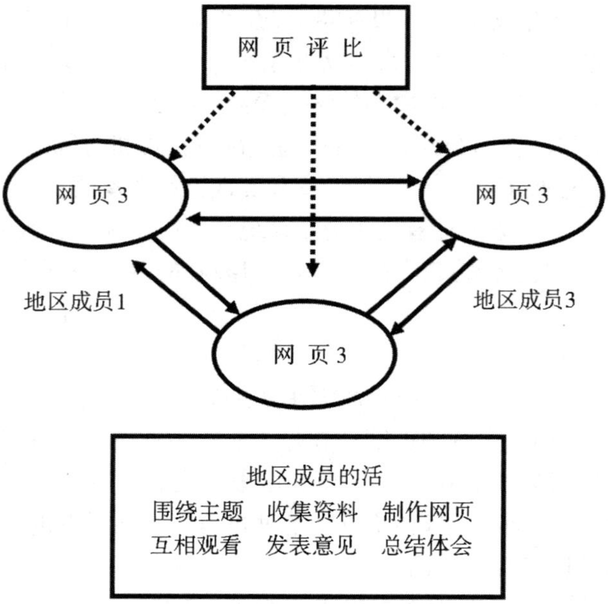

图 8－1 基于网络的协作学习模式

(1)基于网络环境的协作学习的基本要素

①协作小组:小组人数不要太多,一般 2～4 人为宜。

②学习成员:小组成员按照学习成绩、知识结构、认知能力、认知风格、认知方式等互补的原则选定。

③辅导教师:辅导教师的恰当参与使得协作学习的组织、目标的实现,学习效率的提高得到有效的控制和保证。

④协作学习环境

组织环境:协作小组的组织结构、成员功能分配等。

空间环境:协作学习的场所。

硬件环境:学习所使用的硬件条件,如计算机、网络等。

资源环境:学习所能利用的资源,如数字图书馆、资源网站等。

表 8－4 基于网络环境的协作学习的基本要素

适用环境:因特网络环境	
课程教学过程	信息技术应用
● 在不同国家、地区或城市,分别选择几所学校作为地区成员实验学校,并协商确定一个共同的学习主题	● 利用因特网进行协商,确定共同学习主题
● 在各地区实验学校内,分别组成若干个合作学习小组,各合作学习小组同学内部分工,分别进行问题探索	● 根据学习主题,学习小组各成员进行分工,并彼此交换电子邮件地址和网上通讯代码
● 不同地区的实验学校,围绕主题,通过因特网,寻找与主题相关的网页并通过下载,获取相关信息	● 通过因特网,搜索并下载与主题相关的信息资料

续表 8-4

• 不同地区的实验学校，围绕主题，建立小组网页	• 利用所得资料，进行素材加工，利用网页制作工具制作小组网页
• 各合作学习小组相互浏览其他合作学校的网页并进行讨论	• 各合作学习小组定期浏览其他合作学校的网页并利用 NetMeeting、Internet Phone、ICQ、E-mail、Chat Room、BBS 等网络通信工具，实现相互之间的交流，进行讨论；对其他合作学校的网页发表意见，互相交流
• 经过一段时间后，组织学生进行学习总结，对综合课程知识的掌握和学习能力进行自我评价并进行网页评比	• 利用文字处理工具、电子文稿编辑工具和网页制作工具进行学习、总结、知识重构

(2)基于网络支持的协作学习的特点

交互性和协作型是实现网络支持的协作系统的最关键的问题。

①协作学习系统的交互性

传输信息丰富。随着网络传输速度的提高，多种形式的交互信息保证了学习者之间进行有效协作所需的必要交互信息。

A. 人与人交互方式多样。一对一、一对多、多对一、多对多等。

B. 交互控制权灵活。

C. 交互时空灵活。同步交互、异步交互。

D. 交互的间接性。学习者可以进行匿名交互，而不必顾忌他人的想法畅所欲言（克服心理障碍），把学习的重点集中在学习的内容本身。

②协作学习系统的协作性

网络支持下的协作学习系统应该提供下列协作学习机制。

A. 支持共享信息：可以使每个成员个体获得更广、更多、更新的信息。

B. 支持共享活动：集体讨论、轮流发言、流线操作等。

C. 支持角色扮演：成员各司其职，共担荣辱。

D. 支持创造行为：协作学习过程是多维的，会促进学习者个体自身学习观、学习方法、知识结构、技能结构的极大丰富，新的观点、思路、策略等常常涌现出来。

E. 支持控制管理：需要完善的控制管理策略。

(3)基于网络的协作学习的优越性

与传统课堂环境下的协作学习比较，有如下优点。

①学习群体范围广阔。学习群体不受地域限制，这对促进人类多元化学习具有极其深远的意义。由于学习伙伴来源广泛，成员的教育背景和思维层次不同，使得小组的总体智慧水平会有所提高，这对提高小组的总体创造性思维极具帮助。

②学习资源获取途径多样，内容生动丰富。

③群体教师共同参与教学过程。利用网络进行协作学习，教师可以是一个庞大的教师群体，学生可在这个群体中选择所需要的指导教师。

④评价方式多样。在线测试评价、指导教师评价、学习成员间的评价。

(4)基于网络环境协作学习的作用

①有助于学习者个体的自我发展。生动而丰富的环境有助于维持学生的兴趣,可以提供一个自然的学习场所,为学习者创造性思维的发展提供广阔而丰富的空间。

②有助于学习者高级认知能力的发展。皮亚杰指出,协作学习在认知建构发展中扮演了一个很重要的角色。在协作学习中,学习者对自己的学习行为负责,80%的学习者能进行自我批评(反馈),而在非协作学习中只有20%。在协作学习中,学生的写作能力、批判思维能力会潜移默化地提高。

3.“资源利用—主题探究—合作学习”模式

这是李克东教授针对校园网络环境提出的一种信息技术与课程整合的模式,这种模式可用图8-2表示。

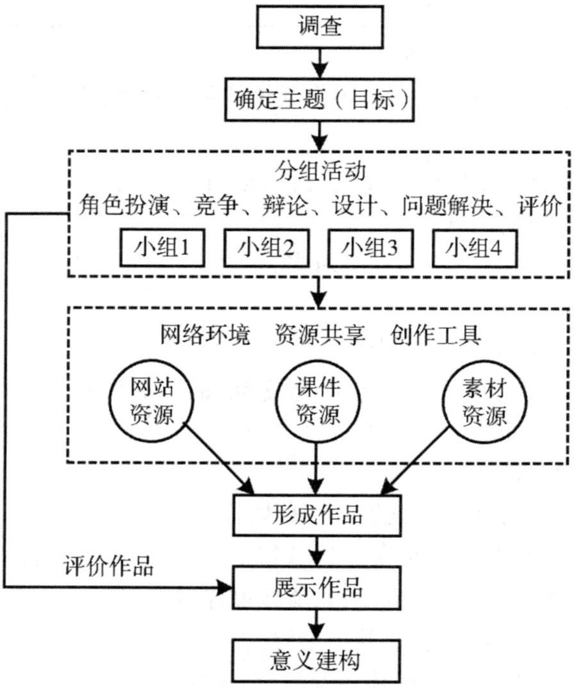

图8-2 “资源利用—主题探究—合作学习”模式

这一模式可分为如下步骤。

(1)在教师的指导下,组织学生进行社会调查,了解可供学习的主题。

(2)根据课程学习的需要,选择并确定学习主题,制定主题学习计划(包括确定目标、小组分工、计划进度)。

(3)组织协作学习小组。

(4)教师提供与学习主题有关的资源目录、网址、资料收集方法和途径(包括社会资源、学校资源、网络资源的收集)。

(5)指导学生浏览相关网页和资源,并对所获得的信息进行筛选。

(6)根据需要组织有关协作学习活动(如竞争、辩论、设计、问题解决或角色扮演等)。

(7)形成作品。要求学生以所找到的资料为基础,做一个与主题相关的研究报告(可以是文本、电子文稿、网页等),并向全体同学展示。

（8）教师组织学生通过评价作品，形成观点意见，达到意义建构的目的。

表 8－5　“资源利用—主题探究—合作学习”模式

适用环境：校园网络（或与外部因特网相连）	
课程教学过程	信息技术应用
● 在教师指导下，组织学生进行社会调查，了解可供学习的主题	● 利用因特网检索作为社会调查其中一种方式
● 根据课程学习需要，选择和确定学习主题，并制订主题学习计划（包括确定目标、小组分工、计划进度）	● 利用计算机文字处理工具，写出主题学习计划
● 组织合作学习小组，设计合作活动方式，包括：角色扮演、竞争、辩论、设计、问题解决、评价	● 学习小组各成员交换电子邮件地址和网上通信代码
● 教师提供与学习主题相关的资源目录、网址和资料收集方法和途径（包括社会资源、学校资源、网络资源的收集）	● 学生在网络环境中，通过浏览器浏览相关网页和资源
● 指导学生对所获得的信息和资源进行分析，去伪存真、选优除劣	● 对所获得的信息进行思考、分析，去伪存真、选优除劣
● 根据需要组织有关协作学习活动（如竞争、辩论、设计、问题解决或角色扮演等）	● 借助 NetMeeting、Internet Phone、ICQ、E-mail、Chat Room、BBS 等网络通信工具，实现相互之间的交流，参加各种类型的对话、协商、讨论活动
● 要求学生以所找到的资料为基础，做一个与主题相关的研究报告（形式可以是文本、电子文稿、网页等），并向全体同学展示	● 利用汉字输入和编辑排版工具、“几何画板”“作图”“作曲”工具、电子文稿制作或网页开发等信息“集成”工具创作作品，并向全体同学展示
● 教师组织学生通过评价作品，形成观点意见，达到意义建构的目的	● 根据评价意见，修改并正式发布完成的作品，达到意义建构的目的

4．“专题探索—网站开发”模式

“专题探索—网站开发”学习模式是指在因特网环境下，对某一专题进行广泛、深入地研究性学习，而以构建“专题学习网站”作为学习的过程和结果。这种学习方式结合了研究性学习的学习方式与开发资源的技术和目标，很好地将专题知识的学习、综合能力的培养、信息技能的培养几个目标结合起来，形成了一种崭新的数字化学习方式，实现了信息技术与课程的有机整合。

运用这类模式进行教学或学习的基本过程如图 8－3 所示。

教（学）过程　确定主题 → 搭架网站 → 初步阅读学习理解 → 资料收集信息处理 → 内容内化网页制作 → 网页上传内容建构 → 网站建成意义建构

图 8－3　“专题探索—网站开发”模式教学过程

“专题探索—网站开发”模式注重学生的主动参与，在教学过程中要求学生构建“专题学习网站”。学生构建的“专题学习网站”通常包括一些基本的模块，结构如图 8－4 所示。这些模式必须包含如下基本内容。

(1)展示与学习专题相关的结构化知识,把与课程学习内容相关的文本、图形、图像、动态资料等进行知识结构化重组。

(2)将与学习专题相关的、扩展性的学习素材资源进行收集管理,包括学习工具(字典、辞典、读音、仿真实验)和相关资源网站的链接。

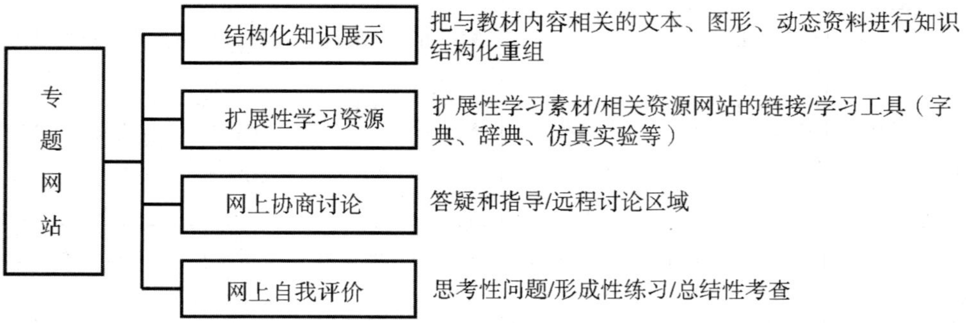

图 8-4 专题学习网站基本构成

(3)根据学习专题,构建网上协商讨论、答疑指导和远程讨论区域。

(4)收集与学习专题相关的思考性问题、形成性练习和总结性考查的评测资料,让学习者能进行网上自我学习评价。

"专题探索—网站开发"模式要求学生在选题时,要源于课本但绝不能拘泥于课本,否则很难实现培养学生创新能力的目标。运用专题学习网站进行教学或学习,可参照表 8-6 进行。

表 8-6 "专题探索—网站开发"模式

适用环境:网站开发环境	
课程教学过程	信息技术应用
●组织学生对某一重要专题进行较广泛、深入地研究	●利用搜索引擎、权威网站、专题网站、专业网站和资源库等进行深入研究
●广泛收集与专题学习内容相关的文本、图形、图像、动态资料并加以整理	●利用网站、各类型的电子出版物广泛收集相关资料并分类整理
●把收集到的素材资源进行分类管理,并根据深入研究的结果,按照一定的结构进行知识结构化重组,形成专题学习网站	●利用信息加工工具进行素材加工,利用网站制作工具制作专题网站
●把所建立的专题学习网站向全校或社会发布	●利用信息发布技术发布网站
●利用专题学习网站进行课堂教学或自主讨论学习,学习者可以在网站上充分发表意见和质疑	●利用发布的网站中的信息交流平台进行讨论,发表意见
●对本专题学习内容有兴趣的师生,可以把相关资料上传到网站上,使专题学习网站得到扩充和完善	●利用 FTP 等网页上传工具把新成果加入专题网站中,扩充专题网站资源

8.3 信息技术与课程整合案例

国内外信息技术与学科课程整合的研究与实践已经经历了十多年时间,在此期间产生了许许多多的优秀案例。这些优秀的案例是现在将要进行课程整合的教师们的最好范例。

本节将简要介绍多个学科的优秀教师们的信息技术与学科课程整合的案例,来帮助读者了解信息技术与课程整合的具体方法。

8.3.1　信息技术与文史类课程整合的案例

1. 信息技术与语文课程整合案例

有关信息技术与语文学科课程整合的研究是非常多的,例如原国家教委基础教育司于1994年立项的小学语文"四结合"教学改革试验项目,将"识字教学、编码打字、阅读理解、作文训练"四者结合,经过六年实验取得了许多非常优秀的成果。有兴趣的读者可以上网查找有关案例。本节将介绍的信息技术与语文课程整合的案例是汕头市聿怀初级中学蔡尉洁老师的语文活动课《读写说——假如我做了父母》。

【教学目的】

1. 能筛选网络信息,并联系生活扩充、综合信息。

2. 能围绕话题讨论,要求发言有一定的依据。

3. 学习细节描写,通过语言、心理、神态反映人物性格和人物关系。

【教学重点】

为所发表的意见找依据,在细节描写中表达观点立场。

【教学准备】

教师收集资料制作主题网站,为学生查阅信息、学习交流提供便利。

【教学过程】

一、启发、引导

1. 今天上的是网络活动课,同学们对"上网"应该很熟悉吧。平时在家里,父母是否允许你们上网呢?(请几位学生讲述自己父母的做法以及他们对此的看法,由此引出本课话题)

2. 看来同学们与父母的沟通并不是很理想。如果有一天你们做了父母,怎样与孩子相处?(让学生发表意见)

3. 如果你们想当好家长,还需要了解父母的甘苦,学习一些做父母的原则和技巧。我收集了一些相关的文章放在网站上,这些文章从不同的角度反映了古今中外父母的教育观,请根据个人兴趣,自由选择阅读。(要求精读1~2篇,略读3~5篇,并围绕本课话题做适当摘录)

二、阅读、摘录

主题网站分为:名人家教、诗意论述、代际沟通、文化差异、专家意见、论坛热点等六个栏目,网站中每篇文章末尾附有"摘录"按钮,学生输入学号及密码,可将摘录文字贴到个人的"摘录本"上。

三、延伸训练

1. 学生从教师出示的问题中选择话题,谈谈自己的看法。要求利用所摘录内容,并联系生活实际,为自己的看法提供依据。

①有人说,父母、儿女之间应该是平等的;也有人说,老子就是老子,儿子就是儿子,不可能平等。你怎样看待父母与儿女的关系?

②作家三毛说:"适度地责骂孩子,可能使孩子的心灵更有安全感。"你同意这句话吗?你怎样理解父母有时用强迫或责罚的方式教育孩子?

③你认为父母应该在生活上无微不至地照料子女吗?

④假如你是父母,你会特别看重子女的学习成绩吗?为什么?

学生自选话题发言,教师就其观点与理论事实是否相适应进行点拨,引导学生正确利用所摘录的材料。

2. 教师提供情景,请学生任选一种展开联想续写。要求用具体的细节、生动的语言描述理想中父母与子女相处的场面。(5个情景分别设为5张主帖,设回复按钮供回帖续写)

情景一:今天是星期日,我正在客厅看书,孩子静悄悄地来到我面前,说:“妈妈,小敏约我去逛街。”逛街?昨天还听她说星期一要考试……

情景二:孩子回到家里,垂头丧气地说:“老师让我参加生物活动组,可我没有兴趣。我想去合唱团,您能不能打个电话给老师,请他让我调组?”我……

情景三:吃过晚饭,孩子将饭碗一撂,坐到电脑前打起了电子游戏。我看了看饭桌上狼藉的盘碗……

情景四:孩子说:“我的同桌零花钱可多了,每月有两百元!可我想买点什么东西都得伸手向您要钱,您为什么不固定给我发‘工资’呢?”我……

情景五:儿子又收到一封女孩子写给他的信。我在犹豫要不要和儿子谈一谈……

学生提交练习后,教师挑选较精彩的续写作品贴到精华版上。

四、充分讨论

1. 引导学生发言评点精华版作品,着重体会哪些细节反映人物性格和人物关系。

2. 学生自由选择同学作品,在论坛上发表评论文字。

五、全课小节

1. 总结学习心得:一要说话有依据,二要掌握通过细节描写反映人物性格和人物关系。

2. 播放张艾嘉演唱的歌曲《心甘情愿》,在歌声中感受为人父母的心境,以感情熏陶的方式结束本课。

【教师反思】

如果再上这样一节课,我要在收集资料阶段就让学生参与进来。除了提供文字材料之外,还可以提供歌曲、漫画、短剧供学生欣赏。问题和情景若在讨论中产生或由学生提供,课堂气氛会更活跃。

【点评】

借用“形散而神不散”来点评本节语文活动课十分贴切。学生在讨论中时时不忘“摆观点要有论据”,要达到这一教学目标,教师很好地把握了以下三点。

1. 提供好的议题。时下“上网”“追星”“张扬自我个性”等构成了父母与子女在观念、行为上的冲突。有了这样一个话题,就会“避免学生空发议论”。在学生言辞激烈“诉苦”时,教师话锋抖转,让学生进行换位思考:“假如我做了父母”会怎样面对这些矛盾?怎样与孩子相处?课堂一度沉默、学生陷入沉思。

2. 提供有效的阅读资源。把各种文体、语言风格、思考角度不同的文章组织成一个“主题网站”,有利学生在有限的时间内提高阅读效率。学生们通过在网上阅读文章,寻找感兴趣的故事或论据,以支持自己要阐述的观点。

3. 及时地提供指导。“你的依据是什么,能说出理由吗?”“有没有更能说服人的事例?”教师在不断提问和聆听中,不放过每一次“说话要有一定依据”的知识引领。

2. 信息技术与英语课程整合

英语课程教学中运用信息技术由来已久,从语音教室到专题学习网站的运用,信息技术已经成为英语教师们不可缺少的教学手段。本部分介绍江苏省外国语学校的高风珠老师设计的《中秋节》这节课,作为信息技术与英语课程整合的范例。

【教学目的】

1. 在网上收集有关节日的大量信息,通过对节日的描述,提高学生口语表达能力。

2. 比较中外不同节日文化的内涵,培养学生跨文化的国际交流意识。

3. 通过生活实例,使学生掌握形容词的比较级和最高级。

【教学重点】

使学生了解并且比较中外文化的差异,能熟练运用形容词的比较级和最高级。

【教学方法】

“任务型”教学途径,交际法和视听法。

【教具准备】

网络课件、实物投影设备。

【教学过程】

一、创设情景,导入课题

1. 以日常问候语引入到节日的话题(Greetings),师生对唱一首英语歌曲《Are You Happy?》,从而引入节日主题,让学生列举他们所熟悉的节日。

2. 提问:你能猜到老师最喜欢哪个节日吗? 为什么?(Can you guess which festival I like best? Why?)

3. 导入课题——《中秋节》。(Look! What's this? What do you think of when you see the moon?)用一段动画传递中秋节信息,让学生说出月饼、嫦娥、团圆等相关信息。

二、提出问题,自主学习(Task1 Reading)

1. 网上阅读,了解中秋节的相关信息。

问:月亮中美丽的嫦娥有着美丽的传说,你想了解吗?(You know the beautiful LadyChang'e has its beautiful stories. Do you want to read them?)

展示Legend(中秋传说)、Traditions&Customs(传统风俗)和Background(历史背景)等与主题相关的内容。

在电子词典的帮助下,学生自主进行网络搜索和浏览,阅读网页各个板块的内容。

2. 自我检测(Self-test)对阅读内容的理解。

相关问题:哪些内容和中秋节相关?(Which are related to Mid-Autumn Day?)月饼的象征意义是什么?(What's the meaning of the mooncake?)

三、文化比较,文化渗透(Task2&3 Listening and Speaking)

1. 观看一个美国家庭过感恩节的录像(You see an American family are having their Thanksgiving dinner. Listen and watch carefully, trying to find out the differences between Mid-Autumn Day and Thanksgiving.)感受纯正的英语口语,在真实的情境中了解这些节日丰富的文化内涵,让学生在学习语言的同时,感受文化差异。

2. 听力测验(Quiz)完成听力检测题,由计算机判断正误、师生互动反馈信息。

3. 形容词的比较级和最高级(Comparative and Superlative Degrees of Adjectives):展示一组与日常生活密切相关的Flash动画,提供不同的形容词,让学生仿照示例,同桌之间互相练习形容词的比较级和最高级。

四、拓展学习,寓学于乐

1. 电脑游戏

(1)单词银行(Wordbank):让学生在规定时间内,正确输入本单元的单词,累计得分;通过竞赛的形式,获最高分者为优胜。

(2)“嫦娥”问答(LadyChang'e):帮助“嫦娥”正确回答五个问题,使她逐渐飞上月亮和她的玉兔团聚;巩固形容词的比较级和最高级。

2. 享受网络

利用网站自主搜索世界各国的节日,分析、比较和总结中外节日的异同点。

3. 课后练习(Task4　Writing)

(1)收集更多节日的相关信息,下节课进行介绍。

(2)发电子邮件给一个外国网友,介绍一个中国节日;发一封邮件给教师,介绍一个外国节日。

五、学习评价,享受成功(Survey)

1. 通过一份评价表来评估本节课的学习效果。

2. 全班齐唱《但愿人长久》结束本课。

【点评】

由于教师的素养较高,整堂课教学似行云流水,听来让人赏心悦目,可圈可点之处有三。

1. 重视构造英语学习的环境。课的内容是“中秋节”,如果就课教课,所授知识的文化色彩与学科的背景反差甚大。教师在让学生了解课文的基本内容后,播放了一段美国家庭过感恩节的录像:原汁原味的对白增强学生的听力,模仿对话提高学生的口语水平,真实情境更让学生发现、区别和体会到中外节日的共性、差异和各自丰富的文化内涵。

2. 重视培养学生获取信息的能力。在自主学习时,教师要求学生在电子词典的帮助下,有选择性地阅读教师预制的主题网页,利用各板块提供的内容,解决实际问题。在拓展学习阶段,更是让学生在“做中学”:通过网络查找介绍世界各国节日的书籍、图片、卡片、诗句和音乐等。在“网络享受”中,让学生感受了一场“头脑风暴”。

3. 重视检测反馈,关注教学实效。本课通过计算机完成的检测有两次:一在学生自主阅读后,围绕着“哪些内容和中秋节相关?”“月饼的象征意义是什么?”两个问题,检测学生对阅读内容的理解情况;二在听力结束时设计了检测,使教师对全课的教学效果有所掌握,以便及时反馈和对教学进行调整。

3. 信息技术与音乐课程整合案例

信息技术与音乐课程整合将给音乐课带来意想不到效果,例如西北大学附属小学付锋老师设计的《聊聊歌唱》这堂课,以下介绍这堂课的教学设计方案。

【教学目标】

1. 聆听和感受三种不同风格的演唱方法,能通过听来区分三种唱法。

2. 通过欣赏不同唱法的歌曲,使学生爱唱、敢唱、能唱。

3. 能根据自己的喜好选择不同的唱法,欣赏和学唱,参与和表现歌曲。

【教学设备】

1. 电子琴或者钢琴。

2. 多媒体网络教室及相关网页。

【教学难点】

学生能较清晰地辨析三种不同的唱法，要理解不同的发声方法会形成不同唱法的道理。

【教学过程】

一、情景激趣，热身练唱。

1. 演示自制动画《唱歌有益长寿——广西巴马文化调查》。

2. 结合观感让学生自由发言，讨论为什么唱山歌能有助于长寿。

3. 教师因势利导，“既然唱歌使人健康长寿，我们不妨就从现在做起，经常唱唱歌，愉悦身心，争取做个长寿人。现在一起唱首歌好不好？”教师伴奏，学生集体演唱最近学习的歌曲（热身）。

二、视听歌曲片段，判别三种不同唱法。

1. 播放歌曲片段。

（1）播放《山丹丹花开红艳艳》《中国大舞台》《大中国》片段，要求听清歌词。

（2）初步体会三首歌曲运用的不同唱法。

2. 上网查找相关资料，师生交流讨论。教师：“我们大家知道这三首歌曲运用了民族唱法、美声唱法、通俗唱法三种不同的唱法，也以自己的理解表达了一些看法，但对它们的区别与特点好像没能说得很清楚。我们可以请网络这位知识渊博的‘老师’来帮助我们解决这一难题，下面我们通过上网来查找相关资料。”

（1）学生上网了解理论知识，教师巡视学生情况。

（2）讨论民族唱法的特点有哪些。

（3）网上有哪些关于美声唱法的相关信息？（学生发言）你能试一下吗？学生个别或者集体试唱美声唱法的歌曲《送别》，教师伴奏。

（4）教师运用美声唱法示范唱《乡音乡情》，感染学生。

（5）你了解通俗唱法吗？（学生发言）你知道哪些运用通俗唱法演唱的歌曲？想不想唱一唱呢？教师即兴演唱通俗唱法的歌曲。

（6）个别或者集体演唱学生感兴趣的通俗歌曲，体会通俗唱法的特点。

3. 视听与区分。教师：“通过刚才同学们的发言和我们的了解，我们知道了三种唱法的特点以及不同的风格，那么我的网站上有许多歌曲可以视听，大家可以上网视听，看你能不能区分他们运用的是哪种唱法。”

（1）学生视听。

（2）请学生说说视听了哪些歌曲，各自运用了哪些唱法。

4. 讨论交流。教师：“我们基本上可以区分唱法了，不过，三种不同的唱法，你最喜欢哪一种呢？请发表自己的见解。”

（1）你最喜欢哪种演唱方法？为什么？

（2）网络投票，大屏幕演示投票结果。

（3）小结投票结果。希望课后学生们能大胆尝试不同唱法，体会不同唱法独有的风格。

三、知识延伸，提出思考。

1. 播放民歌《辣妹子》，请学生说出这首歌的演唱者是谁，有哪些代表作品。

2. 教师分析歌唱演员的演唱风格和特点，要求学生思考歌唱演员的这种风格和特点是否是不能改变的，并说出理由。

3. 提供关键词“宋祖英”“美声”，让学生上网查阅相关信息。

4. 教师提出，一位民歌演唱家为什么也能适应演唱美声唱法的歌剧歌曲。

5. 教师引导学生理解歌手的演唱风格不是一成不变的，只要通过努力，掌握了不同的演唱技巧，就能够演唱其他风格歌曲的道理。

6. 全课小结：本课我们了解了许多有关不同唱法的音乐知识，开始时我们还说了唱歌可以延长寿命，为什么唱歌能延长寿命？说到底是因为唱歌能使人快乐，人始终保持快乐、乐观的情绪，心情愉快，就会身体健康，也就长寿了，所以希望同学们要爱唱歌、经常唱歌。

【点评】

1.《聊聊歌唱》这堂课将网络运用得好，保障了“聊”的广度和深度、促进了“聊”的自由度、提高了“聊”的效度和质量。

课内四次用网络，次次有新意，对课的深入给予了技术上的支持。首次是在学生对三种不同发声方法有了感性认识，但苦于缺乏音乐“专用词汇”之际，网络起到了“拐杖”的作用，帮学生理性了解了不同发声的特点和差异，提高了学生以后听歌的“品位”；第二次用网络是在“视听”阶段，满足了不同欣赏爱好学生的视听需要；再度上网，出现在“网络投票”，学生们可以真实地表达自己的“心声”，教师则能从这种真实中掌握每位学生在声乐方面的审美取向，这对教师今后教学的把握，意义不可谓不大；最后一次上网，显现的教学作用是知识拓展，潜在的作用是教会了学生一种知识获取的重要方法。

2. 本课教学任务完成在课内，课的教育意义延伸于课外。

教育学生利用唱歌，为自身生活营造快乐，培养一种积极向上的乐观人生态度；通过列举“经过努力，原来专长唱民歌的演员可以唱好美声”的事实，告知学生事物是在变化的。这里充满着辩证法。

8.3.2 信息技术与数理类课程整合的教学模式

1. 信息技术与数学课程整合案例

信息技术与数学课程整合也能取得非常好的效果，以下用两个案例来给读者示范信息技术与数学课程如何整合。

案例一　数字与编码

大庆景园小学张圆圆老师设计的《数字与编码》课，该课程荣获“第七届全国小学信息技术与课程整合观摩会”一等奖。

1. 设计理念

《数学课程标准》对数学教学活动提出的基本理念是“数学教学活动应激发学生的学习兴趣，给学生提供充分从事数学活动的机会，帮助他们在自主探究和合作交流的过程中获得广泛的数学活动经验”。基于以上理念，我合理利用信息技术丰富的教学资源，激发学生的学习积极性，引导学生用网络的交互功能自主讨论、交流探究，把学习的主动权交给学生。

2. 设计思路

【关于教材】

教材原有的教学内容是通过调查邮政编码的编排使学生了解编码的编排方法。我将其改成了调查学生比较常见，而且将来使用频率也比较高的身份证号码，使教学内容更贴近生活。

【关于教学目标】

知识目标：了解身份证编码的编排方法，体会编码编排的特点，初步学会编码。

能力目标：培养学生收集信息的能力和观察比较的能力。

情感目标：使学生体会到数学与现实生活的紧密联系，激发学生对数学的学习兴趣及应用数学的意识。

创新素质目标:培养学生的创新意识和创新的思维品质。

本课的重点是了解身份证编码,体会编码编排的特点,学会编码;难点是怎样科学合理地编码。

【关于教学流程】

为了体现本课的设计理念,我构建了探索性学习的课堂教学模式,分为铺设引趣、调查探究、拓展思维、实践应用四个环节。

铺设引趣

生活化的情境容易引发学生的兴趣,使学生产生自主探索和解决问题的积极心态。所以在导课中利用多媒体播放学生在生活中经常可以见到的文字,如数字校园、数字影院等,数字编码如车牌号码、火车编码、邮政编码等,并安排学生课前调查一些身边的编码,使学生对编码形成初步的认识。在这些编码中与学生联系最紧密的就是身份证号码,进而引出本课的主要研究对象。

调查探究

(1)了解身份证号码中所包含的信息

因为小学生并没有身份证号码,所以我为他们提供了自己的身份证号码,让学生做“小查询员”,在电脑中利用身份证查询工具,查询教师的身份证号码中包含了哪些信息。根据学生查询到的信息,我提出疑问:“身份证中的每一种信息分别是由哪几位数字所表示的呢?”使学生产生进一步探索的欲望。

(2)调查身份证号码编排的方法

当学生产生探索欲望和兴趣之后,我考虑到应当如何提供适当的条件,引导学生通过观察、操作、思考、交流的方式去探索身份证号码的编排方法。因此我又让学生做“小调查员”,并在网页里为学生提供了一些身份证号码,学生通过观察比较各地区的身份证号码有哪些相同和不同的数字,和小组内的同学交流自己的想法,促进了各个层次学生的多向交流和共同发展。

(3)体会身份证号码编排的特点

身份证号码的编排虽然很长,但很科学。为使学生体会到身份证号码的这一特点,我再让学生做“小制作员”,利用身份证生成工具为自己生成一个身份证号码。这时学生的兴趣被再一次调动起来,纷纷把自己的信息输入电脑,选择所属的省市区、出生日期、性别,生成自己的身份证号码,再把自己身份证号码提交到“小户籍员”的网页中展示给全班的同学。通过观察,学生发现全班同学的身份证中没有重复的号码。讲到这里时有一名学生提出了疑问:“如果是孪生兄弟,身份证号码会不会是一样的?”我适时点拨学生到身份证的编排方法里找一找,哪一位数字能够区分相同地区相同年龄、性别的人,学生发现最后一位数字“个人信息码”可以区分,切身体会到身份证号码编排的唯一性、科学性和合理性。

拓展思维

为了拓展学生的学习内容及空间,提高学生的综合素质,让学生的思维更开阔,我让学生到“知识拓展”的网页中去了解不同行业编码的编排方法,以丰富学生的编码知识,扩大学生信息量,使学生的思维更加活跃。

实践应用

学习数学知识不是目的,重要的是从中体会到数学在生活中的价值,体验到学习数学的乐趣,获得学习数学的兴趣和信心。我在实践应用这一环节中联系学生的生活实际,设计了

“失物招领”的页面，为学生提供了一个身份证号码和一个市内电话，学生利用网页上的“邮政编码查询”和“电话区号查询”查找编码中的信息寻找失主，并且学生在课堂上真正用电话联系到了失主，亲身感受到应用编码的好处，激发了学生应用编码知识进一步创造性地自己编码的热情。

最后，我告诉学生，关于编码方面的知识，计算机老师是最丰富的，因为“编码”与“计算机”是一对好兄弟。

3. 教学反思

本课的教学设计创造性地使用教材，发挥了信息技术不可替代的优势，有效地运用多种学习方式，为学生营造了一个自主探究、合作交流的广阔空间。

当然，也有一些让我感到遗憾的地方，比如网页的制作不够精美，需要学生使用的教学软件没有详细地介绍使用方法，评价学生的方式也比较单一等。

【点评】

1. 通过让学生收集身份证号码、邮政编码等数字，使这些广泛存在于生活、为学生所熟悉而常被忽略的“数学”一下子展现在学生的眼前，使“数字与编码”这一看似很抽象的问题变得直观、有趣，当教师要求学生思考和发现这些编码中的“秘密”时，学生的兴趣陡增，这为取得良好的教学效果打下了基础。

2. 教学设计要求学生通过观察、比较、判断寻找编码的一般规律，并利用“寻人启事”的游戏等活动，在较高层位上提高学生的思维能力、分析能力和解决问题的能力。教师指导学生将不同的身份证号码进行比较，从中发现身份证号码所隐含的丰富信息及其各自的含义，使学生在“恍然大悟”中体验着成功的喜悦。

3. 充分利用互联网的快捷和高效，使学生在学习过程中始终保持旺盛的学习热情。教学中，利用互联网上的“区位码在线查询”“邮政编码在线查询”，让学生即时查找想知道的相关编码信息。学生了解编码实用价值的同时，更体会了网络的“神奇”。

4. 课结束时，教师说“编码”与“计算机”是一对“好兄弟”，其中的道理可以去问信息技术课程的教师。让学生带着新的问题走出教室是教师教学的一种新境界。

案例二：函数 $y=\frac{a}{x+c}+b(x+c)$ 的性质分析

【教学目标】

知识目标

1. 掌握函数 $y=\frac{1}{x}+x$ 的性质。

2. 分析 $y=\frac{a}{x+c}+b(x+c)$ 的性质。

3. 学会利用信息技术手段分析数学问题。

情感目标

1. 深化数形结合的思想。

2. 认识事物之间的普遍联系性。

3. 体会认识事物时感性认识与理性认识之间的联系。

【知识重点】

掌握函数 $y=\frac{1}{x}+x$ 的性质。

【知识难点】

通过 a、b、c 的变化来分析 $y=\frac{a}{x+c}+b(x+c)$ 的性质。

【教学环境】

每人一台电脑、几何画板软件、多媒体教学平台、学习指导文章、画板课件。

【教学过程】

随着信息技术的发展，信息技术的应用也愈加广泛，信息技术与课程的整合，日益显示出它的优越性。特别是对数学来说，由于数形结合思想的特点，几何画板的诞生，对数学问题的解决有很大的帮助。

通过自己的教学实践，我体会到了形如 $y=\frac{1}{x}+x$ 的函数性质的分析借助几何画板更具有直观性，我们可以通过对其图形的感性认识来加深对其性质的了解和掌握。

1. 函数 $y=\frac{1}{x}+x$ 性质分析

函数 $y=\frac{1}{x}+x$ 的介绍：

由于此函数的特殊性：既可能利用最值定理来分析，又可能利用函数单调性来分析，因此这个知识点成为高中教学的一个重点。这就要求同学们对其性质有一个很好的把握。但由于它并非基本函数，我们没有对其进行系统地学习，只能结合其图像进行分析，而几何画板正为我们提供了这样一种有效工具，下面就由同学们进行具体的操作。

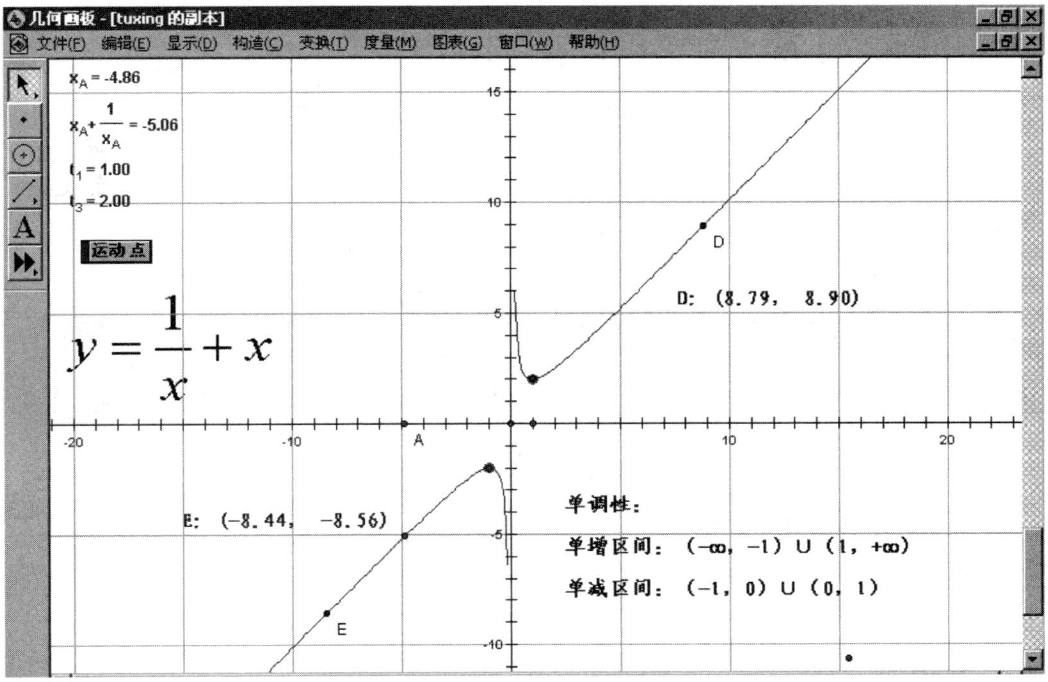

（由学生自己用几何画板绘出函数 $y=\frac{1}{x}+x$ 的图像）

通过图像分析此函数的性质:

(学生看图总结出)

单调性:

单增区间:$(-\infty,-1)\cup(1,+\infty)$

单减区间:$(-1,0)\cup(0,1)$

(让学生在图像上取一点,度量其坐标,拖动该点观察最值情况得出)

最值性:当 $x\in(-\infty,0)$ 时,$x=-1$ 时,y 取最大值 -2。

当 $x\in(0,+\infty)$ 时,$x=1$ 时,y 取最小值 2。

2. 类型扩展:形如 $y=\dfrac{a}{x+c}+b(x+c)$ 的函数性质的分析:

指导学生做出函数 $y=\dfrac{a}{x+c}+b(x+c)$ 的图像

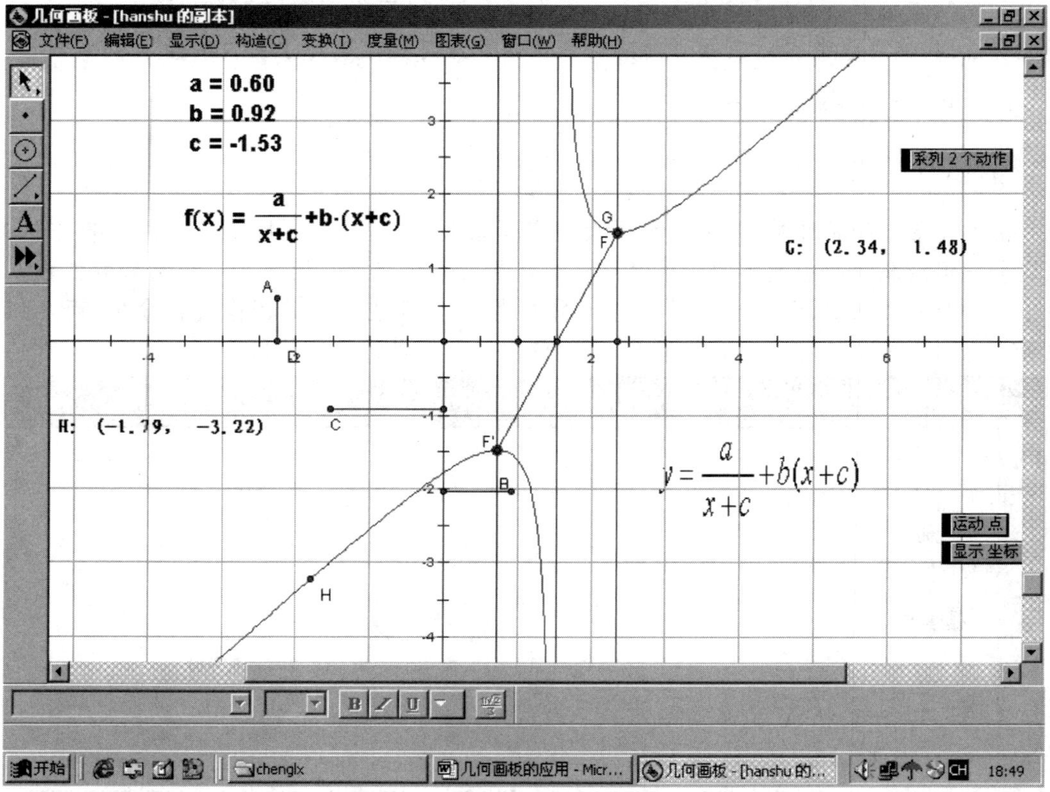

[函数 $y=\dfrac{a}{x+c}+b(x+c)$ 的图像]

(指导学生分析图像,得到以下结论)

当 $a=0$ 时, 若 $b=0$ $y=0$

若 $b<0$ $y=b(x+c)$

若 $b>0$ $y=b(x+c)$

当 $a>0$ 时, 若 $b=0$ $y=\dfrac{a}{x+c}$ 反比例

若 $b<0$　非单调函数需讨论

若 $b>0$　$(-\infty,-c)$ 和 $(-c,+\infty)$ 均为减函数

当 $a<0$ 时，　若 $b=0$　$y=\frac{a}{x+c}$　反比例

若 $b<0$　非单调函数需讨论

若 $b>0$　$(-\infty,-c)$ 和 $(-c,+\infty)$ 均为增函数

3. 小结：本节课我们对一类特殊的函数进行了分析，同学们得到了一些有用的结论，更为重要的是学到了一种分析和研究数学问题的新方法，其实我们的讨论还没有结束，希望我们能通过这节课起到抛砖引玉的作用，让几何画板成为我们以后学习数学或其他学科的一种有效工具。

4. 形成性评价：本节课采用在网络机房的形式，充分利用几何画板的极强的数形结合功能，一方面直观地展示出这一特殊函数的图像便于进行函数性质的研究，另一方面通过改变参数的值，引起图像发生变化，从而反映出函数的性质的变化规律。

【点评】

学生学习效果很好，它不是对教材的一般理解，而是对教材整体认识的提升，是对数学研究的另一途径。

这种形式大大地激发了学生的学习积极性，学生通过自主学习和自主研究使学科知识的学习得到深化，也培养了学生自学钻研的习惯，这节课体现了信息技术与课程的完美整合。

2. 信息技术与物理课程整合案例

物理课程教学过程中，许多内容运用信息技术可以使得概念、定理和原理更容易理解，运用虚拟现实技术可以模拟难以观察到的现象或难以演示的实验，使知识内容更加生动有趣，从而提高教学效果和效率。

本部分以课程《加速度》为例，介绍基于网络资源的物理教学。

1. 案例说明

本案例选自国际教育技术协会《国家教育技术标准》项目组，是美国高中 9～12 年级以加速度为主体的一节活动课。

2. 案例分析

【教学目标】

本学习活动为学生提供下列活动：通过例子促进他们对正负加速度、正负速率的理解；在演示作品中嵌入合适的超级链接；和同伴共享结果。

【说明】

该学习活动是根据对加速度和速率的研究设定的。学生设计一个网页，包括以下内容：正负加速度、零加速度、正负速率。

在学习活动开始时，需提出一个基本的标准帮助学生确定网页将涉及的范围。学生至少找到 3 个合适的网站。这些网站能够说明上面提到的三种情形下加速度的作用。

网页应把声音、扫描图片、动感图片和数字图像手段结合起来，以表现加速度的作用，同时提供多种学习风格。

活动开始时，学生应和老师一起提出标准，以便学生进行自我评价。

活动：该活动以 3 天为宜，但也可以调整以适应其他的安排。

准备：将全班学生分组，每组 4 人。每组建立一个包含我们生活中加速度的例子的各种资源的网页。在每个小组里面，每个学生每天扮演不同的角色。

领导者：主管小组的研究方向。

啦啦队队长：支持该小组、给小组打气。

工作者：唯一接触计算机的成员。

发问者：唯一与老师讨论课题的人。

【过程】

第一天

分配任务。分组以头脑风暴法集体讨论创建有关加速度的网页夹（文件夹的网页形式）。学生查找网站时，需要找寻五种不同类型的网站（参见评价部分）。

使用 Excel 等电子表格软件，学生在图表中生成一系列数据，显示所要求的一种加速度或速率（参见评价部分），学生绘制每种加速度和速率的图表。

第二天

如果前一天寻找数据有困难，让学生们利用因特网查找处理加速度的数据，并用五种网站中的四种制表查找声音片段，获取并修改图片，下载电影片段，以便综合运用于网页夹中。

第三天

学生用自己的语言就任务提出一个目标陈述，要求这一项登在网页上。应用背景和主题提高网页的设计水平。学生用四段文字描述所学到的内容，回顾所有的工作，检查确保所有的目标都实现了，进行最后的修改，在网络上保存最后的作品。

第四天

让小组演示他们的网页夹。注意根据年级进行评分。

工具和资源包括软件和网站等。软件包括网页生成器、电子表格和演示软件等，网站包括网页夹信息等。

评价：在制作网页夹之前，教师可以和学生共同提出评价标准。这个标准包括对网页夹所有可评价的方面，同时还包括学生相互评分时的小组标准。

每个网页夹包括下列组成部分。

(1) 标题

(2) 目标陈述

(3) 指向 15 个网站的链接，分类如下（超级链接之前，每个网站都有一小段总结，评价选择该网站的原因）。

正加速度——正速率

负加速度——正速率

正加速度——负速率

负加速度——负速率

零加速度——正（负）速率

(4) 用四段文字来解释下面五个概念中的四个概念。

正加速度——正速率

负加速度——正速率

正加速度——负速率

负加速度——负速率

零加速度——正(负)速率

(5)一个合适的声音处理速率、加速度和它们的作用。

(6)一个合适的涉及加速度和它的作用的扫描图像或数字图像。

(7)一个合适的涉及加速度的动感电影。

(8)从网页中获得许多有趣的加速度数据制成一个电子数据图表。

(9)解释学生所学到的有关加速度的知识的四段文字。

(10)结论。

3. 案例点评

研究型学习更关心学习的过程,学习者是否掌握某种具体的知识并不重要,关键是能否对所学知识有所选择、判断、解释、运用,从而有所发现、有所创造。中学的研究型课程,重在过程,而不是结果,其关键是教会学生一种自主学习的方法。因此研究型课程的评价更趋于全程化、多元化和弹性化。在这个案例中,这个网页有利于激发学生的创造力。因为它没有给学生强加固定的学习目标,学生有很大的自由度,他们只需要做自己想做的就行。并且,学生参与确定评价标准,他们可以相互评价彼此的文章,老师参与得很少或者完全放手,这种以学生为中心的班级风气有利于学生成长。在整个教学活动中,教师只是一个向导或集体协调者,只与提问者讨论问题,不回答问题。并且教师只有在确定学生们的独立思维已经得到充分发挥的情况下,才可以直接指导。另外,网页形式的教学呈现模式很方便学生的学习,而且这种形式可以被任何一个教学单元利用,教师使用这种模式教学也会感到比较轻松。本节课的核心就是:这个课题必须由学生主持,让学生教老师一些不懂的知识。师生角色的换位有时是对学生的最好鼓励。

3. 信息技术与科学课程整合案例

利用网络资源开展网络实验研究是信息技术与课程整合的又一个有效方法,在小学自然科学课程中,苏州市木渎实验小学姚继洪老师设计的《水的净化》为这种方法的运用做了一个非常好的注脚。该节课在"第八届全国小学信息技术与课程整合展示观摩会"上荣获一等奖。

【教学目标】

1. 通过观察、实验,组织学生开展"净化水"的竞赛活动,进一步让学生知道沉淀、过滤、消毒三种常用的净化方法及其操作方法。

2. 指导学生借助网络资源,有效地开展科学研究的实验活动,提高学生解决实际问题的能力。

3. 培养学生认真细致、与人合作的科学态度,养成良好的探究习惯,并向学生灌输饮水卫生、环保等方面的教育。

【教学重点】

指导学生借助网络资源有效地开展观察、实验,进一步知道沉淀、过滤、消毒三种常用的净化方法及其操作方法。

【教学准备】

1. 课件。

2. 烧杯、明矾、漂白片、玻璃棒、滤纸、餐巾纸、漏斗、铁架台等器材。

【教学过程】

一、创设情境,引入探究

1. 课件出示:自然界中的水。

问:同学们,水,是生命之源,我们人的一切生命活动都离不开水,你知道平时我们用的主要是什么水吗?

2. 观察一杯自来水。

问:老师手里拿了一杯自来水,请大家边观察边结合我们以前学过的知识,说说干净的水是一种什么样的物体?

3. 观察各组桌面上的一杯浑浊的水。

问:在你们的桌面上,老师也准备了一杯从附近小河里取来的水,请大家仔细观察,你们那杯水又是怎样的呢?

4. 汇报。(有比水轻的漂浮物、比水重的杂质等)

5. 问:你们能想办法让你们桌上的那杯水,变成比较干净的水吗?

二、实验操作,协作探究

1. 个别简要汇报:净化水的方法。

2. 组织竞赛:下面我们就开展一场竞赛,比一比,哪一小组净化出来的水最干净。

3. 小组讨论:设计实验方案。

谈话:在竞赛前,各小组先要讨论出一套统一的实验方案,讨论的重点是准备怎么做,先做什么,后做什么,要用到哪些实验器材。老师这里准备了一些常用的实验器材,具体的名称在电脑桌面上可以看见。

4. 指导学生将"实验方案"在网上提交。

谈话:请各小组把讨论后达成的统一方案,在网上的"实验方案"中呈现出来。(演示)填上第几组、负责人,然后提交,老师会根据需要,提供给你们一定的帮助。

5. 组长领取器材,组员浏览网页,展开实验。

谈话:请已经提交"实验方案"的组长领取器材,其他同学浏览"实验指导",领到器材后可以开始实验,实验中遇到问题,可以借助电脑的帮助,也可以请老师参与。

6. 各组展示净化实验获取的水,评出竞赛结果、汇报实验方法。(教师将学生实验过程有选择地拍摄下来)

7. 展示照片、评价实验操作方法。用意是检验学生的实验操作是否规范。学生看照片进行自主式评价。

8. 小结:除去水中杂质的过程,叫作水的净化。(完成课题板书)沉淀、过滤、消毒是三种常用的净化方法。在生活中,具体的方法是多种多样的。

三、巩固应用,拓展新知

1. 比较学生净化实验后获取的水和老师桌面上的自来水,哪杯更干净?

2. 问:你们知道我们平时用的自来水是怎样净化来的吗?

3. 录像:播放自来水的生产过程。

4. 汇报:简单叙述一下自来水净化的步骤。

5. 思考:自来水是经过沉淀、过滤、消毒净化得来的。你们刚才不也是用了这几种净化水的实验方法，为什么取得的水和自来水不一样干净呢，这可能是什么原因？

四、课后延伸，深化探究

1. 出示组图：《水污染》。

2. 问题：看到这样的情景，你又有怎样的想法呢？大家可以课后继续思考研究。

【点评】

《水的净化》一课，在人教版、苏教版等不同版本的自然科学教材中都有，属于典型的“观察实验型”课文。现代信息技术在这类课型的教学中应用，是一次有益而大胆的尝试。

一、网页互动，组织实验

在这一课的网页课件中，有多个栏目，但在这一课中直接用到的，主要是“实验方案”和“实验指导”，这些内容构成了本节课上组织学生展开实验的纽带。

1. 自主设计方案——网络是管理实验的平台。在组织学生开展实验竞赛时如何既发挥学生个体的创造性，又能完成小组的协作探究呢？课堂上，教师出示多种器材，让小组讨论出一套实验方案，然后指导学生在网上提交。因为是竞赛的形式，各组的实验方案是相对保密的，所以网页做了特殊的设置：学生只能看见自己组提交的方案，在这里网络发挥了它独特的优势。

2. 即时实验帮助——网络是开展实验指导的平台。如何在学生进行综合形式的实验时，有成效地进行指导？“实验指导”网页给学生提供了充分自主的空间。

当组长根据方案领取器材时，其他学生浏览“实验指导”网页，自行改进和完善实验方法。实验遇到困难时，可随时借助电脑。网络是学生学习的朋友，是教师组织辅导的助手。

二、现场摄影，及时反馈

在科学实验中，学生的实验操作具有即时性的特点，实验结束意味着实验过程信息的消失。如果能捕捉住学生实验过程中的典型情景，引导学生自行评价，这将是改进、提升学生操作技能的最佳途径。教学中，教师尝试用到了数码相机，当堂拍摄，这样能留住操作的瞬间，为及时反馈提供评价的素材，对学生的评价起到较好的效果。

三、展示影像

引申探究在《水的净化》一课中，教师从观察自来水引入教学，又以观看“自来水生产过程”的录像作为拓展新知、引入深层探究的手段。这里教师教学的设计意图是通过看录像，巩固了学生要掌握的三种常用的净化水的方法。观看录像的另一意图则是请学生观察、比较，让学生发现自己实验净化得到的水，明显不如自来水干净。这是为什么呢？这里不知不觉地形成了新问题，促进学生的大胆猜疑、思考。

显然，本节课中信息技术起到了传统电教常规手段无法替代的作用。

4. 信息技术与化学课程整合案例

在化学课程教学中，信息技术的运用已日益普遍，例如运用 Authorware，Flash 等软件开发实验教学软件，利用网络资源开展网络教学。本部分介绍浙江师范大学附中余惠芳老师设计的《合成氨工业》课例，作为信息技术与化学课程整合的范例。

一、学习目标

知识目标：

1. 认识合成氨的化学原理。

2. 应用化学反应速率和化学平衡原理来选择适宜的化工生产条件的一般原则。

3. 了解合成氨生产的主要流程。

能力目标：

1. 学生通过丰富的资料及问题探讨，培养抽象思维能力和分析推理能力。

2. 学生通过上网浏览，培养自主学习能力。

素质目标：

1. 学生在多媒体的交互式学习环境中，充分发挥学习的主动性，培养检索、处理、获取信息的终身学习能力。

2. 培养用辩证唯物主义观点（对立统一的观点）看待物质、看待世界，树立环境保护的意识，弘扬爱国主义精神。

二、重点及难点

合成氨工业生产适宜条件的选择。

三、学生活动设计

看书、浏览课件或资源库、上因特网。

四、教学模式

问题引出⟶学生自主学习⟶讨论总结。

五、教学工具

电脑、自制的网络教学课件、因特网。

六、教学过程

直接引入：这节课我们将讨论怎样应用学过的化学反应速率和化学平衡的知识来研究有关合成氨工业的问题。

师：假如你是新上任的某合成氨产率较低的合成氨工厂的经理，上任伊始，你将着手哪些工作？

生：搞调查，找原因。

师：可能会有哪些原因呢？

生：工作人员积极性不高、设备差、反应条件没控制好……

（师把问题引到合成氨的反应条件上）

师：合成氨需要什么样的反应条件？选择生产条件的目的是什么？

生：（思维被激活，积极思考，讨论后回答）选择生产条件的目的是加快反应速率，提高合成氨产率。

师：怎样来选择反应条件？选择反应条件的依据是什么？

生：外界条件对化学反应速率和化学平衡的影响规律。

（师生一起复习化学反应速率和化学平衡的基本知识，结合合成氨反应的特点分析讨论，从理论上得出要提高氨产率的反应条件）

师生：要提高合成氨产率，从化学反应速率角度（反应速率要快）分析所需的条件为高压、高温、采用催化剂；从化学平衡角度（进行程度要大）分析所需的条件为高压、低温、增大氮气及氢气浓度、减少氨气的浓度等。

师：选择适宜生产条件的原则是什么？实际生产中合成氨的反应条件是怎么样的呢？如何解决高温（反应速率要快）与低温（进行程度要大）这一对矛盾呢？

师生：讨论得出选择适宜生产条件的原则。（一）既要注意外界条件对二者影响的一致性，又要注意对二者影响的矛盾性。（二）既要注意温度、催化剂对速率影响的一致性，又要注意催化剂对温度的限制。（三）既要注意理论上的需要，又要注意实际可能性。

生：根据书、网络课件中的一些合成氨的实验数据分析讨论，结合生产实际（设备要求、经济效益等）得出工业合成氨的反应条件为压强 2×10^7Pa ~ 5×10^7Pa，温度500℃左右，铁触媒。

师（补充）：实际生产中还需将生成的氨气及时从混合气中分离出来，并且不断地向循环气中补充氮气、氢气。

师：作为一厂之主，为了更好地发展合成氨厂，你还需具备合成氨的哪些相关知识呢？

生：合成氨的发展史、反应条件的改革创新、合成氨工业流程……

师：接下来大家上因特网，输入关键词查阅合成氨的相关知识，把看到好的内容或问题粘贴到校园网BBS上。

生：部分学生进入www.baidu.com，输入关键词"合成氨"进行搜索，部分学生进入www.tanghu.net、http://www.eastedu.com，进入网上教学栏目自主学习。

百度搜索到的主要是大量的合成氨的厂家网址、网页信息及一些与合成氨有关的化学研究所。学生浏览感兴趣的内容，并复制他认为较好的内容，登录到校园网化学论坛，粘贴到BBS上供大家阅读。例如，有的同学粘贴了"合成氨和制氢工业中一氧化碳高温变换催化剂研制及变换反应动力学研究"，有的同学粘贴了"合成氨的基尼斯纪录""合成氨的发展历程""棠湖中学杨光辉老师的合成氨教案"等文章及"合成氨工业流程的Flash动画"。

（在学生上网浏览的过程中，教师巡视、指导，时间大约为20分钟）

师：现在我们一起来对合成氨工业知识进行小结。

师：工业上如何得到氮气？

生：采用物理方法或化学方法从空气中分离出氮气。

师：工业上如何得到氢气？

生：采用燃料和水在一定条件下反应制取。

师：等物质的量的碳、CH_4 与水在一定条件下反应，哪种物质产生的氢气多？

生：（思考、完成化学方程式后回答）CH_4 与水在一定条件下反应产生的氢气多。

师：合成氨的原料是什么？

生：空气、水、燃料等。

（学生回答后，转播学生粘贴的www.tanghu.net网上教学栏目的合成氨化学教案）

师：合成氨工业生产步骤和原理又是怎样的呢？

生：原料的制备净化→氨的合成→氨的分离。

（转播学生粘贴的合成氨工业流程的Flash动画）

师：在合成氨过程中要综合考虑哪些因素？

生：要考虑经济效益和社会效益。

师：所谓经济效益也就是要低投入高回报，社会效益也就是环境保护问题。因此，在生产过程中要采取循环操作过程，而合成氨厂址的选择也很有讲究。对于合成氨厂址的选择方法大家课后可进入www.tanghu.net网上教学栏目的"合成氨效益"选择自学。

（教师介绍合成氨的发展史，转播"合成氨的基尼斯纪录""合成氨的发展历程"等内容让学生浏览）

师:最后让我们对本堂课所学的知识进行总结。(进行随堂测试了解学生掌握知识的情况)

七、教学反馈

与传统教学班不同,网络教学班学生通过上网浏览,对合成氨的知识由传统教学的被动接收变成主动吸收,大大提高了学习效率。而教师则通过抽查、提问成绩中下的学生或进行网上随堂测试来了解学生掌握知识的情况。

八、教学后记

我校在2000年秋季招收了一个网络教学班(学生49人,每人配置一台电脑),学生整体水平处于中等水平。

网络化学教学班不同于普通教学班,每个学生面前一台电脑,教学由人与人的对话变成人与机、机与机的对话,当然,人与人的对话同样不可或缺,其教学方法与传统的教学方法有很大的区别,与多媒体教学方法也有所不同。

网络技术与学科整合的目标为加强学生对学科知识和技能的理解,培养学生具有终身学习的态度和能力,培养学生具有良好的信息素养,培养学生掌握信息时代的数字化学习方式。教学活动中,学生利用计算机的交互功能,与教师、其他学生进行交流,首先在局域网(如校园网、城域网)内,若教学资源不能满足要求,则可进入Internet网,以寻求更多的资源或信息,增强了课堂教学的活力,优化了课堂教学的过程。

总之,网络环境下的化学教学有着传统教学无法超越的优势。以《合成氨》为例,普通教学班的学生只能看书,听老师讲授合成氨的一些相关知识,可能较乏味枯燥;网络班的学生则大大不同,他们通过上网查阅,可以在一定程度上突破时间和空间的限制,扩大直观视野(实际厂家的工业流程、Flash动画模拟流程等),充实直观内容(原料的制备、价格、合成氨发展史、催化剂选择改革等),强化直观效果,丰富感知材料。同时网络技术利用视、听、说向学生提供声、像、图、文等综合信息,为多种感官的刺激提供了若干个兴奋点,有利于学生注意力的保持,它的信息组织方式与人类长期记忆结构相似,减少了记忆信息和加工转换的过程,提高了学生的学习兴趣,丰富了学习内容,优化了学习过程,从而达到较好的学习效果。

5. 信息技术课程教学案例

本部分介绍浙江省温州中学谢作如老师设计的《网上资源检索》课例作为范例。

一、案例背景

1. 教材分析

"网上资源检索"是普通高中课程标准实验教科书——《信息技术基础》(浙江教育出版社)的第二章第三节,该教材是按照高中信息技术课程标准编写的实验教材。这节课的内容以培养学生从网络上获取信息的能力为主,因为信息获取能力是信息素养的一个重要组成部分。全国中小学信息技术研究中心主任苗逢春博士强调,信息不等于知识,信息获取能力不仅仅指能够获取信息,而是指能够获取有效的信息!可见这节课的教学应该尽可能培养学生的实际应用信息技术的能力,不应该仅仅满足于教会学生利用关键字搜索,或者是掌握几个搜索技巧,而应该给予一个开放型的任务,让学生在完成任务的过程中不断探索,自发地掌握技巧,培养能力。

2. 学情分析

我校为浙江省第一批重点学校,学生基本上来自全市一流的学校,绝大多数的学生在初中甚至小学就接受过系统的信息技术课程学习,具备了一定的计算机操作能力。据统计,我执教的两个班级就有半数以上的学生获得国家计算机一级证书！而现在的普高信息技术教材(包括新教材)基本上是按照零起点去编写的,如果还是以传统的新授课方式去设计教学,那么就陷入了一种“小学学搜索,初中学搜索,高中还是学搜索”的尴尬境地,学生也会感到索然无味,并可能会产生逆反心理,失去对该学科的学习兴趣。

3. 教学思路简述

综合以上分析,我将这节课设计为一节综合活动课,并以一个让学生用 Google Earth(谷歌地球)软件查找教师指定的地名的任务,以此来激发学生兴趣,使其自发地使用搜索引擎,从而培养他们在实际学习生活中应用信息技术的能力。

教学目标

(1)掌握以 google 为代表的网络搜索引擎的基本用法,能够在网络上找到自己所需的信息。

(2)了解 Google 和 baidu 的特色搜索,如:Google 的本地搜索、英汉翻译等。

(3)能够根据具体的要求和网络搜索的反馈结果,而使用恰当的关键字搜索。

(4)进一步熟悉世界地图和中国地图,了解家乡,巩固经度、纬度、海拔等地理名词的相关知识。

(5)体验高科技的巨大魅力,培养学生科学素养。

教学准备

工具软件:Google Earth(谷歌地球)

教学网站:电子档案袋系统,并在教学资源区中提供大量关于搜索引擎的帮助信息。

二、案例描述

片段描述1——任务的出示

师:Google 和微软一样,它所推出的软件一般都代表了该领域最高水平,今天老师就向大家介绍一个非常有趣的软件——Google Earth,该软件能让你看到地球上几乎每个角落,甚至你能够看到我国北京和上海街道上的汽车和人。想不想玩一玩这个软件?

(学生欢呼,有学生插嘴,老师,真的吗?)

师:要玩这个软件有个前提,那就是必须要找到老师指定的几个地方……

(学生齐声回答:No problem!)

片段说明:

玩是学生的天性,高中学生也不例外,为了能够在课堂上能偷偷玩(包括游戏和聊天),他们总会千方百计地为自己创造机会,这节课一开始就声明要让学生玩,大大提高了学生的兴趣,部分学生甚至会不知道老师让他们的“玩”,实际上就是给予他们学习任务,也就是让他们学习新知识。

片段描述2——教师将任务分组

师:为了便于区分大家的查找能力,老师将这几个地方分为三组。每一组任务都任选一个,当然,如果哪位同学能够完成全部任务,那他的水平就超过老师了,要好好表扬表扬。

基本任务:西湖孤山、世界文化遗产之一——天坛

进阶任务:东方明珠塔、平阳南麂岛

挑战任务:美国自由女神像、世界七大奇迹之一——金字塔

片段说明：将任务分组是为了体现出任务从易到难的梯度，一开始就做太难的任务将会让学生知难而退，那么导入时激发的兴趣将荡然无存。这三组任务的设计和知识点的联系如下表。

任务名称	任务内容	片段说明（涉及知识点）
基本任务	西湖孤山、天坛	单关键词和多关键词搜索
进阶任务	东方明珠塔、平阳南麂岛	多关键词搜索和图片搜索
挑战任务	美国自由女神像、金字塔	多关键词搜索、图片搜索和英汉翻译

一般来说，地理较好的学生和去过杭州、北京的学生完成基本任务时也许不需要搜索引擎的帮助，但是要完成进阶任务和挑战任务，那么对搜索引擎需求就成了一种自发的需求。以"东方明珠塔"为例，为了找到"东方明珠塔"的位置，学生们的完成过程有以下几种可能：

1. 使用单关键词（东方明珠塔）然后逐一浏览筛选列出的网址，然后找到相关资源。

2. 使用多关键词（东方明珠塔、位置），比较快速地找到相关资源。

而为了判断找到的地方是否就是东方明珠塔，他们要么是依靠自己平时的知识经验（去过东方明珠塔或者看过相应的视频、图片），要么是使用 Google 和百度的图片搜索功能，逐一去甄别判断，但实际上绝大多数的学生属于后一种情况。

片段描述3——教师布置任务后的附加要求

师：找到相应的地方后，请将当前画面保存在 Word 文档中，然后记下其经度纬度，再简述自己找到该地方的大致过程，然后发表在学习档案袋系统中。

片段说明：

写出经度、纬度既是让学生对经度、纬度这两个地理名词有更深的理解，也是在暗示学生可以使用多个关键词，如用"南麂""经度"来找到南麂岛的具体位置。过程简述可以促使学生随时反顾（反思）自己的学习过程，在无形中对自己的知识、经验进行总结。这些总结发布在学习档案袋系统中，对自己来说是学习成果，对他人来说是很好的参考资料。

片段描述4——学生自主探究中的教师指导

师：近十多分钟了，同学们找到哪几个地方了？（屏幕控制，并开始统计）

师：请还没有找到基本任务的同学说说原因。（学生简述原因）

师：请已经找到的同学说说自己的查找过程。（学生简述过程）

师：有没有不同的方法？（学生简述过程）

师小结：其实要找到这个地方的方法是很多的，请大家参考一下其他同学的做法。在这次任务中，地理较好的同学占尽了便宜，但是地理较差的同学也不要气馁，因为 Google、百度这些搜索引擎会给你许多帮助的。请向身边的同学了解一下，他们是怎么找到的，但是这些同学不能直接告诉他们经纬度，只能说出方法。

片段说明：

先让学生去尝试、探究，然后在教师的指导下进行小结，接下来再尝试，这样就形成螺旋式的知识学习和能力提高过程。学生的主动和教师的主导都得到充分的发挥。在学生完成任务的过程中可以看出，学生们先是依靠自己的地理知识直接查找，后来使用搜索引擎查找资料。这一过程和学生在实际生活中应用信息技术的过程是一致的。但是如果教师不注意在学生自主探究中的过程中进行适时适度地指导，肯定会有一部分学生完全凭借自己的地理知识去做地毯式的搜索，因为思维定式会让人总是习惯用过去的方法、思路去完成任务，哪怕明明知道可以使用网络搜索来提高自己效率。而在这节课的教学设计中，教师重视的本来就不应该是结果，而是过程。

片段描述5——学生自主探究中的几幕镜头

1. 一学生问：老师，我没有去过上海，我怎么知道东方明珠的样子？旁边的学生插嘴了：用 Google 的图片搜索吧。

2. 一学生大叫：我找到了金字塔！其他学生赶紧围上来，该学生将屏幕遮住，说："先找到开罗，金字塔在开罗旁边的黄土高原上！"我奇怪地问道："你怎么知道？"学生答："在 Google 上搜索'金字塔和位置'就可以找到具体的地址了。"

3. 一学生问身边的同学：金字塔这个单词怎么拼？同学答道：问 Google 和百度吧，有英汉翻译功能。

4. 有学生找到天坛以后，可是无法判断是否找对了地方。对比百度和 Google 图片搜索中搜到天坛图片也难以分辨。我提示他能否从文字信息中得到帮助，最后该学生在一地理资源网站找到了天坛的平面图，并结合文字描述确定了其找到的就是天坛，但因为花了太多时间，其他任务没能完成。

片段说明：

可以肯定，学生大都已经掌握了网络搜索的基本用法。因为在整节课中，竟没有一位学生问我关于网络搜索的问题，如百度和 Google 的网址。部分提问的同学经过老师和同学的提醒后，一般会表现出尴尬的表情。可见他们是认为自己不应该不知道这些基本知识的。以上都充分说明了学生缺乏的不是技术，而是如何在实践中应用技术的能力。那个没能完成任务的学生，我还是给他的学习档案评了"A"，因为他在判断是否天坛的过程中已经表现出很好的信息获取和组织能力。

片段描述6——课堂总结

师：短短的四十分钟又要过去了，很多同学完成了老师要求的任务。虽然说完成任务和大家的地理成绩有着直接的联系，但是在搜索引擎的帮助下，同学们的表现都让老师满意。网络上有着无穷无尽的知识宝库，能否从中获取知识取决于我们获取信息的能力。网络上的搜索引擎很多，它们不仅提供关键字、词的搜索功能，也提供了图片搜索、地图搜索、英汉翻译等附加功能，就等着大家去发现，去应用。Google Earth 这款神奇的软件，它不仅好玩，也是我们学习地理，认识地球的好帮手。那么大家知道 Google 公司开发这款软件的目的是什么吗？难道就是为了让我们"玩"吗？想知道答案，请在网络上搜索吧！

片段说明：

课堂总结是必要的，不然学生们在"玩"之后又会将积累的知识经验忘却。学习任务只是一个载体，通过任务获取知识才是最重要的。在信息技术的综合活动课中，总结是最重要的，只有这样才可以体现"学科本位"的思想。正所谓"神散形不散"，一切任务都是为了本学科的教学而设置的。

三、教学设计反思

设计这节课的教学之前，我思考了很多。开学初，我曾经在自己执教的两个班级做了一次题目为"你用电脑做什么？"的调查，结果90%以上的学生说用电脑是为了聊天、玩游戏、听音乐,只有5%的学生说电脑还可以找资料,但令我深思的是我向这几位学生了解找哪些资料时,居然说是找游戏攻略,没有一个学生认为电脑可以帮助自己学习。其实学生们并不是不懂电脑操作,也不是不懂网络搜索,而是不知道如何合理利用电脑,利用网络搜索来帮助自己学习,可见培养学生信息素养是当务之急!课程整合强调的就是信息技术学科的工具性特点,如果教师在设计的任务中融合了其他学科的内容,就可以在潜移默化中培养学生的信息素养和正确的电脑应用观。

为此,我设计了让学生使用Google Earth查找地名的任务。回顾整节课的教学,我认为自己在以下几个方面取得了突破,具有一定的价值。

1. 任务设计和知识教学应该做到“无痕渗透”。

“网络搜索”是一节很经典的信息技术课,传统的教学流程一般是引出课堂—介绍搜索技巧—出事搜索任务—学生完成任务—教师总结。

而在这个流程中,教师设计的搜索任务一般都是要求学生在网络上找到某个软件或者某个知识点,纯粹是为了搜索而搜索,这样的任务学生当然不感兴趣。如何设计一个让学生感兴趣的,又有现实意义的任务,融知识、教学于一体的任务,应该是这节课的关键。

2. 学生评价和个人反思应该做到“无痕结合”。

很多老师开始尝试教学评价方面的革新。有些老师使用了“随堂记录卡”,即要求学生每一节课后填写“随堂记录卡”,以此促使学生的学习反思。首先我们要肯定这种做法,但是也要正视其效率的低下,况且经常填写会让学生感到厌烦,他们甚至会不配合,随意填写,效果适得其反。但在这节课中,学生的学习反思和完成任务是结合在一起的,学生只有填写了其完成任务的过程才算真正提交了作业(学习成果),发表学习档案的同时也完成了学习反思。

3. 综合活动课应该确保“技术为主线”。

李艺教授曾经提出主题活动式教学应该暂停的建议,因为他认为这样的课已经泛滥了。的确,这类活动课已经泛滥到失去了学科特色的地步,逐步被学科化、生活化。而信息技术课堂教学呼唤技术本质的回归成为越来越强烈的呼声,这节课的教学,我在指导中尤其强调技术的作用:技术可以提高效率、技术可以弥补知识的缺乏。

4. 综合活动课应该追求“形式的多样化”。

开始关注教学游戏化的老师越来越多了,连K12也推出了教育游戏。游戏是学生的天性,教师应该本着宜导不宜堵的态度。为什么不让学生边玩边学呢?现在网络上也能够下载到许多相关的软件,关键在于我们怎样去利用。本节课的设计也在“玩”和“学”的平衡点上做了尝试,力求让学生快乐地学习。

当然,通过查找地名的任务来培养学生信息素养的做法是否有效,任务设置的梯度是否合理,还有提供给学生查找的地名是否太简单,这些都有待专家和同行们批评指正。

8.3.3 部分优秀案例网址

限于篇幅,本节仅介绍了部分学科的部分案例,有兴趣的读者可以参考以下网站的案例。

http://www.etc.edu.cn/academist/ysq/YsqTemp/优秀案例/地理课堂教学模式/Index.htm

http://www.etc.edu.cn/academist/ysq/YsqTemp/优秀案例/中学英语_高中英语名著专

题/INDEX. htm

http://www. etc. edu. cn/academist/ysq/YsqTemp/优秀案例/小小鸡蛋/index. htm

http://www. etc. edu. cn/academist/ysq/YsqTemp/优秀案例/依法保护青少年健康成长/INDEX. htm

http://www. etc. edu. cn/academist/ysq/YsqTemp/优秀案例/黄山奇石/黄山奇石/index. htm

http://www. etc. edu. cn/academist/ysq/YsqTemp/优秀案例/K_2Edu/K_2Edu/K_2Edu/index. htm

http://www. etc. edu. cn/academist/ysq/YsqTemp/优秀案例/56 综合课例《Icanfeelit》/index. htm

http://www. etc. edu. cn/academist/ysq/YsqTemp/优秀案例/3 - 识字四/index. htm

http://www. etc. edu. cn/academist/ysq/YsqTemp/优秀案例/book1Bunit20lesson78 说课/index. htm

http://www. etc. edu. cn/academist/ysq/YsqTemp/优秀案例/整式运算/index. htm

思考题

1. 请谈谈你对信息技术与课程整合含义的理解。

2. 试结合你的学习经历来谈谈你对信息技术与课程整合的目标的看法。

3. 在信息技术与课程整合的十个层次中，任意列举一个你比较熟悉层次，与你的同伴展开讨论，并在网上收集资料，形成一份报告。

4. 请谈谈你对讲授型教学模式的理解。

5. 请简要说明基于网络环境的协作学习的基本要素有哪些，其特点是什么。

6. 简要谈谈“资源利用—主题探究—合作学习”模式的步骤有哪些。

7. 请结合你自己所学的专业，仿照第三节的案例，自选课题，做一节课的信息技术与学科课程整合的教学设计。

参 考 文 献

[1]陈至立. 抓住机遇,加快发展,在中小学大力普及信息技术教育[DB/OL]. http://www.edu.cn/20020327/3023659.shtml.

[2]教育部. 基础教育课程改革纲要(试行)[Z]. http://www.mon.edu.cn/edoas/website18/info7256.htm.

[3]黎加厚 东行记[DB/OL]. blog.sina.com.cn/shnuli.

[4]何克抗. 信息技术与课程深层次整合的理论与方法[J]. 电化教育研究,2005(1):7~15.

[5]南国农. 教育信息化几个理论与实际问题[J]. 电化教育研究. 2002(11).

[6]李克东,谢幼如. 信息技术与课程整合的理论与实践[M]. 北京:北京师范大学出版社,2002.

[7]马宁,余胜泉. 信息技术与课程整合的层次[J]. 中国电化教育,2002(1):9~13.

[8]徐万胥. 信息技术与课程整合的理念与策略[J]. 电化教育研究,2003(2):54~57.

[9]李如密. 关于教学模式若干理论问题的探讨[J]. 课程·教材·教法,1996(4).

[10]高文. 现代教学的模式化研究[M]. 济南:山东教育出版社,1998.

[11]马宁,余胜泉. 信息技术与课程整合的层次[J]. 中国电化教育,2002(1).

[12]张轶炳,李芒. 用系统论的方法分析信息技术与课程整合的层次性与多样性[J]. 电化教育研究,2005(11).

[13]赵呈领. 信息技术与课程整合[M]. 武汉:湖北科学技术出版社,2006.

[14]中国教育报[N]. 2004 年 1 月 5 日第 6 版,2 月 16 第 7 版,3 月 22 日第 6 版.

[15]教育部. 教育部办公厅关于印发《中小学教师信息技术应用能力培训课程标准(试行)》的通知[Z].

[16]李龙. 信息技术与课程整合的理论和方法[J]. 电化教育研究. 2007(5).

[17]何克抗. 对美国信息技术与课程整合理论的分析思考和新整合理论的建构[J]. 电化教育研究. 2008(7).

[18]何克抗. 对国内外信息技术与课程整合途径和方法的比较分析[J]. 电化教育研究. 2009(9).

[19]教育部. 基础教育课程改革纲要[Z].

[20]郭思乐. 教育走向生本[M]. 北京:人民教育出版社,2001.

[21]唐晓杰. 课程改革与教学革新[M]. 广西:广西人民出版社,2002.

[22]桑新民. 教育是人类自身的再创造——我的教育观[J]. 教育技术资源. 2000(4).

[23]李伟明. 网络时代的中小学德育[M]. 广州:广东教育出版社,2001.

[24]张生. “互联网+”时代,我们需要什么样的教育评价?[N]. 中国教育报,2016-2-21.

[25]陈一明. “互联网+”时代课程教学环境与教学模式研究[J],西南师范大学学报

(自然科学).2016(3):228~232.

[26]葛文双,韩锡斌.数字时代教师教学能力的标准框架[J].现代远程教育研究.2017(1).

[27]Dick W, Carey L, Carey JO. The systematic design of instruction[M]. Boston: Allyn &bacon,2000.

[28]Ellen Weber 著,国家基础教育课程改革“促进教师发展与学生成长的评价研究”项目组译.有效的学生评价[M].北京:中国轻工业出版社,2003.

[29]钟启泉.《基础教育课程改革纲要》解读[M].上海:华东师范大出版社,2001.

[30]林涛.网络环境下发展性评价系统分析与设计研究[D].北京:北京师范大学,2004.

[31]范晓玲.教学评价论[M].长沙:湖南教育出版社,1999.

[32]吴钢.现代教育评价基础[M].上海:学林出版社,1996.

[33]周卫勇.走向发展性评价——谈新课程的评价改革[M].北京:北京大学出版社,2002.

[34]曹梅,李艺.网络学习评价的意义及若干原则[J].教育科学,2002(10).

[35]何克抗,林君芬,张文兰.教学系统设计[M].北京:高等教育出版社,2016.

[36]谢利民,郑百伟.现代教育学基础理念[M].上海:上海教育出版社,2003.

[37]张大均.教学心理学[M].重庆:西南师范大学出版社,1999.

[38]谢利民,郑百伟.现代教育学基础理念[M].上海:上海教育出版社,2003.

[39]李秉德.教学论[M].北京:人民教育出版社,2001.

[40]田慧生.略论教学环境研究的历史、现状及其发展趋势[J].外国教育研究,1995(6).

[41]李红思.新课程改革背景下课堂教学环境的反思与重构[J].天津市教科辽学报,2010.

[42]何丽君,唐玉光.教学环境创设:高校有效教学的保障[J].现代教育论丛,2005(5):42~44.

[43]金宇.移动互联网深度研究之六:移动媒体:成长中的第五媒体[EB/OL].(2011-03-29)http://www.gf.com.cn/cms/news Content.jsp?doc Id=797299.

[44]李艺.信息技术课程:设计与建设[M].北京:高等教育出版社,2003.

[45]张剑平.信息技术教育:概观与展望[M].北京:高等教育出版社,2003.

[46]教育部对外合作与交流司.国外基础教育调研报告[M].北京:首都师范大学出版社,2002.

[47]朱慕菊.走进新课程——与课程实施者对话[M].北京:北京师范大学出版社,2002.

[48]祝智庭.信息教育展望[M].上海:华东师范大学出版社,2001.

[49]技术课程标准研制组.普通高中技术课程标准(实验)解读[M].武汉:湖北教育出版社,2004.

[50]王吉庆.信息技术课程与教学论[M].杭州:浙江教育出版社,2003.

[51]李艺,李冬梅.信息技术教学方法:继承与创新[M].北京:高等教育出版社,2003.

[52]李艺. 信息技术基础(必修)[M]. 北京:教育科学出版社,2004.

[53]林崇德. 发展心理学[M]. 杭州:浙江教育出版社,2002.

[54]朱智贤. 儿童心理学(下册)[M]. 北京:人民教育出版社,1979.

[55]教育部. 全日制义务教育数学课程标准[M]. 北京:北京师范大学出版社,2001.

[56]教育部. 普通高中技术领域课程标准(信息技术部分)[M]. 北京:人民教育出版社,2003.

[57]顾明远,孟繁华. 国际教育新理念[M]. 海口:海南出版社,2001.

[58]加涅. 教学设计原理[M]. 上海:华东师范大学出版社,1999.

[59]加涅. 学习的条件和教学论[M]. 上海:华东师范大学出版社,1999.

[60]乌美那. 教学设计[M]. 北京:高等教育出版社,1994.

[61]皮连生. 教学设计:心理学的理论与技术[M]. 北京:高等教育出版社,2000.

[62]何克抗,李文光. 教育技术学[M]. 北京:北京师范大学出版社,2002.

[63]顾明远,孟繁华. 国际教育新理念[M]. 海口:海南出版社. 2001.

[64]张义兵. 信息技术教师素养:结构与形成[M]. 北京:高等教育出版社,2003.

[65]黄甫全,王嘉毅. 课程与教学论[M]. 北京:高等教育出版社,2002.

[66]皮连生. 学与教的心理学[M]. 上海:华东师范大学出版社,1997.

[67]李如密. 教学艺术论[M]. 济南:山东教育出版社,1995.

[68]王北生. 教学艺术论[M]. 开封:河南大学出版社,1989.

[69]苗逢春. 信息技术教育评价:理念与实施[M]. 北京:高等教育出版社,2003.

[70]王景英. 教育评价理论与实践[M]. 长春:东北师范大学出版,2002.

[71]冯平. 评价论[M]. 北京:东方出版社,1995.

[72]李艺,钟柏昌. 信息素养详解[J]. 课程・教材・教法,2003(10).

[73]张义兵,李艺. "信息素养"新界说[J]. 教育研究,2003(3).

[74]李艺,张义兵. 信息技术教育的双本体观分析[J]. 教育研究,2002(11).

[75]钟柏昌,李艺. 工作主线:信息技术课程体系建设的新进展[J]. 电化教育研究,2004(10).

[76]朱彩兰,李艺. 信息技术课程内容建设任务分析[J]. 中小学信息技术教育,2004(12).

[77]钟柏昌,付小连. 论面向新课程需要的教学设计[J]. 当代教育科学,2004(20).

[78]李冬梅. 信息技术教育课堂教学模式改革[J]. 中国电化教育,2001(3).

[79]钟柏昌,李艺. 义务教育课程标准对信息技术整合的状况分析(下)[J]. 学科教育,2004(6).

[80]黄甫全. 国外课程整合的发展走势及其启示[J]. 比较教育研究,1997(3).

[81]钟柏昌,李艺. 课程整合的多向度解析[J]. 教育探索. 2005(1).

[82]黄甫全. 信息技术与课程整合的基本策略[J]. 电化教育研究,2002(7).

[83]钟晓流,李海霞,杜婧,宋述强. 多媒体教学环境标准解读[J]. 电化教育研究,2013(9).

[84]吴永志,周丽英. 多媒体教学环境的分类、配置及特点[J]. 电化教育研究,2000(8).

[85]中国教育技术协会技术标准委员会.多媒体教学环境工程建设规范[J].现代教育技术.2011(9).

[86]胡钦太,林晓凡.基于新媒体的社会教育传播模式构建研究[J].电化教育研究,2014(5).

[87]陈凯,陈维维.美国化学教材中信息技术的应用特点分析及启示[J].中国电化教育,2012(7).

[88]刘佼.浅谈现代教育技术与教育信息化[J].科技信息,2014(5).

[89]卓发友.深刻理解现代教育技术的内涵[J].山东教育学院学报,2001(5).

[90]孟祥增,刘瑞梅,王广新.微课设计与制作的理论与实践[J].远程教育杂志,2014(6).

[91]田志伟.现代教育技术的内涵式发展——基于学习理论的双重整合思路[J].中国教育信息化,2008(3).

[92]郭彦航.现代教育技术推进教育信息化概论[J].教学实践与管理,2012(24).

[93]涂涛,李文.新媒体与未来教育[J].中国电化教育,2015(1).

[94]宋其华.信息技术教学环境下教师教学行为变化的特征与策略浅析[J].电化教育研究,2006(8).

[95]Mayer,R E (Ed.). The Cambridge handbook of multimedia learning[M]. New York: Cambridge University Press,2005:32.

[96]Mayer R E (Ed.). Applying the science of learning: evidence-based principles for the design of multimedia instruction[J]. American Psychologist,2008(9):762.

[97]Clark R C,Mayor R E. E-Learning and the Science of Instruction: Proven Guidelines for Consumers and Designers of Multimedia Learning [M]. San Francisco, CA: Josscy-Bass/Pfciffer,2002.

[98]王福兴,段朝辉,周宗奎.线索在多媒体学习中的作用[J].心理科学进展:2013(8):1430~1440.

[99]Richard E. Mayer,Cheryl I. Johnson. Revising the redundancy principle in multimedia learning[J]. Journal of Educational Psychology,2008,100(2):384.

[100]Jean-Michel Boucheix,Richard K. Lowe. An eye tracking comparison of external pointing cues and internal continuous cues in learning with complex animations[J]. Learning and Instruction,2011(20):23-135.

[101]J.莱夫,E.温格著,王文静译.情景学习:合法的边缘性参与[M].上海:华东师范大学出版社,2004:6.

[102]余胜泉.技术何以革新教育[J].中国电化教育,2011(7).

[103]A. Hidayat. Instrument Development to Assess Science Primary and Secondary Teachers' Perceived Technological Pedagogical Content Knowledge[EB/OL]. 2011-8-15. http://file.upi.edu/Direktori/FPMIPA/JUR._PEND._FISIKA/198007162008011-ARIF_HIDAYAT/research_plan_sample_on_PCK.pdf.

[104]A. D. Thompson,P. Mishra. Breaking News: TPCK becomes TPACK! [J]. Journal of Computing in Teacher Education,2007,24(2):38.

[105]M. J. Koehler, P. Mishra. What is technological pedagogical content knowledge? [J]. Contemporary Issues in Technology and Teacher Education, 2009, 9(1): 60-70.

[106]S. S. Guzey. Science, Technology, and Pedagogy: Exploring Secondary Science Teachers Effective Uses of Technology[D]. doctoral dissertation in the University of Minnesota in America, 2010: 33.

[107]A. Jimoyiannis. Designing and implementing an integrated technological pedagogical science knowledge framework for science teachers professional development [J]. Computer &Education, 2010, 55(3): 1259-1269.

[108]M. L. Niess. Preparing teachers to teach science and mathematics with technology: Developing a technology pedagogical content knowledge[J]. Teaching and teacher education, 2005, 21(5): 509-523.

[109]A. Jimoyiannis. Developing a Technological Pedagogical Content Knowldge Framework for Science Education: Implications of a Teacher TrainersPreparation Program[DB/OL]. 2011-9-20. http://proceedings. informingscience. org /InSITE2010/InSITE10p597-607 Jimoyiannis867. pdf.

[110]Jang Syh-Jong. Using a Transformative Model of Coaching to Develop TPCK of Preservoce Science Teachers. [A]. In: M. V. Zuljan, J. Vogrinc, eds. Facilitating Effective Student Learning through Teacher Research and Innovation[C]. Liubljana: Faculty of Education, University of Ljubljana, Slovenia: 2010. 121-150.

[111]N. M. Trautmann, James G. MaKinster. Flexible Adaptive Professional Development in Support of Teaching Science with Geospatial Technology[J]. Science Teacher Education, 2010, 21(3): 351-370.

[112]Richardson, Karen Work. TPACK: Game On[J]. Learning &Leading with Technology, 2010, 37(8): 34-35.

[113]Mark Hofer, Judi Harris. Differentiating TPACK Development: Using Learning Activity Types with Inservice and Preservice Teachers[EB/OL]. 2011-9-23. http://ctivitytypes. wmwikis. net /file /view/HoferHarris-DifferentiatingTPACK. pdf.

[114]M. R. Blanchard, J. Harris, M. Hofer. Science learning activity types[DB/OL]. 2011-8-20. http://activitytypes. wmwikis. net /file /view/ScienceLearningATs-Feb2011. pdf.

[115]焦建利,钟洪蕊. 技术—教学法—内容知识(TPACK)研究议题及其进展[J]. 远程教育杂志,2010(1).

[116]李晓东,韩玲玲,袁晓蕾. 计算机辅助教学理论与实践[M]. 北京:高等教育出版社,2016:11.

[117]何克抗,林君芬,张文兰. 教学系统设计[M]. 北京:高等教育出版社,2016:3.